Le droit des affaires

2e édition

Jean-Pierre Archambault

Marc-André Roy

Avocats au Barreau du Québec et professeurs

HRW Les Éditions HRW ltée

Le droit des affaires

2e édition

ISBN 0-03-926393-2

Dépôt légal 1er trimestre 1986   Imprimé au Canada
Bibliothèque nationale du Québec   1 2 3 4 5 ML 90 89 88 87 86

Révision et correction: Hélène Simard
Supervision graphique: Ève-Lyne Grenon
Maquette de la couverture: Ève-Lyne Grenon
Typographie et montage: Ateliers de typographie Collette inc.
Imprimerie: Métropole Litho Inc.

Les auteurs

Marc-André Roy

Originaire de Montréal, Me Marc-André Roy a obtenu son baccalauréat ès arts à l'Université de Montréal où il a également poursuivi des études en éducation. Licencié en droit de l'Université d'Ottawa, il est membre du Barreau du Québec et du Barreau canadien. Il exerce sa profession à Montréal et à Laval.

Il a été successivement adjoint d'administration et de recherche auprès du juge en chef de la Cour supérieure du Québec, secrétaire-trésorier adjoint de la Commission des droits de la personne, responsable du Service de la traduction juridique et de la recherche terminologique chez Ogilvy, Renault et Associés, et directeur adjoint de l'École de formation professionnelle du Barreau du Québec.

Tout en poursuivant sa carrière dans le milieu juridique, Me Roy a enseigné le droit et l'administration des affaires dans différentes maisons d'enseignement de la région montréalaise. Il est également le rédacteur et le responsable de l'adaptation québécoise d'un ouvrage intitulé *L'Entreprise d'aujourd'hui, structure et dynamique* publié, en 1983, par Les Éditions HRW ltée de Montréal et pour lequel il fut récipiendaire d'un prix d'excellence attribué par le ministère de l'Éducation du Québec.

Il est présentement professeur au Département des sciences et techniques administratives du Collège Montmorency, chargé de cours au Département des sciences administratives de l'Université du Québec à Montréal et conseiller juridique auprès de nombreuses PME québécoises.

Jean-Pierre Archambault

Né à Montréal, Me Jean-Pierre Archambault a obtenu son baccalauréat ès arts à l'Université de Montréal où il a également obtenu sa licence en droit, en juin 1971. Il est actuellement membre du Barreau du Québec et du Barreau canadien. Il exerce sa profession à Laval et à Montréal.

Spécialisé en droit commercial et corporatif, Me Archambault a d'abord été membre puis partenaire de différentes études montréalaises: Riel, Vermette & Ryan, O'Reilly, Hutchins & Archambault, Canuel, Quidoz & Associés et Allain, Fournier & Archambault.

Parallèlement à sa carrière d'avocat, Me Archambault enseigne à l'École de formation professionnelle du Barreau du Québec et dans plusieurs autres maisons d'enseignement. Actuellement, il enseigne au Collège Bois-de-Boulogne où il a été successivement coordonnateur du Département de techniques administratives et professeur de droit.

En 1977, il publie un premier ouvrage intitulé *Exercices et cas pratiques en droit des affaires* puis un nouveau cahier d'exercices en droit des affaires, en 1984.

La même année, à l'occasion d'un voyage d'études en France, Me Archambault publie le document *Exercer une entreprise au Québec* qu'il a écrit en collaboration avec M. Jean-Pierre Saulnier, directeur de l'Institut universitaire de technologie de Bourges.

En 1985, il réalise un document audiovisuel pour le compte du ministère de l'Éducation et de la DGEC (Direction générale de l'enseignement collégial) dans lequel il explique les quatre formes juridiques de l'entreprise au Québec; ce document s'intitule *L'implantation d'une entreprise au Québec*. Me Archambault est également agent de marques de commerce et membre de plusieurs conseils d'administration; il agit aussi comme conseiller juridique auprès de nombreuses PME québécoises et d'organismes sans but lucratif.

Table des matières

2e partie   Les formes juridiques d'entreprises

Chapitre 5   L'entreprise individuelle   117

Chapitre 6   Les sociétés   129

Chapitre 7   La société par actions (compagnie)   151

Chapitre 8   Le financement des entreprises   189

Chapitre 9   Le fonctionnement de la société par actions   229

Chapitre 10   La coopérative et le regroupement d'entreprises   267

Annexe   Les assemblées délibérantes   297

3e partie   L'aspect juridique des principales transactions d'affaires

Chapitre 11   Les obligations et les contrats   313

Chapitre 12   La vente et la protection du consommateur   341

4e partie   L'entreprise face à ses créanciers   449

Chapitre 17   Les effets de commerce   451

Chapitre 18   Les garanties   471

Chapitre 19   Le dépôt volontaire et la faillite   487

5e partie   L'entreprise et ses employés

Chapitre 20   Les relations de travail   505

Annexe   Les centrales syndicales au Québec   527

Avant-propos

Vu l'accueil favorable réservé par les professeurs et les étudiants des niveaux collégial et universitaire au manuel Le droit des affaires, paru en 1981, nous avons jugé bon d'offrir une nouvelle édition revue et mise à jour. Notre décision n'est pas injustifiée puisque le ministère de l'Éducation a donné son aval à cet ouvrage en lui décernant, le 15 novembre 1982, un prix d'encouragement à la production de matériel didactique. Le contenu du livre a été entièrement revu, augmenté et mis à jour afin de rendre compte de la réalité juridique québécoise en constante évolution.

La nouvelle édition tient compte des remarques, des commentaires et des suggestions dont nous ont fait part plusieurs intervenants des milieux de l'éducation, du droit et des affaires. Nous avons voulu expliquer de façon claire et succincte et par de nombreux exemples concrets, les divers blocs de législation qui entourent les transactions commerciales au Québec. En faisant fi des longues dissertations sur de subtiles théories juridiques, nous avons favorisé l'élaboration de réponses aussi exactes que possible à des problèmes légaux que doivent savoir résoudre l'homme et la femme désireux de maximiser leurs chances de réussir en affaires.

Toutes les notions et tous les principes de droit que l'on retrouve dans ce livre proviennent de textes de lois, d'une jurisprudence et d'une doctrine abondantes. Mais. consciemment, nous n'avons pas voulu noyer les néophytes du droit dans une mer de citations et de références; aussi nous sommes-nous contentés de me citer qu'à l'occasion des ouvrages ou des articles de doctrine, ou encore des arrêts jurisprudentiels. Par ailleurs, le lecteur trouvera, à la fin de l'ouvrage, une bibliographie qu'il pourra toujours consulter pour consolider les notions acquises et pousser plus loin ses recherches.

La nouvelle édition du livre Le droit des affaires compte vingt chapitres regroupés en cinq parties thématiques; celles-ci sont destinées à plonger l'étudiant au coeur de situations telles les fondements juridiques des affaires au Québec, les formes juridiques d'entreprises, l'aspect juridique des principales transactions d'affaires, l'entreprise face à ses créanciers, et l'entreprise et ses employés. Ce nouveau livre vient donc préciser certaines notions et comporte des éléments nouveaux que nous avons jugé utile d'ajouter en raison de l'impact qu'ils représentent dans le monde actuel des affaires. Voici plus précisément les notions qui ont fait l'objet d'une analyse: les juridictions nouvelles de plusieurs tribunaux, les réformes les plus importantes du Code civil du Québec concernant le droit des personnes, des successions et des biens (projet de loi 20), les notions fondamentales en matière de copropriété divise (condominium) et indivise, les formes de regroupement d'entreprises, tels le consortium, l'entreprise en participation (joint venture), la fusion, l'acquisition et le franchisage, de même que certaines lois importantes sur les pratiques commerciales.

Sur le plan de la forme, la nouvelle édition du livre Le droit des affaires *présente une version modifiée de chacun des chapitres. En effet, le lecteur y trouvera maintenant un plan et un résumé, et la majorité des cas pratiques ont été entièrement repensés. De nouvelles illustrations et de nouveaux tableaux rendent désormais l'étude de la matière moins aride et moins austère.*

Nous tenons à remercier les personnes-ressources qui nous ont apporté leur aide précieuse à diverses étapes de la rédaction: Mᵉ Claude Beauchamps-Blais, avocate et professeure au Département des sciences et techniques administratives du Collège de Maisonneuve et Mᵉ Marcel Lizée, avocat, professeur et directeur du certificat en administration de services au Département des sciences administratives de l'Université du Québec à Montréal, pour l'à-propos de leurs commentaires; Madame Suzanne Howison, bibliothécaire professionnelle, professeure au Service de l'éducation des adultes du Collège Bois-de-Boulogne et du Collège de Maisonneuve, pour la recherche et l'aide technique; Mesdames Marie-Josée Beaulieu, Angelika Heller, Monique Parizeau et Claire Rochon pour leur travail de dactylographie, et enfin toute l'équipe de production des Éditions HRW ltée.

Les auteurs

Introduction

Notions générales sur le droit

Qu'est-ce que le droit?

Il n'est pas facile de répondre à cette question car ce terme est riche de sens, donc susceptible de recevoir diverses acceptions. Nous nous arrêterons toutefois à ses deux sens principaux. Au sens subjectif, le mot «droit» désigne la faculté qui appartient à tout individu ou à toute collectivité de poser ou de ne pas poser tel ou tel acte. Ce sens du mot «droit» trouve son équivalent anglais dans le mot «right». Le langage parlé ou écrit utilise couramment des formules telles: «Ai-je le droit d'annuler un bail? Ai-je le droit de contracter une police d'assurance sur la vie de mon associé? Ai-je le droit de vendre ma voiture achetée à tempérament?» etc. Ces questions illustrent bien cette acception du mot.

Au sens objectif, il désigne l'ensemble des règles régissant les relations entre les individus au sein de la société. Les Anglo-Saxons appellent «*law*» (loi) le terme qui correspond à ce sens du mot.

Pour qui étudie les sciences juridiques, seul le droit objectif offre vraiment de l'intérêt. Les juristes l'appellent **droit positif** et il s'exprime, le plus souvent, dans des normes de conduite édictées par un État démocratique, sous forme de lois et de règlements ayant force exécutoire devant les tribunaux; il s'oppose alors au **droit naturel** qui trouve ses fondements dans des règles de morale que le législateur n'a pas sanctionnées. Le droit positif, que nous nommerons dorénavant le **Droit**, joue, à bien des égards, un rôle primordial dans une société.

Rôle du droit

De façon générale, le droit vise à assurer l'équilibre essentiel au déroulement de relations harmonieuses entre les individus d'une collectivité donnée. Il évite ainsi que ces relations ne soient assujetties à l'impitoyable loi de la jungle. C'est ce côté utilitaire du droit que l'on retrouve dans toute société civilisée.

Envisagé sous l'angle du commerce, de l'industrie et de l'entreprise, le droit joue un rôle de premier plan. En effet, il régit les rapports entre les différents intervenants du milieu des affaires en établissant certaines normes d'honnêteté et de sécurité dans ces rapports. En même temps, il réglemente la production et la distribution des richesses et sert, en quelque sorte, de baromètre à l'économie de l'État. Dans ce sens, le droit rejoint l'ensemble des citoyens et des consommateurs.

Les affaires, l'entreprise et le droit

Interdépendance de ces concepts

Dans notre système capitaliste, on a toujours désigné par l'expression «personnes en affaires» celles qui exploitent une entreprise en vue de réaliser des profits. Même si cette expression a souvent eu une consonance péjorative, il n'en demeure pas moins vrai que l'entrepreneur est à la base même du système économique qui caractérise un pays. L'entreprise constitue donc un instrument par excellence pour hausser le niveau et la qualité de vie d'une société.

En droit, on appelle **commerçants** ces individus qui exploitent une entreprise de production ou de distribution de biens ou de services axée avant tout sur la spéculation et la recherche du profit. Les commerçants assurent ainsi la circulation des richesses. L'industriel, le grossiste, le détaillant, le fabricant, le transporteur, etc., sont des exemples typiques de commerçants. Afin de réglementer ce processus de distribution et de diffusion des capitaux, et de protéger ainsi les consommateurs, le Législateur, dans sa sagesse, a dû prévoir des lois particulières. Ce bloc de législation se retrouve dans cette branche du droit privé que l'on nomme, dans un sens large, le **droit commercial**.

Droit commercial, droit des affaires et droit de l'entreprise

La terminologie utilisée au Canada et au Québec pour définir et décrire l'ensemble des règles de droit propres au commerce et à l'industrie est très imprécise, voire controversée. Les vocables «**droit commercial,**» «**droit des affaires**» et «**droit de l'entreprise**» utilisés par les spécialistes, expriment en fait des réalités similaires. Pour peu que l'on cherche un point commun entre ces diverses appellations, on a tôt fait de se rendre compte que cette branche du droit apparaît très concrète et orientée vers la satisfaction des besoins matériels.

Elle diffère du droit civil qui énonce avant tout des principes généraux visant à régir les relations entre les particuliers. Elle n'y déroge toutefois pas entièrement puisque, pour certaines matières telles les obligations, les contrats, etc., on s'y réfère même si on recherche alors des solutions distinctes. Par exemple, dans un bail, les droits et obligations du locataire et du locateur ainsi que la forme du contrat diffèrent en raison des objectifs mêmes poursuivis par les parties: le particulier désire satisfaire un besoin de sécurité alors que le commerçant tend davantage à satisfaire un besoin économique et à faire fructifier son avoir.

Le droit commercial est avant tout basé sur un système d'échange entre deux parties ou plus dans lequel le commerçant joue le rôle d'intermédiaire, alors que le droit civil se contente de régir les relations des particuliers entre eux. Le droit des affaires consacre le principe commercial de la libre circulation des biens. En ce sens, on peut affirmer que le droit des affaires déborde les frontières nationales dès qu'une entreprise prend de l'expansion et songe à importer ou à exporter des biens ou des services.

En dépit du caractère original du droit des affaires, on ne peut toutefois espérer comprendre le droit commercial, le droit des affaires ou le droit de l'entreprise en vigueur au Québec sans d'abord connaître les fondements du droit civil.

Première partie

Les fondements juridiques des affaires au Québec

Plan du chapitre 1

Les sources du droit au Québec

Les sources historiques et constitutionnelles
   Avant 1760, la Nouvelle-France : le Régime français
   Après 1760, la Conquête : le Régime anglais
   En 1774, l'Acte de Québec
   En 1791, l'Acte constitutionnel
   En 1840, l'Acte d'union
   En 1867, l'Acte de l'Amérique du Nord britannique (A.A.N.B.)
   En 1931, le Statut de Westminster
   En 1982, la Loi sur le Canada (*Canada Bill*)
Les sources immédiates
   Le Code civil de la province de Québec
   Le droit statutaire
   La jurisprudence
   La doctrine
   L'usage et la coutume
Les branches du droit
   Le droit public
   Le droit privé

Les sources du
droit au Québec

Objectifs

1. Connaître les sources historiques et constitutionnelles du droit au Québec.
2. Distinguer les domaines de juridiction exclusive du fédéral et des provinces en vertu de l'A.A.N.B. de 1867.
3. Reconnaître les critères déterminant l'inconstitutionnalité d'une loi.
4. Identifier les caractéristiques de la Loi constitutionnelle de 1982.
5. Définir les termes «droit statutaire», «jurisprudence», «doctrine», «usage» et «coutume».
6. Expliquer en donnant des exemples en quoi le Code civil du Québec établit un régime particulier pour les actes de commerce.
7. Établir la distinction entre le droit public et le droit privé et identifier les composantes de chacun de ces domaines.

Comme nous l'avons déjà mentionné, le droit commercial en vigueur au Québec puise ses origines tantôt dans les sources générales du droit, tantôt dans des sources qui lui sont propres. Nous examinerons maintenant les principales sources du droit au Québec.

Les sources historiques et constitutionnelles

Il nous paraît important de relater quelques dates et faits historiques qui ont jalonné l'histoire du Canada et du Québec et qui ont précédé l'élaboration du Code civil de la province de Québec et de la Constitution canadienne.

Avant 1760, la Nouvelle-France : le Régime français

En 1534, Jacques Cartier prit possession du Canada au nom du roi de France, et, sur le plan juridique, la Nouvelle-France fut régie jusqu'en 1760 par le droit français, plus particulièrement par la **Coutume de Paris**, de même que par les ordonnances royales rendues à cette époque. Mais ce n'est véritablement qu'au moment de l'établissement du Conseil souverain, en 1664, que la Coutume de Paris fut officiellement reconnue comme loi en Nouvelle-France ; elle tenait alors lieu de droit civil et de droit criminel. L'Ordonnance sur le commerce de 1673 et l'Ordonnance de la marine de 1683 constituaient notre droit commercial à cette époque.

Après 1760, la Conquête : le Régime anglais

De 1760 à 1763, immédiatement après la Conquête anglaise, un régime militaire s'instaura en Nouvelle-France et on appliqua alors les lois anglaises.

En 1763, par le **Traité de Paris**, la France cédait officiellement la Nouvelle-France à l'Angleterre. À la faveur d'une proclamation royale, la Nouvelle-France prit alors le nom de Canada. La Coutume de Paris et les lois françaises cédèrent leur place aux lois et aux tribunaux anglais. On proclama l'anglais comme langue officielle de la justice.

En 1774, l'Acte de Québec

Jusqu'en 1774, le droit anglais fut en vigueur en Nouvelle-France, mais à la suite des pressions de la population, l'**Acte de Québec** abrogea la Proclamation royale de 1763 et rétablit le droit français dans tous les domaines concernant le droit civil et la propriété ; on permit aussi le libre exercice de la religion catholique. Par ailleurs, les lois criminelles et pénales ainsi que les lois commerciales anglaises demeurèrent en vigueur. L'anglais et le français devinrent les deux langues officielles au pays.

En 1791, l'Acte constitutionnel

En 1791, le Parlement anglais adopta l'**Acte constitutionnel** qui divisait le Canada en deux provinces : le Haut-Canada et le Bas-Canada.

En 1840, l'Acte d'union

En 1840, le Parlement britannique proclama l'**Acte d'union** et il n'y eut plus qu'un seul gouvernement pour les provinces canadiennes. Les partis politiques commencèrent à s'organiser. À cette époque, les militants politiques se partageaient entre conservateurs et libéraux.

En 1867, l'Acte de l'Amérique du Nord britannique (A.A.N.B.)

Qu'est-ce qu'une constitution ?

Il n'est pas essentiel d'être expert en la matière pour répondre à cette question et tout citoyen devrait connaître, au moins dans ses grandes lignes, la loi fondamentale qui définit la structure politique du pays dont il est le ressortis-

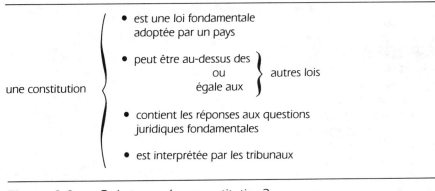

une constitution

- est une loi fondamentale adoptée par un pays
- peut être au-dessus des
    ou
  égale aux } autres lois
- contient les réponses aux questions juridiques fondamentales
- est interprétée par les tribunaux

Figure 1.1   Qu'est-ce qu'une constitution?

Source: *Justice*, septembre-octobre 1981, p. 19.

sant, le mode selon lequel il élit ses gouvernants, le rôle des tribunaux, les garanties dont il dispose face aux abus de pouvoirs des gouvernants, etc. On retrouve cette loi de base dans un texte que l'on appelle une **constitution**.

Même si on retrouve des règles communes dans la plupart des constitutions, il appartient à chaque État de déterminer le contenu de sa propre constitution. Ainsi, la loi constitutionnelle du Canada n'est pas identique à celle qui est en vigueur aux États-Unis, en France ou en Suisse (figure 1.1).

La Constitution canadienne

Historiquement, le Canada représente une **fédération** composée de deux ordres de gouvernement: un gouvernement central et des gouvernements locaux, chacun exerçant le pouvoir de légiférer et de gouverner dans son champ de juridiction respectif. Le fédéralisme canadien repose sur une constitution qui doit son origine à une loi adoptée en 1867 par le Parlement britannique. Ce pacte confédératif, traditionnellement désigné sous le titre de l'**Acte de l'Amérique du Nord britannique (A.A.N.B.)**, détermine les matières dans lesquelles les différents paliers de gouvernement peuvent légiférer et établit le partage des compétences entre le Parlement fédéral et celui des provinces.

Partage des compétences

Au niveau du gouvernement central   C'est l'article 91 de l'A.A.N.B. qui détermine les domaines de juridiction du Parlement fédéral. Ce dernier possède des pouvoirs généraux «de faire des lois pour la paix, l'ordre et le bon gouvernement du Canada, relativement à toutes les matières ne tombant pas dans les catégories de sujets exclusivement assignés aux législatures des provinces».

De façon plus spécifique, l'autorité législative du Parlement du Canada touche plusieurs domaines d'activités. En voici les principaux:

— le commerce interprovincial et international;
— l'assurance-chômage;
— le prélèvement d'impôts;
— le service postal;
— la défense nationale;
— la navigation;
— les pêcheries;
— la monnaie;

- les banques et l'émission du papier-monnaie;
- les poids et mesures;
- les lettres de change et les billets à ordre;
- l'intérêt de l'argent;
- la faillite et l'insolvabilité;
- les brevets d'invention;
- les droits d'auteur;
- la citoyenneté;
- le mariage et le divorce;
- le droit criminel;
- les pénitenciers, etc.

Au niveau des provinces L'article 92 énumère les pouvoirs qui appartiennent en exclusivité aux provinces. Celles-ci ont juridiction sur les matières suivantes:

- la taxation directe pour des objets provinciaux (taxe sur le tabac, par exemple);
- les emprunts sur le seul crédit de la province;
- les prisons;
- les hôpitaux;
- les municipalités;
- les permis de boutiques, de cabarets, etc.;
- la constitution en corporation de compagnies pour des objets provinciaux;
- la célébration du mariage;
- la propriété et les droits civils;
- l'administration de la justice;
- l'imposition des amendes, etc.

La Loi constitutionnelle de 1982 a créé l'article 92A qui stipule que les ressources naturelles non renouvelables, les ressources forestières et l'énergie électrique sont de la compétence exclusive des provinces.

Pour terminer cette nomenclature, mentionnons que l'article 93 accorde aux provinces le pouvoir exclusif de légiférer en matière d'éducation.

Figure 1.2 Les pères de la Confédération

Source : *Justice*, septembre-octobre 1981, volume III, n⁰ 5, p. 20.

Cas litigieux En dépit de cette répartition des pouvoirs qu'établissent les articles 91 et 92 au niveau du gouvernement central et des provinces, certains domaines juridictionnels demeurent ambigus ou imprécis et il n'est pas rare de voir un ordre de gouvernement empiéter dans un champ de juridiction qu'il croit lui appartenir, mais que l'autre lui conteste. Ce phénomène s'explique d'autant plus que l'A.A.N.B. date de 1867 et que, depuis cette époque, on a vu se développer de nouvelles sphères d'activités telles les communications par satellites, la câblodistribution, les relations de travail, etc. Dès lors, il faut se demander à quel palier de gouvernement appartient le droit de réglementer ces matières ; c'est la Cour suprême du Canada qui a répondu à cette question en statuant que si les articles 91 et 92 n'attribuent pas spécifiquement une matière à un niveau de gouvernement, c'est le Parlement fédéral qui possède la compétence de légiférer dans ce domaine. Il s'agit là de ce que les juristes appellent la **compétence résiduelle** ou le **pouvoir résiduaire** du Parlement fédéral.

Un palier de gouvernement qui adopterait une loi dans une sphère de juridiction réservée à l'autre verrait cette loi frappée d'**inconstitutionnalité** ou qualifiée d'***ultra vires*** et elle deviendrait, par conséquent, inopérante. Le contrôle de la constitutionnalité des lois incombe donc aux tribunaux ; au Québec, en première instance, la Cour supérieure du Québec et, en dernière instance, la Cour suprême du Canada sont appelées fréquemment à interpréter la Constitution et à jouer le rôle d'arbitre entre une instance gouvernementale et un citoyen ou un organisme qui prétend qu'une loi ou un règlement revêt un caractère inconstitutionnel. Aussi existe-t-il une jurisprudence abondante en la matière et certaines décisions ont fait la une des journaux du Québec.

Qu'on se souvienne du fameux débat mené sur la constitutionnalité de la Charte de la langue française (loi 101) à propos de la «clause Québec» et de la «clause Canada» déterminant l'accès à l'école anglaise au Québec. En septembre 1982, l'ex-juge en chef Jules Deschênes de la Cour supérieure du Québec statuait, dans un jugement que l'on peut considérer comme historique, que la clause Canada telle qu'elle apparaît dans la Charte canadienne des droits et libertés avait préséance sur la clause Québec de la Charte de la langue française. Ce jugement rendait ainsi inopérants certains articles du chapitre 8 de la loi 101 et décrétait que «les enfants de citoyens canadiens dont les parents ont reçu l'enseignement primaire en anglais au Canada peuvent fréquenter l'école anglaise au Québec, ainsi que ceux qui ont reçu l'enseignement en anglais au Canada de même que leurs frères et soeurs». Le gouvernement interjeta appel de ce jugement mais il fut débouté par la Cour d'appel du Québec ; c'est finalement la Cour suprême du Canada qui fut chargée de trancher le débat.

Récemment, la Cour supérieure du Québec déclarait inconstitutionnels et *ultra vires* les règlements municipaux interdisant les embarcations à moteur sur les lacs, invoquant qu'en vertu de l'article 91(10) de la constitution, la navigation est de juridiction exclusive au gouvernement fédéral et que cette compétence s'étend aux embarcations de plaisance, une matière déjà réglementée par le fédéral. Il appartient aux provinces de légiférer pour protéger l'environnement, mais cette législation ne doit pas venir en conflit avec une loi fédérale, car, comme nous l'avons déjà dit, la loi fédérale a alors préséance.

C'est à la Cour suprême du Canada que les francophones et le Cabinet fédéral ont dû faire appel pour trancher le débat judiciaire sur le statut du français au Manitoba et, par la même occasion, assurer le respect de la Constitution. On pourrait multiplier ainsi les exemples de controverses constitutionnelles, mais nous croyons que ceux-ci illustrent bien le rôle fondamental de nos tribunaux dans la résolution des cas litigieux.

En 1931, le Statut de Westminster

En 1931, le Parlement britannique adoptait le **Statut de Westminster**, qui conférait au Canada sa pleine souveraineté politique. Dorénavant, les lois adoptées par le Parlement d'Ottawa n'avaient plus à recevoir la ratification de Londres et la reine, par le biais du Gouverneur général, demeurait l'emblème du pays à titre purement symbolique sans désormais diriger le gouvernement.

En 1982, la Loi sur le Canada (*Canada Bill*)

Même si depuis 115 ans le Canada constituait dans les faits un État jouissant d'une pleine indépendance, il devait s'adresser au Parlement britannique à chaque fois qu'il désirait apporter des modifications à sa Constitution. En décembre 1981, le Parlement du Canada formula au Parlement britannique une demande de rapatriement de la Constitution canadienne; cette requête se solda par l'adoption, le 17 avril 1982, de la «Loi sur le Canada» (*Canada Bill*) qui dotait notre pays d'une «nouvelle constitution». Le dernier lien colonial était à jamais rompu.

Tout en maintenant en vigueur la loi de 1867, la **Loi constitutionnelle de 1982** comporte des éléments nouveaux qui méritent qu'on s'y arrête en raison de leur importance pour tous les Canadiens. Nous pouvons les résumer en cinq points principaux:

— la Charte canadienne des droits et libertés;
— les droits des peuples autochtones du Canada;
— la péréquation et les inégalités régionales;
— la conférence constitutionnelle;
— la procédure de modification de la Constitution du Canada.

Nous nous contenterons d'examiner sommairement les trois premiers points.

La Charte canadienne des droits et libertés

Pour les Canadiens, l'élément le plus marquant de cette révision constitutionnelle a été l'enchâssement de leurs libertés et de leurs droits fondamentaux dans une charte canadienne. Ainsi, la Charte assure aux Canadiens certains droits démocratiques tels le droit de vote, la liberté de conscience, de religion, de pensée, d'opinion et d'expression, la liberté de presse, etc.; elle assure aussi aux citoyens certaines garanties juridiques dans les domaines suivants: le droit à la vie, le droit à la liberté, le droit à la protection contre les fouilles et les saisies abusives ou la détention ou l'emprisonnement arbitraire, le droit d'être informé sans délai anormal de l'infraction reprochée, le droit à l'assistance d'un avocat, le droit d'être jugé dans un délai raisonnable, le droit d'être protégé contre toute peine ou tout traitement inusité, le droit d'être présumé innocent et, enfin, le droit au cautionnement.

Elle protège également la liberté de circulation et d'établissement des Canadiens dans la province de leur choix de même que le droit d'utiliser l'une des deux langues officielles. Enfin, les hommes et les femmes bénéficient de l'égalité des libertés et des droits énumérés dans la Charte.

Cette consécration des droits et libertés a donné lieu à de nombreuses poursuites contre le gouvernement ou ses agents par des citoyens qui prétendaient avoir été victimes d'abus de la part du pouvoir exécutif. On peut citer en exemple le cas de nombreux citoyens qui se sont sentis menacés dans leur vie privée et dans leur intégrité physique suite à des interventions et des arrestations effectuées par des policiers utilisant des méthodes parfois douteuses.

Au cours de la première année de la mise en vigueur de la Charte, en droit criminel seulement, on a dénombré environ cinq cents interprétations différentes données par les juges canadiens. Ce flot de divergences d'opinions entre les spécialistes du droit a donné naissance à une nouvelle jurisprudence plus ou moins consistante qui aura intérêt à se stabiliser dans les années à venir et qui devra préciser la portée trop générale des termes utilisés dans la Charte (voir l'appendice, p. 534).

Récemment, un juge acquittait un automobiliste accusé d'avoir brûlé un feu rouge en 1979, mais à qui on n'avait signifié l'infraction qu'en 1982. À l'appui de sa décision, le magistrat a invoqué que la longueur indue du délai de poursuite allait à l'encontre d'une disposition de la Charte qui stipule qu'un citoyen a le droit d'être informé le plus rapidement possible d'une infraction qu'on lui reproche et d'être jugé dans un délai raisonnable. Monsieur le juge Hugessen explique dans ce jugement que «les droits de la personne reconnus dans la Charte constitutionnelle canadienne sont une protection du citoyen contre les abus du pouvoir exécutif».

Les peuples autochtones

La Charte canadienne reconnaît aussi les droits et les libertés des Inuit, des Indiens et des Métis, peuples qui détenaient des droits ancestraux ou issus de traités. Ces droits revêtent dorénavant un caractère officiel.

La péréquation et les inégalités régionales

On entend par **péréquation** la répartition des paiements du fédéral aux provinces en tenant compte des inégalités régionales afin de promouvoir l'égalité des chances et de favoriser un équilibre dans le développement économique du Canada.

Les sources immédiates

En revoyant le cours de l'histoire du Canada de 1867 jusqu'à aujourd'hui à travers les lois constitutionnelles, nous avons pu nous rendre compte que le régime politique du pays de même que toutes les institutions au sein desquelles évoluent les citoyens trouvent leurs fondements dans l'Acte de l'Amérique du Nord britannique. Le partage des compétences qu'il établit entre le gouvernement central et les provinces relativement à toutes les activités commerciales à l'intérieur des limites d'une province, entre deux ou plusieurs provinces ou à l'extérieur des frontières du Canada fait de ce pacte fédératif la source première de notre système économique et juridique.

Au Québec, le droit commercial est réglementé par deux législateurs distincts et possède un caractère particulier. En effet, contrairement au droit commercial d'inspiration anglaise en vigueur dans les provinces canadiennes utilisant la *common law*, et contrairement au droit des affaires français qui se caractérise par son autonomie et son code distinct, les règles du droit commercial québécois s'apparentent à celles du droit civil en même temps qu'elles en dérogent en créant un régime d'exception dans certaines matières.

Le Code civil de la province de Québec

En 1857, le gouvernement chargea une commission formée de trois juges, MM. Caron, Morin et Day, de codifier l'ensemble des lois civiles et commerciales alors en vigueur dans le Bas-Canada; c'est en 1866, soit un an avant la Confédération, que fut adopté le **Code civil** du Bas-Canada.

Les auteurs du Code civil du Bas-Canada s'inspirèrent du Code Napoléon alors en vigueur en France; ils puisèrent également dans la Coutume de Paris et dans la *common law* anglaise pour en intégrer certaines dispositions au Code civil. Notre Code civil fut amendé, modifié et révisé au fil des années. En 1867, pour compléter la mise en application du Code civil, le Parlement promulgua un **Code de procédure civile** qui subit lui aussi, au cours des années, de multiples transformations.

En 1955, le Législateur québécois décida de procéder à une refonte complète de notre droit civil. Il s'agissait, en réalité, de promulguer un nouveau code qui soit le reflet des réalités sociales, morales et économiques de la société québécoise d'aujourd'hui. À cet effet, on créa un organisme, l'Office de révision du Code civil, dont le mandat fut de recommander au Législateur les transformations qui lui paraissaient appropriées. En 1977, l'Office de révision du Code civil remit le projet d'un nouveau Code civil. Enfin, le 2 avril 1981 entraient en vigueur plusieurs dispositions du nouveau Code civil de la province de Québec. C'est ainsi qu'on assistait à la naissance d'un «droit de la famille» réformé qui sanctionnait pour l'avenir les deux grands principes d'égalité de l'homme et de la femme entre eux et devant la loi, et de liberté des personnes dans leurs relations familiales. Depuis, le Législateur continue d'élaborer notre nouveau Code étape par étape.

Le Code civil constitue la source essentielle de notre droit des affaires. Il regroupe au-delà de 2 600 articles dont plusieurs réglementent les transactions d'affaires de tous les jours. Il se divise en quatre livres. Le premier traite des personnes; le deuxième des biens, de la propriété et de ses différentes modifications; le troisième de l'acquisition et de l'exercice des droits de propriété (successions et donations, conventions matrimoniales, principaux contrats et preuves, privilèges, hypothèques et enregistrement); finalement, le quatrième qui est consacré aux lois commerciales.

Les trois premiers réglementent à la fois les affaires civiles et les affaires commerciales.

Le droit des affaires de la province de Québec semble donc se confondre avec le droit civil, mais il crée un régime particulier en ce qui concerne les matières commerciales. En voici quelques exemples. Dans toute transaction commerciale,

— la preuve par témoin est admise; ce qui n'est pas le cas en matière civile (art. 1233 C.c. et art. 1235 C.c.);

— la mise en demeure est automatique et n'exige aucune formalité (art. 1069 C.c.);

— les parties sont toujours présumées solidairement responsables, sans qu'il ne soit nécessaire de le mentionner expressément (art. 1105 C.c.);

— lorsqu'il s'agit de juger de la solvabilité d'une caution (endosseur), on tient compte autant de la valeur de ses immeubles que de ses meubles (art. 1939 C.c.);

— le délai de prescription d'une action est plus court qu'en droit civil; il est habituellement de cinq ans (art. 2260 C.c.).

Le quatrième livre du Code civil est consacré exclusivement aux lois commerciales. Il contient des dispositions relatives aux lettres de change, au droit maritime et aux assurances. Quant aux autres règles applicables aux affaires commerciales, l'article 2278 du Code civil stipule qu'on les retrouve dans les livres qui précèdent et, particulièrement, dans les titres du troisième livre: Des obligations, De la vente, Du louage, Du mandat, Du nantissement, De la société, et De la prescription.

L'adoption de règles propres au droit des affaires résulte du caractère spécifique des actes qu'il réglemente. En effet, les activités de production, le grand nombre d'opérations commerciales conclues et leur nature répétitive, l'accès systématique au crédit et la protection des parties à une transaction d'affaires représentent autant de facteurs qui militent en faveur de l'attribution au droit commercial d'une réglementation différente de celle du droit civil.

Le droit statutaire

Le **droit statutaire** est formé de l'ensemble des lois votées par nos corps législatifs, c'est-à-dire le Parlement du Canada et l'Assemblée nationale du Québec, de l'ensemble des décrets et arrêtés en conseil promulgués par le pouvoir exécutif et de tous les règlements émanant de nos institutions municipales, scolaires ou professionnelles. Le tableau 1.1 illustre la théorie de la séparation des pouvoirs, pierre angulaire de notre système constitutionnel démocratique.

Selon cette théorie que nous représentons à l'aide d'une pyramide, le pouvoir de l'État se divise en trois paliers distincts: le **législatif**, l'**exécutif** et le **judiciaire**. Il s'inspire de Montesquieu et de son traité intitulé *De l'esprit des lois*. Chaque pouvoir possède un champ d'activité spécifique et doit être indépendant des autres; chacun d'eux doit de plus être équilibré pour faire en sorte qu'aucun n'empiète sur l'autre. Au Québec, en pratique, il serait illusoire de penser que cette théorie reçoit une application intégrale. En effet, en raison de l'ampleur de l'appareil administratif, il n'existe pas de cloison étanche entre ces trois pouvoirs, mais plutôt une certaine interdépendance difficile à éviter. L'un ou l'autre des trois pouvoirs peut, à l'occasion, exercer les fonctions des deux autres en plus de ses propres fonctions.

Finalement, on peut affirmer que le fonctionnement harmonieux de l'État ne repose pas sur une séparation hermétique des pouvoirs, mais plutôt sur leur interdépendance équilibrée. Il en va de même sur le plan fédéral.

Tableau 1.1   Théorie de la séparation des pouvoirs

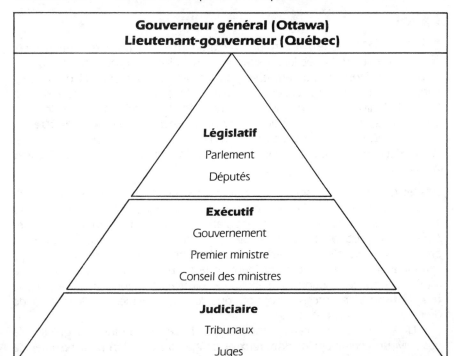

Figure 1.3   L'Assemblée nationale du Québec

Source: *Justice*, septembre-octobre 1981, volume III, n°5, p. 20.

En droit des affaires, la législation statutaire vient compléter les règles du Code civil en fournissant un encadrement juridique aux transactions commerciales. La *Loi sur les compagnies de la province de Québec*, la *Loi sur les sociétés commerciales canadiennes*, la *Loi sur la protection du consommateur*, la *Loi sur les valeurs mobilières du Québec*, la *Loi relative aux enquêtes sur les coalitions* et la *Loi sur la faillite* constituent autant d'exemples de lois statutaires fédérales ou provinciales.

Le Code civil et le droit statutaire forment donc les deux sources principales de réglementation écrite du droit commercial au Québec.

La loi

Définition   Une **loi** est «une règle adoptée par un vote du Parlement qui délimite les droits et les obligations des individus, groupements ou établissements dans l'un ou l'autre secteur de l'activité humaine, et qu'on peut faire appliquer en ayant recours à la justice». Une loi est d'abord publiée sous forme de feuillet pour être ensuite insérée dans le recueil annuel des lois. Les abréviations L.Q. et L.R.Q. désignent respectivement les **Lois du Québec** et les **Lois refondues du Québec** et renvoient aux recueils annuels des lois. Au niveau du Parlement fédéral, ces recueils portent le nom de **Statuts révisés** (S.R.).

Élaboration   Lorsque nos gouvernants décident d'élaborer une loi, ils le font généralement à la suite de sondages, d'enquêtes et d'études menés auprès de spécialistes et de la population, et ce, en conformité avec les objectifs du parti politique au pouvoir. À l'occasion, un projet de loi peut prendre la forme d'un livre vert ou d'un livre blanc publié par le ministre qui «parraine» la loi. Le **livre vert** identifie le problème, expose les objectifs à atteindre pour le solutionner et envisage diverses solutions. Pour sa part, le **livre blanc** vient préciser l'option que le gouvernement a l'intention de prendre.

Une loi n'acquiert cependant pas une force exécutoire tant qu'elle n'a pas suivi un cheminement rigoureux et obligatoire que l'on peut résumer de la façon suivante:

1. Rédaction du projet de loi par un ministre.
2. Traduction et impression du projet de loi.
3. Dépôt devant l'Assemblée nationale.
4. Première lecture; l'Assemblée nationale est alors saisie du projet de loi.
5. Deuxième lecture; l'Assemblée nationale adopte le principe du projet de loi.
6. Étude en commission parlementaire ou en commission plénière; ce sont les députés membres de la commission qui examinent en détail le projet de loi.
7. Troisième lecture; l'Assemblée nationale adopte l'ensemble du projet de loi tel que modifié par le rapport de la commission parlementaire ou de la commission plénière.
8. Sanction par le lieutenant-gouverneur; le projet de loi devient une loi.
9. Entrée en vigueur de la loi; la loi peut entrer en vigueur le jour de la sanction, soixante jours après, ou selon une proclamation particulière du gouvernement.
10. Publication de la loi dans la *Gazette officielle* du Québec, puis dans les *Lois du Québec*.
11. Règlements; les fonctionnaires du ministre préparent les modalités d'application d'une loi. Les règlements précisent le cadre général d'une loi[1] (figure 1.4).

Un projet de loi déposé devant la Chambre des communes à Ottawa suit le même cheminement que celui que nous venons de décrire pour l'Assemblée nationale.

C'est un principe de droit reconnu qu'une loi n'a généralement pas d'**effet rétroactif**; on ne peut, par exemple, considérer comme illégal un acte commis avant l'adoption de la loi qui le prohibe.

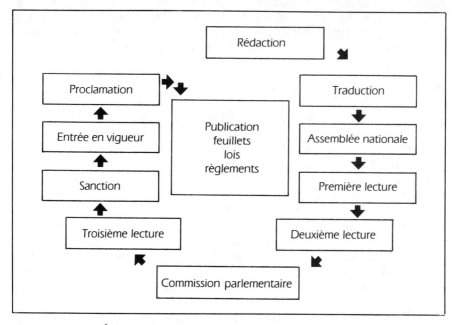

Figure 1.4   Élaboration d'une loi

---

1. *Annuaire du Québec 1979-1980*, p. 92.

Loi-cadre   Comme nous venons de le constater, le processus d'élaboration d'une loi peut s'avérer fort long, ce qui risque parfois d'engendrer des délais préjudiciables aux citoyens. Pour alléger l'appareil législatif et permettre au gouvernement plus de souplesse dans l'application des lois, il existe depuis une dizaine d'années une nouvelle forme de législation qu'on appelle la **loi-cadre**. Le Parlement a de plus en plus souvent recours à ce type de législation qui consiste à adopter une loi dans laquelle on retrouve les principaux éléments constitutifs, à l'exclusion des dispositions relatives à sa mise en application.

Ordonnances, arrêtés en conseil et règlements   On retrouve dans une loi-cadre un ou plusieurs articles qui permettent au Conseil des ministres d'adopter, par **ordonnance**, par **arrêté en conseil** ou par **règlement**, des dispositions visant à amender ou à modifier la loi pour faciliter sa mise en application.

Par exemple, si le Conseil des ministres décide de modifier les conditions d'admissibilité à l'assurance-chômage, de hausser le salaire minimum ou encore de rendre obligatoire l'obtention d'un permis de transport pour la cueillette des ordures ménagères, il procède par voie d'ordonnance, d'arrêté en conseil ou de règlement. Cette procédure évite donc de mettre en branle le lourd mécanisme de l'élaboration d'une loi.

Règlements municipaux   En vertu de l'alinéa 8 de l'article 92 de l'A.A.N.B., les législatures provinciales peuvent déléguer certains de leurs pouvoirs; cette délégation de pouvoir a lieu au profit des villes et des municipalités. En effet, le gouvernement provincial a accordé aux villes et aux municipalités le pouvoir de légiférer à l'intérieur de leur territoire dans la mesure où cette législation n'entre pas en conflit avec les lois fédérales ou provinciales.

Ce pouvoir s'exerce sous forme de **règlements municipaux**, qui traitent des questions d'intérêt local, telles le zonage commercial, industriel et résidentiel et les permis d'exploitation de commerce, de stationnement et de circulation. Ce pouvoir de légiférer par voie de réglementation appartient aussi à certains corps publics, telles les commissions scolaires, les corporations professionnelles reconnues, les universités et certaines régies ou commissions.

La jurisprudence

Le pouvoir judiciaire voit à l'interprétation et au respect des lois et des règlements que l'Exécutif a pour mission d'administrer. Ce devoir de surveillance s'exerce par le biais de nos tribunaux. Les juges sont donc appelés à se prononcer régulièrement sur des litiges opposant des particuliers ou des entreprises; les décisions qu'ils rendent dans ces occasions forment la **jurisprudence**. Les arrêtistes compilent dans des recueils les décisions les plus valables des différentes instances; il s'agit là d'une source importante mais secondaire de notre droit québécois.

Dans une province de droit écrit comme le Québec, les juges ne sont pas forcément liés par les décisions de leurs collègues, mais ils les respectent et s'en inspirent fortement, surtout lorsque ces décisions émanent de tribunaux supérieurs comme la Cour d'appel du Québec ou la Cour suprême du Canada.

Dans toutes les autres provinces du Canada, qui sont des provinces où on applique la *common law*, les principes de droit civil ne sont pas codifié et le juge, ne pouvant s'en remettre à un texte de loi écrit, doit rendre sa décision en se fondant uniquement sur l'ensemble des décisions rendues auparavant dans des cas semblables. Il applique alors la doctrine du **précédent**.

La doctrine

Les ouvrages et les traités de droit constituent une source documentaire non négligeable en droit civil comme en droit des affaires. Les principes et les théories qu'on y retrouvent et qui sont élaborés par des juristes guident les praticiens du droit et les gens d'affaires dans leur interprétation des lois et des règlements qui ont cours dans le monde des affaires. La bibliographie que l'on retrouve à la fin du présente livre réunit des exemples d'ouvrages formant la **doctrine** juridique.

La documentation juridique que nous retrouvons au Québec provient surtout de juristes du Québec, de la France, des autres provinces canadiennes, de l'Angleterre et des États-Unis.

L'usage et la coutume

L'usage et la coutume constituent une source particulièrement importante en droit des affaires en raison de l'évolution rapide des activités propres au milieu et des délais qui précèdent l'adoption des lois et de la réglementation. Il n'est pas rare qu'une loi ne prévoit pas toutes les dispositions applicables à une sphère d'activités définie. À ce moment-là, on constate souvent qu'il existe un **usage** ou une **coutume** susceptible de pallier cette lacune.

Une pratique de commerce ne constitue pas toujours un usage au sens juridique du terme. Pour être considéré comme une source de droit, l'usage doit répondre à certains critères. En effet, en plus de constituer une pratique courante et répandue dans un milieu donné, l'usage ne se verra reconnu par les tribunaux et ne deviendra une source de droit que s'il est uniforme, général, fréquent et public.

En droit des affaires, l'usage revêt un caractère particulièrement important et contribue au dynamisme de cette branche du droit. Par exemple dans un contrat de vente, l'usage veut qu'en l'absence d'une clause stipulant que l'objet du contrat est une chose neuve ou usagée, il s'agisse d'une chose neuve qui est vendue. Par ailleurs, les articles 1864 et 1978 du Code civil prévoient la possibilité d'invoquer l'usage commercial en matière de sociétés et de gage.

> **Art. 1864 C.c.** «Les sociétées commerciales se divisent en: 1. Sociétés en nom collectif; 2. Sociétés anonymes; 3. Sociétés en commandite; 4. Sociétés par actions. Elles sont régies par les règles communes aux autres sociétés lorsque ces règles ne sont pas incompatibles avec celles qui sont contenues dans cette section et avec les lois et usages applicables spécialement aux matières de commerce.»

> **Art. 1978 C.c.** «Les règles contenues dans ce chapitre sont, en matières commerciales, subordonnées aux lois et aux usages du commerce.»

Les branches du droit

Traditionnellement, on divise le droit en deux grandes branches: le **droit public** et le **droit privé**. On peut envisager ces deux parties du droit à l'échelle internationale ou nationale. Les tableaux 1.2 et 1.3 offrent un aperçu schématique de ces branches du droit et de leurs ramifications.

Le droit public

Le droit public a pour objet premier l'organisation de l'État et des institutions qui en dépendent, ainsi que les rapports de ceux-ci avec les citoyens.

Tableau 1.2   Le droit public

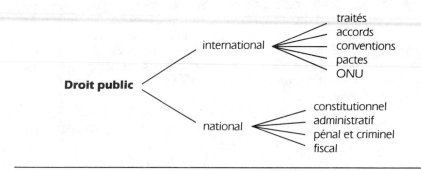

Tableau 1.3   Le droit privé

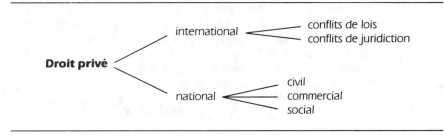

Le droit international public

Le **droit international public** vise à régir les rapports interétatiques par le biais de traités, d'accords, d'ententes, de conventions, de pactes, de coutumes, de pourparlers et de rencontres entre hauts dirigeants. Les conventions internationales du travail, la charte des Nations unies, la convention de Genève sur la Croix-Rouge, le Traité de Versailles, les accords Salt I et Salt II entre les États-Unis et l'U.R.S.S., le traité de non-prolifération des armes nucléaires, les traités d'extradition, etc., en sont autant d'exemples. Plus récemment, les discussions de Genève entre le secrétaire d'État américain et le ministre soviétique des Affaires étrangères, dans le but de prévenir l'extension dans l'espace de la course aux armements, ont remis en évidence le rôle prépondérant du droit international public; le Canada a envoyé en territoire européen un contingent de plus de sept mille soldats dans le cadre de l'Organisation du traité de l'Atlantique-Nord (OTAN).

Ces traités, conventions et accords internationaux n'ont d'effet qu'entre les parties, c'est-à-dire entre les pays qui les ont signés ou qui y ont adhéré, mais rien n'empêche un pays de rejeter un traité qu'il a déjà signé. Nous avons connu le cas de l'Iran qui, suite à un changement de régime politique interne a dénoncé et rejeté des traités signés depuis longtemps avec l'U.R.S.S. et les États-Unis.

Si on regarde de près l'état des relations internationales, on réalise vite que c'est la loi de la jungle, c'est-à-dire la loi du plus fort qui prévaut sur la scène internationale. Il nous apparaît évident que si les États-Unis ou l'U.R.S.S. décidaient un jour ou l'autre de rejeter un traité, de déclarer la guerre, d'envahir un pays ou de lancer leurs fusées Pershing II et leurs missiles SS-20 à têtes nucléaires, rien ni personne ne pourrait les en empêcher.

L'histoire récente nous offre de nombreux exemples de cette affirmation. En voici quelques-uns:
— la guerre du Vietnam;
— l'invasion soviétique de la Tchécoslovaquie et de l'Afghanistan;
— la prise d'otages à l'ambassade des États-Unis;
— les attentats terroristes à travers le monde;
— le non-respect des droits de l'homme et les méthodes de torture utilisées sous certains régimes dictatoriaux.

Le droit international public tente également de favoriser le rapprochement et les échanges et d'éliminer, dans la mesure du possible, les tensions entre les États par la création d'organisations internationales à vocation pacifique, humanitaire, économique, éducative, etc. La principale de ces organisations s'appelle l'**Organisation des Nations unies** (ONU) et son envergure mondiale justifie que l'on s'y arrête quelque peu.

L'ONU   Mise sur pied en 1945, à San Francisco, sous l'égide du président américain Franklin D. Roosevelt, l'ONU regroupait cent cinquante-sept États en 1981. Les six langues officielles de l'ONU sont l'anglais, l'arabe, le chinois, l'espagnol, le français et le russe. En Amérique, son siège social est situé à New York alors qu'en Europe, son siège social se trouve à Genève. Ses fonds proviennent de la contribution des États membres et sont déterminés proportionnellement à leur revenu national; les États-Unis (25%) et l'U.R.S.S. (11,1%) en sont les plus importants bailleurs.

L'ONU se compose de cinq principaux organes qui gravitent autour d'un moteur central, l'**Assemblée générale**. Cette dernière est l'organe de délibération par excellence et rassemble tous les États membres. Elle tient au moins une réunion ordinaire annuelle au cours de laquelle chaque pays membre a droit de parole et a, par conséquent, droit de vote. On peut également convoquer l'Assemblée générale pour des sessions extraordinaires. L'Assemblée générale accomplit la majeure partie de son travail en commissions (figure 1.5).

Voici les principaux organes qui gravitent autour de l'Assemblée générale:

Le Conseil de sécurité   Le Conseil de sécurité a pour mission de veiller au maintien de la paix et de la sécurité à l'échelle mondiale. Il regroupe

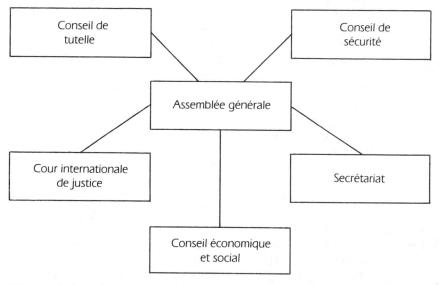

Figure 1.5   Le système des Nations unies

15 membres dont cinq sont permanents: la Chine, les États-Unis, la France, le Royaume-Uni et l'U.R.S.S. Chaque membre permanent possède un droit de veto et peut ainsi s'opposer à une résolution des autres membres du Conseil si celle-ci va à l'encontre de ses intérêts; ce fut le cas de l'U.R.S.S. qui a imposé son veto à une résolution condamnant son intervention armée en Afghanistan.

Le Conseil économique et social   Le Conseil économique et social coordonne les activités économiques et sociales des Nations Unies et des institutions spécialisées. Au nombre de 54, les membres du Conseil se réunissent deux fois par année. Le GATT (Accord général sur les tarifs douaniers et le commerce), l'UNESCO (Organisation des Nations unies pour l'éducation, la science et la culture), le FMI (Fonds monétaire international) et l'OACI (Organisation de l'aviation civile internationale) représentent des organisations bien connues qui relèvent du Conseil économique et social.

Ainsi, depuis sa création en 1948, le GATT a réussi à réduire considérablement le niveau des tarifs douaniers dans le monde. Les négociations les plus récentes (le Tokyo Round de 1973-1979) contribuent à réduire les barrières tarifaires et non tarifaires susceptibles de perturber le commerce international.

De son côté, à la suite de la tragédie qui a coûté la vie aux 269 personnes voyageant à bord d'un Boeing 747 de la Korean Air Lines, l'OACI est intervenu et a modifié sa charte pour interdire aux États membres de recourir à l'emploi des armes contre les avions civils en vol et de mettre ainsi en péril la sécurité des voyageurs. L'OACI a son siège social à Montréal.

La Cour internationale de justice   La Cour internationale de justice, dont le siège se situe à La Haye, est un tribunal composé de 15 juges élus pour une période de neuf ans. Ce tribunal est habilité à entendre les litiges dont le saisissent les États membres. Tout pays peut le consulter sur l'interprétation d'une convention internationale, d'un traité ou sur toute action entreprise par un État au détriment d'un autre. L'une des clauses de la charte de l'ONU stipule que tout État membre s'engage à respecter les jugements rendus par le Tribunal international; mais, dans les faits, la réalité est souvent tout autre, les pays ne reconnaissant pas juridiction au Tribunal pour se prononcer sur un des sujets concernant leurs affaires internes. Ainsi, dans la tragédie du Boeing 747 de la Korean Air Lines à laquelle nous avons fait allusion précédemment, le règlement du litige était d'autant plus compliqué que la Corée du Sud n'est pas membre des Nations unies et que l'Union soviétique ne reconnaît pas l'autorité de la Cour internationale de justice de La Haye.

Le 10 mai 1984, à la suite d'une plainte de Managua qui accusait les États-Unis de miner ses ports, la Cour de La Haye demandait à ces derniers de cesser tout soutien à des activités militaires dirigées contre le gouvernement du Nicaragua. Comme on le sait déjà, ce jugement de la Cour n'ayant pas de caractère exécutoire, les États-Unis ne se sont pas sentis liés par ce verdict. Il n'en demeure pas moins que les décisions du Tribunal de La Haye ont un effet psychologique, sinon dissuasif, pour le pays visé en regard de la communauté internationale.

Le Conseil de tutelle   Le Conseil de tutelle a pour mandat de superviser l'administration des territoires placés sous tutelle et de favoriser leur autonomie et leur indépendance. Aujourd'hui, l'ensemble des archipels formant la Micronésie constitue le seul territoire dans le monde encore sous tutelle; en effet, cette zone stratégique est administrée par les États-Unis depuis 1947.

Le Secrétariat   Le Secrétariat assume les fonctions administratives de l'ONU, sous la direction d'un secrétaire général nommé par l'Assemblée générale sur recommandation du Conseil de sécurité. Depuis décembre 1982, le péruvien Javier Perez de Cuellar assume ces fonctions.

Le droit national public

Le **droit national public** se subdivise en quatre grandes catégories: le droit constitutionnel, le droit administratif, le droit pénal et criminel et le droit fiscal.

Le droit constitutionnel   Nous avons déjà examiné la Constitution canadienne, qui est à la base même de notre **droit constitutionnel**.

Le droit administratif   Au Canada et au Québec, l'évolution sociale a entraîné une présence de l'État de plus en plus marquée dans la vie quotidienne des citoyens.

L'organisation de l'État   Le **droit administratif** réglemente l'organisation même de l'État au niveau de la fonction publique fédérale, provinciale et municipale. Les divers paliers de gouvernement sont divisés en ministères, en départements, en régies, en commissions et en offices.

Les relations avec les citoyens   Le droit administratif régit les rapports des divers paliers du gouvernement avec les citoyens. Il établit les pouvoirs et les devoirs de l'État vis-à-vis de ses citoyens, de même que les droits et les obligations de ces derniers à l'égard du gouvernement.

Au cours de la dernière décennie, cette branche du droit a pris de plus en plus d'importance, et cette expansion s'est faite bien souvent au détriment du droit civil.

Autrefois, lorsqu'un conflit opposait un propriétaire et un locataire au sujet d'un bail résidentiel, on s'adressait à la Cour provinciale ou à la Cour supérieure pour le régler; aujourd'hui, on s'adresse à la Régie du logement. En effet, les commissions, les régies, les offices, les tribunaux administratifs et les autres organismes gouvernementaux ou para-gouvernementaux se sont multipliés à un rythme soutenu pour soulager, dans une certaine mesure, les rôles surchargés de nos tribunaux de droit commun et spécialiser, par le fait même, nos instances judiciaires. En voici quelques exemples:

— la Commission de contrôle des permis d'alcool;
— la Commission des normes du travail;
— la Commission des affaires sociales;
— la Commission de la santé et de la sécurité du travail;
— l'Office de la langue française;
— l'Office des professions;
— l'Office de la protection du consommateur;
— la Régie de l'assurance-maladie du Québec;
— la Régie de l'assurance automobile du Québec;
— la Régie du logement;
— la Régie des loteries et courses du Québec, etc.

Les citoyens sont donc de plus en plus conscients de la présence de l'État dans leurs activités quotidiennes. De nos jours, il n'est pas rare d'avoir à remplir une série de formulaires pour s'inscrire à un programme quelconque, pour solliciter des prestations d'aide sociale ou pour obtenir divers permis. Dans tous ces cas, on doit rencontrer des fonctionnaires qui prendront, parfois arbitrairement, des décisions et feront ainsi office de juges.

Le Protecteur du citoyen[2]   On a créé ce poste au Québec en 1968 afin de protéger les citoyens qui se sentent lésés à la suite d'une mauvaise décision, d'une erreur ou d'un agissement injuste d'un fonctionnaire, d'un officier ou d'un employé relevant de la fonction publique québécoise. Il s'agit d'un recours de dernière instance.

Lorsqu'il reçoit une plainte, le **Protecteur du citoyen** fait une enquête et intervient, s'il y a lieu, auprès du ministère ou de l'organisme gouvernemental concerné pour demander qu'on révise la décision préjudiciable et recommander les mesures qui s'imposent. Le Protecteur du citoyen ne rend compte de ses actes qu'à l'Assemblée nationale; il est indépendant de la fonction publique et offre donc la garantie d'une justice plus impartiale. Le Parlement fédéral n'a pas encore créé de poste similaire.

Le droit pénal et criminel   Nous avons vu que le droit criminel relève de la juridiction exclusive du Parlement fédéral qui a adopté un Code criminel s'appliquant sur l'ensemble du territoire canadien. Ce code vise à assurer l'ordre, la sécurité et la paix.

On emploie indistinctement le terme Code pénal ou Code criminel pour désigner le Code criminel du Canada; il existe cependant une distinction entre les deux expressions. Ainsi, on parle de **droit criminel** lorsqu'une personne est citée en justice pour répondre d'une infraction ou d'un acte criminel spécifiquement mentionnés au Code criminel canadien (meurtre, vol, viol, voies de faits, etc.). Il s'agit plutôt de **droit pénal** lorsqu'un individu commet une infraction à une loi statutaire (Code de la sécurité routière, règlements municipaux, *Loi sur la protection du consommateur*, etc.); le cas échéant, le contrevenant encourt généralement une amende.

Le droit fiscal   Le **droit fiscal** englobe le domaine des finances publiques, tant sur les plans fédéral, provincial que municipal. Chacun de ces niveaux de gouvernement doit être en mesure d'assurer le financement de ses projets et de ses programmes. À l'occasion, les gouvernements ont recours à des emprunts sur divers marchés financiers, nationaux ou internationaux, ou à l'émission d'obligations.

L'État fait également appel à d'autres sources de financement: imposition de taxes directes ou indirectes, impôt sur le revenu des particuliers ou des sociétés, imposition de permis d'exploitation de commerce ou d'entreprise, taxes foncières et scolaires ou encore taxe de vente. Cette catégorie du droit couvre donc un champ d'activités très vaste.

Le droit privé

Le **droit privé** régit les rapports des individus entre eux au sein de la société.

Le droit international privé

Le **droit international privé** a pour objet de solutionner les conflits de lois ou de juridiction susceptibles d'intervenir dans les relations entre les citoyens de provinces ou de pays différents (mariage d'un Grec avec une Française, litige commercial entre un importateur canadien et un exportateur japonais, citoyen français résidant à Montréal qui décède à Londres en léguant des immeubles situés à New York). Le droit international privé s'applique aussi dans le cas de la nationalisation ou de l'expropriation, par un gouvernement, d'une compagnie étrangère (Asbestos Corporation dont le Québec s'est porté acquéreur).

---

2. Loi du Protecteur du citoyen (L.R.Q., c. P-32).

Comme on peut s'en rendre compte, le droit international privé est une partie du droit particulièrement complexe puisqu'il suppose, la plupart du temps, une connaissance précise ou une étude particulière des lois de différents États. Au Québec, notre Code civil n'y fait allusion qu'aux articles 6, 7, 7.1 et 8.

Le droit national privé

Le **droit national privé** réglemente les activités et les relations des citoyens d'un même État entre eux. Le droit national privé se divise en trois catégories: le droit civil, le droit commercial (y compris le droit maritime et le droit aérien) et le droit social.

Le droit civil   Au Québec, les principes de **droit civil** sont énoncés dans le Code civil de la province de Québec. On y retrouve les dispositions qui régissent l'ensemble de nos activités civiles et une partie de nos activités commerciales, de la naissance à la mort. Le Code civil est complété par le Code de procédure civile, qui indique la procédure à suivre pour faire valoir nos droits devant les tribunaux.

Le droit commercial   Faisant partie du droit national privé, le **droit commercial** s'applique plus particulièrement aux commerçants; nous en avons déjà traité antérieurement dans ce chapitre.

Le droit social   D'une part, le **droit social** réglemente les relations individuelles et collectives de travail entre les individus d'une même société et, d'autre part, il renferme un ensemble de lois à caractère social.

Le droit du travail   Le **droit du travail** est régi principalement par le Code du travail du Québec et par les dispositions du Code civil relatives aux contrats de travail; il précise les relations entre employeurs et employés. Le droit du travail regroupe en outre différentes lois, telles que: la *Loi sur les normes du travail*[3], la *Loi des accidents du travail*[4], la *Loi sur la santé et la sécurité du travail*[5], la *Loi des décrets de convention collective*[6], la *Loi sur la qualification professionnelle des entrepreneurs en construction*[7], la *Loi des syndicats professionnels*[8], la *Loi sur les relations de travail dans l'industrie de la construction*[9], etc.

Les services sociaux   On rattache indirectement aux services sociaux certaines lois à caractère social: la *Loi sur les services de santé et les services sociaux*[10], la *Loi sur l'assurance-maladie*[11], la *Loi sur l'assurance-hospitalisation*[12], etc.

Les droits de l'individu   On inclut dans le droit social la Charte canadienne des droits et libertés qui assure le respect des droits fondamentaux de

---

3. L.R.Q. 1980, c. N-1.1.
4. L.R.Q., c. A-3.
5. L.R.Q., c. S-2.1.
6. 1964, S.R.Q., c. 143.
7. L.R.Q., c. Q-1.
8. 1964, S.R.Q., c. 146.
9. 1969, L.R.Q., c. 45.
10. L.R.Q., c. S-5.
11. L.R.Q., c. A-29.
12. L.R.Q., c. A-28.

toute personne résidant au Canada, quels que soient sa race, sa religion, son origine nationale, son sexe et sa couleur.

Par ailleurs, le Québec possède aussi sa *Charte des droits et libertés de la personne*[13] (voir en annexe) qui, comme la Charte canadienne des droits et libertés, vise à bannir toute forme de discrimination sociale et à protéger la vie privée des citoyens.

Résumé

Avant 1760, sous le Régime français et, après la Conquête, sous le Régime anglais, plusieurs dates et faits historiques ont jalonné l'histoire du Canada et du Québec pour conduire à l'adoption de la Constitution du Canada. La Constitution partage les compétences entre le gouvernement central et les provinces. Un palier de gouvernement qui adopterait une loi dans une sphère de juridiction réservée à l'autre verrait cette loi frappée d'inconstitutionnalité ou qualifiée d'*ultra vires* et celle-ci deviendrait, par conséquent, inopérante.

La Constitution canadienne représente la source première du système économique et juridique québécois. Le droit des affaires du Québec est réglementé par deux ordres de gouvernement. D'une part, il obéit aux règles du droit civil; d'autre part, il est assujetti également à des règles propres au droit commercial. Les sources immédiates du droit au Québec sont le Code civil, le droit statutaire, la jurisprudence, la doctrine et l'usage. Les trois premiers livres du Code civil réglementent à la fois les affaires civiles et commerciales tandis que le quatrième comporte exclusivement des lois commerciales. L'ensemble des lois votées par nos corps législatifs se nomme droit statutaire. Les décisions rendues par les tribunaux à l'occasion de litiges forment la jurisprudence. Les ouvrages et les traités de droit constituent la doctrine. L'usage est reconnu comme source de droit lorsqu'il résulte d'une pratique de commerce uniforme, générale, fréquente et publique.

Le droit se divise en deux grandes parties: le droit public et le droit privé. On peut l'envisager sur le plan international ou national. Le droit international public régit les rapports interétatiques par le biais de traités, d'accords, d'ententes, de conventions, de pactes, de coutumes, de pourparlers et de rencontres entre hauts dirigeants. Le droit national public se subdivise en quatre grandes catégories: le droit constitutionnel, le droit administratif, le droit pénal et criminel et le droit fiscal.

Le droit international privé a pour objet de solutionner les conflits de lois ou de juridiction susceptibles d'intervenir dans les relations entre les citoyens de provinces ou de pays différents. Le droit national privé réglemente les activités et les relations des citoyens d'un même État entre eux. Il se divise en trois catégories: le droit civil, le droit commercial et le droit social.

Vocabulaire

Acte constitutionnel
Acte de l'Amérique du Nord britannique (A.A.N.B.)
Acte de Québec
Acte d'union
Arrêté en conseil
Code civil
Code de procédure civile
Commerçant

Compétence résiduelle
Constitution
Coutume
Coutume de Paris
Doctrine
Droit
Droit administratif
Droit civil

---

13. L.R.Q., c. C-12.

Droit commercial
Droit constitutionnel
Droit criminel
Droit de l'entreprise
Droit des affaires
Droit du travail
Droit fiscal
Droit international privé
Droit international public
Droit national privé
Droit national public
Droit naturel
Droit pénal
Droit positif
Droit privé
Droit public
Droit social
Droit statutaire
Effet rétroactif
Exécutif
Fédération
Inconstitutionnalité
Judiciaire

Jurisprudence
Législatif
Livre blanc
Livre vert
Loi
Loi-cadre
Loi constitutionnelle de 1982
Lois du Québec
Lois refondues du Québec
Ordonnance
Organisation des Nations unies
Péréquation
Pouvoir résiduaire
Précédent
Protecteur du citoyen
Règlement
Règlement municipal
Statut de Westminster
Statuts révisés
Traité de Paris
Ultra vires
Usage

Questions

1. Quelle est l'origine de la fédération canadienne?

2. Que signifie l'expression «pouvoir résiduaire du Parlement fédéral»?

3. Qu'entendez-vous par l'inconstitutionnalité d'une loi? Illustrez à l'aide d'un exemple.

4. Nommez et expliquez cinq éléments nouveaux que comporte la Loi constitutionnelle de 1982.

5. Quels sont les deux grands principes qui ont présidé à la réforme du droit de la famille au Québec?

6. Pour quelles raisons serait-il souhaitable de réglementer le droit des affaires d'une façon différente de celle qui réglemente le droit civil?

7. Expliquez le principe de la non-rétroactivité des lois.

8. Établissez la distinction entre «jurisprudence» et «doctrine».

9. Énumérez les critères auxquels doit répondre l'usage pour être reconnu comme une source du droit.

10. Expliquez le mode de fonctionnement de l'ONU.

11. Quelles sont les fonctions du Protecteur du citoyen?

12. À quelle branche du droit se rattachent les situations suivantes:

— l'extradition aux Etats-Unis d'un ressortissant canadien accusé de trafic de stupéfiants dans l'État de New York;
— un détournement de fonds par le comptable d'une entreprise;
— la mise sur pied d'une société par actions;
— un contrat conclu entre une femme d'affaires du Québec et le directeur d'une maison de couture française;
— la signature d'une convention collective;

— la comparution d'un avocat devant le Tribunal des professions en appel d'une décision rendue par le Comité de discipline du Barreau du Québec;
— un conducteur arrêté au volant alors qu'il roulait à 150 km/h;
— une femme médecin qui a négligé de payer ses impôts;
— une demande visant l'obtention d'un permis de transport de marchandises en vrac;
— le recel de bijoux.

Cas pratiques

1. Au cours des derniers mois, le Canada et les États-Unis ont intensifié leur politique d'échange de renseignements sur leurs ressortissants en matière fiscale. Il en résulte que de plus en plus de Canadiens sont actuellement visés par des procédures intentées par le gouvernement américain. Ces renseignements affectent principalement les biens immobiliers dont certains citoyens canadiens sont propriétaires aux États-Unis.

Les autorités fiscales des deux pays espèrent également faire échec à certaines multinationales qui, par leurs manoeuvres, tentent de frauder le fisc.

Les deux États échangent aussi des informations en ce qui concerne le paiement à un contribuable de dividendes, d'intérêts, de loyers, de redevances, de salaires, de pensions, de rentes et de tout autre revenu pour tous les cas où ces revenus proviennent d'un des deux pays et que ce contribuable a son domicile dans l'autre pays.

Par ailleurs, les Canadiens qui détiennent des fonds dans des banques américaines et qui retirent des intérêts de ces placements échappent à cette politique d'échange de renseignements puisqu'ils ne sont soumis à aucune déclaration fiscale et, par conséquent, à aucune cotisation.

Cette politique repose exclusivement sur un accord bilatéral d'aide réciproque et ne revêt aucun caractère obligatoire puisque le Canada ou les États-Unis pourraient décider à n'importe lequel moment de renoncer à cette politique et de se retrancher derrière certaines de leurs lois qui protègent la confidentialité des rapports d'impôt.

a) Pouvez-vous dire quelle(s) est(sont) la(les) branche(s) du droit touchée(s) par cette situation? Justifiez votre réponse.

b) Nommez d'autres domaines dans lesquels il existe un accord entre Ottawa et Washington relativement à des échanges et renseignements sur les particuliers et les entreprises.

2. Dans la nuit du 31 août au 1er septembre 1983, un Boeing 747 de la Korean Air Lines assurant la liaison entre New York et Séoul faisait escale à Anchorage, en Alaska. Entre Anchorage et Séoul, le vol 007, qui comptait à son bord 269 passagers dont 10 Canadiens, disparaissait des écrans de radar japonais sans explication apparente. Ce n'est que quelques heures plus tard que les médias annonçaient que le Boeing 747 sud-coréen avait été abattu par un avion de chasse soviétique. En plus de soulever la plus vive indignation dans le monde entier, ce «massacre en plein ciel» a remis les États-Unis et l'U.R.S.S. sur un pied de guerre froide.

Sur le plan juridique, cet événement tragique illustre bien les fondements du droit international public en ce qui concerne la protection de l'espace aérien d'un État. La condamnation du geste posé par l'Union soviétique, les éventuelles sanctions à imposer et les indemnités que les familles des victimes pourraient exiger, voilà autant de questions que les spécialistes du droit international public ont eu à débattre.

Pour leur part, les juristes américains ont émis l'opinion unanime que «l'acte d'abattre un avion commercial est certainement contraire à l'esprit de la loi internationale, mais ils sont beaucoup moins nombreux à affirmer immédiatement qu'il constitue une violation de la lettre des lois [14].» En effet, en ce qui concerne la protection de l'espace aérien et la protection des eaux territoriales, les lois internationales stipulent qu'un avion qui survole sans autorisation le territoire d'un État étranger peut être soit reconduit dans l'espace international soit obligé de se poser sur une base du pays survolé ou encore faire l'objet d'un tir d'avertissement; les mêmes principes s'appliquent à un navire qui circule dans les eaux territoriales d'un pays étranger.

Dans le présent cas, les Russes ont cru à une opération d'espionnage et ont craint, semble-t-il, pour la sécurité de leur patrie; ils ont donc utilisé le moyen le plus extrême pour arrêter l'intrus.

Comme le droit international public n'est pas un droit codifié et qu'il repose en grande partie sur des conventions dont le respect est laissé à l'interprétation et à la bonne foi des États adhérents, il devient d'autant plus difficile pour les victimes d'un tel drame de prendre les recours nécessaires pour obtenir réparations de la part des pays fautifs. De leur côté, l'Organisation de l'aviation civile internationale (OACI), la Cour internationale de justice de La Haye et les Nations unies accordent généralement leur appui aux pays victmes en exigeant des précisions sur une tragédie semblable.

Dans la conjoncture internationale actuelle, il n'en demeure pas moins que les Américains n'ont pu répondre à Moscou que par de minimes sanctions diplomatiques et la suspension pendant un certain temps des opérations de la compagnie aérienne Aeroflot aux États-Unis.

a) En vous inspirant de l'affaire du Boeing 747 sud-coréen, faites ressortir les principaux caractères du droit international public.

b) En plus du droit international public, quelle(s) autre(s) branche(s) du droit privé la présente affaire met-elle en cause?

c) Où puise-t-on les règles de droit applicables à ce cas?

3. Dans l'affaire St-Pierre c. Canadian Acceptance Corporation[15], la Cour d'appel du Québec répond par la négative à la question soulevée. Les faits du litige se résument ainsi: l'intimée (Canadian Acceptance Corporation) a consenti le prêt d'une somme d'argent à l'appelant (St-Pierre). De l'aveu des deux parties, le contrat est intervenu dans la province de l'Ontario. Par la suite, les deux mêmes parties renouvellent le contrat initial pour augmenter le montant du prêt; ce qui a pour effet d'annuler le premier contrat et de payer le solde qui restait sur le premier prêt. Toutefois, cette dernière transaction est conclue dans la province de Québec.

Comme l'appelant fait défaut de verser ses mensualités, l'intimée lui intente une action devant la Cour provinciale du district de Hull qui accueille son action. Par la suite, l'appelant obtient la permission de la Cour d'appel d'interjeter appel de la décision du premier juge. Ses prétentions soutiennent que le premier contrat devrait être annulé aux termes d'une disposition de la *Loi sur la protection du consommateur du Québec*. La Cour d'appel rejette le pourvoi de l'appelant et maintient la décision de la Cour provinciale. Les juges de la Cour d'appel appuient leur jugement sur deux motifs principaux. En ce qui concerne le premier contrat, les juges sont d'avis «qu'il s'agit d'un

---

14. «Abattre un avion : contraire à l'esprit mais peut-être pas à la lettre de la loi», Montréal, *La Presse*, 2 septembre 1983.

15. Cour d'appel du Québec (Montréal), n° 500-09-000210-781, 19 mai 1982.

contrat passé dans la province de l'Ontario que notre loi ne peut régir»; quand au second contrat, il est parfaitement valable car il respecte la *Loi sur la protection du consommateur*.

a) À quelle partie du droit se rattache la cause rapportée ci-dessus?

b) La protection du consommateur est-elle de juridiction provinciale ou fédérale? Justifiez votre réponse.

c) Quel niveau de pouvoir détermine la réglementation applicable à la *Loi sur la protection du consommateur*?

4. Devant le nombre sans cesse croissant d'étudiants désireux de fréquenter les universités au Québec, et compte tenu du nombre limité de places disponibles, le gouvernement fédéral annonce la création d'une nouvelle université. Il soumet à cette fin un projet de loi au Parlement qui l'adopte majoritairement. Le gouvernement de la province de Québec retient vos services pour étudier la constitutionnalité de cette loi. Donnez-lui votre opinion justifiée.

5. Choisir le chiffre correspondant à la réponse exacte:

a) Cet organisme est chargé de délimiter les zones cultivables du sol québécois et d'en surveiller l'utilisation. Il régit les achats de terre effectués par des étrangers; il s'agit
1) de la Commission de toponymie.
2) de la Commission de protection du territoire agricole.
3) du Conseil consultatif de l'agriculture.

b) En 1968 était créé un organisme autonome chargé de favoriser l'efficacité et l'intégrité de la police au Québec. Comment cet organisme se nomme-t-il?
1) La Commission de police du Québec.
2) La Sûreté du Québec.
3) Le Bureau de révision du travail policier.

c) Elle a compétence en matière de transport public, de transport des matières en vrac ou de transport spécialisé. La location de véhicules est un domaine où elle exerce sa juridiction. De qui s'agit-il?
1) La Régie de l'assurance-automobile du Québec.
2) La Commission relative au transport par véhicule moteur.
3) La Commission des transports du Québec.

d) Il s'agit d'un palier du gouvernement québécois qui étudie l'état de la famille québécoise et du bien-être de notre société en général, que ce soit sur le plan de la nutrition, de la natalité ou de l'épanouissement. De quelle instance gouvernementale s'agit-il?
1) Le Conseil du statut de la femme.
2) Le Conseil des affaires sociales et de la famille.
3) Le ministère de la Santé et du Bien-être social.

e) C'est un organisme récent puisqu'il a été créé le 16 avril 1980. Il remplace la Commission du salaire minimum. Comment s'appelle-t-il?
1) La Commission de la santé et de la sécurité du travail.
2) La Commission des normes du travail.
3) L'Office de l'emploi et de la sécurité du revenu.

f) La principale activité de cet organisme est de veiller à ce que chaque corporation professionnelle s'acquitte de sa tâche de protection auprès du public. Il surveille, contrôle et guide les corporations professionnelles dans leur fonctionnement. De quel organisme s'agit-il?

1) Le Bureau d'administration professionnelle du Québec.
2) Le Barreau du Québec.
3) L'Office des professions.

g) Cet organisme gouvernemental veille à protéger le public des faillites et des malfaçons des entrepreneurs en construction. Il s'occupe également de la qualification professionnelle de ces derniers. Quel est-il?

1) L'Association provinciale des constructeurs du Québec.
2) La Régie des entreprises de construction du Québec.
3) La Fédération de la construction.

h) C'est un tribunal administratif. Il entend les appels logés par toute personne insatisfaite d'un décision qui la concerne dans le vaste domaine des affaires sociales et de la sécurité du revenu. Comment se nomme-t-il?

1) La Cour provinciale.
2) La Commission des affaires sociales.
3) La Commission de la santé et de la sécurité du travail.

i) Mandaté par le gouvernement pour préparer des plans de programmes et des projets de développement économique et social, l'objectif principal de cet organisme est de voir à une meilleure utilisation des ressources économiques au Québec, tout en tenant compte des particularités régionales. Comment se nomme-t-il?

1) L'Office de planification et de développement du Québec.
2) Le Bureau d'aménagement du Québec.
3) L'Office de la construction[16].

---

16. Gauthier, M.-A. «Les organismes gouvernementaux : qui fait quoi ?», *Justice*, janvier-février, Québec, 1983, p. 38-39.

Plan du chapitre 2

La structure et l'organisation des tribunaux au Québec

La structure et l'organisation des tribunaux au Québec

Objectifs

1. Distinguer un tribunal de première instance d'un tribunal d'appel.
2. Identifier les différents tribunaux pénaux, criminels et civils et en connaître les juridictions respectives.
3. Situer les principales étapes d'un procès criminel et d'un procès civil.
4. Savoir comment procède un recours collectif.
5. Déterminer les critères d'admissibilité à l'aide juridique.
6. Connaître la structure de la Cour du Québec projetée.

Le citoyen qui se trouve pour la première fois confronté avec le système judiciaire est généralement désemparé et incapable d'établir la différence entre une cause civile et un procès criminel ou pénal. La plupart du temps, il ignore le nom des divers tribunaux auxquels il peut s'adresser pour faire valoir ses droits. Au criminel comme en matière pénale, le justiciable est souvent plus familier avec le nom de certains tribunaux en raison de la publicité que les médias accordent à des procès retentissants, mais là s'arrêtent ses connaissances de notre système judiciaire. Aussi, il nous paraît essentiel d'exposer dans le présent chapitre la structure et l'organisation des tribunaux au Québec.

Au chapitre précédent, nous avons défini le droit d'une façon générale, nous en avons déterminé les sources, nous l'avons divisé en différentes branches ou catégories et nous avons étudié le processus de l'élaboration des lois. Ces lois à caractère pénal, criminel, civil et commercial sont administrées par des organismes juridictionnels créés pour rendre justice aux citoyens. Ces organismes portent le nom de **tribunaux**.

Le Québec est actuellement divisé en 35 districts judiciaires à l'intérieur desquels on retrouve les différents tribunaux.

On doit faire la distinction entre un tribunal qui décrit une cour de première instance et un tribunal qui décrit une cour d'appel. Une **cour de première instance** est un tribunal civil, criminel ou pénal devant lequel on se présente, dans un premier temps, pour obtenir un jugement (par exemple la Cour provinciale, la Cour supérieure ou la Cour des sessions de la paix).

Une **cour d'appel** est un tribunal devant lequel on se présente pour faire casser un jugement déjà rendu par une cour de première instance.

Les tribunaux de première instance

Les tribunaux pénaux et criminels

Les tribunaux pénaux et criminels
Cours municipales
Tribunal de la jeunesse
Cour des sessions de la paix
Cour supérieure de juridiction criminelle

Les Cours municipales

Composition   La plupart des villes et des municipalités du Québec possèdent une cour municipale. En 1984, on en dénombrait pas moins de 149. Le gouvernement provincial en nomme les juges, mais ces derniers sont rémunérés par chacune des municipalités concernées. Le juge municipal ne siège que quelques soirs par semaine; c'est souvent un avocat de pratique privée qui, le soir venu, troque sa toge d'avocat pour celle de juge. À Montréal, Québec et Laval, les juges municipaux sont régis par une loi spéciale; ils sont nommés de façon permanente et ils siègent à plein temps. Afin de prévenir les nominations à caractère politique, le gouvernement du Québec a modifié le mode de nomination des juges au cours des dernières années. En effet, le gouvernement doit maintenant consulter le Barreau, les représentants de la magistrature, les représentants de la population ainsi que le ministre de la Justice avant de procéder à la nomination des juges des différents tribunaux.

Juridiction   Nous avons vu dans le chapitre 1 que les villes et les municipalités du Québec avaient le pouvoir de décréter des règlements qui s'appliquent exclusivement dans les limites de leur territoire. La juridiction première d'une cour municipale est d'entendre les litiges relatifs aux infractions commises à l'encontre de ces divers règlements comme:

— les règlements de circulation de la municipalité,
— les règlements sur la salubrité des établissements commerciaux,

— les règlements relatifs aux divers permis d'exploitation d'un commerce,

— les règlements de zonage,

— les règlements relatifs à la taxe foncière.

La juridiction des cours municipales de Montréal, Montréal-Nord, Québec, Laval et autres, s'étend aussi à certaines poursuites relatives à des infractions ou délits mineurs commis à l'encontre du *Code criminel* tels le méfait public, le vol à l'étalage, les vols de moins de 200$, la tenue d'une maison de débauche, etc. Les sentences prévues pour ces crimes ne dépassent pas deux ans d'emprisonnement. Dans les cas précités, les juges municipaux jouissent des pouvoirs d'un magistrat au sens du Code criminel. Ce tribunal a également juridiction pour juger des infractions commises à l'encontre de lois statutaires, comme le *Code de la sécurité routière*.

Devant la Cour municipale, la procédure s'apparente beaucoup à celle suivie devant la Cour des sessions de la paix; le juge entend la preuve élaborée par la Couronne et la défense présentée par l'accusé, et il rend un verdict de culpabilité ou de non-culpabilité, comme dans toute autre affaire criminelle. La sentence revêtira la forme d'une amende ou du retrait d'un permis; dans certains cas, elle peut aller jusqu'à l'incarcération de l'accusé.

On peut rarement interjeter appel des décisions rendues par la Cour municipale; il s'agit habituellement de jugements finals.

Le Tribunal de la jeunesse

Composition   Le **Tribunal de la jeunesse** est un tribunal relativement récent (il a été créé en 1979) dont l'objet premier est de prendre la relève de la Cour de bien-être social. Les juges de cette cour, actuellement au nombre de 39, sont nommés et rémunérés par le gouvernement provincial. Ils siègent dans tous les districts judiciaires du Québec. La procédure utilisée devant ce tribunal est beaucoup moins formaliste que celle utilisée devant les autres tribunaux de droit commun et, en matière criminelle et pénale, l'accent est davantage mis sur la réhabilitation de l'adolescent fautif que sur la punition.

Juridiction   Le Tribunal de la jeunesse possède une juridiction mixte qui lui est attribuée par trois lois importantes: d'abord, la *Loi sur la protection de la jeunesse*, une loi provinciale en vigueur depuis le 15 janvier 1979, qui confère au Tribunal de la jeunesse sa juridiction civile (nous en traiterons plus loin dans les tribunaux civils); ensuite, la *Loi sur les jeunes contrevenants*, une loi fédérale en vigueur depuis le 2 avril 1984, qui confère au Tribunal sa juridiction criminelle; enfin, sa juridiction pénale qui couvre les infractions aux lois québécoises lui est attribuée par la *Loi sur les poursuites sommaires*. La compétence du Tribunal de la jeunesse s'applique aux jeunes de moins de 18 ans qui ont commis un acte contraire au droit criminel ou pénal, de même que les adultes qui ont incité ces jeunes à commettre de tels actes.

La *Loi sur les jeunes contrevenants* précise que les jeunes de moins de 18 ans qui commettent des infractions ou des actes criminels ont les mêmes droits que les adultes mais qu'ils ont aussi des responsabilités en regard de leurs gestes. La loi ne s'applique pas aux enfants de moins de 12 ans, qui tombent sous le coup de la *Loi sur la protection de la jeunesse* en ce qui concerne les actes criminels et les infractions qu'ils commettent.

Par exemple si les policiers procèdent à l'arrestation d'un adolescent de 13 ans soupçonné d'avoir commis un acte criminel ou une infraction sommaire, ce dernier jouit alors des mêmes droits qu'un adulte, c'est-à-dire qu'il est présumé innocent, qu'il peut exiger en tout temps les services d'un avocat et qu'il lui est possible d'en appeler de la décision qui le condamnerait.

À supposer que l'adolescent ait commis un vol, son cas sera soumis au procureur de la Couronne qui décidera si le dossier devra être référé au Tribunal de la jeunesse ou si on optera plutôt pour des **mesures de rechange**. Celles-ci ne seront appliquées que si l'adolescent s'est reconnu coupable de l'acte qu'on lui reproche. Le procureur décide si le cas sera **judiciarisé** ou non, c'est-à-dire soumis au tribunal ou non. S'il décide de ne pas le judiciariser, le dossier est remis de facto au directeur provincial qui peut alors choisir d'appliquer les mesures de rechange comme le travail bénévole au profit de la collectivité, l'indemnisation de la victime en services, etc. Le directeur peut aussi décider de fermer simplement le dossier.

Si le procureur de la Couronne décide de traduire l'adolescent devant le Tribunal de la jeunesse, on applique les mêmes règles de preuve que pour les adultes en excluant l'enquête préliminaire et le procès par jury. Les audiences sont publiques, mais le Tribunal peut siéger à **huis clos** (sans que le public soit admis) lorsque la preuve est susceptible de créer un effet néfaste sur l'enfant ou d'aller à l'encontre des bonnes moeurs (par exemple en matière de délits sexuels). La loi protège l'anonymat des enfants impliqués dans une cause; ainsi, le nom des jeunes poursuivis devant ce Tribunal doit demeurer confidentiel et aucune publicité ne doit entourer les audiences.

En avril 1984, trois journaux, le *Journal de Montréal*, le *Sunday Express* et le *Dimanche-Matin*, ainsi qu'un journaliste ont été accusés d'avoir violé la *Loi sur les jeunes contrevenants* et l'article 115 du Code criminel en publiant des reportages qui permettaient d'identifier une jeune fille de 15 ans soupçonnée d'avoir assassiné sa jeune soeur.

Si les règles de preuve sont sensiblement les mêmes pour les adolescents que pour les adultes, il en est tout autrement au niveau de la sentence et de son exécution. Ainsi, avant qu'un juge ne rende une décision quant au renvoi devant un tribunal pour adultes ou quant à la mise sous garde d'un enfant de moins de 17 ans, la loi l'oblige à avoir recours à l'expertise de divers intervenants sociaux (travailleurs sociaux, psychologues, etc.). Notons qu'un enfant de moins de 14 ans ne peut être envoyé sous garde dans un milieu fermé, à moins de circonstances exceptionnelles.

Dans des cas particuliers où un enfant s'avère dangereux pour la société, le juge peut le référer à un tribunal criminel pour adultes. On peut citer comme exemple le cas d'un jeune homme de 17 ans accusé d'avoir tenté d'assassiner deux handicapés et qualifié de psychopathe par les spécialistes qui l'ont examiné; il a vu son dossier renvoyé devant la Cour des sessions de la paix afin d'y subir son procès. Cet individu fut condamné pour son crime à neuf ans de pénitencier par un juge des Sessions de la paix.

Dans les autres cas référés au Tribunal de la jeunesse, les ordonnances de mise sous garde ne peuvent jamais excéder trois ans et font obligatoirement l'objet d'une révision annuelle, mais peuvent être révisées en tout temps, selon la loi. Lorsqu'un enfant est condamné au paiement d'une amende, celle-ci ne peut excéder 1000 $.

Enfin, il est important de noter que, contrairement aux infractions au Code criminel et aux lois fédérales (*Loi sur les stupéfiants*, etc.), où l'âge minimal est fixé à 12 ans, les infractions commises par des jeunes à l'encontre des lois provinciales (*Code de la sécurité routière*) et les règlements municipaux, sont régies par la *Loi sur les poursuites sommaires* du Québec et non par la *Loi sur les jeunes contrevenants*.

La *Loi sur les poursuites sommaires* fixe à 14 ans et non à 12 ans l'âge minimal de la responsabilité criminelle d'un adolescent de moins de 18 ans. Cette loi prévoit qu'à l'exception des infractions concernant le stationnement, une copie de toute sommation destinée à un adolescent doit être transmise à ses parents. De plus, l'amende ne peut dépasser 100 $. Dans le cas où l'adolescent fait défaut d'acquitter son amende, sa cause est alors entendue par le Tribunal de la jeunesse.

Tableau 2.1   Les infractions et les lois

Quels jeunes	Quelles infractions	Quelle loi	Quelles conséquences
Plus de 12 ans Moins de 18 ans	Infractions au Code criminel, ex.: vol, introduction par effraction, assaut sur une personne, vandalisme Infractions aux autres lois fédérales, ex.: trafic de drogue (la Loi sur les stupéfiants)	Loi sur les jeunes contrevenants	Mesures de rechange: • Indemnisation • Réparation • Travaux communautaires • etc. ou Mesures judiciaires: • Amende (maximum: 1 000 $) ou travaux compensatoires • Travail bénévole • Indemnisation • Probation (liberté surveillée) • Mise sous garde en milieu ouvert ou fermé (maximum: 2 ou 3 ans, selon les situations)
Plus de 14 ans Moins de 18 ans	Infractions aux lois québécoises, ex.: fréquenter un bar, chasser hors saison, vitesse excessive Infractions aux règlements municipaux, ex.: stationnement interdit, troubler la paix	Loi sur les poursuites sommaires	• Contravention • Amendes (maximum: 100 $) À défaut de paiement d'amende, travaux compensatoires ou mise sous garde

Source: *Tu as des droits, les autres aussi*, Gouvernement du Québec, ministère des Affaires sociales, ministère de l'Éducation, ministère de la Justice, Québec, 1984.

Il est toujours possible pour un adolescent d'interjeter appel d'une décision du Tribunal de la jeunesse devant la Cour d'appel du Québec lorsqu'il s'agit d'une infraction au Code criminel punissable en vertu de la *Loi sur les jeunes contrevenants*; s'il s'agit d'une infraction aux lois québécoises punissable en vertu de la *Loi sur les poursuites sommaires*, il pourra alors interjeter appel devant la Cour supérieure du Québec.

La Cour des sessions de la paix

Composition   La **Cour des sessions de la paix** est le tribunal de juridiction criminelle et pénale le plus occupé. Ses juges, au nombre de 72, sont nommés et rémunérés par le gouvernement provincial, et leur compétence s'étend à la majorité des districts judiciaires du Québec.

Juridiction   La Cour des sessions de la paix possède une juridiction à double volet. En premier lieu, elle a une juridiction *exclusive* pour entendre des procès relativement à certaines infractions et crimes mineurs commis à l'encontre du Code criminel du Canada, et pour lesquels la loi prévoit une peine d'emprisonnement ne dépassant pas deux ans (par exemple vol, faux et recel de moins de 200 $; loterie clandestine; fraude en matière de prix de passage; conduite pendant interdiction, etc.). Le prévenu qui se voit inculpé d'un des crimes précités n'a pas le choix: il doit nécessairement subir son procès devant un juge seul désigné alors sous le nom de magistrat. L'article 482 du Code criminel définit le **magistrat** comme une personne nommée en vertu d'une loi provinciale et qui est spécialement autorisée à entendre les procès relativement aux infractions et aux crimes mineurs relevant de la juridiction exclusive de la Cour des sessions de la paix. La notion de magistrat et de juge ne représente qu'une technicalité juridique puisque, sur le plan pratique, ces deux qualités se retrouvent dans une seule et même personne communément appelée «juge».

En second lieu, la Cour des sessions de la paix possède une juridiction *concurrente* qu'elle partage avec la Cour supérieure de juridiction criminelle pour juger tous les crimes que l'article 427 du Code criminel (C.Cr.[1]) n'attribue pas spécifiquement à cette dernière. Ces actes criminels, particulièrement graves, sont la trahison, l'intimidation du Parlement, la piraterie, le meurtre, la tentative de meurtre, la corruption de la justice, etc., et seule la Cour supérieure de juridiction criminelle composée d'un juge et d'un jury est compétente pour les juger. Pour tous les autres crimes (vol avec violences, viol, enlèvement, homicide involontaire, vol de plus de 200$, attentat à la pudeur, etc.) un accusé a donc le choix de subir son procès devant un juge seul, c'est-à-dire un juge de la Cour des sessions de la paix ou devant un juge de la Cour supérieure avec un jury composé de 12 membres.

La Cour des sessions de la paix a également juridiction pour juger les infractions aux lois statutaires provinciales ou fédérales (par exemple les infractions au Code de la sécurité routière, etc.). Signalons également qu'en matière criminelle, toutes les comparutions, quelle que soit la nature du crime reproché à l'accusé, ont lieu devant ce tribunal.

Un individu reconnu coupable par un juge de la Cour des sessions de la paix peut s'adresser de plein droit à la Cour d'appel du Québec pour faire réviser le jugement; la Couronne peut également en appeler d'un jugement de non-culpabilité. Si l'accusé ou la Couronne désirent interjeter appel d'une sentence (amende ou emprisonnement), ils doivent préalablement obtenir la permission d'en appeler de cette sentence.

La Cour supérieure de juridiction criminelle

La **Cour supérieure de juridiction criminelle** est également désignée sous les appellations suivantes: **Cour supérieure**, division ou chambre criminelle ou encore les **Assises criminelles**.

Composition   Les juges de la Cour supérieure de juridiction criminelle sont nommés et rémunérés par le gouvernement fédéral, et ce sont les mêmes juges qui y siègent en matière civile.

Juridiction   Comme nous l'avons vu précédemment, cette cour a compétence exclusive pour entendre certaines poursuites relatives à des actes criminels particulièrement graves énumérés à l'article 427 du Code criminel. Par ailleurs, elle partage une juridiction concurrente avec la Cour des sessions de la paix pour instruire un procès en ce qui concerne certains crimes.

Ce tribunal est toujours composé d'un juge et d'un jury constitué de 12 membres que l'on nomme **jurés**. En vertu de la *Loi sur les jurés*, ces derniers sont choisis au hasard par un fonctionnaire du ministère de la Justice appelé **shérif**, à partir de la liste électorale.

Toute personne majeure de citoyenneté canadienne et inscrite sur la liste électorale peut être appelée à servir comme juré, sauf certaines personnes

---

1. C.Cr. est l'abréviation officiellement reconnue pour désigner le Code criminel canadien.

que la loi déclare inhabiles (membres du gouvernement, avocats, agents de la paix, pompiers, etc.). Toute personne que le shérif assigne par voie de sommation au moins 30 jours avant la date d'ouverture des assises criminelles, doit obligatoirement comparaître devant le tribunal pour y être interrogée par le procureur de la Couronne et celui de la défense qui accepteront ou, le cas échéant, rejetteront le candidat.

Exceptionnellement, certaines catégories de personnes pourront être dispensées d'agir comme jurés en présentant une demande de récusation à la Cour supérieure (fonctionnaire du ministère de la Justice ou son conjoint, personne âgée de 65 ans et plus, certains handicapés, etc.). Soulignons que les tribunaux accordent des exemptions avec parcimonie.

Depuis le 21 décembre 1984, tout travailleur assigné comme juré jouit des mêmes droits que ceux que le Code du travail du Québec reconnaît à un salarié; il est donc interdit à un employeur de congédier, suspendre ou muter un employé siégeant à titre de juré ou d'user à son égard de toutes autres mesures disciplinaires. En plus de toucher son plein salaire, un juré a droit à une indemnisation fixée présentement à 25$ par jour de la part du ministère de la Justice.

On procède au choix du jury pour chaque cause. Au début du procès, le juge informe les jurés que leur rôle consiste à examiner les faits qui leur seront présentés au cours de l'audience. Il leur rappelle également qu'ils doivent rendre un verdict unanime quant à la culpabilité ou à l'innocence de l'accusé. Le juge demeure responsable de l'appréciation des différentes questions de droit soulevées par les avocats lors du procès. À la fin du procès, si le jury retient un verdict de culpabilité contre l'accusé, le juge prononce alors la sentence en tenant compte, s'il y a lieu, des recommandations des jurés.

On peut en appeler d'un jugement rendu par la Cour supérieure de juridiction criminelle devant la Cour d'appel du Québec suivant les mêmes règles déjà énoncées pour la Cour des sessions de la paix (figure 2.1).

La procédure criminelle

La dénonciation   Dans une affaire criminelle ou pénale, on procède à la suite d'une **dénonciation**. Celle-ci peut être faite par un simple citoyen, mais, le plus souvent, elle émane du ministre de la Justice et de la police.

À chaque fois qu'il y a mort violente ou soudaine d'une personne et que les causes sont inconnues, ou qu'on soupçonne qu'il peut y avoir responsabilité criminelle en rapport avec ce décès, la loi charge un officier d'ouvrir une enquête. Ce personnage s'appelle le **coroner**. Le Québec regroupe présentement environ 100 coroners, dont huit occupent des postes permanents. Au cours d'une enquête publique, habituellement tenue dans la localité où l'on a découvert le cadavre, le coroner tente d'établir l'identité de la victime ainsi que la date, le lieu, les causes et les circonstances de ce décès.

La loi permet au coroner d'assigner toute personne qu'il juge être un *témoin important*, de faire entendre les experts susceptibles de déterminer la cause exacte de la mort et d'émettre un mandat de perquisition, au besoin. Un témoin qui refuse de répondre aux questions lors d'une enquête du coroner risque de se voir accusé d'outrage au tribunal et condamné à un emprisonnement maximum d'un an. Si le coroner conclut à la responsabilité criminelle d'un individu, il recommande au Procureur général d'intenter une poursuite contre cet individu et de le mettre en accusation. Rappelons que l'enquête du coroner n'est pas un procès criminel et qu'une personne y comparaît à titre de témoin important et non d'accusé.

À l'occasion d'un incendie d'origine suspecte ou d'une explosion, il existe un autre officier public chargé de faire enquête sur les circonstances et l'origine du feu et d'en informer la population. Cet officier porte le nom de

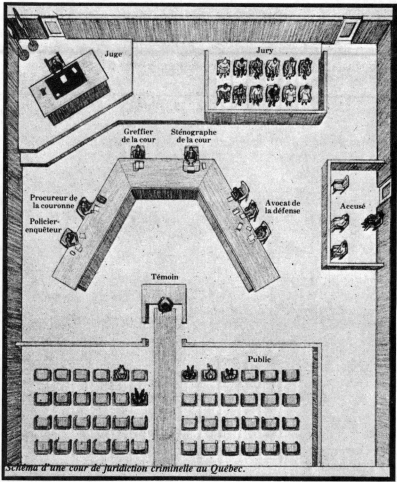

Figure 2.1   Schéma d'une cour de juridiction criminelle au Québec

Source : *Justice*, novembre 1984, p. 45.

commissaire aux incendies. Ce dernier possède des pouvoirs similaires à ceux du coroner. S'il en vient à la conclusion que l'incendie est d'origine criminelle, il peut alors recommander des poursuites contre la ou les personnes présumées responsables.

La sommation ou le mandat   À la suite de la dénonciation, une sommation ou un mandat d'arrestation peuvent être émis. Dans les cas d'infractions ou d'actes criminels mineurs, et lorsqu'on a toutes les raisons de croire que l'accusé aura à se présenter devant le tribunal, on émet une **sommation** ou une **citation à comparaître** qui est signifiée à l'accusé par un policier ou un huissier.

La sommation est un ordre de la cour qui ordonne à l'accusé de comparaître à une date déterminée devant le tribunal pénal ou criminel pour répondre à une accusation. Dans le cas d'infractions plus graves, on émet un mandat d'arrestation, la plupart du temps accompagné d'un **mandat de perquisition** permettant aux policiers de fouiller une résidence ou un local quelconque dans le but d'y trouver des preuves. Le **mandat d'arrestation** est un ordre de la cour qui enjoint les policiers de trouver l'accusé, de le mettre en état d'arrestation et de l'amener devant le tribunal pour répondre à une accusation relative à une infraction ou à un acte criminel dont on le soupçonne (figure 2.2).

```
CANADA                                    GREFFE DE LA PAIX ET DE LA COURONNE
PROVINCE DE QUÉBEC
DISTRICT DE Saint-Hyacinthe
                                          SOMMATION

F-154430

                                    À    YVAN DUBOIS
                                    _____
  ┌─────────────────────────┐       adresse: 11, rue Boulé, Saint-Hyacinthe (Québec)
  │ 06│01│000234 │ 86 │ 1 │           _____
  └─────────────────────────┘
  Numéro du dossier                        Attendu que vous avez été inculpé devant moi comme suit:

  ┌─────────────────────────┐        à Saint-Hyacinthe district de Saint-Hyacinthe
  │    9876543210           │           _____         _____
  └─────────────────────────┘
  Numéro du dossier S.Q. ou
  nom du corps policier/orga-
  nisme plaignant                     a, le ou vers le 31 octobre 1985, violé l'article 42 de

  Office de la                        la Loi sur la formation et la qualification professionnelles
  Construction
  du Québec                           de la main-d'oeuvre (L.R.Q. 1977, c.F-5 et modifications)

                                      en faisant travailler Jean Richard, n.a.s. 226 871 557,

                                      comme salarié au travail de charpentier menuisier,

                                      dans l'Industrie de la Construction alors que celui-ci

                                      ne détenait pas le certificat de qualification, l'attestation

                                      d'expérience ou la carte d'apprenti requise par la Loi, au

                                      chantier situé au 99, boul. du Séminaire, Saint-Hyacinthe,

                                      district Saint-Hyacinthe, se rendant passible de l'amende

                                      prévue par l'article 47 alinéa «f» de la Loi.


                    ┌──────────────────────────────────────────────────┐
                    │  Si vous désirez plaider coupable, veuillez        │
                    │  signer et nous retourner cette copie avant la     │
                    │  date fixée pour votre comparution.  Vous n'aurez  │
                    │  alors pas à vous présenter.                       │
                    │  Je..............................plaide coupable   │
                    │   (signature)                                      │
                    │  Adresse complète:...............................  │
                    │             ...................................    │
                    └──────────────────────────────────────────────────┘

     À ces causes, les présentes vous enjoignent, au nom de Sa Majesté, d'être présent au
     tribunal le 14 mars 1986 à 13h30 heures, à la Cour N° 2.02 au Palais de Justice de
     Saint-Hyacinthe ou devant un juge de paix pour la Province de Québec, qui s'y trouve
     et d'être présent par la suite selon les exigences du tribunal afin d'être traité
     selon la loi;

     Daté du 25 janvier    1986    à Saint-Hyacinthe
            COPIE CONFORME

     _____       _____
            J.S.P./Juge de paix                     J.S.P./Juge de Paix
                          PRÉVENU                    agissant dans et pour la Province
                                                     de Québec
SJ-230(82-02)
```

Figure 2.2   Sommation et plaidoyer de culpabilité

La comparution   Lorsque l'accusé reçoit une sommation, il doit comparaître devant le tribunal à la date indiquée pour enregistrer un plaidoyer de
culpabilité ou de non-culpabilité par rapport au crime dont on veut l'inculper.
Dans le cas d'un mandat, on doit faire comparaître l'accusé dans les 24
heures suivant son arrestation. Au moment de sa comparution, on lui
demande s'il plaide coupable ou non coupable. S'il plaide coupable, le juge
peut soit fixer immédiatement sa sentence soit lui demander de se représenter à une date ultérieure; s'il plaide non coupable, on lui demandera, selon le
cas, quel type de procès il choisit (magistrat sans jury, juge sans jury, juge
avec jury), et on en fixera la date. L'accusé sera libéré avec ou sans conditions
jusqu'à la date fixée pour son procès ou pour son enquête préliminaire. En

```
                          « A V I S »

    Si vous désirez plaider coupable à cette accusation, veuillez

    signer et nous retourner la présente formule avant le

    15 février 1986.

    Ceci vous évitera d'être présent personnellement à la Cour.

    RETOURNER À:        Me Gérard Duguay

                        Me Gérard Duguay
                        7750, Bord de l'eau
                        Saint-Hyacinthe (Québec)
                        H9T 1X1


    C A N A D A

    PROVINCE DE QUÉBEC
    DISTRICT DE SAINT-HYACINTHE
                                            GREFFE  DE  LA  PAIX
    NO:  06-01-000234-861
                                            OFFICE DE LA CONSTRUCTION DU
                                            QUÉBEC,

                                                     Plaignant

                                            c.

                                            YVAN DUBOIS

                                                     Accusé(e)


              PLAIDOYER DE CULPABILITÉ

    JE, soussigné, déclare confesser jugement et plaider coupable sur

    la plainte portée contre moi, dans la présente cause, et consens à

    ce que jugement intervienne avant ou après la date du rapport.

    SIGNÉ à                      ce       jour de           198  .

                        X_____
                        NOM:

                        ADRESSE:

                        VILLE:

                        DATE DE NAISSANCE:

                        N.A.S.:
```

Figure 2.2   (suite)

règle générale, il est libéré sans condition. Si le procureur de la Couronne indique au juge qu'il s'objecte à la libération de l'accusé parce que ce dernier a commis un crime grave ou parce qu'on craint qu'il ne se présente pas à son procès, on tient alors une **enquête sur le cautionnement**. À la suite de cette enquête le président du tribunal peut accorder une libération conditionnelle au prévenu ou la lui refuser.

L'enquête préliminaire   La procédure normale qui suit la comparution s'appelle l'**enquête préliminaire**. Elle doit se tenir dans les huit jours suivant la comparution de l'accusé si celui-ci est incarcéré. Elle a lieu à la Cour des sessions de la paix ou à la Cour supérieure de juridiction criminelle. À ce stade, le substitut du Procureur général (le procureur de la Couronne) présente au juge chargé de l'enquête les principaux éléments de preuve qu'il a en main, et le juge, sans proclamer la culpabilité ou l'innocence de l'accusé, doit décider s'il y a ou non matière à procès. Dans l'affirmative, l'accusé est cité à son procès; dans le cas contraire, il est relâché sans autre formalité. Cette étape est d'autant plus importante qu'elle permet à l'avocat de la défense de prendre connaissance de la nature de la preuve dont la Couronne dispose contre son client.

Le procès   Le procès criminel peut revêtir l'une des formes suivantes: procès devant magistrat sans jury, procès devant juge sans jury ou procès devant un juge et un jury. Dans notre système anglo-saxon de droit criminel et pénal, un accusé est présumé innocent jusqu'à preuve du contraire. Au cours d'une instance criminelle, on n'assiste pas à un échange de procédures écrites, comme c'est le cas dans une instance civile. Il appartient à la Couronne d'établir la preuve de la culpabilité de l'accusé.

Pour établir la culpabilité de l'accusé, le niveau de preuve exigé par la loi doit être **hors de tout doute raisonnable**, c'est-à-dire qu'il ne doit pas subsister l'ombre d'un doute dans l'esprit du juge ou du jury quant à la culpabilité de l'accusé. Le rôle du procureur de la défense consiste donc à soulever et à créer dans l'esprit du juge ou du jury un doute raisonnable quant à la culpabilité de son client. L'avocat de la défense doit donc tenter de fournir au tribunal une explication suffisamment plausible pour repousser la responsabilité criminelle de l'accusé. Si le procureur de la défense réussit à semer un doute dans l'esprit du juge ou du jury, en présentant une preuve d'alibi, par exemple, l'accusation tombe et l'accusé est libéré sur-le-champ.

Le verdict   La preuve close de part et d'autre, le juge ou le jury délibère et rend une décision: le **verdict**. Si le verdict est négatif, l'accusé est acquitté; s'il est positif, l'accusé est alors déclaré coupable et attend le prononcé de la sentence.

La sentence   À la lumière des représentations faites par le procureur de la Couronne et celui de la défense, le président du tribunal impose, à l'occasion sur recommandation du jury, une sentence à l'accusé (emprisonnement, amende, travaux communautaires, etc.). Le juge exige souvent de la part d'un agent de probation un **rapport présentenciel** sur l'accusé. On appelle **agent de probation** la personne chargée d'étudier le dossier de l'accusé, sa personnalité, ses chances de récidive et les circonstances du crime dont il a été reconnu coupable. Le juge fonde alors sa décision sur les recommandations de cet agent.

Le casier judiciaire   Le **casier judiciaire** est le bilan des condamnations prononcées par les tribunaux contre un individu. Toute personne mineure ou majeure reconnue coupable d'une infraction ou d'un acte criminel possède donc un casier judiciaire. Le casier judiciaire suit une personne et peut lui causer préjudice dans bien des circonstances: recherche d'un emploi, obtention d'un passeport, admission à la pratique de certaines professions, etc. Certaines lois interdisent l'octroi de permis (permis d'alcool, de chauffeur de taxi, etc.) à une personne reconnue coupable d'infractions au Code criminel.

Notons que le casier judiciaire des moins de 18 ans demeure confidentiel, sauf pour le ministère de la Justice. Ainsi, un adolescent n'est pas tenu de divulguer qu'il possède un casier judiciaire à un éventuel employeur. Une fois devenu majeur, si ce jeune homme revient devant le tribunal, le procureur de la Couronne pourra révéler au juge que cet individu n'a pas d'antécédents judiciaires en tant qu'adulte, mais qu'à 17 ans, par exemple, il avait été reconnu coupable de conduite en état d'ébriété et qu'il avait été condamné.

Un jeune récidiviste de 20 ans pourra également voir exposer devant le juge ses crimes de jeunesse, et le juge devra alors en tenir compte dans le

Tableau 2.2   Étapes de la procédure criminelle et pénale

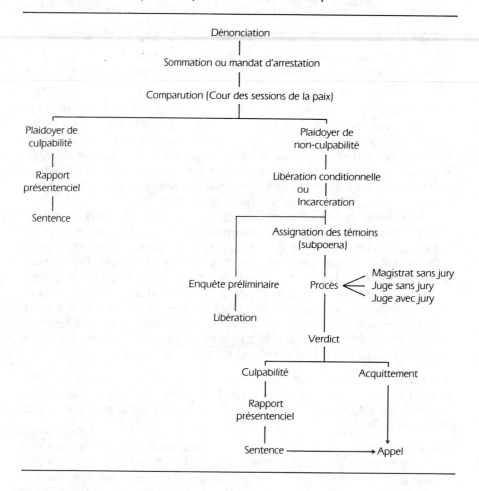

prononcé de sa sentence. La *Loi sur les jeunes contrevenants* prévoit la possibilité de détruire le dossier d'un adolescent qui n'a pas récidivé durant une période de deux à cinq ans, selon la gravité de l'infraction reprochée; le délai commence dès l'expiration de la sentence.

Dans le cas des personnes majeures, la *Loi sur le casier judiciaire* permet à un individu ayant un casier judiciaire de présenter une demande de pardon. Pour l'obtenir, la personne ne doit pas avoir récidivé depuis deux à cinq ans, selon la gravité de l'infraction ou de l'acte criminel. On adresse la demande de pardon à la Commission nationale des libérations conditionnelles. Le pardon n'efface pas un dossier mais il fait en sorte qu'on ne puisse plus utiliser ce dossier contre une personne, à moins de récidive de sa part.

Les tribunaux civils

Contrairement au rôle des tribunaux pénaux et criminels, celui des tribunaux civils n'est pas de déterminer si une personne est coupable ou non, mais plutôt de régler les litiges qui peuvent survenir dans les relations civiles, commerciales ou sociales entre les individus. En matière civile, par exemple, nous sommes toujours en présence d'une personne physique ou morale qui en poursuit une autre dans le but de recevoir une compensation en argent, ou encore de la forcer à exécuter une obligation contractuelle.

Les tribunaux civils
Cours municipales
Tribunal de la jeunesse
Cour provinciale
Cour des petites créances
Cour supérieure

Les cours municipales

Composition   Nous avons déjà traité de cet aspect sous la rubrique des tribunaux pénaux et criminels.

Juridiction   En matière civile, les **cours municipales** sont compétentes lorsqu'il s'agit de poursuivre des individus ou des sociétés qui refusent ou négligent d'acquitter des sommes d'argent dont ils sont redevables envers une municipalité. Les poursuites en recouvrement de taxes municipales et de prix des divers permis émis par les villes sont les principales causes entendues par les cours municipales.

Le Tribunal de la jeunesse

Composition   Nous avons déjà traité de cet aspect sous la rubrique des tribunaux pénaux et criminels.

Juridiction   La juridiction civile du Tribunal de la jeunesse lui est conférée par une loi provinciale destinée à assurer la protection, le développement et la sécurité des jeunes de moins de 18 ans. Cette loi s'appelle la *Loi sur la protection de la jeunesse*. Les cas les plus fréquents dont le tribunal est saisi sont ceux d'enfants abandonnés, battus ou victimes d'abus sexuels.

Cette loi oblige toute personne qui a connaissance ou qui soupçonne qu'un enfant est battu ou victime d'abus sexuels à signaler le cas de cet enfant au directeur de la Protection de la jeunesse (D.P.J.). C'est ce qu'on appelle un **signalement**. La loi stipule que nul n'a le droit de dévoiler le nom d'une personne qui signale le cas d'un enfant victime de sévices. Par exemple, si vous constatez que votre voisin maltraite son enfant âgé de cinq ans, vous devez le signaler, car la loi vous y oblige; vous n'avez pas à craindre les représailles puisque votre anonymat est entièrement protégé.

La loi prévoit la présence d'un directeur de la Protection de la jeunesse dans les principales régions du territoire québécois. Ce dernier est entouré de spécialistes tels des travailleurs sociaux, des médecins et des psychologues pour l'aider dans son travail d'appréciation et d'analyse des situations dont on le saisit, et pour prendre les mesures qui s'imposent.

Toutefois, il n'y a pas que les enfants battus ou victimes d'abus sexuels qui puissent faire l'objet d'un signalement; la loi vise également à protéger les enfants dont la sécurité et le développement sont compromis: enfants abandonnés par leurs parents ou sur le point de l'être; enfants dont le milieu familial peut nuire à leur développement physique, intellectuel ou émotif (isolement, absence de soins appropriés, conditions matérielles inadéquates, abus sexuels, exploitation, négligence, usage de drogue, etc.); enfants qui manifestent des troubles de comportement sérieux (fugues, absences fréquentes de l'école sans raison valable, etc.).

La loi oblige également tout professionnel de la santé, policier, éducateur ou toute personne dont la profession l'amène à travailler avec les jeunes, à faire un signalement, le cas échéant. Une fois saisi d'un dossier, le directeur de la Protection de la jeunesse fait enquête et applique les mesures qui s'imposent. Elles peuvent consister à retirer l'enfant de son milieu familial et à le placer dans un hôpital, un centre ou une famille d'accueil. Il peut aussi proposer des mesures volontaires acceptées par les parents et par l'enfant de plus de 14 ans ou, à défaut, saisir le Tribunal de la jeunesse de la situation afin qu'une ordonnance soit rendue. Le Tribunal de la jeunesse n'intervient que lorsque le directeur de la Protection de la jeunesse le juge nécessaire ou que l'enfant ou ses parents en font la demande.

Il faut enfin noter que le Tribunal de la jeunesse est compétent pour régler toute question en matière d'*adoption*.

La Cour provinciale

Composition   On retrouve la **Cour provinciale** dans tous les districts judiciaires du Québec. Ses juges sont nommés et rémunérés par le gouvernement du Québec. Ils sont actuellement au nombre de 160; ils ont à leur tête un juge en chef et un juge en chef associé. Leur nombre est augmenté régulièrement, selon les besoins.

Juridiction   Selon l'article 34 du Code de procédure civile, la Cour provinciale est compétente pour entendre toutes les causes dont le montant en litige est inférieur à 15 000 $, à l'exception des demandes de pension alimentaire et des causes spécifiquement attribuées à un autre tribunal.

Par ailleurs, la Cour provinciale entend, sous réserve de la compétence attribuée aux cours municipales et à l'exclusion de la Cour supérieure:

— toute demande en recouvrement d'une taxe ou autre somme d'argent due à une corporation municipale ou scolaire;
— toute demande en annulation ou cassation de rôles d'évaluation municipale ou scolaire;
— toute demande ayant trait à l'usurpation, la détention ou l'exercice illégal d'une charge dans une corporation municipale ou scolaire;
— les causes d'impôt et de taxes dus au gouvernement provincial.

La Cour provinciale possède également une juridiction en vertu de laquelle elle devient un tribunal d'appel dans les cas de contestations de certaines décisions rendues par plusieurs régies et commissions, notamment la Régie du logement, le Tribunal des professions, le Bureau de révision de l'évaluation foncière, ainsi que des cotisations d'impôt provincial et de taxes municipales et scolaires.

Il est important de préciser que plusieurs juges de la Cour provinciale président certains tribunaux administratifs, comme le Tribunal des transports, le Tribunal de l'expropriation et le Tribunal du travail. Ils peuvent également remplir des fonctions d'arbitres en vertu de diverses lois provinciales.

Un juge seul préside le tribunal; il est entouré d'un huissier audiencier et d'un greffier. L'**huissier audiencier** annonce l'ouverture de l'audience de la Cour et il est chargé de faire régner l'ordre dans l'enceinte du tribunal. Le **greffier** énumère la liste des causes que le juge aura à entendre: c'est le **rôle de la Cour**. Il assermente aussi les témoins, prend note des interventions importantes du juge et dresse le procès-verbal de la cause. Habituellement, devant la Cour provinciale, il n'y a pas d'enregistrement des témoignages, le juge se contentant de prendre lui-même des notes sur la preuve qui est présentée devant lui. Dans certains cas, il est possible de demander un enregistrement mécanique ou de requérir les services d'un sténographe officiel. Le juge entend les témoignages et les plaidoiries des avocats et il rend son jugement. Nous verrons plus loin la procédure commune à la Cour provinciale et à la Cour supérieure.

Les jugements de la Cour provinciale sont tantôt finals et sans appel, tantôt susceptibles d'appel. Pour toutes les causes dont le montant de la réclamation se situe entre 10 000 $ et 15 000 $, le justiciable dispose d'un *appel de plein droit*. Le Code de procédure civile prévoit la possibilité d'en appeler d'un jugement de la Cour provinciale dans les causes où ce tribunal exerce une juridiction qui lui est attribuée exclusivement par un autre texte de loi, ou sur requête avec la permission d'un juge de la Cour d'appel, lorsque celui-ci est d'avis que la question devrait être soumise à la Cour d'appel. Dans tous les autres cas, les jugements de la Cour provinciale *ne peuvent être portés en appel*.

La Cour provinciale, division des petites créances

Composition   La **Cour provinciale, division des petites créances** n'est pas, malgré son appellation courante, un tribunal autonome comme la Cour supérieure; c'est une division de la Cour provinciale. Elle fut créée en 1972 dans le but de rendre la justice plus accessible aux citoyens et de leur éviter des coûts et des honoraires d'avocat trop élevés, compte tenu du faible montant de leurs réclamations. Elle vise en outre à accélérer le processus judiciaire. Les juges qui siègent à ce tribunal sont ceux de la Cour provinciale, déjà nommés par le gouvernement du Québec.

Juridiction   Comme la Cour provinciale siège dans tous les districts judiciaires du Québec, il existe aussi une division des petites créances dans chacun d'eux. Cette division entend les causes civiles dans lesquelles le montant de la créance réclamée n'excède pas 1000 $.

Les articles 953 et 954 du Code de procédure civile établissent la juridiction de ce tribunal comme suit:

> **Art. 953**   Une petite créance, c'est-à-dire,
> a) une créance qui n'excède pas 1 000 $;
> b) qui a pour cause un contrat, un quasi-contrat, un délit ou un quasi-délit;
> c) qui est exigible d'un débiteur résidant au Québec et
> d) qui est exigible par une personne physique ou par un tuteur ou un curateur en sa qualité officielle,
> ne peut être recouvrée en justice que suivant le présent livre.

> **Art. 954**   Toutefois, le présent livre ne s'applique pas aux demandes résultant du bail d'un logement ou d'un terrain visés dans les articles 1650 à 1650.3 du Code civil, ou aux demandes de pension alimentaire, aux poursuites en diffamation, aux rentes ou à toute autre matière pouvant affecter les droits futurs des parties, ni au recouvrement d'une petite créance lorsqu'il est poursuivi au moyen du recours collectif.
> Un acheteur de créances ne peut non plus, en vertu du présent livre, réclamer le paiement d'une créance qu'il a achetée.

Ces dispositions excluent les actions intentées par des compagnies et tout autre type de personnes morales, même si l'objet du litige n'excède pas 1000 $.

Par exemple une compagnie qui désire poursuivre une personne physique ou une autre compagnie pour un montant de 1000 $ ou moins doit s'adresser à la Cour provinciale.

La loi prévoit la possibilité pour une personne physique poursuivie devant la Cour provinciale pour une somme de 1000 $ ou moins de faire transférer son dossier à la Cour provinciale, division des petites créances. De plus, la loi stipule qu'une personne ne peut pas, dans le but de bénéficier des dispositions relatives aux petites créances, diviser directement ou indirectement une créance excédant 1000$ en autant de créances n'excédant pas 1000$. Toutefois, rien ne s'oppose à ce qu'un créancier réduise volontairement sa dette à 1000$ ou moins s'il désire poursuivre son débiteur à la Cour des petites créances.

Le gouvernement provincial a récemment élargi la juridiction de la Cour des petites créances en lui conférant deux responsabilités nouvelles: l'*appel sommaire en matière de fiscalité provinciale* et la *réception de plaintes en matière d'évaluation foncière*. Cette nouvelle division «fiscale» a pour but de simplifier et d'accélérer les différends entre le ministère du Revenu du Québec et les citoyens lorsque le montant de la cotisation annuelle d'impôt qui fait l'objet du litige n'excède pas 1650$. Seul le particulier peut se prévaloir de ce nouveau recours.

Par exemple un citoyen qui reçoit un avis de cotisation du ministère du Revenu du Québec lui réclamant une somme de 1595,57$ peut se prévaloir de l'appel sommaire à la Cour des petites créances pour le contester.

En ce qui concerne la réception de plaintes en matière d'évaluation foncière (taxes municipales et scolaires), la Cour des petites créances transmet ces réclamations au Bureau de révision de l'évaluation foncière.

Les dispositions du Code de procédure civile relatives au recouvrement des petites créances ont de beaucoup simplifié la façon de procéder devant cette cour. Le justiciable ne peut, entre autres, être représenté par un avocat devant la Cour des petites créances; il doit donc plaider sa cause seul. Le créancier se présente personnellement ou envoie son mandataire au greffe des petites créances et expose ses prétentions au greffier. Ce dernier s'assure que les dispositions relatives aux petites créances s'appliquent et il décide s'il accepte ou refuse la demande. S'il refuse, un juge peut réviser sa décision. L'article 960 du Code de procédure civile du Québec stipule que:

> Si l'introduction de la demande est acceptée, le greffier prépare une requête contenant les noms, profession et domicile des parties, le montant réclamé et la cause de la créance. La requête est signée par le créancier ou son mandataire et doit être appuyée d'un affidavit (déclaration assermentée) établissant la véracité des faits et l'exigibilité de la créance.
> L'original de la requête est conservé au greffe de la Cour.

La requête est signifiée au débiteur par courrier recommandé ou certifié, avec avis de réception ou de livraison. Le greffier annexe à la copie du débiteur un avis lui indiquant les démarches à entreprendre. On accorde 10 jours au débiteur pour payer sa dette ou pour prendre arrangement avec le demandeur. S'il ne répond pas à la demande, le juge prononce son jugement après examen du dossier et de la preuve du demandeur. Si le défendeur désire contester la demande et qu'il en a avisé le tribunal dans les délais prescrits (10 jours), on fixe une date pour l'audition de la cause devant un juge. À cette date, le juge entend les parties qui produisent leurs pièces et font entendre leurs témoins.

On avise alors les parties du jugement rendu et le défendeur condamné doit satisfaire à ce jugement dans les 10 jours; si ce dernier ne le fait pas, le tribunal ordonnera l'exécution forcée du jugement en ayant recours à la saisie des biens du défendeur ou de son salaire.

Les jugements de la Cour des petites créances sont des jugements finals et sans appel. Le seul recours possible à l'encontre de ces jugements est une demande en rétractation de jugement, demande que l'on n'accorde que dans des cas très spéciaux.

La Cour supérieure

Composition   Aux termes de l'article 96 de l'A.A.N.B., les juges de la Cour supérieure sont nommés et rémunérés par le gouvernement fédéral. Ils sont actuellement au nombre de 140. Ils ont à leur tête un juge en chef, un juge en chef adjoint et un juge en chef associé. Comme à la Cour provinciale, leur nombre est augmenté régulièrement, selon les besoins.

Juridiction   Au Québec, la **Cour supérieure** est notre tribunal de droit commun, et sa compétence s'étend à toute la province; au point de vue pratique, cela signifie que ce tribunal est habilité à entendre toute cause que la loi n'a pas attribuée spécifiquement à un autre tribunal.

En vertu de l'article 33 du Code de procédure civile, la Cour supérieure exerce un pouvoir de surveillance sur les tribunaux inférieurs relevant de la compétence du gouvernement provincial (Cour provinciale, Cour des sessions de la paix, Tribunal de la jeunesse, cours municipales) ainsi que sur les corps politiques et les corporations de la province. Ce pouvoir lui permet, par exemple, de réviser une décision rendue par un juge du Tribunal des transports ou du Tribunal du travail, une régie ou une commission gouvernementale, si cette dernière a excédé sa juridiction, et également de réviser une décision prise par un corps politique ou une corporation professionnelle.

D'une façon générale, la Cour supérieure entend toutes les causes dont le montant en litige est de 15000$ et plus. De plus, la Cour supérieure entend toutes les demandes en injonction et en évocation contre les tribunaux inférieurs et les tribunaux administratifs ou organismes quasi-judiciaires.

En se basant sur l'article 751 du Code de procédure civile, on peut définir l'**injonction** comme une ordonnance de la Cour supérieure qui enjoint une personne, ses représentants ou employés de ne pas faire ou de cesser de faire un acte déterminé susceptible de causer un préjudice sérieux et irréparable à autrui. L'injonction est donc une action civile en justice qui se présente par voie de requête. L'**injonction** est dite **interlocutoire** lorsque la décision du tribunal est exécutoire immédiatement sans qu'il ne soit même nécessaire d'attendre le jugement final qui tranchera le fond du litige. Dans les cas d'urgence, un juge peut accorder une injonction avant même que la requête n'ait été signifiée à l'intimé, mais pour un temps qui ne doit jamais excéder 10 jours; il s'agit alors d'une **injonction provisoire**, qui peut être renouvelée de 10 jours en 10 jours (art. 753 C.P.C.[2]). La personne contre laquelle une injonction est émise et qui refuse d'y obéir, se rend coupable d'outrage au tribunal; cette personne peut alors se voir condamnée à une amende pouvant atteindre 50000$ assortie ou non d'une peine d'emprisonnement n'excédant pas un an. L'injonction est une procédure à laquelle l'employeur a souvent recours lors de conflits de travail.

Une partie peut présenter à la Cour supérieure une requête pour examiner une cause pendante devant un tribunal soumis à son pouvoir de surveillance et de contrôle, ou lui demander de réviser un jugement déjà rendu par ce tribunal en alléguant que ce dernier a excédé sa juridiction, que la procédure suivie était entachée d'irrégularités graves ou qu'il y a eu violation de la loi, etc. Cette procédure porte le nom de **bref d'évocation**.

La Cour supérieure possède également une juridiction exclusive en matière de faillite, en matière de divorce et en matière de droit de la famille (par exemple séparation de corps, garde d'enfants, pensions alimentaires, tutelle, etc.).

Un juge seul préside la Cour supérieure. Comme le juge de la Cour provinciale, il est entouré d'un huissier audiencier et d'un greffier; à ces personnages s'ajoute un sténographe officiel de la Cour qui enregistre les divers témoignages et la preuve présentée devant le juge. Cet enregistrement est ensuite retranscrit pour guider le juge au cours de son délibéré et lui permettre de rendre son jugement.

---

2. C.P.C. est l'abréviation officiellement reconnue pour désigner le Code de procédure civile du Québec.

L'article 26 du Code de procédure civile stipule qu'à moins d'une disposition contraire de la loi, tous les jugements finals de la Cour supérieure sont sujets à appel devant la Cour d'appel du Québec, à l'exception de ceux dont le montant en litige est inférieur à 10 000 $. Sont également sujets à appel devant la Cour d'appel du Québec tous les autres jugements de la Cour supérieure, avec la permission d'un juge de cette Cour qui examine la question en litige pour déterminer si elle peut ou non être soumise à la Cour d'appel. Le délai pour en appeler d'un tel jugement est de 30 jours à compter de la date du jugement.

La procédure civile

La procédure à suivre devant la Cour provinciale et la Cour supérieure est la même. Pour illustrer cette procédure commune, examinons l'exemple suivant : la compagnie Beaubois ltée, fabricant de meubles ayant son siège social à Montréal, a vendu et livré des marchandises d'une valeur de 20 000 $ à Jean Larivière, détaillant de Sainte-Émilie. Malgré des demandes répétées, Jean Larivière néglige de payer Beaubois ltée. Un représentant de la compagnie vient vous consulter et vous demande d'intenter des procédures judiciaires pour réclamer la somme due.

La mise en demeure   L'inexécution de son obligation par le débiteur le rend passible d'une poursuite en réclamation de la somme due, le cas échéant, en plus des dommages-intérêts que le créancier peut exiger dans tous les cas (art. 1065 C.c.). Une **action civile** est souvent précédée d'une demande écrite : la **mise en demeure**. Celle-ci est une lettre que le créancier (ou son avocat) expédie, de préférence par courrier recommandé ou certifié, à son débiteur en le sommant de régler sa dette dans un délai précis (10 jours, par exemple) et en l'informant qu'à défaut de satisfaire à sa demande, des procédures judiciaires seront intentées contre lui sans autre avis ni délai (figure 2.3). À ce stade, on ne parle pas encore de procédure judiciaire : le créancier tente de réclamer son dû sans avoir recours aux tribunaux. Il faut savoir que, dans un contrat commercial, lorsqu'une date est fixée pour l'accomplissement d'un acte, le débiteur est en demeure automatiquement par le seul écoulement du temps, sans qu'aucune lettre ne soit nécessaire (art. 1067 et 1069 C.c.).

L'action   Le réclamant (ou créancier) qui intente une action civile s'appelle le **demandeur** et celui qui est poursuivi s'appelle le **défendeur**. La partie demanderesse détermine d'abord devant quel tribunal elle devra intenter son action : c'est la **compétence d'attribution**, qui sera établie en fonction du montant de la réclamation. Dans notre exemple, la compagnie Beaubois ltée doit donc intenter son action devant la Cour supérieure, étant donné que le montant en litige est de 20 000 $.

Une fois que le demandeur a choisi le tribunal, il détermine dans quel district judiciaire il intentera son action : c'est la **compétence territoriale**. En matière civile, la règle est la suivante : le demandeur intente son action devant le tribunal du domicile du défendeur ou devant le tribunal du lieu où l'objet du litige a pris naissance. Ainsi, la compagnie Beaubois ltée a donc le choix d'intenter son action dans le district judiciaire de Québec, domicile du défendeur, ou dans le district de Montréal, lieu où le contrat de vente des meubles a été signé.

Si la procédure intentée n'est pas une action mais une requête, la personne qui l'intente s'appelle la **requérante** et celle qui est poursuivie s'appelle l'**intimée** (par exemple une requête en divorce, une requête en injonction, etc.).

```
                                    Montréal, le 1^er février 1986

SOUS TOUTES RÉSERVES


Monsieur Jean Larivière
3, Chemin de la Tourmente
SAINTE-ÉMILIE (Québec)
G3N 4L1

              Objet: Beaubois ltée c. Vous-même

Monsieur,

    Nous avons reçu instruction de notre cliente, la compagnie

Beaubois ltée, de vous réclamer la somme de 20 000 $ pour des mar-

chandises vendues et livrées à votre nom, tel qu'en fait foi la

facture n° 12357, en date du 21 décembre 1985.



    À défaut par vous de faire parvenir à notre bureau un chèque

visé d'un montant de 20 000 $ fait à l'ordre de Beaubois ltée,

accompagné d'un autre chèque de 25 $ au nom de Archambault, Roy &

associés, avocats, pour couvrir nos frais et ce, dans les dix jours

suivant la réception des présentes, des procédures judiciaires seront

intentées contre vous sans autre avis ni délai.



    Veuillez donc agir en conséquence.



AR/sh                              Archambault, Roy & associés
                                  Avocats
```

Figure 2.3   Mise en demeure

Le bref d'assignation   L'action civile débute par l'émission d'un **bref d'assignation**. C'est un ordre de la Cour qui enjoint le défendeur de comparaître dans un délai de 10 jours devant un tribunal civil afin de prendre connaissance d'une action intentée contre lui et de présenter une défense, s'il y a lieu. L'avocat du demandeur fait émettre le bref d'assignation par le tribunal compétent. À cet effet, il doit payer une taxe appelée **timbre judiciaire**; le prix de ce timbre est fixé par règlement et varie selon la nature de l'action et le tribunal devant lequel on a intenté l'action (figure 2.4).

```
CANADA                                COUR _____ SUPÉRIEURE _____
PROVINCE DE QUÉBEC
District DE MONTRÉAL
                                      AU NOM DU SOUVERAIN
N⁰   500-05-000-107-861



                  À LA REQUISITION DE

                  BEAUBOIS LTÉE, corporation dûment constituée
                  en vertu de la loi et ayant son siège social
                  et sa principale place d'affaires au 111 de
                  la rue des Bouleaux, à Montréal

                                                Partie demanderesse
                                          c.


                  NOUS COMMANDONS À

                  JEAN LARIVIÈRE, homme d'affaires domicilié
                  et résidant au 3, Chemin de la Tourmente, à
                  Sainte-Émilie, district de Québec.

                                                Partie défenderesse


                  DE COMPARAÎTRE à la cour  Supérieure     au Palais de justice  à Montréal

                          situé au   1, rue Notre-Dame Est

                  dans les DIX jours de la date de la signification de ce bref, pour répondre à la demande con-

                  tenue dans la déclaration ci-jointe ou ci-après exposée.
```

À DÉFAUT par vous de produire, dans ce délai, un acte de comparution signé par vous-même ou votre procureur, un jugement par défaut pourra être rendu contre vous.

Nous avons signé

à Montréal

le 21 février   19 86

Archambault, Roy & Associés   _Jean Tremblay_
Procureur(s) de la demanderesse   Officier autorisé

SJ-273 (82-09)

Figure 2.4   Bref d'assignation

Un **huissier**[3] est chargé de signifier le bref auquel est annexée une pièce de procédure: la **déclaration**. La déclaration est un document écrit dans lequel le demandeur énonce, sous forme de paragraphes distincts, les motifs de son action contre le défendeur, conclut à la responsabilité de ce dernier et demande au tribunal de condamner le défendeur par exemple à lui payer une somme d'argent (figure 2.5).

---

3. L'huissier est un officier de justice chargé de signifier les actes de procédure et de mettre à exécution certaines décisions des tribunaux ayant force exécutoire (comme la saisie-exécution des biens meubles d'un débiteur).

Je, soussigné(e),
résident à
huissier, certifie que le   19   à   heures,
j'ai signifié à la partie défenderesse le présent bref d'assignation, l'avis selon 119.1 C.P.C. et la déclaration en laissant
copie(s) conforme(s) de la procédure à

J'ai noté sous ma signature la date et l'heure de la signification au verso de la copie du bref ainsi signifié.

Je certifie que la distance autorisé par le Code de la procédure civile pour effectuer cette signification entre ma
résidence et le lieu de la présente signification est de   kilomêtres.
De plus, je certifie que l'état de mes frais se détaille commme suit:

Signification $

Kilomètrage $

TOTAL $

_____
                                                Huissier

No 500-05-000-107-861

COUR SUPÉRIEURE
DISTRICT DE MONTRÉAL

BEAUBOIS LTÉE
                              Partie demanderesse

c.

JEAN LARIVIÈRE
                              Partie défenderesse

BREF D'ASSIGNATION
(RAPP)

Demande   20 000 $

marchandises vendues et livrées

Me Archambault, Roy & Associés
10 555, Bois-de-Boulogne
MONTRÉAL (Québec)

Procureur(s) de la partie demanderesse

AUTOMATION DES GREFFES

NATURE

PROCÉDURE

AVOCAT

Figure 2.4   (suite)

La comparution   La **comparution** est une procédure écrite et signée soit par le défendeur ou par son avocat; elle doit être produite devant le tribunal dans les 10 jours de la signification du bref d'assignation à défaut de quoi le défendeur risque de voir son adversaire obtenir un **jugement par défaut** (figure 2.6).

La défense   Le défenseur et son avocat ont un délai de 10 jours après la comparution pour présenter une défense écrite à l'action intentée contre le défendeur. La **défense** est un document écrit dans lequel le défendeur relate sa version des faits et les motifs pour lesquels, selon lui, l'action du demandeur est mal fondée en faits et en droit (figure 2.7). Cet acte de procédure

```
C A N A D A                          C O U R   S U P É R I E U R E

PROVINCE DE QUÉBEC                    BEAUBOIS LTÉE

DISTRICT DE MONTRÉAL                       Demanderesse

NO:  500-05-000-107-861
                                     c.

                                     JEAN LARIVIÈRE

                                          Défendeur

                                     _____


              D É C L A R A T I O N


À L'APPUI DE SON ACTION, LA DEMANDERESSE DÉCLARE:

1.  Elle réclame du défendeur Jean Larivière la somme de 20 000 $

soit la valeur de marchandises vendues et livrées à la demande et

à l'avantage du défendeur aux dates et lieux ainsi qu'aux divers

montants mentionnés dans l'état de compte détaillé annexé à la

présente action, et suite à un contrat intervenu le 21 décembre 1985

entre les parties; ce contrat est versé au soutien des présentes

sous la cote P-I;

2.  Le défendeur, bien que dûment mis en demeure par lettre, refuse

et/ou néglige de payer ce montant à la demanderesse, le montant étant

devenu exigible le 15 janvier 1986; copie de cette lettre est versée

au dossier sous la cote P-2;

3.  Toute la clause d'action a pris naissance dans le district de

Montréal, lieu du contrat;

PAR CES MOTIFS PLAISE AU TRIBUNAL

ACCUEILLIR la présente action de la demanderesse

CONDAMNER le défendeur Jean Larivière à payer à la demanderesse

Beaubois ltée la somme de 20 000 $ avec intérêts et dépens depuis

la date de l'assignation.


                                   Montréal, ce 21 février 1986

                                   _____
                                   Archambault, Roy & Associés
                                   procureurs de la demanderesse
```

Figure 2.5   Déclaration

est signifié au procureur du demandeur par un huissier, puis déposé au greffe du tribunal devant lequel l'action a été intentée. Si le défendeur néglige ou omet de produire une défense, le demandeur inscrit la cause pour obtenir un **jugement *ex parte***, c'est-à-dire par défaut de produire un plaidoyer ou une défense. À cette fin, il lui faut enregistrer un certificat de défaut et le produire devant le tribunal. Le plus souvent, une défense est produite à l'encontre de l'action du demandeur et elle nie ses prétentions.

La réponse   L'avocat du demandeur peut choisir de répondre ou non aux allégations contenues dans la défense; c'est ce qu'on appelle la **réponse**. Cette procédure n'est pas obligatoire.

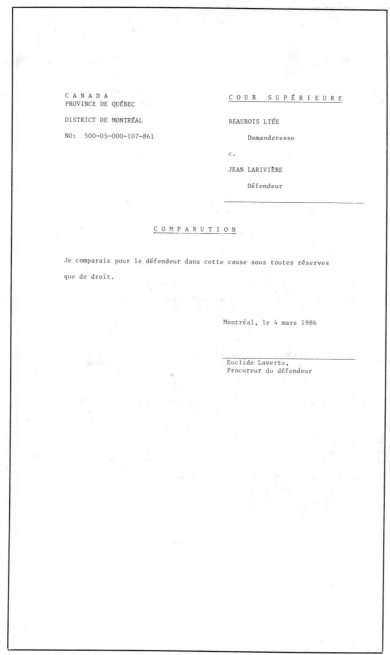

```
C A N A D A                          C O U R   S U P É R I E U R E
PROVINCE DE QUÉBEC

DISTRICT DE MONTRÉAL                 BEAUBOIS LTÉE

NO:  500-05-000-107-861                    Demanderesse

                                     c.

                                     JEAN LARIVIÈRE

                                           Défendeur
                                     _____


         C O M P A R U T I O N

Je comparais pour le défendeur dans cette cause sous toutes réserves
que de droit.



                                     Montréal, le 4 mars 1986


                                     _____
                                     Euclide Lavertu,
                                     Procureur du défendeur
```

Figure 2.6   Comparution

L'inscription pour l'enquête et l'audition   Une fois la contestation
liée, le procureur du demandeur ou celui du défendeur peut inscrire la cause
auprès du maître des rôles de la Cour provinciale ou de la Cour supérieure ;
on appelle cette procédure «**inscription pour l'enquête et l'audition**».
Le maître des rôles fixera une date à laquelle les parties devront se présenter
devant un juge qui procèdera à l'enquête et à l'audition de la cause
(figure2.8).

　　　Le **maître des rôles** fixe la date de l'audition des divers dossiers inscrits en Cour provinciale et en Cour supérieure, suivant l'ordre chronologique
de l'inscription. Le délai entre la date de l'inscription et celle de l'audition
varie d'un tribunal à l'autre ; devant la Cour provinciale, il est d'environ six
mois à un an, et devant la Cour supérieure, il est d'au moins deux ans. Il faut

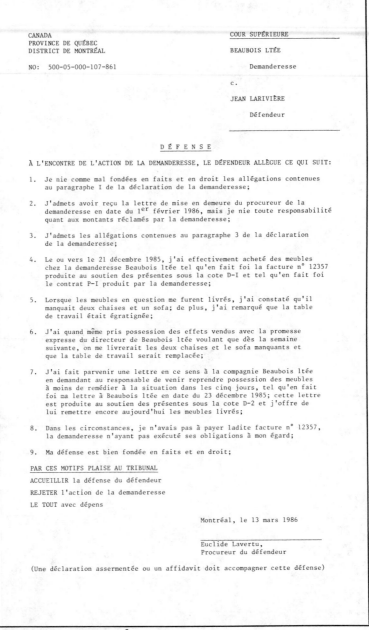

Figure 2.7 Défense

préciser que, dans ce dernier cas, le Barreau du Québec et la magistrature concentrent leurs efforts pour abréger ces délais.

L'enquête et l'audition (le procès)   Au moins un mois avant la date fixée pour l'enquête et l'audition, le maître des rôles fait parvenir aux avocats de la partie demanderesse et de la partie défenderesse un avis à l'effet que leur cause procèdera devant un juge à une date, à une heure et dans une salle d'audience données. Ceux-ci en avisent alors leurs clients respectifs et les rencontrent pour préparer la preuve qui sera présentée devant le tribunal.

Il appartient à l'avocat du demandeur de faire la preuve des prétentions de son client et des allégations contenues dans sa déclaration. À cette fin, il

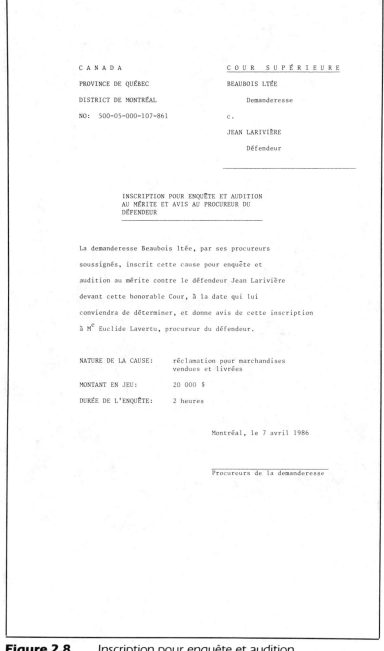

CANADA   COUR SUPÉRIEURE

PROVINCE DE QUÉBEC   BEAUBOIS LTÉE

DISTRICT DE MONTRÉAL   Demanderesse

NO: 500-05-000-107-861   c.

                               JEAN LARIVIÈRE

                                   Défendeur

_____

              INSCRIPTION POUR ENQUÊTE ET AUDITION
              AU MÉRITE ET AVIS AU PROCUREUR DU
              DÉFENDEUR
              _____

        La demanderesse Beaubois ltée, par ses procureurs

        soussignés, inscrit cette cause pour enquête et

        audition au mérite contre le défendeur Jean Larivière

        devant cette honorable Cour, à la date qui lui

        conviendra de déterminer, et donne avis de cette inscription

        à Me Euclide Lavertu, procureur du défendeur.

        NATURE DE LA CAUSE: réclamation pour marchandises
                               vendues et livrées

        MONTANT EN JEU: 20 000 $

        DURÉE DE L'ENQUÊTE: 2 heures

                               Montréal, le 7 avril 1986

                               _____

                               Procureurs de la demanderesse

Figure 2.8   Inscription pour enquête et audition

produira des pièces justificatives et pourra faire entendre un ou plusieurs témoins. Les témoins sont convoqués au moyen d'une procédure appelée subpoena (figure 2.9). Un **subpoena** est un ordre de la cour habituellement signifié par un huissier qui enjoint une personne de se présenter devant le tribunal pour témoigner dans une cause civile ou criminelle, et d'apporter avec elle les papiers ou documents qu'elle a en sa possession et qui pourraient être utiles dans la solution du litige. Dans notre exemple, Jean Larivière envoie un subpoena à Richard Petit, directeur de Beaubois ltée, afin que celui-ci vienne témoigner lors de l'audience.

Contrairement au procès criminel, la preuve présentée dans une cause civile n'est pas une preuve hors de tout doute raisonnable. Elle se fait par **prépondérance de preuve**, c'est-à-dire que la preuve de l'une ou l'autre

Figure 2.9   Subpoena

des parties doit être la meilleure. Une fois la preuve de la partie demanderesse terminée, il appartient à la partie défenderesse de faire valoir ses
moyens de défense. Soulignons qu'après l'interrogatoire de chacun des
témoins par le procureur du demandeur, ceux-ci peuvent faire l'objet d'un
contre-interrogatoire de la part du procureur du défendeur. Un avocat n'a
pas le droit de poser de questions suggestives quand il interroge ses propres
témoins, mais il peut le faire lorsqu'il contre-interroge les témoins de la partie
adverse (par exemple «N'est-il pas vrai, Madame, que le trottoir était glacé et
que la municipalité n'y avait pas fait épandre de sable?», plutôt que
«Madame, pouvez-vous me décrire l'état du trottoir à ce moment?»

La défense tentera de contredire la preuve présentée par la demande en
faisant entendre aussi des témoins et en produisant des éléments de preuve

| Le | 19 | à | h. pour le témoin 1 |

j'ai signifié ☐ personnellement adresse
☐ * à

frais de déplacement offerts ☐ remis ☐ refusés _____ $

| Le | 19 | à | h. pour le témoin 2 |

j'ai signifié ☐ personnellement adresse
☐ * à

frais de déplacement offerts ☐ remis ☐ refusés _____ $

| Le | 19 | à | h. pour le témoin 3 |

j'ai signifié ☐ personnellement adresse
☐ * à

frais de déplacement offerts ☐ remis ☐ refusés _____ $

| Le | 19 | à | h. pour le témoin 4 |

j'ai signifié ☐ personnellement adresse
☐ * à

frais de déplacement offerts ☐ remis ☐ refusés _____ $

le présent subpoena aux témoins susmentionnés, en laissant copie(s) conforme(s).

J'ai noté sous ma signature la date et l'heure de la signification au verso de la copie ainsi signifiée.

Je certifie que la distance entre ma résidence et le lieu de la (ou des) présente(s) signification(s) est de _____ kilomètres, le tout conformément aux dispositions des articles 120 et 145 d) du Code de procédure civile. De plus, je certifie que l'état de mes frais se détaille comme suit:

Signification: _____ $

Kilométrage: _____ $

*Personne raisonnable de son domicile

_____
Huissier

NO 500-05-000-107-861

COUR SUPÉRIEURE

DISTRICT DE MONTRÉAL

BEAUBOIS LTÉE
Partie demanderesse

c.

JEAN LARIVIÈRE
Partie défenderesse

SUBPOENA
(ORDRE DE COMPARAÎTRE COMME TÉMOIN)
(SUBP)

Pour information le témoin peut s'adresser à
Euclide Lavertu
100, rue de L'Église
MONTRÉAL (Québec)
tél.: 388-7842

Me

Figure 2.9 (suite)

contraire. Tout au long de l'interrogatoire des témoins par l'un des deux procureurs en présence, l'autre peut faire valoir des **objections** dont le juge aura à évaluer la pertinence. Ces objections se fondent sur les règles de la preuve énoncées aux articles 1203 à 1245 du Code civil.

Les objections les plus fréquentes soulèvent le fait qu'une question ne soit pas pertinente au litige (par exemple un avocat qui interroge un témoin sur son état de santé au cours d'un procès en recouvrement d'un chèque sans provision) ou encore qu'il s'agit de **ouï-dire** (ce qu'on ne connaît que pour l'avoir entendu dire par une autre personne). Par exemple, une affirmation formulée de la façon suivante: «Mon frère m'a dit que son amie Johanne avait vu Richard le pousser dans l'escalier» constituerait du ouï-dire. Le Code

CANADA
PROVINCE DE QUÉBEC
District de Montréal

COUR SUPÉRIEURE

AU NOM DU SOUVERAIN

N° 500–05–000–107–861

À LA RÉQUISITION DE

BEAUBOIS LTÉE, corporation dûment
constituée en vertu de la loi, ayant son
siège social et sa principale place d'affaires au 111, rue des Bouleaux à Montréal.

Partie demanderesse

c.

NOUS COMMANDONS A JEAN LARIVIÈRE, homme d'affaires domicilié et
résidant au 3, Chemin de la Tourmente à
Sainte-Émilie, district de Québec
Partie défenderesse

Article 405
C.p.c. ☐

DE COMPARAÎTRE personnellement au greffe de cette cour, au Palais de justice

, situé au ,

salle , le 19 à heures,

pour répondre sous serment à l'interrogatoire ci-joint.

Article 543
C.p.c. ☒

Vu le jugement que la partie demanderesse a obtenu en cette cause à la cour

SUPÉRIEURE DU DISTRICT DE   le 8 juin   19 88
MONTRÉAL
et vous condamnant à lui payer la somme de 20 000 $ avec intérêts et les dépens;

Vu que ce jugement est exécutoire et vu les dispositions de l'article 543 du C.p.c.

DE COMPARAÎTRE personnellement à la demande de la partie demanderesse, sous les

peines prévues par la loi, devant le protonotaire de la Cour Supérieure ,

au greffe de cette cour, au Palais de justice de Montréal

bureau 1.145 , situé au 1, rue Notre-Dame Est ,

Montréal le 17 juillet 19 88 à 10 heures,

pour répondre sous serment aux questions qui vous seront posées relativement à vos

biens et créances.

Nous avons signé

à Montréal

le 8 juillet 19 88

Officier autorisé

SJ-279 (82-08)

Figure 2.10   Assignation pour interrogatoire

interdit d'avoir recours à ces deux moyens de preuve; le juge accueillera donc l'objection.

Le jugement   Après avoir entendu les plaidoyers de chacun des avocats, le juge rend sa décision. Toutefois, il peut prendre la cause en délibéré pour étudier la preuve qui a été présentée devant lui et rendre son jugement écrit à une date ultérieure. Dans sa décision, le juge résume les faits de la cause, récapitule la preuve offerte par les parties et expose les motifs de son jugement. Finalement, il décide quelle partie devra payer les frais judiciaires, ou dépens. Ordinairement, c'est la partie qui succombe qui les paie, mais le juge jouit d'un pouvoir discrétionnaire à cet égard. On nomme

Je soussigné(e),   résidant à:
                                        huissier, certifie que   le   à   heures,
j'ai signifié à la partie défenderesse la présente assignation pour interrogatoire en laissant copie(s) conforme(s) de
l'acte de procédure à

J'ai noté sous ma signature la date et l'heure de la signification au verso de la copie de l'assignation ainsi signifiée.

Je certifie que la distance entre ma résidence et le lieu de la présente signification est de   kilomètres, le
tout conformément aux dispositions des articles 120 et 145 d) du Code de procédure civile. De plus, je certifie
que l'état de mes frais se détaille comme suit:

Signification _____ $

Kilométrage _____ $

Frais de déplacement offerts   ☐ remis   ☐ refusés

_____
                                                   Huissier

N⁰ 500-05-000-107-861

COUR SUPÉRIEURE
DISTRICT DE MONTRÉAL

BEAUBOIS LTÉE

Partie demanderesse

c.

JEAN LARIVIÈRE

Partie défenderesse

ASSIGNATION POUR INTERROGATOIRE
(ASSI)

Demande   20 000 $

Me Archambault, Roy & Associés
10 555, rue Bois-de-Boulogne
MONTRÉAL (Québec)
Tél.: 223-0000

Figure 2.10   (suite)

tarif judiciaire le montant des frais judiciaires qui est lui-même fixé par le
lieutenant-gouverneur en conseil.

Il ne faut pas confondre les frais judiciaires avec les honoraires des avocats qui sont à la charge de chacune des parties. Contrairement à un préjugé
fort courant, celui qui gagne une cause civile doit quand même acquitter les
honoraires de son avocat: rencontres avec le client, correspondance, télé-
phones, recherches, études du dossier, etc. Pour sa part, la partie qui voit son
action rejetée, si elle a été condamné avec **dépens** comme c'est le cas la
plupart du temps, devra payer les honoraires de son propre avocat mais également les frais judiciaires de l'avocat de la partie adverse. Ces frais sont

```
CANADA
PROVINCE DE QUÉBEC                          COUR _____ SUPÉRIEURE _____
District   De Montréal

No   500-05-000-107-861          Au nom du souverain

                                 BEAUBOIS LTÉE, corporation dûment constituée
                                 en vertu de la loi, ayant sa principale place
                                 d'affaires et son siège social au 111 de la rue
                                 des Bouleaux à Montréal

                                                              Partie demanderesse

                                 c.

                                 JEAN LARIVIÈRE, homme d'affaires, domicilié et
                                 résidant au 3, Chemin de la Tourmente à
                                 Sainte-Émilie, district de Québec.

                                                              Partie défenderesse
```

À tout shérif ou huissier de la Cour supérieure pour la Province de Québec, nous vous enjoignons à la réquisition de la partie demanderesse de prélever sur:

[X] les biens meubles de la partie défenderesse

[ ] les immeubles de la partie défenderesse indiqués par la partie demanderesse

[ ] les biens meubles de

                                                            , tiers(ce) saisi(e)
     vu le jugement rendu le _____ 19 _____ par cette cour, le (la) condamnant comme débiteur(trice) personnel(le), au paiement de la créance de la partie demanderesse en capital, intérêts et frais, sur son défaut de faire sa déclaration dans la présente cause.

les sommes suivantes:

Jugement ___20 000___ $, montant du jugement rendu le ___8 juin___ 19 88 , en faveur de la partie demanderesse contre la partie défenderesse avec

Intérêts ___2 648___ $, intérêts au taux de _10%_ par an à compter du ___21 février___ 19 86

Frais d'action ___995___ $, montant des frais d'action avec

Intérêts sur frais d'action ___10___ $, intérêts au taux légal à compter du ___8 juin___ 19 88

Frais accessoires ___85___ $, montant des frais accessoires de ce jugement, incluant ceux de la saisie arrêt pratiquée entre les mains du (de la) tiers(ce) saisi(e) défaillant(e), avec

Intérêts sur frais accessoires ___10___ $, intérêts que de droit

Ce bref ___50___ $, coût du présent bref

et vos émoluments; à soustraire cependant le paiement partiel suivant:_____ $, la partie saisissante étant autorisée à exécuter pour les frais de son procureur en son nom [ ]

                                                    _____
                                                              Procureur

Après la vente, dans les délais prévus par la loi, vous devez nous faire rapport du présent bref, et de toute procédure s'y rattachant.

Nous avons signé à   Montréal

le 17 juillet   1988

*Voir avis au verso   _____
                                                    Jean Tremblay
SJ-277 (82-09)   Officier autorisé

Figure 2.11   Bref d'exécution

contenus dans un document appelé le **mémoire de frais** qui est dressé par l'avocat de la partie gagnante, selon le tarif judiciaire alors en vigueur.

Les **frais judiciaires** comprennent les différents déboursés, tels les timbres judiciaires, les frais d'huissier, la taxation des témoins et les honoraires judiciaires auxquels l'avocat de la partie gagnante a droit.

Dans le cas où Beaubois ltée gagne sa cause, et Jean Larivière refuse ou néglige de satisfaire au jugement le condamnant à payer la somme de 20 000 $, le procureur de la compagnie Beaubois ltée peut procéder à l'interrogatoire après jugement de Larivière (art. 543 C.P.C.) pour tenter de connaître ses actifs et ses sources de revenus (figure 2.10). Ces renseignements permettront alors au procureur de Beaubois ltée de décider s'il procèdera à une

No 500-05-000-107-861

COUR SUPÉRIEURE

DISTRICT de Montréal

BEAUBOIS LTÉE

Partie demanderesse

c.

JEAN LARIVIÈRE

Partie défenderesse

BREF D'EXÉCUTION

montant: 20 000 $

Me Archambault, Roy & Associés
10 555, rue Bois-de-Boulogne
MONTRÉAL (Québec)
tél: 223-0000

AVIS AU DÉBITEUR

1) Vous n'avez pas payé la dette que vous deviez à votre créancier. Les biens que vous possédez sont en conséquence saisis et vous en avez la garde jusqu'à la vente en justice, sauf si le tribunal confie cette garde à une autre personne.

2) Vous pouvez soustraire à la saisie des objets d'utilité courante que vous pouvez choisir, jusqu'à concurrence d'une valeur de 2 000 $ fixée par l'officier saisissant.

3) Si vous avez quelque droit à faire valoir à l'encontre de la saisie, vous pourrez par la suite vous y opposer.

4) Comme gardien des biens saisis, vous avez, jusqu'à la vente, l'obligation de ne pas vous en départir et de ne pas les détériorer. Si vous ne vous conformez pas à cette obligation, vous pouvez être condamné pour outrage au tribunal, ce qui peut entraîner une amende et une peine d'emprisonnement; vous pouvez aussi être condamné à payer tous les dommages que subirait votre créancier.

5) Les biens saisis seront vendus publiquement aux enchères et la dette sera remboursée pour autant à votre créancier à même le prix provenant de cette vente.

6) Vous avez donc intérêt, pour éviter la vente de vos biens, à prendre les arrangements nécessaires avec qui de droit.

Si vous avez des questions à poser, nous vous suggérons de consulter un avocat.

Figure 2.11   (suite)

saisie-exécution des biens meubles ou immeubles du débiteur (figure 2.11) ou à une saisie-arrêt (saisie de salaire). Dans le cas présent, le procureur de Beaubois ltée a choisi de pratiquer contre Jean Larivière une saisie-exécution de ses biens meubles (art. 580 et suiv. C.P.C.).

La Cour fédérale

Composition   La **Cour fédérale** est un tribunal civil qui relève essentiellement du gouvernement du Canada, qui en nomme les juges et les rémunère. Ce tribunal compte présentement 25 juges dont un juge en chef et un

Tableau 2.3   Étapes de la procédure civile

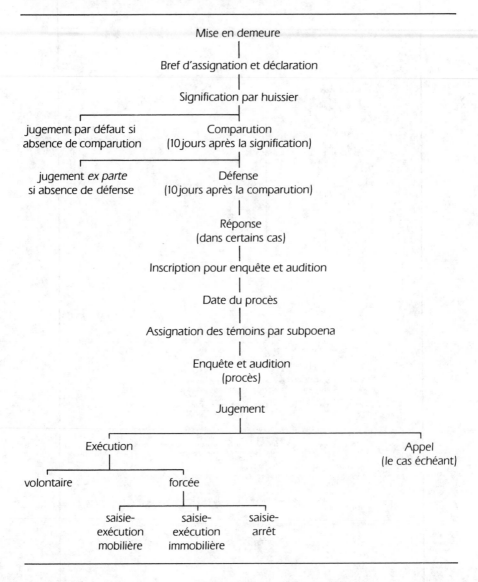

juge en chef adjoint. Comme pour les autres tribunaux, ce nombre peut être augmenté régulièrement selon les besoins.

Juridiction   À l'instar de la Cour supérieure, ce tribunal exerce un pouvoir de surveillance et de contrôle sur les tribunaux administratifs fédéraux, comme la Commission canadienne des relations de travail et les comités d'appel de la fonction publique, ainsi que sur les divers organismes administratifs fédéraux, comme la Commission canadienne des transports, le Conseil de la radiodiffusion et des télécommunications canadiennes (C.R.T.C.), l'Office national de l'énergie et la Commission d'appel de l'immigration.

La Cour fédérale possède une division de première instance et une division d'appel. Dans sa division de première instance, elle entend à peu près tous les litiges opposant le gouvernement du Canada à tout citoyen ou organisme fédéral. Elle fait office de tribunal de droit commun lorsqu'aucun autre tribunal n'a juridiction pour entendre un litige relatif à des lois canadiennes.

La Cour fédérale a compétence pour des questions qui relèvent de la juridiction exclusive du Parlement fédéral, telles :

— les droits d'auteur ;
— les marques de commerce ;
— les brevets d'invention ;
— le droit maritime ;
— les appels des décisions relatives à la *Loi fédérale de l'impôt sur le revenu* ;
— les appels des décisions rendues en vertu de la *Loi sur la citoyenneté canadienne*.

Dans sa division d'appel, elle révise les décisions rendues par les juges de sa division de première instance, de même que certaines décisions rendues en vertu de diverses lois fédérales. Il est possible d'interjeter appel d'un jugement de cette division de la Cour fédérale devant la Cour suprême du Canada.

La procédure utilisée en Cour fédérale s'apparente à celle utilisée en Cour supérieure, mais ses règles de pratique peuvent être modifiées conformément aux termes de la loi en vertu de laquelle on procède.

Les tribunaux administratifs ou quasi-judiciaires

Pour trancher les litiges qui peuvent survenir dans les relations entre l'administration publique fédérale ou provinciale et les citoyens, les gouvernements ont créé, par le biais de lois particulières, des organismes possédant une juridiction exclusive sur une matière donnée. Ces organismes forment les **tribunaux administratifs** ou **quasi-judiciaires**. On les coiffe le plus souvent du titre de tribunal, de commission, de régie, d'office, de conseil ou de bureau. Parmi les plus connus, citons les organismes suivants :

Au Québec
— Le Tribunal du travail ;
— le Tribunal des professions ;
— le Tribunal des transports ;
— le Tribunal de l'expropriation ;
— la Commission des affaires sociales ;
— la Commission de la santé et de la sécurité du travail du Québec ;
— la Commission municipale ;
— la Commission de police du Québec ;
— la Régie de l'assurance automobile du Québec ;
— la Régie de la Place des Arts ;
— la Régie des services publics ;
— la Régie du logement ;
— l'Office de la protection du consommateur ;
— l'Office de la langue française ;
— l'Office de la construction du Québec ;
— le Bureau de révision de l'évaluation foncière, etc.

À Ottawa
— L'Office national de l'énergie ;
— la Commission canadienne des transports ;
— la Commission d'assurance-chômage ;
— la Commission des libérations conditionnelles ;
— la Commission d'appel de l'immigration ;
— la Commission de contrôle de l'énergie atomique ;
— le Conseil de la radiodiffusion et des télécommunications canadiennes ;
— la Commission de révision de l'impôt, etc.

Les décisions rendues par ces tribunaux peuvent être portées en appel devant d'autres organismes. Par exemple, on peut en appeler devant la

Commission des affaires sociales des décisions rendues par la Commission de la santé et de la sécurité du travail (C.S.S.T.) ; il en va de même des décisions rendues par la Régie de l'assurance automobile du Québec. Certaines lois créant les tribunaux administratifs prévoient également la possibilité d'en appeler de leurs décisions directement devant les tribunaux judiciaires. Par exemple, on peut en appeler devant la Cour provinciale d'une décision de la Régie du logement ; on peut aussi en appeler devant la Cour fédérale d'une décision rendue par la Commission d'appel de l'immigration.

Rappelons, enfin, que tous ces organismes spécialisés sont soumis au contrôle des tribunaux de droit commun soit la Cour supérieure en ce qui concerne les tribunaux québécois et la Cour fédérale en ce qui concerne les tribunaux fédéraux. Ces tribunaux pourront, dans certains cas, casser ou réviser les décisions de ces organismes.

Les tribunaux d'appel

On nomme tribunal ou **cour d'appel**, ou encore tribunal de dernière instance, dans le cas de la Cour suprême du Canada, un tribunal devant lequel on peut en appeler d'une décision rendue par un tribunal de première instance. Ces tribunaux d'appel peuvent confirmer, réviser, modifier ou infirmer un jugement rendu par un tribunal de première instance et, dans certains cas, ordonner la tenue d'un nouveau procès. Au Québec, le plus haut tribunal porte le nom de **Cour d'appel du Québec** (autrefois appelé Cour du banc de la Reine) ; le plus haut tribunal du Canada s'appelle la Cour suprême du Canada.

La Cour d'appel du Québec

Composition   Les juges de la Cour d'appel sont nommés par le gouvernement fédéral. Ils sont actuellement au nombre de 24 avec, à leur tête, le juge en chef de la province de Québec. Comme pour les autres tribunaux, ce nombre peut être augmenté régulièrement, selon les besoins.

Juridiction   La Cour d'appel du Québec est le tribunal général d'appel pour la province en matières civile et criminelle. Elle siège à Montréal et à Québec seulement. En matière civile, sont sujets à appel devant cette cour :

— tous les jugements finals de la Cour supérieure et de la Cour provinciale dont le montant en litige est de 10 000 $ ou plus ;
— les jugements finals de la Cour provinciale dans les causes où cette cour exerce une juridiction exclusive ;
— les autres jugements finals de la Cour supérieure et de la Cour provinciale avec la permission d'un juge de la Cour d'appel, lorsque, suivant l'opinion de ce juge, la question en jeu est une question devant être soumise à la Cour d'appel (par exemple l'appel d'un jugement condamnant une personne pour outrage au tribunal) s'il n'existe aucun autre recours ;
— l'appel d'un jugement ou d'une ordonnance en matière d'adoption.

La Cour d'appel examine aussi toutes les questions qui lui sont soumises par le gouvernement du Québec.

En matière criminelle ou pénale, l'accusé ou le procureur général peuvent interjeter appel d'une condamnation, d'une sentence ou des deux à la fois. En ce qui concerne l'appel d'une sentence, il faut préalablement obtenir la permission du tribunal ; dans les autres cas il y a appel de plein droit, c'est-à-dire sans formalité particulière.

En Cour d'appel siègent toujours un nombre impair de juges (trois, cinq ou sept) pour entendre une cause, puisque les décisions sont prises à la majorité, et non à l'unanimité. Un juge qui ne partage pas l'opinion de la majorité doit rédiger un jugement écrit exposant les motifs de sa dissidence (figure 2.12).

Toute demande d'appel doit être logée dans les 30 jours suivant le jugement final du tribunal de première instance. En principe, la Cour d'appel examine surtout les erreurs de droit plutôt que les erreurs de faits. Une fois la demande d'appel reçue, le dossier complet du tribunal de première instance doit être transmis à la Cour d'appel. Il doit comprendre les procédures écrites, les pièces justificatives, les notes sténographiques, les plaidoiries et l'argumentation des avocats. La Cour d'appel n'entend aucun témoin. Seuls les procureurs des deux parties y font valoir leurs prétentions et leurs arguments en faveur de leur client respectif. Les juges prennent connaissance de l'ensemble de la preuve et rendent une décision. On peut interjeter appel d'un jugement de la Cour d'appel du Québec devant la Cour suprême du Canada.

La Cour suprême du Canada

La **Cour suprême du Canada** constitue le plus haut tribunal du pays auquel on puisse s'adresser pour en appeler des jugements finals rendus par les tribunaux d'appel de toutes les provinces, y compris les jugements de la Cour fédérale, division d'appel.

Composition   Le gouvernement fédéral nomme et rémunère les juges de la Cour suprême du Canada. Ce tribunal est composé du juge en chef du Canada et de huit juges puînés. Ces juges sont choisis en partie au Québec (trois), en partie en Ontario (trois) et on en retrouve un issu des provinces maritimes et deux des provinces de l'Ouest. Cette répartition obligatoire vise à assurer un certain équilibre entre la *common law* et le droit civil.

Figure 2.12   Un juge qui n'est pas d'accord avec la majorité des juges de la Cour d'appel du Québec doit rédiger un jugement faisant état de motifs de sa dissidence.

Figure 2.13 La Cour suprême du Canada

Source : *La Presse*, 13 février 1985.

Juridiction La Cour suprême du Canada possède, à titre exclusif, une juridiction finale en matières civile et criminelle. Sa compétence territoriale couvre toutes les provinces canadiennes. Elle ne siège qu'à Ottawa.

La Cour suprême est souvent appelée à se prononcer sur la constitutionnalité des lois adoptées par les provinces ou par le fédéral. Elle a également juridiction pour examiner toutes les questions que peut lui soumettre le gouverneur général en conseil. Depuis l'adoption de la *Loi constitutionnelle* de 1982, le plus haut tribunal du pays semble désormais devoir consacrer une bonne partie de son temps à l'interprétation de la nouvelle Charte canadienne des droits et libertés.

En Cour suprême, les juges siègent toujours en nombre impair (cinq, sept ou neuf) pour entendre une cause. Comme à la Cour d'appel, les décisions sont prises à la majorité et les juges dissidents doivent exprimer par écrit les motifs de leurs décisions. Avant de porter une cause devant la Cour suprême, on doit d'abord présenter une requête pour permission d'appeler. Cette requête est entendue par trois juges qui décident si l'affaire offre suffisamment d'intérêt en droit pour qu'elle fasse l'objet d'un nouvel examen.

La procédure devant la Cour suprême s'apparente à celle utilisée devant la Cour d'appel du Québec : elle n'entend aucun témoin et examine le dossier complet du tribunal inférieur qui lui est présenté avec l'argumentation des avocats. Les jugements de la Cour suprême du Canada font toujours jurisprudence. Ils servent de précédents aux avocats de même qu'aux juges des tribunaux inférieurs qui s'en inspirent dans l'interprétation de la loi. Ils sont finals et sans appel.

Le recours collectif

Le **recours collectif** est une procédure relativement nouvelle au Québec, qui permet à une personne de s'adresser à la Cour supérieure de juridiction civile pour faire valoir non seulement ses propres droits, mais aussi les droits d'autres individus ayant des réclamations qui se ressemblent suffisamment pour justifier leur regroupement dans une même action. La loi permet à cette personne d'agir de la sorte sans avoir à obtenir l'autorisation des autres personnes ayant subi un préjudice analogue.

Le recours collectif peut être entrepris pour n'importe quel type d'action civile, par un individu ayant un intérêt dans l'action, de même que par toute corporation sans but lucratif, tout syndicat ou toute association (de consommateurs, par exemple).

Avant d'intenter une action, l'intéressé doit préparer une requête adressée à la Cour supérieure en lui demandant de lui reconnaître le droit d'utiliser le recours collectif. Un juge de la Cour supérieure entend la requête et doit décider de sa recevabilité. Si le juge accueille la requête, il doit, dans son jugement :

— nommer un représentant du groupe ;
— décrire le groupe non pas nommément, mais comme groupe (par exemple le groupe de tous les propriétaires d'automobiles de marque ZX 1985) ;
— déterminer les questions sur lesquelles le juge se prononcera ainsi que les conclusions recherchées ;
— ordonner la publication d'un avis aux membres (habituellement par la voie des journaux) ;
— permettre aux membres du groupe qui veulent être exclus de la réclamation de le faire.

Au moment du procès, l'audition du recours collectif procède à peu près de la même manière qu'une cause civile. Le juge tranche d'abord la question de la responsabilité (par exemple, la responsabilité du manufacturier en ce qui concerne les automobiles de marque ZX 1985 qui rouillent prématurément).

Ensuite, le jugement exigera que chacun des acheteurs fasse la preuve, devant le protonotaire, des dommages qu'il a subis. Finalement, le jugement ordonnera la publication d'un avis pour informer les membres de la décision rendue en leur faveur.

Par exemple, dans un jugement rendu en décembre 1984, la Cour supérieure a fait droit au recours collectif du groupe Euro Américain Voyages et condamné l'agence Euro Américain Voyages à payer aux vacanciers frustrés une indemnisation allant de 250 $ à 525 $ plus intérêts chacun. Malgré qu'ils aient acheté de l'agence précitée un forfait incluant un séjour à l'Hôtel Romano Palace d'Acapulco, ces derniers avaient dû passer trois nuits dans les corridors de l'hôtel parce qu'il n'y avait aucune chambre disponible.

Le défendeur, le représentant ou un membre du groupe peut en appeler du jugement intervenu dans les 60 jours suivant la publication de l'avis du jugement. La loi prévoit que le demandeur puisse s'adresser au Fonds d'aide aux recours collectifs pour assurer le financement du recours collectif qu'il veut exercer (par exemple le coût des expertises nécessaires à la preuve de la réclamation). Ce fut le cas, en juin 1984, d'un autre vacancier déçu qui a obtenu une somme de 7 000 $ du Fonds afin d'intenter une procédure de ce type dirigée contre une autre agence de voyages, Cubacan Tours.

L'aide juridique

Dans le but d'assurer gratuitement les services professionnels d'un avocat ou d'un notaire à toute personne économiquement défavorisée qui possède la vraisemblance d'un droit, l'Assemblée nationale a sanctionné, le 8 juillet 1972, la *Loi sur l'aide juridique*. En vertu de cette loi, tout citoyen québécois répondant à certains critères d'admissibilité a droit de bénéficier de l'**aide juridique**. Le tableau 2.4 indique les critères en vigueur en avril 1985. Ces sommes font l'objet d'indexation le 1er janvier de chaque année.

Notons que tous les bénéficiaires de l'aide sociale sont admissibles à l'aide juridique. Par ailleurs, même si le salaire d'une personne qui réclame l'aide juridique dépasse légèrement les montants prévus par la loi, elle peut parfois bénéficier de cette aide si elle traverse une situation financière précaire (faillite, endettement considérable, etc.).

L'aide juridique couvre à peu près tous les domaines de la vie quotidienne en matière de procédures judiciaires:

— droit matrimonial (séparation de corps, divorce, garde d'enfants, pension alimentaire, etc.);
— droit social (aide sociale, pensions de vieillesse, assurance-chômage, contrats de travail, etc.);
— droit commercial (prêt d'argent, contrats divers, faillite, saisies, etc.);
— droit civil (bail, succession, testament, etc.);
— droit pénal et criminel.

Pour se prévaloir de l'aide juridique, il faut en faire la demande au Bureau d'aide juridique le plus près de sa résidence. Lorsqu'une personne a reçu son certificat d'admissibilité à l'aide juridique, elle demeure libre de choisir son avocat parmi les avocats permanents de l'aide juridique et les avocats de la pratique privée qui participent au système. Les honoraires et les frais judiciaires d'un avocat de la pratique privée qui représente un bénéficiaire de l'aide juridique sont acquittés par le Bureau d'aide juridique ayant émis le mandat.

Dans le cas où le directeur d'un Bureau d'aide juridique rejette la demande d'aide d'un requérant, ce dernier a droit d'en appeler de cette décision dans les 15 jours qui suivent. Cette demande de révision doit être présentée par écrit au Comité de révision de la Commission des services juridiques.

Tableau 2.4   Critères d'admissibilité à l'aide juridique

État civil	Revenus bruts hebdomadaires
Une personne seule	170$
Une personne seule avec une personne à charge	185$
Une personne seule avec deux personnes à charge	215$
Une personne seule avec trois personnes à charge	230$
Pour chaque personne à charge supplémentaire	15$
Un couple (homme et femme mariés ou vivant en union de fait)	185$
Un couple avec une personne à charge	215$
Un couple avec deux personnes à charge	230$
Pour chaque personne à charge supplémentaire	15$

Source: Gouvernement du Québec, ministère des Communications, guide 82, page 110.

Perspective d'avenir : la Cour du Québec

En parcourant le présent chapitre, nous avons pu nous rendre compte que l'organisation et la structure des tribunaux du Québec pouvaient s'avérer fort complexes pour le profane en la matière. Dans le but de démystifier cet appareil judiciaire, d'en simplifier les structures, d'en faciliter la compréhension et l'utilisation par les justiciables, le Législateur québécois envisage pour l'avenir un projet d'unification des tribunaux relevant de sa compétence pour aboutir à un tribunal unique : la **Cour du Québec**.

Ce nouveau tribunal serait composé de quatre chambres :

— une *Chambre criminelle* qui remplacerait la Cour des sessions de la paix;
— une *Chambre civile* qui remplacerait la Cour provinciale (y compris les petites créances);
— une *Chambre de la jeunesse* qui remplacerait le Tribunal de la jeunesse;
— une *Chambre administrative* qui remplacerait certains tribunaux administratifs comme la Commission des affaires sociales, le Tribunal de l'expropriation, le Juge des mines, le Tribunal des professions, la Commission d'appel de francisation des entreprises, etc.

Sur le plan territorial, le Québec serait divisé en cinq régions. La nouvelle Cour du Québec comprendrait un juge en chef, un juge en chef adjoint, cinq juges en chef associés (un par région qui aurait la responsabilité des quatre chambres de la Cour dans sa région), et de 20 juges coordonnateurs (quatre par région qui seraient, chacun dans leur région, responsables d'une chambre).

Cette réforme favoriserait donc une structure *pyramidale* offrant les avantages suivants :

« — en partant du haut de la pyramide vers le bas : des politiques et des directives communes aux quatre chambres ;
— décentralisation de l'autorité judiciaire au niveau de chaque région ;
— présence des quatre chambres dans les cinq régions ;
— répartition plus équilibrée des spécialisations sur tout le territoire ;
— plus grande mobilité des juges d'une chambre à une autre ou d'une région à une autre, selon les besoins[4].»

L'unification des cours permettrait également une gestion plus coordonnée des ressources humaines, matérielles et financières. De plus, les usagers feraient face dorénavant à des procédures et à des règles de pratique communes aux quatre chambres.

Le projet n'affecterait en aucune manière les cours municipales en raison de leur structure particulière ni la Cour supérieure et la Cour d'appel dont les juges, comme on le sait, sont nommés par le gouvernement fédéral.

L'annonce de cette réforme de nos institutions judiciaires remonte déjà à septembre 1983 ; elle avait été communiquée par le ministre de la Justice de l'époque. Ce projet d'unification des tribunaux québécois devait être déposé devant l'Assemblée nationale au cours de l'année parlementaire suivante, ce qui n'a pas été fait. Au moment d'écrire ces lignes, le projet semble avoir été mis en veilleuse et on peut s'interroger sur son avenir.

Résumé

Une personne confrontée pour la première fois avec le système judiciaire est généralement désemparée et éprouve de la difficulté à s'y retrouver. Dans notre système judiciaire, on retrouve des tribunaux de première instance et des tribunaux d'appel.

Les tribunaux de première instance se divisent, à leur tour, en tribunaux pénaux et criminels et en tribunaux civils. Les tribunaux pénaux et criminels sont : les cours municipales, surtout chargées d'entendre les litiges concernant les infractions aux règlements municipaux ; le Tribunal de la jeunesse, chargé d'administrer la *Loi sur les jeunes contrevenants* en matière criminelle et la *Loi sur les poursuites sommaires* en matière pénale ; la Cour des sessions de la paix, ayant une juridiction *exclusive* pour entendre des procès relativement à des crimes mineurs et une juridiction *concurrente* avec la Cour supérieure de juridiction criminelle pour entendre des crimes qui ne sont pas spécifiquement attribués à cette dernière ; la Cour supérieure de juridiction criminelle, appelée aussi les Assises criminelles, ayant compétence *exclusive* pour entendre certaines poursuites relatives à des actes criminels particulièrement graves. Ce dernier tribunal est composé d'un juge avec jury alors que les autres sont présidés par un juge ou un magistrat sans jury.

En matière civile, on retrouve : les cours municipales, chargées de poursuivre les individus ou sociétés qui sont redevables envers les municipalités de sommes d'argent ; le Tribunal de la jeunesse, chargé d'administrer la *Loi sur la protection de la jeunesse* et de protéger les enfants dont la sécurité et le

---

4. Gauthier, Yves, «Les tribunaux au Québec», Montréal, *Justice*, novembre 1984, p. 46.

développement sont compromis ; la Cour provinciale, compétente pour entendre toutes les causes dont le montant en litige est inférieur à 15 000 $; la Cour provinciale, division des petites créances qui entend les actions intentées exclusivement par des personnes physiques et dans lesquelles le montant de la créance réclamée n'excède pas 1 000 $; la Cour supérieure, dont la juridiction s'étend à toutes les autres causes et plus particulièrement à celles dont le montant en litige dépasse 15 000 $; la Cour fédérale qui entend tous les litiges opposant le gouvernement du Canada à tout citoyen ou organisme fédéral ; les tribunaux administratifs ou quasi-judiciaires qui tranchent les litiges pouvant survenir dans les relations entre l'administration publique fédérale ou provinciale et les citoyens.

Au criminel, la Couronne doit toujours établir une preuve hors de tout doute raisonnable de la culpabilité de l'accusé, alors qu'au civil, c'est une preuve par prépondérance que le demandeur doit présenter.

Il est possible d'en appeler soit de plein droit soit sur permission des décisions des tribunaux de première instance devant la Cour d'appel du Québec et, en dernier ressort, devant la Cour suprême du Canada.

Une personne peut toujours s'adresser à la Cour supérieure pour faire valoir non seulement ses propres droits mais aussi les droits d'autres individus ayant des réclamations qui se ressemblent suffisamment pour justifier leur regroupement dans une même action ; la procédure utilisée dans ce cas est celle du recours collectif. Dans le but d'assurer gratuitement les services professionnels d'un avocat ou d'un notaire à toute personne économiquement défavorisée qui possède la vraisemblance d'un droit, l'Assemblée nationale a sanctionné, le 8 juillet 1972, la *Loi sur l'aide juridique*.

Depuis quelques années, le Législateur québécois envisage pour l'avenir un projet d'unification des tribunaux relevant de sa compétence pour aboutir à un tribunal unique : la Cour du Québec.

Vocabulaire

Action civile
Agent de probation
Aide juridique
Assises criminelles
Bref d'assignation
Bref d'évocation
Casier judiciaire
Citation à comparaître
Comparution
Compétence d'attribution
Compétence territoriale
Coroner
Cour d'appel
Cour d'appel du Québec
Cour de première instance
Cour des sessions de la paix
Cour du Québec
Cour fédérale
Cour municipale
Cour provinciale
Cour provinciale, division des petites créances
Cour supérieure
Cour supérieure de juridiction criminelle

Cour suprême du Canada
Déclaration
Défendeur
Défense
Demandeur
Dénonciation
Dépens
Enquête préliminaire
Enquête sur le cautionnement
Frais judiciaires
Greffier
Hors de tout doute raisonnable (preuve)
Huis clos
Huissier
Huissier audiencier
Injonction
Injonction interlocutoire
Injonction provisoire
Inscription pour l'enquête et l'audition
Intimée
Judiciariser
Jugement *ex parte*
Jugement par défaut

Juré
Magistrat
Maître des rôles
Mandat d'arrestation
Mandat de perquisition
Mémoire de frais
Mesures de rechange
Mise en demeure
Objection
Ouï-dire
Prépondérance de preuve
Rapport présentenciel
Recours collectif
Réponse

Requérante
Rôle de la Cour
Shérif
Signalement
Sommation
Subpoena
Tarif judiciaire
Timbre judiciaire
Tribunal
Tribunal administratif ou
    quasi-judiciaire
Tribunal de la jeunesse
Verdict

Questions

1. Qu'est-ce qu'un tribunal?

2. Qu'entendez-vous par une Cour d'appel?

3. Quelle est la juridiction de la Cour des sessions de la paix?

4. En quoi les Assises criminelles consistent-elles?

5. Quelle est la juridiction du Tribunal de la jeunesse en matière criminelle? en matière civile?

6. En matière civile, quelle est la juridiction des cours municipales?

7. En matière criminelle, en quoi la comparution d'un accusé consiste-t-elle?

8. En quoi la preuve en matière criminelle diffère-t-elle essentiellement de la preuve en matière civile?

9. Est-il possible de faire effacer un casier judiciaire? Dans l'affirmative, expliquer comment cela est possible.

10. Expliquez l'expression «tribunal de droit commun».

11. Établissez les principales distinctions entre la Cour supérieure et la Cour provinciale.

12. En quoi une mise en demeure consiste-t-elle? Doit-elle toujours précéder une action en justice?

13. Qu'est-ce qu'un bref d'assignation?

14. Quels sont les principaux domaines de compétence de la Cour suprême du Canada? De combien de juges ce tribunal se compose-t-il? Quelle en est la répartition? Qui nomme les juges de ce tribunal?

15. Quelle est la compétence de la Cour fédérale?

16. Expliquez l'expression «tribunal administratif».

17. Donnez cinq exemples, tant au niveau fédéral que provincial, de tribunaux administratifs.

18. Établissez la distinction entre les frais judiciaires et les honoraires qu'un client doit payer à son avocat.

19. Qu'est-ce qu'un recours collectif?

20. En matière de procédure judiciaire, quels sont les domaines couverts par l'aide juridique?

Cas pratiques

1. Monique a été sérieusement blessée lorsqu'elle fut projetée contre un arbre alors qu'elle était passagère sur une motoneige appartenant à Denis et conduite par ce dernier. L'accident est survenu sur une piste de ski de randonnée interdite aux motoneiges. Monique désire poursuivre Denis pour les dommages qu'elle a subis. Elle a eu deux vertèbres déplacées et elle a subi une fracture du crâne. À la suite de cet accident, Monique a dû être hospitalisée pendant trois mois et laisser son travail pendant cinq mois, ce qui lui a fait perdre un salaire de 3 000 $ par mois durant cette période.

Très sportive avant l'accident (ski, tennis, golf, natation, jogging), Monique n'est plus en mesure de pratiquer aucun sport, à l'exception de la natation et encore, avec des restrictions sévères. L'expertise médicale fixe à 15 % son incapacité partielle permanente.

a) Devant quel tribunal Monique devra-t-elle intenter son action ?

b) Énumérez les étapes que devra franchir la cause jusqu'à l'enquête et l'audition.

c) Que devra faire Denis pour se défendre ?

d) Quel niveau de preuve devra présenter Monique lors du procès si elle veut gagner sa cause ?

e) Y a-t-il un appel possible du jugement qui interviendra ? Dans l'affirmative, devant quel tribunal et dans quel délai faudra-t-il interjeter appel ?

2. À plusieurs reprises, vous avez vu votre voisin, M. Pierre Durand, gronder ses deux enfants, âgés respectivement de 5 et 9 ans. À chaque occasion, il les réprimande, mais il ne les a jamais frappés devant vous. Éric, son fils de 9 ans, a souvent dit à votre jeune frère du même âge, que son père était très sévère et qu'il le battait lorsqu'il n'obéissait pas.

Un soir, alors que vous revenez de la discothèque, vous apercevez votre voisin qui arrive en voiture en même temps que vous. À sa façon de conduire, vous en déduisez qu'il a sûrement consommé une quantité importante d'alcool, mais vous n'en faites aucun cas et vous rentrez à la maison. Vous vous endormez et, une heure plus tard, vous êtes brusquement réveillé par des bruits provenant du domicile de votre voisin ; toutefois, ces bruits ont tôt fait de cesser et vous replongez dans votre sommeil.

Le lendemain matin, au moment de partir pour assister à vos cours, vous croisez le jeune Éric. Vous constatez alors qu'il a un oeil tuméfié. Vous lui demandez ce qui lui est arrivé et Éric vous répond qu'il s'est infligé cette blessure en jouant avec son jeune frère ; puis il s'enfuit nerveusement vers l'école.

À votre retour, le téléphone sonne : c'est Mme Ginette Durand qui vous demande d'aller garder ses enfants pour la soirée, car elle doit accompagner son mari au cinéma. Vous acceptez et vers 19h, vous vous rendez chez les Durand. Peu de temps après le départ de leurs parents, vous demandez aux enfants de faire leur toilette et de revêtir leur pyjama. Éric, le plus âgé, court vers sa chambre et obéit, mais Sylvain, le plus jeune, refuse. Vous décidez de passer outre à ces jérémiades et vous l'aidez à se déshabiller. Vous constatez alors de nombreuses ecchymoses et éraflures sur le dos et les jambes de l'enfant.

Vous interrogez Sylvain sur la provenance de ces blessures et ce dernier fond en larmes. Son frère refuse également de vous dire quoi que ce soit, si ce n'est que son père lui a défendu d'en parler sous peine de sévères réprimandes. Vous insistez pour voir son dos et vous constatez qu'il porte les mêmes blessures que son frère.

Les parents reviennent tard dans la nuit, vers 4h ; vous estimez alors qu'il est préférable d'attendre au lendemain pour leur faire part de vos constatations. Le lendemain matin, vous rencontrez Mme Durand et vous lui demandez des explications. Elle vous dit que les deux enfants sont tombés dans l'escalier en jouant. Vous croyez, au contraire, que c'est leur père qui les a battus.

a) Connaissez-vous une loi qui s'applique dans de telles circonstances ? Nommez-la.

b) Le cas échéant, à qui devez-vous vous adresser ?

c) Devant quel tribunal procèdera-t-on, s'il y a lieu ?

d) Expliquez la procédure utilisée devant ce tribunal.

e) Votre identité sera-t-elle tenue secrète vis-à-vis de la famille ?

3. Sylvie et Marc-André rencontrent leurs amis, Jean-François et Catherine, à la discothèque *Les nuits de Montréal*. Pendant la soirée, ils font la connaissance de Hugo et de Jonathan. Après quelques consommations, Hugo propose à Sylvie de l'accompagner dans une autre discothèque. Sylvie refuse et devant l'insistance de Hugo, Marc-André intervient pour lui dire de la laisser tranquille. Hugo se fâche, bouscule Marc-André et le frappe au visage. Celui-ci se relève et une bagarre s'engage entre les deux garçons. Jonathan intervient et se jette à son tour sur Marc-André. Jean-François veut aider son ami et tente de retenir Jonathan avec l'aide de Richard, un témoin de la scène. Jonathan sort alors un couteau à cran d'arrêt et frappe Richard qui s'écroule, touché à l'abdomen. C'est alors qu'arrivent les policiers, alertés par le gérant de la discothèque. Ils procèdent à l'arrestation de toutes les personnes qui se trouvent sur les lieux. Richard est transporté à l'hôpital où il succombe à ses blessures.

Les policiers qui ont procédé à l'arrestation ont découvert 500 grammes de haschich dans les poches de Hugo. De plus, pressés de questions de la part des policiers, Jean-François et Catherine admettent qu'ils sont mineurs. Hugo est également mineur, alors que Jonathan est âgé de 19 ans.

a) Que devront faire les policiers pour inculper Hugo et Jonathan ?

b) Devant quel tribunal seront-ils poursuivis ?

c) Décrivez les étapes que devront franchir Hugo et Jonathan jusqu'au moment de leur procès, le cas échéant.

d) Quel niveau de preuve devra présenter le procureur de la Couronne dans cette affaire s'il veut obtenir la condamnation des accusés ?

e) Quelle pièce de procédure recevront Jean-François, Sylvie, Catherine et Marc-André leur imposant de venir témoigner au procès ?

f) Jean-François et Catherine peuvent-ils être également poursuivis ? Dans l'affirmative, en vertu de quelle loi peuvent-ils l'être ? Expliquez votre réponse.

g) Peut-on interjeter appel des jugements qui interviendront dans les cas de Hugo et de Jonathan ?

h) Jonathan est étudiant à l'université ; il est célibataire et ne travaille que les fins de semaine comme emballeur dans un supermarché où il gagne environ 100 $ par semaine. Peut-il s'offrir les services d'un avocat ? S'il n'en pas les moyens, quel est son recours ?

4. Vous venez d'être nommé contrôleur de la compagnie Les Poly Plastiques du Québec inc. et le président vous rencontre pour vous confier des dossiers importants. Il vient de recevoir trois lettres de mise en demeure.

La première provient d'un client, M. Yvon Lavallée, qui a acheté des tuyaux de plastique garantis contre le gel ; le client mentionne dans sa lettre que les tuyaux ont gelé et explosé, causant des dommages évalués à 36 000 $ à son entrepôt, à ses stocks de marchandises et à sa machinerie.

La seconde provient d'une cliente, Mme Aline Boileau, qui, à son tour, se plaint que le tuyau de plastique de la toilette du sous-sol de sa résidence s'est fissuré sans raison apparente causant des dommages évalués à 975 $ à son sous-sol.

Finalement, la troisième lettre provient de M. Guy Grenon, un fournisseur de la compagnie, qui déclare que cette dernière lui doit 12 500 $ pour marchandises vendues et livrées depuis plus de trois mois.

a) Le président vous demande devant quels tribunaux ces personnes doivent intenter leurs actions. Expliquez-lui votre réponse.

b) Comme il entend contester ces réclamations, il vous demande quels seront les recours de la compagnie dans chacun des cas.

De plus, il vous indique qu'un certain nombre de personnes doivent de l'argent à la compagnie :

— Yvon Dubois, 835 $ pour marchandises vendues et livrées ;
— Les coffrages Leduc ltée, 7 945 $ pour services rendus ;
— Les Constructions du lac inc., 21 010 $ pour des dommages causés lors des rénovations à l'usine de production.

c) Il veut savoir devant quels tribunaux la compagnie intentera ses actions.

d) Il vous demande quels sont les recours des personnes poursuivies.

e) Il veut savoir si ces trois débiteurs peuvent en appeler, le cas échéant, des jugements rendus en faveur de la compagnie. Dans l'affirmative, devant quels tribunaux pourront-ils le faire ? Expliquez votre réponse.

5. Malgré l'article 94 du Code du travail qui interdit aux pompiers et aux policiers de recourir à la grève, les pompiers de la municipalité de Flammeville décident de faire la grève suite aux lenteurs dans les négociations de leur nouvelle convention collective. Ils refusent tout service aux citoyens de la ville et des environs. Au cours d'un week-end du début de février, un incendie se déclare dans un restaurant du quartier des affaires, rue Saint-Georges. Malgré les alarmes répétées, les pompiers refusent de se présenter sur les lieux du sinistre et ce n'est qu'une heure après le début de la conflagration que les pompiers des municipalités voisines arrivent enfin pour tenter de circonscrire les flammes.

Malheureusement, dans l'intervalle, l'incendie prend de l'ampleur et se propage aux bâtisses adjacentes, devenant ainsi hors de tout contrôle. Six heures après l'arrivée des pompiers, l'incendie est enfin maîtrisé mais les dommages matériels sont considérables. En effet, 12 établissements commerciaux ont été la proie des flammes et sont une perte quasi totale. Trente-cinq familles vivant au-dessus de ces magasins sont sur le pavé, sans aucune ressource, ayant tout perdu.

François Brûlé, un locataire habitant une maison de chambre dans l'une des bâtisses incendiées, vient vous consulter pour connaître ses droits. Il vous explique que ses biens détruits avaient une valeur totale de 10 000 $ et que plusieurs autres locataires ont subi des pertes semblables aux siennes.

a) Devant quel tribunal doit-il intenter son action ? Pourquoi ?

b) Peut-il intenter une action au nom des autres locataires qui ont subi un préjudice analogue ? Dans l'affirmative, quelle est la nature de ce recours ? À quel tribunal doit-il s'adresser ? Expliquez votre réponse.

c) Décrivez les étapes d'un tel recours, le cas échéant.

d) Dans le cas de l'existence d'un tel recours, comment les autres locataires devront-ils s'y prendre pour être indemnisés ?

Plan du chapitre 3

Les personnes

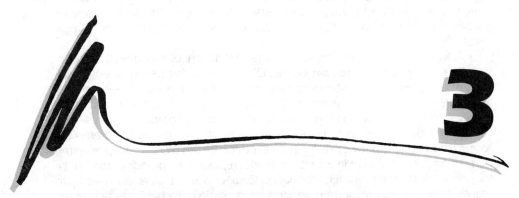

Les personnes

Objectifs

1. Distinguer la personne physique de la personne morale.
2. Définir la notion de patrimoine.
3. Énumérer les principaux droits extra-patrimoniaux et patrimoniaux.
4. Établir la différence entre les droits réels, les droits personnels et les droits intellectuels.
5. Appliquer ces notions à des situations pratiques.

Physiques et morales

Le livre premier du Code civil de la province de Québec comprend les articles 18 à 371 et traite des personnes. Certains de ces articles établissent la distinction entre une personne physique et une personne morale.

La personne physique

Le Code civil rattache la notion de **personne physique** à l'être humain. Sur le plan biologique, la vie humaine se situe entre deux pôles diamétralement opposés : la naissance et la mort ; sur le plan juridique, le Législateur a réglementé les étapes importantes que tout individu est susceptible de franchir entre ces deux extrêmes : actes de l'état civil (naissance, mariage, sépulture), domicile, absence, mariage, filiation, minorité et tutelle, majorité, interdiction et curatelle.

Les articles 18 à 31 énoncent certaines caractéristiques de la personne humaine et les principaux droits dont elle a la jouissance. Ainsi, l'article 18 stipule que :

Tout être humain possède la personnalité juridique.
Citoyen ou étranger, il a pleine jouissance des droits civils, sous réserve des dispositions expresses de la loi.

La personne humaine est inviolable et nul ne peut porter atteinte à son intégrité physique, à moins qu'elle n'y consente ou qu'une loi ne le permette.

En plus d'énoncer les droits fondamentaux de l'être humain, ces articles du Code civil recouvrent une foule de situations auxquelles un individu peut avoir à faire face à un moment ou l'autre de son existence et qui impliquent des conséquences juridiques. De pair avec l'évolution scientifique et celle des mentalités, ces mêmes dispositions du Code revêtent un intérêt grandissant et suscitent à la fois de sérieuses controverses, particulièrement quant à la libre disposition de son corps. Les actualités nous en fournissent de nombreux exemples.

Dans le monde médical, les dons d'organes illustrent bien ce que l'on entend par **libre disposition de son corps**. D'une part, le fait de se présenter à la Croix-Rouge ou à un hôpital pour faire don de son sang est un exemple de consentement à l'aliénation entre vifs d'une partie de son corps ; d'autre part, la loi permet, sous réserve de certaines modalités, de disposer librement, à son décès, de diverses parties de son cadavre aux fins de greffes d'organes. Les greffes de coeur, de poumons, de reins, de tympans et de cornée de l'oeil peuvent permettre à des malades d'améliorer leur santé mais elles reposent, en grande partie, sur la bonne volonté des éventuels donneurs. Ceux-ci doivent alors exprimer leur consentement par écrit, soit en remplissant la partie détachable du permis de conduire, soit en se procurant les formulaires disponibles auprès des organismes appropriés, tels la Banque d'yeux, la Fondation des maladies du coeur, etc., ou soit en manifestant par testament leur intention de léguer certains organes. Le donneur peut, en tout temps, révoquer son consentement.

Si une personne décède sans avoir donné de directives à cet égard, un médecin peut toujours effectuer un prélèvement sur un cadavre en obtenant le consentement du conjoint ou du parent le plus rapproché. Dans le cas où une intervention s'avère urgente et qu'il existe un espoir sérieux de sauver une vie humaine, le Code n'exige pas ce consentement dans la mesure où deux médecins attestent par écrit l'impossibilité de l'obtenir en temps utile. Le dernier alinéa de l'article 22 du Code civil précise que «la mort du donneur doit être constatée par deux médecins qui ne participent en aucune manière à ce prélèvement ni à une transplantation.»

Désireux de sauver le plus grand nombre de vies humaines et de remédier, dans la mesure du possible, à une pénurie de donneurs d'organes, le Législateur québécois a élaboré le projet de loi 20 destiné à assouplir les dispositions du Code civil en la matière. Éventuellement, il suffira à une personne d'exprimer verbalement devant deux témoins son désir de donner ses organes à sa mort.

Le Législateur n'a pas laissé l'enfant pour compte, puisque les articles 30 et 31 du Code civil stipulent que toute décision prise à son sujet doit avoir pour but premier son intérêt et le respect de ses droits ; l'enfant a également le droit d'être entendu par le tribunal chaque fois qu'il y va de son intérêt et que la chose s'avère possible, compte tenu de son âge et de son degré de compréhension. Ce souci de la sauvegarde des intérêts de l'enfant n'est pas exclusif au droit québécois puisqu'on le retrouve, fort à propos, dans la législation de nombreux États, et à travers les décisions de leurs tribunaux.

Un arrêt récent de la Haute cour britannique illustre bien cette préoccupation. Dans l'affaire «Baby Cotton», le premier bébé né en Grande-Bretagne d'une citoyenne anglaise qui avait consenti, moyennant une somme de 11 500 $, à devenir une mère de substitution, c'est-à-dire à se laisser féconder artificiellement par le sperme d'un Américain dont l'épouse ne pouvait avoir d'enfant, à mener sa grossesse à terme, puis à remettre l'enfant au couple américain, le juge a décidé que le père naturel et son épouse, que l'on appelle mère sociale, étaient mieux en mesure que quiconque d'assurer le soin, la surveillance et l'éducation de l'enfant, et de rechercher son bien-être physique et émotif. Il ordonna donc que la mère de substitution remette l'enfant dont elle venait d'accoucher à son père naturel et à sa femme; il est important de noter que cette décision ne brime en aucune façon la mère porteuse, Kim Cotton, étant donné que cette dernière ne voulait pas garder l'enfant. Sur le plan de la morale et de l'éthique, il n'appartient pas à une cour de justice de discuter du bien-fondé de cette pratique de substitution commerciale. Par ailleurs, on peut se demander ce qu'un tribunal québécois déciderait dans le cas d'une femme qui louerait ainsi son corps et, le cas échéant, si ce contrat irait à l'encontre de l'ordre public et des bonnes moeurs auxquels fait allusion l'article 13 de notre Code civil.

La personne morale

Parallèlement à la personne physique, le droit a développé un concept purement fictif de personne; il s'agit de la **personne morale** ou **civile**. Cette création forme une entité juridique distincte des membres qui la composent; elle se présente sous forme de groupements d'individus, de sociétés par actions, ou compagnies, d'associations, de syndicats, de fondations, etc. qui visent à satisfaire des intérêts non plus individuels mais collectifs. L'article 352 du Code civil la définit de la façon suivante :

> Toute corporation légalement constituée forme une personne fictive ou morale dont l'existence et la successibilité sont perpétuelles, ou quelquefois pour un temps défini seulement, et qui est capable de certains droits et sujette à certaines obligations.

La principale caractéristique de la personne morale, c'est qu'elle possède un patrimoine qui lui est propre et qui est entièrement indépendant de celui de chacun des individus qui la compose. Elle jouit aussi d'autres attributs importants; par exemple, elle peut **ester en justice**, c'est-à-dire intenter des actions devant les tribunaux et se défendre contre les actions intentées contre elle; elle a un nom (dénomination sociale), un domicile (siège social), une nationalité (canadienne ou étrangère); elle peut s'obliger et engager ses biens (signature de contrats). La société par actions, ou compagnie, représente le type par excellence de personne morale. En plus des droits qui lui sont conférés par ses statuts de constitution, elle exerce tous les **droits** et recours que les lois fédérales ou provinciales lui accordent; en contrepartie, la société par actions est une corporation civile et, en ce sens, elle est sujette aux **obligations** affectant les individus (art. 356, al. 2 C.c.), mais elle est également soumise au régime spécial de ses lois constitutives.

Le patrimoine

Définition

Tout administrateur averti fait régulièrement le point sur sa situation financière. Il évalue alors l'ensemble des biens qu'il possède comparativement aux dettes qu'il a contractées. En comptabilité, cette opération porte le nom de **bilan** et illustre l'état financier d'une personne à une date donnée; elle permet ainsi de déterminer la solvabilité ou l'insolvabilité d'une personne physique ou morale. En droit, on désigne cette même réalité sous le vocable de patrimoine.

On peut définir le **patrimoine** comme l'ensemble des biens, des droits et des obligations d'une personne physique ou morale, appréciables en argent. Le patrimoine d'une personne correspond à son actif moins son passif. Le patrimoine a une *valeur positive* si l'actif est supérieur au passif; il a une *valeur négative* si le passif excède l'actif.

Toute personne possède un patrimoine et un seul, et ce patrimoine n'est en aucun cas aliénable (sauf par succession à la mort du titulaire). Soulignons enfin que l'état d'un patrimoine fluctue au fil des années ; en effet, il est rarement fixe ou figé. On n'a qu'à faire la lecture des états financiers d'individus ou de sociétés pour se rendre compte de ces variations.

Cette notion de patrimoine s'avère d'autant plus importante que c'est sur elle que repose le droit des créanciers de se faire payer et de saisir, le cas échéant, les biens d'un débiteur. On exprime ce principe juridique en disant que *les biens d'un débiteur sont le gage commun de ses créanciers*. Les articles 1980 et 1981 du Code civil confirment ce principe sur lequel la notion de garantie de paiement trouve son fondement :

Art. 1980   Quiconque est obligé personnellement est tenu de remplir son engagement sur tous ses biens mobiliers et immobiliers, présents et à venir, à l'exception de ceux qui sont spécialement déclarés insaisissables.

Art. 1981   Les biens du débiteur sont le gage commun de ses créanciers, et, dans le cas de concours, le prix s'en distribue par contribution, à moins qu'il n'y ait entre eux des causes légitimes de préférence.

Par exemple, une personne peut consentir une hypothèque sur le bâtiment abritant son usine ou un nantissement commercial sur son équipement et sa machinerie ; si cette personne fait défaut de rembourser ses créanciers, ces derniers pourront alors faire procéder à la saisie de tous ses biens mobiliers et immobiliers (à l'exception de ceux que la loi déclare insaisissables), les faire adjuger par vente en justice et, enfin, se faire payer à même le produit de cette vente.

On divise habituellement les droits qui se rattachent à la personne en deux grandes catégories : les droits extra-patrimoniaux et les droits patrimoniaux.

Les droits extra-patrimoniaux

Les **droits extra-patrimoniaux** se rattachent à la personne même de leur détenteur. Un individu possède donc certains droits extra-patrimoniaux qui lui sont propres et qu'un autre ne possède pas nécessairement. Dans son traité

Tableau 3.1   Patrimoine à valeur positive

Richard Lafortune			
Actif		**Passif**	
résidence principale	125 000 $	emprunt pour achat d'actions	1 900 $
chalet d'été	55 000	solde sur hypothèque de sa résidence principale	35 000
automobiles (2)	25 000		
actions de compagnies	50 000	emprunt personnel	15 000
obligations d'épargne	10 000	cartes de crédit	2 000
meubles et objets divers	27 000	solde sur l'hypothèque de son chalet	45 000
compte en banque	12 000		
Total	304 000 $	**Total**	98 000 $
Valeur nette de son patrimoine	205 100 $		

Le patrimoine de Richard Lafortune a une *valeur positive* étant donné que son actif dépasse son passif.

Tableau 3.2   Patrimoine à valeur négative

Yvon Fauché			
Actif		**Passif**	
résidence principale	40 000 $	hypothèque sur sa résidence principale	37 000 $
automobile	8 500	emprunt pour automobile	7 100
meubles et objets divers	4 500	cartes de crédit	2 235
piscine hors terre	1 100	consolidation de ses autres dettes	19 000
compte en banque	375		
Total	54 475 $	**Total**	65 335 $

Valeur nette de son patrimoine — 10 860 $

Le patrimoine de Yvon Fauché a une *valeur négative* car son passif dépasse son actif.

de droit civil élémentaire[1], le professeur Jean-Louis Baudoin en donne la définition suivante:

> Les droits extra-patrimoniaux constituent l'ensemble des droits possédés par une personne physique, non appréciables en argent, qui lui sont conférés par la loi en raison de la place qu'occupe cette personne dans la société.

On peut conclure de cette définition que seule une personne physique jouit de droits extra-patrimoniaux.

La famille

Sur le plan juridique, la **famille** constitue «l'ensemble des personnes unies par le mariage, ou par la filiation, ou par la parenté et l'alliance, résultant elles-mêmes du mariage et de la filiation.» Les individus issus d'une famille naturelle ou de droit commun sont des sujets de droits extra-patrimoniaux tout autant que ceux issus d'une famille structurée à l'intérieur des liens du mariage. Le *mariage*, la *filiation* et l'*autorité parentale* sont des exemples de droits extra-patrimoniaux qui découlent de la notion de famille. Le titulaire de ces droits ne peut ni les céder, ni les transmettre à ses héritiers, il doit les exercer lui-même; en outre, ces droits ne peuvent faire l'objet d'une saisie et ils échappent à la prescription.

En avril 1981, avec la loi 89, le Législateur québécois a amorcé la réforme de notre Code civil: un nouveau droit de la famille représentant quelque 250 articles est alors entré en vigueur. Avant d'énumérer et d'analyser brièvement les principales caractéristiques de la mise à jour de cette partie de notre Code, rappelons que cette réforme du droit familial est axée sur deux principes directeurs: l'*égalité* de l'homme et de la femme entre eux devant la loi, et la *liberté* des personnes dans la façon d'organiser leurs relations familiales. En pratique, voici les principaux points touchés par cette réforme:

Mariage   L'article 402 de notre nouveau Code civil stipule qu'on ne peut contracter mariage avant d'avoir atteint l'âge de 18 ans. Le mariage est une institution publique et la loi exige qu'il soit célébré par un officier compétent et devant deux témoins. Le Législateur québécois reconnaît deux formes de célébration du mariage qui ont la même valeur juridique: le

---

1. Baudoin, J.-L., *Traité élémentaire de droit civil, les obligations*, Les Presses de l'Université de Montréal, Montréal, 1970.

mariage religieux et le mariage civil. Dans les deux cas, il faut respecter des formalités strictes. La preuve par excellence du mariage est l'**acte de mariage** (art. 421 C.C.Q.[2]).

Le mariage accorde certains droits et impose certains devoirs aux époux. Ces droits et obligations sont énumérés aux articles 441 à 448 du nouveau Code civil. Ainsi, durant le mariage, les époux se doivent mutuellement respect, fidélité, secours et assistance et ils doivent faire vie commune.

Depuis le 2 avril 1981, chacun des époux conserve ses nom et prénom et il exerce ses droits civils sous ces nom et prénom. Les femmes mariées avant cette date ont le choix de garder le nom de leur conjoint ou de reprendre leur nom de naissance, à condition d'en aviser les tiers concernés. Les époux assurent ensemble la direction morale et matérielle de la famille. La loi stipule que les époux contribuent aux charges du mariage en proportion de leurs facultés respectives. Il est à remarquer que chaque époux peut s'acquitter de sa contribution par son activité au foyer.

Maintenant, la loi tient aussi compte de la contribution d'un conjoint à l'enrichissement de l'autre en dehors des charges du mariage. Ainsi, dans le cas de la dissolution du mariage, à la suite d'un divorce, d'une séparation de corps, d'une annulation de mariage ou d'un décès, le tribunal peut accorder à un conjoint qui en fait la demande une **prestation compensatoire**. Cette prestation revêt la forme d'une indemnité versée à l'un des deux conjoints qui a contribué à l'enrichissement de son partenaire pendant le mariage, soit par des services rendus gratuitement, par exemple, à titre d'employé dans un commerce dont l'autre détient la propriété exclusive, soit par le paiement en partie d'une propriété appartenant à l'autre conjoint.

Les époux choisissent, d'un commun accord, la **résidence familiale** (art. 449 à 462 C.C.Q.). Par une déclaration de résidence familiale, le nouveau Code protège la résidence principale de la famille et son contenu, tant que dure la vie commune des conjoints. Un époux ne peut, sans le consentement de son conjoint, disposer de quelque façon des meubles affectés à l'usage du ménage. L'article 452 de la loi 89 interdit à l'époux locataire de la résidence principale de la famille de sous-louer ou de résilier le bail sans le consentement de son conjoint. Enfin, l'époux propriétaire d'un immeuble qui sert, en tout ou en partie, de résidence principale de la famille ne peut, sans le consentement de son conjoint, l'aliéner, l'hypothéquer ou le louer (figure 3.1).

Quant à l'**union libre** ou **de fait**, autrefois appelée concubinage, le nouveau Code n'y fait pas allusion, et les personnes qui vivent sous ce régime n'ont aucun droit et ne sont soumises à aucune des obligations prévues par cette situation de fait. Le Législateur a voulu respecter ici la liberté des individus dans l'organisation de leurs relations familiales. Toutefois, les enfants issus de ces unions jouissent des mêmes droits et ont les mêmes obligations que ceux dont les parents sont unis par les liens du mariage. Ajoutons que de plus en plus de lois à portée sociale reconnaissent, après un certain temps, l'union de fait. Sur le plan provincial, il y a par exemple la subvention pour frais de garde, l'aide juridique, le Régime de rentes du Québec,, les accidents du travail, l'assurance automobile, l'impôt du Québec, les prêts et bourses; sur le plan fédéral, il y a la sécurité de la vieillesse, l'assurance-chômage, les allocations aux anciens combattants, l'impôt du Canada.

Filiation (art. 572 à 594 C.C.Q.)   La **filiation** est le lien juridique qui unit un enfant à son père ou à sa mère. Ce lien se matérialise par l'enre-

---

2. L'abréviation C.c. renvoie au Code civil du Bas-Canada toujours en vigueur au Québec; l'abréviation C.C.Q. renvoie au nouveau Code civil du Québec que le Législateur est en train d'élaborer étape par étape.

DÉCLARATION DE RÉSIDENCE FAMILIALE PAR L'UN DES ÉPOUX

PROVINCE DE QUÉBEC
DISTRICT DE

Je soussigné(e), _____
Prénom, nom, occupation
_____

déclare par les présentes ce qui suit:
1— je suis marié(e) à _____

depuis le _____, mon mariage ayant été
Année, mois, jour
célébré à _____
Lieu
2— la résidence principale de notre famille est située à _____

_____
Adresse
3— cette résidence principale de la famille fait partie de l'immeuble qui se décrit comme suit, savoir:

Désignation cadastrale

Cette déclaration est faite conformément aux dispositions des articles 452,
453, 454 et 455 du Code civil du Québec (institué par le chapitre 39 des lois
de 1980)

En foi de quoi, j'ai signé à _____
Lieu

_____ ce _____
Date

_____   _____
1er témoin   Signature de l'époux

_____
2e témoin   (Verso)

MIN-125 (81-05)
1829-BE

Figure 3.1   Déclaration de résidence familiale

gistrement de la naissance de tout enfant dans les registres de l'état civil et
se prouve par l'acte de naissance. Le nouveau Code abolit les distinctions
entre les enfants, qu'ils soient légitimes ou naturels; ce qui signifie que tous
les enfants jouissent des mêmes droits et des mêmes responsabilités, que
leurs parents soient mariés ou non. Une mère célibataire n'est donc pas obligée d'adopter son enfant pour le rendre légitime.

Nom des enfants (art. 56 à 56.4 C.c.)   Traditionnellement, la
coutume voulait qu'au Québec, le nouveau-né prenne le nom du père.
Depuis la réforme, les parents ont l'entière liberté de donner à leurs enfants
soit le nom du père, soit le nom de la mère ou les deux noms. Il est cependant utile de souligner que le nom composé ne peut comporter plus de deux

```
                                    AFFIDAVIT DU TÉMOIN


        Je, _____
                    Nom au long de l'un des témoins              Occupation
        _____
                                              Adresse
        étant dûment assermenté(e), dépose et dis:

        1— Le _____ mil neuf cent quatre-vingt _____

        j'ai assisté en même  temps que _____
                                                    Nom de l'autre témoin
        à la signature par _____
                                              Nom de l'époux
        _____

        de la déclaration de résidence familiale ci-dessus;

        2— je connais l'époux signataire.

        3— je suis l'un des témoins à la signature de ladite déclaration;

        4— je suis majeur(e) de même que l'autre témoin.




        ET J'AI SIGNÉ, à _____


        ce _____ mil neuf cent quatre-vingt _____
                                                              _____


                                    _____
                                                    Témoin


        ASSERMENTÉ(E) DEVANT MOI, à _____

        le _____ mil neuf cent quatre-vingt _____



                                    _____
                                    Signature d'une personne autorisée à
                                    recevoir un serment ou une affirmation solennelle
```

Figure 3.1   (suite)

parties. Par exemple, Josée est la fille de Francine Dupont-Harpin et de Mario
Veilleux-Brière. L'enfant pourra porter l'un des noms composés suivants:

Josée Dupont-Veilleux
Josée Dupont-Brière
Josée Veilleux-Dupont
Josée Veilleux-Harpin
Josée Brière-Dupont
Josée Brière-Harpin
Josée Harpin-Brière
Josée Harpin-Veilleux

Obligation alimentaire (art. 633 à 644 C.C.Q.) Le Code impose aux époux de même qu'aux parents en ligne directe (enfants, père, mère, grands-parents et arrière-grands-parents) l'obligation d'assurer la subsistance de ceux d'entre eux qui sont dans le besoin. Cette **obligation alimentaire** peut prendre la forme d'une pension versée à un membre de la famille incapable de subvenir à ses besoins essentiels. Les tribunaux tiennent toutefois compte des moyens de chacun dans l'octroi d'une telle pension afin de ne pas sacrifier la subsistance de l'un au détriment de l'autre. En plus de cette obligation alimentaire, les parents ont celle de veiller à l'éducation de leurs enfants mineurs.

Adoption (art. 595 à 633 C.C.Q.) Avant la loi 89, l'adoption était réglementée par une loi qu'on retrouvait en annexe du Code civil. Maintenant, elle est incorporée au droit de la famille et fait l'objet des articles mentionnés en rubrique. Dorénavant, toute personne majeure peut, seule ou conjointement avec une autre personne, adopter un enfant. L'intérêt de l'enfant demeure le pivot de ces dispositions.

Autorité parentale (art. 645 à 659 C.C.Q.) Soucieux de respecter le principe d'égalité entre les conjoints, le nouveau Code impose à la mère et au père la même responsabilité vis-à-vis de leurs enfants. Selon l'alinéa 1 de l'article 648 du Code civil du Québec, le père et la mère exercent ensemble l'**autorité parentale**; on ne parle donc plus aujourd'hui de puissance paternelle, mais d'autorité parentale.

La minorité et la majorité

Selon l'article 324 du Code civil, la majorité au Québec est fixée à 18 ans; par conséquent, tout individu n'ayant pas atteint cet âge est considéré comme **mineur** (art. 246 C.c.) et, de ce fait, frappé d'une incapacité juridique.

On distingue deux sortes d'incapacité juridique: l'**incapacité de jouissance** et l'**incapacité d'exercice**. La première désigne cette inaptitude d'un individu à acquérir un droit et à en jouir, tandis que la seconde désigne l'inaptitude d'un individu à exercer seul un droit dont il est, par ailleurs, titulaire. On ne peut remédier à une incapacité de jouissance; par exemple, l'article 763 du Code civil stipule qu'un mineur ne peut faire de donation de son vivant, et l'article 833, qu'un mineur est incapable de léguer ses biens par testament. Dans ces deux cas, personne ne pourrait donc se substituer au mineur et agir à sa place, tandis qu'un individu frappé d'une incapacité d'exercice peut se voir nommer un représentant pour exercer ses droits et agir momentanément à sa place. Notre droit québécois reconnaît deux catégories d'incapables: le mineur et l'interdit.

En ce qui concerne le mineur, le Code civil prévoit la nomination d'une personne chargée d'assurer sa protection, de le représenter dans tous les actes civils et d'administrer ses biens; il s'agit d'un **tuteur**. Aussitôt nommé, le tuteur doit dresser un inventaire complet des biens du mineur. Il s'engage ensuite à administrer ses biens «en bon père de famille», et répond des dommages-intérêts qui peuvent résulter d'une mauvaise gestion (art. 290 C.c.). À la fin de sa tutelle, le tuteur doit remettre les biens au mineur et rendre compte de sa gestion. Considérée comme un geste purement humanitaire, la tutelle est une charge gratuite.

Quant à l'**interdit**, il s'agit d'une personne majeure que la loi déclare momentanément incapable de gérer son patrimoine et, dans certains cas, de veiller sur elle-même en raison de son état habituel de démence, d'ivrognerie, de narcomanie ou de prodigalité. Dans ces cas, tout parent ou le conjoint peut présenter une requête en Cour supérieure pour faire interdire cette personne. Tout comme pour le mineur, le Législateur a prévu pour l'interdit la nomination d'une personne jouissant à peu près des mêmes prérogatives et soumise aux mêmes obligations que le tuteur: c'est le **curateur**.

L'administration des biens confiés aux tuteurs et aux curateurs privés est soumise au contrôle rigoureux d'un organisme du gouvernement du Québec, créé par une loi spéciale en 1945, et qui s'appelle la **Curatelle publique**. Le Curateur public a donc pour mandat de protéger les biens des incapables. Il exerce également sa juridiction dans d'autres domaines; il administre, par exemple:

— les biens d'un absent;
— les biens trouvés sur le cadavre d'un inconnu ou sur un cadavre non réclamé;
— les biens situés au Québec dont les héritiers ou les propriétaires sont inconnus ou introuvables;
— le produit d'une police d'assurance sur la vie d'une personne domiciliée au Québec et dont on ne peut retrouver le bénéficiaire, etc.

Les régimes matrimoniaux

Nous avons déjà vu que tout individu possède un ensemble de biens, de droits et d'obligations qui constituent son patrimoine. Ainsi en est-il des futurs époux qui, chacun de leur côté, apportent en se mariant un patrimoine qu'ils pourront choisir de continuer à développer individuellement ou en commun. Pour y arriver, les futurs époux devront observer certaines règles juridiques. L'ensemble de ces règles qui régissent les liens économiques entre les époux, et entre ces derniers et les tiers qui font affaires avec eux s'appelle le **régime matrimonial**.

Dans le domaine des affaires, le régime matrimonial d'un individu peut avoir une incidence importante sur l'établissement de son bilan personnel et, par conséquent, sur les garanties qu'il peut être appelé à fournir à ses créanciers lorsque vient le temps d'obtenir du crédit. Par exemple, un individu marié sous le régime de la communauté de biens ne peut vendre sans le consentement et la signature de son conjoint un immeuble appartenant au couple. Il ne peut donc pas inscrire dans son bilan la valeur de cet immeuble puisqu'en pratique, il ne peut être vendu et qu'on ne peut en réaliser la valeur. N'oublions pas qu'en dépit du régime matrimonial, si une déclaration de résidence familiale a été enregistrée par l'un des deux époux sur l'immeuble en question, il est impossible pour l'autre de vendre cet immeuble sans le consentement écrit de son conjoint.

Sous le régime de la séparation de biens, il arrive souvent que la majorité des biens du couple soient au nom du conjoint de la personne en affaires; dans ce cas, ces biens ne peuvent être comptabilisés comme actif au bilan personnel de l'homme ou de la femme d'affaires.

Avant de se marier, les futurs époux doivent donc opter pour un régime matrimonial. Ils ont le choix entre le régime légal ou un régime conventionnel. Le régime légal est celui qui s'applique automatiquement en vertu de la loi si les époux ne choisissent pas un régime conventionnel en passant un contrat de mariage devant un notaire.

Avant le 1er juillet 1970, le régime légal qui s'appliquait au Québec était celui de la communauté de biens. Ainsi, toute personne mariée au Québec sans contrat de mariage avant cette date était et est encore automatiquement soumise au régime légal de la communauté de biens.

Le 1er juillet 1970, le Législateur a remplacé le régime légal de la communauté de biens par celui de la société d'acquêts. Depuis cette date, toute personne mariée sans contrat de mariage au Québec est automatiquement soumise au régime légal de la société d'acquêts (art. 464 C.C.Q.).

Les modifications apportées par le nouveau Code civil permettent aux époux mariés en vertu de l'un ou de l'autre régime de changer de régime par un acte notarié. Cette modification pourra se faire dans la mesure où elle ne causera pas préjudice aux membres de la famille ou aux créanciers des conjoints.

Ainsi, des époux mariés sous le régime de la communauté de biens peuvent désormais changer de régime pour adopter celui de la séparation de biens.

Sans faire une étude exhaustive des régimes matrimoniaux, il nous paraît essentiel de résumer brièvement les trois principaux régimes toujours en vigueur au Québec: la **société d'acquêts**, la **séparation de biens** et la **communauté de biens**. Précisons que le nouveau Code civil ne traite que des deux premiers mais que les futurs époux peuvent encore se prévaloir du régime de la communauté de biens.

La société d'acquêts (art. 480 à 517 C.C.Q.)

Le principe qui régit la société d'acquêts est le suivant: les biens que l'époux possédait avant le mariage et ceux qu'il acquiert pendant le régime par héritage ou par donation sont considérés comme biens **propres** (lui appartenant exclusivement), de même que les biens qu'il acquiert en remplacement de ces biens propres. Les biens acquis après le mariage, comme les salaires, les revenus de placement ou de travail, de même que les biens acquis avec ces sommes d'argent sont des **acquêts**. Par exemple, si un conjoint possède une automobile avant le début du régime légal, il s'agit d'un bien propre; dans le cas où, pendant le régime, il vend sa voiture et avec le prix de vente il s'achète des obligations d'épargne, celles-ci représentent alors des biens propres.

Tant que dure le régime, chaque époux administre ses propres et ses acquêts, et jouit donc de la plus grande autonomie. Toutefois, un conjoint n'aurait pas le droit de faire de dons importants avec ses acquêts sans obtenir le consentement de l'autre.

Lors de la dissolution du régime (par la mort d'un des conjoints, la séparation de corps ou le divorce, etc.), chaque époux possède certains droits sur les acquêts de l'autre. En effet, les acquêts de l'un et de l'autre conjoint sont réunis en une masse commune, et chaque époux a alors droit à la moitié de cette masse. Par ailleurs, chaque époux conserve ses biens propres.

La séparation de biens (art. 518 à 524 C.C.Q.)

Contrairement à la société d'acquêts qui est le régime légal au Québec, la séparation de biens est un régime conventionnel que les époux choisissent en passant un contrat de mariage devant notaire. Sous ce régime, tous les biens que l'époux possédait avant le mariage et ceux qu'il acquiert pendant le mariage sont des propres. Ce régime ne reconnaît donc que des biens propres. Il appartiendra à chacun des conjoints, le cas échéant, de faire la preuve de la propriété de ses biens propres, au moyen de preuves d'achat par exemple. En séparation de biens, chaque conjoint administre seul ses biens, n'est pas tenu de les partager avec l'autre et les conserve donc à la dissolution du régime.

Tant que dure le régime, la séparation de biens s'administre comme la société d'acquêts; toutefois, en séparation de biens, un conjoint demeure libre de donner ses biens sans le consentement de l'autre; la seule restriction à ce principe demeure la résidence familiale dont nous avons traité précédemment.

Ce régime est souvent choisi par les futurs époux dans le but de se protéger mutuellement contre les erreurs ou la faillite de l'un ou de l'autre conjoint. En contrepartie, à la dissolution, il limite au plus haut point les réclamations d'un conjoint vis-à-vis de l'autre.

La communauté de biens

Le nouveau Code civil ne parle plus du régime de la communauté de biens. Cependant, des futurs époux qui le dési-

Tableau 3.3 Les régimes matrimoniaux

	Société d'acquêts	Séparation de biens	Communauté de biens
Actif	*Mari* Biens propres, acquêts. *Épouse* Biens propres, acquêts. — Les biens acquis après le mariage par chacun des époux sont réputés acquêts.	*Mari* Biens propres. *Épouse* Biens propres. — Les biens sur lesquels aucun des époux ne peut revendiquer une propriété exclusive sont réputés indivis, c'est-à-dire à chacun pour moitié.	*Mari* Biens propres. *Épouse* Biens propres (biens réservés). — Tous les autres biens appartiennent à la communauté, c'est-à-dire que chaque époux a droit à la moitié.
Passif	*Mari* Responsable sur ses propres et sur ses acquêts pour dettes entrées de son chef. *Épouse* Responsable sur ses propres et sur ses acquêts pour dettes entrées de son chef. — Aussi responsabilité sur ses acquêts ($\frac{1}{2}$ - $\frac{1}{2}$) pour dettes entrées du chef de l'autre conjoint.	*Mari* Responsable de ses dettes. *Épouse* Responsable de ses dettes. — Si les époux ont des dettes communes, ils en sont tous deux responsables.	*Mari* Responsable des dettes propres ou entrées de son chef. *Épouse* Responsable des dettes propres ou entrées de son chef. — Chaque conjoint a aussi une responsabilité sur les biens de la communauté ($\frac{1}{2}$ - $\frac{1}{2}$) pour les dettes entrées du chef de l'autre conjoint, ainsi que des dettes de la communauté.
Pouvoir des époux sur leur biens	*Mari* Administre seul ses propres et ses acquêts. *Épouse* Administre seule ses propres et ses acquêts. — Dans le cas d'aliénation gratuite des acquêts de l'un des conjoints, l'autre doit donner son consentement.	*Mari* Administre seul ses biens. *Épouse* Administre seule ses biens. — Dans le cas de biens indivis, les deux conjoints administrent ensemble les biens.	*Mari* Administre seul ses biens. *Épouse* Administre seule ses propres et ses biens réservés, mais elle ne peut se départir de ses biens réservés à titre gratuit ni aliéner ou hypothéquer les immeubles en faisant partie sans consentement du mari. — Lorsque les biens sont administrés par le mari, celui-ci peut disposer seul des meubles, sauf d'un fonds de commerce et des meubles de ménage, mais doit avoir le consentement de l'épouse pour disposer des immeubles. — Le mari ne peut les aliéner à titre gratuit.
À la dissolution	*Mari* Conserve ses propres et a droit à la moitié des acquêts de l'épouse. *Épouse* Conserve ses propres et a droit à la moitié des acquêts du mari. — On peut renoncer au partage des acquêts du conjoint.	*Mari* Conserve ses biens. *Épouse* Conserve ses biens. — Les biens indivis appartiennent à chacun pour moitié.	*Mari* Conserve ses propres. *Épouse* Conserve ses propres et ses biens réservés si elle renonce à sa part de communauté. — Les biens appartiennent à chacun pour moitié; seule l'épouse peut y renoncer.

reraient pourraient encore choisir ce régime en passant un contrat devant notaire.

Sous ce régime, la plupart des biens que l'époux possédait avant son mariage ou ceux qu'il acquiert par la suite sont communs. À la dissolution, chaque époux conserve ses biens propres et a droit à la moitié de la masse commune.

Les successions

Les articles 596 à 753 du Code civil du Bas-Canada établissent les règles applicables aux droits successoraux et aux successions *ab intestat*. On appelle **succession *ab intestat*** celle qui est réglée par la loi seule dans le cas où une personne décède sans laisser de testament; lorsqu'une personne décède après avoir exprimé ses dernières volontés quant à l'attribution de ses biens, on suit alors les règles de la succession testamentaire. Les mécanismes juridiques qui réglementent les successions sont complexes et il n'appartient pas au présent ouvrage d'en faire une étude exhaustive. Nous nous contenterons donc d'examiner le cas le plus fréquent de dévolution successorale, c'est-à-dire celui où la personne décède en laissant un conjoint survivant. Dans une telle éventualité, aux termes des articles 624a et 624b du Code civil, le conjoint hérite :

— *de la totalité de la succession*, s'il n'y a ni descendants (enfants, petits-enfants, etc.), ni ascendants (père et mère, grand-père et grand-mère, etc.), ni collatéraux (frères, soeurs, neveux et nièces au premier degré) (figure 3.2).
— *du tiers (1/3) de la succession*, s'il y a des descendants; ces derniers reçoivent alors les deux tiers (2/3) (figure 3.3).

Figure 3.2   Pierre n'a aucun parent proche et il décède. Carole, son épouse survivante, hérite alors de la totalité de sa succession.

Figure 3.3   Pierre décède en laissant son épouse Carole et quatre enfants : Yves, Chantal, Mario et Diane. Sa succession se partagera de la façon suivante :

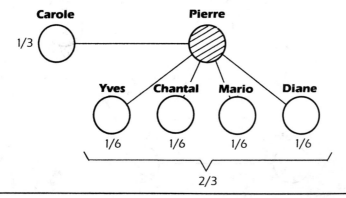

— *du tiers (1/3) de la succession*, s'il n'y a pas de descendants mais des ascendants et des parents collatéraux ; ces deux dernières lignes d'héritiers reçoivent alors chacune un tiers (1/3) (figure 3.4).

— *de la moitié (1/2) de la succession*, s'il n'y a ni descendants, ni parents collatéraux mais des ascendants ; ces derniers reçoivent alors l'autre moitié (1/2) (figure 3.5).

— *de la moitié (1/2) de la succession*, s'il n'y a ni descendants, ni ascendants mais des parents collatéraux ; ces derniers reçoivent alors l'autre moitié (1/2) (figure 3.6).

Figure 3.4 Pierre décède en laissant son épouse Carole, sa mère Céline, son père Henri, sa soeur Claudette, ses deux nièces Josée et Sophie, issues de son frère Denis, prédécédé. Sa succession se partagera de la façon suivante :

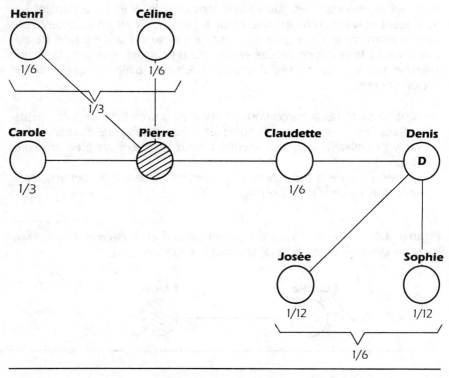

Figure 3.5 Pierre décède en laissant son épouse Carole, sa mère Céline et son père Henri. Sa succession se partagera de la façon suivante :

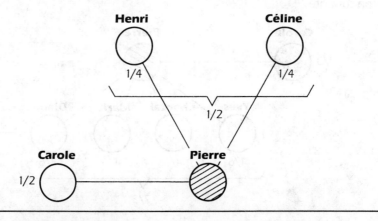

Figure 3.6   Pierre décède en laissant son épouse Carole, sa soeur Claudette et ses deux nièces Josée et Sophie, issues de Denis, prédécédé. Sa succession se partagera de la façon suivante:

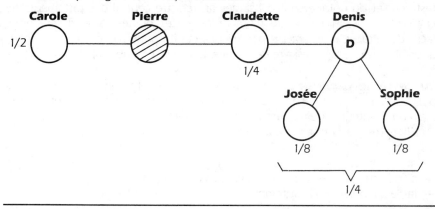

Les articles 660 à 753 du nouveau Code civil du Québec traitent des successions. Les principales modifications concernant la dévolution successorale au conjoint survivant, aux descendants, aux ascendants et aux parents collatéraux peuvent se résumer de la façon suivante:

— dans le cas où il n'y a qu'un descendant, le conjoint survivant recevra la moitié (1/2) de la succession et l'enfant, l'autre moitié (1/2) (art. 730 C.C.Q.). S'il y a plus d'un descendant, le partage se fait toujours de la façon décrite ci-dessus, c'est-à-dire un tiers (1/3) pour le conjoint et deux tiers (2/3) pour les descendants.
— s'il n'y a pas des descendants, le conjoint survivant recevra les deux tiers (2/3) de la succession et les ascendants, l'autre tiers (1/3) (art. 736 C.C.Q.).
— s'il n'y a ni descendants, ni ascendants, le conjoint survivant recevra les deux tiers (2/3) de la succession et les collatéraux, l'autre tiers (1/3) (art. 737 C.C.Q.).

À travers ces nouvelles dispositions en matière de succession, le Législateur continue donc de promouvoir l'égalité entre les époux en accroissant la part de succession du conjoint survivant.

Les testaments

Est-il essentiel de faire un testament? Il faut répondre dans l'affirmative si on se prétend un administrateur avisé qui veut éviter, après sa mort, que l'État ne se charge de faire le partage de ses biens pour ensuite les distribuer à sa place, sans tenir compte du moindre de ses désirs.

Un testament est un acte important qui doit être fait judicieusement; essentiellement, il contient la description des biens du testateur, leur mode de distribution aux légataires, les conditions de ses funérailles, le mode de disposition de son cadavre et enfin, le nom de son ou de ses exécuteurs testamentaires.

Au Québec, tout majeur sain d'esprit peut tester. Les incapables (mineurs et interdits) ne peuvent léguer leurs biens par testament. Le Code civil reconnaît trois formes de testament.

Le testament notarié ou authentique   Ce testament doit être signé par le testateur devant un notaire et deux témoins qui ne sont pas des conjoints et qui ne sont pas apparentés au notaire ou devant deux notaires. Cette forme de testament représente certains avantages sur les deux autres. Ainsi, le notaire en conserve l'original dans son greffe. Les noms du testateur et du notaire sont consignés au registre central des testaments de la Chambre des notaires; au moment du décès du testateur, il sera donc facile de retracer le testament; par ailleurs, étant donné son caractère authentique, il ne sera pas nécessaire de le faire vérifier par le tribunal.

Le testament olographe   Il s'agit de la forme la plus simple et la plus connue du testament. C'est celui qui est écrit en entier et signé de la main du testateur. Il ne requiert ni notaire, ni témoins.

Il représente certains avantages:

— aucuns frais;
— discrétion assurée, puisqu'il n'exige pas de témoins;
— facile à modifier en tout temps.

Mais il comporte aussi de sérieux inconvénients:

— possibilité qu'il tombe entre les mains d'un parent insatisfait qui le fasse disparaître;
— danger qu'il ne soit pas retrouvé au décès du testateur;
— risque de falsification.

On conseille donc à toute personne désirant recourir à cette forme de testament de ranger le document contenant ses dernières volontés dans un coffret de sûreté et d'en avertir une personne de confiance.

Le testament suivant la forme dérivée de la Loi d'Angleterre ou devant témoins   Cette forme de testament ne requiert pas de notaire; il peut être écrit par le testateur ou par une autre personne, mais doit être signé ou reconnu par le testateur devant deux témoins majeurs présents en même temps qui y apposent également leur signature. Il est à souligner que les témoins ne peuvent ni être mari et femme ni d'éventuels héritiers. Les avocats rédigent cette forme de testament; dans ce dernier cas, les testaments doivent obligatoirement être enregistrés au Registre des testaments du Barreau du Québec.

Pour qu'ils soient valables et exécutoires, les testaments olographes et ceux dérivés de la Loi d'Angleterre doivent être **vérifiés** ou **homologués** au moyen d'une requête présentée au protonotaire de la Cour supérieure. Cette procédure vise à reconnaître que toutes les conditions de forme ont été respectées et à prévenir les faux.

Cette brève étude des types de testament ne serait pas complète sans parler d'une clause fort utilisée au Québec dans les contrats de mariage et que l'on nomme clause testamentaire; cette clause est habituellement rédigée de la façon suivante: «Au dernier vivant les biens».

Dès lors, on peut se demander ce qu'il adviendra de cette clause si un conjoint la révoque par testament. En d'autres termes, le testament rédigé ultérieurement aura-t-il préséance sur le contrat de mariage? Si le contrat de mariage ne précise pas que la clause testamentaire qu'il contient peut être révoquée par tout testament ultérieur, c'est le contrat de mariage qui prévaudra et, par conséquent, il deviendra impossible de déshériter un conjoint.

Quelle que soit la forme de testament que l'on privilégie, il est essentiel que le testateur nomme une personne de confiance qui administrera sa succession et verra à ce que ses dernières volontés soient respectées. Cette personne s'appelle un **exécuteur testamentaire**. La personne ainsi désignée n'est évidemment pas obligée d'accepter cette charge qui est purement facultative mais, si elle l'accepte, elle ne pourra y renoncer sans l'autorisation préalable du tribunal. La charge est aussi gratuite et seuls les frais engagés pour le règlement de la succession seront remboursés à l'exécuteur testamentaire ; ce qui n'empêche pas le testateur de lui léguer des biens ou une somme d'argent à titre de récompense.

À compter du décès du testateur, l'exécuteur dispose d'un an et un jour pour s'acquitter de sa tâche. En résumé, il devra veiller aux funérailles du défunt en accord avec ses dernières volontés, dresser l'inventaire des biens du défunt, payer ses dettes et partager ses biens entre les légataires.

Mentionnons enfin qu'il appartient à l'exécuteur testamentaire de rédiger les déclarations d'impôt sur le revenu du défunt pour l'année en cours et d'acquitter, le cas échéant, les droits successoraux. Il s'agit donc d'une tâche complexe qui requiert à tout le moins des connaissances de base en administration, et le testateur aurait intérêt à tenir compte de ces facteurs avant d'arrêter son choix sur un exécuteur ; à défaut de connaître une personne possédant ces qualifications parmi les membres de sa famille ou ses amis, il serait bien avisé d'avoir recours aux services d'une société de fiducie ou d'un professionnel compétent en la matière.

Les droits patrimoniaux

Le professeur Baudoin définit les **droits patrimoniaux** de la façon suivante :

> Les droits patrimoniaux constituent l'ensemble des droits, appréciables en argent, possédés par une personne physique ou morale et provenant de son activité économique[3].

Contrairement aux droits extra-patrimoniaux, les droits patrimoniaux ne sont pas rattachés à la personne même de leur détenteur, mais plutôt à son patrimoine. Une personne morale possède donc des droits patrimoniaux. Ce sont essentiellement des droits à caractère économique. Ils se divisent en trois catégories : les droits réels, les droits personnels et les droits intellectuels (figure 3.7).

Les droits réels

Les **droits réels** sont ceux qu'une personne peut exercer directement par rapport à une chose ; ils sont peu nombreux. Le Code civil reconnaît comme droits réels principaux la propriété, l'usufruit, l'usage et l'habitation, les servitudes et l'emphytéose ; il reconnaît comme droits réels accessoires l'hypothèque et le gage.

La propriété   Le droit de propriété et ses modalités feront l'objet d'une étude détaillée au chapitre 4.

L'usufruit   L'**usufruit** est le droit d'user et de jouir, pendant un certain temps, d'un bien dont un autre a la propriété, comme le propriétaire lui-même, mais à charge d'en conserver la substance et d'en respecter la destination. C'est la définition que nous propose l'article 1175 du projet de loi 20 réformant le Code civil du Québec. L'usufruit se crée par contrat, testament ou par la loi. Par exemple, un conjoint rédige un testament aux termes duquel il lègue, à sa mort, la propriété de sa maison à ses enfants, mais il assortit son legs d'un droit d'usufruit viager en faveur de son conjoint survivant. En prati-

---

3. Baudoin, J.-L., op. cit.

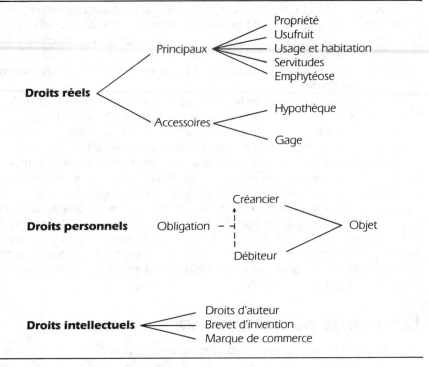

Figure 3.7 Les droits patrimoniaux

que, cela signifie que le conjoint survivant pourra utiliser la maison comme bon lui semblera jusqu'à sa mort; par la suite, la maison reviendra aux enfants. Dans cet exemple, le conjoint survivant est l'**usufruitier** tandis que les enfants sont les **nus-propriétaires**.

L'entretien et l'assurance du bien légué en usufruit appartiennent à l'usufruitier; seules les réparations majeures (poutres, murs portants, système de chauffage, plomberie, électricité, etc.) sont à la charge du nu-propriétaire.

L'usage et l'habitation L'**usage** est «le droit de se servir temporairement du bien d'autrui et d'en percevoir les fruits et les revenus, mais jusqu'à concurrence des besoins de l'usager et, le cas échéant, des personnes qui habitent avec lui ou sont à sa charge » (art. 1226 C.C.Q.). Par exemple, permettre à une personne de demeurer sur une terre dont on est le propriétaire à la condition qu'elle la défriche et l'exploite. Lorsque le droit d'usage est applicable à une maison, il prend le nom d'**habitation**.

Les servitudes La **servitude** est une charge établie sur un immeuble, appelé le fonds servant, pour l'usage et l'utilité d'un autre immeuble, appelé le fonds dominant, et qui appartient à un propriétaire différent.

La servitude peut dériver de la situation naturelle des lieux; elle peut s'établir par l'effet de la loi ou par la volonté de l'homme, c'est-à-dire par contrat ou par testament. Parmi les plus courantes, citons: les servitudes de vue sur la propriété du voisin, de non-construction, des égouts des toits, des murs et des fossés mitoyens, du droit de passage, etc.

Par exemple, un propriétaire dont le terrain est enclavé et qui n'a aucune issue sur le chemin public, a droit d'exiger un passage sur le terrain de l'un ou de l'autre de ses voisins pour pouvoir accéder à sa propriété. Si ce droit de passage occasionne des déboursés, ils seront évidemment à la charge de celui qui en fait la demande (figure 3.8).

L'emphytéose L'**emphytéose** est une sorte de bail par lequel le propriétaire d'un immeuble le cède pendant un certain temps à un autre, à

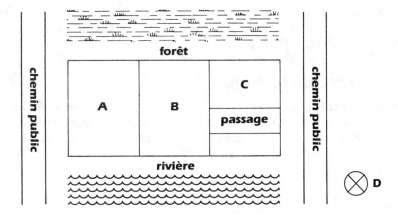

Figure 3.8   On voit dans cette figure que le terrain B est enclavé et que son propriétaire n'a aucune issue sur la voie publique. Si on suppose que le propriétaire du terrain B habite au point D, il pourra, pour se rendre à son terrain, exiger un droit de passage du propriétaire du terrain C. Ce passage doit être accordé du côté où le trajet est le plus court entre le terrain enclavé et la voie publique.

condition de ne pas en compromettre l'existence et à charge d'y faire des améliorations (constructions, plantations, etc.) qui augmentent sa valeur. Aux termes d'un tel contrat, le preneur s'engage à payer au bailleur une redevance annuelle. L'emphytéose doit avoir une durée minimale de neuf ans et maximale de 99 ans. En vertu de l'article 1249 du projet de loi 20, l'emphytéose doit avoir une durée prévue au contrat d'au moins 10 ans et d'au plus 100 ans. Le bail emphytéotique confère au preneur un droit réel susceptible d'hypothèque.

L'hypothèque   L'**hypothèque** est un droit réel accessoire accordé à un créancier sur l'immeuble de son débiteur, sans que ce dernier en soit dépossédé. Il s'agit donc d'une garantie immobilière en vertu de laquelle le créancier pourra faire saisir l'immeuble de son débiteur et faire procéder à sa vente en justice pour être remboursé à même le prix de vente si le débiteur fait défaut d'acquitter son obligation.

Le gage   Le **gage** est aussi un droit réel accessoire accordé à un créancier sur une chose mobilière appartenant à son débiteur et qui entraîne une dépossession de la part du débiteur. Dans ce cas, il s'agit d'une garantie mobilière que le débiteur remet à son créancier pour répondre du paiement d'une dette.

Les droits personnels

Les **droits personnels** ne s'exercent pas directement sur une chose, mais par rapport à une autre personne. On les appelle également **droits de créance**; ils mettent toujours en présence trois éléments: un créancier, un débiteur et un objet.

Le **créancier** est celui à qui on doit un bien ou une somme d'argent. Le **débiteur** est celui qui doit un bien ou une somme d'argent.

La relation juridique ainsi établie entre le créancier et le débiteur par rapport à un objet s'appelle **obligation** quant au débiteur; quant au créancier, elle s'appelle droit personnel. Nous retrouvons les termes de créancier et de débiteur dans tous les contrats. Dans le contrat de vente, le vendeur est le créancier et l'acheteur est le débiteur du prix de vente. Dans le contrat de location, le locateur est le créancier et le locataire est le débiteur du loyer. Enfin, dans le contrat de prêt, le prêteur est le créancier de l'argent prêté et l'emprunteur en est le débiteur.

Les droits intellectuels

Les **droits intellectuels** ne s'exercent pas sur une chose concrète mais sur une chose incorporelle. Ce sont les droits d'auteur, les droits sur des inventions et les droits sur les marques de commerce et les oeuvres littéraires. Ils sont régis par des lois spéciales de juridiction fédérale, la plupart du temps.

Résumé

Le droit rattache la notion de personne physique à l'être humain. Sur le plan juridique, le Législateur a réglementé les étapes importantes que tout individu est susceptible de franchir depuis sa naissance jusqu'à sa mort. La personne physique jouit de certains droits fondamentaux, dont celui de disposer librement de son corps. La personne morale, ou civile, forme une entité juridique distincte des membres qui la composent; elle se présente sous forme de groupements d'individus, de sociétés, d'associations, de syndicats, de fondations, etc., qui visent à satisfaire des intérêts collectifs et non individuels.

On peut définir le patrimoine comme l'ensemble des biens, des droits et des obligations d'une personne physique ou morale, appréciables en argent. Il représente donc l'actif moins le passif d'une personne. Les droits des personnes se divisent en deux catégories: les droits extra-patrimoniaux et les droits patrimoniaux. La famille, la minorité et la majorité, les régimes matrimoniaux, les successions et les testaments font partie de la catégorie des droits extra-patrimoniaux. Le mariage, la filiation, le nom des enfants, l'obligation alimentaire, l'adoption et l'autorité parentale sont des exemples de droits extra-patrimoniaux qui découlent de la notion de famille.

Il existe deux sortes d'incapacité juridique: l'incapacité de jouissance et l'incapacité d'exercice. Les deux catégories d'incapables reconnues par notre Code civil sont les mineurs et les interdits; ils sont frappés d'une incapacité d'exercice. On leur nommera donc des personnes pour les assister à l'occasion de certains actes juridiques. Dans le cas du mineur, on lui désignera un tuteur qui sera chargé de le protéger, de le représenter dans tous les actes civils et d'administrer ses biens. Dans le cas de l'interdit, on lui nommera un curateur qui remplira les mêmes fonctions qu'un tuteur.

Au moment du mariage, les futurs époux auront le choix d'être régis par le régime matrimonial légal ou tout autre régime conventionnel. Le régime légal actuellement en vigueur au Québec est la société d'acquêts. Les deux régimes conventionnels les plus connus sont la séparation de biens et la communauté de biens.

On appelle succession *ab intestat* celle qui est réglée par la loi seule dans le cas où une personne décède sans laisser de testament. Les règles de dévolution successorale sont clairement énoncées dans le Code civil. Ce dernier reconnaît trois formes de testament: le testament notarié ou authentique, le testament olographe et le testament suivant la forme dérivée de la Loi d'Angleterre, ou devant témoins. Le testament contient essentiellement les dernières volontés du testateur quant au règlement de ses funérailles et quant au partage de ses biens. L'exécuteur testamentaire est la personne désignée par le testateur pour administrer sa succession.

Les droits patrimoniaux comprennent: des droits réels principaux et accessoires, des droits personnels, ou de créance, et des droits intellectuels. La propriété, l'usufruit, l'usage et l'habitation, les servitudes, l'emphytéose, l'hypothèque et le gage constituent les principaux droits réels. Les droits personnels, ou de créance, regroupent trois éléments: un créancier, un débiteur et un objet. Quant aux droits intellectuels, les droits d'auteur, les brevets d'invention et les marques de commerce en sont des exemples.

Vocabulaire

Acquêts
Acte de mariage
Autorité parentale
Bilan
Communauté de biens
Créancier
Curatelle publique
Curateur
Débiteur
Droit
Droit extra-patrimonial
Droit intellectuel
Droit patrimonial
Droit personnel ou de créance
Droit réel
Emphytéose
Ester en justice
Exécuteur testamentaire
Famille
Filiation
Gage
Hypothèque
Incapacité de jouissance
Incapacité d'exercice
Interdit
Libre disposition de son corps

Mineur
Nu-propriétaire
Obligation
Obligation alimentaire
Patrimoine
Personne morale ou civile
Personne physique
Prestation compensatoire
Propres
Régime matrimonial
Résidence familiale
Séparation de biens
Servitude
Société d'acquêts
Succession *ab intestat*
Testament notarié ou authentique
Testament olographe
Testament suivant la forme dérivée de la Loi d'Angleterre ou devant témoins
Testament vérifié ou homologué
Tuteur
Union libre ou de fait
Usage et habitation
Usufruit
Usufruitier

Questions

1. Un médecin peut-il effectuer un prélèvement d'organe sur le cadavre d'une personne décédée sans avoir laissé de directives à cet égard? Dans l'affirmative, quelle procédure doit-il suivre?

2. Donnez la définition d'une personne morale.

3. En quoi le patrimoine d'une personne consiste-t-il?

4. Montrez par des exemples concrets l'importance de la notion de patrimoine.

5. Quelles sont les deux grandes catégories de droits rattachés à la personne?

6. Le nouveau Code civil énonce les dispositions particulières relativement à la protection de la résidence familiale. Quelles sont-elles?

7. Établissez la différence entre l'incapacité de jouissance et l'incapacité d'exercice. Donnez un exemple dans chaque cas.

8. Qu'est-ce que la curatelle publique?

9. En matière de régime matrimonial, faites la différence entre les «propres» et les acquêts.

10. Que signifie l'expression «succession *ab intestat*»?

11. Doit-on faire vérifier un testament fait devant un avocat et constaté par deux témoins? Expliquez.

12. Quelles sont les obligations d'un exécuteur testamentaire?

13. Nommez les principaux droits patrimoniaux.

14. Qu'est-ce qu'une servitude?

15. Donnez la définition d'un créancier et celle d'un débiteur.

Cas pratiques

1. Christine et Sylvain vivent en union libre depuis sept ans. Le couple a un enfant, Caroline, âgée de quatre ans. Sylvain décède lors d'un accident d'automobile. Un an avant sa mort, Sylvain avait fait son testament sur vidéocassette. Christine vient vous consulter:

a) Elle vous demande si le testament de son conjoint est valide. Expliquez votre réponse.

b) Dans la négative, elle désire savoir si elle a des droits dans la succession et, le cas échéant, dans quelle proportion.

c) Toujours dans l'hypothèse que le testament de son conjoint ne soit pas valide, elle demande si sa fille Caroline a droit à une partie de la succession de son père décédé. Dans l'affirmative, quelle serait sa part?

d) Enfin, elle veut savoir si Caroline a le droit d'accepter seule la succession de son père. Dans la négative, que lui arriverait-il?

2. Maxime Beauchamp est propriétaire d'un magasin d'alimentation depuis 10 ans. Son épouse, Claire, a l'habitude d'y travailler comme caissière, sans recevoir de salaire, deux jours par semaine, depuis le début de leur mariage, célébré il y a cinq ans. Les relations entre les conjoints se sont envenimées récemment au point où Claire a décidé d'entreprendre des procédures de divorce contre son mari. Un jugement de divorce a été prononcé mettant ainsi fin au mariage. Claire vous consulte et vous demande si elle a des droits dans ce commerce en raison de sa contribution personnelle. Expliquez votre réponse.

3. Jean-Yves achète de Julie un édifice commercial de cinq étages. Le prix de vente est fixé à 125 000 $. Jean-Yves paiera de la façon suivante:

— 25 000 $ comptant;
— le solde de 100 000 $ payable en 10 ans par versements mensuels, égaux et consécutifs.

Jean-Yves accorde une hypothèque à Julie sur son immeuble pour garantir le paiement du solde. Il décide de faire des rénovations à la bâtisse et il retient les services de Construction Aval ltée à cette fin.

Au premier étage, il installe une brasserie, qu'il loue à Jean Boies en vertu d'un bail de cinq ans et moyennant un loyer mensuel de 3 500 $. Au deuxième et au troisième étage, il aménage des bureaux loués en partie à des comptables agréés, Hébert et associés, pour un loyer mensuel de 700 $, et l'autre partie, à Me Clément Lavertu, pour un loyer mensuel de 800 $.

Le quatrième étage est divisé en trois logements, qu'il loue à Pierre, Jean et Jacques. Il se réserve le cinquième étage comme résidence personnelle. Le coût total de ces travaux s'élève à 75 000 $.

À la lumière de ces faits, répondez aux questions suivantes:

a) Qu'est-ce qu'un droit personnel ?

b) Jean-Yves possède-t-il des droits personnels ? Dans l'affirmative, quels sont ces droits, et vis-à-vis de quelles personnes peut-il les exercer ?

c) Qu'est-ce qu'un droit réel ?

d) Quels sont les droits réels de Jean-Yves et de Julie ?

e) Quelle est la nature des autres droits que possèdent Julie, Constructions Aval Itée et les différents locataires ?

4. Marc, propriétaire d'une terre arable, vend à Denis une partie de cette terre. Aux termes du contrat de vente, Marc accorde un droit de passage à Denis pour que ce dernier puisse se rendre sur le chemin public. Le contrat mentionne que le passage est celui qui existe déjà au moment de la signature du contrat. Quelques années plus tard, en raison des besoins croissants de la culture de sa ferme, Marc se voit dans l'obligation d'agrandir ses bâtiments et, pour ce faire, il lui faut utiliser le terrain sur lequel se trouve le droit de passage.

Marc vous demande s'il a le droit d'agir ainsi et, le cas échéant, ce qu'il doit faire. Donnez-lui une opinion motivée.

5. Pierre et Pierrette ont passé un contrat de mariage devant notaire et se sont mariés sous le régime de la séparation de biens. Une des clauses de leur contrat est la suivante :

> « Le futur époux fait donation entre vifs, irrévocable et en pleine propriété, à la future épouse, cette dernière l'acceptant, d'une somme de 10 000 $ qu'il s'engage à lui payer dans les dix ans des présentes, se réservant le droit d'acquitter cette dette au moyen de meubles meublants destinés à garnir la résidence familiale et dont la future épouse deviendra propriétaire au fur et à mesure de leur acquisition. Au cas de prédécès de la future épouse, l'objet de cette donation retournera au futur époux. »

Dès son retour de voyage de noces, Pierre a acheté des meubles meublants, d'une valeur de 8 200 $ pour garnir le foyer conjugal. Un an plus tard, un jugement en faveur de Robert, un créancier de Pierre, est rendu condamnant ce dernier à payer la somme de 1 800 $. Comme le jugement est exécutoire et que Pierre refuse de payer, Robert fait procéder à la saisie des meubles meublants. Pierrette s'oppose à la saisie en invoquant son contrat de mariage. Robert, contestant cette opposition, soutient que Pierre est le seul propriétaire des meubles saisis pour les motifs suivants :

a) L'objet de cette donation étant des biens à venir, Pierrette n'en deviendra propriétaire qu'au décès de Pierre.

b) À cause de la clause testamentaire, Pierre demeure propriétaire des effets saisis jusqu'à son décès.

Robert a-t-il raison d'invoquer les motifs précités ? Dites pourquoi.

Plan du chapitre 4

Les biens et la propriété

Les biens
   Les immeubles
   Les meubles
   Conséquences juridiques de la distinction entre immeubles et meubles
   Distinction des biens selon le nouveau Code civil du Québec (projet de
   loi 20 de 1984)
La propriété
   Caractéristiques
   Modes d'acquisition
La copropriété
   Divise ou condominium
   Indivise ou indivision

Les biens et la propriété

Objectifs

1. Distinguer les biens mobiliers des biens immobiliers.
2. Établir la distinction entre les différentes catégories d'immeubles : par nature, par destination, par l'objet auquel ils se rattachent et par détermination de la loi.
3. Différencier les meubles par nature des meubles par détermination de la loi.
4. Comprendre les conséquences juridiques de la distinction entre les meubles et les immeubles et les appliquer à des situations pratiques.
5. Savoir distinguer les biens selon le nouveau Code civil du Québec.
6. Définir le droit de propriété.
7. Savoir les divers modes d'acquisition du droit de propriété.
8. Connaître une des principales modalités de la propriété : la copropriété.

Les biens

Dans le chapitre précédent, nous avons vu que le patrimoine d'un individu se compose de son actif et de son passif. L'actif d'une personne est formé des droits et des choses qu'elle possède. Nous avons établi que certains droits patrimoniaux, tels les droits réels, consistaient en une relation entre une personne et une chose. En termes juridiques, on nomme cette chose un bien, et les articles 374 du Code civil du Bas-Canada et 957 du nouveau Code civil du Québec stipulent que tous les biens, qu'ils soient corporels ou incorporels, se divisent en immeubles et en meubles.

On appelle biens corporels tous les biens matériels, donc les biens que l'on peut toucher, palper. Dans cette catégorie entrent une maison, une automobile, une chaise, un arbre, etc. On appelle biens incorporels les biens immatériels et impalpables que l'on perçoit par l'esprit. Dans cette catégorie entrent les droits d'auteur, les droits de créance et de propriété, les salaires, les actions et les obligations d'une société, les fonds de commerce, etc.

Les immeubles

Selon l'article 375 du Code civil du Bas-Canada, il existe quatre catégories d'immeubles.

Les biens sont immeubles, ou par leur nature ou par leur destination, ou par l'objet auquel ils s'attachent, ou, enfin, par la détermination de la loi.

Les immeubles par nature

Les fonds de terre, les bâtiments, les maisons et les édifices sont **immeubles par nature**. Ce sont des biens à caractère fixe, immobile. L'immeuble est essentiellement un bien qui ne peut être déplacé. Selon l'article 378 du Code civil du Bas-Canada, les récoltes pendantes par les racines et les fruits des arbres non encore cueillis, de même que les arbres eux-mêmes, sont également considérés comme des immeubles. Mais au fur et à mesure qu'ils sont coupés ou détachés, ils deviennent meubles pour la partie coupée ou détachée. Il en va de même de l'édifice en démolition dont les matériaux désassemblés revêtent le caractère de meubles.

Les immeubles par destination

Les articles 379 et 380 du Code civil du Bas-Canada créent la catégorie d'**immeubles par destination**.

Art. 379   Les objets mobiliers que le propriétaire a placés sur son fonds à perpétuelle demeure, ou qu'il y a incorporés, sont immeubles par destination tant qu'ils y restent [...]

Les immeubles par destination sont donc au départ des biens meubles que le propriétaire a décidé d'intégrer à un immeuble lui appartenant et ce, *à perpétuelle demeure*. L'article 380 va plus loin et définit cette expression de la façon suivante:

Sont censés avoir été attachés à perpétuelle demeure les objets placés par le propriétaire qui tiennent à fer et à clous, qui sont scellés en plâtre, à chaux ou à ciment, ou qui ne peuvent être enlevés sans être fracturés, ou sans briser ou détériorer la partie du fonds à laquelle ils sont attachés.

Les glaces, les tableaux et autres ornements sont censés mis à perpétuelle demeure, lorsque, sans eux, la partie de l'appartement qu'ils couvrent demeurerait incomplète ou imparfaite.

Les deux conditions essentielles pour qu'un meuble devienne un immeuble par destination sont que le bien meuble soit *intégré à un immeuble par nature* et que le bien meuble soit *placé à perpétuelle demeure par le propriétaire* à la fois du meuble et de l'immeuble.

Cette définition exclut les biens meubles qu'un locataire intégrerait à une bâtisse ou à un logement qu'il aurait loué de même que ceux qu'il aurait installés sur un terrain loué. La jurisprudence considère comme meubles par nature :

— la machinerie intégrée au sol de l'usine louée par un industriel ;
— la moquette ou le four encastré placé par le locataire dans son appartement ;
— une piscine hors terre sera également considérée comme un meuble, alors qu'une piscine creusée sera considérée comme immeuble.

La jurisprudence considère comme immeubles par destination :

— le système de climatisation et les chaînes stéréophoniques intégrés à une bâtisse par un propriétaire ;
— le système de chauffage et d'éclairage d'une bâtisse, ainsi que la tuyauterie ;
— les ascenseurs d'un immeuble ;
— les sièges fixés au sol d'un cinéma.

Ce sont ces critères que retiennent nos tribunaux pour déterminer le caractère mobilier ou immobilier d'un bien.

Lorsqu'une municipalité ou une commission scolaire calcule l'évaluation des biens d'un individu, elle ne tient compte que de la valeur de ses immeubles (terrains, bâtisses, maisons, etc.) et non des meubles garnissant sa maison, sauf si ces derniers y ont été intégrés par le propriétaire lui-même. Cette distinction représente une différence appréciable au moment du calcul de l'évaluation foncière et de la fixation des taxes municipales et scolaire.

La jurisprudence a décidé qu'une caravane est un immeuble par destination, que les meubles meublants d'un hôtel ou d'un motel ainsi que la machinerie servant à l'exploitation d'une entreprise, étaient également des immeubles par destination, s'ils en remplissaient les conditions.

Les immeubles par l'objet auquel ils s'attachent

La catégorie d'**immeubles par l'objet auquel ils s'attachent** a trait aux biens incorporels, c'est-à-dire aux droits. L'article 381 du Code civil du Bas-Canada crée cette troisième catégorie d'immeubles dans laquelle on retrouve :

— l'emphytéose ;
— l'usufruit des choses immobilières ;
— l'usage et l'habitation ;
— le droit de coupe ;
— les servitudes ;
— les droits et actions qui tendent à obtenir la possession d'un immeuble (par exemple, l'action en dation de paiement).

Les immeubles par détermination de la loi

Les **immeubles par détermination de la loi** comportent presque essentiellement des droits qui appartiennent à des mineurs :

— le droit aux deniers provenant du rachat des rentes ;
— le droit pour le mineur aux sommes provenant de la vente de ses immeubles.

Les meubles

Art. 383 C.c. Les biens sont meubles par leur nature ou par la détermination de la loi.

Les meubles par nature

Art. 384 C.c.   Sont meubles par leur nature les corps qui peuvent se transporter d'un lieu à l'autre, soit qu'ils se meuvent par eux-mêmes, comme les animaux, soit qu'il faille une force étrangère pour les changer de place, comme les choses.

On retrouve donc dans cette catégorie ce que l'on peut qualifier de biens meubles corporels (meubles, tables, pupitres, chaises, appareils de télévision, automobiles, cuisinières, etc.), c'est-à-dire tout ce que l'on déplace dans un déménagement. Un chien, un chat ou des poissons rouges sont aussi des **meubles par nature**. Quant aux meubles meublants, ce sont essentiellement les meubles qui garnissent une maison ou un logement.

Les meubles par détermination de la loi

La catégorie des **meubles par détermination de la loi** comprend les biens meubles incorporels. Ce sont les articles 387 et 388 du Code civil du Bas-Canada qui créent cette catégorie de biens meubles.

Art. 387   Sont meubles par la détermination de la loi [...] *les obligations et actions qui ont pour objet des effets mobiliers*, y compris *les créances constituées ou garanties* par la province ou les corporations, *les actions ou intérêts dans les compagnies* de finance, de commerce ou d'industrie, encore que les immeubles dépendant de ces entreprises appartiennent aux compagnies [...].

Art. 388   Sont aussi meubles par la détermination de la loi *les rentes* constituées et toutes les autres rentes perpétuelles ou viagères, sauf celles résultant de l'emphytéose, laquelle est immeuble.

On classe dans cette catégorie tous les droits et les actions ayant pour objet des effets mobiliers, les actions ou obligations de compagnie, les certificats d'actions, les certificats de dépôt, les droits d'actions ou de créances, les certificats d'obligation d'épargne, les salaires, les droits d'auteur, les brevets, les rentes, les fonds de commerce, l'achalandage et la clientèle qui se rattachent à un commerce.

Conséquences juridiques de la distinction entre immeubles et meubles

La distinction juridique entre les immeubles et les meubles aboutit à deux régimes juridiques différents:

Immeubles	Meubles
a) *Délai de prescription acquisitive*: il peut varier entre 10 et 30 ans, selon que le possesseur fait preuve de bonne foi ou non.	**a)** *Délai de prescription acquisitive* : il est de 3 ans.
b) *Hypothèque*: seuls les immeubles peuvent être hypothéqués, c'est-à-dire donnés en garantie à un créancier; le propriétaire du bien immeuble n'a pas à s'en déposséder.	**b)** *Gage* : on ne peut hypothéquer ses biens meubles, mais on peut les donner en gage, c'est-à-dire en garantie à un créancier ; le propriétaire du bien meuble doit s'en déposséder au profit du créancier.

c) *Saisie*: la saisie immobilière est effectuée par un officier de justice, appelé shérif, qui s'occupe de la saisie, de la publication des avis légaux et de la vente aux enchères. Les formalités sont plus longues, plus compliquées et plus coûteuses que dans le cas de la saisie mobilière.

d) *Aliénation ou transport de propriété*: tout contrat d'aliénation d'un immeuble doit être fait par écrit, notarié et enregistré au bureau d'enregistrement du district dans lequel se trouve l'immeuble. Cet enregistrement ayant une force de publicité légale, il fait connaître le propriétaire actuel de même que les anciens propriétaires d'un immeuble.

e) *Taxation scolaire et municipale*: seuls les immeubles par nature et les immeubles par destination sont taxables aux fins municipale et scolaire.

f) *Lieu du procès*: habituellement, une action civile intentée relativement à un immeuble le sera dans le district judiciaire dans lequel se trouve cet immeuble.

g) *Déclaration de résidence familiale*: par exemple, dans le cas d'une maison mobile, le conjoint qui désire faire enregistrer une déclaration de résidence familiale sur la maison, afin d'avoir un droit de regard dans la vente ou sur toute transaction touchant cette maison mobile, doit s'assurer qu'il habite bien un immeuble.

c) *Saisie* : la saisie mobilière est effectuée par l'huissier, le même qui signifie les procédures dans une action civile. Il s'occupe de la saisie, de la publication des avis légaux et de la vente aux enchères. Les formalités sont moins longues et moins compliquées que pour la saisie immobilière et la saisie peut s'effectuer avant ou après jugement.

d) *Aliénation ou transport de propriété* : il n'est pas nécessaire d'avoir un contrat écrit dans le cas de transfert de propriété d'un bien meuble, le contrat verbal est suffisant. La loi n'oblige pas l'enregistrement des contrats de transfert de la propriété d'un bien meuble car cela couvrirait trop d'articles.

e) *Taxation scolaire et municipale* : les biens meubles ne sont pas taxables aux fins municipale et scolaire.

f) *Lieu du procès* : l'action civile intentée relativement à un bien meuble est habituellement intentée dans le district judiciaire où réside le défendeur, ou encore dans le district judiciaire où a eu lieu le contrat ou les dommages réclamés.

g) *Déclaration de résidence familiale* : par exemple, un conjoint désire faire enregistrer une déclaration de résidence familiale sur la maison mobile habitée par le couple; si cette maison, même dépouillée de ses roues, est soutenue par des blocs de béton sans avoir de fondations et sans être reliée aux services d'eau, d'égouts et d'électricité de la municipalité, il ne pourra le faire car il habite un meuble au sens de la loi. Celle-ci ne permet évidemment pas de faire une déclaration de résidence familiale dans le cas d'un meuble.

Distinction des biens selon le nouveau Code civil du Québec (Projet de loi 20 de 1984)

Dans le nouveau Code civil du Québec, le Législateur n'emploie plus exactement la même terminologie pour établir la distinction entre les immeubles et les meubles. Citons quelques articles importants:

Art. 958 C.C.Q.   Sont des immeubles les fonds de terre, les végétaux et les minéraux tant qu'ils ne sont pas séparés ou extraits du fonds, ainsi que les constructions et les ouvrages qui s'incorporent au sol et tous les meubles qui en font partie intégrante.

On retrouve dans cet article les *immeubles par nature* du Code civil du Bas-Canada (art. 376, 377, 378 C.c.).

Art. 960 C.C.Q. Les meubles qui, sans perdre leur individualité, sont placés à perpétuelle demeure par leur propriétaire sur son immeuble ou y sont incorporés sont immeubles tant qu'ils y restent.

On retrouve dans cet article les *immeubles par destination* du Code civil du Bas-Canada (art. 379 C.c.).

Art. 961 C.C.Q. Les droits réels qui portent sur des immeubles, les actions qui tendent à les faire valoir et celles qui visent à obtenir la possession d'un immeuble sont immeubles.

On retrouve dans cet article les *immeubles par l'objet auquel ils s'attachent* du Code civil du Bas-Canada (art. 381 C.c.)

Art. 962 C.C.Q. Sont des meubles les choses qui peuvent se transporter, soit qu'elles se meuvent elles-mêmes, soit qu'il faille une force étrangère pour les déplacer.

On retrouve dans cet article les *meubles par nature* du Code civil du Bas-Canada (art. 384 C.c.).

Art. 963 C.C.Q. Sont réputés des meubles corporels les créances ou les autres droits incorporels constatés par un titre au porteur, ainsi que les ondes ou l'énergie maîtrisée par l'homme et mise à son service, quel que soit le caractère mobilier de sa source.

Figure 4.1 On retrouve dans la catégorie des biens meubles par leur nature tout ce que l'on déplace dans un déménagement.

On retrouve dans cet article les *meubles par détermination de la loi* du Code civil du Bas-Canada (art. 387 et 388 C.c.).

Enfin, l'article 964 du nouveau Code civil stipule que «tous les autres biens que la loi ne qualifie pas sont des meubles».

La propriété

Le Législateur reconnaît à toute personne le droit d'acquérir des biens meubles et immeubles, d'en percevoir les fruits et les revenus et d'en disposer librement, pourvu qu'on n'en fasse pas un usage prohibé par la loi et les règlements (art. 406 C.c. et 1004 C.C.Q.); c'est là l'essence même du droit de **propriété**.

Il vient compléter cette définition en ajoutant que «la propriété d'une chose soit mobilière soit immobilière, donne droit sur tout ce qu'elle produit et sur tout ce qui s'y tient accessoirement, soit naturellement, soit artificiellement» (art. 408 C.c. et 1005 C.C.Q.). Ce droit se nomme **droit d'accession**.

Caractéristiques

Le droit de propriété se caractérise par les trois éléments suivants:

Le droit d'utiliser un bien et d'en jouir (l'usus)

Le propriétaire d'un bien peut l'utiliser à sa guise. Il peut donc permettre à qui il désire de s'en servir. Par exemple, il peut consentir à ce qu'une personne habite sa maison ou son chalet; il peut les louer pourvu qu'il respecte les lois et les règlements. Ainsi, un propriétaire n'a pas droit d'augmenter le loyer de son locataire sans motif suffisant; il appartient alors au propriétaire de justifier la hausse du loyer exigée (par exemple, l'augmentation des coûts d'entretien et de rénovations de l'immeuble).

Le droit de percevoir les fruits et les revenus d'un bien (le *fructus*)

Le propriétaire d'un bien peut en percevoir, d'une part, les fruits naturels, c'est-à-dire les récoltes, le produit et l'accroissement des animaux et, d'autre part, les fruits civils, c'est-à-dire les loyers des logements loués, les intérêts des placements bancaires, les dividendes de ses actions, etc.

Le droit de disposer d'un bien (l'*abusus*)

En principe, le Code civil accorde au propriétaire un droit absolu de disposer de son bien. Il peut le vendre, l'hypothéquer, le donner, le louer, le diviser et même le détruire. Mais ce droit d'en disposer, comme nous l'avons déjà mentionné, a ses limites et ne doit en aucune façon aller à l'encontre de l'ordre public.

Les articles 407 du Code civil et 1009 du nouveau Code civil stipulent qu'un propriétaire ne peut être contraint de céder sa propriété si ce n'est par voie d'**expropriation**, faite suivant la loi pour une cause d'utilité publique, et moyennant une juste et préalable indemnité. Dans de tels cas, les différentes instances gouvernementales ont donc le droit d'exproprier un immeuble, voire de contraindre le propriétaire à s'en départir. Citons quelques cas de notoriété publique: expropriation de terrains et de fermes à Sainte-Scholastique pour la construction de l'aéroport de Mirabel, expropriation de terrains, d'édifices et de maisons pour la construction du métro de Montréal, expropriation de terrains et de pâtés de maisons du centre-ville de Montréal pour la construction de l'autoroute Ville-Marie (est-ouest), etc.

Les municipalités viennent également contrecarrer le droit absolu d'un citoyen de disposer de son bien en réglementant la création de zones résidentielles, commerciales et industrielles. Un citoyen peut donc se voir refuser un permis d'exploitation de commerce de vente au détail dans un immeuble si ce dernier est situé dans un quartier résidentiel; il en va de même de l'octroi d'un permis de construction d'usine si l'emplacement choisi se trouve dans un territoire commercial (par exemple, un règlement de construction adopté par une municipalité pour l'ensemble ou une partie de son territoire en vertu de la *Loi sur l'aménagement et l'urbanisme*).

De plus en plus de lois à portée sociale tendent à restreindre l'exercice du droit de propriété individuelle en obligeant les citoyens et les entreprises à obtenir des autorisations et des permis de toutes sortes afin de respecter l'environnement et le mieux-être collectif (par exemple, la Loi québécoise sur la qualité de l'environnement, les règlements de la Communauté urbaine de Montréal, de celle de Québec et les règlements de l'Outaouais sur la pollution atmosphérique, la gestion des déchets, l'épuration des eaux usées, etc.).

Modes d'acquisition

La propriété des biens s'acquiert par **appréhension, occupation** ou **possession**; par accession; par succession ou par testament; par contrat; par prescription acquisitive ou par l'effet de la loi et des obligations.

Par appréhension, occupation ou possession

Le Code civil édicte que la possession d'un meuble corporel en fait présumer le juste titre. C'est au réclamant à prouver, outre son droit, les vices de la possession et du titre du possesseur.

De la possession d'un bien meuble, on en déduit la propriété. C'est à celui qui réclame la propriété d'un bien meuble de faire la preuve de son titre. L'article 2192 du Code civil du Bas-Canada définit la possession comme suit:

> La possession est la détention ou la jouissance d'un chose ou d'un droit que nous tenons ou que nous exerçons par nous-mêmes ou par un autre qui la tient ou qui exerce en notre nom.

Dans le cas d'un immeuble, la loi exige l'enregistrement pour établir le juste titre du propriétaire.

Par accession

Tout ce qui s'unit et s'incorpore à un bien appartient au propriétaire de ce bien (art. 413 C.c. et 1005 C.C.Q.). C'est le cas des améliorations apportées par le locataire ou l'emphytéote, à moins de dispositions contraires prévues au bail.

Par succession ou par testament

On peut acquérir des biens à la suite du décès d'une personne, soit à titre d'héritier, dans le cas d'une personne décédée sans testament, soit à titre de légataire expressément nommé dans le testament du défunt.

Par contrat

C'est à la suite d'un contrat d'achat que l'on acquiert la majorité de nos biens. Ce contrat peut être verbal ou écrit. Dans le cas de l'acquisition d'un immeuble, le contrat doit être écrit et enregistré au bureau de la Division d'enregistrement où est situé l'immeuble.

Par prescription acquisitive

> Pour pouvoir prescrire au moyen de la possession, il faut qu'elle soit continue et non interrompue, paisible, publique, non équivoque et à titre de propriétaire. (Art. 2193 C.c.)

C'est donc à la fois au moyen de la possession et de la prescription qu'on peut devenir propriétaire en vertu de la **prescription acquisitive**. Ainsi, une personne possédant un bien immeuble ou meuble peut en devenir propriétaire après l'écoulement d'un certain laps de temps si sa possession remplit les conditions de l'article 2193 du Code civil. Cet article précise que la prescription acquisitive fait présumer ou confirmer le titre et transfère la propriété au possesseur par la continuation de sa possession.

Dans le cas d'un immeuble En principe, si le possesseur acquiert de bonne foi et par titre translatif de propriété un immeuble corporel, il peut en devenir propriétaire par le biais de la prescription acquisitive *après 10 ans* de possession (art. 2251 C.c.). Toutefois, si le possesseur est de mauvaise foi ou s'il ne détient pas un titre translatif de propriété, il devra attendre *30 ans* avant de pouvoir acquérir la propriété par le biais de la prescription acquisitive (art. 2242 C.c.). Cette possession doit respecter les termes de l'article 2193 du Code civil, c'est-à-dire qu'elle doit être:

— continue (ininterrompue);
— paisible (assurée par des moyens autres que la violence);
— publique (non cachée: le fait d'habiter une maison ou de cultiver une terre, par exemple);
— non équivoque (elle ne doit pas prêter à confusion);
— à titre de propriétaire.

Le possesseur doit agir comme s'il était le vrai propriétaire de l'immeuble; il doit, entre autres, en payer les taxes foncières. *Exemple*: Richard cultive depuis plus de 15 ans une portion de terre qu'il croit être sa propriété puisqu'elle est située à l'intérieur des clôtures que l'ancien propriétaire de la ferme avait installées. Durant cette période, il a payé les taxes municipales et scolaires de cette partie de lot et son voisin ne l'a jamais démenti, même lorsqu'il y construisit un garage. En faisant arpenter sa propriété, Richard s'aperçoit que cette parcelle n'est pas comprise dans son lot. Il peut s'adresser au tribunal pour lui demander de reconnaître son droit de propriété acquis par suite de prescription.

Dans le cas d'un meuble L'article 2268 du Code civil fixe *à trois ans* la prescription acquisitive dans le cas d'un objet mobilier.

> La prescription des meubles corporels a lieu par trois (3) ans à compter de la dépossession en faveur du possesseur de bonne foi, même si cette dépossession a eu lieu par vol.

C'est le cas de choses ou de biens perdus ou volés et aussi de ce que l'on appelle la vente de la chose d'autrui. Le principe sous-jacent aux dispositions de l'article 2268 est de permettre, d'une part, au propriétaire d'un bien meuble perdu ou volé de le récupérer et de le revendiquer auprès du nouvel acquéreur ou possesseur dans un délai de trois ans; d'autre part, ce principe tend à protéger le nouvel acquéreur ou possesseur d'un bien qui l'aurait acheté d'un commerçant trafiquant en semblables matières.

Si le nouvel acquéreur a acquis ce bien d'un commerçant en semblables matières et si l'ancien propriétaire veut reprendre son bien, ce dernier devra rembourser au nouvel acquéreur le prix payé au commerçant. L'ancien propriétaire pourra ensuite poursuite l'auteur du vol ou, le cas échéant, le receleur.

Si le nouvel acquéreur n'a pas acquis le bien d'un commerçant trafiquant en semblables matières, mais l'a trouvé ou l'a acheté d'un receleur, l'ancien propriétaire n'aura absolument rien à rembourser au nouvel acquéreur pour récupérer son bien; il devra cependant faire la preuve que ce bien lui appartenait.

Exemple: Jean Leriche avait acheté un collier en or 18 carats à la bijouterie Au Bijou ltée; ce collier est volé au domicile des Leriche, le 1er septembre 1983. Le bijou est revendu à François Brunelle, qui le cède à son tour à la bijouterie La bonne aubaine ltée. Gaston Lachance achète le collier pour la somme de 1000$ et l'offre à son épouse. Le 1er janvier 1985, au cours d'une réception chez les Leriche, Madame Lachance montre son collier à Madame Leriche, qui le reconnaît. Monsieur Leriche veut alors le récupérer. Il le pourra car le délai de trois ans n'est pas encore écoulé, mais il devra rembourser à Monsieur Lachance la somme déboursée par ce dernier, car la bijouterie La Bonne aubaine ltée est considérée comme un commerçant trafiquant en semblables matières.

Si Monsieur Lachance avait acheté le collier d'un receleur, Monsieur Leriche aurait pu le récupérer sans rien avoir à rembourser. L'article 2268 du Code civil stipule que le voleur ou autre possesseur violent ou clandestin (un receleur, par exemple) ne peut jamais devenir propriétaire par prescription acquisitive.

La copropriété

Une des principales modalités de la propriété est la copropriété. La copropriété est le droit que possèdent plusieurs personnes d'user, de jouir et de disposer librement d'un seul et même bien. Elle peut être *divise* ou *indivise*.

Divise ou *condominium*

La **copropriété divise**, encore appelée ***condominium***[1], est un phénomène relativement nouveau au Québec puisque le Code civil du Bas-Canada ne la reconnaît que depuis le 28 novembre 1969, date de l'entrée en vigueur des articles 441b à 442p. Le nouveau Code civil du Québec traite de ce sujet aux articles 1093 à 1163. L'article 1094 du nouveau Code civil stipule que «la collectivité des propriétaires constitue une personne morale qui a pour objet la conservation de l'immeuble, l'entretien et l'administration des parties communes, la sauvegarde des droits afférents à l'immeuble ou à la copropriété ainsi que toutes les opérations d'intérêt commun[...]». Cette personne morale prend le nom de **syndicat** et doit être immatriculée au registre des associations et entreprises.

La copropriété divise existe lorsque le droit de propriété d'un immeuble est divisé en fractions entre une ou plusieurs personnes. Ainsi, la personne

---

1. Le mot *condominium* est un anglicisme; c'est pour cette raison qu'il apparaît en italique dans le texte.

qui achète un appartement en devient le propriétaire exclusif; par ailleurs, on dira que cette même personne est copropriétaire d'une fraction des parties communes de l'immeuble, comme le stationnement, les corridors, le terrain, la piscine, de même que tout ce qui est affecté à l'utilité de tous les copropriétaires divis: les ascenseurs, les caves, les systèmes centraux de chauffage et de climatisation, etc. Cette quote-part de propriété dans les parties communes est calculée en fonction de la surface que représente l'appartement acheté par rapport à la superficie totale de l'édifice; cette superficie doit faire l'objet d'une clause dans la déclaration de copropriété. Aux fins d'évaluation et d'imposition foncière, chaque appartement forme une entité distincte.

Par exemple, si Gilles achète un appartement occupant une surface de $74 \, m^2$ dans un immeuble ayant une superficie totale de $1850 \, m^2$, sa quote-part attribuée aux parties communes devrait être de 4/100 (74/1850 x 100% = 4% ou 4/100). Gilles devra donc débourser 4% de la facture du système de chauffage central, 4% de l'entretien des corridors, ascenseurs, etc. Il est toutefois responsable à 100% de tout ce qui concerne les $74 \, m^2$ dont il est le propriétaire exclusif.

L'acheteur qui désire se porter acquéreur d'un appartement en copropriété divise doit examiner avec soin la **déclaration de copropriété**, car elle définit la destination de l'immeuble, en précise les parties qui sont exclusives et celles qui sont communes; elle contient également leur désignation cadastrale, une liste des règlements de l'immeuble quant à son administration générale, de même qu'un état des fractions et de leur valeur relative. Cette déclaration, y compris les modifications que l'on peut y apporter à l'occasion, doit être notariée et enregistrée; elle est finalement inscrite à l'index des immeubles. Au moment de son enregistrement, l'acte de copropriété doit être signé par tous les propriétaires de l'immeuble.

Dans les règlements de l'immeuble, on prévoit la composition du conseil d'administration du syndicat, le mode de nomination, de remplacement ou de rémunération des administrateurs (art. 1139 C.C.Q.). L'administration courante du syndicat peut être confiée à un gérant, choisi ou non parmi les copropriétaires. Le conseil d'administration du syndicat doit rendre compte de sa gestion, au moins une fois par année, lors d'une assemblée générale des copropriétaires. L'avis de convocation de cette assemblée annuelle doit être accompagné, outre le bilan, de l'état des résultats de l'exercice écoulé, de l'état des dettes et créances, du budget prévisionnel, de tout projet de modification à la déclaration de copropriété et d'une note sur les modalités essentielles de tout contrat proposé et de tous travaux projetés (art. 1142 C.C.Q.). Chaque copropriétaire dispose, lors de l'assemblée, d'un nombre de voix proportionnel à la valeur relative de sa fraction.

On peut mettre fin à la copropriété divise par décision des deux tiers des copropriétaires représentant 90% des voix de tous les copropriétaires. Le syndicat est alors liquidé conformément aux règles applicables aux personnes morales.

Mentionnons enfin que depuis le 19 décembre 1975, le Législateur québécois a décrété un moratoire qui interdit à l'acheteur d'un immeuble déjà habité de le transformer en copropriété divise ou *condominium*, et d'en expulser, par le fait même, les locataires, même pour l'habiter lui-même ou y loger un de ses proches. On remarquera que ces dispositions applicables à la copropriété dérogent des règles générales du Code civil du Bas-Canada en matière de louage, puisqu'aux termes des articles 1659 et 1659.1 du Code, le locateur d'un logement peut en reprendre possession pour s'y loger ou pour y loger un de ses proches et ce, moyennant un préavis au locataire de six mois avant l'expiration du bail s'il est d'une durée fixe de plus de six mois.

La personne qui désire se porter acquéreur d'un immeuble en copropriété divise, ou *condominium*, a donc intérêt à rechercher un édifice spécifiquement construit à cette fin car il n'est plus possible d'acheter un appartement dans un immeuble dont certains appartements seraient déjà loués.

Indivise ou indivision

Contrairement au *condominium*, le Code civil du Bas-Canada fait état de la copropriété indivise depuis fort longtemps, puisqu'il en traitait déjà, à la fin du siècle dernier, dans quelques articles. Si on se reporte au chapitre des successions, par exemple, elle n'apparaît toutefois pas particulièrement souhaitable et n'est faite pour subsister que pour une période relativement courte. L'article 689 du Code civil et l'article 1087 du nouveau Code civil du Québec stipulent que «Nul n'est tenu de demeure dans l'indivision. Le partage peut toujours être provoqué [...].»

La **copropriété indivise** ou **indivision** existe lorsque plusieurs personnes détiennent ensemble le droit de propriété d'un immeuble sans que la copropriété de cet immeuble n'ait fait l'objet d'un partage en parts divises. Elle se distingue de la copropriété divise par le fait qu'aucun copropriétaire ne possède la propriété exclusive d'une partie de l'immeuble. Le copropriétaire indivis (**indivisaire**), qui détient, par exemple, 4/10 de la propriété, est propriétaire des 4/10 de tous les appartements et des 4/10 de tous les espaces communs; suivant cette forme de copropriété, chacun des copropriétaires possède donc des droits sur l'ensemble de l'immeuble, mais aucun ne possède de droit exclusif de propriété sur un appartement en particulier. Ce qui suppose l'accord de tous pour la prise de décisions importantes: vente, location, hypothèque de l'immeuble, etc.

L'indivision découle d'un contrat, d'une succession, d'un jugement ou de la loi. Afin d'éviter les controverses et les malentendus, les indivisaires doivent établir entre eux une convention écrite et la faire enregistrer par dépôt (art. 1071 C.C.Q.). Cette convention doit comporter la désignation du bien, en l'occurence de l'immeuble, la description des parts appartenant à chaque copropriétaire, les règles à suivre au moment de la vente ou de la location d'une unité de l'immeuble, ou du décès d'un indivisaire. La copropriété indivise n'étant qu'un état temporaire, l'alinéa 2 de l'article 1070 du nouveau Code civil du Québec prévoit que la convention qui la réglemente ne doit pas excéder 5 ans si elle porte sur un meuble ou 30 ans si elle porte sur un immeuble. Les indivisaires peuvent toutefois la renouveler à l'échéance. Par ailleurs, elle peut prendre fin en tout temps par la vente de l'immeuble en justice et le paiement de sa part au copropriétaire indivis qui a exigé le partage.

Le futur acquéreur en copropriété indivise d'un immeuble comportant cinq logements ou plus a intérêt à savoir que, depuis juin 1981, il ne peut prendre possession d'un appartement de cet immeuble en évinçant un locataire et qu'il devra attendre que ce dernier quitte volontairement les lieux ou qu'il consente par écrit à les quitter; dans le cas d'un immeuble comportant quatre logements ou moins, ce même acquéreur a droit d'évincer un locataire et de reprendre possession de l'appartement ainsi libéré.

Après avoir examiné les principales caractéristiques de ces deux variantes de la copropriété, on peut en déduire que l'une et l'autre offrent un avantage commun: celui de permettre un accès plus facile et à un coût moindre à la propriété que la maison individuelle. Notons cependant que les futurs acheteurs qui en ont les moyens préfèrent généralement investir dans la copropriété divise, ou *condominium*, même si son coût est plus élevé, parce que si les appartements peuvent être vendus séparément, ils ont une plus grande valeur marchande que s'ils sont loués ou occupés par des copropriétaires indivis.

Dans le même ordre d'idées, par le biais de la *Loi sur les coopératives*, il est possible à un citoyen québécois à faibles revenus d'habiter un logement dans un immeuble appartenant à une coopérative, dans laquelle il a souscrit une part sociale d'une centaine de dollars. C'est ce qu'on appelle la **coopérative d'habitation**. Contrairement à la personne qui habite un *condominium*, celle qui habite un appartement d'une coopérative d'habitation n'en est que locataire. L'immeuble est la propriété de la coopérative; ce qui signifie qu'aucun locataire n'a le droit de vendre son logement dans le but d'en réaliser un profit. Si un locataire veut quitter son logement, la coopérative doit lui rembourser sa part sociale. L'avantage majeur que retire le membre d'une coopérative d'habitation est qu'il peut jouir d'un logement à un prix moins cher que s'il louait le même logement d'un particulier ou d'une société à but lucratif.

Ce phénomène est possible grâce aux différents programmes de subventions gouvernementales accordés à la coopérative. Par exemple, la Société canadienne d'hypothèques et de logements (SCHL) accorde d'intéressantes réductions sur les taux d'intérêt hypothécaires et verse des subventions pouvant atteindre 5000$ par logement; d'autres organismes gouvernementaux provinciaux ou municipaux, comme la Société d'habitation du Québec (SHQ) et la Société municipale d'habitation de Montréal (SOMHAM), contribuent également à la construction de ce genre d'immeubles.

Résumé

Tous les biens, qu'ils soient corporels ou incorporels se divisent en immeubles et en meubles. Selon l'article 375 du Code civil du Bas-Canada, il existe quatre catégories d'immeubles: les immeubles par nature, par destination, par l'objet auquel ils s'attachent et par détermination de la loi. Les meubles sont de deux sortes: les meubles par nature et les meubles par détermination de la loi. D'importantes conséquences juridiques résultent de la distinction entre les immeubles et les meubles: délai de prescription, hypothèque et gage, saisie, aliénation ou transport de propriété, taxation, lieu du procès et déclaration de résidence familiale. Le nouveau Code civil du Québec n'utilise plus la même terminologie que le Code civil du Bas-Canada pour définir les immeubles et les meubles.

La propriété est le droit que la loi accorde à toute personne d'acquérir des biens immeubles et meubles, d'en percevoir les fruits et les revenus et d'en disposer librement sous réserve des limites et des conditions fixées par la loi et les règlements. Le droit de propriété se caractérise par les trois éléments suivants: l'*usus*, le *fructus* et l'*abusus*. La propriété des biens s'acquiert par appréhension, occupation ou possession; par accession; par succession ou testament; par contrat, par prescription acquisitive ou par l'effet de la loi et des obligations.

Une des principales modalités de la propriété est la copropriété. On peut la définir comme le droit que possèdent plusieurs personnes d'user, de jouir et de disposer librement d'un seul et même bien. Elle peut être divise ou indivise.

La copropriété divise, ou *condominium*, existe lorsque le droit de propriété d'un immeuble est divisé en fractions entre une ou plusieurs personnes. La collectivité des propriétaires constitue une personne morale que la loi appelle un syndicat. La copropriété divise s'établit par une déclaration de copropriété qui doit être notariée et enregistrée. Cette déclaration définit la destination de l'immeuble et ses règlements. Dans les règlements de l'immeuble, on prévoit la formation d'un conseil d'administration du syndicat. Ces administrateurs du syndicat doivent rendre compte de leur gestion à l'assemblée générale annuelle des copropriétaires. On peut mettre fin à la copropriété divise par décision des deux tiers des copropriétaires représentant 90 % des voix de tous les copropriétaires.

La copropriété indivise ou indivision existe lorsque plusieurs personnes détiennent ensemble le droit de propriété d'un immeuble, sans que la copropriété de cet immeuble n'ait fait l'objet d'un partage en parts divises. L'indivision découle d'un contrat, d'une succession, d'un jugement ou de la loi. Elle n'est faite que pour une période temporaire et un copropriétaire indivis peut toujours demander le partage. Afin d'éviter les controverses, les indivisaires doivent établir entre eux une convention écrite et la faire enregistrer par dépôt. L'indivision cesse par le partage en nature du bien ou son aliénation.

Par le biais de la *Loi sur les coopératives*, il est possible à un citoyen québécois à faibles revenus d'habiter un logement dans un immeuble appartenant à une coopérative, dans laquelle il a souscrit une part sociale d'une centaine de dollars. C'est ce qu'on appelle la coopérative d'habitation.

Vocabulaire

Abusus	Immeuble par l'objet auquel il s'attache
Appréhension	
Condominium	Immeuble par nature
Coopérative d'habitation	Indivisaire
Copropriété divise	Indivision
Copropriété indivise	Meuble par détermination de la loi
Déclaration de copropriété	Meuble par nature
Droit d'accession	Occupation
Expropriation	Possession
Fructus	Prescription acquisitive
Immeuble par destination	Propriété
Immeuble par détermination de la loi	Syndicat
	Usus

Questions

1. Distinguez les quatre catégories d'immeubles prévues par le Code civil du Bas-Canada.

2. Qu'est-ce qu'un immeuble par destination?

3. Donnez la définition d'un meuble.

4. Démontrez à l'aide d'exemples concrets l'importance pratique de la distinction entre meubles et immeubles.

5. Définissez le droit de propriété. Donnez-en les principales caractéristiques et restrictions.

6. Faites la distinction entre la propriété et la possession d'un bien.

7. Comment s'acquiert le droit de propriété?

8. Expliquez comment on peut devenir propriétaire d'un bien grâce à la prescription acquisitive.

9. Énumérez les principales dispositions que doit contenir une déclaration de copropriété.

10. Quelles sont les responsabilités d'un copropriétaire divis par rapport à celles d'un indivisaire?

Cas pratiques

1. Suzanne est propriétaire d'un chalet évalué à 30 000 $ situé dans les Laurentides. Elle possède également un système complet de traitement de texte d'une valeur de 10 000 $. Ces biens sont entièrement payés. Désirant se lancer en affaires, elle a besoin d'argent liquide ; sa soeur Johanne consent à lui prêter 35 000 $ moyennant garantie.

a) Quels biens Suzanne peut-elle lui donner en garantie, et en vertu de quelles sortes de contrat ?

b) Suzanne sera-t-elle forcée de se déposséder de ses biens ? Justifiez votre réponse.

c) Dans le cas où Suzanne serait incapable de rembourser Johanne à échéance, quel serait le recours de cette dernière et devant quel tribunal ?

d) Si Johanne n'obtenait pas satisfaction devant le tribunal de première instance, pourrait-elle se prévaloir d'un droit d'appel ? Dans l'affirmative, devant quel tribunal et à quelle condition Johanne pourrait-elle se prévaloir de ce droit ?

2. Ginette vient d'acheter un immeuble en copropriété dans le but de s'y loger. L'immeuble compte huit logements qui sont déjà loués mais elle désire en habiter un. Elle expédie donc à Henri, le locataire d'un appartement de l'immeuble, un avis de reprise de possession. Ce dernier refuse de quitter l'appartement prétextant que Ginette n'a aucunement le droit de l'évincer. Se demandant si elle peut forcer Henri à partir, elle vient vous consulter et vous pose les questions suivantes :

a) Ai-je bien acheté un *condominium* ?

b) Est-ce que la loi m'accorde un recours pour évincer Henri immédiatement de l'appartement ? Dans l'affirmative, quel est ce recours ?

c) Dans la négative, est-ce que je pourrai un jour habiter l'appartement de mon choix dans cet immeuble ? Si oui, quand le pourrai-je ?

Donnez une réponse reflétant votre opinion motivée à toutes les questions de Ginette.

3. À l'automne de 1981, un tracteur appartenant à J.-B. Dubois est tombé au fond d'un ravin. Après plusieurs essais infructueux, Dubois décide d'ajourner l'opération de récupération du tracteur à l'été suivant et il aménage un abri sommaire pour protéger son véhicule.

Le 2 mai 1982, Labonté constate la présence de ce tracteur et décide de le retirer du ravin afin de le remettre à son propriétaire, dont il ignore pour le moment l'identité, dans l'espoir de se faire rémunérer pour son travail.

Il réussit à retirer le tracteur du ravin et le remet en état de fonctionner. Il lui en a coûté 400 $ pour le retirer et 300 $ pour les réparations.

Après s'être donné tout ce mal et avoir déboursé 700 $, Labonté décide de garder le tracteur pour son usage personnel, bien qu'à ce moment Dubois le lui ait déjà réclamé verbalement.

Le 20 mai 1982, Dubois met Labonté en demeure de lui remettre le tracteur. Labonté refuse catégoriquement en prétendant qu'il s'agit d'une chose trouvée. Dubois essaie de nouveau de rencontrer Labonté, mais ce dernier est parti travailler en Ontario et ne revient que le 1er juin 1985.

Dès son retour, Dubois essaie de nouveau de recouvrer la possession de son tracteur, mais Labonté lui répète que le tracteur lui appartient pour le motif déjà donné, et que de toute façon il en a prescrit la propriété.

Dubois décide finalement de vous consulter et vous demande quels sont les droits de Labonté.

Donnez votre opinion et les éléments qui le motivent.

4. Philippe Ladouceur vient vous consulter et vous soumet le cas suivant :

Il est propriétaire d'un *condominium* situé rue des Braves, à Longueuil, qu'il habite à titre de résidence principale. Son logement en copropriété occupe 840 m^2 d'un immeuble d'une superficie totale de 21 000 m^2.

Il possède également un motel de 30 unités situé à Gaspé sur un terrain de 10 arpents.

Sa compagnie, Les Couches Douceurs Inc., a loué un local commercial d'environ 11 000 m^2, à Trois-Rivières, pour abriter son usine de fabrication de couches. L'équipement et la machinerie de la compagnie y sont déménagés ; ils ont une valeur de 2 500 000 $.

Philippe vient de recevoir ses comptes de taxes foncières de chacune des trois municipalités et a constaté les faits suivants :

— La ville de Longueuil a évalué le *condominium* à 125 000 $ et cette évaluation comprend la valeur du bain tourbillon et du lave-vaisselle ;
— la municipalité de Gaspé a évalué le terrain à 200 000 $, les bâtisses à 900 000 $ et les meubles du motel à 200 000 $;
— la ville de Trois-Rivières a évalué l'usine à 5 000 000 $, y compris la bâtisse, la machinerie et l'équipement.

Il désire savoir si ces trois comptes de taxes sont conformes aux dispositions de la loi et s'il doit les acquitter. Conseillez-le en lui expliquant, dans chaque cas, le pourquoi de votre réponse.

5. Jean-François achète un terrain situé à l'angle des rues Bois-de-Boulogne et Henri-Bourassa dans l'intention d'y construire une usine d'insecticides. Il ne mentionne ses intentions ni au vendeur ni au courtier d'immeubles. Il fait tracer des plans par un architecte, Philippe Parizeau, et il s'adresse à la ville de Montréal pour obtenir un permis de construction.

Le représentant de la ville lui refuse l'émission du permis en alléguant qu'il ne peut absolument pas construire d'usine à cet endroit, en raison du règlement de zonage. En effet, ce secteur est réservé à des constructions résidentielles et commerciales ainsi qu'à la construction d'édifices professionnels.

Jean-François a la ferme intention de contester cette décision devant les tribunaux car il pense qu'un propriétaire a droit d'agir à sa guise. Quels conseils lui donnerez-vous ? Expliquez-lui quels sont ses droits et ses obligations.

Deuxième partie

Les formes juridiques d'entreprises

Plan du chapitre 5

L'entreprise individuelle

L'entreprise individuelle
    Définition
    Constitution
    Dissolution
    Caractéristiques

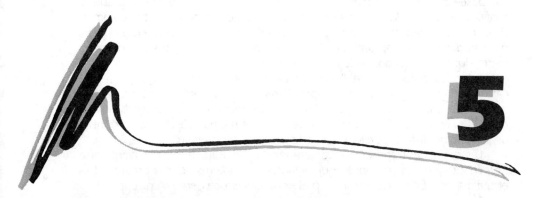

L'entreprise individuelle

Objectifs

1. Définir l'entreprise individuelle.
2. Expliquer les formalités relatives à la mise sur pied et à la dissolution d'une telle entreprise.
3. Connaître les caractéristiques de l'entreprise individuelle.
4. Faire ressortir les avantages et les inconvénients de ce genre d'entreprise.

Qui n'a pas un jour caressé le rêve de posséder sa propre entreprise ? La réalisation d'un tel désir n'est toutefois pas à la portée de tout le monde, et les gens qui s'y risquent se doivent de connaître les principales formes juridiques que peut revêtir une entreprise ainsi que les conséquences qui peuvent résulter d'un choix plutôt que d'un autre. De cette manière, les futurs gestionnaires mettront de leur côté le maximum de chances de réussite et sauront opter pour la meilleure forme d'entreprise, compte tenu du genre d'activités qu'ils entendent exercer.

Dans les prochains chapitres, nous étudierons donc les différents types d'entreprises qui existent au Québec, les formalités nécessaires à leur mise sur pied, leur fonctionnement interne, leur mode d'extinction de même que les lois ou règlements qui les régissent.

Nous étudierons, dans l'ordre, l'entreprise individuelle, les différents types de sociétés (la société civile, la société en nom collectif, la société en commandite et la société par actions, ou compagnie) et, finalement, la coopérative.

L'entreprise individuelle

Définition

L'**entreprise individuelle** est l'organisation commerciale la plus répandue chez nous puisqu'elle représente près de la moitié des entreprises. Elle est composée d'un seul propriétaire qui dirige toutes les activités de l'entreprise, tant au niveau de la capitalisation et de la direction des activités commerciales qu'au niveau de la responsabilité. L'entreprise lui appartient en propre; il n'a pas d'associé et ne partage donc ni les profits ni les pertes de son commerce: lui seul est responsable de son entreprise.

Selon les dimensions de l'affaire, il peut engager des employés et, à l'occasion, un gérant pour l'aider à administrer son commerce. Contrairement à une société par actions (compagnie), la loi ne reconnaît pas de personnalité morale à l'entreprise individuelle. Cette dernière n'a pas d'existence propre ni de patrimoine distinct et elle se confond avec son propriétaire.

Les petites entreprises à caractère local choisissent le plus souvent cette forme juridique. Les personnes qui se lancent en affaires pour la première fois et qui disposent d'un capital limité préfèrent souvent ce genre d'entreprise.

Constitution

Cette entreprise n'est régie par aucune loi particulière. Les principes généraux du Code civil concernant la capacité légale de contracter, les obligations, les contrats et la responsabilité réglementent ses activités. Un mineur peut fonder une telle entreprise sans le consentement de ses parents ou de son tuteur. Dans ce cas, la loi autorise le mineur à poser tous les actes nécessaires aux fins de son commerce, mais le tient également responsable de ces actes. Ainsi, l'article 323 du Code civil énonce que « le mineur qui fait commerce est réputé majeur pour les faits relatifs à son commerce» et l'article 170 du nouveau Code civil stipule que «le mineur de 14 ans est réputé majeur pour tous les actes relatifs à son emploi ou à l'exercice de son art ou de sa profession». En conséquence, le mineur ne peut invoquer le principe de la lésion et doit respecter les obligations qu'il a contractées en raison de son commerce, de son art ou de sa profession (art. 1005 C.c. et 171 C.C.Q.).

Par ailleurs, toute personne mariée peut exercer un commerce sans obtenir préalablement le consentement de son conjoint. Cependant, les tiers faisant affaires avec le propriétaire d'une entreprise individuelle ont toujours intérêt à vérifier le régime matrimonial de celui-ci: ils apprendront ainsi quels genres de recours personnels ils peuvent exercer contre le propriétaire de l'entreprise, étant donné que les biens du propriétaire individuel susceptibles d'être saisis peuvent varier d'un régime à l'autre.

Choix du nom

Le propriétaire individuel doit d'abord choisir le nom commercial sous lequel il exercera son commerce. Ce peut être son propre nom, le nom d'une autre personne (avec son accord) ou encore, un nom créé de toutes pièces.

Le nom doit être descriptif et distinctif afin de pouvoir identifier le genre d'entreprise et de permettre de la distinguer des autres oeuvrant dans le même secteur d'activité. Le nom choisi ne doit pas être le nom ou la désignation d'une autre entreprise déjà existante et, le cas échéant, il ne doit pas être déjà enregistré ou présenter des ressemblances qui pourraient prêter à confusion avec un autre nom. La loi prévoit la possibilité de faire annuler devant la Cour supérieure un tel enregistrement. De plus, le nom choisi doit être conforme aux exigences de la Charte de la langue française, c'est-à-dire qu'il doit être en français.

Supposons que Jean-François Archambault achète de Julie Roy une entreprise individuelle de transport, voici les possibilités qui s'offrent à lui quant au choix du nom commercial de sa nouvelle entreprise :

— Jean-François Archambault ;
— Jean-François Archambault, voiturier ;
— Transport Archambault ;
— Transbec (ou tout autre nom créé de toutes pièces) ;
— Transport Julie Roy enr.

On peut remarquer que dans les quatre premières éventualités, il n'est pas nécessaire d'ajouter l'abréviation «enr.», étant donné qu'on n'utilise pas le nom d'une autre personne. Par ailleurs, dans le dernier cas, la loi exige que l'on ajoute, à la fin du nom commercial, l'abréviation «enr.», parce qu'on utilise le nom de l'ancienne propriétaire, Julie Roy.

Enregistrement

D'une façon générale, la loi exige (art. 1834, 1834a et 1834b C.c.) de toute personne exerçant un commerce seule sous une raison ou dénomination sociale de déposer une déclaration écrite au bureau du **protonotaire**[1] de la Cour supérieure (Palais de justice) de chaque district judiciaire dans lequel l'entreprise doit exercer son activité : c'est l'**enregistrement**. Il constitue un mode de publicité qui permet aux créanciers et, d'une façon générale, à toutes les personnes faisant affaires avec cette entreprise, d'obtenir tous les renseignements nécessaires à son sujet. Quiconque désire connaître le véritable propriétaire d'un commerce peut s'en enquérir au bureau du protonotaire du district dans lequel l'entreprise est exploitée. Par exemple, un commerçant qui désire vendre ses produits dans les districts de Montréal, de Terrebonne et de Joliette doit enregistrer son nom dans les trois districts judiciaires.

L'enregistrement doit être fait selon les règles prescrites par la *Loi sur les déclarations des compagnies et des sociétés* (figure 5.1). Cette déclaration de raison ou dénomination sociale doit être enregistrée au bureau du protonotaire dans les 15 jours qui suivent la date du début des opérations du commerce et elle doit contenir :

— les nom et prénoms du propriétaire ;
— sa profession ;
— son lieu de résidence ;
— le nom de l'entreprise, si elle ne porte pas le nom du propriétaire ;
— le type de commerce exercé ;
— la mention qu'aucune autre personne n'est associée au propriétaire ;
— l'adresse de l'établissement ;
— la date du début des activités commerciales ;
— dans le cas d'une personne mariée, son régime matrimonial et le contenu de son contrat de mariage.

Si le propriétaire individuel change son régime matrimonial au cours de son mariage ou à l'occasion d'un divorce, s'il modifie la nature de son activité commerciale ou s'il vend ou liquide son entreprise, il doit produire une nouvelle déclaration au bureau du protonotaire de chaque district judiciaire où sa déclaration de constitution avait été produite. Les seules personnes exemptées de cet enregistrement sont les *célibataires*, les *artisans*, les *cultivateurs* et

---

1. Le protonotaire est un fonctionnaire du ministère de la Justice dont la fonction consiste, entre autres, à procéder à l'enregistrement de certains documents. On retrouve un protonotaire dans chaque district judiciaire de la province de Québec ; son bureau se trouve au Palais de justice.

Gouvernement
du Québec

DÉCLARATION DE
RAISON SOCIALE
(Personne faisant affaires seule)

Instructions pour compléter le formulaire

1 - Détacher la présente feuille d'instructions.

2 - Vous devez **dactylographier** toute votre déclaration.

3 - Votre Raison sociale doit être en langue française. (On peut y joindre une version dans une autre langue.)

4 - Les mots « Limitée ou Incorporée » ne doivent pas être utilisés si vous n'avez pas de lettres patentes.

5 - Les frais sont de **15,00 $** (argent, mandat ou chèque visé payable à l'ordre du ministre des finances.) **Les chèques non visés seront retournés à l'envoyeur.**

6 - Parmi les douze régimes matrimoniaux qui suivent choisissez celui qui correspond à votre statut matrimonial. Complétez-le et insérez-le intégralement dans votre déclaration à l'item État civil et régime matrimonial.

Liste des régimes matrimoniaux

1 - Célibataire.

2 - Marié(e) à . . . (nom du conjoint à la naissance). sous le régime de la communauté de biens selon les lois de la province de Québec, le . . . (date du mariage).

3 - Marié(e) à . . . (nom du conjoint à la naissance). sous le régime conventionnel de la séparation de biens en vertu d'un contrat de mariage passé devant . . . (nom du notaire). notaire de . . . (domicile du notaire). le . . . (date du contrat).

4 - Marié(e) à . . . (nom du conjoint à la naissance). sous le régime légal de la société d'acquêts selon les lois de la province de Québec. le . . . (date du mariage).

5 - Marié(e) à . . . (nom du conjoint à la naissance). sous le régime conventionnel de la société d'acquêts en vertu d'un contrat de mariage passé devant . . . (nom du notaire). notaire de . . . (domicile du notaire). le . . . (date du contrat).

6 - Marié(e) à . . . (nom du conjoint à la naissance). selon les lois de . . . (province. État. ou pays). le . . . (date du mariage).

7 - Marié(e) . . . (nom du conjoint à la naissance). sous le régime de la communauté de biens en vertu d'un contrat de mariage passé devant . . . (nom du notaire). notaire de . . . (domicile du notaire). le . . . (date du contrat).

8 - Marié(e) à . . . (nom du conjoint à la naissance). séparé(e) de biens en vertu d'un jugement rendu à la cour supérieure du district de . . . (nom du district). le . . . (date du jugement). dans la cause portant le numéro . . .

9 - Séparé(e) de . . . (nom du conjoint à la naissance). en vertu d'un jugement rendu à la cour supérieure du district de . . . (nom du district) dans la cause portant le numéro . . . le . . . (date).

10 - Divorcé(e) de . . . (nom du conjoint à la naissance). en vertu d'un jugement rendu à la cour supérieure du district de . . . (nom du district) le . . . (date du jugement). dans la cause portant le numéro . . .

11 - Que je suis divorcé(e) de . . . (nom du conjoint à la naissance). par suite de la résolution . . . (numéro) . . . du Sénat du Canada. adoptée le . . . (date).

12 - Veuf(ve) de . . . (nom du conjoint à la naissance). décédé(e) le . . . (date du décès).

CANADA
PROVINCE DE QUÉBEC
COUR SUPÉRIEURE
DISTRICT JUDICIAIRE DE MONTRÉAL
SERVICE DES RAISONS SOCIALES
1 est. Notre-Dame, bureau 3.150
Montréal (Québec)
H2Y 1B6
Tél.: (514) 873-3344

Figure 5.1a Instructions permettant de compléter une déclaration de raison sociale.

les *membres d'une profession libérale*, dans la mesure où ces personnes font des affaires sous leur propre nom.

Obtention de permis

La personne qui choisit d'investir dans une entreprise individuelle doit se conformer à d'autres types de législations ou de réglementations propres au genre de commerce exercé. Par exemple, le vendeur itinérant et le vendeur de voitures d'occasion doivent détenir un permis en vertu de la *Loi sur la protection du consommateur*, le courtier en immeubles et le courtier en valeurs

```
CANADA
PROVINCE DE QUÉBEC          DANS LA COUR SUPÉRIEURE
DISTRICT DE           ●                                  ●
MONTRÉAL                    BUREAU DU PROTONOTAIRE
                              RAISONS SOCIALES


        Je, soussigné(e) __Jean-François Archambault, homme d'affaires__
                                    (Nom. prénom - Occupation)

                          _____
                                   (Nom. prénom du conjoint)

        domicilié(e) à      6340, rue des Oiseaux
                            _____

                            Laval (Québec)
                            _____

                            _____ Code postal _H7L 3V3_

        déclare par les présentes:

            Que je fais ou j'entends faire des affaires dans le domaine de:

            __Vente en gros et en détail d'articles de sport__

            _____

            _____

        depuis le. à compter du ou vers le   |8,6|0,4|0,7|
                                             Année  Mois  Jour

            adresse du commerce  _10340, rue St-Laurent_

                            Montréal (Québec)
                            _____

                            _____ Code postal _H2Y 1K9_

        N.B.: Un casier postal n'est pas considéré comme une adresse commerciale.
              Si vous n'avez pas d'adresse commerciale, veuillez cocher ci-dessous:
              ☐ Adresse commerciale identique à l'adresse résidentielle

        Sous le nom et la raison sociale de _____

            __Boutique de sport du Québec__

        (version dans une autre langue) _____

            _____

        Qu'aucune autre personne n'est associée avec moi.

        ┌─────────────────────────────────────────────────────────┐
        │ État civil et régime matrimonial (Voir page d'instructions) │
        │                                                           │
        │ Je. soussigné(e). déclare que je suis __célibataire____   │
        │                                                           │
        │ _____  _____     │
        │                                                           │
        │ _____    │
        │                                                           │
        │ _____    │
        │                                                           │
        │ _____    │
        └─────────────────────────────────────────────────────────┘

        En foi de quoi, j'ai signé à ____Laval_____ le _7 avril 1986_
                                        (Lieu de la signature)     (Date de la signature)

                                            No. d'ass. sociale _221-891-451_

        _____       Tél. (résidence) _622-9192_
                    Signature

        K-49 (83-04)                            Tél. (travail)   _625-1234_

500-15   ESPACE RÉSERVÉ À L'ADMINISTRATION




                            COUR SUPÉRIEURE
```

Figure 5.1b   Déclaration de raison sociale

mobilières doivent détenir respectivement des permis en vertu de la *Loi du courtage immobilier* et de la *Loi sur les valeurs mobilières*, les voituriers, camionneurs et transporteurs doivent détenir un permis en vertu de la *Loi sur les transports*, etc.

Les champs d'activités commerciales régis par des lois d'application spéciale sont très nombreux et vont en s'accroissant. Ainsi, le commerçant ou le fabricant qui vend des produits au détail doit obtenir, sous forme d'un numéro d'enregistrement, une licence de mandataire de taxe de vente fédérale et (ou) provinciale, selon le cas. Une fois ces taxes prélevées, il doit en faire remise au ministère du Revenu concerné.

Pour l'obtention d'un permis d'exploitation de commerce sur le territoire d'une municipalité, le commerçant doit également tenir compte de ses règlements, et le coût du permis peut varier selon la nature du commerce. Le commerçant doit respecter les lois et règlements relatifs aux heures d'ouverture et de fermeture des établissements commerciaux ainsi que les règlements de zonage en vigueur dans la municipalité. Une ville pourra refuser d'émettre un permis de construction à un entrepreneur qui voudrait construire une usine ou une manufacture dans une zone résidentielle ou encore refuser l'approbation de plans d'aménagement ne répondant pas aux normes de la municipalité.

Le propriétaire d'une entreprise individuelle qui utilise les services d'employés doit enregistrer son entreprise auprès des ministères du Revenu fédéral et provincial afin d'obtenir un numéro d'employeur. À tous les mois, il doit alors faire parvenir aux deux ministères les déductions à la source de ses employés. Enfin, mentionnons que pour enregistrer des droits d'auteur, une marque de commerce ou un brevet d'invention, il faut se soumettre à une législation fédérale particulière. Avant de fonder une entreprise, il apparaît donc essentiel de se renseigner auprès des organismes compétents, et de faire appel à des spécialistes en la matière (conseillers juridiques, comptables, etc.).

Dissolution

Lorsque le propriétaire d'une entreprise individuelle décide de mettre fin à ses activités et de liquider son commerce, il doit déposer une déclaration à cet effet au bureau du protonotaire du district judiciaire où sa déclaration de constitution avait été enregistrée (figure 5.2).

Caractéristiques

Avantages

Facilité de mise sur pied   L'entreprise individuelle ne requiert pour sa mise sur pied que très peu de formalités juridiques, hormis l'enregistrement de la déclaration de la raison ou dénomination sociale et du régime matrimonial, le cas échéant.

Coût peu élevé   Le coût de l'enregistrement de la déclaration est minime, quoiqu'il faille y ajouter celui des permis requis pour l'exercice du commerce et, s'il y a lieu, les honoraires professionnels d'un spécialiste en la matière.

Simplicité d'administration et rapidité des décisions   Le propriétaire décide seul de l'administration de son entreprise. Il n'a donc pas à tenir compte de l'avis d'associés ou des membres d'un conseil d'administration. Il a finalement l'entière liberté d'action quant à la liquidation de son entreprise ou quant à la cessation de ses affaires.

Aucun partage des profits   N'ayant pas d'associés, le propriétaire individuel n'a pas à verser de dividendes ni à partager ses profits. Il ne paie que les salaires de ses employés, le cas échéant.

Aspect fiscal   L'aspect fiscal de ce type d'entreprise présente certains avantages étant donné que son propriétaire est assujetti à l'impôt des particuliers et non à l'impôt sur les bénéfices des sociétés, qui est beaucoup plus élevé. S'il encourt des pertes de revenus de son entreprise, il peut les déduire de ses autres revenus personnels, car le fisc associe l'entreprise individuelle à son propriétaire.

```
CANADA
PROVINCE DE QUÉBEC ●          DANS LA COUR SUPÉRIEURE            ●
District de Montréal

                        BUREAU DU PROTONATAIRE
                          RAISONS SOCIALES
─────────────────────────────────────────────────────────────────

                        Déclaration de dissolution

            Je soussigné, Jean-François Archambault, homme d'affaires,

        résidant et domicilié au 6340, rue des Oiseaux, à Laval, (Québec),

        H7L 3V3, déclare par les présentes:

            Que j'ai cessé de faire des affaires dans le district de

        Montréal dans le domaine du transport général de marchandises.

        Depuis: le 1er septembre 1986

        Au: 10340, rue St-Laurent, à Montréal, (Québec), H2Y 1K9


        Sous le nom et la dénomination sociale de:

                        TRANSBEC

        Enregistré le 7 avril 1986, sous le numéro

                    «500-15-17050-86»

            En foi de quoi, j'ai signé à Laval, ce 1er jour de septembre

        1986.


                                    _____

                                    Jean-François Archambault
                                    Numéro d'assurance
                                    sociale: _____
                                    Numéro de téléphone
                                    résidence: _____
```

    500-15   Espace réservé — n'écrivez pas

    SJ-222 M (82-03)   COUR SUPÉRIEURE

Figure 5.2   Déclaration de dissolution

Recours à la Cour provinciale, division des petites créances

Lorsqu'il intente des actions devant les tribunaux, le propriétaire individuel peut le faire devant la division des petites créances de la Cour provinciale pour les montants n'excédant pas 1000$. En effet, la loi le considère comme une personne physique, contrairement à la société par actions qui, elle, est une entité distincte.

Inconvénients

Responsabilité personnelle et illimitée

Le propriétaire individuel est responsable sur ses biens personnels des dettes et engagements de son entreprise, et cette responsabilité est illimitée. Si l'actif est insuffisant pour payer ses créanciers, on pourra donc saisir sa maison, ses meubles, son automobile, l'argent de son compte bancaire personnel, etc. Dans bien des cas, la faillite du commerce signifie aussi la faillite personnelle du propriétaire.

Responsabilité civile   À titre d'employeur, le propriétaire individuel est personnellement responsable des dommages causés par ses employés dans l'exercice de leurs fonctions (art. 1054 C.c.). Pour se protéger, il aura intérêt à se munir d'assurances suffisantes pour parer à toutes les éventualités.

Responsabilité et enregistrement   La personne dont le nom apparaît sur la déclaration de raison ou dénomination sociale est responsable des dettes de l'entreprise individuelle. La loi prévoit l'enregistrement d'une nouvelle déclaration pour tout changement dans l'exploitation du commerce ou dans son nom ou tout arrêt des activités commerciales, vente ou transfert du commerce à une autre personne. Le propriétaire est responsable vis-à-vis des créanciers du commerce jusqu'à ce qu'une nouvelle déclaration soit enregistrée. Celui qui vend son commerce ou met fin à ses activités commerciales doit donc enregistrer une déclaration de dissolution. Dans le cas d'une vente, le nouvel acquéreur doit, de son côté, enregistrer une autre déclaration de raison ou dénomination sociale à son nom. L'ancien propriétaire cesse d'être responsable des dettes de l'entreprise, seulement après l'enregistrement d'une déclaration de dissolution.

Jean-François Archambault, propriétaire unique de l'entreprise de transport Transbec, vend son commerce à Jean-Marc Roy le 1er septembre 1985. Si Archambault néglige ou omet de faire enregistrer une déclaration de dissolution en date de la vente, il continue d'être personnellement responsable des dettes du commerce vis-à-vis des tiers, même si ces dettes sont contractées par le nouvel acquéreur, Jean-Marc Roy. Dans ce cas, Archambault pourra poursuivre Roy pour obtenir le remboursement des sommes payées à sa place. Dans le cas où, le 19 septembre 1985, Archambault décide de remédier à son défaut d'enregistrer une déclaration de dissolution, il peut le faire ; il cessera alors d'être responsable des dettes de Transbec à compter de cette date.

Investissement limité   Le propriétaire individuel ne dispose souvent que de ses économies personnelles pour financer son entreprise. Il contracte parfois un emprunt personnel dans un établissement financier ; dans bien des cas, cet emprunt revêtira la forme d'une marge de crédit proportionnelle aux garanties personnelles que l'emprunteur aura à offrir. Les ressources du propriétaire de ce genre d'entreprise sont donc fort limitées et l'accès de celui-ci au marché des capitaux reste aléatoire.

Extinction de l'entreprise   Le décès du propriétaire entraîne automatiquement la dissolution de l'entreprise individuelle. L'actif fait partie de la succession du défunt et est divisé entre ses héritiers, qui choisissent souvent de ne pas continuer le commerce. En cas de décès, il y a risque de perdre la clientèle avant de régler la succession. La maladie prolongée du propriétaire a souvent les mêmes conséquences, surtout s'il n'y a pas de personne compétente pour assurer la relève.

Aspect fiscal   Les revenus provenant de l'entreprise s'ajoutent aux autres revenus personnels du propriétaire individuel, augmentant ainsi son fardeau fiscal. Dès que l'entreprise réalise des profits importants, elle a avantage à se constituer en société, car le taux d'imposition des compagnies est beaucoup plus avantageux que celui des particuliers.

Problèmes financiers personnels   Les difficultés financières personnelles du propriétaire ont des conséquences directes sur l'entreprise qu'elles risquent de mettre en péril, étant donné que les biens du propriétaire et sa stabilité financière sont garants des obligations de l'entreprise.

En conclusion, même si chaque cas est particulier et mérite d'être examiné à fond, il n'en demeure pas moins que l'entreprise individuelle n'est pas celle qui offre le plus de sécurité au commerçant, compte tenu de la responsabilité personnelle et illimitée de son propriétaire. Les gens d'affaires régis par cette forme d'entreprise devraient songer sérieusement à réviser leur choix et à se tourner vers l'incorporation s'ils veulent donner de l'ampleur à leur entreprise et en assurer la stabilité. Cela est d'autant plus vrai que des amendements majeurs aux lois fédérale et provinciale régissant les compagnies permettent maintenant la création de compagnies à actionnaire et administrateur uniques. La société par actions (compagnie) se révèle donc une meilleure forme juridique d'entreprise commerciale.

Résumé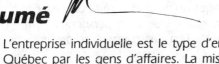

L'entreprise individuelle est le type d'entreprise le plus couramment choisi au Québec par les gens d'affaires. La mise sur pied de ce type d'entreprise est simple : le propriétaire se choisit un nom (raison ou dénomination sociale) et il procède à son enregistrement au bureau du protonotaire de chacun des districts judiciaires où l'entreprise exerce son activité. Le propriétaire individuel administre seul son commerce et il ne partage pas ses profits avec d'autres. Par ailleurs, il encourt une responsabilité personnelle et illimitée quant aux dettes de son entreprise et quant aux dommages causés par ses employés dans l'exercice de leur fonction. La faillite de l'entreprise signifie, la plupart du temps, la faillite personnelle du propriétaire. Si le propriétaire individuel cesse ses activités commerciales, s'il change la raison ou dénomination sociale de son entreprise, s'il modifie son statut matrimonial ou s'il vend son commerce, il doit enregistrer une déclaration de dissolution.

Vocabulaire

Entreprise individuelle
Enregistrement
Protonotaire

Questions

1. Qu'est-ce qu'une entreprise individuelle ?

2. Quelles formalités doit observer la personne qui désire mettre sur pied une entreprise individuelle ?

3. Rédigez la déclaration de raison ou dénomination sociale d'une entreprise individuelle que vous avez décidé de fonder.

4. En quoi consiste la responsabilité personnelle et illimitée du propriétaire individuel ?

5. Expliquez en quoi la responsabilité du propriétaire est étroitement liée à l'enregistrement de la raison ou dénomination sociale et à celui d'une déclaration de dissolution.

6. Rédigez une déclaration de dissolution de votre entreprise enregistrée précédemment, au numéro 3.

7. Quels sont les principaux avantages de l'entreprise individuelle ?

8. Quels en sont les principaux inconvénients ?

9. À quel endroit doit-on enregistrer une déclaration de raison ou dénomination sociale ?

10. Donnez des exemples de permis que doit obtenir un propriétaire individuel afin de pouvoir exploiter son commerce.

Cas pratiques

1. Alfred Durocher exploite une pourvoirie à titre de propriétaire individuel, à Saint-Michel-des-Saints, sur les bords du lac Creux. Il est marié avec Claire Laforest. Chaque année, de nombreux sportifs viennent pêcher ou chasser sur sa propriété. Ces derniers louent un chalet d'une, deux ou trois chambres.

Au cours de la période estivale, Durocher offre également à ses hôtes désireux d'explorer des lacs où très peu d'amateurs de pêche se sont aventurés (compte tenu des nombreux portages qu'on doit faire pour y accéder) les services d'un guide, Bill Laflèche. Un groupe de cinq personnes, formé de deux couples et du garçon de 13 ans de l'un des couples, se présente pour une semaine de pêche.

Les deux hommes, Serge et André, décident d'aller pêcher au lac Eau Trouble réputé pour la grosseur de ses truites. À cette fin, ils demandent à Durocher de leur réserver les services de Bill Laflèche. Daniel, le fils de Serge, accompagne les deux hommes, tandis que les deux femmes, Louise et Agnès, préfèrent demeurer au chalet pour aller pêcher sur le lac Creux.

Pendant que les hommes sont partis avec le guide, Louise et Agnès partent à la pêche. Elles utilisent l'embarcation fournie par la pourvoirie et pêchent jusqu'à 13h, alors que le moteur de l'embarcation cesse brusquement de fonctionner. Elles tentent vainement de le faire redémarrer mais peine perdue. C'est alors que le vent s'élève et qu'un violent orage éclate. Les deux femmes réalisent soudainement que l'embarcation n'est pas munie de rames ni de ceintures de sauvetage, Durocher leur ayant déclaré que cela n'était pas nécessaire parce qu'il n'y avait jamais eu de noyade dans le lac Creux.

Subitement, le vent renverse l'embarcation et les deux femmes sont projetées à l'eau. Agnès, qui ne sait pas nager, tente désespérément de s'agripper à l'embarcation et malgré les efforts de Louise, elle se noie.

Pendant ce temps, sur le lac Eau Trouble, les hommes ont établi un campement, non sans peine, car le guide est complètement ivre, ayant bu pendant toute la journée. Sortant sa carabine pour la montrer au jeune Daniel, il oublie qu'elle est chargée. Il pointe l'arme en direction de l'adolescent et appuie accidentellement sur la gachette. Daniel est touché au coeur et meurt sur le coup.

Quelques mois plus tard, Alfred Durocher reçoit deux actions : la première intentée conjointement et solidairement contre lui et Bill Laflèche par Serge et Louise lui réclamant 500000$ pour la mort de leur enfant, la seconde intentée par André qui le tient responsable de la mort de sa femme et lui réclame 750000$ en son nom et au nom de ses trois enfants âgés respectivement de 1, 3 et 5 ans.

Trois ans plus tard, la Cour supérieure condamne Durocher à payer ces sommes. Durocher vous consulte car il n'est pas en mesure de payer. Il vous indique que l'actif de son commerce est de 200000$ et qu'il possède les biens personnels suivants :

— une maison de 35000$;
— une camionnette de 5000$;
— un compte en banque de 1000$;
— des biens divers d'une valeur de 2500$.

Son employé, Bill Laflèche, ne possède aucun bien personnel. Durocher devra-t-il déclarer faillite pour sauver ses biens personnels ? Qu'aurait-il pu faire pour éviter cette situation ?

2. Le 24 septembre 1985, Rose Lafleur vend à Jacinthe Latulippe une boutique de fleurs qu'elle exploite à Trois-Rivières, sous le nom de La Boîte fleurie. Le contrat est signé en bonne et due forme le 24 septembre 1985, date à laquelle Jacinthe prend possession du commerce et commence à l'exploiter. Elle effectue pour 45 000 $ d'achats auprès de divers fournisseurs. Au nombre de ces fournisseurs, on retrouve la compagnie Belle Fleur inc. à qui Jacinthe doit 25 000 $ pour de la marchandise achetée le 11 octobre 1985. Cette dernière a également retenu les services de Robert Lapoutre pour effectuer des rénovations à son local. Le coût de ces travaux s'élève à 17 500 $; ceux-ci ont été effectué entre le 27 septembre 1985 et le 11 décembre de la même année.

En raison de son inexpérience dans ce genre d'activités, Jacinthe se voit dans l'obligation de fermer les portes de sa boutique de fleurs, neuf mois seulement après son ouverture. Elle a accumulé des dettes s'élevant à au-delà de 100 000 $. Ayant omis de faire enregistrer une déclaration de dissolution de son commerce au moment de la vente, Rose remédie à son oubli, le 1er novembre 1985. Belle Fleur inc. et Robert Lapoutre n'ayant pas réussi à se faire rembourser les sommes que leur devait Jacinthe, devenue insolvable dans l'intervalle, intentent des actions contre Rose Lafleur. Cette dernière vient vous consulter et vous apporte les brefs d'assignation qu'un huissier vient de lui signifier. Elle vous demande si elle est vraiment responsable des sommes d'argent qu'on lui réclame. Expliquez-lui la situation.

3. Claude Comtois est célibataire. Il désire exploiter une laiterie, à Matane. Pour les fins de son commerce, il a loué un local, au 101, boul. des Prés. Dans trois mois, il compte épouser Anne Leboeuf. En ce qui concerne la raison ou dénomination sociale de son entreprise, il hésite entre deux noms : Claude Comtois ou Laiterie Bon Lait. Claude désire être seul propriétaire de ce commerce et, pour l'instant, il n'envisage pas de fonder une compagnie parce que ses économies ne lui permettent pas d'en assumer les frais. Il vous consulte.

a) Que lui conseillez-vous ?

b) Rédigez la déclaration de dénomination sociale qu'il devra enregistrer, le cas échéant.

c) Si, au lieu de lancer un nouveau commerce, il achetait la laiterie R. Labelle et désirait continuer à utiliser ce nom, lui donneriez-vous les mêmes conseils ?

Plan du chapitre 6

Les sociétés

La société
    Définition
    Constitution
    Dissolution
    Caractéristiques
    Types de société

Les sociétés

Objectifs

1. Définir la société.
2. Connaître les trois éléments essentiels à l'existence du contrat de société.
3. Expliquer les obligations des associés entre eux et envers les tiers.
4. Expliquer les droits des associés entre eux.
5. Énoncer les formalités relatives au choix du nom d'une société et à son enregistrement.
6. Donner les causes de dissolution et les modes de liquidation d'une société.
7. Énumérer les avantages et les inconvénients d'une société.
8. Établir la distinction entre la société civile et la société commerciale.
9. Connaître les caractéristiques des différents types de société commerciale.

La société

La société est le deuxième type d'organisation juridique d'une entreprise. Mis à part la société par actions (compagnie) qui est régie par une loi particulière, soit fédérale, soit provinciale, c'est le Code civil qui forme la base de la législation québécoise en la matière.

Définition

On peut définir la **société** comme un contrat entre deux ou plusieurs personnes qui mettent en commun leurs biens, leur crédit et leur habileté en vue d'exploiter une entreprise, d'en retirer des bénéfices et de répartir ceux-ci entre chaque associé.

    Nous avons déjà établi que l'entreprise à propriétaire individuel ne possède pas la personnalité morale et que, par conséquent, elle ne possède pas d'existence ni de patrimoine propres. De son côté, la société jouit de la **personnalité morale** et elle est distincte des associés qui la composent. Elle possède des biens et un actif qui constituent son patrimoine; elle a la capacité de s'engager et de s'obliger quant à ses biens propres; elle peut également signer des contrats et payer ses dettes à même son actif. La société possède une raison ou une dénomination sociale spécifique et un siège social.

En ce qui concerne sa capacité d'ester en justice, c'est-à-dire d'intenter des actions en demande, et de se défendre dans les actions intentées contre elle devant les tribunaux, la société ne jouit pas de la pleine personnalité morale.

En effet, elle ne peut ester seule en justice. Les associés devront intervenir personnellement dans une action en demande ou en défense à laquelle elle est partie. Le Code de procédure civile prévoit la possibilité pour un demandeur de poursuivre la société comme telle, mais, le cas échéant, le demandeur perd son recours personnel et solidaire contre chacun des associés et on ne peut faire exécuter le jugement que contre les biens de la société.

La société est responsable du paiement de ses dettes à même son patrimoine propre, tel que l'énonce l'article 1899 du Code civil, et ses associés possèdent des parts sociales et non pas les biens de la société. Il n'en demeure pas moins que si les biens de la société sont insuffisants pour payer les créanciers, ces derniers pourront poursuivre personnellement les associés, comme le stipule la dernière partie de l'article.

Constitution

Contrat

La société repose donc sur un contrat, une convention, une entente entre deux ou plusieurs personnes; c'est là un premier élément qui distingue la société de l'entreprise individuelle, dans laquelle on ne retrouvait qu'un seul propriétaire.

Cette entente peut être verbale ou écrite. Le Code civil et la jurisprudence reconnaissent la validité du contrat verbal, mais, compte tenu des difficultés de preuve, d'interprétation et d'application que l'on peut retrouver dans une société, il est fortement recommandé aux associés de choisir un contrat écrit qui devra mentionner clairement les droits et obligations de chacun d'eux. Cette convention s'avèrera des plus utiles pour trancher un litige éventuel entre les associés.

Il arrive que des individus s'associent dans un commerce, travaillent ensemble et se partagent des profits sans avoir signé de contrat de société. Ces individus sont néanmoins des associés; tout peut aller pour le mieux aussi longtemps que les affaires sont prospères et qu'il n'y a pas de mésentente ou de problèmes majeurs entre eux.

Mais si l'un des associés veut se retirer du commerce et reprendre sa part ou si l'un d'eux décède, alors les problèmes surgissent. Aussi, est-il toujours préférable d'avoir un contrat de société écrit qui doit répondre aux conditions nécessaires à la validité de tout contrat, soit:

— des parties ayant la capacité légale de contracter;
— un échange de consentement libre et volontaire;
— un objet licite;
— une cause ou une considération valable.

Un contrat de société qui reposerait sur un objet ou une considération illicite ou illégale serait frappé de nullité absolue (par exemple une société formée dans le but d'exploiter une loterie clandestine).

Éléments essentiels   C'est un arrêt[1] de la Cour d'appel du Québec qui a établi les trois éléments essentiels à l'existence du contrat de société:

— *la poursuite d'un but commun*: la réalisation d'un bénéfice;
— *la constitution d'un fonds commun*: les apports de chacun, c'est-à-dire ses biens, son crédit, son habileté ou son industrie;
— *la participation dans les profits*; ce qui entraîne l'obligation de partager les pertes, sauf convention contraire.

Ces trois éléments supposent qu'il doit y avoir chez les deux parties l'*intention*, juridiquement prouvée, de *poursuivre en commun, à l'aide des apports de tous, la réalisation d'un bénéfice.*

À défaut d'un contrat explicite, les faits doivent démontrer clairement, de la part des futurs associés, l'intention de conclure un contrat de société et non pas une espèce de contrat offrant plus ou moins d'analogie avec le contrat de société. Reprenons ces trois éléments à tour de rôle.

Une commune intention de former une société   Le critère de l'intention est primordial. On doit pouvoir faire la preuve que les personnes voulaient vraiment être des associés; cette condition est d'autant plus importante qu'il existe certains contrats présentant de sérieuses analogies avec le contrat de société, mais qui n'en sont pas vraiment. C'est le cas de certains baux de centres commerciaux qui contiennent des clauses stipulant que le locataire paiera au propriétaire, à titre de loyer, un pourcentage de ses profits. C'est également le cas de certains mandataires, agents à la commission ou consultants qui reçoivent, comme honoraires, commissions ou salaire, un pourcentage des profits qu'ils font réaliser à leur employeur. C'est aussi le cas des copropriétaires indivis de certains biens, comme un chalet d'été, qu'ils utilisent à tour de rôle. Aucun de ces contrats n'est un contrat de société, malgré toutes les analogies qu'ils peuvent offrir avec celui-ci.

Un apport ou une mise de fonds   L'article 1830 du Code civil stipule qu'il est de l'essence du contrat de société que chacun des associés y contribue en y apportant:

— ses biens mobiliers ou immobiliers;
— son crédit, son argent;
— son habileté, son expérience, ses contrats;
— son industrie, son travail.

Exemple: Monique, Sylvie et Nicolas forment une société en nom collectif ayant pour objet l'exploitation d'une pâtisserie connue sous le nom de «Au Croissant Doré». Monique fournit l'immeuble destiné à abriter le commerce de même que les meubles, fours et ustensiles nécessaires à ce genre de commerce; la valeur totale de ces biens est fixée à 45 000 $. Sylvie verse une contribution de 25 000 $ en argent. Nicolas, qui n'a ni biens, ni argent, mais qui est un excellent cuisinier et maître pâtissier, apporte ses connaissances et son expérience professionnelle, de même qu'une certaine clientèle qui lui est propre. La valeur de son apport est évaluée à 30 000 $.

L'apport des associés peut être inégal, mais il tombe dans le patrimoine de la société et il n'appartient plus à l'associé qui l'a apporté. Ainsi, l'immeuble et les biens fournis par Monique dans la société «Au Croissant Doré» ne lui appartiennent plus, mais deviennent la propriété de l'entreprise. S'il y a dissolution, ils ne lui reviendront pas, mais ils seront divisés entre les associés, selon les modalités du partage à intervenir. De même, l'associé qui fournit un

---

1. Bourboin c. Savard (1926), B.R. 68, p. 70-71.

bien dans la société doit donner à cette dernière une garantie contre les défauts cachés de ce bien et une garantie contre l'éviction, c'est-à-dire contre les troubles de fait et de droit relativement à ce bien.

Monique devra garantir la société contre un vice caché de la maison (le toit qui coule, par exemple) et contre l'éviction, c'est-à-dire contre quelqu'un qui se prétendrait propriétaire de la maison et en réclamerait la possession. Tout comme le vendeur d'un bien, l'associé qui fournit un bien doit donner ces garanties et il est passible d'une poursuite en dommages-intérêts s'il ne peut offrir à la société de telles garanties.

L'article 1839 du Code civil énonce que chaque associé est débiteur envers la société de tout ce qu'il a promis d'y apporter, ce qui comprend aussi bien les choses corporelles (meubles et immeubles) que les choses incorporelles (créances ou autres biens). De plus, toute somme d'argent qu'un associé s'est engagé à fournir porte intérêt à compter de la date où elle aurait dû être versée. La société peut poursuivre celui qui a omis ou négligé d'apporter les biens promis.

Par ailleurs, l'action intentée par la société contre l'associé récalcitrant n'empêche pas l'action des autres associés en dommages-intérêts contre ce dernier. Les associés peuvent demander la dissolution de la société alléguant que l'une des parties n'a pas exécuté ses obligations.

Une participation aux profits   Le troisième élément essentiel à la formation de la société est la participation aux profits. L'alinéa 2 de l'article 1831 du Code civil fait ressortir l'importance de cet élément: «Toute convention par laquelle l'un des associés est exclu de la participation dans les profits est nulle».

Cela signifie que si le contrat de société contient une clause excluant l'un des associés du partage des profits, cette clause est nulle comme si elle n'avait jamais été écrite.

Exemple: Lors de la signature de leur contrat de société, Messieurs Lachance et Lalumière ont réussi à convaincre leur associé, Monsieur Beignet, qu'ils se partageront à deux seulement les bénéfices de la société, alors que lui ne retirera qu'un salaire; toutefois, les associés se partageront les pertes à parts égales.

En dépit de la nullité d'une telle clause, si les associés poursuivent quand même les affaires de la société, on considérera la clause comme n'ayant jamais été écrite et Monsieur Beignet aura droit à une part égale des profits, conformément aux dispositions de l'article 1848 du Code civil qui se lit de la façon suivante: «Lorsqu'il n'y a pas de stipulation relativement à la part de chaque associé dans les bénéfices et pertes de la société, ils se partagent également».

Par ailleurs, les alinéas 1 et 3 de l'article 1831 traitent de la participation aux dettes ou aux pertes de la société:

Art. 1831, al. 1   La participation dans les profits d'une société entraîne avec elle l'obligation de partager les pertes.

Art. 1831, al. 3   La convention qui exempte quelqu'un des associés de participer dans les pertes est nulle quant aux tiers seulement.

Comme on peut le constater, les associés sont responsables des dettes de la société, au même titre qu'ils ont droit aux profits. Mais, contrairement au partage des profits, on peut exclure l'un des associés du partage des dettes. Cette clause d'exclusion est valide et opposable aux associés entre eux, quoique nulle et inopposable aux tiers, c'est-à-dire à ceux qui font affaires avec la société (les fournisseurs, les banques, etc.).

Les associés sont libres de fixer la division des profits à leur choix (le tiers chacun, ou encore, selon leur apport dans la société) pourvu qu'aucun des associés ne soit complètement exclu de ce partage. En ce qui concerne les dettes ou les pertes de la société, disons tout de suite que les associés sont conjointement et solidairement responsables des dettes de la société. Cette responsabilité est également illimitée sur les biens personnels de chacun des associés.

Si un fournisseur poursuit la société et que celle-ci ne peut le payer, il pourra forcer l'associé exclu dans l'entente de payer la dette de la société, malgré la clause d'exclusion. Celui qui doit payer une telle somme a alors droit de se faire rembourser par ses coassociés. Il en est de même pour un nouvel associé qui se joindrait à la société et qui, de ce fait, serait conjointement et solidairement responsable des dettes de la société antérieures à son association. Dans ce dernier cas, le nouvel associé aurait la possibilité de faire annuler le contrat pour fausses représentations.

Obligations des associés entre eux   L'article 1839 du Code civil stipule que chaque associé est débiteur envers la société de tout ce qu'il a promis d'y apporter, que ce soit des biens, des meubles, des immeubles, une somme d'argent ou encore des connaissances.

L'associé qui néglige ou refuse de remplir son obligation est passible d'une poursuite en dommages-intérêts de la part des autres associés, qui pourront aussi demander la dissolution de la société. En principe, l'associé doit consacrer tous ses efforts et son temps aux affaires de la société.

Selon l'alinéa 2 de l'article 1840, un associé «est également débiteur des intérêts pour son profit particulier, à compter du jour où il les en a tirées». En pratique, les associés font des prélèvements durant l'année à même les fonds de la société, ce qui correspond habituellement à l'équivalent d'un salaire hebdomadaire. À la fin de l'année, on fait le décompte des profits et pertes et on partage ce qui reste entre les associés. On déduit alors le total des prélèvements de chacun; si l'un des associés a prélevé plus que la somme à laquelle il avait droit, il doit rembourser le trop-perçu ainsi que les intérêts.

L'associé qui endommage un bien de la société ou qui cause préjudice à la société par sa faute en est responsable (art. 1845 C.c.).

Obligations des associés envers les tiers   Les articles 1866 et 1867 du Code civil énoncent les règles particulières relatives à la responsabilité des associés envers les tiers :

> **Art. 1866**   Les associés peuvent faire entre eux telles stipulations qu'ils jugent convenables quant à leurs pouvoirs respectifs dans l'administration des affaires de la société; *mais à l'égard des tiers qui contractent avec eux de bonne foi*, chacun des associés a implicitement le pouvoir de lier la société pour toutes obligations contractées en son nom dans le cours ordinaire des affaires.

> **Art. 1867**   Les associés ne sont responsables de l'obligation contractée par l'un d'eux en son nom propre, que lorsque cette obligation est contractée pour des choses qui sont dans le cours des affaires et négociations de la société, ou qui sont employées à son usage.

À la lecture de ces articles, il ressort que les associés, en vertu du mandat réciproque qu'ils se sont accordé, peuvent engager la société et, en conséquence, les autres associés. Si l'un d'eux devient insolvable ou déclare faillite, sa part de dettes sera assumée par les autres associés, selon les règles de la solidarité.

Exemple: Le contrat de société de Archambault, Roy et associés, avocats, stipule que les associés se partageront les profits et pertes de la façon suivante:

Archambault	profits 40 %	pertes 45 %
Roy	profits 40 %	pertes 45 %
Richard	profits 40 %	pertes 10 %
Lemieux	profits 5 %	pertes 0 %

Ce contrat ne contient pas de clause spéciale relativement à l'administration de la société. Un jour, maître Richard décide de s'acheter un voilier de 45 000 $ et il signe le contrat sur le papier de la société. Le vendeur n'ignore pas qu'il s'agit d'un achat personnel, mais il a préparé le contrat au nom de la société. Maître Richard le signe sans prévenir ses associés.

Après en avoir effectué les dix premiers versements et après avoir signé un contrat de rénovation des bureaux de la société, au montant de 35 000 $, il quitte le pays sans laisser d'adresse.

L'achat du voilier n'est pas compris dans le cours normal des affaires de la société et n'a pas été fait dans l'intérêt de celle-ci. Il s'agit donc d'un achat personnel. De plus, le vendeur n'était pas de bonne foi en rédigeant le contrat sur le papier de la société, puisqu'il s'agissait d'un achat personnel. La société et les autres associés ne seront donc pas responsables de cet achat.

En ce qui concerne les travaux de rénovation des bureaux de la société, il s'agit d'un acte posé au nom de la société, dans son intérêt et avec un tiers de bonne foi. La société et ses membres en seront alors responsables et devront payer les 35 000 $.

Droits des associés   Chaque associé a le droit de recevoir sa part des profits tel que stipulé au contrat de société et, à défaut de stipulation expresse, ces profits se partagent en parts égales.

L'article 1847 du Code civil précise qu'un associé peut exiger de la société le remboursement des frais qu'il a engagés pour elle.

De plus, il a un recours contre la société pour se faire indemniser à raison des obligations qu'il a contractées de bonne foi pour les affaires de la société. Prenons l'exemple d'une société d'importation. L'un des associés, Robert, part en voyage pour le compte de la société. Il se rend à Hong-Kong pour acheter des marchandises. D'une part, il a droit d'être remboursé pour toutes les dépenses engagées pour le compte de la société (billet d'avion, frais de séjour, etc.). Si d'autre part, croyant faire une transaction avantageuse pour la société, il achète certains articles en ignorant qu'au même moment son associé a acheté des marchandises semblables à un prix identique aux États-Unis, il pourra se faire indemniser par la société pour cette transaction.

En principe, chacun des associés participe à l'administration de la société, signe des contrats et prend des engagements en son nom. Les associés sont à la fois les mandants et les mandataires les uns des autres pour ce qui est des affaires de la société.

Pour simplifier les choses, il vaut mieux stipuler, à l'occasion de la signature du contrat de société, que les décisions seront prises à un certain pourcentage de votes des associés (les deux tiers, par exemple). Si les associés n'ajoutent aucune clause spéciale au contrat de société quant à l'administration, l'article 1851 du Code civil y suppléera:

À défaut de stipulations spéciales sur le mode d'administration des affaires de la société, l'on suit les règles suivantes:

1. Les associés sont censés s'être donné réciproquement le pouvoir d'administrer l'un pour l'autre et ce que chacun fait oblige les autres, sauf le droit de ces derniers, soit ensemble, soit séparément de s'opposer à l'opération avant qu'elle soit conclue.

2. Chaque associé peut se servir des choses appartenant à la société, pourvu qu'il les emploie à leur destination accoutumée, et qu'il ne s'en serve pas contre l'intérêt de la société ou de manière à empêcher ses associés d'en user selon leur droit.

3. Chaque associé peut obliger ses coassociés à faire avec lui les dépenses qui sont nécessaires pour la conservation des choses de la société.

4. L'un des associés ne peut changer l'état des immeubles de la société sans le consentement des autres quand même il établirait que les changements sont avantageux.

Le principe le plus important à retenir de cet article est que tout associé peut engager ses coassociés par les actes qu'il pose dans le cours normal des affaires de la société et dans l'intérêt de la société. Dans les contrats de société, il serait opportun de prévoir les modalités d'administration, comme la signature des contrats et des chèques de la société, et la prise des décisions importantes, car on voit facilement les conséquences du mandat réciproque entre les associés.

Par ailleurs, si les associés décident de nommer un gérant, il sera très important de spécifier, dans le contrat de société ou dans le contrat d'engagement du gérant, l'étendue de ses fonctions et de son mandat, car là encore, les actes posés par ce dernier engagent la société et les associés personnellement.

Clauses particulières   On recommande aux futurs associés d'insérer certaines clauses importantes dans leur contrat de société. En voici quelques-unes:

Retrait d'un associé   Dans le cas d'une société à durée fixe ou limitée (six mois, un an, deux ans, cinq ans ou dix ans), un associé ne peut mettre fin au contrat unilatéralement avant l'expiration du terme stipulé, à moins d'une cause légitime. Mais dans un contrat à durée indéterminée, et la plupart des contrats de société sont de ce type, un associé peut unilatéralement y mettre fin en tout temps, ce qui risque de causer des problèmes majeurs aux autres associés et même entraîner la dissolution de la société.

Il est donc important de prévoir une clause stipulant que tout associé qui désire se retirer doit donner aux autres associés un préavis de son intention; ce préavis peut être de un à six mois, ou plus. Les autres associés auront alors le temps de réagir en conséquence: soit qu'ils rachètent la part de l'associé qui se retire, soit qu'ils se trouvent un nouvel associé pour le remplacer ou encore qu'ils liquident les biens de la société.

Achat-vente   Un associé peut se retirer de la société de son vivant; aussi, il est important de prévoir la possibilité, pour les autres associés, de racheter sa part à une valeur établie selon des normes et des modalités fixées dans le contrat de société.

Mais il faut aussi prévoir le cas du décès de l'un des associés et établir également les modalités de rachat de sa part. Le décès entraîne la dissolution de la société et, en conséquence, la liquidation de celle-ci. Il est donc essentiel de prévoir une clause en vertu de laquelle les associés vivants pourront, en rachetant de la succession la part de l'associé décédé, continuer ensemble la société. À cet effet, ils devront donc prévoir les mesures nécessaires afin de protéger leurs héritiers. Ils pourront, par exemple, contracter une assurance sur leur vie respective et le montant de chacune de ces polices d'assurance représentera la valeur de rachat de la part de chaque associé.

Non-concurrence   Il est souvent utile de prévoir une clause de non-concurrence entre les associés. Cette clause stipulera que les associés n'auront pas le droit de travailler pour le compte d'une autre entreprise et, qu'advenant le retrait d'un associé, ce dernier ne pourra, pendant un certain temps, travailler dans un territoire donné (de 10 ou 15 km, par exemple) ni être associé, administrateur ou actionnaire d'une entreprise qui viendrait en concurrence avec la société dont il était autrefois membre.

Arbitrage On peut insérer dans un contrat de société une clause prévoyant le recours à un arbitre pour régler certaines situations conflictuelles (mésentente totale entre associés).

Signature Dans la majorité des cas, il serait prudent d'exiger la signature d'au moins deux associés au bas des contrats, chèques, effets bancaires et documents importants de la société. On peut aussi autoriser un seul associé à signer ces documents dans la mesure où ils ne dépassent pas une certaine limite.
Exemple: Une clause peut stipuler que Jean-Guy est autorisé à signer tout chèque jusqu'à concurrence de 100$, mais que tout chèque excédant cette limite doit aussi porter la signature de Claude, un autre associé.

Expulsion Une clause peut également prévoir l'expulsion d'un associé de la société. Étant donné l'importance d'une telle décision et les conséquences qu'elle peut entraîner, il est important d'en établir clairement les modalités au moment de la signature du contrat.
Par exemple, on peut prévoir que l'expulsion d'un associé requerra l'accord des deux tiers des autres associés.

Choix du nom

Comme l'entreprise individuelle, la société doit se doter d'un nom commercial que l'on appelle une raison ou une dénomination sociale.

Une **raison sociale** est généralement composée du nom de chaque associé ou de certains d'entre eux (par exemple: Archambault, Roy & Associés) tandis qu'une **dénomination sociale** est un nom, souvent créé de toutes pièces, que l'on assigne à une entreprise (par exemple: Salon Rouge Baiser).

Le nom doit être descriptif et distinctif afin de pouvoir identifier le genre d'entreprise et de permettre de la distinguer des autres oeuvrant dans le même secteur d'activités. Le nom choisi ne doit pas être le nom ou la désignation d'une autre entreprise déjà existante, et, le cas échéant, il ne doit pas être déjà enregistré ou présenter des ressemblances qui pourraient prêter à confusion avec un autre nom. La loi prévoit la possibilité de faire annuler devant la Cour supérieure un tel enregistrement. De plus, le nom choisi doit être conforme aux exigences de la Charte de la langue française, c'est-à-dire qu'il doit être en français ou, s'il contient une expression dans une autre langue, cette expression doit obligatoirement apparaître dans la partie distinctive et être accompagnée d'une partie descriptive en langue française (par exemple: Le conseiller anti-rouille Mr. Rusty).

Lorsque la raison sociale comporte le nom d'une personne ne faisant pas partie de la société, cette dernière est alors obligée d'ajouter à sa raison sociale l'abréviation «enr.».

Supposons qu'Huguette Magnan et Claudette Roy, partenaires d'une société en nom collectif, achètent de Robert Lasalle un restaurant de spécialités italiennes, voici les possibilités qui s'offrent à elles quant au choix de la raison ou de la dénomination sociale de leur nouvelle entreprise:

— Magnan et Roy;
— Magnan et Roy, restauratrices;

— Restaurant Magnan et Roy;
— Restaurant Casa Magnani (ou tout autre nom créé);
— Restaurant Robert Lasalle enr.

On peut remarquer que dans les quatre premières éventualités, il n'est pas nécessaire d'ajouter l'abréviation «enr.», étant donné qu'on n'utilise pas le nom d'une autre personne. Par ailleurs, dans le dernier cas, la loi exige que l'on ajoute, à la fin du nom commercial, l'abréviation «enr.», parce qu'on utilise le nom de l'ancien propriétaire, Robert Lasalle.

Enregistrement

L'enregistrement d'une société doit être fait au bureau du protonotaire de chacun des districts judiciaires dans lequel la société fait des affaires, selon la forme prescrite par la *Loi sur les déclarations des compagnies et sociétés*. Cette déclaration de raison ou dénomination sociale doit être déposée dans les quinze jours qui suivent la formation de la société. S'il survient un changement dans la société, une nouvelle déclaration doit être enregistrée, comme c'était le cas pour l'entreprise individuelle. L'article 1834 du Code civil stipule que l'omission de l'enregistrement de cette déclaration ne rend toutefois pas la société nulle.

L'article 14 de la *Loi sur les déclarations des compagnies et sociétés* fixe les pénalités des associés qui passeraient outre à cette formalité. En pratique, ces pénalités sont rarement recouvrées. Le but de cette déclaration est essentiellement de protéger le public en général et les créanciers qui font affaires avec la société. La personne qui enregistre la première une raison ou dénomination sociale a, de ce fait, l'exclusivité du nom. Comme dans le cas du propriétaire individuel, les associés qui sont mariés doivent déposer une déclaration de leur régime matrimonial respectif au bureau du protonotaire de chaque district judiciaire dans lequel la société exerce ses activités; seul le célibataire est dispensé de cette obligation (figure 6.1).

L'article 1835 du Code civil édicte que les personnes qui ont signé la déclaration ne peuvent par la suite en attaquer les allégations, qui font preuve contre elles.

Comme pour l'entreprise individuelle, l'associé qui se retire de la société ou qui vend ou transfère sa part, doit déposer une déclaration de dissolution à cet effet. Nous avons vu que les associés sont personnellement et solidairement responsables des dettes de la société et dans le cas de l'insuffisance des biens de la société pour payer ses créanciers, ces derniers peuvent poursuivre personnellement les associés pour recouvrer leur créance.

L'associé qui vend, qui transfère sa part dans la société ou qui cesse d'en faire partie demeure toujours responsable des dettes, même s'il ne fait plus partie de la société, aussi longtemps qu'il n'a pas fait enregistrer une déclaration de dissolution.

Dans le cas de la société en commandite, l'article 1875 du Code civil stipule que les personnes qui forment une telle société sont tenues de produire et de signer un certificat de société en commandite. Elle n'est réputée formée qu'une fois ce certificat produit et enregistré.

Cette déclaration diffère substantiellement de celle des autres types de sociétés commerciales; l'article 16 de la *Loi sur les déclarations des compagnies et sociétés* en établit la forme (figure 6.2).

Obtention de permis

Les mêmes règles dont nous avons déjà fait état précédemment à l'occasion de l'étude de l'entreprise individuelle s'appliquent aussi à la société.

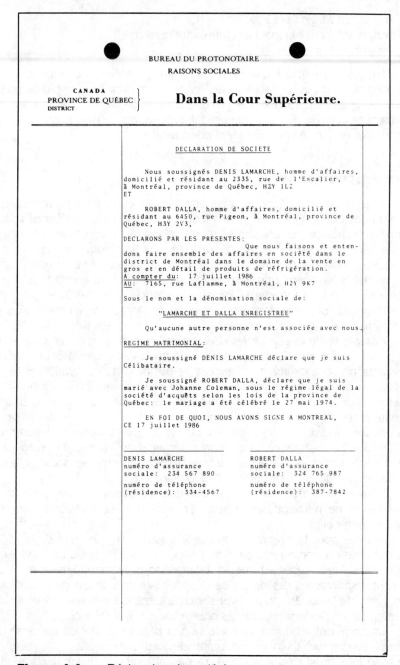

Figure 6.1   Déclaration de société

Dissolution

En plus des causes générales qui mettent fin à tout contrat, l'article 1892 du
Code civil précise que le contrat de société finit :

— par l'expiration du terme ;
— par l'extinction ou la perte des biens appartenant à la société ;
— par la consommation de l'affaire pour laquelle la société a été formée ;
— par la faillite ;
— par la mort naturelle d'un des associés ;
— par l'interdiction ou la faillite d'un des associés ;

BUREAU DU PROTONOTAIRE
RAISONS SOCIALES

CANADA
PROVINCE DE QUÉBEC
DISTRICT

Dans la Cour Supérieure.

DECLARATION DE SOCIETE EN COMMANDITE

Nous soussignés déclarons que nous formons une société sous la dénomination sociale de:

"La planche à pain, société en commandite"

Cette société exercera le commerce de boulangerie et de pâtisserie.

L'adresse de l'établissement principal de la société au Québec est 4419, avenue des Pins, à Montréal, province de Québec, H2Y 2J7.

La société est formée de Yvon Dufour, boulanger résidant habituellement au 5534, rue Painchaud à Montréal Nord et de Albert Lamy, pâtissier, résidant habituellement au 6640, avenue de la Miche, à Laval, à titre d'associés gérants ou commandités,
ET DE

Serge Tellier, homme d'affaires, résidant habituellement au 6440, rue des Oiseaux, à Laval, et de Michel Lapalme, médecin, résidant habituellement au 2122, rue Locas, à Saint-Sauveur des Monts, à titre d'associés commanditaires.

Serge Tellier a apporté une somme de 25 000 $ comptant et Michel Lapalme une somme de 30 000 $ comptant au fonds commun de la société.

La société a commencé le 15 août 1986 et finira le 15 août 1990 .

EN FOI DE QUOI, NOUS AVONS SIGNE A MONTREAL, CE 15 AOUT 1986

Yvon Dufour — Serge Tellier

Albert Lamy — Michel Lapalme

Signé en ma présence ce 15 août 1986 à Laval

Jean-Pierre Archambault, avocat

Figure 6.2 Déclaration de société en commandite

— par la volonté exprimée par un ou plusieurs des associés de n'être plus en société suivant les articles 1895 et 1896 du Code civil;
— lorsque l'objet de la société devient impossible ou illégal.

Reprenons ces causes une à une.

Expiration du terme

C'est le cas des sociétés formées pour une durée limitée de six mois, un an, deux ans et cinq ans. À l'expiration de ce terme, elles prennent automatiquement fin. D'autre part, la loi permet de stipuler une clause de tacite reconduction à l'expiration du terme si les associés ne donnent pas un préavis du contraire.

Extinction ou perte des biens de la société

Si un associé a promis d'apporter dans la société un bien particulier ou de faire profiter la société de ce bien et si ce bien est perdu ou détruit avant d'appartenir à la société, cette dernière se trouve automatiquement dissoute à l'égard de tous les associés. S'il a déjà été apporté dans la société, celle-ci ne sera dissoute que si ce bien représentait la totalité du capital de la société ou une partie si importante que, sans lui, les affaires de la société ne peuvent être continuées (une formule exclusive de parfum, par exemple).

Consommation de l'affaire

La société peut avoir été formée pour l'accomplissement d'un certain travail (une exposition d'artisanat, par exemple). L'exposition terminée, la société sera dissoute.

Dans le domaine des affaires, il arrive souvent que plusieurs entreprises s'associent pour réaliser un projet important. On parle alors de regroupement de sociétés sous la forme d'entreprises en participation (*joint venture*). C'est le cas de certaines entreprises qui se sont associées pour réaliser des travaux d'envergure à la baie James, à l'Expo 67 et pour les Jeux olympiques. Une fois les travaux terminés, la société est habituellement dissoute (se reporter au chapitre 10).

Faillite

La faillite de la société entraîne automatiquement sa dissolution.

Mort naturelle d'un des associés

La mort naturelle d'un des associés entraîne automatiquement la dissolution de la société, mais l'article 1894 du Code civil prévoit la possibilité d'ajouter au contrat une clause de survie stipulant que la société peut continuer avec les associés survivants ou les héritiers de l'associé décédé.

Interdiction d'un associé

Seul le jugement prononçant l'interdiction d'un associé entraînera la dissolution de la société.

Cas d'une société à durée indéterminée

Selon le Code civil, il est permis à un associé d'obtenir la dissolution de la société en avisant ses coassociés qu'il veut se retirer et en leur donnant un avis de sa renonciation. Cette renonciation doit être faite de bonne foi et non à une époque défavorable pour la société.

Cas d'une société à durée fixe

Un ou plusieurs associés peuvent demander la dissolution judiciaire de la société et le partage de ses biens, mais seulement dans des cas bien précis et légitimes: la fraude d'un associé, par exemple, ou le manquement de l'un d'eux à ses obligations ou encore l'incapacité d'un associé de travailler aux affaires de la société. Par ailleurs, la société peut être dissoute en tout temps avec le consentement unanime des associés.

Objet impossible ou illégal

Il y a objet impossible ou illégal lorsqu'une loi déclare que l'activité commerciale de la société est considérée comme illégale; par exemple, une loi édictant que la fabrication, la vente et la distribution du tabac sous toutes ses formes est illégale.

Saisie-arrêt de la part d'un associé

Lorsque la part d'un associé est saisie-arrêtée entre les mains de la société pour le paiement de ses dettes personnelles et que ce paiement est déclaré valable, il y a alors dissolution de la société.

La dissolution de la société entraîne sa liquidation. La **liquidation** peut être faite **à l'amiable** entre les associés, si les circonstances s'y prêtent; il peut aussi y avoir **liquidation forcée**.

Dans le cas d'une liquidation à l'amiable, on nomme habituellement un associé pour agir comme liquidateur. Il dresse la liste des biens et des dettes de la société, liquide ces biens en les vendant, paie les différents créanciers de la société et, s'il reste de l'argent, il le partagera entre les associés, selon les modalités du contrat de société. On peut aussi procéder selon les dispositions de l'article 1896a du Code civil.

On procède par liquidation forcée, lorsque les associés n'arrivent pas à s'entendre. Cette façon de procéder est plus complexe et plus onéreuse pour la société et, en conséquence, elle est souvent désastreuse pour les associés. Une demande est alors adressée au tribunal par l'un des associés par voie de requête en liquidation et en désignation d'un liquidateur. Un avis de cette requête est expédié aux autres associés.

La nomination du liquidateur, désigné par le tribunal, doit être publiée dans la *Gazette officielle du Québec* et dans deux journaux de la localité où est situé le siège social de la société. Le liquidateur doit prêter serment et il ne peut poser que des actes administratifs. Il est saisi de plein droit de l'actif de la société, un peu comme l'exécuteur testamentaire d'une succession. Les biens sont vendus et le produit de cette vente sert à payer les créanciers de la société.

L'article 1897 du Code civil traite des effets de la liquidation et stipule que les pouvoirs et le mandat des associés d'agir pour la société cessent par la dissolution de la société.

Ils doivent rendre compte réciproquement de leur administration et des montants qu'ils doivent à la société et produire les comptes qui leur sont dus. Si l'un des associés refuse, les autres ont la possibilité d'intenter contre lui une action en reddition de comptes.

Ensuite, on paie les divers créanciers de la société. Si les biens de la société sont insuffisants, les créanciers pourront poursuivre les associés conjointement et solidairement sur leurs biens personnels, selon les règles déjà énoncées. Comme le précise l'article 1899 du Code civil:

> Les biens de la société doivent être employés au paiement des créanciers de la société de préférence aux créanciers particuliers de chaque associé; et si ces biens se trouvent insuffisants pour cet objet, les biens particuliers de chacun des associés sont aussi affectés au paiement des dettes de la société, mais seulement après le paiement des créanciers particuliers de tels associés séparément.

Les associés se partagent alors le reste des profits entre eux, selon les modalités de leur contrat de société ou du Code civil.

Il est important pour les associés d'enregistrer une déclaration de dissolution de société, car ce n'est qu'à partir de la date d'enregistrement de cette déclaration qu'ils cesseront d'être responsables des dettes de la société ; mais ils restent responsables des dettes contractées avant cette date d'enregistrement, alors qu'ils étaient encore associés.

Caractéristiques

Nous énumérerons ici les principales caractéristiques des sociétés en général, à l'exclusion des sociétés par actions (compagnies), qui feront l'objet d'une étude particulière au cours des prochains chapitres.

Avantages

Facilité de mise sur pied   Comme l'entreprise individuelle, la société ne requiert pour sa mise sur pied que très peu de formalités juridiques, si ce n'est de la conclusion d'un contrat entre les associés et de l'enregistrement d'une déclaration au bureau du protonotaire. Comme on l'a déjà dit, cette déclaration a pour but de faire connaître au public l'identité des associés et, s'ils sont mariés, leur régime matrimonial.

Coût peu élevé   Le coût de l'enregistrement de la déclaration est minime bien qu'il faille y ajouter celui des permis requis pour l'exercice du commerce et, s'il y a lieu, les honoraires professionnels de spécialistes en la matière.

Capacité financière accrue   La société offre une plus grande capacité financière puisqu'elle permet la mise en commun du capital de chacun des associés. En outre, sa capacité d'emprunt est plus grande que celle d'une entreprise individuelle. En effet, les établissements financiers hésitent moins à prêter aux associés, étant donné que chacun des associés assume une responsabilité solidaire de toutes les obligations de la société. L'apport éventuel du nouvel associé peut représenter également une source de fonds additionnelle.

Complémentarité des associés   Un des éléments essentiels à la formation d'un contrat de société est la mise en commun des talents, souvent complémentaires, de plusieurs personnes. Si chacun de ces associés avait fondé une entreprise individuelle, il aurait été privé de la compétence des autres, tandis que la société permet, au contraire, de combiner les compétences particulières de chacun.

Aspect fiscal   Sur le plan fiscal, contrairement à la société par actions (compagnie), la loi ne reconnaît pas à la société une existence distincte. Il est donc possible pour un associé de déduire les pertes de la société de ses propres revenus.

Inconvénients

Responsabilité solidaire et illimitée   Chacun des associés est responsable sur ses biens personnels des dettes et engagements de l'entreprise, et cette responsabilité est illimitée. Il est aussi responsable des actes posés par les autres associés dans le cours normal des affaires de la société. Ainsi, un seul associé pourrait être poursuivi par les créanciers et être forcé de payer le montant total des dettes de l'entreprise.

Conflits interpersonnels   Un contrat de société soulève souvent des controverses et peut donner lieu à des divergences d'opinion entre les associés quant à son interprétation et quant à la conduite des affaires de l'entreprise. Il est donc essentiel de rédiger un contrat clair et précis.

Manque de continuité   Si un associé n'est plus en mesure ou n'est plus intéressé à participer à la société en raison, par exemple, de difficultés financières qu'il éprouve, la continuité de l'entreprise s'en trouve alors menacée et, dans bien des cas, il faut mettre fin à l'association ; cela risque d'entraîner des démarches complexes et coûteuses.

Impossibilité de recours à la Cour provinciale, division des petites créances   Nous avons déjà établi que la société constituait une personne morale ; par conséquent, elle ne peut avoir recours à la Cour provinciale, division des petites créances dont l'accès est réservé aux personnes physiques.

Aspect fiscal   Les associés doivent ajouter à leurs revenus personnels les revenus de la société ; cela risque d'augmenter considérablement leur fardeau fiscal. Ajoutons que la planification fiscale et successorale des membres d'une société est beaucoup plus complexe que celle des actionnaires d'une compagnie.

Types de société

Les notions générales étudiées précédemment sur la société (à l'exception de la société par actions ou compagnie), ses éléments essentiels, les droits et obligations des associés s'appliquent intégralement aux différents types de sociétés ci-dessous, compte tenu des particularités propres à chacune.

La société civile et la société nominale

La **société civile** est une forme d'entreprise qu'on exploite pour certaines activités non commerciales, telles que l'agriculture, l'artisanat et l'exercice d'une profession libérale (par exemple : Archambault, Roy & Associés).

Au Québec, depuis un certain nombre d'années, la pratique des affaires a développé une forme particulière d'entreprise, la **société nominale** ou **de dépenses**. Il arrive souvent que des professionnels ou des gens d'affaires se regroupent sous un même toit pour offrir des services variés et multiples. Pour diverses raisons, ces personnes ne peuvent ou ne désirent pas former une société civile ou commerciale.

Ils s'associent soit pour louer un local qu'ils subdivisent entre eux, soit pour s'offrir des services téléphoniques, administratifs et de secrétariat communs. Ils forment alors une société nominale ou de dépenses.

Chacun des associés conserve sa clientèle et ses comptes-clients, et la société lui fournit les services précités, moyennant un coût mensuel pour les dépenses qui s'y rapportent. De nombreux cabinets d'avocats et de nombreuses cliniques médicales fonctionnent selon ce principe.

Dans ce type de société, il n'y a aucun partage des profits entre les associés mais seulement un partage au niveau des dépenses pour les services communs fournis par la société. Comme pour toute société, une déclaration de raison ou dénomination sociale doit être enregistrée dans chacun des districts judiciaires où l'entreprise entend exercer ses opérations. Il est préférable de rédiger un contrat de société de façon à bien établir les droits et les obligations des associés entre eux ainsi que les modalités de retrait d'un associé. Cela est particulièrement vrai lorsque la société nominale est liée par un bail de longue durée (5 ou 10 ans, par exemple).

Les sociétés commerciales

Aux termes de l'article 1863 du Code civil, « les **sociétés commerciales** sont celles qui sont contractées pour quelque trafic, fabrication ou autres affaires d'une nature commerciale, soit qu'elle soit générale ou limitée à une branche ou aventure spéciale, toute autre société est civile».

Les sociétés commerciales se divisent principalement en trois catégories: les sociétés en nom collectif, les sociétés en commandite et les sociétés par actions.

La société en nom collectif

La **société en nom collectif** est une forme d'entreprise commerciale qu'on exploite pour en retirer des bénéfices et partager ceux-ci entre les associés. Environ 12% des entreprises québécoises ont choisi d'exploiter leur commerce sous cette forme juridique. La société en nom collectif possède soit une dénomination sociale (par exemple: Salon Rouge Baiser) soit une raison sociale (par exemple: Brunelle, Cyr, Deslauriers & Associés).

Dans ce type de société, lorsque les actifs de l'entreprise ne sont pas suffisants pour payer ses créanciers, chacun des associés devient responsable sur ses biens personnels des dettes de l'entreprise pour le montant qui excède la valeur des actifs, et cette responsabilité est illimitée. Par exemple, Suzanne, Johanne, Danièle et Chantal font partie d'une société en nom collectif. Cette société possède des dettes qui s'élèvent à 200 000$. Les actifs de la société sont évalués à 140 000$ et, par conséquent, ils sont insuffisants pour liquider la dette. En supposant que Johanne, Danièle et Chantal soient sans ressources financières, Suzanne sera probablement seule poursuivie pour les 60 000$ déficitaires, et devra les payer. Par la suite, il lui sera toujours possible de prendre à son tour action contre ses trois associées pour récupérer la part de chacune qu'elle a dû payer seule.

La société en commandite

La **société en commandite**, connue à l'extérieur du Québec sous le nom de *limited partnership*, est une forme d'entreprise commerciale qu'on exploite pour en retirer des bénéfices et partager ceux-ci entre les associés. Ce type de société se compose de deux catégories d'associés: les **commandités** (gérants) et les **commanditaires**.

Les commandités sont les associés qui mettent l'entreprise sur pied, qui la dirigent, l'administrent et y travaillent; les commanditaires sont les bailleurs de fonds, c'est-à-dire ceux qui investissent dans l'entreprise des capitaux ou des biens, sans prendre une part active à son administration.

La société en commandite possède soit une dénomination sociale (par exemple: Société en commandite Groupe d'Or), soit une raison sociale formée du nom de tous les commandités ou de certains d'entre eux seulement (par exemple: Dugré, Dupont et Dupuis, société en commandite) (figure 6.3). Notons que, dans un cas comme dans l'autre, le nom de cette forme d'entreprise juridique doit toujours comporter l'expression «société en commandite»; de plus, si un commanditaire désire que son nom figure dans la dénomination ou raison sociale de l'entreprise, son statut de commanditaire doit y être clairement énoncé, sinon il encourt les mêmes obligations et responsabilités que le commandité.

Contairement aux membres d'une société en nom collectif et aux commandités, les commanditaires ne sont pas personnellement et solidairement responsables de toutes les dettes et engagements de la société, mais seulement jusqu'à concurrence de leurs mises de fonds.

Aux fins fiscales, une société en commandite n'est pas une personne morale et ne paie pas d'impôt. Les commanditaires doivent donc calculer leurs bénéfices provenant de la société en commandite dans leurs revenus; en revanche, ils ont droit de déduire à titre de perte d'entreprise, le montant total des pertes subies au cours d'un exercice financier donné, jusqu'à concurrence de leurs mises de fonds dans la société. Dans la même éventualité, si l'entreprise avait été une société par actions (compagnie), les mêmes investisseurs n'auraient alors eu droit de déduire à titre de perte en capital

Cette annonce n'apparaît qu'à titre d'information seulement.

100 000 000 $

1 000 000 parts de société en commandite

Société en commandite minière CMP 1985

Les investisseurs qui auront souscrit des parts dans la société en commandite bénéficieront d'importantes déductions fiscales relatives à l'exploration minière au Canada. La société en commandite détiendra un portefeuille diversifié d'actions de "sociétés minières ouvertes" qui lui seront émises en considération des sommes qu'elle engagera dans les programmes d'exploration minière de ces sociétés.

Le portefeuille diversifié sera subséquemment transféré à Fonds Tout Dynamique-II Ltée, une société d'investissement à capital variable gérée par La Gestion Fonds Dynamique Ltée et La Gestion de Fonds CMP Ltée.

Wood Gundy Inc.

McLeod Young Weir Limitée

Merrill Lynch Canada Inc.

Nesbitt Thomson Bongard Inc.

Richardson Greenshields du Canada Limitée

Loewen, Ondaatje, McCutcheon & Compagnie Limitée

Walwyn Stodgell Cochran Murray Limitée

Mars 1985

Source : *La Presse*, mars 1985.

Figure 6.3 Annonce d'une société en commandite

seulement la moitié des pertes subies. Face à l'échec de l'entreprise, la société en commandite réduit donc le risque de l'investisseur. Il s'agit d'une forme juridique d'entreprise traditionnellement peu connue au Québec, mais qui peut s'avérer souvent un excellent moyen d'investissement.

La société en commandite s'applique à tout genre d'entreprise commerciale, quoiqu'on l'utilise le plus souvent en matière d'abris fiscaux (figure 6.4). On la retrouve également dans d'autres secteurs, tels l'exploration minière ou pétrolière, les sports professionnels, la production et distribution de films, etc.

La société par actions Au Québec, on appelle habituellement les compagnies des «sociétés par actions». Les compagnies feront l'objet d'une étude plus poussée dans les chapitres suivants.

Figure 6.4   Annonce d'abri fiscal

Résumé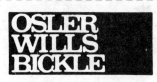

La société est un contrat entre deux ou plusieurs personnes qui mettent en commun leurs biens, leur crédit et leur habileté en vue d'exploiter une entreprise, d'en retirer des bénéfices et de répartir ceux-ci entre chaque associé. La société jouit de la personnalité morale et elle est distincte des associés qui la composent. Elle repose sur un contrat généralement écrit qui doit énoncer clairement les droits et obligations des associés. Le contrat de société comporte trois éléments essentiels: la poursuite d'un but commun, la constitution d'un fonds commun et la participation dans les profits.

Les associés possèdent des droits; en contrepartie, ils ont des obligations entre eux et envers les tiers. Comme l'entreprise individuelle, la société doit se doter d'un nom commercial que l'on appelle une raison ou une dénomination sociale. L'enregistrement d'une société doit être fait au bureau du protonotaire de chacun des districts judiciaires dans lesquels la société fait des affaires. En plus des causes générales qui mettent fin à tout contrat, le contrat de société se termine par l'expiration du terme, par la consommation de l'affaire pour laquelle la société a été formée, par la faillite ou par la mort naturelle d'un des associés. La dissolution de la société entraîne sa liquidation soit à l'amiable, soit de façon forcée.

Avant de choisir cette forme juridique d'entreprise, les futurs associés doivent en examiner attentivement les caractéristiques principales, c'est-à-dire ses avantages et ses inconvénients. Il existe deux types de sociétés: la société civile et les sociétés commerciales. Ces dernières se divisent principalement en trois catégories soit les sociétés en nom collectif, les sociétés en commandite et les sociétés par actions.

Vocabulaire

Commanditaire
Commandité
Dénomination sociale
Liquidation à l'amiable
Liquidation forcée
Personnalité morale
Raison sociale

Société
Société civile
Société commerciale
Société en commandite
Société en nom collectif
Société nominale ou de dépenses

Questions

1. Définissez la société et donnez les éléments qui sont essentiels à son existence.

2. En quoi peuvent consister les apports des associés?

3. Expliquez les principes généraux du partage des profits et des pertes d'une société.

4. Rédigez la déclaration de raison ou dénomination sociale d'une société que vous avez décidé de fonder avec deux amis.

5. Indiquez quelles sont les principales clauses que vous voulez intégrer dans votre contrat de société.

6. Qu'est-ce qui distingue la société en nom collectif de la société en commandite?

7. Dans la société en nom collectif, quelle est la responsabilité des associés entre eux? Quelle est la responsabilité des associés vis-à-vis des tiers?

8. Expliquez le principe voulant que chaque associé a le droit de participer à l'administration de la société.

9. Énumérez les différents modes de dissolution d'une société.

10. Quels sont les avantages de la société sur l'entreprise individuelle?

Cas pratiques

1. Pierre et Paul exploitent en société un commerce en gros de chemises et de sous-vêtements, sous la dénomination sociale de «Chemises P. & P.». Le contrat de société stipule que seul Pierre aura le pouvoir d'administrer.

À l'insu de Pierre, Paul achète à crédit en son nom propre 250 chemises de Guy, manufacturier, qui ignore l'existence de la société. Toujours à l'insu de Pierre, Paul revend lesdites chemises à Louis au nom de la société qui, en vertu de son contrat constitutif, exclut Paul de l'administration des affaires de la société. Louis paie le prix de vente avant livraison.

Pierre vous consulte et vous pose les questions suivantes:

a) La société est-elle obligée de payer Guy?

b) La société est-elle obligée de livrer les chemises achetées par Louis ou le contrat peut-il être annulé?

Motivez vos réponses.

2. Pierre Laroche, Pierre Caillou et Pierre Lapierre ont fondé une société pour exploiter une carrière sous le nom de «Carrière des trois Pierre»; la société fait faillite. Le syndic et les créanciers saisissent alors les biens de la société, mais aussi les biens personnels des trois hommes, car l'actif de la société est insuffisant pour payer tous les créanciers. Pierre Lapierre vient vous voir et veut connaître ses droits.

a) Le syndic et les créanciers ont-ils le droit de procéder de cette façon?

b) Pierre Lapierre vous explique qu'en vertu du contrat de société, il n'est responsable d'aucune des dettes de la société, mais que les deux autres associés sont responsables chacun de 50% des dettes de la société. Il veut savoir si le contrat est valide et s'il peut l'opposer aux créanciers.

c) Dans le cas où il est obligé de payer à même ses biens personnels, quels sont ses recours?

3. MM. Levac, Rieur et Trudo ont formé une société de gestion pour une durée de 10 ans. Cette société est une société en nom collectif. Lors de la signature du contrat, aucune clause concernant la dissolution de la société ou le retrait d'un des associés n'a été prévue. M. Levac désire mettre fin à cette société pour former sa propre entreprise de gestion. MM. Rieur et Trudo s'y opposent. M. Levac vient vous consulter pour savoir ce qu'il peut faire. Que lui conseillez-vous?

4. Luce, Sophie et Josée veulent dissoudre leur société en nom collectif. Le contrat de société prévoit le partage des profits de la façon suivante:

Luce : 40%
Sophie : 30%
Josée : 30%

L'actif de la société est de 35000$ et le passif s'élève à 50000$. Luce possède des biens d'une valeur de 25000$ en son nom personnel, alors que Sophie et Josée disposent respectivement de 5000$ et 3000$. De plus, Sophie doit personnellement 15000$ à Denis, et ce dernier exige d'être payé à même l'actif de la société. Les trois associées vous consultent au sujet de ces dettes et de leur responsabilité respective. Que leur dites-vous?

5. Jean Laprise, Jacques Doré et Pierre Gougeon désirent former une société pour exploiter une entreprise de pêche commerciale ouverte au public sous le nom de Pisciculture Laprise, Gougeon et Doré. Laprise apporterait dans la société un domaine d'une valeur de 100000$ qu'il possède à Saint-Donat. Gougeon, pour sa part, fournirait 24000$ et de l'équipement de pêche d'une valeur de 5000$. Quant à Doré, il fournirait son expérience professionnelle, ayant travaillé pendant 10 ans à la pisciculture de Saint-Faustin, dans les Laurentides. De plus, Doré a de nombreuses relations dans le domaine et il possède déjà une clientèle assurée. Les trois associés désirent partager les profits et les pertes de l'entreprise de la façon suivante :

	Profits	Pertes
Laprise	60 %	60 %
Gougeon	25 %	25 %
Doré	15 %	15 %

Laprise et Doré sont célibataires, alors que Gougeon est marié avec Danielle Lemoine, sous le régime de la société d'acquêts, depuis le 19 mai 1985. L'entreprise sera située au 11, Chemin-du-lac-à-la-truite, à Saint-Donat.

De plus, les associés vous informent que Robert Lafortune serait prêt à investir 175 000 $ dans la société sans participer à son administration. Les trois partenaires ne savent pas quelles seraient les conséquences juridique d'une telle participation et voudraient, avant d'accepter que Lafortune ne se joigne à eux, que vous leur donniez des explications.

a) Dans l'éventualité où Laprise, Doré et Gougeon décident de former une société en nom collectif, croyez-vous que les conditions nécessaires à la formation d'une telle société soient présentes ? Expliquez votre réponse.

b) Énumérez les formalités que devront remplir les trois associés dans ce cas.

c) Si Robert Lafortune s'associe avec Laprise, Doré et Gougeon, expliquez à ces derniers les conséquences de la participation de Lafortune et dites-leur quelle sorte de société ils devront mettre sur pied.

Plan du chapitre 7

La société par actions (compagnie)

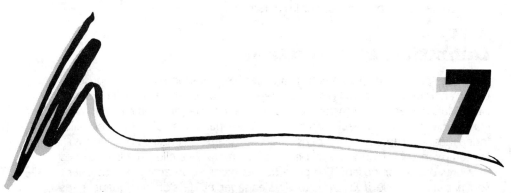

La société par actions (compagnie)

Objectifs

1. Définir la société par actions.

2. Connaître les lois aux termes desquelles il est possible de constituer une société par actions au Québec.

3. Expliquer la procédure d'*incorporation*⃰ d'une entreprise en vertu de la Partie 1A de la L.C.Q. et de la L.S.C.C.

4. Décrire les étapes de l'organisation d'une compagnie.

5. Identifier les livres et registres qu'une compagnie doit conserver à son siège social.

6. Expliquer les avantages et les inconvénients d'une société par actions.

7. Définir la société sans but lucratif et la société d'État.

La société par actions

La **société par actions** est un type d'entreprise le plus souvent connu sous le nom de **compagnie** ou de **corporation**. Pour plus de commodité, nous

---

⃰ **N.D.A.** Le terme «incorporation» est un anglicisme qui signifie «constituer en compagnie» ou «constituer en société par actions». Toutefois, pour des raisons pratiques évidentes, nous l'utiliserons à l'occasion dans ce texte où il apparaîtra en italique.

utiliserons indifféremment, tout au long du présent chapitre, les termes «compagnie», «société» ou «société par actions» pour désigner cette forme juridique d'entreprise. Ce sont, d'une part, les dispositions du Code civil et, d'autre part, les dispositions de certaines lois statutaires sur les compagnies comme la *Loi sur les compagnies de la province de Québec* (L.C.Q.)[1] et la *Loi sur les sociétés commerciales canadiennes* (L.S.C.C.)[2] qui la régissent. Contrairement à la société en nom collectif, par exemple, la société par actions est basée sur le capital et non plus sur les personnes.

Définition et juridiction

La société par actions a comme but premier l'exploitation d'une entreprise en vue d'en retirer des bénéfices et de répartir ceux-ci entre les actionnaires. Mes Maurice et Paul Martel définissent la compagnie comme suit: «La compagnie est une société par actions dotée par la loi d'une personnalité indépendante, capable de certains droits et sujette à certaines obligations»[3]. La compagnie jouit donc de la personnalité morale et elle est distincte des membres qui la composent. Elle possède des biens et un actif qui constituent son patrimoine; elle a la capacité de s'engager et de s'obliger quant à ses biens propres; elle peut également signer des contrats et payer ses dettes à même son actif. Elle possède une dénomination sociale et un siège social.

Dans le chapitre précédent, nous avons vu que la société commerciale possède également la personnalité morale, mais elle demeure intimement liée aux membres qui la composent puisque la mort ou la faillite d'un des associés entraîne la dissolution de la société. Par ailleurs, la compagnie possède non seulement une personnalité distincte de ses membres, mais elle jouit de plus d'une indépendance complète par rapport à ses actionnaires qui sont en quelque sorte protégés par ce que les juristes ont souvent appelé «le voile corporatif». L'existence de la société par actions n'est donc pas étroitement liée aux membres qui la composent.

Ce principe fondamental de la personnalité indépendante et distincte de la compagnie a été consacré par un jugement, désormais célèbre, rendu en 1897 par le Conseil privé d'Angleterre, l'arrêt *Salomon c. A. Salomon & Co.* Dans ce jugement, Lord Halsbury s'exprime de la façon suivante (traduction): «Il me semble impossible de contester qu'une fois qu'une compagnie est légalement constituée, elle doit être traitée comme toute autre personne indépendante, avec des droits et des obligations qui lui sont propres...[4]». Nos tribunaux ont par la suite suivi ce principe de base en droit corporatif.

Sur le plan constitutionnel, il paraît important de nous demander dès maintenant quel niveau de gouvernement a juridiction dans le domaine des compagnies. Pour répondre à cette question, il faut s'en remettre aux articles 91 et 92 de l'A.A.N.B. qui déterminent les compétences respectives du gouvernement central et des provinces.

L'article 91, qui établit les champs de compétence du gouvernement fédéral, est muet en ce qui concerne les compagnies; par ailleurs, l'alinéa 11 de l'article 92 attribue dans les termes suivants le pouvoir exclusif de légiférer en la matière: «[...] la constitution en corporation de compagnies pour des objets

---

1. L.C.Q.: L.R.Q. 1977, c. 38, modifiée par 1979, c. 31; 1980, c. 28; 1981, c. 9; 1982, c. 26 et c. 52.

2. L.S.C.C.: 23-24 Éliz. II, 1974-1975-1976, c. 33; 1978-1979, c. 9; 1980-1981-1982-1983, c. 115; 1983-1984, c. 40.

3. Martel, Maurice et Paul Martel, *La compagnie au Québec — Les aspects juridiques*, éd. spéc., Éditions Thélème Inc., Ottawa, 1982, p. 1-1.

4. Salomon c. A. Salomon & Co., 1897 A.C. 22.

provinciaux.» Qu'en est-il alors de la mise sur pied de compagnies dont les objets ne sont pas provinciaux et désirant oeuvrer sur tout le territoire canadien? La théorie du pouvoir résiduaire contenue dans la clause introductive de l'article 91 nous éclaire à ce sujet, puisqu'elle permet au gouvernement fédéral d'occuper un domaine de juridiction non couvert par l'article 92. Le gouvernement fédéral a donc juridiction pour légiférer en matière de constitution de compagnies, lorsque ces dernières désirent exercer leurs activités à l'extérieur de la province.

Contrat préincorporatif

Il arrive fréquemment que les fondateurs d'une compagnie en voie de formation mais dont le certificat de constitution ou les lettres patentes ne sont pas encore émis passent des contrats au nom de la compagnie. Si une offre alléchante s'offre à eux, ils achètent, par exemple, un fonds de commerce, des actifs ou de l'équipement et ce, avant même que la compagnie n'ait une existence légale. On désigne ces transactions par l'expression **contrat préincorporatif** ou **préconstitutif**.

Si cet achat est fait au nom personnel des fondateurs, il est évident qu'ils en assument l'entière responsabilité; par ailleurs, une telle transaction entraîne le paiement de la taxe de vente à deux reprises: la première fois, au moment de l'achat, et la seconde fois, au moment de la revente du bien à la compagnie alors constituée. Cette solution ne s'avère donc pas idéale.

Il est préférable pour les fondateurs de rédiger le contrat d'achat au nom de la compagnie à naître. Les articles 123.7 et 123.8 de la Partie IA de la L.C.Q. et l'article 14 de la L.S.C.C. permettent la conclusion de contrats préconstitutifs et ils stipulent qu'une compagnie est liée par tout acte posé dans son intérêt avant sa constitution, si elle le ratifie dans les 90 jours qui suivent pour une compagnie provinciale et dans un délai raisonnable pour une société fédérale. Ces articles précisent également que la personne qui conclut ce contrat engage aussi sa responsabilité personnelle. La seule façon d'éviter d'être ainsi lié serait d'ajouter au contrat préconstitutif une clause qui exclurait ou limiterait cette responsabilité; il serait aussi prudent de prévoir une clause«faisant état de la possibilité que la compagnie ne soit pas constituée ou n'assume pas ses obligations» (art. 123.8 L.C.Q.). Il appartient donc au tiers qui contracte avec les fondateurs d'une compagnie non encore constituée de bien réfléchir avant de signer un tel contrat préconstitutif, s'il veut préserver ses recours éventuels.

Constitution

Au Québec, toute personne qui désire constituer une société par actions peut le faire selon la *Loi sur les compagnies du Québec* (L.C.Q.) ou selon la *Loi sur les sociétés commerciales canadiennes* (L.S.C.C.). La L.S.C.C. est en vigueur depuis le 15 décembre 1975. Depuis le 1er avril 1983, la *Loi sur les compagnies du Québec* est administrée par l'**Inspecteur général des Institutions financières** de la Direction des compagnies qui a remplacé le ministère des Institutions financières. Cette loi québécoise offre la possibilité de constituer en compagnie une entreprise sous deux régimes juridiques différents: la Partie I et la Partie IA.

Nous étudierons d'abord les formalités de constitution d'une compagnie selon la Partie I de la L.C.Q.; nous examinerons ensuite les formalités requises pour la constitution d'une compagnie en vertu de la Partie IA de la L.C.Q. et de la L.S.C.C., car ces deux modes de constitution présentent des exigences semblables.

Gouvernement du Québec
Ministère des Consommateurs.
Coopératives et Institutions financières
Direction des compagnies
800, Place d'Youville
Québec, P.Q.
G1R 4Y5

**REQUÊTE POUR CONSTITUTION
EN CORPORATION ET MÉMOIRE
DES CONVENTIONS**

(Loi sur les compagnies, 1ʳᵉ partie)

Les requérants soussignés désirent obtenir des lettres patentes, en vertu de la première partie de la Loi sur les compagnies, les constituant en corporation, aux conditions énoncées dans les pièces jointes, sous la dénomination sociale suivante:

ou sous toute autre dénomination sociale que le ministre des Consommateurs, Coopératives et Institutions financières jugera acceptable.

Les requérants ont convenu de se faire constituer en corporation comme il est dit ci-dessus et ont souscrit des actions du capital de la compagnie aux conditions (pour ce qui est du nombre, de la catégorie et du prix de souscription) portées en regard de la signature de chacun d'entre eux.

Signature des requérants	Nombre d'actions	Catégorie d'actions	Prix de souscription

Fait à _____ le _____ 19 ____

Figure 7.1a Requête pour constitution (pages 1 à 5)

En vertu de la Partie I de la *Loi sur les compagnies de la province de Québec* (L.C.Q.)

La Partie I de la L.C.Q. est un régime juridique qui remonte à loin et qui avait cours avant février 1980. Pour mettre sur pied une société par actions sous ce régime, la loi exige la présentation à l'Inspecteur général d'une requête signée par un minimum de trois personnes âgées d'au moins 18 ans et ayant souscrit au moins une action chacune; ces requérants deviennent les premiers administrateurs de la compagnie. À cette requête pour constitution en corporation sont joints un mémoire de conventions et une déclaration sous serment signée par les requérants (figure 7.1a). En retour, l'Inspecteur

1 — Requérants

Les requérants auxquels sont accordées les présentes lettres patentes sont:

Nom et prénoms	Profession	Adresse	Nombre d'actions souscrites	
			ordinaires	privilégiées

2 — Siège social

Le siège social de la compagnie est situé à

3 — Conseil d'administration

Les administrateurs provisoires de la compagnie sont:

Figure 7.1a   (suite)

général émet des **lettres patentes** et accorde une **charte**, document qui confirme l'existence juridique de l'entreprise.

Depuis le 30 janvier 1980, le Législateur a amendé la L.C.Q. et y a prévu un nouveau mode d'*incorporation* simplifié et plus rapide, la Partie IA. Les compagnies constituées en vertu de la Partie I de la loi, et qui sont régies par des lettres patentes, peuvent demander à l'Inspecteur général des Institutions financières de continuer leur existence selon la Partie IA afin de profiter des avantages de ce nouveau régime. Toutefois, la loi ne les oblige pas à procéder à un tel changement. Si elles décident de le faire, ces compagnies n'ont qu'à déposer des documents appelés **statuts de continuation** (figure 7.1b), suite à un règlement décrété par les administrateurs et ratifié par les

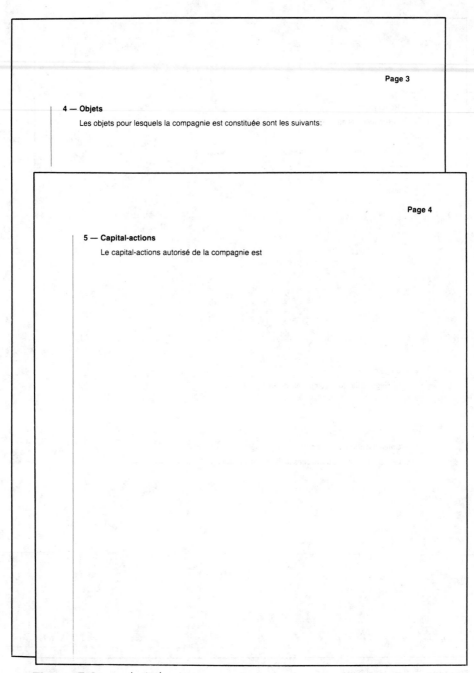

4 — Objets

Les objets pour lesquels la compagnie est constituée sont les suivants:

5 — Capital-actions

Le capital-actions autorisé de la compagnie est

Figure 7.1a   (suite)

2/3 en valeur des actions représentées par les actionnaires présents à une assemblée générale spéciale convoquée à cette fin. Ce règlement doit autoriser l'un des administrateurs à remplir et à expédier à l'Inspecteur général les statuts de continuation accompagnés d'un avis relatif au siège social (figure 7.2) et d'un avis relatif à la composition du conseil d'administration (figure 7.3).

La compagnie qui choisit de passer sous le nouveau régime peut, par la même occasion, modifier son capital-actions et (ou) changer son nom. Elle peut aussi modifier les droits, privilèges et restrictions rattachés à ses actions; ces changements peuvent aussi se faire au moyen du dépôt de **statuts de modification**. Rappelons que les droits, obligations et actes de la compagnie

Figure 7.1a (suite)

ainsi que ceux des actionnaires ne sont aucunement affectés par la procédure de continuation selon la Partie IA.

L'article 123.01 de la L.C.Q. stipule que l'Inspecteur général des Institutions financières cessera d'accorder des lettres patentes à compter de la date de publication par le ministre d'un avis d'au moins 30 jours dans la *Gazette officielle du Québec.* En conséquence, une nouvelle entreprise n'a aucun intérêt à se constituer en compagnie sous l'empire de la Partie I de la L.C.Q., et on constate que de plus en plus de compagnies, constituées sous l'ancien régime, décident de passer sous le nouveau régime en déposant des statuts de continuation. Pour ces raisons, nous limiterons notre étude aux formalités de constitution des sociétés par actions en vertu de la Partie IA de la L.C.Q.

DÉCLARATION SOUS SERMENT

_____
(Dénomination sociale projetée de la corporation)

Je, _____
(Nom)

_____
(Profession)

_____
(Adresse)

étant dûment assermenté, déclare que:

1 - Je suis l'un des requérants;

2 - Chacun des requérants a au moins dix-huit ans;

3 - Les faits mentionnés dans la requête et le mémoire des conventions sont vrais et suffisants;

4 - Les signatures apposées au bas de la requête pour constitution en corporation et mémoire des conventions sont celles des requérants;

5 - La dénomination sociale proposée est conforme à la Loi et aux règlements adoptés ou approuvés par le Lieutenant-gouverneur en conseil.

ET J'AI SIGNÉ: _____

Assermenté devant moi à _____

le _____ 19 _____

(commissaire à l'assermentation)

Figure 7.1a   (suite)

En vertu de la Partie IA de la _Loi sur les compagnies de la province de Québec_ (L.C.Q.) et de la _Loi sur les sociétés commerciales canadiennes_ (L.S.C.C.)

Avant de constituer une entreprise en société par actions, une double question nous vient à l'esprit: est-il préférable d'une part, de former sa compagnie en vertu de la loi fédérale ou de la loi provinciale et d'autre part, cette compagnie, une fois constituée, revêtira-t-elle la forme d'une compagnie publique ou privée?

Gouvernement du Québec
**L'Inspecteur général
des institutions financières**

Formulaire 7
STATUTS DE CONTINUATION
Loi sur les compagnies
Partie 1A

1 Dénomination sociale ou numéro matricule		
2 District judiciaire du Québec où la compagnie établit son siège social	3 Nombre précis ou nombres minimal et maximal des administrateurs	4 Date d'entrée en vigueur si postérieure à celle du dépôt
5 Description du capital-actions		
6 Restrictions sur le transfert des actions, le cas échéant		
7 Limites imposées à son activité, le cas échéant		
8 Autres dispositions		
9 Dénomination sociale (ou numéro matricule) antérieure à la continuation, si différente de celle mentionnée à la case 1.		

Signature de
l'administrateur autorisé _____

Fonction du
signataire _____

Réservé à l'administration

C-217 (83-04)

Figure 7.1b Formulaire 7 (L.C.Q. — Partie IA)

Compagnie fédérale ou compagnie provinciale? publique ou privée? Pour déterminer si une compagnie doit être fondée aux termes de la L.S.C.C. ou de la Partie IA de la L.C.Q., il faut prendre en considération plusieurs éléments. Parmi ceux-ci, l'étendue territoriale des activités de l'entreprise revêt une importance primordiale. En effet, on choisira

Gouvernement du Québec
**L'Inspecteur général
des institutions financières**

Formulaire 2
**AVIS RELATIF À L'ADRESSE OU AU
CHANGEMENT D'ADRESSE DU SIÈGE SOCIAL**
Loi sur les compagnies
Partie 1A

1 Dénomination sociale ou numéro matricule

2 Avis est donné par les présentes que l'adresse du siège social de la compagnie, dans les limites du district judiciaire indiqué dans les statuts, est la suivante:

Numéro civique   Nom de la rue

Localité

Province ou pays   Code postal

La compagnie

par: _____   Fonction du
              (signature)   signataire _____

Réservé à l'administration

C-212 (83-04)

Figure 7.2   Formulaire 2 (L.C.Q. — Partie IA)

habituellement l'*incorporation* provinciale lorsque l'entreprise a une vocation purement locale ou restreinte au Québec (dépanneur, restaurant, boutique de vente au détail, etc.). Si, par ailleurs, l'entreprise entend exercer des activités commerciales dans plusieurs provinces et à l'étranger (transport, import-export, etc.) ou si les promoteurs croient qu'à plus ou moins brève échéance

Gouvernement du Québec
L'Inspecteur général
des institutions financières

Formulaire 4
AVIS RELATIF À LA COMPOSITION
DU CONSEIL D'ADMINISTRATION
Loi sur les compagnies
Partie 1A

1 Dénomination sociale ou numéro matricule

2 Les administrateurs de la compagnie sont:		
Nom et prénom	Adresse résidentielle complète (incluant le code postal)	Profession

Si l'espace est insuffisant, joindre une annexe en deux (2) exemplaires.

La compagnie

par: _____ Fonction du
        (signature)   signataire _____

_____

Réservé à l'administration

C-214 (83-04)

Figure 7.3   Formulaire 4 (L.C.Q. — Partie IA)

leur entreprise devrait prendre une expansion considérable, alors ils opteront pour l'*incorporation* fédérale.

En outre, les dispositions de la L.S.C.C. et celles de la L.C.Q. n'étant pas exactement les mêmes, il arrive que certaines d'entre elles constituent le facteur déterminant de ce choix. Citons, à titre d'exemple, certaines différences importantes entre les dispositions de la L.S.C.C. et de la L.C.Q.:

— une compagnie fédérale qui veut acquérir des immeubles au Québec est obligée d'obtenir un permis spécial en vertu de la *Loi sur la mainmorte*[5], ce qui n'est pas le cas pour une compagnie provinciale;

— une compagnie fédérale accorde une plus grande protection aux actionnaires minoritaires;

— une compagnie fédérale ne peut émettre d'actions avec valeur nominale;

— une compagnie provinciale peut émettre des actions non entièrement payées;

— la loi fédérale définit les devoirs et les obligations des administrateurs de façon plus précise;

— la loi fédérale exige que la majorité des administrateurs soient des citoyens canadiens;

— la procédure relative aux assemblées d'actionnaires d'une compagnie fédérale est plus complexe;

— la dissolution volontaire d'une compagnie fédérale est beaucoup plus simple que celle d'une compagnie provinciale.

La décision de fonder une compagnie aux termes de la loi fédérale ou de la loi provinciale repose donc sur plusieurs facteurs et dépend des objectifs que se sont fixés ces fondateurs. Pour un aperçu plus complet des différences entre les dispositions de la loi fédérale et celles de la loi provinciale, reportez-vous au tableau comparatif du présent chapitre, à la page 184.

Pour déterminer si une entreprise doit revêtir la forme d'une compagnie publique ou privée, il convient d'examiner l'une et l'autre forme.

L'ancienne *Loi sur les valeurs mobilières du Québec* (L.V.M.)[6] a été entièrement refondue et un premier bloc de la nouvelle loi a été mis en vigueur au début d'avril 1983. L'article 1.13 de l'ancienne loi qui définissait la compagnie privée a été remplacé par le nouvel article 5 qui utilise maintenant le terme de société fermée. Toute compagnie ou société qui ne répond pas aux exigences de cet article est dite publique. L'utilisation des expressions compagnie privée ou société fermée, compagnie publique ou société publique repose avant tout sur une question de faits, comme on pourra s'en rendre compte en expliquant ces notions plus en détail.

Compagnie privée ou société fermée L'article 5 de la *Loi sur les valeurs mobilières* définit la **société fermée**, ou **compagnie privée**, de la façon suivante: «une société dont les documents constitutifs prévoient des restrictions à la libre cession des actions, interdisent l'appel public à l'épargne et limitent le nombre des actionnaires à 50, déduction faite de ceux qui sont ou ont été salariés de la société ou d'une filiale».

Il ressort de cet article que trois conditions sont nécessaires pour qu'une entreprise soit considérée comme une compagnie privée ou une société fermée au sens de la loi, et on doit retrouver ces conditions dans les lettres patentes ou le certificat de constitution de la société:

— *Restriction à la libre cession des actions:* Lorsqu'un actionnaire veut vendre, aliéner, donner ou transférer les actions qu'il détient dans la compagnie, il doit observer certaines formalités. Ainsi, on peut retrouver les clauses suivantes qui restreignent le transfert d'actions:
  • tout transfert d'actions devra être soumis à l'approbation des administrateurs par voie de résolution;
  • ce transfert devra être autorisé au moyen d'une résolution adoptée par le vote d'au moins 75% en valeur des actions représentées par les actionnaires présents à une assemblée générale spéciale convoquée à cette fin;

---

5. L.R.Q. c. M-1.

6. L.R.Q. 1977 c. V-1.

- tout actionnaire qui voudrait vendre, aliéner, donner ou transférer ses actions devra les offrir, au préalable, aux autres actionnaires de la compagnie au moyen d'un préavis de 30 jours ; ces derniers pourront se porter acquéreurs desdites actions (dans la proportion de celles qu'ils détiennent déjà dans la compagnie) à leur juste valeur, en expédiant un avis écrit au secrétaire de la compagnie à cet effet. À l'expiration de ce délai, si aucun actionnaire de la compagnie n'a avisé le secrétaire, le cédant pourra les offrir à toute autre personne.

De telles restrictions visent à assurer un meilleur contrôle des actions par les actionnaires de la compagnie. Ainsi, un actionnaire ne peut disposer de ses actions en les vendant à une personne qui ne répond pas aux exigences des autres actionnaires de la compagnie. Il doit nécessairement les conserver ou les vendre aux autres actionnaires.

— *Interdiction d'appel public à l'épargne*: La compagnie ne peut pas vendre ou offrir ses actions au public ou sur le marché de la Bourse. On entend par appel public à l'épargne le fait pour une société de se financer par voie de souscription publique en émettant des titres, c'est-à-dire des actions, des obligations ou des parts sociales.

— *Nombre d'actionnaires*: Il est limité à 50, à l'exception des employés de la compagnie ou d'une filiale et de ceux qui l'ont déjà été.

Compagnie publique ou société publique   Si les lettres patentes ou le certificat de constitution d'une société ne comporte pas ces trois restrictions, cette dernière est considérée comme une **société publique** ou **compagnie publique**. Toute émission, vente ou transfert de titres de la compagnie est alors sujet à l'approbation d'un organisme créé par la *Loi sur les valeurs mobilières*, la *Commission des valeurs mobilières du Québec*. «Toute personne qui entend procéder au placement d'une valeur est tenue d'établir un prospectus soumis au visa de la Commission. La demande de visa est accompagnée des documents prévus par le règlement» (art. 11 L.V.M.).

Le **prospectus** est un document fort important. En effet, il fournit aux futurs investisseurs des informations sur l'objet de l'émission, sur les origines et sur les objectifs de la compagnie, sur ses administrateurs et sur ses états financiers. À la lumière de ce document, l'éventuel acquéreur de titres pourra guider sa décision d'investissement en évaluant les risques par rapport aux bénéfices escomptés. Avant d'être mis en circulation, tout prospectus doit porter le visa de la Commission, et cette dernière refusera son visa si l'information contenue dans le prospectus n'est pas complète ou si elle juge que la protection des investisseurs l'exige.

D'une façon générale, les titres d'une compagnie publique sont transigés par l'intermédiaire des professionnels du marché, que l'on nomme **courtier en valeurs mobilières**, et par l'intermédiaire d'organismes chargés d'assurer le fonctionnement du marché des titres, comme la Bourse de Montréal. Les courtiers et les conseillers en valeurs mobilières doivent être inscrits auprès de la Commission des valeurs mobilières. Cette dernière leur impose des exigences précises quant à leur compétence, leur honnêteté et leur solvabilité ; ils doivent donc respecter des règles sérieuses de déontologie.

La nouvelle *Loi sur les valeurs mobilières* offre, entre autres, un accès plus facile au marché des valeurs pour les petites et moyennes entreprises. Par exemple, elle autorise les entreprises manufacturières et les entreprises de services qui émettent des titres pour moins de trois millions de dollars au cours d'une année à établir un prospectus abrégé, c'est-à-dire plus simple et plus économique. Ces entreprises peuvent même offrir leurs propres titres sans l'intermédiaire d'un courtier. Notons enfin qu'une société fermée peut acquérir le statut de société publique en tout temps. Ce fut le cas, par exemple, de la société Bombardier qui, d'une entreprise de type familial qu'elle était, est devenue une société publique dont les titres sont cotés en Bourse.

Fondateurs   La Partie IA de la L.C.Q. et la L.S.C.C. désignent du nom de **fondateur** toute personne ou tout groupe de personnes qui décide de conférer à son entreprise le statut de compagnie. Au Québec, depuis l'entrée en vigueur en janvier 1980 de la Partie IA, une compagnie peut être constituée par une seule personne au lieu de trois; au fédéral, un tel régime existe depuis 1975. Dans un cas comme dans l'autre, les conditions requises pour mettre sur pied une société par actions sont les suivantes:

— être une personne physique âgée d'au moins 18 ans;
— ne pas être interdit ni faible d'esprit;
— ne pas être un failli non libéré.

Ajoutons qu'une personne morale (une autre compagnie, par exemple) peut fonder une société par actions; cette compagnie fondatrice ne doit pas, bien sûr, être elle-même en voie de liquidation.

Choix du nom   La compagnie est une personne morale et, comme telle, elle a un nom. L'article 357 du Code civil confirme cette affirmation de la façon suivante:

> Toute corporation a un nom propre qui lui est donné lors de sa création, ou qui a été reconnu et approuvé depuis par une autorité compétente.
> C'est sous ce nom qu'elle est désignée et connue, qu'elle agit et que l'on agit contre elle, et qu'elle fait tous ses actes et exerce tous les droits qui lui appartiennent.

Le nom que possède une société par actions s'appelle une **dénomination sociale** et il est choisi par ses fondateurs qui doivent respecter certaines exigences de la loi. En vertu de l'article 123.12(1) de la L.C.Q. et de l'article 6.1(a) de la L.S.C.C., les statuts de constitution d'une compagnie doivent contenir sa dénomination sociale qui doit être soumise à l'approbation de l'Inspecteur général des Institutions financières du Québec et du Directeur du Service des corporations du Canada. Les règlements en cette matière sont fort complexes et il arrive fréquemment que l'octroi d'un certificat de constitution soit retardé parce que la dénomination sociale projetée ne répond pas aux exigences de la loi.

Les normes fixées par le gouvernement fédéral et celui du Québec relativement au choix de la dénomination sociale sont sensiblement les mêmes. Elle se résume à ce qui suit.

La dénomination sociale doit être descriptive et distinctive afin de pouvoir identifier le genre d'entreprise et de permettre de la distinguer des autres oeuvrant dans le même secteur d'activités. Le nom choisi ne doit pas être le nom ou la désignation d'une autre compagnie, société ou association déjà existante, et, le cas échéant, il ne doit pas être déjà enregistré ou présenter des ressemblances qui pourraient prêter à confusion avec un autre nom. Ainsi, dans l'affaire *Les Structures Lamelles ltée c. Les Structures de bois Lamelle du Québec inc.*[7], la Cour supérieure a ordonné à la partie défenderesse de cesser l'utilisation d'une dénomination sociale qui pouvait porter à confusion avec celle de la partie demanderesse.

Par ailleurs, rien n'empêche les fondateurs d'utiliser une dénomination sociale déjà existante, s'ils ont obtenu la permission de ceux qui l'ont enregistrée les premiers. Un tel consentement est habituellement donné lorsqu'une compagnie désire vendre des franchises ou ouvrir des divisions; on ajoute alors le nom d'une ville à la suite de la dénomination sociale de la compagnie. Lorsque l'on achète les actifs d'une société déjà existante, on peut

---

7. (1955) R.P. 216.

obtenir l'autorisation d'utiliser son nom en y ajoutant le millésime de l'année de la formation de la nouvelle compagnie (par exemple : Dépanneur du coin (1986) ltée).

De plus, le nom choisi doit être conforme aux exigences de la *Charte de la langue française*, c'est-à-dire qu'il doit être en français ou, s'il contient une expression dans une autre langue, cette expression doit obligatoirement apparaître dans la partie distinctive et être accompagnée d'une partie descriptive en langue française (par exemple : Tailleur Siciliano inc.). Ces règles s'appliquent également aux compagnies constituées en vertu de la L.S.C.C. qui font affaires au Québec.

Les fondateurs qui n'ont pas arrêté leur choix définitif sur une dénomination sociale en particulier, mais qui veulent constituer leur compagnie le plus rapidement possible peuvent se faire attribuer, sur demande, par l'Inspecteur général ou le Directeur un numéro matricule (par exemple : 4400-5500 Québec ltée ou 246801 Canada inc.). Toutefois, l'Inspecteur général ou le Directeur peuvent ordonner à la compagnie qui a reçu un numéro matricule de le remplacer par une dénomination sociale et ce, dans les 60 jours de la signification d'une ordonnance à cet effet.

Au Québec, la dénomination sociale ou le numéro matricule d'une compagnie doit toujours être suivi des abréviations «inc.» ou «ltée»; au fédéral, la dénomination sociale ou le numéro matricule doit toujours contenir les mots ou expressions «Limitée», «Limited», «Incorporée», «Incorporated», «Corporation» ou «Société commerciale canadienne» ou encore les abréviations «Ltd», «Ltée», «Inc.», «Corp.» ou «S.C.C.». Voici quelques exemples :

— Construction de l'avenir inc.;
— Boutique Clin d'oeil ltée;
— Sodal ltée (formé des mots *Société d'a*luminium);
— Standard Bread Corp.;
— Audio Systems Limited.

Afin d'éviter tout délai dans l'émission du certificat de constitution de leur nouvelle compagnie et ne pas utiliser une dénomination sociale déjà choisie par un concurrent, les fondateurs seraient bien avisés de recourir à une procédure que l'on appelle la réservation de nom. Au fédéral, la réservation de nom se fait obligatoirement par le biais d'entreprises spécialisées qui ont accès directement à l'ordinateur du gouvernement à cette fin, moyennant des frais d'environ 40$ pour chaque nom faisant l'objet d'une vérification. Au provincial, l'Inspecteur général offre un service de recherche et de réservation de nom sans passer par l'intermédiaire d'entreprises spécialisées; le coût est de 30$ par demande et on peut y soumettre deux noms.

Au fédéral comme au provincial, si une dénomination sociale est disponible, on émet un avis de réservation et le nom est réservé pendant 90 jours. Personne n'est alors autorisé à se servir de cette dénomination sociale pendant ce laps de temps.

Une compagnie provinciale ou fédérale peut faire affaires sous une autre dénomination sociale que celle indiquée dans ses documents constitutifs. Elle peut, par exemple, enregistrer plusieurs noms pour les divisions qu'elle compte établir. Dans ce cas, la loi l'oblige à mentionner clairement sur ses contrats, factures et effets de commerce sa véritable dénomination sociale. La dénomination sociale d'une compagnie doit toujours faire l'objet du dépôt d'une déclaration au bureau du protonotaire de chaque district judiciaire où la société possède un établissement de même qu'à celui de chaque district où elle compte exercer régulièrement ses activités.

Documents constitutifs Une fois la demande de réservation de dénomination sociale faite, les fondateurs d'une société par actions doivent remplir trois formulaires qu'ils peuvent se procurer au Bureau de l'Inspecteur

Gouvernement du Québec
L'Inspecteur général des institutions financières

Formulaire 1
STATUTS DE CONSTITUTION
Loi sur les compagnies
Partie 1A

1 Dénomination sociale ou numéro matricule

2 District judiciaire du Québec où la compagnie établit son siège social

3 Nombre précis ou nombres minimal et maximal des administrateurs

4 Date d'entrée en vigueur si postérieure à celle du dépôt

5 Description du capital-actions

6 Restrictions sur le transfert des actions, le cas échéant

7 Limites imposées à son activité, le cas échéant

8 Autres dispositions

9 Fondateurs

Nom et prénom	Adresse incluant le code postal (s'il s'agit d'une corporation, indiquer le siège social et la loi constitutive)	Profession	Signature de chaque fondateur (s'il s'agit d'une corporation, signature de la personne autorisée)

Si l'espace est insuffisant, joindre une annexe

Réservé à l'administration

C-211 (83-04)

Figure 7.4 Formulaire 1 (L.C.Q. — Partie IA)

général des Institutions financières, pour le Québec ou auprès du **Directeur** désigné par le ministre de la Consommation et des Corporations, pour le Canada.

Aux termes de la Partie IA de la L.C.Q., ces trois formulaires sont: les **statuts de constitution** (figure 7.4), l'avis relatif à l'adresse ou au changement d'adresse du siège social (figure 7.2) et l'avis relatif à la composition du

LOI SUR LES SOCIÉTÉS COMMERCIALES CANADIENNES FORMULE 1 STATUTS CONSTITUTIFS (article 6)		CANADA BUSINESS CORPORATIONS ACT FORM 1 ARTICLES OF INCORPORATION (section 6)

1 — Dénomination sociale de la société

Name of Corporation

2 — Lieu au Canada où doit être situé le siège social

The place in Canada where the registered office is to be situated

3 — Catégories et tout nombre maximal d'actions que la société est autorisée à émettre

The classes and any maximum number of shares that the corporation is authorized to issue

4 — Restrictions sur le transfert des actions, le cas échéant

Restrictions, if any, on share transfers

5 — Nombre (ou nombre minimum et maximum) d'administrateurs

Number (or minimum and maximum number) of directors

6 — Restrictions imposées aux activités commerciales de la société

Restrictions if any on business the corporation may carry on

7 — Autres dispositions, le cas échéant

Other provisions if any

8 — Fondateurs / Incorporators

Nom — Name	Adresse (code postal) Address (postal code)	Signature

A L'USAGE DU MINISTÈRE SEULEMENT	FOR DEPARTMENTAL USE ONLY
N° de la société — Corporation No.	Déposée — Filed

Figure 7.5   Formule 1 (L.S.C.C.)

conseil d'administration (figure 7.3); aux termes de la L.S.C.C., ces formulaires sont: les **statuts constitutifs** (figure 7.5), l'avis du lieu du siège social ou avis de changement du lieu du siège social (figure 7.6) et l'avis des administrateurs (figure 7.7). Ces documents doivent toujours être expédiés en double exemplaire et signés par au moins un fondateur.

Figure 7.6   Formule 3 (L.S.C.C.)

Statuts de constitution et statuts constitutifs   En vertu de l'article 123.12 de la L.C.Q. et de l'article 6.1 de la L.S.C.C., les statuts indiquent:

— la dénomination sociale de la compagnie ;
— le district judiciaire où elle établit son siège social au Québec (Terrebonne, par exemple) ou lieu de son siège social au Canada (Sherbrooke, par exemple) ;

LOI SUR LES SOCIÉTÉS COMMERCIALES CANADIENNES FORMULE 6 LISTE DES ADMINISTRATEURS OU AVIS DE CHANGEMENT DES ADMINISTRATEURS (article 101 ou 108)	CANADA BUSINESS CORPORATIONS ACT FORM 6 NOTICE OF DIRECTORS OR NOTICE OF CHANGE OF DIRECTORS (section 101 or 108)

1 — Dénomination sociale de la société — Name of Corporation	2 — N de la société — Corporation No

3 — Les personnes suivantes sont devenues administrateurs de la présente société: The following persons became directors of this corporation:

Date d'entrée en vigueur — Effective Date

Nom — Name	Adresse résidentielle — Residential Address	Occupation	Citoyennete Citizenship

4 — Les personnes suivantes ont cessé d'être administrateurs de la présente société: The following persons ceased to be directors of this corporation:

Date d'entrée en vigueur — Effective Date

Nom — Name	Adresse résidentielle — Residential Address

5 — Les administrateurs de la présente société sont maintenant: The directors of this corporation now are:

Nom — Name	Adresse résidentielle — Residential Address	Occupation	Citoyennete Citizenship

Date	Signature	Description du poste — Description of Office

Figure 7.7   Formule 6 (L.S.C.C.)

— la description du capital-actions (limites imposées au capital-actions ou les catégories d'actions, le cas échéant);
— les restrictions imposées au transfert des actions, s'il y a lieu;
— le nombre précis ou les nombres minimaux et maximaux de ses administrateurs;
— les limites imposées à ses activités, le cas échéant;

— toute autre disposition que la loi autorise à insérer dans les règlements d'une compagnie;

— la désignation (nom, adresse et profession) et la signature des fondateurs.

Nous avons déjà étudié les règles relatives à la dénomination sociale de la compagnie. Quant aux autres éléments que doivent contenir les statuts, nous les reprendrons brièvement.

Le **siège social** d'une compagnie est l'endroit où elle a sa principale place d'affaires, c'est son domicile légal. Elle doit conserver à cet endroit les livres et registres prévus par la loi. C'est là que les tiers peuvent la joindre et lui signifier des procédures judiciaires, le cas échéant.

En ce qui concerne les compagnies provinciales, leur siège social doit être situé dans un district judiciaire du Québec; quant aux compagnies fédérales, il doit être au Canada. Une compagnie peut procéder en tout temps à un changement de siège social à l'intérieur de ces limites et à certaines conditions que nous verrons au chapitre suivant.

Le **capital-actions** ou **capital social** d'une compagnie représente le nombre ou la valeur maximum d'actions que la société a le droit d'émettre pour assurer son financement. Lorsque le capital-actions d'une compagnie se compose de plusieurs catégories ou classes d'actions, ses documents constitutifs, lettres patentes ou certificat de constitution, doivent clairement mentionner les conditions, restrictions, droits et privilèges rattachés à chacune d'elles.

Chaque action émise par une société correspond à une somme d'argent qu'une personne a investie dans l'entreprise et représente, par le fait même, sa part de propriété.

La répartition du capital-actions d'une compagnie peut être unique ou multiple mais doit obligatoirement comporter une catégorie d'actions assorties d'un droit de vote sur les grandes décisions de l'entreprise et sur l'élection de ses administrateurs. Ces actions constituent les **actions ordinaires** de la compagnie et les détenteurs de cette catégorie d'actions sont les véritables propriétaires de l'entreprise. Les actions ordinaires confèrent à leur détenteur le droit de recevoir des dividendes ou de bénéficier d'un gain de capital, le cas échéant. En plus des actions ordinaires, on peut prévoir l'émission d'**actions privilégiées**. Ces actions peuvent être assorties de différents privilèges. Généralement, les actions privilégiées sont non convertibles et rachetables et leurs détenteurs n'ont pas le droit de vote. Toutefois, ces actions assurent à leurs détenteurs un rendement déterminé et, en cas de dissolution de l'entreprise, un droit prioritaire sur l'actif par rapport aux actionnaires ordinaires. En pratique, une société peut émettre des actions assorties des privilèges de son choix, à la seule condition d'en préciser la nature dans ses documents constitutifs.

À l'occasion de la constitution d'une société, si les fondateurs décident d'accorder une valeur monétaire aux actions, ils en fixent un prix à l'avance dans les documents constitutifs et cette valeur est mentionnée sur le certificat d'action. On parle alors d'**actions avec valeur nominale**, ou avec **valeur au pair**. Par exemple, le capital-actions d'une société peut être composé d'un nombre illimité d'actions ordinaires d'une valeur nominale de 1$ chacune et d'un nombre illimité d'actions privilégiées d'une valeur nominale de 1$ chacune.

Si la valeur d'une action n'est pas spécifiquement indiquée, cette **action** est **sans valeur nominale**, ou **sans valeur au pair**, et il appartiendra ultérieurement aux administrateurs d'en fixer le prix. Par exemple, le capital-actions d'une société peut être composé d'un nombre illimité d'actions ordinaires et de 100 000 actions privilégiées procurant à leurs détenteurs un dividende prioritaire de 10 % sur le montant investi. À moins de dispositions contraires dans ses statuts, l'article 123.38 de la L.C.Q. stipule qu'une compagnie possède un capital-actions illimité et que ses actions sont sans valeur nominale. Toutefois, rien n'empêche d'y prévoir des actions avec valeur nominale et d'en limiter le nombre.

L'article 24.1 de la L.S.C.C. mentionne que les actions d'une société fédérale sont nominatives et, obligatoirement, sans valeur nominale. Les statuts constitutifs d'une compagnie fédérale ne font donc mention que des catégories d'actions et du nombre maximal d'actions que la compagnie est autorisée à émettre; à défaut de stipulations quant au nombre maximal, il sera illimité. On joint habituellement en annexe aux statuts, les conditions, restrictions, droits et privilèges rattachés aux différentes classes ou catégories d'actions. Nous examinerons plus en détail le capital-actions et les différentes classes ou catégories d'actions au chapitre suivant.

Pour qu'une compagnie devienne une société fermée au sens de la *Loi sur les valeurs mobilières du Québec*, les fondateurs doivent prévoir dans ses documents constitutifs des restrictions à la libre cession des actions de la compagnie (par exemple, tout transfert d'action doit être approuvé par le vote de 75 % en valeur des actions représentées par les actionnaires de la compagnie).

L'ancienne Partie I de la L.C.Q. exigeait un nombre fixe d'administrateurs et exigeait qu'il y en ait au moins trois; les compagnies constituées en vertu de la Partie IA de la L.C.Q. et de la L.S.C.C. ne requièrent aucun nombre fixe d'administrateurs.

Dans les documents constitutifs de la compagnie, on peut indiquer soit un nombre précis d'administrateurs (1, 2, 3, 5, 7, 10), soit un minimum et un maximum (un minimum de 1 et un maximum de 11). Cette dernière solution semble la meilleure car elle laisse davantage de liberté et tient compte d'éventuels changements au sein de la compagnie. Rappelons qu'une compagnie peut n'avoir qu'un seul administrateur; cela simplifie d'autant plus ses procédures de fonctionnement.

Contrairement aux compagnies autrefois constituées en vertu de la Partie 1 de la L.C.Q., qui obligeait les requérants à mentionner dans leur requête les objets ou les champs d'activités commerciales de l'entreprise, les sociétés maintenant constituées selon la Partie IA et la L.S.C.C. peuvent exercer tous genres d'activité commerciale licite sans qu'il ne soit nécessaire de les spécifier dans les documents constitutifs; de plus, la loi considère qu'une société par actions possède les mêmes pouvoirs qu'une personne physique. Il n'y a donc pas de limites imposées aux activités d'une compagnie et les fondateurs ne doivent pas remplir la rubrique à cet effet contenue dans les statuts.

Finalement, si les fondateurs désirent mettre sur pied une société fermée, ils devront ajouter à la rubrique «Autres dispositons» contenue dans les documents constitutifs les clauses suivantes:

— l'appel public à l'épargne est interdit;
— le nombre des actionnaires ne devra pas excéder 50, déduction faite de ceux qui sont ou ont été salariés de la société ou d'une filiale.

En outre, il serait bien avisé de prévoir à cette rubrique, certains pouvoirs spéciaux de nature à permettre à une compagnie, sur simple résolution des administrateurs, d'acquérir des actions d'autres compagnies, de contracter des emprunts et d'hypothéquer, nantir ou mettre en gage ses biens mobiliers ou immobiliers, présents ou futurs, pour assurer le paiement des actions, obligations ou bons qu'elle émettra à l'avenir, conformément à l'article 27 de la *Loi sur les pouvoirs spéciaux des corporations*[8].

Contrairement à la L.S.C.C., l'article 123.77 de la L.C.Q. permet aux actionnaires de destituer les administrateurs. Si les fondateurs désirent con-

---

8. L.R.Q. c. P-16.

tourner les dispositions de cet article, ils peuvent prévoir une clause excluant le pouvoir de destituer les administrateurs.

Comme la L.C.Q. et la L.S.C.C. permettent à une seule personne de former une compagnie, il n'est donc pas nécessaire que tous les fondateurs signent les statuts. Les fondateurs doivent joindre aux documents constitutifs deux formulaires importants. Dans le cas d'une société constituée en vertu de la Partie IA de la L.C.Q., les statuts de constitution devront être accompagnés de l'avis relatif à l'adresse ou au changement d'adresse du siège social et de l'avis relatif à la composition du conseil d'administration; dans le cas d'une société constituée en vertu de la L.S.C.C., les statuts constitutifs devront être accompagnés de l'avis du lieu du siège social et de l'avis des administrateurs.

Au Québec, pour accompagner les statuts de constitution d'une compagnie, il faut faire parvenir à l'Inspecteur général des Institutions financières un chèque de 200$ établi à l'ordre du ministre des Finances; au fédéral, un chèque de 500$ établi à l'ordre du Receveur général du Canada doit être expédié au Directeur du Service des corporations, à Ottawa.

Au Québec, lorsqu'il reçoit les statuts de constitution, l'Inspecteur général enregistre la date du dépôt et il émet, en double exemplaire, un **certificat de constitution** auquel il annexe les statuts et les documents connexes. Il en expédie ensuite un exemplaire à la compagnie. Puis, il fait publier un avis de la délivrance du certificat dans la *Gazette officielle du Québec*. Au fédéral, lorsqu'il reçoit les statuts constitutifs, le Directeur enregistre la date du dépôt et il émet, en double exemplaire, un certificat de constitution auquel il annexe les statuts et les documents connexes. Il en expédie ensuite l'original à la société. Puis, il fait publier un avis de la délivrance du certificat dans la *Gazette du Canada*. Dans les deux cas, le certificat de constitution représente «l'acte de naissance» ou la «charte» de la compagnie, et il confirme son existence légale. La nouvelle société peut, dès lors, exercer ses pouvoirs.

Déclarations   Une fois constituée, les administrateurs de toute société par actions faisant affaires au Québec doivent s'astreindre à une double formalité. D'une part, ils doivent produire, dans les 30 jours, une déclaration initiale ou prospectus à la Direction des compagnies conformément à la *Loi concernant les renseignements sur les compagnies* (L.R.C.Q.)[9]. Cette déclaration devra ensuite être produite le ou avant le premier jour de septembre de chaque année (art. 4.1 L.R.C.Q.).

D'autre part, en vertu de l'article 1 de la *Loi sur les déclarations des compagnies et sociétés* (L.D.C.S.Q.)[10], les administrateurs doivent déposer dans les 15 jours, au bureau du protonotaire de la Cour supérieure, dans chaque district judiciaire où la compagnie exerce ou se propose d'exercer ses opérations ou affaires, une déclaration par écrit. Cette déclaration doit contenir la dénomination sociale ou le numéro matricule de la compagnie et tout autre nom sous lequel elle peut s'identifier, la date et son mode de constitution ainsi que l'endroit où elle a été constituée, l'adresse de sa principale place d'affaires dans la province et le nom, la profession et l'adresse de son président.

Obtention de permis   Les mêmes règles dont nous avons déjà fait état précédemment à l'occasion de l'étude de l'entreprise individuelle s'appliquent aussi à la société par actions ou compagnie.

---

9. L.R.Q. 1977, c. R-22 et mod.

10. L.R.Q. 1977, c. D-1 et mod.

Organisation

Assemblées

Après avoir reçu son certificat de constitution, la compagnie procède à son organisation par la convocation d'assemblées. La première assemblée convoquée est celle des administrateurs provisoires de la compagnie. Ces derniers, nommés lors de la constitution, acceptent et ratifient le certificat de constitution, les règlements généraux de la compagnie et les règlements bancaires. Ils approuvent également le sceau, la formule de certificat d'actions ainsi que les livres et les registres de la compagnie.

Étant donné que les administrateurs provisoires d'une compagnie mise sur pied en vertu de la Partie IA de la L.C.Q. et de la L.S.C.C. ne détiennent aucune action dans l'entreprise au moment de sa constitution, il faut prévoir, lors de cette première assemblée, une émission de titres en faveur des personnes désireuses de devenir actionnaires de la compagnie.

La seconde assemblée est celle des actionnaires. Lors de cette réunion, les premiers actionnaires de la compagnie, qui en sont habituellement les fondateurs, approuvent et ratifient le certificat de constitution, mais, cette fois, à titre d'actionnaires de la société. Ils ratifient et approuvent de la même manière ses règlements généraux et bancaires, ainsi que la nomination d'un vérificateur ou expert-comptable. Ce dernier ne doit avoir aucun intérêt dans les affaires de la société. Son rôle consiste à préparer les états financiers et le bilan de la compagnie et à en examiner les livres.

Enfin, on nomme les administrateurs permanents. Ceux-ci demeureront en fonction jusqu'à la prochaine assemblée annuelle de la société à moins qu'ils ne soient destitués ou qu'ils ne démissionnent dans l'intervalle. S'il y a lieu, les administrateurs se réunissent en assemblée pour élire les officiers ou dirigeants de la compagnie (président, vice-président, secrétaire et trésorier), le plus souvent choisis parmi eux.

Livres et registres

L'article 123.111 de la L.C.Q. et l'article 20.1 de la L.S.C.C. stipulent que toute compagnie doit tenir à son siège social un livre contenant :

— le *registre des statuts et règlements* dans lequel on insère les statuts, les règlements, toute convention unanime des actionnaires, le dernier avis de l'adresse du siège social, de même que les déclarations prévues par la L.R.C.Q. et par la L.D.C.S.Q. ;

— le *registre des procès-verbaux des actionnaires* qui contient les comptes rendus des assemblées des actionnaires et les résolutions signées à cette occasion ;

— le *registre des administrateurs* dans lequel on insère les nom et prénom, les dates du début et de la fin du mandat des administrateurs, de même que les listes des administrateurs ;

— le *registre des actions ou des valeurs mobilières* qui précise, par ordre alphabétique, les noms et adresses des actionnaires, le nombre d'actions détenues par ces personnes, la date et les détails de l'émission et du transfert de ces actions, de même que le montant dû sur chaque action, s'il y a lieu ;

— le *registre des procès-verbaux des administrateurs et du comité exécutif* qui contient les comptes rendus des assemblées du conseil d'administration et les résolutions signées à cette occasion ;

— le *registre comptable* où sont inscrits les recettes, les déboursés et les matières auxquelles ils se rapportent, les transactions financières, de même que les créances et les obligations de la compagnie.

Les compagnies constituées en vertu de la Partie IA de la L.C.Q. et de la L.S.C.C. ne sont pas tenues de conserver à leur siège social un registre des hypothèques, comme c'est le cas pour les sociétés constituées en vertu de la Partie I de la L.C.Q.

La Partie IA de la L.C.Q. et la L.S.C.C. accordent aux actionnaires de la compagnie le droit de consulter le registre des statuts et règlements, celui des administrateurs, le registre des actions et celui des procès-verbaux et résolutions des actionnaires, et le droit d'obtenir, gratuitement, une copie des statuts et des règlements, ainsi qu'une copie de la convention unanime des actionnaires. La Partie IA de la L.C.Q. ne permet aux créanciers de consulter aucun de ces registres, tandis que la Partie I de la L.C.Q. et la L.S.C.C. le permettent.

Quant au registre des procès-verbaux et résolutions du conseil d'administration et au registre comptable, ni les actionnaires ni les créanciers de la compagnie n'y ont accès.

Dans le cas de contravention à ces dispositions, en plus de certaines pénalités imposées par l'article 108 de la Partie I de la L.C.Q., l'article 123 prévoit pour les administrateurs, gérants ou employés d'une compagnie les sanctions suivantes : une amende n'excédant pas 200$ ou un emprisonnement n'excédant pas deux mois ou les deux peines à la fois. Toutefois, nulle poursuite ne peut être intentée sans le consentement écrit de l'Inspecteur général. La Partie IA de la L.C.Q. ne prévoit pas de sanctions pénales particulières en ce qui concerne la tenue et la consultation des livres et registres ; il y a donc lieu de s'en remettre à la responsabilité générale imposée par l'article 123.

L'article 22 de la L.S.C.C. prévoit des sanctions beaucoup plus sévères pour les administrateurs et les dirigeants d'une société qui n'observent pas les règles qu'elle édicte en ce qui concerne la tenue de ses livres. Ainsi, une société qui ne tient pas l'un des registres exigés par la loi est passible d'une amende pouvant atteindre 5000$; les administrateurs qui ne prennent pas les mesures nécessaires pour prévenir la destruction ou la falsification des livres d'une société sont passibles d'une amende n'excédant pas 5000$ ou d'un emprisonnement n'excédant pas six mois ou les deux peines à la fois ; une compagnie qui refuse à une personne autorisée par la loi la consultation de ses registres ou qui refuse de fournir une liste de ses actionnaires risque la dissolution.

Caractéristiques

Avantages

Responsabilité limitée   En plus de posséder une personnalité juridique et une existence propre, la compagnie dispose également d'un patrimoine qui est, lui aussi, distinct de celui de ses membres, de ses actionnaires ou de ses administrateurs. Contrairement à l'entreprise individuelle et à la société de personnes dont parle le Code civil, les actionnaires et les administrateurs d'une compagnie n'encourent vis-à-vis des dettes de cette dernière qu'une responsabilité limitée à leur mise de fonds.

Les biens de la compagnie n'appartiennent ni aux actionnaires, ni aux administrateurs ; ils font partie intégrante de la société. Les actionnaires ne détiennent qu'une part de propriété dans les valeurs de la compagnie. Dans le cas de la faillite de la compagnie ou de sa liquidation, si ses biens et son actif sont insuffisants pour payer les créanciers et les fournisseurs, ceux-ci ne pourront pas poursuivre les actionnaires ou les administrateurs de la compagnie sur leurs biens personnels.

Il existe une exception à ce principe : l'actionnaire ou l'administrateur qui garantit ou cautionne les dettes ou les obligations de la compagnie peut alors être poursuivi sur ses biens personnels.

Exemple: Johanne, actionnaire de la compagnie ABC ltée, est poursuivie par Jacques, un créancier de ABC ltée, à qui cette compagnie doit 15 000 $ pour des marchandises vendues et livrées. Si ABC ltée déclare faillite et qu'il n'y a pas assez d'actifs pour payer Jacques, ce dernier ne peut poursuivre Johanne pour la forcer à rembourser les dettes de la société.

En pratique, et surtout dans les compagnies qui débutent en affaires, le principe de la responsabilité limitée des actionnaires est battu en brèche. En effet, en raison du besoin pressant qu'éprouve souvent une nouvelle compagnie de se procurer les capitaux nécessaires à son fonctionnement, les actionnaires sont souvent appelés à fournir une garantie à même leurs biens personnels. Cette garantie ne s'applique habituellement que vis-à-vis de l'établissement prêteur, et non à l'ensemble des créanciers de la compagnie.

Pouvoir d'ester en justice Dans l'entreprise individuelle et la société de personnes, les commerçants interviennent personnellement dans les actions ou les procédures juridiques intentées contre leur entreprise. La compagnie, pour sa part, possède le pouvoir d'intenter des actions ou de se défendre en son nom propre devant les tribunaux.

Permanence L'entreprise individuelle cesse d'exister au décès du propriétaire; la société de personnes se trouve dissoute par le décès, l'interdiction ou la faillite de l'un des associés. Pour sa part, la compagnie continue son existence malgré le décès, l'interdiction ou la faillite de l'un de ses actionnaires ou de l'un de ses administrateurs. Elle continue d'exister légalement même si tous les actionnaires décèdent.
Exemple: Robert est actionnaire majoritaire de la compagnie XYZ inc. Il détient 75 % des actions ordinaires et occupe les postes de président et de directeur général; il décède subitement dans un accident de la route. Malgré ce décès, la compagnie continue ses activités parce qu'elle jouit d'une existence distincte de celle de ses membres. Les actions de Robert sont alors transférées à ses héritiers.

Financement varié En plus de disposer des mêmes moyens de financement que l'entreprise individuelle et que la société de personnes, la société par actions possède d'autres moyens qui lui sont propres. Ainsi, la compagnie peut assurer son financement par l'émission de titres: *actions* ou *obligations*. Lorsqu'une compagnie choisit de lancer un appel public à l'épargne par une souscription d'actions, elle s'assure des capitaux en répartissant le fardeau financier entre plusieurs individus. Par ailleurs, à l'instar des gouvernements fédéral, provincial et municipaux, la compagnie peut assurer son financement par l'émission d'obligations. La société par actions peut également se procurer des capitaux au moyen d'emprunts garantis sur ses biens (par exemple, l'hypothèque de ses immeubles, le nantissement commercial de sa machinerie ou de son équipement, l'emprunt garanti en vertu de l'article 178 de la *Loi sur les banques*, la cession générale de créances, etc.). Les actionnaires ou les administrateurs peuvent aussi se porter personnellement garants des dettes de la compagnie, ou même lui prêter de l'argent. Nous étudierons plus en détail ces différents modes de financement dans le prochain chapitre.

Administration spécialisée La loi prévoit des modalités spécifiques quant à l'administration d'une compagnie. Elle définit clairement les rôles et les devoirs des actionnaires et des administrateurs, de même que le processus décisionnel; cela offre la possibilité d'avoir recours à des gestionnaires d'expérience.

Aspect fiscal Les avantages fiscaux inhérents à une société par actions sont importants et suffisent souvent à convaincre une personne de choisir cette forme juridique d'entreprise. Un de ces principaux avantages est que le

Tableau 7.1   *Échelle progressive d'impôt*

Revenu	Taux effectif	Fédéral	Taux marginal provincial	Total
$	%	%	%	%
10 000	29,0	15,9	21,3	37,2
20 000	34,5	19,2	24,3	43,5
30 000	38,5	20,9	27,2	48,1
40 000	42,1	25,1	29,1	54,2
50 000	44,6	25,1	30,1	55,2
70 000	48,4	28,4	32,0	60,4

Ce tableau a été fourni par Weiss, Brazeau, Gauvin, Dumais et associés, comptables agréés.

taux d'imposition de la compagnie est de beaucoup inférieur à celui des particuliers.

En effet, le propriétaire individuel doit payer l'impôt selon une échelle progressive, c'est-à-dire que plus ses revenus augmentent, plus son taux ou son pourcentage d'imposition augmente. Le tableau 7.1 illustre cette progression.

L'échelle d'imposition des sociétés par actions varie selon leur activité. Par exemple, une petite compagnie canadienne exploitée activement doit figurer un taux combiné d'impôt de 18 % (15 % au fédéral et 3 % au provincial) sur tous ses revenus jusqu'à concurrence de 200 000 $ par année, comparativement au taux d'imposition d'un particulier qui dépasse 35 %, dès que ses revenus sont supérieurs à 10 000 $. De plus, si cette entreprise est une usine de fabrication et de transformation, son taux d'imposition est de 13 % (10 % au fédéral et 3 % au provincial). L'*incorporation* constitue donc, à l'égard du fisc, un avantage pour une personne en affaires.

Citons quelques autres avantages intéressants pour une compagnie en matière de fiscalité :

— un actionnaire a la possibilité de reporter le paiement de son impôt, étant donné que les revenus ne deviennent imposables qu'à partir du moment où la compagnie verse ses bénéfices par le paiement de dividendes, tandis que le propriétaire individuel ou l'associé d'une société de personnes doivent payer leur impôt chaque année, même s'ils réinvestissent leurs bénéfices dans l'entreprise. Dans certains cas, un actionnaire aurait donc intérêt à recevoir des dividendes, plutôt qu'un salaire ;

— différentes possibilités s'offrent à l'actionnaire d'une entreprise quant à la répartition de son avoir ; ce qui lui permet d'établir une planification fiscale ; par exemple, s'il est marié, un actionnaire peut fractionner son revenu et en verser une partie à son conjoint et à ses enfants, le cas échéant ;

— la compagnie peut déduire les frais engagés pour l'automobile qu'elle fournit à un actionnaire ou pour les dépenses occasionnées lors de l'utilisation de la voiture personnelle d'un actionnaire dans le cadre des affaires de la compagnie ;

— la compagnie peut, dans certains cas, accorder à un actionnaire un prêt pour l'achat d'une résidence, pour l'achat d'actions de la compagnie ou encore pour contribuer à un régime de retraite ou d'assurance collective de la compagnie, ce que l'entreprise à propriétaire individuel ou la société de personnes ne permettent pas.

Inconvénients

Frais de constitution élevés et administration complexe

La constitution d'une entreprise en société par actions entraîne pour ses fondateurs des frais relativement élevés, car ces derniers doivent, la plupart du temps, recourir aux services de professionnels pour les conseiller tant sur le plan juridique que financier. Il en sera de même tout au long de l'existence de la compagnie, puisqu'elle sera appelée régulièrement à conclure des contrats et à effectuer des transactions financières de toutes natures. L'administration d'une compagnie est plus complexe et coûteuse que celle de toute autre forme juridique d'entreprise puisque, par exemple, sa loi constitutive l'oblige à se soumettre à des formalités, telles la tenue d'assemblée d'actionnaires et d'administrateurs, la rédaction et la conservation de procès-verbaux, etc.

Ajoutons à ces frais courants d'administration d'une compagnie ceux qu'exigent les différentes instances gouvernementales quant à la production de divers documents et rapports annuels.

Impossibilité de recourir à la Cour des petites créances

Comme elle est une personne morale, la compagnie ne peut intenter d'action devant la Cour des petites créances, même si le montant en litige est de 1000 $ ou moins.

Aspect fiscal

À première vue, sur le plan fiscal, la société par actions offre un inconvénient non négligeable. À titre d'entité juridique distincte, la compagnie est assujettie à l'impôt fédéral et à l'impôt de sa province d'origine. Les profits de la société et les dividendes, c'est-à-dire la part des profits versée aux actionnaires, sont imposées sur une base individuelle. Du point de vue des actionnaires qui reçoivent des dividendes, il s'agit en fait d'une double imposition des profits de l'entreprise.

Sociétés étrangères

Il existe au Québec des sociétés par actions ou compagnies qui n'ont été constituées ni par la *Loi sur les sociétés commerciales canadiennes* ni par la *Loi sur les compagnies du Québec*, mais par une loi d'un autre pays; ces sociétés sont connues sous le nom de **sociétés étrangères** ou **compagnies étrangères**. Pour avoir le droit d'exercer leurs activités commerciales dans la province, ces compagnies doivent détenir un permis émis aux termes de l'article 4 de la *Loi sur les compagnies étrangères* (L.C.E.)[11]. Ce permis est accordé par l'Inspecteur général des Institutions financières sur requête de la compagnie étrangère, pourvu que celle-ci:

— dépose une copie certifiée de sa charte, de ses lettres patentes, de son certificat de constitution ou de ses statuts constitutifs;
— établisse qu'elle est constituée de manière à remplir ses obligations;
— dépose une procuration nommant et constituant un agent ou un représentant officiel au Québec aux fins de recevoir les significations des procédures judiciaires;
— paye les honoraires fixés par le gouvernement;
— établisse que son nom n'est pas celui d'une autre compagnie ni ne prête à confusion avec le nom d'une autre compagnie.

Il faut souligner qu'il existe une entente de réciprocité entre le Québec et l'Ontario permettant aux compagnies des deux provinces d'exercer leurs activités commerciales dans l'autre province, sans qu'il ne soit nécessaire de détenir de permis. Il n'existe pas de telles ententes avec les autres provinces du Canada. Les compagnies québécoises désireuses d'ouvrir un bureau d'affaires à l'extérieur de ces deux provinces devront, elles aussi, obtenir un permis.

---

11. L.R.Q. 1977, c. C-46 et mod.

La société sans but lucratif

La **société sans but lucratif** n'a pas pour objet la recherche du profit de ses membres. Elles ne possèdent, en effet, aucun capital-actions, et on qualifie de membres plutôt que d'actionnaires les individus qui les composent. Dans ces sociétés, chaque membre n'a droit qu'à un seul vote aux assemblées.

Ces compagnies sont habituellement à caractère religieux, culturel, social ou philanthropique (par exemple, la Fondation canadienne des maladies du rein, la Société de recherche sur le cancer, la Société des auteurs et compositeurs dramatiques, la Société des Alcooliques Anonymes, les Clubs Optimistes, Kiwanis, etc.). Ces sociétés peuvent être constituées soit en vertu de la *Loi sur les sociétés commerciales canadiennes*, soit en vertu de la *Loi sur les compagnies du Québec*. Sur le plan fiscal, ces compagnies jouissent de nombreux avantages.

La société d'État

Le gouvernement fédéral et les gouvernements provinciaux possèdent des compagnies appelées **sociétés d'État** ou **sociétés** ou **compagnies de la Couronne**. La majorité de ces sociétés sont constituées par des lois spéciales, et non en vertu des lois générales applicables aux compagnies. Citons quelques exemples de ces sociétés: au Québec, la Société nationale de l'amiante, la Société du Palais des congrès de Montréal, la Régie des installations olympiques, Radio-Québec, Quebecair, la Société générale de financement, Hydro-Québec, etc.; au fédéral, Air Canada, Radio-Canada, Canadien National, Pétro-Canada, Postes Canada, Via Rail, Énergie atomique du Canada, etc.

Tableau 7.2   Les différentes sortes de compagnies

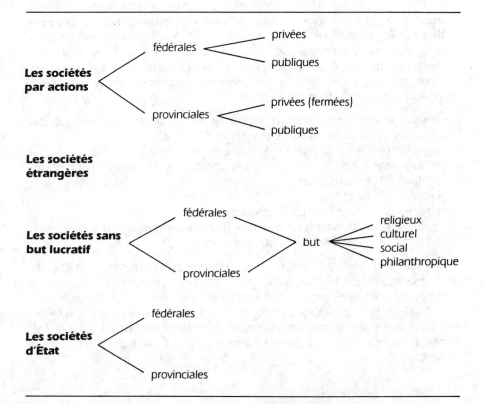

Résumé

La société par actions a comme but premier l'exploitation d'une entreprise en vue d'en retirer des bénéfices et de répartir ceux-ci entre les actionnaires. Elle est «dotée par la loi d'une personnalité indépendante, capable de certains droits et sujette à certaines obligations». L'arrêt *Salomon c. A. Salomon & Co.* a consacré ce principe fondamental de la personnalité indépendante.

Sur le plan constitutionnel, l'alinéa 11 de l'article 92 de l'A.A.N.B. attribue aux provinces le pouvoir exclusif de créer des compagnies pour des objets provinciaux, tandis qu'en vertu de son pouvoir résiduaire contenu dans la clause introductive de l'article 91, le fédéral a juridiction pour légiférer en matière de constitution de compagnies, lorsque ces dernières désirent exercer leurs activités à l'extérieur de la province.

Les promoteurs d'une compagnie peuvent passer des contrats au nom de cette dernière avant sa constitution, si une offre alléchante s'offre à eux. Ces contrats préincorporatifs lient la compagnie si elle les ratifie dans les 90 jours de sa fondation. Au Québec, toute personne qui désire constituer une société par actions peut le faire selon la *Loi sur les compagnies du Québec* (L.C.Q.) ou selon la *Loi sur les sociétés commerciales canadiennes* (L.S.C.C.).

Pour mettre sur pied une société par actions, la Partie I de la L.C.Q. exige la présentation à l'Inspecteur général des Institutions financières d'une requête signée par un minimum de trois personnes âgées de 18 ans et ayant souscrit au moins une action chacune; cette requête doit être accompagnée d'un mémoire des conventions et d'une déclaration assermentée signée par les requérants. En retour, l'Inspecteur général émet des lettres patentes ou charte, document qui confirme l'existence juridique de l'entreprise.

Depuis le 30 janvier 1980, le Législateur québécois a amendé la L.C.Q. et y a prévu un nouveau mode d'*incorporation* simplifié et plus rapide, la Partie IA. Une compagnie déjà créée en vertu de l'ancienne Partie I de la L.C.Q. peut continuer son existence selon la Partie IA en déposant des statuts de continuation auprès de l'Inspecteur général. Par la même occasion, elle peut modifier son capital-actions et (ou) changer son nom par le dépôt de statuts de modification. Ce mode de constitution d'une entreprise en sociétés par actions n'est plus utilisé aujourd'hui et disparaîtra éventuellement.

Avant de fonder une compagnie, une des questions fondamentales qui nous vient à l'esprit est de se demander si on optera pour l'*incorporation* provinciale ou pour l'*incorporation* fédérale. Cette décision dépend de l'étendue du territoire sur lequel l'entreprise entend exercer ses activités. On doit également tenir compte d'autres facteurs importants: créera-t-on une société fermée ou une société publique? Pour qu'une société soit considérée comme fermée, elle doit répondre aux critères suivants: restriction à la libre cession des actions, interdiction d'appel public à l'épargne et nombre d'actionnaires limité à 50. Toute autre compagnie est publique et doit produire un prospectus, conformément aux exigences de la L.V.M.Q.

En vertu de la Partie IA de la L.C.Q. et de la L.S.C.C., une seule personne majeure peut constituer une entreprise en société par actions. Les fondateurs doivent d'abord choisir une dénomination sociale qui réponde aux exigences de la loi et à celles de la *Charte de la langue française*. Ils peuvent aussi se faire attribuer un numéro matricule. Pour s'assurer du choix de leur nom, les fondateurs doivent présenter une demande de réservation du nom. Les fondateurs procèdent ensuite à la constitution de la compagnie. À cet effet, ils doivent fournir certains documents constitutifs. Aux termes de la Partie IA de la L.C.Q., ces trois formulaires sont: les statuts de constitution, l'avis relatif à l'adresse ou au changement d'adresse du siège social et l'avis relatif à la composition du conseil d'administration. Aux termes de la L.S.C.C., ces formulaires sont: les statuts constitutifs, l'avis du lieu du siège social ou un avis de changement du lieu du siège social et l'avis des administrateurs. Ces documents doivent toujours être expédiés en double exemplaire et signés par chaque fondateur.

Les documents constitutifs prévoient, entre autres, le nombre et les catégories d'actions émises par la compagnie. Une fois les statuts déposés, l'Inspecteur général ou le Directeur émet un certificat de constitution qui représente l'«acte de naissance» ou la «charte» de la compagnie; c'est la confirmation de son existence légale.

Après avoir reçu le certificat de constitution, les fondateurs convoquent les assemblées d'organisation des administrateurs et des actionnaires de la compagnie pour approuver le certificat de constitution, les règlements généraux et bancaires, le sceau, la formule de certificat d'action ainsi que les livres et les registres de la compagnie. La société par actions doit conserver à son siège social certains registres soumis à des règles de consultation prévues dans la L.C.Q. et dans la L.S.C.C. Les administrateurs et dirigeants qui ne se soumettent pas aux règles de tenue et de consultation de ces registres sont passibles de sanctions sous forme d'amende ou d'emprisonnement; dans ces cas, la loi prévoit également la possibilité de dissoudre la compagnie.

Les principaux avantages de la société par actions sont la responsabilité limitée, le pouvoir d'ester en justice, la permanence, le financement varié, l'administration spécialisée et l'aspect fiscal. Les principaux inconvénients sont les frais de constitution élevés et l'administration complexe, l'impossibilité de recourir au Tribunal des petites créances et l'aspect fiscal.

Les sociétés qui n'ont été constituées ni en vertu de la L.C.Q. ni en vertu de la L.S.C.C., mais par la loi d'un autre pays s'appellent des sociétés étrangères. Pour avoir le droit d'exercer leurs activités commerciales au Québec, elles doivent détenir un permis émis aux termes de la L.C.E.

La société sans but lucratif ne possède aucun capital-actions, puisqu'elle n'a pas pour objet la recherche du profit. Les individus qui la composent sont qualifiés de membres et non d'actionnaires. Les sociétés d'État ou sociétés ou compagnies de la Couronne sont constituées par des lois spéciales, et non par les lois générales applicables aux compagnies.

Vocabulaire

Action avec valeur nominale (ou avec valeur au pair)
Action ordinaire
Action privilégiée
Action sans valeur nominale (sans valeur au pair)
Capital-actions ou capital social
Certificat de constitution
Charte
Compagnie
Contrat préincorporatif ou préconstitutif
Corporation
Courtier en valeurs mobilières
Dénomination sociale
Directeur
Fondateur

Inspecteur général des Institutions financières
Lettres patentes
Prospectus
Siège social
Société d'État ou société (compagnie) de la Couronne
Société étrangère ou compagnie étrangère
Société fermée ou compagnie privée
Société par actions
Société publique ou compagnie publique
Société sans but lucratif
Statuts constitutifs
Statuts de continuation
Statuts de constitution
Statuts de modification

Questions

1. Donnez une définition de la compagnie et expliquez-en les principaux éléments.

2. Que signifie l'expression le «voile corporatif»?

3. Quel ou quels niveau de gouvernement ont juridiction dans le domaine des compagnies? Expliquez votre réponse.

4. Les personnes désirant constituer une société par actions en vertu de la Partie IA de la L.C.Q. ou de la L.S.C.C. et qui signent un contrat préincorporatif encourent-elles une responsabilité personnelle relativement à ce contrat?

5. Nommez les lois qui permettent de constituer une compagnie.

6. Au niveau de la mise sur pied d'une société par actions, établissez les principales distinctions entre une compagnie constituée en vertu de la Partie I de la L.C.Q. et celle constituée en vertu de la Partie IA de la même loi.

7. Quelles sont les caractéristiques d'une société fermée (compagnie privée) aux termes de la *Loi sur les valeurs mobilières du Québec*?

8. Quelles sont les conditions requises pour fonder une compagnie en vertu de la Partie IA de la L.C.Q. et de la L.S.C.C.?

9. Expliquez en quoi consiste le nom de la compagnie et donnez les principes qui doivent diriger son choix.

10. Une compagnie qui choisit un numéro matricule plutôt qu'une dénomination sociale en bonne et due forme peut-elle le conserver pendant toute la durée de son existence? Expliquez votre réponse.

11. Quels documents doivent remplir les fondateurs d'une compagnie québécoise aux termes de la Partie IA de la L.C.Q.? aux termes de la L.S.C.C.?

12. Le nombre d'administrateurs d'une compagnie doit-il être fixe? Expliquez votre réponse.

13. Que signifie l'expression «continuation d'une compagnie»?

14. Votre compagnie constituée en vertu de la Partie IA de la L.C.Q. vient de recevoir son certificat de constitution. Énumérez les principaux points qui devront être traités lors des assemblées d'organisation.

15. Quels sont les principaux livres et registres qu'une compagnie doit conserver à son siège social?

16. Qu'est-ce que le capital-actions d'une compagnie? Expliquez sa composition.

17. En vertu du droit des compagnies, expliquez le principe de la responsabilité limitée.

18. Sur le plan fiscal, énumérez les principaux avantages qu'offre la constitution d'une entreprise en société par actions.

19. Quelles sont les conditions que doit remplir une compagnie étrangère aux termes de l'article 4 de la L.C.E. pour avoir droit d'exercer ses activités au Québec?

20. Qu'est-ce qu'une société d'État? Donnez-en des exemples au Québec et au fédéral.

Cas pratiques

1. Monique Parizeau possède 1000 actions ordinaires comportant le droit de vote de la compagnie Librairie Universelle L.U. inc. qu'elle a payées 10$ chacune. Ces actions sont entièrement libérées (payées). La compagnie éprouve des difficultés financières et son président, M. P. Dégé, écrit une lettre à Monique dans laquelle il lui demande de réinvestir 5000$ dans la société pour l'aider à payer ses dettes.

Monique est-elle obligée de réinvestir cette somme dans l'entreprise? Expliquez votre réponse.

Quelques mois plus tard, la compagnie déclare faillite. Cette fois, le syndic de la faillite de Librairie Universelle L.U. inc. expédie à Monique une lettre de mise en demeure, aux termes de laquelle il la tient personnellement responsable des dettes de la compagnie faillie, notamment à l'égard d'Yvan Lecompte, envers qui la compagnie est débitrice d'une somme de 5500$. Le syndic demande à Monique de rembourser cette somme dans les 10 jours, à défaut de quoi des procédures judiciaires seront intentées contre elle sans autre avis ni délai.

Monique, qui ne s'y connaît pas beaucoup dans ce genre d'affaires, vous consulte pour connaître ses droits. Elle a acheté ces actions, il y a bientôt trois ans, à titre de placements, et elle ignore tout au sujet des affaires de la compagnie. Quels conseils lui donneriez-vous? Expliquez votre réponse.

2. Raymond est président de la compagnie Les carrières Durocher inc., une société formée en vertu de la Partie I de la Loi sur les compagnies du Québec. Il vous explique qu'au moment de former cette compagnie, son père et un de ses frères étaient les deux autres requérants. Depuis, son père s'est retiré des affaires et ne travaille plus et son frère a déménagé en France où il est à l'emploi d'une multinationale. Il s'occupe donc seul de l'entreprise, quoique son père et son frère demeurent quand même actionnaires et administrateurs de la compagnie, détenant chacun une action de qualification pour répondre aux exigences de la loi. Il vous explique qu'il trouve cet arrangement un peu désuet. Sa femme Lucie et sa fille Annie lui ont offert de remplacer son père et son frère, mais il vous indique qu'il aimerait, si possible, être le seul impliqué dans l'entreprise. De plus, il désire apporter des changements au capital-actions de la compagnie pour créer deux nouvelles catégories d'actions privilégiées de manière à attirer des investisseurs, ajouter des objets aux activités de la compagnie de manière à pouvoir exploiter un centre de ski et, finalement, s'assurer que la compagnie soit une société fermée au sens de la *Loi sur les valeurs mobilières du Québec*.

Quels conseils lui donneriez-vous? Expliquez votre réponse et remplissez, s'il y a lieu, les formulaires nécessaires à cette fin.

3. Patrice et Lyne désirent exploiter un commerce de vente en gros et au détail de planches à voiles, à Montréal, au 10 340, rue Esplanade et ils désirent constituer une compagnie sous la dénomination sociale Planches à voile P.L. inc. Pour le moment, ils seront les seuls actionnaires et administrateurs de la compagnie et ils veulent s'en assurer le contrôle. Toutefois, ils veulent prévoir la possibilité d'augmenter le nombre d'actionnaires, d'administrateurs et d'investisseurs dans leur compagnie. Par ailleurs, ils n'ont pas l'intention de vendre ou d'offrir leurs actions au public ou sur le marché de la Bourse. Les activités de l'entreprise se limiteront à la région métropolitaine et, d'ici quelques années, au reste de la province. Que leur conseillez-vous? Rédigez les documents nécessaires.

Si la compagnie désire étendre ses activités à l'Ontario, est-ce que cette décision suppose des démarches additionnelles? Expliquez votre réponse.

4. Aldo a enfin l'occasion de faire ce dont il rêvait depuis des années. En effet, la pizzeria qu'il désirait acheter en face de chez lui est à vendre. Le propriétaire lui a indiqué qu'il retournait en Italie et qu'il devait vendre son commerce dans les plus brefs délais. Étant le premier au courant de l'affaire, Aldo ne veut pas rater cette occasion. Il décide donc de faire une offre d'achat de 85 000 $ sur les actifs de la pizzeria. L'offre se lit comme suit :

> «Je soussigné Aldo offre par les présentes d'acheter tous les actifs de Pizzeria Napoli ltée comprenant l'équipement, le mobilier, le nom, la clientèle, et le numéro de téléphone commercial moyennant une somme de 85 000 $. Je verse un acompte de 5 000 $ au vendeur, et le solde sera payable de la façon suivante : 10 000 $ au moment de la signature du contrat, puis sept versements annuels égaux et consécutifs de 10 000 $ chacun payables à la date d'anniversaire du contrat dont la signature doit avoir lieu dans les 48 heures des présentes.
> signé : Aldo
> P.S. : je me réserve le droit de former une compagnie aux fins d'acheter le commerce précité.»

L'offre est acceptée et, la journée même, Aldo se rend chez un fournisseur d'appareils ménagers et achète divers appareils de cuisine pour une somme de 25 000 $ en signant «Aldo au nom d'une compagnie en voie de formation». Il mandate alors son avocat pour la préparation des statuts de constitution de sa nouvelle compagnie sous l'empire de la Partie IA de la *Loi sur les compagnies du Québec.*

a) Dans la dénomination sociale de sa future compagnie, pourra-t-il utiliser le nom de la compagnie déjà existante ? Expliquez.

b) Au moment de la signature du contrat d'achat, Aldo signe de la façon suivante : «Aldo au nom d'une compagnie en voie de constitution». Aldo est-il personnellement responsable des deux contrats qu'il vient de signer ? Expliquez.

c) Rédigez la clause qu'il aurait dû ajouter aux contrats .

d) Si Aldo avait constitué une compagnie en vertu de la *Loi sur les sociétés commerciales canadiennes*, aurait-on appliqué les mêmes règles ? Expliquez.

5. Colette vient vous consulter. Elle vous explique qu'elle est actionnaire de la compagnie Placements Multi Plus inc., une société québécoise fermée, et que, désirant connaître davantage les affaires de cette compagnie dans laquelle elle a investi 25 000 $, elle s'est rendu au siège social de la société pour en consulter les registres. À son grand étonnement, le secrétaire de la compagnie lui a refusé l'accès aux registres en prétextant que les actionnaires étaient informés de la situation financière de la compagnie une fois par année.

a) Elle vous demande si le secrétaire a raison . Motivez votre réponse.

b) Quels livres n'a-t-elle pas le droit de consulter ? Motivez votre réponse.

c) Après avoir reçu une mise en demeure, le secrétaire permet à Colette d'examiner les registres, tel que prévu par la L.C.Q. Elle constate alors certaines irrégularités au niveau des inscriptions ; de plus, la compagnie ne possède pas de registre des actionnaires. Expliquez les pénalités dont sont passibles les administrateurs et la compagnie dans de tels cas .

d) Quelles auraient été les sanctions dans le cas d'une société constituée en vertu de la L.S.C.C. ?

Tableau comparatif

	Loi sur les compagnies du Québec		Loi sur les sociétés commerciales canadiennes
	Partie 1	**Partie 1 A**	
Dénomination sociale	— doit respecter les règlements. — française, possibilité d'une version anglaise pour usage hors Québec. — néant. — possibilité de réservation d'un nom auprès de l'Inspecteur général.	— doit respecter les règlements. — française, possibilité d'une version anglaise pour usage hors Québec. — possibilité d'utiliser un autre nom que sa dénomination sociale. — possibilité d'utiliser un numéro matricule. — possibilité de réservation d'un nom auprès de l'Inspecteur général.	— doit respecter les règlements. — française et anglaise mais utilisation de la version française au Québec. — possibilité d'utiliser un autre nom que sa dénomination sociale. — possibilité d'utiliser un numéro matricule. — réservation de nom par les compagnies spécialisées seulement.
Constitution	— minimum de 3 requérants. — requête pour lettres patentes accompagnée du mémoire des conventions et d'une déclaration assermentée. — émission de lettres patentes. — possibilité d'une fiducie pour contrat préconstitutif.	— un ou plusieurs fondateurs (personnes physiques ou morales). — statuts de constitution (formulaire 1) accompagnés de l'avis du siège social (formulaire 2) et de l'avis de composition du conseil d'administration (formulaire 4). — émission d'un certificat de constitution. — possibilité de conclure des contrats préconstitutifs liant la compagnie.	— un ou plusieurs fondateurs (personnes physiques et morales). — statuts constitutifs (formule 1) accompagnés de l'avis du siège social (formule 3) et de l'avis de composition du conseil d'administration (formule 6). — émission d'un certificat de constitution. — possibilité de conclure des contrats préconstitutifs liant la compagnie rétroactivement.
Pouvoirs/objets	— nécessité de fixer dans la requête les objets et pouvoirs de la compagnie, à défaut de quoi elle ne peut les exercer. — ne peut exercer ses activités dans une autre province (à l'exception de l'Ontario) sans obtenir un permis spécial.	— il n'est pas nécessaire d'indiquer des pouvoirs ou objets dans les statuts de constitution, car la compagnie possède tous les pouvoirs d'une personne physique. — elle ne peut exercer ses activités dans une autre province (à l'exception de l'Ontario) sans obtenir un permis spécial.	— il n'est pas nécessaire d'indiquer des pouvoirs ou objets dans les statuts constitutifs car la compagnie possède tous les pouvoirs d'une personne physique. — elle peut exercer ses activités dans tout le Canada sans aucun permis spécial.

Siège social	— situé au Québec.	— situé au Québec.	— situé n'importe où au Canada.
Administrateurs	— minimum de 3. — nombre fixe. — 18 ans minimum. — néant. — doivent obligatoirement détenir des actions pour devenir administrateurs. — destitution possible si prévue dans les lettres patentes. — administrent les affaires de la compagnie. — peuvent déléguer leurs pouvoirs. — doivent agir avec diligence et sont responsables dans certains cas précis. — résolution signée par tous les administrateurs tient lieu d'assemblée. — en cas de poursuite contre eux, indemnisation avec le consentement des actionnaires.	— minimum de 1. — nombre fixe ou minimum et maximum. — 18 ans minimum. — néant. — pas nécessaire de détenir des actions pour devenir administrateurs. — destitution prévue par la loi. — administrent les affaires de la compagnie conformément à toute convention unanime d'actionnaires. — peuvent déléguer leurs pouvoirs sous réserve de toute convention unanime des actionnaires. — doivent agir avec diligence et sont responsables dans certains cas précis. — résolution signée par tous les administrateurs tient lieu d'assemblée. — en cas de poursuite contre eux, indemnisation obligatoire.	— minimum de 1. — nombre fixe ou minimum et maximum. — 18 ans minimum. — la majorité des administrateurs doivent être résidents canadiens. — pas nécessaire de détenir des actions pour devenir administrateurs. — destitution prévue par la loi. — administrent les affaires de la compagnie conformément à toute convention unanime d'actionnaires. — peuvent déléguer leurs pouvoirs sous réserve de l'article 110(3) et de toute convention unanime des actionnaires. — doivent agir avec diligence et sont responsables dans certains cas précis. — résolution signée par tous les administrateurs tient lieu d'assemblée. — en cas de poursuite contre eux, indemnisation possible.
Actionnaires	— facilité de convocation et de tenue des assemblées. — néant. — seul pouvoir sur l'administration se situe au niveau de l'élection des administrateurs.	— facilité de convocation et de tenue des assemblées. — résolution signée par tous les actionnaires tient lieu d'assemblée. — pouvoir sur l'administration au niveau de l'élection et de la destitution des administrateurs et possibilité de contrôle de l'administration par le biais d'une convention unanime des actionnaires.	— convocation et tenue des assemblées très formalistes. — résolution signée par tous les actionnaires tient lieu d'assemblée. — pouvoir sur l'administration au niveau de l'élection et de la destitution des administrateurs et possibilité de contrôle de l'administration par le biais d'une convention unanime des actionnaires.

Tableau comparatif (suite)

	Loi sur les compagnies du Québec		Loi sur les sociétés commerciales canadiennes
	Partie 1	**Partie 1 A**	
Actionnaires (suite)	— règlements de régie interne et de changement de structure doivent être soumis à leur approbation.	— règlements de régie interne et de changement de structure doivent être soumis à leur approbation.	— peuvent approuver ou modifier les règlements de régie interne, proposer ou adopter toutes autres modifications.
	— néant.	— résolution signée par tous les actionnaires tient lieu d'assemblée.	— résolution signée par tous les actionnaires tient lieu d'assemblée.
	— néant.	— néant.	— droit de dissidence relativement à certaines décisions des administrateurs.
	— décisions prises à la majorité.	— décisions prises à la majorité.	— décisions prises à la majorité.
	— prêts défendus.	— prêts permis si la compagnie est solvable.	— prêts permis si la compagnie est solvable.
Capital-actions	— nombre limité d'actions.	— nombre illimité d'actions à moins de stipulation contraire.	— nombre illimité d'actions à moins de stipulation contraire.
	— actions ordinaires et privilégiées avec ou sans valeur nominale.	— actions ordinaires et privilégiées, avec ou sans valeur nominale, à défaut de stipulation, elles sont sans valeur nominale.	— actions ordinaires et privilégiées sans valeur nominale seulement.
	— possibilité d'émettre des actions non entièrement payées.	— possibilité d'émettre des actions non entièrement payées.	— impossibilité d'émettre des actions non entièrement payées.
	— obligation d'émettre des actions en vertu du mémoire des conventions.	— pas d'obligation ou de possibilité d'émettre des actions par le biais des statuts de constitution, cela se fait lors de la première assemblée de constitution.	— pas d'obligation ou de possibilité d'émettre des actions par le biais des statuts constitutifs, cela se fait lors de la première assemblée de constitution.
	— néant.	— possibilité de racheter les actions ordinaires.	— possibilité de racheter les actions ordinaires.
	— possibilité de rachat des actions privilégiées prévue et réduction du capital-actions.	— possibilité de rachat des actions privilégiées et réduction du capital-actions.	— possibilité de rachat des actions privilégiées et réduction du capital-actions.
	— dissolution volontaire soumise à la discrétion de l'Inspecteur général.	— dissolution volontaire soumise à la discrétion de l'Inspecteur général.	— dissolution volontaire rapide non soumise à la discrétion du Directeur.

Émission	— demande examinée par l'Inspecteur général des Institutions financières. — peut ou non accorder les lettres patentes.	— demande adressée à l'Inspecteur général des Institutions financières. — n'a pas le choix et doit émettre le certificat de constitution.	— demande adressée au Directeur du Service des corporations du ministère de la consommation et des corporations. — n'a pas le choix et doit émettre le certificat de constitution.
Coût	— requête pour lettres patentes et lettres patentes supplémentaires. — chèque de 200 $ (minimum) à l'ordre du ministère des Finances.	— certificat de constitution. — chèque de 200 $ à l'ordre du ministre des finances. — certificat de modification. — chèque de 65 $ à l'ordre du ministre des finances.	— certificat de constitution. — chèque de 500 $ à l'ordre du Receveur général du Canada. — certificat de modification. — chèque de 50 $ à l'ordre du Receveur général du Canada.
Continuation	— possibilité pour une compagnie constituée en vertu de la Partie 1 d'être continuée en vertu de la Partie 1 A.	— néant.	— néant.
Convention	— possibilité d'entente entre les actionnaires non prévue comme telle dans la loi.	— possibilité de convention unanime des actionnaires pour diminuer les pouvoirs des administrateurs au profit des actionnaires.	— possibilité de convention unanime des actionnaires pour diminuer les pouvoirs des administrateurs au profit des actionnaires.

Plan du chapitre 8

Le financement des entreprises

Le financement par le capital-actions
      Le capital-actions autorisé
      Modifications apportées au capital-actions autorisé
      Modes d'acquisition d'une action de compagnie
Le financement par voie d'emprunts
      Le financement à court terme et à moyen terme (moins de cinq ans)
      Le financement à long terme (cinq ans et plus)
      Le crédit commercial
      Les prêts bancaires non garantis
      L'emprunt à terme
      Le gage
      Le nantissement commercial
      Le contrat de vente conditionnelle
      Le crédit-bail
      L'affacturage
      La marge de crédit
      La garantie de l'article 178 de la *Loi sur les banques*
      La cession des biens en stock
      L'hypothèque
      Le cautionnement
      L'assurance-vie
      L'émission d'obligations
      Les garanties de l'acte de fiducie
      Les subventions
      La présentation d'une demande de prêt

Le financement des entreprises

Objectifs

1. Faire la distinction entre le financement par le biais du capital-actions et le financement par le biais d'emprunts.

2. Définir le capital-actions autorisé d'une compagnie.

3. Faire la distinction entre le capital souscrit, le capital émis, le capital payé et le capital déclaré d'une compagnie.

4. Connaître les différentes catégories d'actions d'une compagnie ainsi que les principaux droits, privilèges et restrictions se rattachant aux actions privilégiées.

5. Savoir comment augmenter, diminuer ou modifier le capital-actions d'une compagnie.

6. Identifier les principaux modes de financement par voie d'emprunts qui s'offrent à l'entreprise en général et à la compagnie en particulier.

7. Faire la distinction entre le financement à court terme et le financement à long terme.

8. Connaître les principales garanties qu'une entreprise et une compagnie peuvent donner à leurs créanciers.

On peut définir le **financement** de l'entreprise comme la fonction qui consiste à se procurer des fonds et à les utiliser de façon efficace.

Le financement représente une préoccupation toujours constante pour l'entreprise. Un financement approprié assure la solvabilité de l'entreprise et sa rentabilité.

Les sources de financement d'une entreprise dépendent, avant tout, de la nature de celle-ci et des objectifs qu'elle poursuit.

L'entreprise peut se procurer des fonds de diverses façons pour financer ses opérations commerciales. D'une façon générale, elle procède par le biais de ce que nous appellerons **le financement par voie d'emprunts**.

Ce mode de financement consiste pour l'entreprise à contracter un emprunt d'un établissement financier (banque, société de fiducie, caisse populaire, etc.). Ce type de financement est ouvert à toutes les formes d'entreprises, et nous l'examinerons en détail plus loin dans le présent chapitre.

La compagnie possède aussi un autre mode de financement qui lui est propre en raison de ses caractéristiques et de son fonctionnement. C'est ce que nous appellerons **le financement par le capital-actions**. Nous commencerons donc le présent chapitre par l'étude de ce dernier mode de financement propre aux sociétés par actions, ou compagnies.

Le financement par le capital-actions (capital social)

Le capital-actions autorisé

Le **capital-actions autorisé** d'une compagnie représente le nombre ou la valeur maximum d'actions qu'une compagnie a droit d'émettre pour assurer son financement aux termes de son acte constitutif. Il se divise en unités de mise de fonds appelées «actions de la compagnie».

Les personnes intéressées à investir dans une société par actions vont y placer une mise de fonds en achetant des actions afin de devenir les **actionnaires** ou les propriétaires de l'entreprise.

L'argent ou le capital ainsi placé dans la compagnie ne constitue pas une avance de fonds ou un prêt, mais un investissement de capital. L'actionnaire, sauf dans certains cas, et selon des modalités bien définies par la loi, ne peut forcer la compagnie à lui rembourser la valeur de son investissement ou de ses actions.

À cet égard, le financement de la compagnie par le biais du capital-actions fait partie de son mode de *financement à long terme*. Lorsqu'on examine les états financiers d'une compagnie, c'est sous la rubrique «avoir des actionnaires» que l'on retrouve la valeur des fonds investis dans la compagnie par les actionnaires.

Le capital-actions autorisé d'une compagnie se compose d'actions avec valeur nominale, ou valeur au pair, ou encore d'actions sans valeur nominale, ou sans valeur au pair.

Actions avec valeur nominale (ou valeur au pair)

Une **action avec valeur nominale (ou valeur au pair)** est celle dont la valeur est fixée à l'avance dans les lettres patentes ou le certificat de constitution de la compagnie. La notion de valeur nominale ne s'applique qu'aux compagnies québécoises, puisque toutes les actions d'une société fédérale sont sans valeur nominale.

Pour constituer une compagnie dont le capital-actions autorisé comprend des actions avec valeur nominale, les requérants ou fondateurs doivent mentionner et fixer spécifiquement la valeur de chacune des actions. Par exemple, une compagnie constituée en vertu de la Partie I de la *Loi sur les compagnies du Québec* peut avoir un capital-actions autorisé réparti de la façon suivante: le capital-actions autorisé de la compagnie est de 40 000 $, divisé en 10 000 actions ordinaires d'une valeur nominale de 1 $ chacune, et en 30 000 actions privilégiées d'une valeur nominale de 1$ chacune. Cette compagnie pourra se financer jusqu'à concurrence d'un montant maximal de 40 000 $ en émettant 10 000 actions ordinaires d'une valeur nominale de 1$ chacune et également 30 000 actions privilégiées d'une valeur nominale de 1$ chacune.

En multipliant le nombre d'actions autorisé par la valeur nominale, on obtient le capital autorisé de la compagnie. Cette valeur nominale ne correspond pas toujours à la valeur marchande de l'action, mais le fait d'avoir des actions avec une valeur nominale n'empêche pas la compagnie de vendre ses actions à un prix plus élevé. La valeur au pair, ou nominale, d'une action peut parfois être «arbitraire et trompeuse». Aussi, la L.S.C.C. défend-elle la création d'une telle catégorie d'actions.

Actions sans valeur nominale (ou sans valeur au pair)

Lorsqu'il n'y a aucune valeur monétaire chiffrée rattachée à l'action, on parle d'**actions sans valeur nominale (ou sans valeur au pair)**, et cette dernière ne représente alors qu'une unité du capital-actions. Dans ce cas, le capital autorisé ne fait état d'aucun montant, mais seulement d'un nombre maximum d'actions que la compagnie peut émettre. *Exemple:* le capital-actions de la compagnie sera de cinq millions d'actions.

Une compagnie québécoise constituée en vertu de la Partie I ou de la Partie IA peut choisir, pour la formation de son capital-actions, des actions avec valeur nominale ou des actions sans valeur nominale. Les actions de toute compagnie fédérale constituée en vertu de la L.S.C.C. sont obligatoirement des actions sans valeur nominale.

Dans le cas de l'émission d'actions sans valeur nominale, c'est au conseil d'administration de la compagnie qu'il appartiendra d'en déterminer le prix.

Une fois cette valeur monétaire fixée, l'action suit les fluctuations de l'actif de la compagnie et reflète la conjoncture économique. Dans le cas d'une compagnie québécoise constituée en vertu de la Partie IA, l'article 123.38 de la *Loi sur les compagnies du Québec* stipule que la compagnie possède un capital-actions illimité et que ses actions sont sans valeur nominale, à moins de dispositions contraires dans ses statuts. Si on ne limite pas le nombre des actions que la compagnie peut émettre, et que le capital-actions autorisé ne fait que mentionner les catégories d'actions que la compagnie pourra émettre, celle-ci peut émettre un nombre illimité d'actions. Le cas peut se présenter pour les compagnies québécoises de la Partie IA et pour les compagnies fédérales.

Par exemple, le capital-actions autorisé de la compagnie sera composé d'actions ordinaires et d'actions privilégiées (sans mentionner de nombre ni de valeur nominale à ces actions).

Le capital souscrit

Le **capital souscrit** constitue la partie du capital-actions autorisé pour laquelle la compagnie a reçu des souscriptions, c'est-à-dire des offres d'achat d'actions qu'elle a acceptées. Il n'est pas nécessairement égal au capital-actions autorisé parce qu'une compagnie n'est pas obligée d'émettre toutes ses actions.

Par exemple, le capital-actions autorisé d'une compagnie est de 40 000 $, divisé en 4 000 actions ordinaires d'une valeur de 10 $ chacune. À supposer que des acheteurs soient intéressés à acquérir la moitié de ces actions, et que la société consente à les leur vendre, le capital souscrit de la compagnie sera alors de 20 000 $.

Le capital émis

Le **capital émis** constitue la partie du capital souscrit pour laquelle la compagnie émet des certificats après acceptation des souscriptions d'actions. Il indique le nombre d'actions en circulation. Dans le cas de la compagnie de la Partie IA de la L.C.Q., la loi oblige la compagnie à tenir un «compte de capital-actions émis et payé» pour chaque catégorie d'action de la compagnie.

Le fonctionnement de ce compte est similaire au compte de capital déclaré des compagnies fédérales, comme on l'explique ci-dessous.

Le capital payé ou versé

Le **capital payé** ou **versé** constitue la partie du capital émis pour laquelle les actions ont été payées par les souscripteurs. En général, il est égal au capital émis parce que les compagnies n'ont pas l'habitude d'émettre des **actions non** entièrement **libérées**[1].

Dans le cas d'actions sans valeur nominale, la L.S.C.C. indique qu'elles sont émises et entièrement payées. Mais la L.C.Q. prévoit, pour sa part, que la compagnie n'est pas tenue d'exiger le paiement comptant total de la valeur des actions avec ou sans valeur nominale qu'elle émet.

Exemple: On peut acheter 3 000 actions d'une valeur nominale de 10$ chacune de la compagnie ABC ltée et, si la compagnie accepte, ne payer que 15 000$ sur la valeur de ces actions. Dans ce cas, le capital payé ou versé sera de 15 000$, et le capital émis sera de 30 000$. Lorsque la compagnie désirera faire acquitter le solde impayé, elle fera un appel de versement en exigeant le paiement à une date fixe.

Si l'actionnaire ne respecte pas cette échéance, la compagnie peut saisir ses actions et les conserver. L'actionnaire est responsable à l'égard de la compagnie du montant impayé de ses actions.

De plus, les administrateurs d'une compagnie qui donnent leur consentement à un transfert d'actions non entièrement libérées engagent leur responsabilité personnelle et solidaire vis-à-vis des créanciers de la compagnie quant au remboursement de cette somme. Pour éviter cette responsabilité, l'administrateur présent à l'assemblée doit faire enregistrer son opposition à ce transfert d'actions dans le registre des procès-verbaux et, s'il était absent à cette assemblée, il peut dans le cas d'une compagnie de la Partie I, y inscrire son opposition dans les vingt-quatre heures à compter du moment où il en a pris connaissance.

Il doit également faire publier dans les huit jours qui suivent un avis d'opposition dans un des journaux de la localité où la compagnie a son siège social (art. 72 L.C.Q.). Dans le cas d'une compagnie régie par la Partie IA, l'administrateur est présumé ne pas avoir accepté cette décision s'il était absent. Au fédéral, l'administrateur dissident doit envoyer à la société un avis écrit de sa dissidence dans les sept jours à compter du moment où il a pris connaissance du transfert d'actions.

Le capital déclaré

C'est là un concept exclusif aux compagnies fédérales, car leur capital-actions ne contient que des actions sans valeur nominale; les actions émises doivent être entièrement payées au préalable. Sous la L.S.C.C., il n'existe donc pas de différence entre le capital souscrit, le capital émis et le capital payé ou versé.

Par ailleurs, la loi oblige les compagnies à tenir un «compte capital déclaré» distinct pour chaque catégorie d'actions; par exemple 1000 actions

---

1. Une action non libérée est une action dont tous les versements exigibles n'ont pas été payés.

ordinaires émises pour une considération de 10 000 $ et 500 actions privilégiées émises pour une valeur totale de 500 $.

Le **capital déclaré** de la compagnie est donc composé de l'ensemble des «comptes capital déclaré».

La compagnie doit verser dans chacun de ses comptes capital déclaré le montant total de l'apport reçu en contrepartie des actions qu'elle émet.

Ainsi, tout montant reçu par la compagnie lors de l'achat de ses actions est considéré comme du capital investi et non comme un surplus d'apport, au sens comptable. Lorsqu'une compagnie procède au rachat de ses actions et à la réduction de son capital-actions, elle doit procéder à la mise à jour de son capital déclaré en conséquence de ce rachat ou de cette réduction de capital.

Nous reproduisons ci-après un exemple de capital-actions autorisé de compagnie au tableau 8.1 (voir p. 194). Il est à noter que les clauses, privilèges, restrictions et conditions rattachés aux diverses catégories d'actions sont souvent plus complexes.

Les catégories d'actions

La *Loi sur les compagnies du Québec,* tout comme la *Loi sur les sociétés commerciales canadiennes*, prévoit la possibilité de créer différentes catégories d'actions.

En général, nous sommes habitués aux termes **actions ordinaires** et **actions privilégiées**. Les récentes modifications apportées aux lois sur les compagnies favorisent l'utilisation des expressions «actions de classe A, de classe B, de classe C...» pour désigner les différents privilèges ou les différentes restrictions qui se rattachent à ces catégories d'actions.

Les lois fédérales et provinciales sur les compagnies permettent d'assortir l'une ou l'autre de ces catégories d'actions de toutes sortes de restrictions, de conditions, d'avantages et de privilèges, cela afin de répondre aux besoins des futurs investisseurs dans la compagnie.

Les actions ordinaires   Lorsqu'une société décide de n'émettre qu'une seule catégorie d'actions, ces dernières sont désignées sous le nom d'actions ordinaires. Celle-ci constitue une quote-part de propriété dans la compagnie. Elle ne comporte aucun avantage ou privilège particulier et, contrairement à l'obligation, elle n'offre pas de garantie. Le détenteur de l'action ordinaire participe à la direction de l'entreprise en élisant le conseil d'administration lors de l'assemblée générale annuelle; il participe aux bénéfices de la compagnie en recevant des dividendes; il assiste à toutes les assemblées d'actionnaires et il peut y exercer son droit de vote; il profite également de l'augmentation de la valeur de ses actions. De la même manière, si les affaires de la compagnie périclitent, l'actionnaire ordinaire absorbera la diminution de la valeur de ses actions.

Exemple: Jean achète 100 actions ordinaires d'une valeur de 100 $ chacune de la compagnie Climatech inc. La compagnie prend de l'expansion et, après cinq ans, elle quadruple son chiffre d'affaires et augmente son actif.

Cette augmentation pourra se refléter dans l'augmentation de la valeur de ses actions ordinaires, qui pourront valoir 1 000 $ ou 5 000 $ chacune cinq ans plus tard.

L'expansion rapide de la compagnie n'influencera aucunement la valeur des actions privilégiées, à moins de stipulations contraires. Ainsi, cinq ans plus tard, celles-ci vaudront toujours 100 $.

En cas de faillite de la compagnie, l'actionnaire ordinaire sera payé en dernier lieu. Le capital-actions autorisé d'une compagnie doit toujours comporter au moins une catégorie d'actions avec droit de vote et participantes. Il s'agit des actions ordinaires.

Tableau 8.1   Exemple d'une clause type de capital-actions autorisé

Actions ordinaires	Actions privilégiées
Les détenteurs de ces actions sans valeur nominale (ou au pair) auront droit:	Les détenteurs de ces actions auront droit:
a) de voter à toutes les assemblées d'actionnaires (sauf à celles de certaines catégories d'actionnaires);	**a)** à un dividende annuel prioritaire, tel que déterminé par le conseil d'administration; et(ou)
b) de recevoir des biens de la société, une fois que les détenteurs d'actions privilégiées auront été remboursés, lors de la dissolution;	**b)** à un dividende annuel prioritaire fixe, non cumulatif, préférentiel de 12% l'an sur le montant payé pour les actions;
c) de recevoir un dividende, après les détenteurs d'actions privilégiées	**c)** lors de la dissolution ou de la liquidations de la compagnie, avant toute distribution de l'actif aux détenteurs des autres actions, et avant les détenteurs d'actions ordinaires, les détenteurs d'actions privilégiées recevront un montant égal à 100% du capital versé sur lesdites actions (majoré des dividendes déclarés sur celles-ci et restés impayés), mais rien d'autre;
	d) les détenteurs des actions privilégiées n'auront pas le droit de voter aux assemblées des actionnaires;
	e) les actions privilégiées seront rachetables au gré de la société, à un prix égal au montant payé pour lesdites actions, plus les dividendes déclarés et non payés.

Une compagnie ne peut avoir d'actions privilégiées si elle ne possède pas d'actions ordinaires. La responsabilité personnelle du détenteur d'actions ordinaires, comme d'ailleurs celle du détenteur d'actions privilégiées, est limitée à sa mise de fonds.

Les actions privilégiées   Afin de satisfaire les désirs des investisseurs, le capital-actions d'une compagnie est habituellement formé d'une deuxième catégorie d'actions qui porte le nom d'actions privilégiées. L'action privilégiée est une action qui confère à son détenteur certains avantages particuliers quant au paiement des dividendes, au remboursement du capital investi ou, dans certains cas, quant au contrôle de l'administration. Cette catégorie d'actions est aussi sujette à des restrictions particulières.

Si les documents constitutifs de la compagnie prévoient plus d'une catégorie d'actions, tous les droits, avantages, privilèges et restrictions rattachés à chacune de ces catégories d'actions doivent y être spécifiés, de façon à bien distinguer les droits et privilèges de chacune; sinon, les différentes catégories d'actions auront toutes les mêmes droits, avantages et privilèges, soit ceux des actions ordinaires.

Ces privilèges et restrictions sont inscrits sur le **certificat d'actions**, document écrit et remis par une compagnie au souscripteur d'actions faisant état du nombre d'actions possédées par l'actionnaire dont le nom apparaît sur le certificat, ou par la personne qui détient le certificat s'il s'agit d'actions au porteur (figure 8.1).

Avec droit de vote   D'une façon générale, les actions privilégiées sont des actions auxquelles on a retiré le droit de vote. Mais, si la compagnie désire que l'une ou l'autre de ses catégories d'actions privilégiées possède le droit de vote, il sera préférable de l'indiquer dans les documents constitutifs. On peut également rattacher le droit de vote au paiement d'un dividende. Par exemple, on accordera le droit de vote dans le cas où des dividendes ne sont pas payés depuis deux ou trois ans par la compagnie.

Quant au paiement des dividendes   Ce sont les administrateurs de la compagnie qui décident ou non de verser aux actionnaires leur quote-part des profits réalisés par l'entreprise. La somme ainsi versée aux actionnaires porte le nom de **dividende**. À moins de dispositions contraires dans les documents constitutifs, les actionnaires ne peuvent en aucun cas forcer les administrateurs à leur payer un dividende à même les profits ou les bénéfices de la compagnie.

Ainsi, on parlera de bénéfices répartis ou non répartis selon que les administrateurs auront décidé de payer ou non un dividende aux actionnaires. Ils peuvent très bien décider de ne pas en payer, même si la compagnie a fait des profits, et choisir plutôt de réinvestir ces bénéfices dans la compagnie en achetant de l'équipement par exemple. Mentionnons qu'aucun dividende ne peut être versé aux actionnaires ordinaires avant que les actionnaires privilégiés n'aient préalablement reçu la part qui leur revient.

Ce dividende peut être *cumulatif* ou *non cumulatif*. Lorsque les administrateurs de la compagnie ne versent aucun dividende pendant un certain nombre d'années, les actionnaires qui détiennent des actions privilégiées avec dividende cumulatif pourront recevoir leur part rétroactivement au moment où ceux-ci décideront d'en verser un, car les arrérages doivent être payés aux actionnaires privilégiés avant qu'un dividende, quel qu'il soit, ne soit distribué aux actionnaires ordinaires. La plupart du temps, les actions privilégiées sont assorties d'un dividende cumulatif. Ainsi, un dividende non cumulatif signifie qu'en cas de non-paiement, l'actionnaire privilégié perd son dividende, celui-ci ne s'accumulant pas.

Deux principes de base doivent guider les administrateurs lorsqu'ils déclarent un dividende: d'une part, le dividende ne doit pas entamer le capital de la compagnie, et, d'autre part, il ne doit pas rendre la compagnie insolvable.

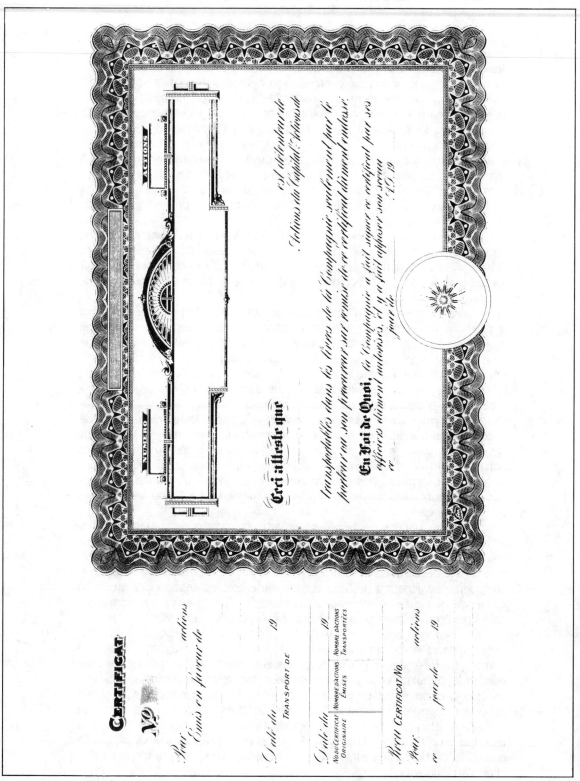

Figure 8.1 Un certificat d'actions

Le dividende peut être fixe, tel qu'indiqué dans les lettres patentes ou dans les documents constitutifs. Il peut également être laissé à la discrétion des administrateurs.

Les administrateurs qui déclarent le paiement d'une dividende entamant le capital de la compagnie ou la rendant insolvable encourent une responsabilité personnelle et solidaire, à moins qu'ils n'aient fait enregistrer leur opposition ou leur dissidence conformément aux dispositions de la loi (tableau 8.2).

Avant de déclarer un dividende, les administrateurs devront donc s'assurer de la solvabilité de la compagnie. La L.C.Q., de même que la L.S.C.C. prévoient certains tests de solvabilité que les administrateurs devront respecter dans un tel cas.

Rachetables ou non rachetables   Au fédéral, la compagnie peut racheter ses actions ordinaires et ses actions privilégiées. Au provincial, en vertu de la Partie I, seules les **actions privilégiées** sont **rachetables**, à condition que ce soit stipulé dans les lettres patentes. En vertu de la Partie IA, la compagnie peut racheter ses actions ordinaires et privilégiées. Les actions rachetées doivent être entièrement payées par leur détenteur, au moment du rachat, et la compagnie doit satisfaire aux tests de solvabilité prévus par la loi.

Convertibles ou non convertibles   On peut prévoir des actions privilégiées de deux catégories. Les **actions privilégiées convertibles** sont des actions qui peuvent être échangées contre d'autres catégories d'actions, contre une action ordinaire, par exemple, selon certaines conditions et modalités. À défaut de prévoir la convertibilité des actions, elles seront non convertibles.

Quant au remboursement du capital   Ce type de privilège trouve son application dans le cas de la dissolution ou de la liquidation de la compagnie.

Ces actions donnent droit à leurs détenteurs d'être remboursés de leur part de capital investi dans la compagnie avant les détenteurs d'autres catégories d'actions. Ainsi, l'actionnaire privilégié sera payé avant l'actionnaire ordinaire, mais après le détenteur d'obligations et les autres créanciers en cas de liquidation de la compagnie.

Participantes ou non-participantes   Une action privilégiée participante permet à son détenteur de participer à l'augmentation de valeur ou l'expansion de la compagnie au même titre que le détenteur d'actions ordinaires. Une telle action augmente ou diminue de valeur selon les fluctuations économiques.

L'action non-participante garde toujours la même valeur, malgré les fluctuations.

Modifications apportées au capital-actions autorisé

D'une façon générale, une compagnie ne peut trafiquer dans son capital émis. La jurisprudence a maintes fois réitéré le principe du maintien du capital-actions de la compagnie pour protéger à la fois les détenteurs d'actions et les créanciers de la compagnie.

Par ailleurs, la L.C.Q. et la L.S.C.C. viennent atténuer ce principe en permettant à la compagnie d'apporter certains changements à son capital-actions tels:

— son augmentation;
— sa diminution;
— sa refonte ou sa conversion.

Tableau 8.2 Tableau comparatif de la responsabilité des administrateurs quant au paiement de dividende qui entament le capital ou qui rendent la compagnie insolvable.

En vertu de la L.C.Q.

Partie I	Partie IA	Exemption
Les administrateurs d'une compagnie québécoise de la Partie I sont conjointement et solidairement responsables envers la compagnie, les créanciers, les actionnaires individuellement et les créanciers de la compagnie. Ils sont également responsables de toutes les dettes existantes de la compagnie et de celles contractées par la suite.	Les administrateurs doivent, avant de déclarer un dividende, faire le test de solvabilité prévu par la loi. Si malgré ce test, ils émettent un tel dividende, ils sont aussi solidairement responsables, mais seulement des sommes ainsi payées et qui n'ont pas pu être recouvrées. Ils ne sont donc pas responsables de la totalité des dettes de la compagnie (articles 123.70, 123.71).	L'administrateur qui était présent à l'assemblée au cours de laquelle a été voté le dividende et qui a fait enregistrer son opposition dans le livre des procès-verbaux n'encourt aucune responsabilité. L'administrateur d'une compagnie québécoise de la Partie I qui était absent lors de l'assemblée doit, dans les 24 heures à partir du moment où il en prend connaissance, faire enregistrer son opposition dans le livre des procès-verbaux et faire publier un avis de son opposition dans les huit jours suivants dans un journal de la localité du siège social de la compagnie. Il n'encourt alors aucune responsabilité. L'administrateur d'une compagnie québécoise de la Partie IA qui était absent lors de l'assemblée est présumé ne pas avoir approuvé la résolution qui y fut adoptée (article 123.86).

En vertu de la L.S.C.C.

	Exemption
Les administrateurs doivent avant de déclarer un dividende, faire le test de solvabilité prévu par la loi. Les administrateurs qui malgré ce test, ont voté un dividende qui entame le capital ou qui rend la compagnie insolvable sont solidairement et personnellement responsables. Ils devront restituer à la compagnie les sommes en cause non encore recouvrées. Ils peuvent demander au tribunal une ordonnance forçant les bénéficiaires ayant reçu ces sommes à les remettre à la compagnie.	L'administrateur qui était présent à l'assemblée au cours de laquelle a été voté le dividende, et qui a fait enregistrer sa dissidence au livre des procès-verbaux, ou qui a envoyé un avis écrit à cet effet au secrétaire de la compagnie avant l'assemblée ou après l'ajournement de l'assemblée, n'encourt aucune responsabilité. L'administrateur qui était absent à l'assemblée et qui a, dans les sept jours suivants, fait consigner sa dissidence au livre des procès-verbaux ou a envoyé un avis écrit recommandé à cet effet au siège social de la compagnie, n'encourt aucune responsa-

La présente annonce ne doit pas être interprétée comme une offre publique dans une province quelconque du Canada des titres mentionnés dans la présente. Une telle offre sera faite uniquement par voie de prospectus dans les provinces où un tel prospectus aura été accepté en dépôt par une commission des valeurs mobilières ou un organisme similaire dans lesdites provinces. On peut se procurer un exemplaire de ce prospectus auprès des soussignés ou d'autres courtiers en valeurs mobilières autorisés à offrir les titres mentionnés dans lesdites provinces.

Nouvelle émission

33 000 000 $
(1 320 000 actions)

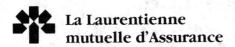

La Laurentienne mutuelle d'Assurance

Actions privilégiées, rachetables, à dividende cumulatif, de la catégorie A

Les actions privilégiées de la catégorie A sont rachetables au gré du détenteur le 30 juin 1990 au prix de 25 $ l'action. Le dividende initial, fixé à 2,22 $ par action jusqu'au 30 juin 1990, rapportera 8,88 % par année.

Prix : 25 $ par action de la catégorie A

McLeod Young Weir Limitée   **Geoffrion, Leclerc Inc.**

Dominion Securities Pitfield Limitée	**Wood Gundy** Limitée	**Lévesque, Beaubien** Inc.
Merrill Lynch Canada Inc.	**Nesbitt Thomson Bongard** Inc.	**Richardson Greenshields du Canada** Limitée
Burns Fry Limitée	**Walwyn Stodgell Cochran Murray** Limitée	**Midland Doherty** Limitée
Molson Rousseau Inc.	**McNeil, Mantha** Inc.	**Tassé & Associés** Limitée
Casgrain & Compagnie Limitée		

Mai 1985

Source : *Les Affaires*, juin 1985, p. 51.

Figure 8.2   Annonce d'émission d'actions

Les deux lois imposent, cependant, des conditions sévères pour effectuer de tels changements notamment que les actionnaires concernés approuvent les changements en question.

En vertu de la Partie I de la L.C.Q.

C'est par un règlement des administrateurs dûment ratifié par le vote d'au moins deux tiers en valeur des actions représentées par les actionnaires présents à une assemblée générale spéciale, et par une requête pour l'obtention de lettres patentes supplémentaires que la compagnie, constituée en vertu de la Partie I de la *Loi sur les compagnies du Québec*, peut modifier son capital-actions autorisé pour créer de nouvelles séries d'actions, diminuer ou augmenter son capital-actions autorisé. La Partie IA de la L.C.Q. prévoit aussi la possibilité de procéder à de tels changements par le dépôt de statuts de continuation et, dans un tel cas, la compagnie doit répondre aux exigences de solvabilité de l'article 123.63, à défaut de quoi la responsabilité personnelle des administrateurs est engagée (art. 123.64 L.C.Q.).

En vertu de la Partie IA de la L.C.Q.

C'est également par un règlement des administrateurs ratifié par les deux tiers en valeur des actions représentées par les actionnaires présents à une assemblée générale spéciale et par le dépôt en double exemplaire des statuts de modification que la compagnie constituée en vertu de la Partie IA de cette même loi peut modifier, diminuer ou augmenter son capital-actions. L'avis relatif à l'adresse du siège social et l'avis relatif à la composition du conseil d'administration accompagnent les statuts de modification. Comme on l'a déjà dit, la Partie IA de la loi exige que la compagnie réponde aux exigences de solvabilité de l'article 123.63. Toute contravention à ces dispositions entraîne la responsabilité personnelle des administrateurs (art. 123.64 L.C.Q.).

En vertu de la L.S.C.C.

C'est au moyen d'une résolution spéciale des actionnaires autorisant les administrateurs à modifier la structure du capital-actions autorisé que l'on procède à la modification, à l'augmentation ou à la diminution du capital-actions autorisé d'une compagnie. Cette résolution spéciale autorise les administrateurs de la compagnie à signer, en double exemplaire, des statuts de modification; cette résolution doit être ratifiée par les détenteurs de chaque catégorie d'actions qui votent séparément. L'avis du lieu du siège social et l'avis des administrateurs accompagnent le formulaire des statuts de modification. Comme pour la compagnie provinciale de la Partie IA, si la modification du capital-actions consiste en une réduction de celui-ci, la compagnie devra répondre aux exigences de solvabilité prévues à l'article 36 de la L.S.C.C. De plus, les actionnaires ont le droit d'exercer leur dissidence en obligeant la compagnie à rembourser la valeur de leurs actions. En cas de contravention, la loi confère aux créanciers de la compagnie un recours contre les actionnaires de la compagnie (art. 36, al. 4 L.S.C.C.), mais elle demeure muette quant à la responsabilité des administrateurs.

Modes d'acquisition d'une action de compagnie

On devient généralement actionnaire d'une compagnie de la façon suivante:

— par la signature du mémoire des conventions;
— par la souscription d'actions;

— par le transfert d'actions;
— par la transmission d'actions;
— par l'échange d'actions.

Par la signature du mémoire des conventions

Nous savons que les requérants qui constituent une compagnie en vertu de la Partie I de la *Loi sur les compagnies du Québec* signent le mémoire des conventions et souscrivent au moins une action dans cette compagnie.

Ce mode d'acquisition des actions d'une compagnie est réservé exclusivement aux compagnies québécoises constituées en vertu de la Partie I de la loi. Le mémoire des conventions indique le nombre d'actions souscrites par chaque requérant.

Par la souscription d'actions

Un individu ou une compagnie peut offrir à une autre compagnie d'acheter ses actions en suivant la procédure prévue par la loi. Dans le cas d'une société publique, l'émission des actions est soumise à l'approbation de la Commission des valeurs mobilières du Québec.

Généralement, lorsqu'on parle de société publique, on pense immédiatement à une compagnie dont les actions sont cotées en Bourse; cependant, toutes les compagnies n'y sont pas enregistrées. Souvent, les actions d'une compagnie sont vendues par l'intermédiaire d'un courtier en valeurs mobilières dûment enregistré auprès de la Commission. Le courtier agit alors comme **agent de change** et reçoit une commission pour les transactions effectuées par son intermédiaire.

La société publique ne peut refuser à qui que ce soit les souscriptions d'actions ou les offres d'achat de ses actions.

Dans une société fermée (compagnie privée), le transfert, la vente, l'offre de vente et la distibution des actions et autres valeurs mobilières au public sont restreints. En effet, le but premier d'une telle compagnie est d'assurer aux principaux intéressés (les actionnaires majoritaires) un meilleur contrôle de la compagnie. Ainsi, toute souscription ou offre d'achat d'actions de la société fermée (compagnie privée) est soumise à l'approbation des administrateurs, qui peuvent accepter ou refuser (habituellement par un vote majoritaire des administrateurs) une souscription d'actions de leur compagnie.

Il peut également exister des ententes ou conventions entre les actionnaires quant à l'émission de nouvelles actions ou au transfert d'actions. Ces ententes sont généralement appelées **conventions entre actionnaires** ou **conventions unanimes d'actionnaires**. Lorsque les administrateurs acceptent une souscription, celle-ci prend la forme d'une résolution du conseil d'administration de la compagnie; on inscrit alors le nom de l'actionnaire dans le registre des actionnaires et dans le registre des valeurs mobilières. L'actionnaire doit payer ses actions soit en totalité soit par versements, le cas échéant.

Par le transfert d'actions

En général, le transfert d'actions a lieu lorsqu'un actionnaire de la compagnie vend, donne ou aliène ses actions déjà en circulation à une autre personne (morale ou physique); le transfert met en présence les parties suivantes: l'actionnaire qui vend ses actions (le cédant), celui qui offre de les acheter (le cessionnaire) et, finalement, la compagnie.

Le contrat a lieu entre le cédant et le cessionnaire, mais le transfert d'actions n'est valide qu'au moment où il est enregistré dans le registre des transferts de la compagnie et dans le registre des valeurs mobilières. Aussi long-temps que le transfert intervenu entre le cédant et le cessionnaire n'est pas enregistré dans le registre, l'acquéreur ne possède pas de titre valable, et le vendeur demeure toujours actionnaire aux yeux de la compagnie.

À l'endos des certificats d'actions, on retrouve une formule type suivant laquelle le cédant vend, donne ou transfère ses actions au cessionnaire. Il est très important pour le cessionnaire de faire signer cette formule par le cédant, qui, en quelque sorte, endosse le certificat d'action en sa faveur.

S'il s'agit d'une compagnie privée (société fermée), le cessionnaire doit s'assurer que toutes les étapes ont été suivies pour devenir actionnaire de la compagnie, car il existe certaines restrictions relatives au transfert d'actions. Par exemple, les documents constitutifs d'une compagnie peuvent contenir la clause suivante :

> Aucune action du capital-actions de la compagnie ne pourra être transférée sans le consentement de la majorité des administrateurs et des actionnaires de la compagnie.

Une telle clause restreint le droit d'un actionnaire de vendre ses actions à une autre personne. De plus, la loi provinciale contient des restrictions relatives au transfert d'actions non entièrement payées ou sur lesquelles un appel de versement n'a pas été effectué dans le temps fixé (art. 72 et 73 L.C.Q.), ainsi que dans les cas où un actionnaire est endetté envers la compagnie. La loi fédérale ne contient aucune disposition semblable. Si toutes les conditions sont remplies, la compagnie ne peut refuser d'inscrire le transfert dans son registre.

Par la transmission d'actions

Dans le cas du décès d'un actionnaire   On parle de transmission d'actions lors du décès d'un actionnaire et, dans ce cas, c'est conformément aux dispositions du Code civil sur les successions et les testaments que les actions sont transmises aux héritiers, qui devront établir la preuve de leur qualité auprès de la compagnie en produisant, par exemple, une copie conforme du testament et un permis de disposer.

Dans le cas d'une faillite forcée ou d'une cession de biens de la part d'un actionnaire   Dans ce cas, les actions du failli sont automatiquement transmises au syndic de la faillite, qui doit aviser la compagnie et fournir aux administrateurs la preuve de la faillite de l'actionnaire.

Le financement par voie d'emprunts

En plus de prêts ou des avances personnelles que les actionnaires ou les administrateurs font à la compagnie, cette dernière doit souvent recourir à l'**emprunt** comme moyen de financement.

Les différents modes d'emprunt ou de financement d'une société par actions doivent être spécifiés dans ses lettres patentes, ses statuts constitutifs ou ses statuts de constitution de façon à éviter toute contestation. La *Loi sur les pouvoirs spéciaux des corporations* et la *Loi sur les sociétés commerciales canadiennes* contiennent des dispositions en ce qui concerne les pouvoirs d'emprunt d'une société par actions. Il est préférable d'ajouter la clause suivante dans les documents constitutifs d'une compagnie :

«Les administrateurs de la compagnie pourront:

a) emprunter des fonds en utilisant le crédit de la compagnie;

b) émettre, émettre à nouveau, vendre ou constituer en gage ou en garantie les obligations, titres de créances ou autres valeurs mobilières de la compagnie;

c) en dépit de toute loi contraire, hypothéquer, nantir ou mettre en gage en tout ou en partie, les biens mobiliers ou immobiliers présents et futurs de la compagnie pour assurer le paiement de telles obligations ou autres valeurs, et constituer l'hypothèque, le nantissement ou le gage ci-dessus mentionné par acte de fidéicommis, conformément aux articles 27, 28 et 29 de la *Loi sur les pouvoirs spéciaux des corporations*;

d) hypothéquer ou nantir les immeubles, ou donner en gage ou autrement changer ces garanties pour assurer le paiement des autres emprunts de la compagnie, de même que des autres dettes ou engagements de cette dernière.»

Dans un tel cas, les administrateurs procèderont par résolution, à défaut de quoi ils devront procéder par règlement ou par une résolution spéciale qui sera soumise à l'approbation des actionnaires.

Le **financement par voie d'emprunts** signifie que l'entreprise contracte une dette d'un prêteur qui est habituellement un établissement financier (banque, société de fiducie, caisse populaire, etc.).

Même si nous étudions le financement au chapitre des compagnies, il est important de retenir que la majorité des modes de financement examinés ne sont pas exclusifs à la société par actions, mais s'appliquent également aux autres types d'entreprise.

Lorsqu'on parle de financement d'une entreprise par voie d'emprunts, on touche directement à l'endettement de l'entreprise et, par conséquent, à sa capacité de rembourser ses emprunts. Aucun prêteur consciencieux ne consentira à prêter ou à avancer des fonds à une entreprise sans qu'elle ne lui fournisse des garanties sur ses actifs.

Les différents modes de financement de l'entreprise dépendent très souvent de la nature des actifs possédés par l'entreprise et qu'elle est susceptible de céder en garantie. Il paraît donc essentiel de dresser un inventaire complet des actifs de l'entreprise avant dè choisir ses modes ou ses techniques de financement par voie d'emprunts.

Par exemple, une entreprise qui ne possède aucun immeuble ne peut songer à l'emprunt hypothécaire; une entreprise qui agit exclusivement comme intermédiaire (agent manufacturier, par exemple) sans garder d'inventaire comptable, ni de matières premières, ne peut offrir les mêmes garanties qu'une entreprise manufacturière.

Souvent, la nature même des activités commerciales d'une entreprise sera déterminante de son mode de financement. Par exemple, les banques hésiteront à prêter aux entreprises reliées à l'industrie du vêtement en raison des risques inhérents à ce domaine d'activité économique. Ces entreprises s'adresseront alors à d'autres sociétés de financement, comme une société d'affacturage, etc. La durée doit être également prise en considération, compte tenu des conséquences que ce facteur peut avoir sur le choix du mode de financement; une entreprise pourra opter entre un financement à court, à moyen ou à long terme. C'est à partir de cette distinction que nous examinerons les divers modes de financement.

Le financement par voie d'emprunts repose avant tout sur la solvabilité de l'entreprise. Que le financement provienne d'un établissement financier ou des fournisseurs, une entreprise est évaluée en fonction de critères bien établis, à savoir:

— la réputation ou le caractère de l'emprunteur et de ses dirigeants;

— la somme d'argent empruntée;

— les garanties que l'emprunteur peut offrir au prêteur;
— la capacité de remboursement de l'emprunteur;
— les conditions de l'emprunt.

Le financement à court et à moyen terme (moins de cinq ans)

On entend par financement à court et à moyen terme un financement dont la période de remboursement s'échelonne entre quelques jours et cinq ans. Ce type de financement sert généralement à assurer le fonds de roulement de l'entreprise en mettant à sa disposition les sommes nécessaires au paiement de ses obligations courantes (la marge de crédit, par exemple).

Le coût de tels emprunts est généralement moins élevé que celui des emprunts à long terme.

Le financement à long terme (cinq ans et plus)

Lorsqu'une entreprise décide d'investir, elle choisit plutôt le financement à long terme. Il est important de savoir que l'entreprise doit éviter d'utiliser ses sources de financement à court terme, comme sa marge de crédit, pour financer ses investissements, qu'il s'agisse d'achat de terrains, de machinerie, d'équipement, de rénovation ou de l'achat d'une usine. Une utilisation non appropriée de sources de financement à court terme peut être néfaste pour une entreprise et lui causer de sérieux problèmes de liquidités; ce qui aura pour effet d'entraîner, plus souvent qu'autrement, sa ruine financière. D'une façon générale, le coût des prêts à long terme est plus élevé en raison des risques plus grands encourus par les prêteurs.

Les principaux modes de financement à long terme sont l'hypothèque, le nantissement commercial (lorsqu'il dépasse cinq ans) et l'émission d'obligations garantie par un acte de fiducie.

Le crédit commercial

Une première source de financement intéressante pour l'entreprise est le **crédit commercial**. Ce mode de financement n'est pas consenti par un établissement financier, mais par les propres fournisseurs de l'entreprise.

En effet, aujourd'hui, la plupart des transactions commerciales se font à crédit. L'usage qui s'est développé au cours des années veut que les fournisseurs accordent des délais de paiement à leurs clients. Ces délais varient d'un domaine d'activité à l'autre.

Ce type de financement fait rarement l'objet d'une convention écrite entre les parties, mais repose plutôt sur la pratique commerciale dans chaque genre d'industrie.

Le délai de paiement est généralement indiqué sur la facture ou le bon de livraison qui peut porter l'une ou l'autre des mentions suivantes:

— payable net 30 jours;
— payable 60 jours;
— 90 jours net;
— 2%, 10 jours, net 30 jours.

Il s'agit, en fait, des conditions de crédit ou des délais de paiement accordés à l'entreprise pour payer ses factures. Ainsi, la mention «2%, 10 jours, net 30 jours» que l'on retrouve le plus souvent, signifie que le fournisseur accorde un escompte de 2% à son client qui paye la facture dans les 10 jours de la réception des marchandises.

L'entreprise qui acquitterait une facture de 10 000$ dans les 10 jours de la réception, ne paierait que 98% du montant, soit 9800$, bénéficiant ainsi d'un escompte de 2% (200$). La mention net 30 jours signifie que si le client ne se prévaut pas de l'escompte de 2%, il devra acquitter le compte dans les 30 jours. Après cette date, un intérêt est ajouté pour tout paiement en retard (1 1/2% par mois, par exemple).

L'entreprise a tout intérêt à se prévaloir de ce type de crédit qui ne lui coûte rien en termes d'intérêt pendant le nombre de jours indiqués, ni en termes de garanties étant donné que les fournisseurs n'exigent habituellement aucune assurance, contrairement aux établissements financiers.

Les prêts bancaires non garantis

On entend par l'expression **prêt bancaire non garanti**, un prêt en vertu duquel l'emprunteur ne cède aucun élément d'actif à un établissement financier en garantie de l'emprunt consenti. Les établissements financiers ne consentent pas ce genre de prêt à tous leurs clients. Seuls les clients les plus solvables et ceux qui «ont fait leurs preuves» bénéficient de ce traitement de faveur. Généralement, l'emprunteur signe en faveur de l'établissement financier un billet à ordre précisant les conditions de l'emprunt, sa durée et le taux d'intérêt.

Ce billet est soit payable à demande, c'est-à-dire payable en tout temps lorsque l'établissement financier en réclame le paiement à l'emprunteur, soit payable à terme, c'est-à-dire lorsqu'on indique sur le billet une date d'échéance qui varie habituellement entre 30 et 90 jours. Le taux d'intérêt payé par l'emprunteur dans un tel cas est généralement un taux préférentiel (prime rate) que l'établissement financier n'accorde qu'à ses meilleurs clients.

Dans certains cas, l'établissement financier signe une entente avec l'entreprise pour mettre à sa disposition une marge de crédit non garantie. Ce genre de financement est toutefois assez rare, car les établissements financiers exigent habituellement des garanties lorsqu'ils consentent une marge de crédit. Lorsque les billets à demande sont à la base de la marge de crédit, l'établissement financier peut en tout temps en réclamer le remboursement sans même qu'il ne soit nécessaire de donner de préavis à son client. Une telle situation peut s'avérer dangereuse et causer la perte de l'entreprise.

L'emprunt à terme

Tout comme le consommateur, l'entreprise peut contracter un **emprunt à terme** auprès d'un établissement financier. Le remboursement peut s'échelonner sur 1 an, 3 ans, 5 ans, 10 ans, 20 ans ou plus selon les circonstances et les garanties offertes, le cas échéant. Dans la majorité des cas, les prêts consentis par les établissements financiers seront garantis par des actifs que l'entreprise leur cède en garantie d'un emprunt. En effet, les établissements financiers exigent des garanties avant d'avancer des sommes d'argent importantes, et la pratique commerciale en a établi un certain nombre dont le gage, le nantissement commercial, la garantie de l'article 178 de la *Loi sur les banques*, la cession de biens en stocks, la vente conditionnelle, la cession générale de créances, la marge de crédit, le cautionnement, l'assurance-vie et l'acte de fiducie. De plus, certaines techniques de financement comme le crédit-bail et l'affacturage viennent s'ajouter à ces garanties.

Lorsqu'on parle de garantie de paiement, il est important de savoir que le créancier n'exercera sa garantie que dans le cas où son débiteur (l'emprunteur) ne peut exécuter ses obligations. En effet, tant que le débiteur respecte ses obligations, le créancier (le prêteur) ne peut exercer sa garantie quelle qu'elle soit.

Nous examinerons maintenant les divers modes de financement de l'entreprise garantis sur ses actifs.

Le gage

Les articles 1966 et 1968 du Code civil établissent que le **gage** est le nantissement d'une chose mobilière. Le nantissement est un contrat par lequel une chose est mise entre les mains du créancier ou, étant déjà entre ses mains, est par lui retenue avec le consentement du propriétaire pour sûreté de la dette. Le gage permet donc à un débiteur d'obtenir un financement ou un prêt en donnant en garantie un bien meuble. D'une façon générale, le gage ne s'applique qu'aux biens meubles et non aux immeubles.

Le propriétaire du bien donné en gage devra s'en déposséder et le remettre entre les mains de son créancier jusqu'à ce qu'il ait remboursé le prêt ou rempli les obligations stipulées au contrat.

La littérature française nous a donné de nombreux exemples de gage. L'image qui nous revient le plus souvent à l'esprit est celle du prêteur sur gage qui avance de l'argent sur la garantie de bijoux de famille ou d'oeuvres d'art que le débiteur laisse entre ses mains aussi longtemps que le prêt n'est pas remboursé. À défaut par le débiteur de rembourser le prêt, le prêteur conservait les biens en question. Ce genre de prêt existe encore de nos jours. Les banques et autres établissements financiers prêtent à leurs clients et prennent en gage certains biens mobiliers ou valeurs mobilières de leurs clients, comme des certificats d'actions ou d'obligations.

Ces certificats sont remis entre les mains du prêteur, qui les garde en sa possession jusqu'à ce que le prêt soit remboursé. Il les remet alors au client. Le créancier-gagiste ne peut se faire justice lui-même; il doit préalablement obtenir un jugement contre le débiteur en défaut afin de saisir les biens, de les vendre et d'en disposer. Les banques ne sont pas assujetties à ce principe lorsqu'elles détiennent des biens en gage.

Par ailleurs, l'article 1971 du Code civil indique que le créancier peut aussi stipuler dans le contrat qu'à défaut de paiement par le débiteur, il aura le droit de garder le bien donné en gage; il exerce par ce fait même une sorte de clause de dation en paiement mobilier, laquelle n'est pas soumise aux modalités des articles 1040 et suivants du Code civil concernant l'avis de 60 jours.

Le nantissement commercial

Les articles 1979 et suivants du Code civil permettent à tout commerçant de donner en garantie d'un prêt son outillage, sa machinerie, son matériel et son équipement professionnel, pour un terme n'excédant pas 10 ans. Ce genre de gage, appelé le **nantissement commercial**, se caractérise principalement par le fait que le débiteur commerçant conserve la garde et la possession des effets nantis, contrairement au gage conventionnel.

Ce nantissement doit être spécifié dans un contrat notarié ou signé devant deux témoins et enregistré au bureau de la division d'enregistrement du lieu où les biens se trouvent. En plus d'indiquer la localisation des biens, le contrat énumère de façon claire et précise les biens nantis; ceux-ci sont identifiés en spécifiant, par exemple, leur numéro de série.

Exemple: Jacques Dupuis est un commerçant de matériaux de construction. Il possède trois camions entièrement payés et de l'outillage spécialisé pour les besoins de son commerce, le tout ayant une valeur de 75 000 $. Il pourra obtenir un prêt de 35 000 $ et nantir ses camions de même que son outillage spécialisé pour garantir ce prêt, tout en conservant la possession de ces biens, pourvu que le prêt n'excède pas 10 ans.

Le contrat en question ne peut contenir de clause de dation en paiement, en vertu de laquelle le créancier deviendrait propriétaire des biens nantis en cas de défaut de paiement par le débiteur. Mais le créancier pourrait:

1. contraindre l'emprunteur à lui livrer sur demande les biens nantis;
2. prendre automatiquement possession des biens nantis;
3. faire vendre les biens aux enchères, après avoir expédié un avertissement par lettre recommandée au propriétaire des biens à sa dernière adresse connue, et faire publier un avis de vente dans les journaux. La vente ne peut avoir lieu que deux semaines après la dernière publication. Huit jours après la vente, le créancier doit rendre des comptes à l'emprunteur et lui remettre tout surplus qu'il pourrait avoir entre ses mains.

La loi prévoit également les nantissements agricoles et forestiers dont les modalités sont similaires au nantissement commercial. Ils permettent aux exploitants agricoles et forestiers de même qu'aux éleveurs d'animaux de ferme de nantir leurs animaux, les produits de leur exploitation, leur machinerie et leur outillage agricoles ou forestiers.

Le contrat de vente conditionnelle

En vertu du **contrat de vente conditionnelle**, l'entreprise finance surtout l'achat d'équipement, d'outillage, de mobiliers et de matériel roulant. Au lieu de payer comptant le prix d'achat de ceux-ci, elle verse une somme pouvant varier entre 10 % et 30 % du coût initial. Quant au solde, l'entreprise s'engage à le rembourser, généralement par versements mensuels, égaux et consécutifs, en incluant un pourcentage pour le financement et les assurances.

C'est le vendeur du bien ou une société de crédit d'achat qui assure le financement de la transaction et en reste propriétaire jusqu'à parfait paiement. En cas de non paiement, le vendeur ou la société peut reprendre le bien et conserver tous les paiements déjà effectués par l'acheteur.

De moins en moins de vendeurs utilisent ce genre de vente conditionnelle préférant laisser à des sociétés de financement spécialisées dans ce domaine, comme Roy Nat ltée ou I.A.C. ltée, le soin de financer ces transactions sur une période ne dépassant pas cinq ans. Chacun y trouve son compte. D'une part, le vendeur n'a pas à immobiliser ses liquidités sous forme d'un compte à recevoir payable sur deux, trois ou cinq ans; il préfère être payé immédiatement par la société de crédit d'achat. D'autre part, l'acheteur peut se procurer immédiatement la pièce d'équipement dont il a besoin pour l'exploitation de son commerce.

Finalement, la société de financement de crédit d'achat qui se spécialise dans ce genre de transaction se voit transférer la propriété du bien du vendeur jusqu'à parfait paiement par l'acheteur.

Le crédit-bail

Le **crédit-bail** est une technique de financement utilisée autant pour des meubles que pour des immeubles. L'entreprise peut avoir intérêt à se demander s'il est préférable pour elle d'acheter ou de louer son équipement, son outillage, sa machinerie et même les locaux abritant son fonds de commerce. La location a comme avantage d'éviter une sortie ou une immobilisation importante de capital. Elle peut aussi lui éviter d'avoir à recourir à l'emprunt pour financer l'achat d'une pièce d'équipement. Pour répondre à ces divers besoins, l'usage commercial a développé une technique de financement qui ressemble à la fois au contrat de location et au contrat de vente conditionnelle.

Le crédit-bail est essentiellement un bail avec une option d'achat ou de renouvellement avec un équipement neuf. Ce type de financement peut s'avérer fort utile lorsqu'une entreprise veut financer l'acquisition de biens ou de pièces d'équipement, dans des secteurs où la technologie change continuellement, comme la bureautique ou l'informatique. En effet, le micro-ordinateur qu'on achète aujourd'hui et qui sera entièrement payé dans trois ou cinq ans sera probablement dépassé ou désuet à l'expiration du terme. Le crédit-bail permet à l'entreprise de louer l'appareil avec l'option de l'acheter dans trois ou cinq ans moyennant le paiement d'un montant forfaitaire fixé d'avance dans le contrat. Ainsi, à l'expiration du contrat, si l'appareil s'avère démodé, l'entreprise préférera louer un nouvel appareil avec la même option d'achat, plutôt que de l'acheter.

Ce type de financement est de plus en plus répandu dans le domaine commercial et est utilisé pour le financement de mobilier, d'équipement, d'automobile et de matériel roulant. Il est régi par l'article 1603 du Code civil et, à l'égard de l'aspect fiscal, par le bulletin d'interprétation IT-233R en date du 11 février 1983. En plus de contribuer à la conversation des liquidités de l'entreprise, le crédit-bail est très accessible.

L'affacturage (le *factoring*)

L'**affacturage** est un type de financement qui s'apparente à la cession générale de créances que nous verrons plus loin dans ce chapitre. Dans le cas de la cession générale de créances, l'entreprise cède ses créances ou comptes-clients en garantie d'un prêt à un établissement financier. Dans le cas de l'affacturage, les comptes-clients sont littéralement vendus à rabais à une société d'affacturage; celle-ci avance, en quelque sorte, à une entreprise les fonds dont elle a besoin tout en lui épargnant les risques inhérents au recouvrement des comptes-clients.

Le contrat d'affacturage prévoit généralement que les comptes-clients d'une entreprise deviennent la propriété de la société d'affacturage moyennant le paiement par cette dernière d'une somme équivalente à la valeur des comptes-clients. La société d'affacturage déduit de cette somme un pourcentage destiné à couvrir les mauvaises créances, les frais de financement et, enfin, une commission sur les ventes.

La société d'affacturage prend en charge le recouvrement et le risque des comptes-clients de l'entreprise, après les avoir examinés et évalués, renonçant à tout recours contre l'entreprise. Elle agit alors à titre de bureau de crédit et d'agence de recouvrement de ces créances. À cette fin, le contrat prévoit, de la part de l'entreprise, la cession de tous ses droits dans ses comptes-clients. La compagnie d'affacturage se réserve le droit d'approuver chacun des clients de l'entreprise et le pourcentage de ventes consenti à chacun de ses clients. En résumé, l'affacturage fonctionne de la façon suivante:

— l'entreprise accepte des commandes pour la vente de ses produits;
— ces commandes sont transmises à la société d'affacturage qui décide si elle les approuve ou non;
— l'entreprise expédie les produits conformément aux commandes approuvées;
— la société d'affacturage paie immédiatement à l'entreprise la somme convenue dans le contrat en déduisant une commission sur la vente et le coût de financement qui dépasse de plusieurs points le taux d'intérêt bancaire. Compte tenu des risques plus élevés reliés à l'affacturage, son coût peut s'avérer supérieur aux autres types de financement.

Tableau 8.3   Comparaison entre le crédit-bail et le prêt

Crédit-bail comparé
au prêt conventionnel
Rendement effectif pour l'établissement prêteur

HYPOTHÈSES:
— avance = 100 000 $
— durée : 84 mois (7 ans)
— paiements mensuels : 1 550 $ (18 600 $ par année)
— le prêt comprend un ballon de 10 000 $ remboursable à l'échéance
— le crédit-bail comprend une option de rachat de 10 000 $

Description	1	2	3	4	5	6	7	Option de rachat	Solde non-amorti	Rendement effectif
Prêt										
(1) Intérêt	9 107 $	8 217 $	7 160 $	5 992 $	4 706 $	3 290 $	1 728 $			
(2) Moins impôt (50 %)	4 553	4 109	3 580	2 996	2 353	1 645	864			
(3) Plus remboursement en capital	9 493	10 383	11 440	13 894	15 310	16 872	10 000			
(4) Entrées nettes de fonds	14 047	14 491	15 020	15 604	16 247	16 955	17 736	10 000		9,7%
Crédit-bail										
(5) Loyer	18 600	18 600	18 600	18 600	18 600	18 600	18 600			
(6) Moins amortissement	18 600	18 600	18 600	13 260	9 282	6 497	4 548		613	
(7) Revenu imposable	—	—	—	5 340	9 318	12 103	14 052			
(8) Impôt (7) X 0,5	—	—	—	2 670	4 659	6 051	7 026			
(9) Entrées nettes de fonds (5)-(8)	18 600	18 600	18 600	15 930	13 941	12 549	11 574	10 000		11,0%

Source: *Les Affaires*, cahier spécial, 15 octobre 1983, p. S-28.

Tableau 8.4   Exemple d'affacturage

Exemple d'un affacturage
sur avance

(1) Ventes annuelles	6 000 000 $
(2) Comptes à recevoir	1 300 000 $
(3) Réserves pour mauvaises créances	156 000 $
(4) Comptes à recevoir éligibles (2)—(3)	1 144 000 $
(5) Avance totale (4) x 0,85	973 372 $
(6) Marge de crédit bancaire actuelle	600 000 $
(7) Avance nette (5)—(6)	373 372 $

(coût 2,5 % au-dessus
du taux préférentiel)

Source: *Les Affaires,* cahier spécial, 15 octobre 1983, p. S-26.

Tableau 8.5   Différence entre l'affacturage et le financement commercial

Différence entre l'affacturage et le financement commercial

	Affacturage sur avance	Financement commercial
Assurance	Oui. Les mauvaises créances sont absorbées par la compagnie d'affacturage.	Non. Les mauvaises créances sont la responsabilité du client.
Perception	Oui. La compagnie d'affacturage administre et perçoit les comptes recevables.	Non. Le client continue à percevoir ses comptes recevables.
Tenue des livres	Oui. La compagnie d'affacturage tient à jour les livres (*ledgers*).	Non. La tenue des livres incombe au client.
Commission sur vente	Oui. Elle se situe entre 0,75 % et 2 % sur les ventes annuelles.	Aucune.
Avance sur les comptes recevables	Oui. Jusqu'à 80 %-90 % de la valeur nominale des comptes recevables.	Oui. Jusqu'à 80 %-90 % de la valeur nominale des comptes recevables.
Coût de l'avance avec les comptes recevables en collatéral	L'intérêt est de 2 % à 3 % au-dessus du taux préférentiel bancaire.	L'intérêt est de 4,5 % à 8 % au-dessus du taux préférentiel bancaire.
Avance avec les inventaires comme garantie collatérale	Oui.	Oui.

Source: *Les Affaires,* cahier spécial, 15 octobre 1983, p. S-27

Ce mode de financement est aussi très contraignant pour l'emprunteur, car la société d'affacturage se réserve un droit de regard sur ses affaires; elle approuve ou désapprouve tout nouveau client, de même que la marge de crédit accordée à tout client de l'entreprise. L'affacturage est surtout utilisé dans le domaine du textile et du vêtement, ainsi que dans les entreprises à champs d'activités saisonniers; il constitue souvent le dernier recours pour une entreprise, lorsque les autres établissements financiers refusent de lui avancer des fonds.

D'une part, l'entreprise qui a recours à l'affacturage n'a pas besoin de maintenir un service de crédit et de recouvrement des comptes et d'y affecter du personnel; d'autre part, cette technique de gestion financière permet à une entreprise d'être payée par anticipation avant même l'échéance de ses comptes-clients.

La marge de crédit

La **marge de crédit** est un autre mode de financement auquel ont recours un très grand nombre d'entreprises. Il est fréquent d'entendre un commerçant dire qu'il dispose d'une marge de crédit de 25 000 $, 50 000 $, 200 000 $, etc. Cette marge de crédit représente une somme d'argent jusqu'à concurrence d'un montant maximal qu'un établissement prêteur met à la disposition d'une entreprise pendant une période d'un an. À la fin de son exercice, la compagnie doit fournir à l'établissement prêteur ses états financiers détaillés.

L'établissement financier consent cette avance à une compagnie au moyen d'un prêt à demande, c'est-à-dire qu'il peut en exiger le plein remboursement en tout temps. Étant donné le risque que représente ce mode de financement pour l'établissement prêteur, ce dernier majorera son taux d'intérêt préférentiel de 1 % à 3 %, à titre de compensation.

Comme le taux d'intérêt préférentiel est sujet aux fluctuations du taux d'escompte de la Banque du Canada, le taux d'intérêt applicable à la marge de crédit varie proportionnellement.

Le mode de fonctionnement de la marge de crédit est sensiblement le même que celui de la carte de crédit émise au nom d'une personne par «Visa» ou «Master Card». Par exemple, si une entreprise jouit d'une marge de crédit de 70 000 $, elle peut émettre des chèques jusqu'à concurrence de 70 000 $ de la même façon que le consommateur peut faire des achats avec sa carte de crédit jusqu'à concurrence du montant maximal autorisé. Ainsi, l'entreprise pourra, grâce à sa marge de crédit, payer ses dépenses courantes, comme son loyer, les salaires de ses employés, ses achats de marchandises, sa petite caisse, etc.

Au fur et à mesure qu'un chèque est payé par la banque, il diminue d'autant le montant disponible de la marge de crédit. Généralement, l'entente avec la banque prévoit l'obligation pour l'entreprise de déposer dans son compte de banque tous les chèques ou revenus qu'elle perçoit, de façon à diminuer sa dette et à rembourser les avances faites par l'établissement financier. Si l'entreprise émet des chèques durant le mois de mars pour un total de 30 000 $ (loyer 5 000 $, salaires 7 000 $ et achats 18 000 $), sa marge de crédit alors disponible est de 40 000 $. Si l'on suppose que l'entreprise dépose dans son compte de banque des chèques pour un montant total de 20 000 $, le même mois (G. Lecompte 3 500 $, Y. Lemieux 5 000 $ et XYZ ltée 11 500 $), elle disposera d'une nouvelle marge de crédit de 60 000 $.

On désigne cette opération financière par l'expression **crédit rotatif**. La banque consent des avances de fonds à l'entreprise qui, en retour, signe des billets à demande pour couvrir les sommes avancées. L'entreprise rembourse la banque et ces sommes d'argent sont imputées sur les billets déjà signés; la banque les retourne à l'entreprise et lui demande alors de les remplacer par de nouveaux billets au fur et à mesure que des nouvelles avances de fonds sont consenties.

L'entreprise ne paie pas d'intérêt sur le plein montant mis à sa disposition (70 000 $), mais seulement sur le montant qu'elle a réellement utilisé au cours du mois.

Dans notre exemple, l'entreprise paierait de l'intérêt sur 10 000 $ pour le mois de mars, compte tenu des dépôts effectués et des chèques émis. En pratique, les établissements financiers exigent un intérêt quotidien sur le montant réellement utilisé durant le mois. Les marges de crédit consenties par les établissements financiers sont généralement garanties par le biais d'une cession générale de créances.

La cession générale de créances

La **cession générale de créances** est très fréquente et obéit aux dispositions des articles 1571 et suivants du Code civil.

Une entente intervient entre l'entreprise et l'établissement prêteur, le plus souvent une banque; cette entente stipule qu'en garantie du prêt ou de la marge de crédit que la banque lui accorde, l'entreprise cède à la banque tous ses comptes-clients. La banque fait enregistrer la cession de créances au bureau d'enregistrement du district du siège social de l'entreprise.

Ainsi, contrairement à l'affacturage suivant lequel l'entreprise vend ses comptes-clients à un tiers dans le but d'en obtenir le financement de ses activités commerciales, la cession générale de créances est un mode de financement aux termes duquel l'entreprise cède et donne ses comptes-clients en garantie à la banque. La banque ne procède pas elle-même au recouvrement des comptes-clients, mais cette tâche incombe à l'entreprise.

Aussi longtemps que l'entreprise respecte son entente avec l'établissement financier, ou que la marge de crédit n'est pas réduite ou rappelée par ce dernier, les débiteurs ne font affaires qu'avec l'entreprise.

Généralement, l'établissement financier exige que l'entreprise lui soumette, à tous les mois, une liste de ses comptes-clients accompagnée des noms de ses divers débiteurs, des sommes dues par chacun, ainsi qu'une mention de la durée du terme accordé (30, 60, 90 ou 120 jours, par exemple).

Lorsqu'une marge de crédit est garantie par une cession générale de créances, l'établissement financier prête en fonction de la valeur des comptes-clients. En général, la valeur de la marge de crédit se situe entre 60 % et 90 % de la valeur totale des comptes-clients. Plus une entreprise possède de comptes-clients importants, plus sa marge de crédit est élevée.

Si la banque exige le remboursement du prêt ou si l'emprunteur fait défaut de rembourser, la banque publie un avis dans les journaux disant qu'à compter de la date de l'avis, les débiteurs devront payer directement à l'établissement financier les sommes qu'ils doivent à l'entreprise. Le prêteur devient en quelque sorte subrogé aux droits de l'entreprise de se faire payer ces montants. Dans le cas où les débiteurs de l'entreprise feraient défaut de rembourser directement l'établissement financier après publication de l'avis, ce dernier peut les obliger à le rembourser, même si les créanciers ont déjà versé une somme d'argent à l'entreprise. Signalons qu'environ 80 % des entreprises ont recours à la marge de crédit et à la cession générale de créances pour obtenir des avances de fonds.

La garantie de l'article 178 de la *Loi sur les banques*

La **garantie de l'article 178 de la *Loi sur les banques***[2] est l'une des garanties les plus fréquemment utilisées dans le domaine commercial. Aux termes de cet article, tout marchand en gros ou au détail de produits bruts ou finis peut utiliser ce mode de financement, y compris les fabricants et les manufacturiers, ainsi que les cultivateurs, les pêcheurs et les sylviculteurs. Cette disposition de la loi vise à garantir le remboursement d'un prêt ou d'une avance de fonds consentie par une banque à une entreprise. Habituellement, ces prêts revêtent la forme d'une marge de crédit.

En garantie du prêt, l'entreprise cède à la banque les biens visés à l'article 178, c'est-à-dire les matières premières, de même que les marchandises ou produits finis ou fabriqués, ainsi que leur emballage. En d'autres mots, cette garantie repose sur la matière première servant à fabriquer le produit jusqu'au produit fini. La durée de la garantie de l'article 178 est généralement d'une année et elle se renouvelle d'année en année, selon les conditions du contrat intervenu entre la banque et l'entreprise. Pour que la garantie soit valide et opposable aux tiers, un avis doit être enregistré au bureau québécois de la Banque du Canada. Cet avis doit être renouvelé tous les trois ans, si la garantie subsiste.

Si l'entreprise ne respecte pas ses obligations, la banque qui l'a financée dispose d'un droit de propriété sur les biens donnés en garantie. Elle peut les saisir, les vendre et diminuer d'autant la créance de l'entreprise.

Le contrat intervenu entre la banque et l'entreprise autorise souvent la banque à prendre possession du commerce et à l'exploiter pour réaliser ses garanties. Ainsi, il arrive qu'une banque prenne possession d'une entreprise en péril et continue de l'exploiter pendant un certain temps par le biais d'agents ou de mandataires autorisés à cette fin.

Lorsque la banque décide de recourir à cette méthode, le ou les propriétaires du commerce ainsi que ses administrateurs abandonnent tous leurs pouvoirs au profit de la banque.

La cession de biens en stock

Le 3 juillet 1984 entrait en vigueur la *Loi sur les connaissements, les reçus et les **cessions de biens en stock***[3]. Cette loi est le pendant provincial de la *Loi fédérale sur les banques*. Elle permet à des établissements prêteurs autres que les banques (les caisses populaires, par exemple) de détenir une garantie similaire à celle accordée aux banques en vertu de l'article 178. L'article 11 de la loi provinciale stipule que toute personne qui exploite une entreprise à caractère commercial ou non peut accorder une telle garantie à un prêteur.

Les biens faisant l'objet de cette garantie sont les biens en stock, c'est-à-dire l'inventaire de l'entreprise: biens meubles, matières premières, biens en cours de transformation, produits finis et biens servant à l'emballage. La loi permet à l'entreprise de céder en garantie ses stocks futurs, ceux acquis en remplacement, ainsi que l'indemnité de remplacement, telle le produit d'une police d'assurance. La cession ne peut être consentie qu'en garantie d'un prêt ou d'une marge de crédit.

L'article 20 de la même loi stipule que la cession doit être constatée dans un écrit et qu'elle n'est pas opposable aux tiers, à moins d'être enregistrée au

---

2. 29 Éliz. II, c. 40.

3. L.R.Q., c. C-53 et L.Q. 1982, c. 55.

bureau d'une division d'enregistrement. Un registre central des enregistrements des cessions de biens en stock a été mis sur pied à Montréal, et c'est la date et l'heure d'inscription à ce registre central qui déterminent la priorité des différentes cessions. L'enregistrement est valide pendant cinq ans et peut être renouvelé au besoin.

Les droits du prêteur sur les biens cédés en garantie sont identiques à ceux que possédait la banque en vertu de l'article 178. La loi mentionne en effet que cette dernière dispose des mêmes droits que le bénéficiaire de l'endossement d'un connaissement, c'est-à-dire des droits de propriété.

Lorsque l'entreprise est en défaut de respecter ses obligations, le prêteur peut reprendre possession des biens. Si l'entreprise refuse de les lui remettre, le prêteur peut, sur requête, obtenir une ordonnance obligeant l'emprunteur à lui remettre les biens. Il procède alors à la vente des biens aux enchères ou par appel d'offres. Cependant, la loi permet à l'emprunteur de rembourser le prêteur et de reprendre ses biens.

L'hypothèque

L'article 2016 du Code civil définit l'**hypothèque** comme suit :

> L'hypothèque est un droit réel sur les immeubles affectés à l'acquittement d'une obligation, en vertu duquel le créancier peut les faire vendre en quelques mains qu'ils soient, et être préféré sur le produit de la vente suivant l'ordre du temps, tel que fixé dans ce Code.

L'hypothèque n'est que l'accessoire d'un contrat principal. Contrairement à la croyance populaire, l'hypothèque n'est pas un contrat ; elle est plutôt une garantie que l'on ajoute à un contrat.

D'une façon générale, et à l'exception des dispositions spéciales sur les compagnies, l'hypothèque porte toujours sur un immeuble et elle doit être incluse dans un contrat notarié. Elle est ensuite inscrite au bureau d'enregistrement de la division où est situé l'immeuble.

Ce type de financement est utilisé par l'entreprise pour financer l'achat d'immeubles ou de terrains. Ces derniers sont évalués, et l'établissement financier prête une somme représentant environ 60 % à 80 % de la valeur des biens immobiliers. L'hypothèque est assortie d'un terme de remboursement qui peut varier selon les circonstances (5, 10, 15, 20 ou 25 ans) et par lequel l'entreprise s'engage à rembourser le prêteur au moyen de versements mensuels, égaux et consécutifs. Seul le propriétaire peut consentir une hypothèque sur son immeuble. Contrairement au gage, celui qui hypothèque son immeuble peut en conserver la possession et continuer de l'utiliser.

Exemple: Daniel achète une maison de Construction du Québec ltée au prix de 50 000 $; il verse un comptant de 10 000 $ et prévoit obtenir un prêt pour le solde de 40 000 $. Ce prêt peut lui être octroyé par un individu ou par un établissement financier (banque, caisse populaire, société de fiducie, etc.) qui exigera des garanties en remboursement du prêt.

La meilleure garantie que Daniel puisse offrir à cet établissement, c'est une hypothèque sur la bâtisse elle-même. Si Daniel est en défaut d'effectuer ses versements aux échéances convenues, le créancier pourra exercer sa garantie hypothécaire, c'est-à-dire faire saisir l'immeuble de Daniel, le faire vendre en justice et se faire payer à même le produit de la vente.

Dans notre exemple, Daniel doit rembourser les 40 000 $ sur une période de 25 ans, à raison de versements mensuels, égaux et consécutifs de 484 $ par mois, à un taux d'intérêt de 14,5 % l'an. Si Daniel ne rencontre pas ses obligations, il perdra le bénéfice du terme et le solde total de 40 000 $ deviendra alors dû et exigible en capital, intérêts et frais.

La clause de dation en paiement

Aujourd'hui, tous les contrats de prêt hypothécaire sont assortis d'une clause de **dation en paiement**. En vertu de cette clause, le créancier d'un débiteur en défaut peut s'adresser au tribunal pour se faire déclarer propriétaire irrévocable de l'immeuble; le créancier garde alors les versements qui lui ont été faits et il est libéré de tous droits ou autres hypothèques et charges pouvant exister en faveur d'un tiers. L'ajout d'une telle clause dans un contrat de prêt hypothécaire confère donc au prêteur le choix de réclamer le solde impayé de son prêt par une action hypothécaire ou de se faire déclarer propriétaire irrévocable de l'immeuble par une action en dation en paiement.

Avant de se faire déclarer propriétaire irrévocable de l'immeuble, le créancier qui choisit d'exercer la clause de dation en paiement doit expédier à son débiteur un avis écrit de 60 jours tel que l'exigent les alinéas a et b de l'article 1040 du Code civil. Cet avis doit être signifié au débiteur en défaut; il doit indiquer la désignation cadastrale de l'immeuble concerné et être enregistré au bureau de la division d'enregistrement où l'immeuble est situé.

Le débiteur ou tout autre intéressé peut empêcher le créancier de devenir le propriétaire irrévocable de l'immeuble en remédiant à l'omission et en payant le capital, les intérêts et les frais dus, dans les 60 jours ou avant qu'un jugement ne soit intervenu pour déclarer le créancier propriétaire irrévocable de l'immeuble.

Dans l'exemple précité, même si Daniel est en défaut d'effectuer un versement, si le prêteur choisit de se faire déclarer propriétaire irrévocable de l'immeuble, il devra préalablement lui expédier l'avis écrit de 60 jours. Dans une telle éventualité, Daniel ou tout autre intéressé (le détenteur d'une deuxième hypothèque, par exemple) pourra remédier au défaut et verser les 550 $ dus, les intérêts et les frais avant le jugement pour empêcher la réalisation de la dation en paiement.

Lorsqu'il y a plusieurs hypothèques sur un même immeuble, la priorité de paiement dépend de la date de l'enregistrement. On parle alors de première, de deuxième ou de troisième hypothèque.

Exemple: Jean-Guy a accordé une hypothèque à la Banque du Québec le 1er septembre 1985; cette hypothèque a été enregistrée le 21 septembre de la même année. Le 3 septembre, Jean-Guy a accordé une autre hypothèque à la Fiducie de Laval, et cette hypothèque a été enregistrée le 15 décembre 1985. Enfin, le 7 septembre 1985, Jean-Guy a accordé une troisième hypothèque à la caisse populaire de Saint-Vivant, et cette dernière hypothèque a été enregistrée en date du 11 septembre 1985. Ces trois hypothèques ont été octroyées sur le même immeuble situé sur la rue Esplanade. C'est la date d'enregistrement de chacune des hypothèques qui détermine leur ordre de priorité:

— 1re hypothèque:
  caisse populaire Saint-Vivant,
  le 11 septembre 1985;
— 2e hypothèque:
  Banque du Québec,
  le 21 septembre 1985;
— 3e hypothèque:
  Fiducie de Laval,
  le 15 décembre 1985;

Il est évident que la garantie accordée par une deuxième hypothèque est moins sûre que la garantie offerte en vertu d'une première hypothèque, et ainsi de suite. S'il y a vente aux enchères, on paiera en priorité la créance du détenteur de la première hypothèque, et s'il ne reste plus d'argent, le détenteur de la deuxième hypothèque ne sera plus considéré comme un créancier garanti, mais comme un créancier ordinaire. La date d'enregistrement des hypothèques est donc primordiale.

Le cautionnement

L'article 1929 du Code civil définit ainsi le **cautionnement** :

> Le cautionnement est l'acte par lequel une personne s'engage à remplir l'obligation d'une autre pour le cas où celle-ci ne la remplirait pas. L'on nomme caution celui qui contracte cet engagement.

La caution n'est tenue de satisfaire à l'obligation du débiteur que si ce dernier n'y satisfait pas lui-même. On emploie communément les termes *endosseur* ou *cosignataire* pour désigner une caution. Le terme endosseur illustre bien le rôle de la caution. En effet, celle-ci endosse les obligations et les dettes du débiteur et à défaut par le débiteur de payer ou d'assumer ses obligations, l'endosseur en deviendra personnellement et solidairement responsable avec le débiteur principal. Le contrat de cautionnement permet au créancier de recourir à un ou à plusieurs débiteurs pour garantir le paiement de la dette ou l'exécution des obligations du débiteur principal.

Lorsqu'une compagnie signe un bail commercial ou contracte un emprunt, il n'est pas rare que le locateur ou le prêteur exige des principaux actionnaires qu'ils cautionnent les obligations de la société, afin de se protéger contre la faillite éventuelle de l'entreprise, écartant ainsi le principe de la responsabilité limitée des actionnaires. En pratique, l'entrepreneur qui débute en affaires n'a pas souvent le choix, et l'établissement financier qui lui avance des fonds exige son cautionnement personnel.

Dans un contrat de construction assortie d'une clause pénale stipulant que la construction doit être terminée à une date précise, à défaut de quoi l'entrepreneur devra payer une pénalité de 5 000 $ par jour de retard, il est préférable d'exiger le cautionnement personnel du président et (ou) des principaux dirigeants de l'entreprise pour garantir le paiement de la pénalité, dans le cas de la faillite de la compagnie. Il est donc prudent de prendre une assurance cautionnement en garantie des obligations du débiteur.

L'assurance-vie

La plupart du temps, les prêteurs exigent qu'une police d'assurance soit souscrite, à titre de garantie additionnelle, sur la vie de l'emprunteur, de ses associés, des principaux administrateurs et actionnaires majoritaires d'une société par actions pour répondre du paiement des dettes de l'entreprise. L'établissement prêteur exige que l'entreprise dépose en garantie une police d'assurance-vie, surtout si elle repose essentiellement sur les épaules d'une pesonne. Au décès de cette dernière, le prêteur est alors payé à même le produit de cette police d'assurance en remboursement des prêts de l'entreprise.

L'émission d'obligations

À l'instar des gouvernements provinciaux et fédéral, des municipalités et des commissions scolaires, une compagnie peut émettre des obligations ou des débentures pour assurer son financement. Il est important de noter que ce type de financement est exclusif aux sociétés par actions et aux sociétés en commandite.

L'obligation et la débenture

L'**obligation** et la **débenture** sont des titres de créances négociables et créés par la compagnie en vertu d'un acte de fiducie.

L'obligation est une dette de l'entreprise (l'emprunteur) à l'égard d'un bailleur de fonds (le prêteur). L'entreprise s'engage à rembourser cette dette au prêteur à une date déterminée et à lui payer entre-temps un intérêt fixe. L'obligation comporte généralement des garanties spécifiques (hypothèque, nantissement) sur les actifs immobilisés de l'entreprise comme les terrains, les immeubles, les équipements et la machinerie.

En ce qui concerne la débenture, elle est une obligation qui ne comporte aucune garantie spécifique sur les biens de l'entreprise.

Elle constitue plutôt une reconnaissance de dette, comme un billet à ordre. C'est l'ensemble des biens de l'entreprise qui en garantissent le remboursement. Comme l'obligation, la débenture comporte un intérêt fixe et doit être remboursée à une date déterminée. L'émission d'obligations ou de débentures est donc une autre façon pour la compagnie d'emprunter et de se financer. La transaction relative à l'émission d'obligations s'effectue au moyen d'un acte de fiducie. Il s'agit d'une convention notariée dont les buts sont les suivants :

— définir les conditions de l'émission des obligations et des débentures ;
— indiquer quels biens de l'entreprise sont cédés en garantie ;
— définir les obligations de l'entreprise de même que les restrictions sur l'administration de ses affaires ;
— prévoir les recours du fiduciaire et des détenteurs, en cas de défaut de l'entreprise de respecter ses obligations en vertu de l'acte de fiducie ou de son contrat d'emprunt.

L'acte de fiducie prévoit la nomination d'un fiduciaire (la société de fiducie) qui est chargé de surveiller les intérêts des détenteurs des certificats d'obligation. Ces derniers ont tous les mêmes droits.

Une compagnie peut émettre des obligations et des débentures en vertu des articles 27, 28 et 30 de la *Loi sur les pouvoirs spéciaux des corporations*, de même qu'en vertu de la L.S.C.C.

La personne qui achète un certificat d'obligation ou une débenture s'appelle un **obligataire**. L'obligataire n'est pas nécessairement un actionnaire de la compagnie. S'il désire devenir actionnaire, il devra acheter des actions dans la compagnie, car son certificat d'obligation ne lui donne pas, comme tel, le titre d'actionnaire, ni les privilèges rattachés à cette condition. Contrairement à l'actionnaire, il n'a aucun droit de regard sur les affaires de la compagnie. Celui qui achète les certificats d'obligations d'une compagnie fait à celle-ci, en quelque sorte, un prêt pendant un certain temps et moyennant certaines conditions, dont la plus importante est le paiement d'un taux fixe d'intérêt mentionné sur le certificat d'obligation.

L'obligataire investit dans la compagnie dont il devient alors un créancier ; ainsi, l'entreprise a des obligations à son égard dont les principales sont d'une part, le remboursement du capital prêté à l'expiration de la période stipulée au certificat et, d'autre part, le versement de l'intérêt stipulé sur le certificat aux dates qui y sont mentionnées.

L'acte de fiducie prévoit aussi un certain nombre de restrictions sur l'administration des affaires de la compagnie. Citons par exemple, l'interdiction de payer tout dividende avant le remboursement du prêt, de transférer ou d'émettre des actions, l'obligation de toujours garder un certain inventaire et de conserver les biens donnés en garantie, etc. Si la compagnie néglige ou omet de remplir ses obligations, l'obligataire pourra la poursuivre devant les tribunaux et l'obliger à lui verser l'intérêt stipulé, contrairement à l'actionnaire qui, lui, ne peut obliger la compagnie à lui verser un dividende.

Dans le cas de la faillite ou de la liquidation de la compagnie, les actionnaires sont payés après tous les autres créanciers de la compagnie et selon la catégorie d'actions qu'ils détiennent dans la compagnie. En général, les obligataires sont des créanciers garantis de la compagnie, car le paiement des obligations est garanti sur des biens spécifiques de la compagnie, une hypothèque sur les immeubles, par exemple; ils sont donc payés avant les actionnaires. Par ailleurs, l'acte de fiducie permet au fiduciaire de reprendre possession des actifs de l'entreprise et de les administrer pour protéger les intérêts des détenteurs d'obligations, en cas de défaut de la part de l'entreprise.

Les garanties de l'acte de fiducie

Comme on l'a déjà dit, l'**acte de fiducie** est un contrat notarié autorisé en vertu de la *Loi sur les pouvoirs spéciaux des corporations* qui permet à une compagnie d'obtenir des capitaux d'un ou de plusieurs prêteurs en donnant en garantie des obligations qu'elle émet sur l'ensemble de ses biens, présents et futurs; elle est donc assujettie aux exigences relatives aux émissions d'obligations et elle définit tous les droits et toutes les responsabilités de l'emprunteur du créancier. L'acte de fiducie décrit clairement les garanties et fait état de la possession et de l'usage des biens hypothéqués. «On y retrouve habituellement divers engagements de la corporation quant à l'acquisition future de biens, l'exploitation de l'entreprise, le paiement du capital et des intérêts, la distribution de dividendes, le maintien du fonds de roulement et d'autres conditions et exigences spécifiques. D'un usage de plus en plus répandu pour le financement commercial, l'acte de fiducie apparaît souvent comme le point commun dans les cas de prise de possessions et mises en faillite[4].»

L'hypothèque

L'hypothèque dont il est question ici s'applique autant sur les meubles que sur les immeubles présents ou futurs de la compagnie, en vertu de la L.P.S.C.Q.[5]. C'est là une exception au principe général selon lequel on ne peut pas hypothéquer un meuble. Ce mécanisme opère par le biais d'un acte de fiducie.

Le nantissement ou gage sans dépossession

Il s'agit du gage prévu dans la L.P.S.C.Q. et non du nantissement commercial prévu au Code civil. Il s'applique aux biens présents et futurs de la compagnie. Ces deux derniers types de garanties ne s'appliquent qu'aux biens de la compagnie mentionnés dans l'acte de fiducie.

La garantie générale ou charge flottante

Elle s'applique sur tous les autres biens de la compagnie: l'inventaire, les créances, les comptes-clients et les autres valeurs mobilières qui ne font pas l'objet d'une des deux garanties spécifiques mentionnées ci-dessus.

La dette

Le montant total de la dette garantie par l'acte de fiducie doit être stipulée clairement dans le contrat. En général, on ajoute à ce montant 10% à 25% pour couvrir les intérêts, les frais d'administration et la perte de valeur des biens et des créances. Dans presque tous les cas, les principaux actionnaires et les administrateurs de la compagnie doivent, par surcroît, endosser personnellement les obligations de la compagnie garanties par l'acte de fiducie.

---

4. Durivage, Paul. «Au point de vue des bailleurs de fonds, l'acte de fiducie est indûment mythifié». *Les Affaires,* 15 octobre 1983, p. 5-24.

5. L.P.S.C.Q. est l'abréviation officiellement reconnue pour la *Loi sur les pouvoirs spéciaux des corporations du Québec.*

Pour les financer, bon nombre d'établissements financiers exigent de leurs clients la signature d'un acte de fiducie; le prêteur se trouve alors «surprotégé», puisqu'il détient une garantie sur tous les actifs de l'entreprise qui, à toutes fins utiles, ne peut plus changer sa destination sans l'assentiment du bailleur de fonds.

Les subventions

L'entreprise dispose de certaines autres sources de financement émanant des gouvernements. Elles prennent la forme de **subventions** ou de prêts aux entreprises.

Pour être admissible à ces programmes, l'entreprise doit répondre à des normes précises. Il existe toute une gamme de subventions, programmes et prêts gouvernementaux. Certaines municipalités accordent aussi des exemptions de taxes foncières ou locatives à une entreprise choisissant de s'établir sur leur territoire. Les gens d'affaires ont donc intérêt à se renseigner sur la nature de ces programmes.

Malheureusement, certains entrepreneurs sont portés à oublier cette source de financement qu'offrent les subventions. D'une façon générale, les programmes de subvention sont disponibles soit par secteur industriel (alimentation, textile, électronique, meubles, etc.), soit par région (selon le niveau de développement économique) ou soit par activité (emploi, recherche et développement, exportation, etc.).

Au provincial, les principales sources de subventions sont:

— le ministère de l'Industrie et du Commerce (MIC);
— la Société de Développement Industriel du Québec (SDI);
— l'Office de planification et développement du Québec (O.P.D.Q.);
— le Centre de recherche industrielle du Québec (CRIQ).

Au fédéral:

— le ministère de l'Expansion industrielle et Régionale (MEIR);
— l'Office canadien pour le renouveau industriel (OCRI);
— la Commission de l'emploi et de l'immigration (CEIC);
— la Banque fédérale de développement (BFD).

Au niveau municipal:

— les commissaires industriels des diverses municipalités du Québec.

Une entreprise a donc tout intérêt à examiner de près ces diverses sources additionnelles de financement, car, bien souvent, elles ne lui coûtent rien et constituent des capitaux additionnels sans autres frais pour l'entreprise.

La présentation d'une demande de prêt

Dans bien des cas, l'obtention ou le refus d'un prêt recherché par une entreprise repose sur la façon dont la demande est préparée et présentée.

Un dirigeant d'entreprise a intérêt à s'assurer que sa demande de prêt ou de subvention est bien préparée. Pour ce faire, il ne doit pas craindre d'avoir recours aux services de son comptable et de son avocat. Par exemple, si on planifie l'achat d'une pièce d'équipement, il est recommandé de faire une projection des économies qu'elle peut faire réaliser de manière à faciliter, par le fait même, le remboursement de l'emprunt.

Dans le cas d'une nouvelle entreprise, il est recommandé de fournir un bilan «pro forma» des activités prévues pour les premières années d'opérations. Un dossier doit être clair et présenté d'une façon étoffée. Les gens d'affaires avertis maintiennent par la suite une bonne communication avec leur bailleur de fonds et le tiennent régulièrement au courant des activités commerciales de l'entreprise.

Tableau 8.6 L'aide gouvernementale

Aide gouvernementale : les contacts

BUREAUX DE LA SDI

MONTRÉAL
Édifice Tour de la
Bourse
Case postale 276
Bureau 4205
Montréal, H4Z 1E8
Tél.: (514) 873-4375

QUÉBEC
1126, chemin St-Louis
Bureau 700
Québec G1S 1E5
Tél.: (418) 643-5172

SHERBROOKE
740, Galt Ouest
Bureau 303
Sherbrooke, J1H 1Z3
Tél.: (819) 565-1224

JONQUIÈRE
M.I.C. Centre
administratif
4e étage
Boul. Harvey
Jonquière, G7X 8L6
Tél.: (418) 547-9771

TROIS-RIVIÈRES
100, rue Laviolette
3e étage
Trois-Rivières, G9A 5S9
Tél.: (819) 379-3012

RIMOUSKI
337, rue Moreault
Rimouski, G5L 1P4
Tél.: (418) 722-3582

VICTORIAVILLE
Édifice Provincial
62, St-Jean-Baptiste
Victoriaville, G6P 4E3
Tél.: (819) 752-4521-22

MEIR
Bureau régional
du Québec
Tour de la Bourse
Bureau 4328
800, Place Victoria
C.P. 247
Montréal (Québec)
H4Z 1E8
Tél.: (514) 283-8185

Bureaux auxiliaires

Alma
Tél.: (418) 668-3084
Drummondville
Tél.: (819) 478-4664
Québec
Tél.: (418) 694-4451
Rimouski
Tél.: (418) 722-3282
Sherbrooke
Tél.: (819) 565-4713
Trois-Rivières
Tél.: (819) 374-5544
Val d'Or
Tél.: (819) 825-5260

**Office canadien
pour un renouveau
industriel
(Ocri)**
800, boul. Dorchester O.
C.P. 1510,
Succursale «B»
Montréal, Québec
H3B 3L2
Tél.: (514) 283-3361
Télex: 055-62224

AQVIR
Case postale 303
Succursale Desjardins
Montréal (Québec)
H5B 1B3

Chicoutimi
Directeur: A. Besner
Bureau de CASE
Coordonnateur:
G.E. Lessard
Drummondville
Directeur: A. Bourdeau
Granby
Directeur: M. Lapointe
Hull
Directeur: M. Ré
Laval
Directeur: R. Germain
Bureau de CASE
Coordonnateur:
M. Parisien
Longueuil
Directeur: P.A. Locas
Bureau de CASE
Coordonnateur:
P. Girard
Montréal
(de Maisonneuve)
Directeur: M. Bégin
Montréal
(Place Victoria)
Directeur: J.P. Hébert
Bureau de CASE
Coordonnateur:
J.G. Morin

**Ministère du
Commerce extérieur
Direction générale de
l'expansion des marchés**
770, rue Sherbrooke O.
6e étage
Montréal, Québec
H3A 1G1
Tél.: (514) 873-3204
Télex: 055-61760

Québec
Directeur: M. Tremblay
Bureau de CASE
Coordonnateur:
L. Leclerc
Rimouski
Directeur: N. Lancup
Bureau de CASE
Coordonnateur:
V. Bouchard
Rouyn-Noranda
Directeur: D. Poirier
St-Georges-de-Beauce
Succursale annexe
de Québec
St-Jérôme
Directeur: J. Lemay
St-Laurent
Directeur: J.R. Leahey
Bureau de CASE
Coordonnateur:
G.G. Robillard
Sept-Iles
Succursale annexe
de Rimouski
Sherbrooke
Directeur: A. Jarry
Bureau de CASE
Coordonnateur:
G. Bruneau
Trois-Rivières
Directeur: L. Cayer
Bureau de CASE
Coordonnateur:
B. Dubuc
Valleyfield
Succursale annexe
de St-Laurent

Source: *Finance*, 17 septembre 1984, p. 24.

Résumé

La fonction financement dans une entreprise se définit comme celle qui procure des fonds à l'entreprise et qui voit à l'utilisation efficace de ces fonds. D'une façon générale, l'entreprise se procure des fonds par le biais du financement par voie d'emprunts. La compagnie, pour sa part, possède un mode de financement qui lui est propre, en raison de ses caractéristiques et de son fonctionnement; c'est le financement par le capital-actions.

On définit le capital-actions comme le nombre ou la valeur maximum d'actions qu'une compagnie a le droit d'émettre pour assurer son financement. Il se divise en unités de mise de fonds, qu'on appelle des actions de la compagnie. Il se compose d'actions avec ou sans valeur nominale, ordinaires ou privilégiées. L'action ordinaire est l'action de base: elle accorde le droit de vote à son détenteur et aussi le droit de participer aux profits de la compagnie; sa valeur fluctue avec les affaires de la compagnie. L'action privilégiée confère à son détenteur certains avantages particuliers quant au paiement de dividendes et au remboursement du capital, par exemple.

Généralement, elles n'augmentent pas de valeur et sont non votantes. Les administrateurs d'une compagnie n'ont pas le droit de payer un dividende qui rendrait la compagnie insolvable ou qui entamerait son capital. La L.C.Q. et la L.S.C.C. prévoient la responsabilité des administrateurs dans de telles circonstances. Une compagnie peut augmenter ou réduire son capital-actions autorisé par le biais de lettres patentes supplémentaires pour les compagnies de la Partie I, et par statuts de modification pour les compagnies de la Partie IA et de la L.S.C.C.

On devient généralement actionnaires de la compagnie par la signature du mémoire des conventions, par la souscription ou par le transfert d'actions, par la transmission ou par l'échange d'actions.

Le financement par voie d'emprunts signifie que l'entreprise contracte une dette d'un prêteur qui est habituellement un établissement financier. Ce type de financement n'est pas exclusif aux compagnies, mais s'applique aux autres types d'entreprise individuelle, à la société de personnes et à la coopérative. On établit une distinction entre le financement à court et à moyen terme (moins de cinq ans) et le financement à long terme (cinq ans et plus). Les principaux types de financement sont le crédit commercial, les prêts bancaires non garantis, l'emprunt à terme, le gage, le nantissement commercial, le contrat de vente conditionnelle, le crédit-bail, l'affacturage, la marge de crédit avec cession générale de créances, la garantie de l'article 178 de la *Loi sur les banques*, la cession de biens en stocks, l'hypothèque et la clause de dation en paiement, le cautionnement, l'assurance-vie, l'émission d'obligations et l'acte de fiducie et, finalement, les subventions.

Tableau 8.7 Principaux modes de financement par voie d'emprunts

L'emprunt

Mode	Garanties données	Prêteurs	Recours du prêteur
Crédit commercial	Aucune.	Fournisseurs.	Déchéance du terme et (ou) action en justice.
Prêt bancaire	Aucune (quelquefois, des billets à demande).	Banques et caisses populaires.	Action en justice.
Emprunt à terme	Selon le type d'emprunt.	Banques, caisses populaires, autres établissements financiers et quelquefois, prêteur privé.	Action en justice et exercice de la garantie détenue.
Gage	Biens mobiliers remis au créancier prêteur.	Banques, caisses populaires, autres établissements financiers et, quelquefois, prêteur privé.	Actions en justice avec saisie avant jugement des biens détenus en gage, sauf pour les banques qui peuvent procéder sans action en justice. Dation en paiement, s'il existe une clause à cette fin; à défaut, vente aux enchères.
Nantissement commercial	Outillage, machinerie, matériel et équipement professionnel.	Banques, caisses populaires, autres établissements financiers et, quelquefois, prêteur privé.	Prise de possession des biens nantis. Actions en justice, vente aux enchères.
Contrat de vente conditionnelle	Outillage, machinerie, mobilier, matériel roulant et équipement professionnel restent la propriété du vendeur jusqu'à parfait paiement.	Vendeur ou compagnie de crédit d'achat.	Reprise du bien en cas de défaut, généralement sans recourir à une action en justice.
Crédit-bail	Généralement aucune; les biens faisant l'objet du crédit-bail demeurent la propriété du locateur jusqu'à la fin du contrat.	Compagnie de location ou de crédit d'achat.	Reprise du bien en cas de défaut, généralement sans recourir à une action en justice.
Affacturage	Comptes à recevoir ou comptes-clients.	Société d'affacturage.	Recouvrement des comptes effectué directement par le prêteur. Action contre les clients par subrogation; refus de crédit à certains clients.
Marge de crédit	Prêt à demande, billet à ordre payable à demande ou dans une	Banques, caisses populaires et établissements financiers.	Rappel de la marge de crédit. Demande de remboursement des

Garantie de l'article 178 de la *Loi sur les banques*	Inventaire, matières premières, effets, denrées, marchandises, produits bruts ou finis avec emballage.	Banques.	...faire de créance, un avis est donné aux débiteurs de l'exercice de la garantie et les oblige à rembourser directement le prêteur. Avis enregistré à la Banque du Canada, prise de possession des biens donnés en garantie, prise de possession du commerce, opération et liquidation de celui-ci pour payer sa dette.
Cession des biens en stock	Inventaire, matières premières, biens en cours de formation, produits finis avec emballage, stocks futurs, indemnité de remplacement.	Prêteurs autres que les banques.	Enregistrement de la cession au bureau d'enregistrement; mêmes recours que selon l'article 178 de la *Loi sur les banques*.
Hypothèque	Biens immeubles.	N'importe quel prêteur.	Remboursement du solde impayé; action hypothécaire, saisie de l'immeuble et vente aux enchères; si l'acte de prêt contient une clause de dation en paiement, reprise de l'immeuble pour s'en faire déclarer propriétaire et droit de garder les paiements déjà faits après signification d'un avis de 60 jours.
Cautionnement	Engagement personnel à remplir les obligations d'une autre personne, en cas de défaut de celle-ci.	N'importe quel prêteur.	Action en justice pour obliger la caution à exécuter l'obligation.
Assurance-vie	Police d'assurance-vie.	N'importe quel prêteur.	Avis à la compagnie d'assurance du décès et récupération du produit de la police d'assurance.
Émissions par une compagnie d'obligations et de débentures en vertu d'un acte de fiducie	Tous les biens meubles et immeubles présents et futurs de la compagnie.	Banques, caisses populaires et autres établissements financiers.	Exigibilité du remboursement du prêt; exercice des recours prévus à l'acte de fiducie, comprenant prise de possession des biens donnés en garantie et du commerce lui-même, vente des biens en remboursement du prêt.

Vocabulaire

Acte de fiducie

Action avec valeur nominale ou valeur au pair

Action non libérée

Action ordinaire

Action privilégiée

Action privilégiée convertible

Action privilégiée rachetable

Action sans valeur nominale ou sans valeur au pair

Actionnaire

Affacturage (*factoring*)

Agent de change

Capital-actions autorisé

Capital déclaré

Capital émis

Capital payé ou versé

Capital souscrit

Cautionnement

Certificat d'actions

Cession de biens en stock

Cession générale de créances

Contrat de vente conditionnelle

Convention entre actionnaires ou convention unanime d'actionnaires

Crédit-bail

Crédit commercial

Crédit rotatif

Dation en paiement

Débenture

Dividende

Emprunt

Emprunt à terme

Financement

Financement par le capital-actions

Financement par voie d'emprunts

Gage

Garantie de l'article 178 de la *Loi sur les banques*

Hypothèque

Marge de crédit

Nantissement commercial

Obligataire

Obligation

Prêt bancaire non garanti

Subvention

Questions

1. Qu'entend-on par capital-actions ou capital social d'une compagnie ?

2. Établissez la différence existant entre une action avec valeur nominale et une action sans valeur nominale.

3. Définissez l'action privilégiée et donnez-en des exemples.

4. Quels sont les principes régissant la responsabilité de l'administrateur qui consent au paiement d'un dividende qui entame le capital d'une compagnie ?

5. De quelle façon devient-on actionnaire d'une compagnie ?

6. Qu'est-ce que le crédit commercial ?

7. Comment une entreprise peut-elle utiliser le contrat de vente conditionnelle pour se financer ?

8. En quoi le crédit-bail peut-il être utile au financement de l'entreprise ?

9. Qu'est-ce que l'affacturage ?

10. Expliquez le fonctionnement de la marge de crédit.

11. En quoi consiste le nantissement commercial et en quoi se distingue-t-il du gage ?

12. Qu'entendez-vous par cession générale de créances ?

13. Comment fonctionne la garantie de l'article 178 de la *Loi sur les banques* ?

14. Expliquez le fonctionnement de la cession de biens en stock.

15. Quel est le rôle d'une clause de dation en paiement dans un prêt hypothécaire ?

16. Qu'est-ce que le cautionnement?

17. Faites la distinction entre les droits et obligations de l'actionnaire et ceux de l'obligataire.

18. Quelle différence existe-t-il entre l'obligation et la débenture?

19. Quels types d'aide les gouvernements offrent-ils aux entreprises?

20. Expliquez le mécanisme de l'acte de fiducie.

Cas pratiques

1. Paul Leriche et Pierre Lafortune sont les administrateurs de la compagnie Les Investissements Sara-Porte ltée, une compagnie québécoise. Ils viennent vous consulter et vous expliquent que le conseil d'administration de cette compagnie se compose de cinq membres: Jean Laruse, Serge Retord, Robert Letarte et eux-mêmes.

Chacun a investi 100 000$ dans la compagnie. Depuis deux ans, Retord et Laruse veulent obliger la compagnie à leur verser un dividende, ce que Leriche et Lafortune ont pu empêcher jusqu'à présent, étant donné que Letarte vote toujours comme eux au conseil d'administration.

Profitant des vacances de Leriche et de Lafortune, Laruse a convoqué une réunion du conseil d'administration au cours de laquelle il y avait quorum (soit trois personnes), puisque Laruse, Retord et Letarte étaient présents. Après avoir réussi à convaincre Letarte, les administrateurs ont voté un dividende de 10$ par action. Leriche et Lafortune vous expliquent que ce dividende entame le capital de la compagnie et risque de la rendre insolvable.

a) Quelles seront les conséquences de ce vote?

b) Que peuvent faire Leriche et Lafortune pour ne pas encourir de responsabilité personnelle dans cette affaire
   i) s'il s'agit d'une compagnie de la Partie I de la L.C.Q.?
   ii) s'il s'agit d'une compagnie de la Partie IA de la L.C.Q.?

c) Letarte peut-il modifier sa décision? Expliquez votre réponse.

d) Si la société avait été constituée en vertu de la L.S.C.C., les réponses données précédemment en b et c seraient-elles les mêmes?

2. Au cours d'une rencontre, M. P. Dégé, le président de la compagnie Sogabec inc., vous fait part des faits suivants: le conseil d'administration de la compagnie a décidé, après sa dernière réunion, de procéder à une émission d'actions de son capital-actions autorisé. Sogabec est une compagnie constituée en vertu de la Partie IA de la *Loi sur les compagnies du Québec*, et son capital-actions autorisé se détaille comme suit:

— 500 000 actions ordinaires d'une valeur nominale de 1$ chacune, dont 400 000 actions ont été émises. De ces 400 000 actions ordinaires, 350 000 sont entièrement libérées et 50 000 actions ont été émises en faveur de Yves Legarde qui n'a versé que 25 000$ à ce jour sur ces actions.
— 500 000 actions privilégiées sans valeur nominale, dont la moitié ont été émises et entièrement libérées. Les autres actions n'ont pas encore été émises.

M. P. Dégé vous informe que la société entend émettre 100 000 actions ordinaires d'une valeur nominale de 1$ chacune et n'exiger au moment de l'achat de ces actions que la moitié de leur prix. De plus, Sogabec a l'intention d'émettre 200 000 actions privilégiées sans valeur nominale, au prix de 1$ l'action, et de n'exiger, au moment de l'achat de ces actions, que la moitié de leur prix. Finalement, la compagnie veut créer une nouvelle catégorie d'actions privilégiées sans valeur nominale de classe «Y», assorties d'un double droit de vote et possédant un dividende prioritaire sur toutes les autres catégories d'actions de la compagnie.

a) Quel est le capital-actions autorisé de la compagnie?
Quel est son capital souscrit?
Quel est son capital émis et quel est son capital versé ou payé?

b) La société a-t-elle le droit de procéder comme elle l'entend pour l'émission de ses actions?

c) Expliquez à M. P. Dégé la procédure à suivre pour modifier le capital-actions de la compagnie.

d) M. P. Dégé vous signale que Sogabec inc. a avisé, à plusieurs reprises, Yves Lagarde de verser le solde dû sur ses actions, mais que ce dernier ne l'a jamais acquitté. Expliquez-lui les recours de la compagnie contre Yves Lagarde et les différentes procédures à suivre.

3. Mario et Jules sont les seuls actionnaires et administrateurs de la compagnie Les meubles modernes M.J. ltée, une société de fabrication et de vente d'ameublement récemment constituée. Mario est propriétaire d'une maison entièrement payée, d'une valeur de 80 000$, et possède divers autres biens évalués à 45 000$; Jules est propriétaire d'un immeuble évalué à 100 000$ et possède également des terrains d'une valeur de 25 000$. Les deux actionnaires ont besoin d'environ 700 000$ pour faire fonctionner leur entreprise. La compagnie possède déjà de la machinerie et de l'équipement entièrement payés d'une valeur de 400 000$ et elle désire se procurer de nouveaux équipements pour répondre à sa demande sans cesse croissante de production.

Présentement, la compagnie détient 500 000$ de commandes et de contrats de clients pour l'achat d'ameublement. Elle possède également 200 000$ de divers matériaux de fabrication. La compagnie, qui est propriétaire de l'usine qu'elle exploite, désire y apporter des rénovations et l'agrandir. Elle est sur le point de décrocher d'importants contrats d'exportation qui nécessiteront un financement de l'ordre de 5 millions de dollars. Avant de signer les nouveaux contrats, les administrateurs veulent s'assurer qu'ils obtiendront l'argent nécessaire à ce financement. Ils veulent que vous leur obteniez les meilleures sources de financement possibles et que vous leur expliquiez chacune de ces sources.

4. Catherine et Jean-François veulent lancer une entreprise sous la dénomination sociale Dépanneur Tout Temps ltée. C'est leur première expérience en affaires et ils désirent obtenir un financement pour leur commerce. Ils viennent vous consulter et vous expliquent les faits suivants:

— le fonds de roulement nécessaire pour leur commerce est d'environ 50 000$;
— chacun d'eux peut investir 25 000$ dans le commerce;
— le coût de l'équipement nécessaire au fonctionnement de l'entreprise est d'environ 75 000$;
— le commerce aura recours à une vingtaine de fournisseurs;
— ils prévoient se procurer, entre autres, un four pour faire du pain, des gâteaux et des pâtisseries, car plusieurs restaurateurs des environs les ont assurés de leur clientèle. Ils ont estimé à 15 000$ par mois les revenus provenant de ces ventes.

a) Dans un premier temps, ils vous demandent s'ils peuvent bénéficier de certaines sources de financement qui les dispenseraient de fournir des garanties. Si vous répondez par l'affirmative, décrivez ces sources et expliquez-en le fonctionnement.

b) Quelles sortes de garanties Catherine et Jean-François peuvent-ils offrir à l'établissement financier avec lequelle ils feront affaires ?

c) Catherine vous explique qu'une de ses amies qui exploite un commerce d'artisanat lui a dit que son directeur de banque avait exigé son cautionnement personnel pour garantir le prêt consenti à son entreprise. Elle vous demande si la banque a droit de procéder de cette façon, et si elle et Jean-François seront obligés de faire de même. Donnez-leur une réponse motivée.

d) Jean-François, pour sa part, vous déclare que lorsqu'il fréquentait le collège, en techniques administratives, il avait lu que de nombreuses entreprises obtenaient une marge de crédit pour financer leurs opérations. Ses souvenirs à ce sujet sont vagues, et il vous demande de lui expliquer le fonctionnement de la marge de crédit.

e) Après deux ans d'activités, Catherine et Jean-François désirent acheter un deuxième dépanneur. Le dépanneur qu'ils projettent d'acquérir est situé à Laval et est la propriété de Claude et Colette Comtois qui l'exploitent depuis bientôt 15 ans. Raymond Durocher, le père de Catherine, est prêt à financer l'achat de ce deuxième commerce, mais il exige certaines garanties. Quelle(s) garantie(s) Jean-François et Catherine peuvent-ils offrir à Raymond ? Expliquez votre réponse.

5. Serge Tellier est le gérant des ventes et le contrôleur de la société Tapis et Couvre-plancher S.T. inc. Il vous soumet les problèmes suivants :

a) Il vient de recevoir une lettre de la Banque du Québec, l'avisant que la banque allait réaliser sa cession générale de créances à l'encontre d'un de ses fournisseurs, Manufacture Beautapis inc. La lettre adressée à tous les débiteurs de Beautapis prévient ces derniers qu'à l'avenir, ils devront payer leurs comptes directement à la banque, et non à Beautapis. Le président de Beautapis, Louis Beauchamp, est un des amis personnels de Serge Tellier, et ce dernier préférerait continuer de payer son fournisseur directement, sans se préoccuper de la lettre de la Banque. Que lui conseillez-vous ? Expliquez votre réponse.

b) Son entreprise désire se lancer dans un nouveau champ d'activités : la fabrication de tapis. Son directeur de banque semble prêt à financer le projet, mais il exige des garanties additionnelles. Il lui a parlé de la garantie de l'article 178 de la *Loi sur les banques* ou d'un acte de fiducie. Il voudrait que vous lui expliquiez ces deux types de financement, ainsi que les garanties et les pouvoirs qu'ils confèrent au prêteur sur les affaires de son entreprise. Expliquez votre réponse.

c) Finalement, un autre de ses fournisseurs, Distribution de Tapis de l'Est inc., lui a expédié une facture sur laquelle il est indiqué qu'il doit payer la compagnie Affacturage Lecompte ltée, et non Distribution de Tapis de l'Est inc. C'est la première fois qu'il reçoit une telle facture et voudrait avoir des explications à ce sujet. Expliquez-lui de quoi il s'agit ainsi que le fonctionnement de ce mode de financement.

Plan du chapitre 9

Le fonctionnement de la société par actions

Les droits des actionnaires
    Dispositions générales
    Droit de vote
    Contrôle de la compagnie
    Droit aux dividendes
    Droit au capital
    Droit à l'information
    Droit de regard sur les questions importantes
    Droit dans une convention unanime entre les actionnaires
    Droit des actionnaires minoritaires
    Responsabilité des actionnaires
Les assemblées des actionnaires
    Dispositions générales
    Avis de convocation
    Quorum
    Président et secrétaire d'assemblée
    Vote
    Vote par procuration
    Résolutions signées et conférence téléphonique
    Sortes d'assemblées
Les administrateurs
    Administrateurs provisoires
    Administrateurs permanents
    Assemblées des administrateurs
La dissolution et la liquidation de la compagnie
    Dissolution volontaire
    Dissolution forcée

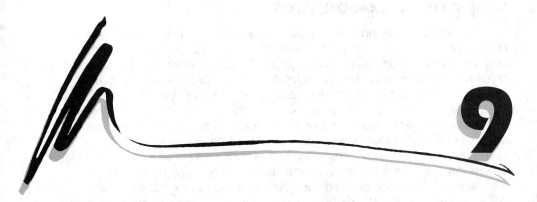

Le fonctionnement de la société par actions

Objectifs

1. Connaître le fonctionnement interne d'une société par actions au niveau des assemblées des actionnaires et des assemblées des administrateurs.
2. Faire la distinction entre les assemblées des actionnaires et les assemblées des administrateurs.
3. Savoir dans quelles circonstances une décision des administrateurs requiert la ratification des actionnaires.
4. Expliquer la notion de contrôle d'une compagnie.
5. Énumérer les cas où les administrateurs d'une société par actions engagent leur responsabilité personnelle.
6. Énoncer les principes relatifs à la dissolution forcée et à la dissolution volontaire d'une société par actions.

La compagnie possède un mode de fonctionnement tout à fait différent des autres types d'entreprises que nous avons examinées précédemment. Elle est administrée à deux paliers: l'assemblée des actionnaires et l'assemblée des administrateurs.

Les droits
des actionnaires

Dispositions générales

Le fait pour une personne de détenir une action dans une compagnie lui confère certains droits. Ces droits, privilèges et restrictions sont les mêmes pour les détenteurs de toutes les catégories d'actions, à moins de dispositions précises dans les lettres patentes ou les documents constitutifs de la compagnie. Pour déterminer les droits des actionnaires au sein d'une même compagnie, il faut donc examiner ces documents. Au chapitre précédent, nous avons étudié les distinctions fondamentales entre les actions ordinaires et les actions privilégiées. Nous avons également vu la façon de fonder une société et d'en devenir actionnaire. Il est important de savoir qu'on peut acquérir des actions autrement que par le versement d'une somme d'argent. En effet, par résolution, les administrateurs d'une compagnie peuvent décider d'émettre des actions en contrepartie de biens ou de services. La valeur de ces biens ou services devra être clairement stipulée dans la résolution.

Exemple: La compagnie ABC ltée peut émettre au nom de son avocat, Jean-Guy Poitras, 1000 actions ordinaires d'une valeur nominale de 1$ chacune, en contrepartie de services juridiques rendus à la compagnie pour un montant identique.

L'actionnaire de la compagnie doit être dûment inscrit dans les registres; il est propriétaire de la compagnie proportionnellement au nombre d'actions qu'il a souscrites en tant qu'investisseur. Les arrérages dus par tout actionnaire, même à la suite d'un appel de versement, le privent de son droit de vote lors des assemblées.

Droit de vote

À moins de dispositions contraires contenues dans la loi, les lettres patentes, les documents constitutifs ou les règlements de la compagnie, le vote se prend généralement à la majorité, en valeur, des actions représentées par les actionnaires présents ou représentés (50% des actions + 1). Le déroulement du vote se fait selon les dispositions des règlements de la compagnie. À défaut de règlements prévus, il revient au président de l'assemblée d'établir les règles en la matière. Dans le cas d'une résolution, à moins que le vote n'ait été demandé, le président peut déclarer la résolution adoptée.

L'exercice du droit de vote confère aux actionnaires des droits sur l'administration des affaires de la société. Généralement, les actionnaires ont le droit d'assister à toutes les assemblées d'actionnaires et d'y exercer leur droit de vote. Toutefois, il arrive qu'en vertu de dispositions spéciales contenues dans les documents constitutifs, les détenteurs de certaines catégories d'actions n'aient pas le droit d'assister à toutes les assemblées d'actionnaires, mais seulement à celles réservées à leur catégorie d'actions; il en est de même pour le droit de vote rattaché à ces actions.

Étant donné que les actions ordinaires sont habituellement assorties du droit de vote, il appartient à leurs détenteurs d'élire les administrateurs de la compagnie, à l'occasion de son assemblée annuelle. Cette élection se fait par un vote à la majorité simple. Les actionnaires ordinaires assistent également aux assemblées spéciales de la compagnie et ils y ont droit de vote. Les autres détenteurs d'actions ne sont convoqués qu'occasionnellement, comme nous le verrons plus loin.

Le contrôle de la compagnie

À la lecture de ce qui précède, il est évident que le contrôle de la compagnie appartient aux actionnaires qui détiennent la majorité des voix ou des droits de vote rattachés aux actions de la compagnie.

Dans la compagnie provinciale, comme dans la compagnie fédérale, les décisions sont prises à la majorité des voix (50 % + 1). En vertu de la L.C.Q. et de la L.S.C.C., les administrateurs sont élus par le vote majoritaire des actionnaires présents à l'assemblée annuelle. Ils contrôlent la compagnie, décident de ses affaires courantes et signent des contrats en son nom. On peut donc dire que ceux qui ont le pouvoir d'élire et de destituer les membres du conseil d'administration d'une compagnie en ont le contrôle.

Contrôle absolu

Pour avoir le **contrôle absolu** d'une société par actions, il faut détenir la moitié des actions assorties du droit de vote plus une (50 % + 1). Ce pourcentage dépend des dispositions contenues dans les lettres patentes, les documents constitutifs ou les règlements de la compagnie, ou encore dans une convention entre les actionnaires prévoyant un pourcentage plus élevé (75 % des actions comportant le droit de vote, par exemple).

Par ailleurs, la L.C.Q. stipule que certaines décisions relatives à des changements aux lettres patentes ou aux statuts d'une compagnie doivent être ratifiées par un règlement approuvé par le vote d'au moins les deux tiers en valeur des actions représentées par les actionnaires présents à une assemblée convoquée à cette fin; c'est le cas des changements de dénomination sociale, de siège social, du nombre des administrateurs, etc.

De même, la L.S.C.C. énonce que certaines autres décisions doivent être ratifiées par les actionnaires et, souvent, dans une proportion supérieure à la majorité simple des actions.

Dans chacun de ces cas, il ne suffit donc pas de détenir 50 % des actions de la compagnie, mais il faut aussi détenir au moins 66 2/3 % des actions assorties d'un droit de vote, ou encore un pourcentage plus élevé prévu dans la loi, les lettres patentes, les documents constitutifs, les règlements ou la convention entre actionnaires.

Contrôle effectif

Les sociétés fermées (compagnies privées) et les petites entreprises font, la plupart du temps, l'objet d'un contrôle absolu. Mais dans les sociétés publiques et les entreprises de grande envergure, il est assez rare qu'un seul actionnaire détienne un tel pourcentage d'actions, et que tous les actionnaires soient présents aux assemblées. Plusieurs se font représenter par procuration.

Ces procurations sont le plus souvent détenues par les administrateurs de la compagnie, qui les annexent à l'avis de convocation de l'assemblée annuelle. En les retournant, les actionnaires qui prévoient être absents à l'assemblée autorisent les administrateurs de la compagnie à voter en leur nom. De cette façon, et compte tenu des autres absences à l'assemblée, les administrateurs (ou toute autre personne ou groupe de personnes détenant ces procurations) pourront s'assurer un pourcentage de votes suffisant pour contrôler l'assemblée. Une personne (ou un groupe de personnes) détenant 40 %, ou même 25 % des actions assorties du droit de vote d'une compagnie en aura pratiquement le contrôle. C'est ce qu'on appelle le **contrôle effectif** d'une compagnie.

En vertu des articles 123.77 de la L.C.Q. et 104.1 de la L.S.C.C., les actionnaires d'une compagnie peuvent aussi, par résolution, destituer ses administrateurs. Cependant, les actionnaires d'une compagnie de la Partie I de la L.C.Q. ne peuvent destituer ses administrateurs que si ce pouvoir est stipulé expressément dans les lettres patentes.

Droit aux dividendes

Le certificat d'actions accorde à son détenteur le droit de partager les profits de la compagnie. Au moment du paiement d'un dividende par les administrateurs, la part de profits qui lui revient est proportionnelle à sa mise de fond. Ce dividende peut être fixe, prioritaire, cumulatif ou non, laissé à la discrétion des administrateurs, etc.

Rappelons que les administrateurs ne sont jamais obligés de déclarer un dividende, et que le fait de détenir des actions assorties d'un dividende de 20 %, par exemple, n'assure en aucune façon son détenteur d'un rendement annuel de 20 % de son investissement.

Comme nous l'avons déjà vu, les administrateurs doivent s'abstenir de déclarer un dividende qui entame le capital de la compagnie ou qui la rend insolvable. De plus, même si la société a réalisé des profits, le conseil d'administration peut choisir de les réinvestir dans l'entreprise. Les actionnaires ne peuvent obliger les administrateurs à leur verser un dividende.

Droit au capital

Au moment de la liquidation de la compagnie, les actionnaires doivent en payer les dettes; ils se partagent ensuite l'actif au prorata de leur mise de fonds respective. Pour déterminer l'ordre de priorité et les montants qui reviennent à chaque actionnaire, il faut consulter les documents constitutifs de la société et vérifier la catégorie que chacun détient.

Droit à l'information

La L.C.Q. et la L.S.C.C. stipulent que les actionnaires ont le droit d'être informés sur le fonctionnement et la structure de la compagnie. À cette fin, ils ont droit de consulter les livres et registres, comme nous l'avons mentionné au chapitre précédent.

Par ailleurs, les administrateurs doivent, lors de l'assemblée annuelle, fournir aux actionnaires un rapport financier consolidé préparé par l'expert-comptable ou le vérificateur de la compagnie. Lors de cette assemblée, les administrateurs doivent répondre devant les actionnaires de la conduite des affaires de la compagnie.

Droit de regard sur les questions importantes

Les administrateurs de la compagnie voient à la gestion des affaires courantes. Cette administration revêt la forme de **résolutions** ou des **règlements**[1] qui ne requièrent pas l'approbation des actionnaires. Toutefois, la

---

1. «Les *résolutions* expriment les décisions votées lors d'une assemblée d'actionnaires ou d'une réunion du conseil d'administration d'une compagnie».

«Les *règlements généraux* déterminent le mode de fonctionnement de la société, tandis que d'autres règlements sont requis pour apporter certains changements à la société».

Gouvernement du Québec, Inspecteur général des Institutions financières. *Les principales formes juridiques de l'entreprise au Québec.* Québec, Direction des communications, 1984, p. 26.

L.C.Q. et la L.S.C.C. obligent les administrateurs à obtenir l'approbation des actionnaires lorsqu'il s'agit de questions particulièrement importantes, telles :

— un changement aux lettres patentes ou aux statuts ;
— un changement aux règlements ;
— une fusion ;
— la liquidation ou la distribution des biens ;
— la continuation sous la Partie IA de la L.C.Q. ;
— un compromis ou un arrangement avec les actionnaires ;
— l'exercice d'un droit de veto ;
— un emprunt, une hypothèque ;
— la vente des biens (L.S.C.C.), etc.

Droit dans une convention unanime entre les actionnaires

La **convention unanime entre les actionnaires** est un contrat qui intervient entre tous les actionnaires d'une compagnie régie par la loi fédérale ou la Partie IA de la L.C.Q. Deux articles de loi reconnaissent sa validité. L'article 140(2) de la L.S.C.C. mentionne :

> Est valide, si elle est par ailleurs licite, la convention écrite conclue entre tous les actionnaires d'une société [...] qui restreint en tout ou en partie les pouvoirs des administrateurs de gérer les affaires tant commerciales qu'internes de la société.

L'article 123.91 de la L.C.Q. énonce :

> Les actionnaires peuvent, si tous y consentent et font une convention écrite à cet effet, restreindre le pouvoir des administrateurs.

Cette convention permet aux actionnaires d'une compagnie constituée en vertu de la Partie IA de la L.C.Q. ou de la L.S.C.C. de restreindre les pouvoirs accordés aux administrateurs de la compagnie par la loi et de s'approprier ces mêmes pouvoirs pour les exercer eux-mêmes. Comme son nom l'indique, cette convention doit être signée par tous les actionnaires de la compagnie.

Son objet est de restreindre le pouvoir des administrateurs sur les affaires courantes de la compagnie. Ainsi, ces derniers ne peuvent prendre de décisions sans les soumettre au vote des actionnaires. Ce type de convention est très utilisé au sein des compagnies privées et des petites entreprises, de même que dans les compagnies qui comptent des administrateurs qui ne sont pas actionnaires de la compagnie, et elle a pour effet de décharger les administrateurs des obligations et des responsabilités que la loi leur impose. Ce sont alors les actionnaires eux-mêmes qui les assument.

Il arrive souvent que les actionnaires d'une compagnie signent entre eux une convention qui vise à prévoir et à déterminer leur façon d'agir dans certaines circonstances. Par exemple :

— les actionnaires conviennent de s'élire mutuellement administrateurs de la compagnie ;
— toute décision importante requerra le vote unanime ou de 75 % des actionnaires (signature de contrat, achat d'équipement ou d'immeuble, hypothèque, emprunt) ;
— signature des documents bancaires ;
— droit de préemption, c'est-à-dire que les actionnaires qui désirent se retirer de la compagnie devront au préalable offrir leurs actions aux autres actionnaires de la compagnie à une valeur établie selon cette convention ;

— au décès d'un actionnaire, les autres actionnaires de la compagnie auront un droit de préférence pour acheter les actions de ses héritiers, qui devront les leur céder à une valeur établie, selon la convention; les assurances-vie prises par les actionnaires servent alors à cette fin.

La L.C.Q. ne prévoit pas ce type de convention unanime pour les compagnies constituées en vertu de la Partie I de la loi. Par ailleurs, plusieurs compagnies de la Partie I possèdent des conventions entre actionnaires qui lient les personnes qui les ont signées comme tout autre type de contrat.

Finalement, signalons que tout certificat d'actions d'une compagnie où il existe une convention unanime des actionnaires doit en porter la mention pour être opposable aux tiers, en cas de transfert, par exemple.

Droit des actionnaires minoritaires

La jurisprudence, d'une part, et les lois sur les compagnies, d'autre part, énoncent des règles de protection des intérêts des actionnaires minoritaires. La L.S.C.C. va particulièrement loin dans les mécanismes qu'elle met à la disposition de ces derniers. Nous nous contenterons d'en examiner les principaux.

Droit de dissidence

La L.S.C.C. prévoit, entre autres, la possibilité pour les actionnaires minoritaires d'exercer leur **droit de dissidence**. L'exercice de ce droit est prévu à l'article 184 de la loi et s'applique pour des cas particuliers où l'actionnaire s'oppose à:

— toute modification aux statuts relative aux dispositions limitant l'émission ou le transfert d'actions de la catégorie d'actions qu'il détient;
— toute modification aux statuts relative aux activités commerciales de la compagnie;
— toute fusion de la compagnie avec une autre compagnie; la prorogation de la compagnie en vertu d'une loi;
— la vente, la location, l'échange de la totalité ou de la quasi-totalité des biens de la compagnie;
— la continuation de la compagnie sous les lois d'une autre juridiction.

L'actionnaire dissident doit expédier un avis écrit à la compagnie avant ou pendant l'assemblée où sera étudié la question; il peut également demander à la compagnie de lui payer la valeur marchande de ses actions fixées, la veille de la date de la résolution.

Puis, dans les 20 jours de l'avis reçu stipulant que la résolution a été adoptée, l'actionnaire doit envoyer une demande écrite de versement de la juste valeur marchande de ses actions. Finalement, dans les 30 jours de l'envoi de cette demande, il doit remettre ses certificats d'actions pour endossement. Si la compagnie répond aux critères de solvabilité prévus par la loi, elle doit racheter les actions de l'actionnaire dissident. La L.C.Q. ne contient aucune disposition similaire.

Convocation d'une assemblée

La L.C.Q. prévoit qu'un actionnaire ou un groupe d'actionnaires représentant 10 % des actionnaires peuvent demander aux administrateurs la convocation d'une assemblée spéciale de la compagnie et, à défaut, la convoquer eux-mêmes. La L.S.C.C. fixe à 5 % des actionnaires le nombre requis à cette fin.

Demande de redressement de griefs

L'article 234 de la L.S.C.C. prévoit la possibilité pour un actionnaire minoritaire de demander une ordonnance du tribunal pour corriger toute décision portant atteinte à ses intérêts, s'il s'estime lésé par des actes posés par les administrateurs ou les actionnaires majoritaires. Par exemple :

— tentative d'éliminer un actionnaire minoritaire ;
— omission de payer des dividendes aux actionnaires minoritaires ;
— émission d'actions aux actionnaires majoritaires à des conditions plus avantageuses.

L'ordonnance rendue par le tribunal peut aller de l'indemnisation de l'actionnaire minoritaire jusqu'à une ordonnance de changement des administrateurs, et même jusqu'à une ordonnance de liquidation et de dissolution de la compagnie. Encore une fois, la L.C.Q. ne contient aucune mesure similaire.

Demande de liquidation de la compagnie

La L.S.C.C. accorde à un actionnaire le droit de s'adresser au tribunal pour demander la **liquidation** de la compagnie s'il parvient à convaincre le tribunal que les administrateurs ont agi de façon abusive, et à l'encontre des droits et intérêts des actionnaires minoritaires. C'est l'article 207 de la loi qui autorise ce recours extraordinaire qui peut également être utilisé dans les cas d'**impasse** à l'intérieur de la compagnie. Prenons par exemple le cas de la compagnie comprenant deux actionnaires à parts égales (50-50) qui sont aussi les administrateurs, sans qu'aucun n'ait de vote prépondérant. Si une situation se présente où ils ne sont plus d'accord, et que chacun vote comme il l'entend, on se trouve en présence de ce que la jurisprudence définit comme une impasse.

Un des deux actionnaires peut alors s'adresser au tribunal pour demander de rendre une ordonnance, soit pour briser l'impasse, soit pour liquider la compagnie. L'impasse peut résulter de la dissention entre les actionnaires, de désaccords sur des sujets importants, de la perte de confiance dans les administrateurs ; elle doit nécessairement entraîner la paralysie des affaires de la compagnie. Si la demande résulte d'un actionnaire minoritaire qui s'estime lésé, il devra convaincre le tribunal des faits allégués dans sa requête. Au provincial, un tel recours est prévu non pas dans la L.C.Q., mais à l'article 24 de la *Loi sur la liquidation des compagnies* (L.L.C.Q.)[2].

Enquête sur les affaires de la compagnie

La L.S.C.C. et la L.C.Q. prévoient, toutes deux, la possibilité pour un actionnaire de demander, soit au Directeur du service des Corporations à Ottawa (article 222 L.S.C.C.), soit à l'Inspecteur général des Institutions financières (article 110 L.C.Q.), la tenue d'une enquête pour inspecter les affaires de la compagnie.

Pouvoir de surveillance de la Cour supérieure

La jurisprudence a également reconnu le pouvoir de surveillance de la Cour supérieure sur les corps politiques et les corporations dans la province, et admet la possibilité pour un actionnaire minoritaire de présenter une requête en ce sens. En pratique, ce recours est assez rare, car il comporte de nombreuses difficultés de preuve.

---

2. L.R.Q. 1977, c. L-4 et mod.

Droit de faire une proposition

La L.S.C.C. reconnaît aux actionnaires beaucoup plus de droits que la L.C.Q. Elle stipule, à l'article 131, que les actionnaires habiles à voter lors d'une assemblée annuelle de la société peuvent faire des propositions pour suggérer des changements importants aux statuts de la compagnie, à sa structure ou à ses règlements, ou faire état de candidatures en vue de l'élection des administrateurs de la société.

Seul l'actionnaire ayant le droit de vote à l'assemblée annuelle peut faire une telle proposition. Si la proposition répond aux critères de la loi, la société doit la faire parvenir à tous les actionnaires. Cette dernière peut refuser de la diffuser, et, dans un tel cas, l'actionnaire peut obtenir une ordonnance de la Cour pour la forcer à diffuser la proposition ou pour empêcher que l'assemblée n'ait lieu.

La proposition de modification doit figurer dans l'avis de convocation de l'assemblée au cours de laquelle elle sera examinée; par ailleurs, la proposition ne doit pas causer préjudice à la société, ni avoir pour objet de résoudre un problème personnel de l'actionnaire. La loi québécoise ne contient pas de telles dispositions.

Responsabilité des actionnaires

Comme nous l'avons vu au chapitre précédent, la responsabilité de l'actionnaire est limitée à sa mise de fonds. Il n'encourt aucune responsabilité face aux créanciers de la compagnie, à moins que ses actions ne soient pas entièrement libérées et à moins qu'il n'ait donné des garanties personnelles, tel un cautionnement.

Les assemblées des actionnaires

Dispositions générales

Les assemblées d'actionnaires d'une compagnie constituée en vertu de la Partie I et de la Partie IA de la L.C.Q. doivent avoir lieu au Québec; mais si on obtient l'assentiment de tous les actionnaires, elles peuvent avoir lieu à l'extérieur du Québec. La L.S.C.C. stipule que les assemblées d'actionnaires doivent avoir lieu au Canada, mais elles peuvent avoir lieu à l'extérieur du pays si tous les actionnaires y consentent. Ce sont généralement les administrateurs de la compagnie qui convoquent ces assemblées.

Avis de convocation

Dispositions communes

Les personnes qui ont le droit d'assister à une assemblée d'une compagnie fédérale ou provinciale peuvent renoncer à l'avis de convocation. Leur présence à cette assemblée équivaut à une telle renonciation, sauf s'ils sont là pour s'opposer aux délibérations d'une assemblée qui n'est pas régulièrement convoquée. D'une façon générale, tout actionnaire détenant des actions comportant le droit de vote ou dont la loi requiert le vote sur les questions à l'ordre du jour doit être convoqué à l'assemblée.

En vertu de la L.C.Q.

À défaut d'autres dispositions prévues dans l'acte constitutif ou dans les règlements de la compagnie, l'avis de l'endroit, de la date et de l'heure d'une assemblée générale, y compris les assemblées annuelles et spéciales ou extra-ordinaires, doit être donné au moins 10 jours avant cette assemblée, par courrier recommandé. Cet avis doit être expédié à chaque actionnaire à sa dernière adresse connue. L'**avis de convocation** est publié dans un journal français et un journal anglais de la localité où est situé le siège social de la compagnie (art. 97 L.C.Q.).

Il est donc recommandé aux actionnaires et aux administrateurs d'une compagnie de prévoir dans son acte constitutif et, surtout, dans ses règle-ments, d'autres modalités de convocation que celles qui sont contenues dans la L.C.Q. Lorsqu'il s'agit d'assemblées spéciales, la loi exige que le but de la réunion soit mentionné dans l'avis de convocation. Les petites compagnies n'adressent, bien souvent, aucun avis de convocation aux actionnaires; il suf-fit que les personnes présentes à l'assemblée signent une renonciation pour rendre cette assemblée valide (figure 9.1). Dans la majorité des cas, les action-naires qui détiennent des actions ne comportant pas le droit de vote ne reçoivent pas d'avis de convocation. La loi prévoit que des actionnaires représentant 10 % des actions souscrites comportant le droit de vote dans la compagnie peu-vent, au moyen d'un avis adressé au secrétaire, demander la convocation d'une assemblée spéciale des actionnaires en indiquant les objets et le but de l'assemblée projetée. À défaut par le secrétaire ou les administrateurs de convoquer et de tenir cette assemblée dans les 21 jours de l'avis, ces action-naires pourront la convoquer eux-mêmes.

En vertu de la L.S.C.C.

L'article 129.1 de la L.S.C.C. énonce qu'un avis des date, heure et lieu de l'as-semblée doit être expédié entre le 50e et le 21e jour qui la précèdent. De

---

Renonciation à l'avis de convocation

Nous soussignés renonçons par les présentes à l'avis de convocation à l'assemblée spéciale de la compagnie A.B.C. ltée qui aura lieu à Montréal, le 17 août 1985, à 10 heures, consentons à ce que cette assemblée soit tenue et acceptons d'avance toutes les questions à l'ordre du jour qui seront discutées lors de cette assemblée, ou à tout ajournement.

Johanne Leriche	Blanche L'Espérance
Pauline Parizeau	Lyne Pomminville
Julie Roy	Jean-Guy Archambault
Marcel Cossais	Gilles Coutu
Robert Groulx	Jacques Lafortune
Jean P. Dégé	Marcel Rochon

Figure 9.1   Exemple de renonciation à l'avis de convocation

plus, l'avis doit mentionner en détail les questions qui seront étudiées lors d'une assemblée extraordinaire. On doit annexer à l'avis de convocation toute résolution spéciale devant être présentée à l'assemblée. La loi prévoit que les détenteurs d'au moins 5 % des actions assorties du droit de vote émises par la compagnie peuvent exiger des administrateurs, par requête, la convocation d'une assemblée même si, en principe, elles sont convoquées par les administrateurs. Cette requête énonçant les points à l'ordre du jour de l'assemblée est expédiée au siège social à l'attention de chaque administrateur. À défaut par les administrateurs de convoquer l'assemblée dans les délais prévus, l'un des signataires de la requête peut le faire.

La loi prévoit la possibilité pour la compagnie de fixer une date limite, *date de référence*, non antérieure de plus de 50 jours ni de moins de 21 jours à la date de l'assemblée et après laquelle les actionnaires non inscrits dans les livres de la compagnie ne reçoivent pas d'avis de convocation et ne peuvent voter. Si cette date n'est pas fixée, on détermine le jour de l'assemblée et les personnes qui auront droit de vote. La compagnie doit dresser une liste alphabétique des actionnaires qui doivent recevoir l'avis de convocation. L'avis est envoyé à chaque actionnaire ayant le droit de voter à cette assemblée, de même qu'à chaque administrateur et au vérificateur de la compagnie.

Tous les points à l'ordre du jour des assemblées (générales, spéciales, extraordinaires ou annuelles) d'une compagnie sont considérés comme des questions spéciales, et l'avis de convocation doit mentionner clairement leur nature et le texte de toute résolution spéciale qu'on se propose d'y soumettre.

Le quorum

Dispositions communes

Le **quorum** constitue le nombre nécessaire de personnes présentes pour qu'une assemblée soit valide et que l'on puisse passer au vote. Pour les compagnies comprenant de nombreux actionnaires, un quorum moins élevé (par exemple, 30 % ou moins des actionnaires) est souhaitable, alors que pour les compagnies comprenant un nombre restreint d'actionnaires, le quorum peut être plus élevé (par exemple 51 %).

En vertu de la L.C.Q.

La *Loi sur les compagnies de la province de Québec* ne fixe aucun quorum et, encore là, il est recommandé de l'indiquer dans l'acte constitutif et surtout dans les règlements de la compagnie.

En vertu de la L.S.C.C.

La L.S.C.C. prévoit qu'il y a quorum lorsque les détenteurs d'actions représentant plus de 50 % des voix sont présents ou représentés par fondés de pouvoir. La loi prévoit que les règlements de la compagnie peuvent fixer un quorum différent, mais non inférieur à 50 %. S'il n'y a pas quorum, les actionnaires ne peuvent débuter l'assemblée.

Président et secrétaire d'assemblée

Dispositions communes

Ce sont les règlements généraux de la compagnie qui déterminent la procédure lors des assemblées. À défaut de telles dispositions, le président d'assemblée les établit. Au début de l'assemblée, le président procède à la lecture et à l'adoption du procès-verbal de la dernière assemblée des actionnaires.

En vertu de la L.C.Q.

Au début de l'assemblée des actionnaires, on procède toujours à l'élection d'un président et d'un secrétaire d'assemblée, qui sont habituellement les président et secrétaire de la compagnie, à moins qu'on ne décide de les choisir parmi les actionnaires présents.

Le président de l'assemblée est responsable du déroulement de l'assemblée. Il possède un **vote prépondérant** qui lui permet de briser toute égalité de votes entre les actionnaires (sauf dans une entreprise familiale) pour l'élection des administrateurs, à moins que l'acte constitutif ou les règlements ne le lui retirent. Il joue donc un rôle de premier plan. Dans l'entreprise familiale, l'égalité des votes lors de l'élection des administrateurs est réglée par arbitrage. La prise de notes et la rédaction du **procès-verbal** résumant fidèlement les délibérations de l'assemblée sont les principales fonctions du secrétaire. Ce dernier contresigne le procès-verbal qui est obligatoirement signé par le président de la compagnie ou de l'assemblée.

PROCÈS-VERBAL de l'assemblée spéciale des actionnaires de la compagnie A.B.C. ltée, tenue à Montréal au 5214, avenue du Parc, siège social de la compagnie, le 17 août 1985 à 10 heures.

Sont présents en personne : Mmes Johanne Leriche
Blanche L'Espérance
Pauline Parizeau
Lyne Pomminville
Julie Roy

MM. Jean-Guy Archambault
Marcel Cossais
Gilles Coutu
Robert Groulx
Jacques Lafortune
Jean P. Dégé
Marcel Rochon

Sont présents par procuration : M. Yvon Bonin, représenté par Mlle Pauline Parizeau
Mme Céline Magnan, représentée par
M. Marcel Cossais

Sont absents : M. Jean-Yves Deslauriers
Mme Marie-Claude Roy

Le quorum des actionnaires étant atteint, l'assemblée est déclarée régulièrement constituée.

1. Élection des président et secrétaire de l'assemblée

Il est proposé par M. Jacques Lafortune, appuyé par Mme Johanne Leriche, que M. Jean P. Dégé agisse à titre de président de l'assemblée et que M. Marcel Rochon agisse à titre de secrétaire. La proposition est **adoptée à l'unanimité**.

2. Convocation

Le secrétaire donne lecture de la renonciation à l'avis de convocation à la présente assemblée, et le président lui donne instruction d'en joindre une copie au procès-verbal de l'assemblée.

3. Adoption de l'ordre du jour

Il est proposé par Mme Lyne Pomminville, appuyée par M. Marcel Cossais, que le projet d'ordre du jour de la présente assemblée soit adopté. La proposition est **adoptée à l'unanimité**.

4. Adoption du procès-verbal

Après lecture du procès-verbal de la dernière assemblée des actionnaires de la compagnie, il est proposé par M. Jacques Lafortune, appuyé par Mme Julie Roy, que le procès-verbal de l'assemblée des actionnaires, tenue le 14 mars 1985, soit adopté et qu'il soit consigné au registre des procès-verbaux de la compagnie. La proposition est **adoptée à l'unanimité**.

5. Changement de nom

Il est proposé par M. Marcel Rochon, appuyé par M. Gilles Coutu, que le règlement n° 1985-1, adopté par les administrateurs lors de l'assemblée tenue le 27 juillet 1985 et voulant que le nom de la compagnie soit changé pour celui de Sogesdad inc., soit approuvé et ratifié intégralement. La proposition est **adoptée à l'unanimité**.

6. Changement du nombre des administrateurs

Il est proposé par Mme Blanche L'Espérance, appuyée par Mme Johanne Leriche, que le règlement n° 1985-2, adopté par les administrateurs lors d'une assemblée tenue le 27 juillet 1985 et changeant le nombre des administrateurs de la compagnie, fixé à 5 au départ, pour être désormais un minimum de 5 et un maximum de 11 administrateurs, soit approuvé et ratifié intégralement. La proposition est **adoptée à l'unanimité**.

7. Nomination d'un vérificateur

Le président soumet à l'assemblée qu'il serait dans l'intérêt de la compagnie de nommer un nouveau vérificateur des comptes en raison du décès du vérificateur actuel, M. Yvon Laramée. Il est proposé par M. Jean P. Dégé, appuyé par M. Marcel Cossais, que le cabinet d'experts-comptables Weiss, Brazeau & Associés soit nommé vérificateur des comptes de la compagnie jusqu'à la prochaine assemblée annuelle, et qu'il soit laissé aux administrateurs le soin de fixer sa rémunération. La proposition est **adoptée à la majorité**.

8. Dissolution de l'assemblée

L'ordre du jour étant épuisé, l'assemblée est alors levée.

_____   _____
Président   Secrétaire

PROCÈS-VERBAL approuvé lors d'une assemblée tenue le _____

_____   _____
Secrétaire   Président

Figure 9.2   Exemple de procès-verbal d'une assemblée spéciale d'actionnaires

En vertu de la L.S.C.C.

Les règles d'élection du président et du secrétaire d'assemblée ressemblent à celles de la L.C.Q. Cependant, la L.S.C.C. ne prévoit pas de vote prépondérant pour le président de l'assemblée des actionnaires, en cas d'égalité des votes. Si on désire accorder un vote prépondérant au président, il faut le prévoir dans les règlements de la compagnie.

Vote

Dispositions communes

L'actionnaire se voit attribuer un nombre de votes égal au nombre d'actions assorties du droit de vote qu'il détient dans la compagnie. Le droit de vote rattaché aux actions est sujet aux restrictions, droits et privilèges stipulés dans l'acte constitutif. En général, on respecte le principe suivant: une action vaut un vote. Ainsi, pour la personne qui possède 100 actions ordinaires assorties du droit de vote, son vote représente 100 voix; par ailleurs, la personne qui détient un certain nombre d'actions privilégiées ne comportant pas le droit de vote ne peut pas voter aux assemblées des actionnaires (sauf certaines exceptions). L'actionnaire qui doit des arrérages sur le paiement de ses actions, à la suite d'un appel de versement, annule son droit de vote. Rappelons, enfin, que la compagnie peut émettre des catégories d'actions assorties de plusieurs droits de vote.

Le vote peut se prendre à main levée, à voix ouverte, c'est-à-dire que chacun présente oralement le nombre d'actions qu'il détient, ou par scrutin secret. Les règlements généraux de la compagnie précisent la forme adoptée, à défaut de quoi il appartient au président de décider.

En vertu de la L.C.Q.

L'article 103.3 de la L.C.Q. stipule que le fondé de pouvoir (celui qui détient une procuration) ne peut voter à main levée; cela signifie que l'on doit procéder au vote par scrutin secret lorsqu'une personne se présente à l'assemblée munie d'une procuration.

En vertu de la L.S.C.C.

L'article 135 de la L.S.C.C. stipule qu'à moins de dispositions contraires dans les règlements, le vote se prend à main levée; il ajoute cependant que tout actionnaire ou fondé de pouvoir peut exiger le scrutin secret.

Figure 9.3 L'actionnaire qui doit des arrérages (après un appel de versement) n'a pas le droit de voter à une assemblée.

Vote par procuration

Dispositions communes

L'actionnaire qui a le droit d'assister et de voter à une assemblée, mais qui ne peut y être présent, peut voter par procuration en nommant un fondé de pouvoir pour le représenter et agir dans les limites prévues dans la procuration. Une **procuration** est un écrit par lequel un actionnaire confie à une personne de son choix, qu'on appelle **fondé de pouvoir**, le mandat de voter en son nom et suivant ses recommandations, à une assemblée générale, annuelle, spéciale ou extraordinaire de la compagnie. Une procuration peut être manuscrite, dactylographiée ou imprimée (figure 9.4). Un fondé de pouvoir n'est pas nécessairement un actionnaire de la compagnie. La procuration doit être datée et contenir la nomination et le nom du fondé de pouvoir. Elle est valable pour une assemblée précise ou son ajournement. L'actionnaire peut révoquer en tout temps une procuration, à la condition d'en aviser la compagnie.

En vertu de la L.C.Q.

Une procuration peut être donnée pour toutes les assemblées visées par la période spécifiée sur la formule. Le fondé de pouvoir ne peut voter à main levée.

En vertu de la L.S.C.C.

La loi prévoit que les administrateurs doivent expédier un formulaire de procuration avec l'avis de convocation. Les sociétés qui comptent plus de 15 actionnaires sont soumises à une réglementation très stricte en ce qui concerne la sollicitation de procuration, tandis que celles qui comptent moins de 15 actionnaires ne sont pas visées par cette disposition.

Procuration

Je soussigné Richard l'Absent constitue par les présentes M. Jean Représentant mon fondé de pouvoir et mandataire, et l'autorise à voter pour et en mon nom lors de l'assemblée spéciale des actionnaires de la compagnie X.Y.Z. ltée qui doit avoir lieu le 27 janvier 1986 à Laval, au siège social de la compagnie à 11h30, et à tout ajournement de cette assemblée. La présente procuration et autorisation vaut pour toutes les actions de la compagnie enregistrées en mon nom, soit 1 000 actions ordinaires.

EN FOI DE QUOI, j'ai signé à Montréal, ce 17 janvier 1986

Richard l'Absent

Figure 9.4   Exemple de procuration

Résolutions signées et conférence téléphonique

L'article 123.96 de la L.C.Q. et les articles 2.1 et 136 de la L.S.C.C. prévoient que la résolution écrite et signée par tous les actionnaires de la compagnie ayant le droit de vote a la même valeur que si elle avait été adoptée lors d'une assemblée dûment convoquée. Un exemplaire d'une telle résolution doit être conservé dans le registre des procès-verbaux de la société. Ces dispositions sont valables pour les compagnies de la Partie IA de la L.C.Q. et pour les compagnies fédérales.

La L.S.C.C. et la Partie IA de la L.C.Q. accordent aux sociétés fermées (compagnies privées), la possibilité de tenir des assemblées d'actionnaires sous forme de *conférence téléphonique*, si les documents constitutifs ou les règlements le permettent, ou si tous les actionnaires y consentent. La seule difficulté de ce genre d'assemblée est l'impossibilité de procéder au vote par scrutin secret. Une demande en ce sens de la part d'un actionnaire met donc fin à l'assemblée.

Sortes d'assemblées

Il existe deux sortes d'assemblées d'actionnaires : l'assemblée annuelle et l'assemblée spéciale ou extraordinaire.

Assemblée annuelle

Les dispositions de l'article 98.1 de la L.C.Q. et de l'article 127*a* de la L.S.C.C. obligent les compagnies à tenir une **assemblée annuelle.** Cette assemblée réunit tous les détenteurs d'actions assorties d'un droit de vote. Lors de cette assemblée annuelle des actionnaires, les administrateurs de la compagnie rendent compte de leur administration pour l'année qui vient de s'écouler. De plus, ils soumettent à l'approbation des actionnaires les sujets suivants :

1. *Le bilan et les états financiers de la compagnie pour l'exercice terminé.* La L.S.C.C. oblige les administrateurs à expédier une copie du bilan et des états financiers à tous les actionnaires de la compagnie. Cette copie doit leur parvenir au moins 21 jours avant l'assemblée annuelle, sous peine d'amende. La L.C.Q. n'impose pas une telle obligation.

2. *Le rapport des vérificateurs ou des experts-comptables* de la compagnie, selon le cas.

3. *Les règlements de la compagnie*, y compris les règlements généraux et ceux adoptés au cours de l'année, car ils ne sont valides que jusqu'à l'assemblée annuelle. S'ils ne sont pas ratifiés par les actionnaires, ils cessent d'être en vigueur.

4. *La nomination du vérificateur ou de l'expert-comptable des comptes de la compagnie.* Il s'agit habituellement d'un comptable qui ne possède aucun intérêt dans la compagnie. Il ne peut être ni administrateur, ni dirigeant de la compagnie. Le vérificateur a accès à tous les registres et documents et doit préparer les rapports financiers de la société.

Les compagnies constituées en vertu de la Partie I de la L.C.Q. doivent obligatoirement nommer un vérificateur, alors que les sociétées fermées (compagnies privées) et constituées en vertu de la Partie IA de la même loi peuvent, par vote unanime, nommer un expert-comptable, au lieu d'un vérificateur; le mandat de l'expert-comptable dure jusqu'à la prochaine assemblée annuelle.

La L.S.C.C. prévoit que les sociétés fermées (compagnies privées) dont les revenus bruts ne dépassent pas 10 millions de dollars, ou dont l'actif ne dépasse pas 5 millions de dollars peuvent, par résolution, décider de nommer un expert-comptable plutôt qu'un vérificateur. Cette stipulation a comme conséquence de restreindre les coûts.

5. *L'élection des administrateurs.* Ils sont élus par les actionnaires de la compagnie qui détiennent des actions comportant le droit de vote. En principe, cette élection se fait par scrutin secret. Généralement, l'assemblée annuelle a lieu à la date et à l'endroit déterminés dans l'acte constitutif ou dans les règlements de la compagnie. À défaut de telles dispositions, elle doit avoir lieu chaque année:

— *pour la compagnie provinciale*:
   le 4e mercredi de janvier;
— *pour la compagnie fédérale*:
   au plus tard dans les 18 mois suivant la création de la compagnie et ensuite dans les 15 mois après l'assemblée annuelle précédente.

L'article 206.1*a* de la L.S.C.C. stipule, enfin, que toute compagnie qui néglige ou omet de tenir une assemblée annuelle pendant deux années consécutives peut être liquidée et dissoute à la demande du Directeur du Service des corporations ou de tout intéressé. La L.C.Q. est muette sur le sujet.

Assemblée spéciale ou extraordinaire

Certaines décisions des administrateurs requièrent l'approbation des actionnaires. Ces décisions sont prises au moyen de règlements ou de résolutions spéciales. En principe, les affaires courantes de la compagnie ne requièrent pas la convocation d'une assemblée spéciale. Ainsi, les articles 91.3 de la L.C.Q. et 98.1 de la L.S.C.C. stipulent que les administrateurs de la compagnie peuvent établir, modifier ou révoquer des résolutions ou des règlements généraux concernant les affaires commerciales et internes de la compagnie; ces articles prévoient également que ces résolutions ou ces règlements généraux sont valides jusqu'à la prochaine assemblée annuelle au cours de laquelle ils doivent être ratifiés par les actionnaires. À défaut d'une telle ratification, ils cessent d'être en vigueur.

Par ailleurs, les lois fédérale et provinciale prévoient un certain nombre de cas où des décisions importantes doivent être soumises à l'approbation immédiate et à la ratification des actionnaires. On convoque à cette fin une **assemblée spéciale**. La L.C.Q. utilise l'expression assemblée spéciale alors que la L.S.C.C. parle plutôt d'**assemblée extraordinaire**.

Au provincial, dans la majorité des cas, c'est par le vote des deux tiers en valeur des actions représentées par les actionnaires présents lors de cette assemblée spéciale de la compagnie que l'on doit ratifier les décisions des administrateurs. Au fédéral, la loi prévoit un certain nombre de cas semblables. Ces dispositions sont par ailleurs sujettes à toute convention unanime entre les actionnaires établissant un pourcentage plus élevé (75%, par exemple).

D'une façon générale, et selon les dispositions spécifiques de la loi, les détenteurs d'actions de chaque catégorie sont autorisés à voter séparément, par catégorie, sur des changements portant sur les modifications apportées au capital-actions de la compagnie, sur la continuation, sur la fusion ou sur un compromis.

Cas où une assemblée spéciale ou extraordinaire est requise[*]

Changement de dénomination sociale
Une compagnie peut changer de nom à la suite d'un règlement (pour les sociétés provinciales) ou

---

[*] Voir le tableau 9.1, p. 263-265.

d'une résolution spéciale (pour les sociétés fédérales) qui doit être ratifié par le vote des deux tiers en valeur des actions représentées par les actionnaires présents à une assemblée.

L.C.Q. — Partie I   Une copie certifiée du règlement revêtue du sceau de la compagnie est expédiée à l'Inspecteur général des Institutions financières, et un avis est publié dans la *Gazette officielle du Québec*. La compagnie peut également procéder au moyen d'une requête pour demander des lettres patentes supplémentaires à l'Inspecteur général.

L.C.Q. — Partie IA   Le règlement autorise l'un des administrateurs à signer des statuts de modification en double exemplaire, lesquels sont alors expédiés à l'Inspecteur général des Institutions financières.

L.S.C.C.   La résolution spéciale autorise l'un des administrateurs à signer les clauses modificatrices en double exemplaire, et celles-ci sont expédiées au Directeur.

Changement de siège social

Une compagnie peut déménager son siège social, soit à l'intérieur de la même localité, soit à l'intérieur du même district judiciaire. Dans le second cas, on doit apporter des changements aux documents constitutifs au moyen d'un règlement ou d'une résolution spéciale. S'il se fait dans une autre localité ou district judiciaire, on procède comme pour le changement de dénomination sociale, par statuts de modification.

L.C.Q. — Partie I   Une copie certifiée du règlement revêtu du sceau de la compagnie est expédiée à l'Inspecteur général des Institutions financières, et un avis est publié dans la *Gazette officielle du Québec*.

L.C.Q. — Partie IA   Si le changement du siège social est fait à l'intérieur du même district judiciaire, on procède par un avis du lieu du siège social.

L.S.C.C.   Si le changement se fait à l'intérieur de la même localité, on procède par simple résolution du conseil d'administration, et un avis du lieu ou du changement du lieu du siège social est expédié au Directeur.

Changement du nombre d'administrateurs

La compagnie peut également choisir de modifier le nombre de ses administrateurs. Dans le cas de la Partie IA de la L.C.Q., et de la L.S.C.C., si un minimum et un maximum d'administrateurs est prévu, mais que leur élection n'est pas complétée, on doit combler les postes vacants jusqu'à concurrence du maximum et expédier les avis requis à l'Inspecteur général ou au Directeur, selon le cas. Si on veut augmenter ou diminuer ce nombre, il faut apporter des changements aux statuts. Dans tous les cas, le règlement ou la résolution spéciale doit être ratifié par le vote des deux tiers en valeur des actions représentées par les actionnaires présents à une assemblée.

L.C.Q. — Partie I   Une copie certifiée du règlement revêtu du sceau de la compagnie est expédiée à l'Inspecteur général des Institutions financières, et un avis est publié dans la *Gazette officielle du Québec*.

L.C.Q. — Partie IA   Le règlement autorise l'un des administrateurs à signer des statuts de modification, en double exemplaire, lesquels sont alors expédiés à l'Inspecteur général.

L.S.C.C.   La résolution spéciale autorise l'un des administrateurs à signer des clauses modificatrices, en double exemplaire, et celles-ci sont expédiées au Directeur.

Changement apporté au capital-actions

Comme nous l'avons déjà dit, une société peut augmenter ou réduire son capital-actions autorisé. Elle le fait par le biais d'un règlement ou d'une résolution spéciale ratifié par le vote des deux tiers en valeur des actions représentées par les actionnaires présents à une assemblée. De plus, les détenteurs de chacune des catégories d'actions concernées par les changements doivent voter par catégorie et de façon unanime.

L.C.Q. — Partie I   Une requête pour l'obtention de lettres patentes supplémentaires doit être expédiée à l'Inspecteur général des Institutions financières, et un avis doit être publié dans la *Gazette officielle du Québec.*

L.C.Q. — Partie IA   Le règlement autorise l'un des administrateurs à signer des statuts de modification, en double exemplaire, lesquels sont expédiés à l'Inspecteur général des Institutions financières.

L.S.C.C.   La résolution spéciale autorise l'un des administrateurs à signer des clauses modificatrices, en double exemplaire, et celles-ci sont expédiées au Directeur. L'actionnaire qui n'est pas d'accord peut exercer son droit de dissidence.

Limitation des activités   Une compagnie de la Partie I de la L.C.Q. peut vouloir modifier et augmenter ses objets ou champs d'activités commerciales; ce qui n'est pas le cas pour une compagnie constituée en vertu de la Partie IA de la L.C.Q. ou de la L.S.C.C. étant donné que ses activités n'ont reçu aucune limitation.

L.C.Q. — Partie I   Un règlement est adopté et doit être ratifié par le vote des deux tiers en valeur des actions représentées par les actionnaires présents à une assemblée. Une requête pour lettres patentes supplémentaires est alors expédiée à l'Inspecteur général.

L.C.Q. — Partie IA   Un règlement est adopté et doit être ratifié par le vote des deux tiers en valeur des actions représentées par les actionnaies présents à une assemblée. Il autorise un des administrateurs à signer des statuts de modification, en double exemplaire, qui sont ensuite expédiées à l'Inspecteur général.

L.S.C.C.   Une résolution spéciale est adoptée et ratifiée par les deux tiers en valeur des actions représentées par les actionnaires présents à une assemblée, autorisant un des administrateurs à signer des clauses modificatrices, en double exemplaire, lesquelles sont expédiées au Directeur. L'actionnaire qui n'est pas d'accord avec les limitations imposées aux activités commerciales ou avec les changements aux restrictions sur le transfert des actions peut enregistrer sa dissidence.

Emprunt, hypothèque, prêt   Comme nous l'avons vu au chapitre précédent, une compagnie peut obtenir des fonds par voie d'emprunts. En vertu de la L.C.Q., et à moins de dispositions spécifiques dans l'acte constitutif permettant aux administrateurs de procéder par résolution, on doit procéder par un règlement ratifié par les deux tiers en valeur des actions représentées par les actionnaires présents à une assemblée. La L.S.C.C. accorde ce pouvoir aux administrateurs, par simple résolution, sans nécessité de ratification par les actionnaires.

Règlements généraux   Une compagnie peut changer ses règlements généraux en adoptant un nouveau règlement ratifié par un vote des actionnaires à la majorité simple (50 % + 1).

Fusion   Deux ou plusieurs compagnies peuvent décider de fusionner pour former une seule société. Ces sociétés signent une convention de **fusion** soumise à l'approbation de chaque conseil d'administration. Ces compagnies doivent démontrer que la valeur comptable de l'actif est supérieure au total du passif et du compte de capital-actions émis et payé (art. 123.116 L.C.Q. et 179.2 L.S.C.C.).

Le règlement de fusion ou la résolution spéciale doit être ratifié par les deux tiers en valeur des actions représentées par les actionnaires présents à une assemblée. Le vote se fait par catégories d'actions; aux fins de cette assemblée, toute action comporte le droit de vote. La L.S.C.C. permet à l'actionnaire qui n'est pas d'accord d'exercer son droit de dissidence. Les statuts de fusion sont finalement déposés en double exemplaire, auprès de l'Inspecteur général des Institutions financières ou du Directeur, selon le cas.

Création d'un comité exécutif   La compagnie provinciale dont le conseil d'administration est composé d'au moins sept administrateurs peut être autorisée, par un règlement adopté par le vote des deux tiers en valeur des actions représentées par les actionnaires présents à une assemblée, à créer un **comité exécutif**. Le conseil d'administration forme lui-même ce comité en choisissant parmi ses membres un minimum de trois personnes; le comité exécutif exercera les pouvoirs que lui déléguera le conseil d'administration. La L.S.C.C. ne contient aucune disposition similaire; la société pourrait donc créer un comité exécutif en adoptant un règlement ratifié à la majorité simple des actionnaires (50 % + 1).

Achat d'actions d'autres compagnies   Une compagnie peut se porter acquéreur d'une partie ou de la totalité des actions d'une autre compagnie. Les sociétés fédérales de même que celles constituées en vertu de la Partie IA de la L.C.Q. peuvent le faire par la simple adoption d'une résolution des administrateurs à cette fin.

Par ailleurs, une compagnie constituée en vertu de la Partie I de la L.C.Q. ne peut utiliser, en tout ou en partie, ses fonds pour l'achat d'actions d'autres sociétés, à moins que ses lettres patentes ne lui en donnent la permission, ou à moins que les administrateurs n'y aient été expressément autorisés par un règlement ratifié par le vote des deux tiers en valeur des actions représentées par les actionnaires présents à une assemblée.

Liquidation volontaire   La compagnie qui cesse volontairement ses activités peut liquider ses affaires.
L.C.Q.   La liquidation de la compagnie se fait en vertu de la *Loi sur la liquidation des compagnies* (articles 1, 2 et 3) et non en vertu de la L.C.Q. Une résolution des administrateurs convoque une assemblée des actionnaires à cette fin. Ces derniers adoptent une résolution selon laquelle les affaires de la société seront liquidées volontairement et la compagnie sera dissoute. On nomme également un ou plusieurs liquidateurs. La société est officiellement dissoute lorsque l'Inspecteur général procède à l'enregistrement dans ses dossiers d'une mention disant que le liquidateur a produit son dossier.

On peut également procéder à la dissolution volontaire de la compagnie en vertu des articles 28 et 29 de la L.C.Q. On doit alors adopter un règlement des administrateurs par le vote à majorité simple des actionnaires (50 % + 1). Puis, une requête en abandon de charte est expédiée à l'Inspecteur général, alléguant que la compagnie n'a ni dettes, ni obligations, qu'elle s'est départie de ses biens, qu'elle a divisé ses actifs proportionnellement entre ses actionnaires et qu'elle a payé ses dettes. Finalement, un avis de dissolution est publié dans la *Gazette officielle du Québec* par l'Inspecteur général.
L.S.C.C.   Au fédéral, la procédure de dissolution est plus rapide qu'au provincial. En effet, une résolution spéciale est adoptée puis ratifiée par les deux tiers en valeur des actions représentées par les actionnaires présents à une assemblée et par les détenteurs d'actions non assorties du droit de vote. Des statuts de dissolution sont ensuite expédiés au Directeur qui émet un certificat de dissolution.

Vente des actifs   La compagnie peut procéder à la vente de ses actifs et de ses biens en tout ou en partie.
L.C.Q.   La L.C.Q. permet la vente des actifs de la compagnie par les administrateurs sans aucune intervention des actionnaires. L'adoption d'une résolution des administrateurs suffit.

L.S.C.C. Pour sa part, la loi fédérale exige l'adoption d'une résolution spéciale ratifiée par les deux tiers en valeur représentées par les actionnaires présents à une assemblée, et par les détenteurs des actions non assorties du droit de vote. Les actionnaires votent également par catégories d'actions. L'actionnaire qui n'est pas d'accord peut toujours exercer son droit de dissidence.

Décision de ne pas nommer de vérificateur Comme nous l'avons vu précédemment, les sociétés constituées en vertu de la Partie IA de la L.C.Q. et celles constituées en vertu de la L.S.C.C. ne sont pas tenues de nommer un vérificateur lors de l'assemblée annuelle, à la condition de répondre aux exigences de la loi. Cette décision, dans les deux cas, doit être prise au moyen d'une résolution spéciale et unanime des actionnaires de la compagnie, y compris les détenteurs d'actions non assorties du droit de vote.

Les administrateurs

Les affaires courantes de la compagnie sont gérées par les **administrateurs** et les **officiers** ou **dirigeants** de la société. Généralement, leur rémunération est fixée par le conseil d'administration. Toute convention unanime entre les actionnaires peut retirer aux administrateurs certains pouvoirs pour se les attribuer. On distingue deux sortes d'administrateurs, les **administrateurs provisoires** et les **administrateurs permanents**.

Administrateurs provisoires

L.C.Q. — Partie I Les personnes désignées comme telles dans les documents constitutifs puis dans les lettres patentes deviennent les administrateurs provisoires de la compagnie. Un minimum de trois personnes est fixé, mais la loi prévoit que ce nombre peut être plus élevé. Ces administrateurs sont choisis parmi les requérants. Leur mandat débute dès l'émission des lettres patentes et ils occupent cette fonction jusqu'à ce que les administrateurs permanents de la compagnie soient élus.

L'article 84 de la loi stipule que s'ils n'ont pas été remplacés dans les six mois de la date de la constitution de la compagnie, ou si l'un d'eux est décédé, les administrateurs provisoires peuvent convoquer une assemblée au moyen d'un avis dans la *Gazette officielle du Québec*, afin d'adopter les règlements, de répartir les actions et d'élire les administrateurs permanents.

L.C.Q. — Partie IA Les administrateurs provisoires de la compagnie sont les personnes mentionnées dans l'avis relatif à la constitution du conseil d'administration qui accompagne les statuts de constitution. Il peut s'agir de personnes différentes du ou des fondateurs. Leur mandat débute à la date mentionnée sur le certificat de constitution et se termine lors de l'assemblée d'organisation de la compagnie, à l'occasion de laquelle les administrateurs permanents sont nommés.

L.S.C.C. Ce sont les personnes mentionnées sur la liste des administrateurs qui accompagne les statuts constitutifs. Leur mandat débute à la date mentionnée sur le certificat de constitution et se termine à la date de la première assemblée des administrateurs de la compagnie. Comme pour les sociétés de la Partie IA de la L.C.Q., il peut s'agir de personnes différentes du ou des fondateurs.

Administrateurs permanents

Éligibilité

L.C.Q. — Partie I   La loi précise que nul ne peut être élu ou nommé administrateur d'une société constituée par lettres patentes, à moins qu'il ne soit:

— une personne physique;
— lui-même actionnaire;
— dirigeant ou administrateur d'une compagnie qui est actionnaire de cette compagnie;
— exécuteur testamentaire, tuteur, curateur ou fiduciaire d'une personne qui détient des actions dans la compagnie.

Il ne doit pas y avoir de versements en souffrance sur les actions détenues dans la compagnie. Un failli non libéré ne peut être élu, ni être nommé, ni agir comme administrateur. Les règlements de la compagnie précisent le nombre d'administrateurs requis. Ils sont au moins trois, mais la loi n'en limite pas le nombre.

L.C.Q. — Partie IA   La Partie IA de la L.C.Q. stipule qu'il n'est pas nécessaire d'être actionnaire pour être administrateur de la compagnie. L'administrateur doit être une personne physique. La loi énonce également que les personnes physiques de moins de 18 ans, les interdits, les faibles d'esprit déclarés incapables par un tribunal et les faillis non libérés ne peuvent devenir administrateurs de la compagnie.

De la loi prévoit la nomination d'un seul administrateur dans le cas des sociétés fermées; dans le cas des sociétés publiques, la loi fixe le nombre minimum des administrateurs à trois. La loi permet d'indiquer soit un nombre fixe, soit un nombre minimum et un nombre maximum.

L.S.C.C.   Tout comme pour la compagnie québécoise de la partie IA de la L.C.Q., la société constituée en vertu de la L.S.C.C. n'impose pas aux personnes qui deviennent administrateurs d'être actionnaires de la compagnie. L'administrateur doit être une personne physique; toutefois, les personnes physiques de moins de 18 ans, les interdits, les faibles d'esprit déclarés incapables par un tribunal et les faillis ne peuvent devenir administrateurs.

De la même manière, la loi prévoit la nomination d'un seul administrateur pour gérer les affaires de la société fermée, le nombre d'administrateurs peut être soit un nombre fixe, soit un nombre minimum et un nombre maximum. Les compagnies publiques doivent nommer au moins trois administrateurs. La loi prévoit également que le conseil d'administration de toute compagnie fédérale se compose majoritairement de résidents canadiens. Cependant, la loi ajoute que cette exigence est réduite au tiers si la société mère et ses filiales affichent des revenus canadiens inférieurs à 5%.

Élection et mandat

Nous avons vu précédemment que les administrateurs de la compagnie étaient élus par scrutin secret par le vote majoritaire des actionnaires qui détiennent des actions assorties du droit de vote à l'occasion de l'assemblée annuelle. Ils sont habituellement élus pour un an, mais leur mandat peut se prolonger jusqu'à deux ans pour les sociétés provinciales; ce mandat ne peut dépasser la troisième assemblée annuelle qui suit l'assemblée où ils ont été élus, pour les sociétés fédérales.

S'il subsiste des postes vacants au sein du conseil d'administration, les administrateurs peuvent les combler en nommant à ces postes des personnes éligibles, en autant qu'il y ait quorum. Signalons que leur mandat ne prend pas fin automatiquement et que les administrateurs demeurent en poste jusqu'à ce que leurs remplaçants soient nommés.

Les compagnies constituées en vertu de la Partie IA de la L.C.Q. et celles constituées en vertu de la L.S.C.C. doivent aviser l'Inspecteur général ou le Directeur, selon le cas, de tous les changements qui surviennent au sein du conseil d'administration; dans les 15 jours du changement, elles expédient l'avis de changement des administrateurs prévu par la loi.

Démission et destitution

Par ailleurs, rien n'empêche l'administrateur d'une compagnie provinciale ou fédérale de démissionner de son poste, en tout temps. D'une façon générale, l'administrateur expédie à la compagnie une lettre de démission, et celle-ci prend effet à compter de la date mentionnée dans la lettre. La démission ne requiert pas l'acceptation du conseil d'administration pour qu'elle prenne effet. L'administrateur démissionnaire cesse d'occuper ses fonctions même si aucun remplaçant n'est nommé. À moins de dispositions contraires dans l'acte constitutif (art. 123.77 L.C.Q. et 104.1 L.S.C.C.), les actionnaires d'une compagnie constituée en vertu de la Partie IA ou de la L.S.C.C. peuvent destituer les administrateurs d'une société au moyen d'une résolution à la majorité simple (50 % + 1). Le motif de destitution doit être sérieux.

L.C.Q. — Partie I Les dispositions de la Partie I de la L.C.Q. ne régissent pas la démission d'un administrateur. Il faut donc en prévoir les modalités dans les règlements de la compagnie, à défaut de quoi les principes généraux indiqués ci-dessus prévalent. Contrairement aux autres types de sociétés, les actionnaires d'une compagnie de la Partie I ne peuvent destituer les administrateurs que si ce pouvoir leur est spécifiquement accordé dans les lettres patentes.

L.C.Q. — Partie IA L'article 123.79 de la L.C.Q. stipule que l'administrateur qui fait l'objet d'une destitution peut assister à l'assemblée afin d'exposer les motifs de son opposition à sa destitution.

L.S.C.C. Pour sa part, l'article 105.2 de la L.S.C.C. permet à un tel administrateur d'expédier à la compagnie, aux actionnaires et au Directeur une déclaration écrite exposant les motifs de son opposition aux mesures proposées.

Assemblées des administrateurs

Avis de convocation

Les modalités de l'avis de convocation aux assemblées d'administrateurs sont habituellement mentionnées dans les règlements de la compagnie. La loi prévoit que tout administrateur peut renoncer par écrit à l'avis de convocation d'une assemblée du conseil d'administration, et que sa seule présence équivaut à une renonciation de l'avis de convocation, à moins qu'il n'y soit présent pour s'opposer à la tenue de l'assemblée en invoquant l'irrégularité de la convocation.

D'une façon générale, l'avis de convocation n'a pas besoin de préciser l'objet ni l'ordre du jour de la réunion, à moins de stipulations contraires dans les règlements, ou à moins qu'il ne s'agisse d'une question prévue à l'article 110.3 de la L.S.C.C.

Quorum

Ce sont les règlements de la compagnie qui fixent le quorum. Généralement, il est constitué de la majorité des administrateurs. À défaut de stipulations dans les règlements, la jurisprudence a retenu la règle de la majorité. Dans le cas des sociétés n'ayant qu'un seul administrateur, celui-ci constitue le quorum. Pour les compagnies constituées en vertu de la L.S.C.C., la majorité des administrateurs présents doit être composée de résidents canadiens; cette règle ne s'applique cependant pas à la société qui retire moins de 5 % de ses revenus au Canada ni dans le cas où un administrateur canadien ratifie les décisions prises en son absence pour former ainsi le *quorum canadien*.

Déroulement de l'assemblée

On nomme d'abord un président et un secrétaire. Le plus souvent, ces personnes occupent des fonctions équivalentes au sein de la compagnie. Le premier préside l'assemblée, tandis que le second prend en note les délibérations, afin d'en dresser le procès-verbal. Après avoir approuvé le procès-verbal de la dernière assemblée des administrateurs, on procède à l'ordre du jour de l'assemblée. Les administrateurs doivent être personnellement présents à l'assemblée, car la loi ne leur permet pas de voter par procuration, comme dans le cas des actionnaires. Ces assemblées peuvent se tenir par téléphone (conférence téléphonique) si tous les administrateurs sont d'accord. Les résolutions écrites et signées par tous les administrateurs ayant le droit de voter lors des assemblées du conseil ont la même valeur que si elles avaient été adoptées lors de ces assemblées. Un exemplaire de ces résolutions doit être conservé avec les procès-verbaux de la compagnie.

Les administrateurs sont les mandataires de la compagnie. Ils en dirigent les affaires de façon collégiale, et leurs décisions sont prises au moyen de résolutions et de règlements. Ils sont autorisés à conclure et à signer au nom de la compagnie les contrats et les documents permis par la loi, d'après les dispositions de l'acte constitutif, des règlements et de toute convention entre les actionnaires. Les administrateurs peuvent voter d'autres règlements, tels que :

— la répartition des actions et les appels de versements;
— la confiscation des actions;
— la déclaration et le paiement de dividendes;
— la rétribution des administrateurs;
— la nomination des agents et des dirigeants de la compagnie;
— la date, le lieu et la convocation des assemblées annuelles;
— la conduite des affaires de la compagnie sur tous les autres rapports.

Ces règlements sont valides jusqu'à leur ratification par les actionnaires réunis en assemblée générale ou à l'assemblée annuelle suivante. Les décisions se prennent par vote à la majorité simple (50 % + 1). Au conseil d'administration, chaque administrateur a droit à un vote quel que soit le nombre d'actions comportant le droit de vote qu'il détient dans la compagnie. Le président ne possède aucun vote prépondérant, en cas d'égalité des voix.

Officiers et dirigeants

Le conseil d'administration peut déléguer certains de ses pouvoirs à des **officiers** qui voient aux affaires courantes de la compagnie. La L.S.C.C. utilise le terme **dirigeants**. Il n'est pas nécessaire d'être administrateur de la compagnie pour en être un officier. Les seules exceptions à ce principe sont les postes de président et de vice-président. À moins de dispositions contraires précisées dans l'acte constitutif ou les règlements, les administrateurs élisent ou nomment les officiers ou dirigeants et déterminent leur responsabilité. De la même façon, ils peuvent les destituer. Généralement, leur mandat est d'un an, mais il peut être prolongé.

Les postes d'officiers ou de dirigeants les plus courants au sein d'une entreprise sont : président, vice-président, secrétaire, trésorier, directeur général, gérant, etc. Dans ces deux derniers cas, plusieurs compagnies préfèrent accorder à leurs titulaires le statut d'employé, plutôt que celui d'officier ou de dirigeant de la compagnie. Les officiers ou dirigeants répondent de leurs actes devant le conseil d'administration et doivent agir au mieux de leurs connaissances. Par ailleurs, différentes lois pénales les tiennent responsables au même titre que les administrateurs de la compagnie, en cas de défaut.

Comité exécutif

Le conseil d'administration peut également déléguer certains de ses pouvoirs à un comité exécutif qui s'occupera des affaires courantes de la compagnie. Ce comité doit, par ailleurs, rendre compte de sa gestion au conseil d'administration. La L.S.C.C. parle plutôt d'un comité du conseil d'administration.

La L.C.Q. prévoit que si le conseil d'administration de la compagnie est formé d'au moins sept administrateurs, le conseil peut, par règlement ratifié par les actionnaires, former un comité exécutif composé d'au moins trois administrateurs à qui ils peuvent déléguer certains pouvoirs. De son côté, la L.S.C.C. ne requiert aucun nombre minimal d'administrateurs pour pouvoir créer un comité du conseil d'administration, ni aucun règlement ratifié à cette fin par les actionnaires. Une majorité de résidents canadiens doit siéger au sein de ce comité, conformément aux mêmes exceptions que pour le conseil d'administration.

Responsabilité des administrateurs

En principe, les administrateurs n'encourent pas de responsabilité personnelle quant à l'administration de la société. Dans l'exercice de leurs fonctions, ils doivent agir avec intégrité et bonne foi, avec soin, diligence et compétence, en servant de leur mieux les intérêts de la compagnie, comme le ferait en pareilles circonstances une personne raisonnable. On n'exige pas d'eux qu'ils possèdent des qualités de gestionnaires hors pair. Ainsi, s'ils administrent raisonnablement bien les affaires de la compagnie, s'ils respectent les obligations que la loi leur impose, les statuts et les règlements de la société, de même que les conventions unanimes entre les actionnaires, et s'ils sont honnêtes et de bonne foi, les administrateurs n'encourent aucune responsabilité personnelle.

Par ailleurs, leur responsabilité diminue dans la mesure où les actionnaires les assument en vertu d'une convention unanime. D'une façon générale, ils ne doivent jamais se placer dans une position de conflit d'intérêt en regard des affaires de la compagnie. L'administrateur présent à une assemblée du conseil d'administration est présumé avoir accepté toutes les résolutions adoptées, sauf si sa dissidence est consignée dans le registre des procès-verbaux, si elle fait l'objet d'un avis écrit expédié au secrétaire de l'assemblée avant son ajournement, si elle est remise, ou si elle fait l'objet d'un avis écrit expédié par courrier recommandé au siège social. Dans tous les cas, lorsqu'il a déjà approuvé une décision, l'administrateur ne peut se rétracter et faire valoir sa dissidence.

L'administrateur qui était absent à une assemblée convoquée en vertu de la Partie I de la L.C.Q. est présumé avoir acquiescé aux décisions prises. S'il veut éviter toute responsabilité personnelle, il doit faire enregistrer sa dissidence dans le registre des procès-verbaux, dans les 24 heures à compter du moment où il prend connaissance de la résolution à cet effet. Il fait ensuite publier un avis de son opposition dans les huit jours, dans un journal de la localité du siège social de la compagnie.

L'administrateur d'une compagnie de la Partie IA de la L.C.Q. qui était absent lors d'une assemblée est présumé ne pas avoir acquiescé à cette décision. Quant à l'administrateur d'une compagnie fédérale qui était absent à une assemblée, il est présumé avoir acquiescé aux décisions prises à moins que, dans les sept jours suivant la date où il en a eu connaissance, sa dissidence n'ait été consignée au registre des procès-verbaux, n'ait été remise ou n'ait fait l'objet d'un avis écrit, par courrier recommandé.

La loi fédérale et la loi provinciale prévoient que les administrateurs sont exonérés de toute responsabilité, s'ils prouvent qu'ils ont agi de bonne foi en suivant l'opinion d'un expert, tel le comptable ou l'avocat de la compagnie. La loi prévoit, par ailleurs, un certain nombre de cas où les administrateurs peuvent engager leur responsabilité personnelle et solidaire. Nous résumerons ici les situations les plus fréquentes.

Émission d'un dividende   Les administrateurs d'une compagnie ne peuvent émettre de dividende qui entame le capital de la compagnie ou qui la rend insolvable. Les administrateurs qui consentent au paiement d'un tel dividende encourent une responsabilité personnelle et solidaire.

Transfert d'actions non entièrement payées   Dans le cas des sociétés constituées en vertu de la L.C.Q., nul transfert d'actions dont le paiement n'a pas été fait entièrement à la compagnie ne peut s'effectuer sans le consentement des administrateurs. Si les administrateurs consentent à un tel transfert d'actions à une personne insolvable, ils encourent une responsabilité conjointe et solidaire envers les créanciers de la compagnie (art. 72 L.C.Q.). La L.S.C.C. ne prévoit pas une telle responsabilité car toutes les actions d'une compagnie fédérale doivent être entièrement payées avant d'être émises.

Par ailleurs, les administrateurs d'une compagnie fédérale qui approuvent une résolution autorisant une émission d'actions en contrepartie de biens ou de services dont le prix n'équivaut pas à la juste valeur des actions sont solidairement responsables et ils doivent rembourser à la société la somme d'argent que cette dernière aurait reçue si le paiement avait été fait en numéraire (art. 25.3 L.S.C.C.).

Salaires des employés   Les administrateurs de la compagnie sont solidairement responsables envers les employés, jusqu'à concurrence de six mois de salaire, pour services rendus pendant leur administration respective (art. 96.1 L.C.Q.). Le terme «salaire» comprend les commissions, les vacances et les avantages sociaux. L'administrateur qui est obligé de payer la totalité des salaires dus peut récupérer des autres administrateurs la part qu'il a versée en leur nom. En principe, cette responsabilité se limite à des sommes d'argent peu élevées, étant donné que l'on congédie les employés dès que les affaires de la compagnie commencent à décliner.

En vertu de la L.C.Q., pour qu'un administrateur engage sa responsabilité, la compagnie doit avoir été poursuivie dans l'année du jour où la dette est devenue exigible et le jugement rendu contre la compagnie doit être demeuré insatisfait, ou encore la compagnie doit avoir fait l'objet d'une faillite et d'une réclamation déposée par un employé.

En vertu de l'article 114 de la L.S.C.C., la responsabilité des administrateurs n'est engagée que si on n'a pu satisfaire à un jugement rendu à la suite d'une action en recouvrement d'une créance contre la société dans les six mois de l'échéance, et si l'existence de la créance a été établie dans les six mois de la liquidation, de la dissolution, de la cession de biens ou de la faillite de la compagnie. L'action doit être intentée dans les deux ans de la cessation des fonctions des administrateurs.

Prêts aux actionnaires   La loi interdit à une compagnie constituée en vertu de la Partie I de la L.C.Q. de faire un prêt à ses actionnaires. En ce qui concerne la société constituée en vertu de la Partie IA de la L.C.Q., la loi défend à la compagnie de faire des prêts à ses actionnaires, ou de cautionner la dette d'un actionnaire, mais elle prévoit certaines exceptions à cette règle. En pratique, la société doit démontrer que la valeur comptable de son actif est supérieure au total de son passif et de son compte de capital-actions émis et payé avant de consentir un tel prêt. Si un prêt est quand même consenti, tous les administrateurs et dirigeants d'une compagnie qui y ont consenti sont solidairement responsables envers la compagnie et ses créanciers de la somme prêtée et de l'intérêt qu'ils n'ont pu recouvrer.

Quant aux sociétés fédérales, les prêts aux actionnaires sont défendus, sauf ceux consentis pour l'achat d'une résidence ou d'actions de la compagnie. En pratique, les administrateurs ne sont responsables que dans les cas où un prêt rend une compagnie insolvable. Les administrateurs qui, malgré une situation d'insolvabilité, prêtent l'argent d'une société à un actionnaire, encourent une responsabilité personnelle et solidaire, jusqu'à concurrence du montant prêté et de l'intérêt.

Rachat d'actions par la compagnie   Les administrateurs d'une compagnie de la Partie IA de la L.C.Q. ou de la L.S.C.C. peuvent généralement voter l'acquisition des actions entièrement payées que la société a émises à moins qu'il ne soit démontré que ce rachat d'actions rend la compagnie insolvable. Dans cette éventualité, les administrateurs encourent une responsabilité solidaire quant aux sommes versées et non recouvrées de la société. La Partie I de la L.C.Q. ne prévoit pas le rachat des actions par une compagnie. Ce principe s'applique aussi dans le cas du rachat des actions d'un actionnaire dissident.

Livres de la compagnie   Au chapitre 7, nous avons déjà traité de la responsabilité qu'encourent les administrateurs et dirigeants d'une société qui refusent ou négligent de faire les entrées nécessaires dans les registres, ou qui refusent l'examen de ces registres à ceux que la loi autorise.

Dissolution de la compagnie   Dans le cas de la dissolution volontaire d'une société constituée en vertu de la L.C.Q., les administrateurs doivent payer les dettes à même l'actif de la compagnie, ou obtenir le consentement de ses créanciers au moment de la dissolution, sinon ils risquent d'être tenus personnellement et solidairement responsables du paiement de ces dettes envers tout créancier qui n'a pas donné son consentement à la dissolution. La loi fédérale ne contient pas de telles dispositions.

Conflits d'intérêts   Tout administrateur ou dirigeant d'une société qui possède des intérêts dans un contrat important conclu par la compagnie doit donner un avis écrit à cet effet, ou faire en sorte de consigner ce renseignement dans le registre des procès-verbaux. À défaut de se conformer à ces exigences, la compagnie ou un actionnaire peut demander l'annulation de ce contrat par le tribunal. Un administrateur placé dans une telle situation de conflit d'intérêts n'a pas droit de vote à l'assemblée lors de laquelle ce contrat est à l'ordre du jour.

La loi fédérale est beaucoup plus sévère que la loi provinciale sur les questions de conflit d'intérêts. Ainsi, les articles 121 à 125 de la L.S.C.C. prévoient des dispositions spéciales relativement aux **transactions d'initiés**, c'est-à-dire aux affaires de nature à soulever des conflits d'intérêts entre les actionnaires, les administrateurs et la compagnie. La loi réglemente les transactions de ces personnes tant en ce qui concerne les valeurs mobilières de la compagnie que les contrats que ces personnes peuvent être amenées à signer avec cette dernière. Voici deux exemples de situations de conflits d'intérêts :

— Robert, administrateur de la compagnie ABC ltée, a appris que la compagnie fusionnerait avec la compagnie XYZ inc. Il sait pertinemment qu'une telle transaction fera sûrement doubler la valeur des actions de la compagnie, d'ici un mois. Il achète donc 10 000 actions de la compagnie qui, effectivement, doublent de valeur.

— Claude est l'actionnaire principal de la compagnie ABC ltée et détient des actions dans la société Dubois ltée. Il a eu vent que cette dernière voulait agrandir son usine et faire des rénovations de l'ordre de 2 millions de dollars. Comme il est aussi administrateur de la compagnie ABC ltée, il fait en sorte que cette compagnie obtienne le contrat pour effectuer les travaux de construction et de rénovation.

Dans chacun de ces cas, il y a conflit d'intérêts, et la loi prévoit que ces personnes, appelées des «initiés», parce qu'elles détiennent, en raison de leur poste d'actionnaire ou d'administrateur, des renseignements privilégiés, doivent déclarer leurs intérêts dans ces transactions. Ces personnes encourent une responsabilité vis-à-vis de ceux et celles à qui leurs agissements ont causé des pertes. Ces administrateurs (initiés) doivent fournir des rapports au Directeur du Service des corporations, lorsqu'ils sont en position de conflit d'intérêts; dans le cas contraire, ils sont passibles d'amende et(ou) de prison. Ces personnes doivent s'abstenir de voter aux assemblées; les contrats qui sont signés dans de telles circonstances sont susceptibles d'annulation; si ces initiés en ont retiré des profits, ceux-ci doivent être remis à la compagnie; finalement, les personnes qui ont subi des pertes en raison des agissements des initiés ont droit à une indemnisation. La loi québécoise est silencieuse au sujet des conflits d'intérêts. Seule la *Loi sur les valeurs mobilières* en fait mention, mais ses dispositions ne s'appliquent qu'aux sociétés publiques ou distributrices de valeurs mobilières, et non aux sociétés fermées. Par ailleurs, en cas de fraude, les tribunaux peuvent quand même intervenir en se basant sur les dispositions du Code civil. Les nouveaux articles 354 et suivants du projet de loi 20 viennent combler les lacunes de la L.C.Q. en ce qui concerne les conflits d'intérêts. Ces articles interdisent à l'administrateur d'une compagnie d'utiliser, à son profit ou au profit d'un tiers, soit des renseignements, soit les biens de la compagnie. Dans ces cas, la loi tient l'administrateur responsable des dommages subis par la compagnie.

Production du rapport annuel   La *Loi concernant les renseignements sur les compagnies* oblige toute société provinciale ou fédérale faisant affaires au Québec à produire, dès le début de ses activités, un rapport initial auprès de la Direction des compagnies en indiquant la nature de ses activités, le montant de son capital-actions autorisé et le nombre d'actions émises, de même que les noms et adresses de ses administrateurs. Le rapport doit aussi mentionner s'il s'agit d'une compagnie privée. Le ou avant le premier jour de septembre de chaque année, toute compagnie doit préparer et remettre à l'Inspecteur général un rapport détaillé sur ses affaires se terminant au trentième jour de juin précédent. Si la compagnie fait défaut de produire l'un ou l'autre de ces rapports, chaque administrateur et chaque personne agissant en cette qualité est passible d'une amende de 20 $ par jour et, à défaut de paiement de l'amende, d'un emprisonnement pendant une période n'excédant pas trois mois. L'administrateur qui fournit de faux renseignements est passible d'une amende n'excédant pas 1000 $.

L'Inspecteur général des Institutions financières peut ordonner la dissolution de toute compagnie québécoise qui ne se soumet pas à ces exigences. Au fédéral, toute société doit également produire un rapport annuel auprès du ministre de la Consommation et des Corporations, sous peine d'amende ou d'annulation de son certificat de constitution.

En matière fiscale Depuis le 13 novembre 1981, l'article 227.1 de la *Loi de l'impôt sur le revenu du Canada* tient les administrateurs d'une société par actions personnellement et solidairement responsables du versement de l'impôt fédéral retenu à la source sur le salaire de ses employés. Cette responsabilité s'étend non seulement aux arrérages d'impôt, mais aussi aux intérêts et aux pénalités encourus par la compagnie. Ce recours se prescrit par deux ans après la cessation des fonctions des administrateurs.

L'administrateur peut s'exonérer de sa responsabilité si le ministère du Revenu a pris action contre la compagnie et a réussi à recouvrer les sommes d'argent qui lui étaient dues, et si la compagnie n'a pas entrepris de procédures de liquidation, de dissolution, n'a pas fait de cession de biens ou n'a pas déclaré faillite. Tout administrateur peut également se décharger de sa responsabilité en prouvant qu'il a agi comme toute personne raisonnable l'aurait fait dans les mêmes circonstances.

Autre responsabilité pénale On retrouve dans la majorité des lois des dispositions à caractère pénal qui engagent la responsabilité personnelle des administrateurs et des dirigeants lorsque la compagnie contrevient à ces lois. Ainsi, l'administrateur qui consent ou participe à la commission d'une infraction se voit tenu responsable au même titre que la compagnie. Pour être exonéré, il devra prouver qu'il a agi raisonnablement et de bonne foi, compte tenu des circonstances. Cette preuve s'avère souvent difficile à établir.

La dissolution et la liquidation de la compagnie

Une société par actions cesse d'exister, soit par la décision des actionnaires qui conviennent d'une **dissolution volontaire**, soit par **dissolution forcée**, à la suite d'un jugement des tribunaux, d'une décision du gouvernement ou d'une faillite.

Dissolution volontaire

En vertu de la L.C.Q.

La compagnie québécoise de la Partie I ou de la Partie IA peut demander sa liquidation volontaire par requête adressée à l'Inspecteur général des Institutions financières, en mentionnant qu'elle n'a plus de dettes ni d'obligations, qu'elle s'est départie de ses biens et qu'elle a divisé ses actifs proportionnellement entre ses actionnaires, ou encore que le paiement de ses dettes est garanti ou que les créanciers de la compagnie y ont consenti.

Au lieu de procéder en vertu de la L.C.Q., la compagnie peut demander sa liquidation volontaire en vertu de la *Loi sur la liquidation des compagnies*. On procède alors au moyen d'une résolution des administrateurs, qui doit être ratifiée par les actionnaires. La résolution prévoit que les affaires de la compagnie seront liquidées, et elle propose la nomination d'un liquidateur pour régler et distribuer les actifs de la compagnie. Un avis est alors expédié aux créanciers, et la compagnie cesse d'exister et est dissoute à compter de la date indiquée par l'Inspecteur général, dans son rapport.

En vertu de la L.S.C.C.

La dissolution peut être demandée par les fondateurs s'ils le décident à l'unanimité, et si la société n'a pas encore émis d'actions. Généralement, la dissolution est demandée par les actionnaires ou les administrateurs par une résolution spéciale qui doit être entérinée par les détenteurs de chaque catégorie d'actions. Dans les deux cas, des statuts de dissolution sont expédiés au Directeur. On donne alors avis aux créanciers que la compagnie a cessé d'exister et qu'elle est dissoute à la date indiquée par le Ministère.

Dissolution forcée

En vertu de la L.C.Q.

L'Inspecteur général des Institutions financières peut révoquer et annuler l'acte constitutif de toute compagnie qui a omis, pendant deux ans, de déposer le rapport annuel prévu par la *Loi sur les renseignements des compagnies*, ou qui est en retard dans la production d'un rapport annuel. La loi prévoit que toute personne intéressée, créancier, actionnaire ou administrateur, peut demander la révocation de cette décision à l'Inspecteur général. Dans un tel cas, la compagnie reprend son existence, comme si elle n'avait jamais cessé d'exister.

Un actionnaire de la compagnie peut également s'adresser aux tribunaux pour obtenir la dissolution de la société s'il a totalement perdu confiance envers les administrateurs, s'il les soupçonne de fraude ou s'il y a impasse.

En vertu de la L.S.C.C.

Le Directeur peut demander la dissolution forcée de la société, si elle n'a pas commencé ses activités, trois ans après la date de l'émission du certificat de constitution. Il le peut également si la société n'a pas exploité son entreprise pendant trois ans, ou encore, si elle a omis de produire son rapport annuel et de payer les droits exigibles. Le Directeur expédie alors un avis de défaut et, finalement, émet un certificat de dissolution. Cette dissolution peut également être demandée sur présentation d'une requête au tribunal.

Résumé

La compagnie fonctionne à deux paliers: l'assemblée des actionnaires et l'assemblée des administrateurs. Le fait pour une personne de détenir une action dans une compagnie lui confère certains droits. Parmi ceux-ci, on retrouve le droit d'assister et de voter aux assemblées d'actionnaires, celui de contrôler la compagnie en détenant 50 % + 1 des actions assorties du droit de vote, le droit de partager les profits de la compagnie en recevant un dividende; il y a également le droit à l'information et le droit de regard sur les questions importantes. Les actionnaires peuvent restreindre les pouvoirs accordés aux administrateurs d'une compagnie constituée en vertu de la Partie IA ou de la L.S.C.C. au moyen d'une convention unanime des actionnaires. La loi et plus particulièrement la L.S.C.C. protège les droits des actionnaires minoritaires, notamment par l'exercice du droit de dissidence, celui de convoquer une assemblée spéciale ou extraordinaire des actionnaires, et de demander la liquidation de la compagnie, en cas d'impasse par exemple.

En principe, la responsabilité des actionnaires est limitée à leur mise de fonds, sauf si leurs actions ne sont pas entièrement libérées ou s'ils ont consenti des garanties personnelles. Les assemblées d'actionnaires se divisent en assemblée annuelle et en assemblées spéciales ou extraordinaires. Lors de l'assemblée annuelle, les administrateurs de la compagnie doivent rendre compte aux actionnaires de leur administration pour l'année qui s'est écoulée.

Ils leur soumettent le bilan et les états financiers, puis procèdent à l'élection des administrateurs pour l'année qui vient, à la nomination du vérificateur ou de l'expert-comptable et à la ratification des règlements. Des assemblées spéciales sont convoquées pour approuver ou ratifier les décisions importantes des administrateurs, telles que le changement de dénomination sociale, le changement de siège social et le changement au capital-actions. Généralement, au niveau des assemblées d'actionnaires, une action donne droit à un vote, et le vote se prend à la majorité simple (50 % + 1), sauf lors des assemblées spéciales ou extraordinaires lorsque le vote requis correspond aux deux tiers en valeur des actions représentées par les actionnaires présents à une assemblée. La loi permet le vote par procuration.

Les administrateurs gèrent les affaires courantes de la compagnie. Les administrateurs provisoires gèrent les affaires de la compagnie au moment de sa formation et les administrateurs permanents la gèrent une fois créée. La loi oblige les administrateurs d'une compagnie de la Partie I de la L.C.Q. à en être actionnaire, ce qui n'est pas le cas pour les sociétés constituées en vertu de la Partie IA de la L.C.Q. et de la L.S.C.C. Les administrateurs sont élus par le vote majoritaire (50 % + 1) des actionnaires lors de l'assemblée annuelle.

S'ils respectent la loi, les statuts et les règlements, les administrateurs n'encourent habituellement aucune responsabilité personnelle quant à leur administration. On leur demande d'agir en personne raisonnable. S'il n'est pas d'accord avec les décisions prises, l'administrateur qui était absent lors d'une assemblée peut enregistrer sa dissidence. Les dispositions de la L.C.Q. et de la L.S.C.C. prévoient des cas spécifiques où la responsabilité des administrateurs est engagée : émission d'un dividende de nature à rendre la compagnie insolvable ou à entamer son capital, transfert d'actions non libérées, non versement du salaire aux employés, prêts aux actionnaires, production du rapport annuel, impôt de la compagnie, etc. Finalement, la société peut être dissoute et liquidée, soit volontairement, soit d'une façon forcée par le tribunal, par l'Inspecteur général ou le Directeur.

Vocabulaire

Administrateur
Administrateur permanent
Administrateur provisoire
Assemblée annuelle
Assemblée spéciale ou extraordinaire
Avis de convocation
Comité exécutif
Contrôle absolu
Contrôle effectif
Convention unanime entre les actionnaires
Dirigeant
Dissolution forcée
Dissolution volontaire

Droit de dissidence
Fondé de pouvoir
Fusion
Impasse
Liquidation
Officier
Procès-verbal
Procuration
Quorum
Règlement
Résolution
Transaction d'initiés
Vote prépondérant

Questions

1. Énumérez les principaux droits des actionnaires d'une société.

2. Qu'entendez-vous par le contrôle d'une compagnie ?

3. Quelle différence existe-t-il entre le contrôle absolu et le contrôle effectif ?

4. Qu'est-ce qu'une convention unanime entre les actionnaires ?

5. De quelles façons les actionnaires minoritaires peuvent-ils protéger leurs droits?

6. À l'intérieur de quels délais les avis de convocation aux assemblées d'actionnaires doivent-ils être expédiés?

7. En matière d'assemblée d'actionnaires, que signifie le terme «quorum»?

8. D'une façon générale, comment le vote se prend-il lors des assemblées d'actionnaires?

9. Qu'est-ce qu'une procuration?

10. Quand l'assemblée annuelle des actionnaires d'une compagnie doit-elle avoir lieu? Quelles questions y sont généralement traitées
   a) dans une société constituée en vertu de la L.C.Q.?
   b) dans une société constituée en vertu de la L.S.C.C.?

11. Quel est le rôle du vérificateur ou de l'expert-comptable d'une compagnie?

12. Quel rôle joue l'administrateur d'une compagnie?

13. Suivant quel mode de scrutin les administrateurs d'une compagnie sont-ils élus? Quel est le nombre d'administrateurs élus? Comment ce nombre est-il fixé
   a) dans une société constituée en vertu de la L.C.Q.?
   b) dans une société constituée en vertu de la L.S.C.C.?

14. Comment procède-t-on à des changements au capital-actions d'une compagnie?

15. De quelle façon les décisions sont-elles prises par le conseil d'administration?

16. Discutez du principe de la responsabilité des administrateurs d'une société constituée en vertu de la L.C.Q.
   a) relativement aux salaires dus aux employés;
   b) relativement à un transfert d'actions non entièrement libérées;
   c) relativement à l'émission d'un dividende.

17. Les actionnaires d'une compagnie peuvent-ils destituer ses administrateurs? Dans l'affirmative, expliquez votre réponse.

18. Énoncez cinq cas où une résolution ou un règlement des administrateurs doit être ratifié par le vote des actionnaires; indiquez, dans chaque cas, le pourcentage des votes requis, selon que la compagnie est constituée en vertu de la Partie I ou de la Partie IA de la L.C.Q., ou en vertu de la L.S.C.C.

19. Quelle différence y a-t-il entre une résolution et un règlement?

20. Expliquez le principe en vertu duquel les administrateurs peuvent être tenus responsables du paiement des impôts d'une compagnie.

Cas pratiques

1. Josée Proulx, secrétaire de la compagnie Savons Lasalle ltée, vient vous consulter; elle vous indique que cette entreprise familiale connaît des difficultés depuis environ un an, et elle croit qu'il serait dans l'intérêt de la compagnie de changer son nom en celui de Savons La Québécoise ltée, pour des motifs d'ordre publicitaire. Elle vous explique également que la société entend déménager son usine de Trois-Rivières à Sherbrooke. La compagnie voudrait aussi modifier son capital-actions autorisé et créer deux nouvelles catégories d'actions privilégiées: catégorie B, avec droit de vote et un dividende de 15%, et catégorie C, sans droit de vote et avec un dividende de 20%.

Elle vous demande comment la compagnie doit s'y prendre pour procéder à ces changements.

a) Que lui répondez-vous
— s'il s'agit d'une société constituée en vertu de la Partie I de la L.C.Q.?
— s'il s'agit d'une société constituée en vertu de la Partie IA de la L.C.Q.?
— s'il s'agit d'une société constituée en vertu de la L.S.C.C.?

b) Rédigez les procès-verbaux nécessaires au changement de nom et au changement de siège social.

2. Sylvie vient vous consulter et elle vous révèle qu'elle détient 1000 actions ordinaires de la compagnie Systèmes informatiques intégrés inc., une société constituée en vertu de la Partie IA de la L.C.Q. Elle détient ces actions depuis deux ans, mais elle ignore tout des affaires de cette compagnie. Elle vient de recevoir un avis de convocation à l'assemblée annuelle qui aura lieu le 24 septembre 1986 au siège social de la compagnie.

a) En quoi consiste cette assemblée?

b) Peut-elle voter lors de cette assemblée? Expliquez-lui pourquoi.

c) En cas d'absence, peut-elle se faire remplacer? Dans l'affirmative, rédigez le document nécessaire à cette fin.

d) Peut-elle interroger le président sur les affaires de la compagnie? Expliquez votre réponse.

e) A-t-elle le droit de poser sa candidature à un poste d'administrateur? Expliquez votre réponse.

f) La loi l'autorise-t-elle à soumettre la candidature de son ami, Louis-Philippe, au poste d'administrateur, alors qu'il ne détient aucune action dans la société? Motivez votre réponse.

3. Jean-François est actionnaire de la compagnie Immeubles du Québec inc., une compagnie de placements constituée en vertu de la L.S.C.C. qui possède plusieurs immeubles à logement, à travers le Québec. Il vous explique qu'il détient 577 actions ordinaires assorties du droit de vote, de catégorie A et 5000 actions privilégiées non assorties du droit de vote, de catégorie B. Ces actions privilégiées donnent droit à un dividende prioritaire de 20% sur le montant versé. Il ajoute que le capital déclaré et émis de la compagnie est de 25000 actions ordinaires de catégorie A, 30000 actions privilégiées assorties du droit de vote, de catégorie A et 5500 actions privilégiées non assorties du droit de vote, de catégorie B.

Les administrateurs de la société désirent apporter des modifications au capital-actions. Ils veulent, entre autres, réduire à 5% le montant du dividende prioritaire payable sur les actions privilégiées ne comportant pas le droit de vote, de catégorie B. Les administrateurs veulent aussi créer une nouvelle catégorie d'actions privilégiées avec droit de vote, de catégorie C, comportant un dividende de 15% payable avant toute autre catégorie d'actions. Seuls les détenteurs d'actions privilégiées comportant le droit de vote, de catégorie A, auraient le droit d'acquérir ces nouvelles actions en les échangeant contre leurs actions de catégorie A.

a) Dans un premier temps, il vous demande de lui expliquer de quelle façon la compagnie doit procéder pour effectuer ces changements. Expliquez-le lui.

b) Il vous demande si la loi lui permet de s'opposer à ces changements.

c) Il vous révèle que ces changements projetés par les administrateurs doivent figurer à l'ordre du jour, lors de l'assemblée annuelle de la compagnie qui doit avoir lieu dans deux mois. Jean-François voudrait profiter de cette occasion pour suggérer également certains changements aux règlements de la société. Il désirerait, en effet, que les détenteurs d'actions privilégiées, de catégorie B, puissent nommer un représentant au sein du conseil d'administration et il a l'intention de soumettre sa propre candidature. Il vous demande quelle est la procédure à suivre dans ce cas.

d) Vos réponses en b et en c auraient-elles été les mêmes s'il avait été question d'une société constituée en vertu de la Partie IA de la L.C.Q.? Expliquez votre réponse.

4. Nicolas, administrateur de la compagnie Camelotte inc., une compagnie constituée en vertu de la Partie IA de la L.C.Q., vient vous consulter.

Il vient d'apprendre en se rendant aux bureaux de la compagnie ce matin que, pendant son voyage d'affaires au Japon, les deux autres administrateurs de la compagnie, Alexis Labranche et Jos Malterre, ont convoqué une assemblée des administrateurs au cours de laquelle ils ont approuvé le transfert de 250 actions privilégiées ne comportant pas le droit de vote (d'une valeur nominale de 1 000 $ l'action) de Patrice à Jean-Guy, alors que ces actions n'étaient pas entièrement libérées, et que Patrice devait encore 125 000 $ sur le paiement de ces actions. De plus, Labranche et Malterre se sont réciproquement consentis des prêts personnels de 50 000 $ à même les fonds de la compagnie.

a) Nicolas vous demande de lui expliquer les conséquences juridiques des actes posés par Labranche et Malterre au cours de cette assemblée.

b) Que doit-il faire pour éviter d'être tenu responsable de ces actes?

c) Vos réponses auraient-elles été les mêmes si la compagnie avait été constituée en vertu de la Partie I de la L.C.Q.?

5. Monique est administrateur de la société Au pied du Mur ltée. Elle vous explique que la compagnie connaît des difficultés financières depuis quelque temps et que les autres administrateurs songent sérieusement à rencontrer un syndic de faillite pour que la compagnie fasse une cession de biens. Monique, qui est également actionnaire de la compagnie, détient 5 000 actions entièrement libérées. Les autres actions de la société sont réparties également entre Denis Lavallée, Johanne Coleman, Serge Tellier et Francine Groulx qui détiennent, chacun, 5 000 actions. Ces actions sont entièrement payées, à l'exception de celles de Denis Lavallée qui doit encore 10 000 $.

Monique vous fait part de son inquiétude face à la situation, et de sa crainte d'être tenue personnellement responsable des dettes de la compagnie.

a) Expliquez-lui les dispositions de la loi concernant la responsabilité personnelle de l'actionnaire d'une compagnie.

b) Monique ajoute qu'elle craint d'être accusée de mauvaise gestion comme administrateur et d'être ainsi tenue personnellement responsable des dettes de l'entreprise. Expliquez-lui les règles régissant sa responsabilité générale, à titre d'administrateur de la compagnie.

c) Quelle est la responsabilité de Denis Lavallée à titre d'actionnaire?

d) Monique encourt-elle une responsabilité quant aux salaires des employés? Expliquez votre réponse.

e) La compagnie n'ayant pas fait ses remises mensuelles d'impôt aux ministères concernés, Monique désire savoir si elle est personnellement responsable de leur versement. Expliquez-lui votre réponse.

Tableau 9.1 Cas où une assemblée spéciale des actionnaires est requise

Cas	Formalités requises	Vote des actionnaires
Changement de dénomination sociale — Partie I	— règlement — l'envoi d'une copie certifiée à l'Inspecteur général et avis dans la *Gazette officielle du Québec* ou — lettres patentes supplémentaires	2/3 des actions
Changement de dénomination sociale — Partie IA	— règlement — statuts de modifications — avis relatif à l'adresse du siège social — avis relatif à la composition du conseil d'administration	2/3 des actions
Changement de dénomination sociale — L.S.C.C.	— résolution spéciale — clauses modificatrices — avis du lieu du siège social — liste des administrateurs	2/3 des actions
Changement de siège social (même ville) — Partie I	— règlement — envoi d'une copie certifiée à l'Inspecteur général et avis dans la *Gazette officielle du Québec*	2/3 des actions
Changement de siège social (autre district judiciaire ou autre ville) — Partie IA	— règlement — avis de changement du siège social à l'Inspecteur général	2/3 des actions
Changement de siège social (même ville) — L.S.C.C.	— résolution spéciale — avis du lieu du siège social	2/3 des actions
Changement de siège social (autre ville) — L.S.C.C.	— résolution spéciale — avis du lieu du siège social — clauses modificatrices	2/3 des actions
Changement du nombre d'administrateurs — Partie I	— règlement — envoi d'une copie certifiée à l'Inspecteur général	2/3 des actions
Changement du nombre des administrateurs — Partie IA	— règlement — statuts de modification — avis relatif à l'adresse du siège social — avis relatif à la composition du conseil d'administration	2/3 des actions
Changement du nombre des administrateurs — L.S.C.C.	— résolution spéciale — clauses modificatrices — avis du lieu du siège social — liste des administrateurs	2/3 des actions

Tableau 9.1 (suite)

Cas	Formalités requises	Vote des actionnaires
Changement apporté au capital-actions — Partie I	— règlement — requête pour lettres patentes supplémentaires	2/3 des actions, plus vote par catégories d'actions et vote à l'unanimité pour les actions touchées par le changement.
Changement apporté au capital-actions — Partie IA	— règlement — statuts de modification — avis relatif à l'adresse du siège social — avis relatif à la composition du conseil d'administration	2/3 des actions, plus vote par catégories d'actions et vote à l'unanimité pour les actions touchées par le changement.
Changement apporté au capital-actions — L.S.C.C.	— résolution spéciale — clauses modificatrices — avis du lieu du siège social — liste des administrateurs	2/3 des actions, plus vote par catégories d'actions et possibilité pour l'actionnaire en désaccord d'exercer son droit de dissidence.
Limitation des activités, changements des objets, des restrictions sur le transfert et des autres dispositions — Partie I	— règlement — requête pour lettres patentes supplémentaires	2/3 des actions
Limitation des activités, changements des objets, des restrictions sur le transfert et des autres dispositions — Partie IA	— règlement — statuts de modification — avis relatif à l'adresse du siège social — avis relatif à la composition du conseil d'administration	2/3 des actions
Limitation des activités, changements des objets, des restrictions sur le transfert et des autres dispositions — L.S.C.C.	— résolution spéciale — clauses modificatrices — avis du lieu du siège social — liste des administrateurs	2/3 des actions et possibilité pour l'actionnaire en désaccord d'exercer son droit de dissidence sur la question de la limite et sur le transfert d'actions.
Emprunt: hypothèque et prêts — Partie I et Partie IA	— règlement	2/3 des actions, sauf dispositions contraires dans les documents constitutifs.
Emprunt: hypothèque et prêts — L.S.C.C.	— simple résolution des administrateurs	non nécessaire
Règlements généraux	— règlement	majorité simple (50 % plus 1)
Fusion — Partie I et Partie IA	— règlement	2/3 des actions, plus vote par

Opération	Documents requis	Vote requis
Fusion — L.S.C.C.	— statuts de fusion — avis relatif à l'adresse du siège social — avis relatif à la composition du conseil d'administration — résolution spéciale — test de solvabilité — convention de fusion — statuts de fusion — avis du lieu du siège social — liste des administrateurs	2/3 des actions, plus vote par catégories d'actions et possibilité pour l'actionnaire en désaccord d'exercer son droit de dissidence.
Création d'un comité exécutif — Partie IA et Partie IA	— règlement	2/3 des actions
Création d'un comité exécutif — L.S.C.C.	— règlement	majorité simple (50 % plus 1)
Achat d'actions d'autres compagnies — Partie I	— règlement	2/3 des actions
Achat d'actions d'autres compagnies — Partie IA et L.S.C.C.	— simple résolution des administrateurs	pas nécessaire
Liquidation volontaire selon la L.C.Q. — Partie IA et Partie IA	— règlement — requête en abandon de charte	majorité simple (50 % plus 1)
Liquidation selon la *Loi sur la liquidation des compagnies* — Partie I et Partie IA	— résolution	2/3 des actions
Liquidation volontaire — L.S.C.C.	— résolution spéciale — clauses de dissolution	2/3 des actions et vote de toutes les catégories d'actions.
Vente des actifs — Partie I et Partie IA	— simple résolution des administrateurs	non nécessaire
Vente des actifs — L.S.C.C.	— résolution spéciale	2/3 des actions, plus vote par catégories d'actions et possibilité pour l'actionnaire en désaccord d'exercer son droit de dissidence.
Décision de ne pas nommer de vérificateur — Partie I, Partie IA et L.S.C.C.	— résolution spéciale des actionnaires	unanimité

Plan du chapitre 10

La coopérative et le regroupement d'entreprises

La coopérative
> Définition
> Constitution
> Assemblée générale d'organisation
> Membres
> Conseil d'administration
> Registres
> Trop-perçus annuels
> Modification des statuts, fusion et continuation
> Types de coopératives
> Dissolution

Le regroupement d'entreprises
> Consortium
> Entreprise en participation (*joint venture*)
> Fusion
> Acquisition
> Franchisage

Plan de l'annexe

Les assemblées délibérantes

Les règles de procédure
> Source
> Usagers
> Buts des règles de procédure
> Un modèle, le Code Morin
> Règles de régie interne

L'assemblée
> Constitution
> Président d'assemblée
> Étapes du débat: délibérations
> Types de proposition

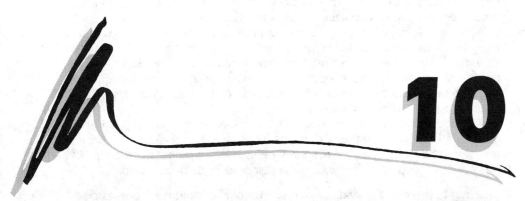

10

La coopérative et le regroupement d'entreprises

Objectifs

1. Définir la coopérative et en connaître les caractéristiques.
2. Expliquer son mode de constitution.
3. Énumérer les étapes du processus décisonnel relativement aux assemblées des membres et des administrateurs.
4. Déterminer le mode de partage par la coopérative de ses trop-perçus.
5. Distinguer les différents types de coopératives.
6. Exposer son mode de dissolution.
7. Décrire les principaux modes de regroupement d'entreprises.

La coopérative

Définition

Le 23 juin 1982, l'Assemblée nationale sanctionnait une nouvelle loi sur les coopératives, la *Loi sur les coopératives*[1]. Cette loi remplace la *Loi des associa-*

---

1. L.R.Q. 1982, c. 26.

tions coopératives[2]. C'est le 27 mars 1963 qu'étaient entrées en vigueur la *Loi des associations coopératives* et la *Loi des caisses d'épargne et de crédit*[3]. Avant cette date, les coopératives québécoises étaient principalement régies par la *Loi des syndicats coopératifs*[4] et la *Loi des sociétés coopératives agricoles*[5]. Cette dernière loi, en vigueur depuis 1908, régit exclusivement les coopératives agricoles, alors que la Loi des syndicats coopératifs, en vigueur depuis 1908, s'appliquait d'une façon générale à toutes les coopératives, notamment aux caisses populaires et aux caisses d'épargne et de crédit.

Dès le 27 mars 1963, les caisses populaires et les caisses d'économie tombaient sous le coup de la *Loi des caisses d'épargne et de crédit,* tandis que les autres coopératives, à l'exception des coopératives agricoles, étaient régies par la *Loi des associations coopératives.* La nouvelle loi sur les coopératives est entrée en vigueur en janvier 1984 et depuis cette date, toutes les coopératives présentes ou futures y sont soumises.

La nouvelle loi a pour principal effet de remettre les pouvoirs d'administration de la coopérative entre les mains du conseil d'administration, à moins que l'assemblée générale des membres ne veuille s'approprier ces droits. Le concept de la coopérative se fonde sur certaines idées de base, à savoir:

— le regroupement d'individus ayant des besoins communs en une association visant à satisfaire ces besoins;
— le désintéressement des membres quant à leur profit personnel ou à celui de l'entreprise;
— le fait que les membres sont à la fois les propriétaires et les usagers de l'entreprise;
— l'égalité des membres entre eux, contrairement à la compagnie.

L'article 3 de la *Loi sur les coopératives* définit la **coopérative** comme une corporation regroupant des personnes qui ont des besoins économiques et sociaux communs et qui, en vue de les satisfaire, s'associent pour exploiter une entreprise conformément aux règles d'action coopérative. À l'instar de la compagnie, la coopérative est une personne morale distincte de ses membres. Elle possède donc tous les pouvoirs et toutes les caractéristiques d'une corporation au sens du Code civil, et la responsabilité de ses membres se limite à leur mise de fonds. En cas de faillite, les membres d'une coopérative ne risquent de perdre que le montant qu'ils ont déboursé sous forme de parts sociales.

La coopérative est avant tout une association de personnes qui visent à se procurer mutuellement divers services. Ce n'est donc pas une entreprise de type capitaliste à but lucratif; les profits qu'une coopérative peut retirer de ses activités à caractère économique ne portent d'ailleurs pas ce nom, et ses états financiers font plutôt état d'un trop-perçu ou d'un surplus.

L'article 5 de la *Loi des associations coopératives* a été remplacé par l'article 4 de la *Loi sur les coopératives*, et il énonce les règles d'action coopérative suivantes:

1. L'adhésion d'un membre à la coopérative est subordonnée à l'utilisation des services offerts par la coopérative et à la possibilité pour la coopérative de les lui fournir;
2. Le membre n'a droit qu'à une seule voix, quel que soit le nombre de parts sociales qu'il détient, et il ne peut voter par procuration;
3. Le paiement d'un intérêt sur le capital social doit être limité;

---

2. S.R. 1964, c. 292 et mod.

3. S.R. 1964, c. 293 et mod.

4. L.R.Q. c. S-38.

5. L.R.Q. c. S-24.

4. La constitution d'une réserve est obligatoire; elle ne peut être partagée entre les membres, même en cas de liquidation;

5. L'affectation des trop-perçus ou excédents à la réserve, et l'attribution de ristournes aux membres au prorata des opérations effectuées entre chacun d'eux et la coopérative;

6. La promotion de la coopération entre les membres et la coopérative, et entre les coopératives;

7. L'éducation coopérative des membres, dirigeants et employés de la coopérative.

Propriétaires-usagers

Les membres de la coopérative ont le droit de bénéficier des services dispensés par la coopérative. Ils sont des **propriétaires-usagers**, car les membres de la coopérative en sont à la fois les propriétaires et les utilisateurs. L'article 129 de la *Loi sur les coopératives* défend formellement à un membre d'une coopérative d'obtenir des biens ou des services de cette dernière pour les revendre dans l'espoir d'en retirer un profit. Toutefois, la coopérative peut faire des affaires avec d'autres personnes que ses membres usagers; mais, les non-membres ne sont pas éligibles au titre d'administrateurs lorsque l'association coopérative a, par règlement spécial, statué à cet effet (art. 82).

Buts

Les buts de la coopérative doivent refléter les besoins des membres et les services que l'association dispensera, de même que les activités qu'elle entend exercer. Ils doivent toujours avoir un caractère coopératif et être mentionnés sur la formule des statuts de constitution, lesquels ont remplacé la déclaration d'association. La loi énonce que le ministre de l'Industrie, du Commerce et du Tourisme, qui est chargé de l'application de la loi, peut autoriser la formation d'une coopérative à des fins économiques autorisées par la loi, ou pour des buts éducatifs, scientifiques, artistiques, sportifs ou récréatifs.

Vote et contrôle

Quel que soit le nombre de parts sociales détenues par un membre, celui-ci n'a droit qu'à un seul vote aux assemblées; c'est là une distinction importante entre la coopérative et la compagnie (tableau 10.1).

Trop-perçu

Les excédents ou le surplus, en d'autres termes, les **trop-perçus** réalisés par la coopérative au cours d'une année sont habituellement distribués entre les membres, non en fonction du nombre de parts sociales détenues par chacun, mais plutôt proportionnellement à l'utilisation des services de la coopérative par le membre (comme consommateur, producteur ou travailleur). Au moins 20 % du trop-perçu doit être versé à la **réserve générale** de la coopérative. Il s'agit d'une autre caractéristique importante qui distingue la coopérative de la compagnie.

L'argent versé aux membres ne porte pas le nom de dividende comme dans la compagnie, mais le nom de **ristourne**. Les membres, réunis en assemblée générale annuelle, décident du paiement des ristournes; le taux des ristournes peut varier selon la quantité, la qualité ou la valeur des marchandises, des produits ou des services qui ont fait l'objet des opérations. Une coopérative ne peut payer d'intérêts sur la part sociale, et contrairement à l'action ordinaire, la part sociale ne prend pas de valeur.

Tableau 10.1   Comparaison entre la coopérative et la compagnie

Tableau comparatif	
La coopérative	**La compagnie**
1. La part sociale Pour être membre d'une coopérative, on achète une ou plusieurs parts sociales.	**1. L'action** Pour être actionnaire d'une compagnie, on doit acheter une ou plusieurs actions.
2. Le membre C'est le nom de celui qui est détenteur d'une part sociale de la coopérative.	**2. L'actionnaire** C'est le nom de celui qui détient une action dans la compagnie.
3. Un homme, un vote Le membre d'une coopérative n'a droit qu'à un vote, quel que soit le nombre de parts sociales qu'il détient.	**3. Une action, un vote** L'actionnaire possède autant de votes qu'il détient d'actions assorties du droit de vote de la compagnie.
4. Vote par procuration Interdit, sauf exception, pour les coopératives dont le nombre de membres est supérieur à 400 ou dont les membres résident dans plus d'un district judiciaire.	**4. Vote par procuration** Le vote par procuration est permis.
5. La part sociale Elle est rattachée à la personne du membre: au décès du membre, elle est remboursée.	**5. L'action** Elle peut être établie au porteur: au décès de l'actionnaire, elle est transmise à ses héritiers.
6. La part sociale Elle ne prend pas de valeur.	**6. L'action ordinaire** Elle peut augmenter de valeur avec le développement de la compagnie.
7. Les excédents Ils portent le nom de trop-perçus et sont distribués aux membres sous la forme de ristournes au prorata des opérations du membre avec la coopérative.	**7. Les excédents** Ils portent le nom de profits et ils sont distribués aux actionnaires selon le type d'actions détenues au gré des administrateurs sous la forme de dividendes, lesquels ne sont pas limités sauf dispositions contraires.
8. Liquidation S'il y a des excédents, les membres n'ont droit qu'aux sommes versées sur leurs parts sociales. Tout excédent additionnel est envoyé à une autre coopérative ou à une fédération.	**8. Liquidation** S'il y a des excédents, les détenteurs d'actions ordinaires et privilégiées participent au partage de l'actif selon les restrictions, les privilèges et les droits rattachés à leurs actions respectives.

Constitution

Statuts

Les personnes qui désirent former une association coopérative doivent avoir un intérêt commun à titre de futurs usagers de la coopérative. Les principales étapes de la constitution d'une coopérative sont:

— «l'étude théorique du projet et la constitution d'une équipe de membres éventuels;
— l'étude de faisabilité (projet réalisable);
— l'étude de viabilité (seuil de rentabilité);

— le dépôt des statuts de constitution (formation juridique);
— le recrutement de membres supplémentaires;
— l'éducation des futurs membres;
— l'élaboration d'un projet de règlement de régie interne;
— l'assemblée d'organisation:
  • l'adoption des règlements;
  • l'élection des membres du conseil d'administration[6].»

Ils doivent signer, en double exemplaire, les statuts de constitution, la requête et l'avis les accompagnant (figure 10.1). Cette déclaration doit être signée par au moins 12 personnes (25 personnes dans le cas d'une coopérative agricole). Le ministre, s'il le juge opportun, peut réduire ce nombre à cinq. Les statuts sont adressés au ministre de l'Industrie, du Commerce et du Tourisme, qui pourra autoriser la formation de la coopérative. Le cas échéant, un avis de la création de la nouvelle coopérative est publié dans la *Gazette officielle du Québec*. L'article 9 de la *Loi sur les coopératives* indique le contenu des statuts:

1. Sa dénomination sociale;
2. Le district judiciaire où se trouve son siège social au Québec;
3. L'objet pour lequel elle est constituée;
4. Le territoire ou le groupe dans lequel elle peut recruter ses membres;
5. Les nom, prénom, adresse et profession des fondateurs et, le cas échéant, la dénomination sociale de la société fondatrice avec les nom, prénom, adresse et profession de ses membres, ou encore la dénomination sociale et l'adresse du siège social de la corporation fondatrice, de même que la loi en vertu de laquelle elle est constituée.

Les statuts doivent être accompagnés:

1. d'une requête signée par deux fondateurs demandant la constitution de la coopérative;
2. d'un avis indiquant les nom, prénom et adresse de la personne désignée comme secrétaire provisoire de la coopérative;
3. d'un avis indiquant le mode et le délai de convocation de l'assemblée d'organisation;
4. d'un avis indiquant l'adresse du siège social;
5. des autres documents exigés par règlement du gouvernement.

Choix du nom

Le nom de la coopérative ne doit pas être celui d'une autre coopérative, société ou compagnie, ni porter à confusion avec aucun autre nom. De plus, il doit comprendre l'un des mots ou expressions suivants: coopératif, coopérative, coopération ou coop. Selon les buts de la coopérative, on ajoute au nom choisi les mots «de pêcheurs»,« de consommateurs», « d'habitation», etc. Il ne doit pas contenir les mots «syndicat», «syndicat coopératif», «société» ou «société coopérative». La coopérative qui veut utiliser dans son nom les mots «Magasin Co-op», «Cooprix», «Coop», «Co-op Habitat» doit obtenir le consentement préalable de la Fédération des magasins Co-op ou de la Fédération Co-op Habitat du Québec et fournir au Ministère la preuve de son affiliation.

Le nom doit être conforme aux exigences de la *Charte de la langue française* mais peut comprendre une expression dans une autre langue. Une

---

6. Gouvernement du Québec, Inspecteur général des institutions financières, *Les principales formes juridiques de l'entreprise au Québec*, Québec, 1984, p. 30.

Gouvernement du Québec
Ministère de l'Industrie,
du Commerce et du Tourisme
Direction des coopératives

STATUTS DE CONSTITUTION D'UNE COOPÉRATIVE

1. Dénomination sociale

2. District judiciaire du Québec où la coopérative établit son siège social

3. Objet

4. Indiquer, le cas échéant, si la coopérative choisit d'être régie par le chapitre I du titre II de la loi

5. Territoire ou groupe de recrutement des membres (sauf dans le cas d'une coopérative régie par le chapitre I du titre II de la loi)

6. Autres dispositions

7. Fondateurs
7.1 **Personnes physiques**

PRÉNOM ET NOM	ADRESSE INCLUANT LE CODE POSTAL	PROFESSION	SIGNATURE

COPIE À RETOURNER

Figure 10.1   Statuts de constitution d'une coopérative

7.1 (suite)

7.2 **Sociétés**

Dénomination sociale:
Adresse:
Signature de la personne autorisée:

PRÉNOM ET NOM DE SES MEMBRES	ADRESSE INCLUANT LE CODE POSTAL	PROFESSION

7.3 **Corporations**

DÉNOMINATION SOCIALE	ADRESSE INCLUANT LE CODE POSTAL	LOI CONSTITUTIVE	SIGNATURE DE LA PERSONNE AUTORISÉE

RÉSERVÉ AU MINISTÈRE

Constitution

(date)	(signature)

Numéro de dossier: _____

Extrait de la Gazette officielle du Québec | Enregistrement

Volume:

Numéro:

Page:

Date:

Figure 10.1 (suite)

Gouvernement du Québec
Ministère de l'Industrie,
du Commerce et du Tourisme
Direction des coopératives

Formule 2
LOI SUR LES COOPÉRATIVES

**REQUÊTE ET AVIS DEVANT ACCOMPAGNER LES
STATUTS DE CONSTITUTION D'UNE COOPÉRATIVE**

Nous, soussignés, fondateurs de la coopérative _____
(dénomination sociale)

_____

demandons au ministre la constitution de cette coopérative, et nous donnons avis:

1° que la personne désignée pour agir comme secrétaire provisoire est:

_____
(prénom et nom)

_____
(adresse incluant le code postal)

_____
(code régional et numéros de téléphone — bureau et résidence)

2° que le mode et le délai de convocation de l'assemblée d'organisation sont les suivants:

mode: _____

délai: _____
(nombre de jour(s) entre l'avis de convocation et la tenue de l'assemblée)

3° que l'adresse du siège social de la coopérative dont la constitution est demandée est

_____

_____

_____

Signature: _____
(fondateur)

Signature: _____
(fondateur)

Date: _____

COPIE À RETOURNER

Figure 10.1   (suite)

coopérative peut, tout comme une compagnie, changer son nom. Si elle veut s'identifier sous un autre nom que sa dénomination sociale, elle doit déposer au bureau du protonotaire de la Cour supérieure du district judiciaire où est situé son siège social une déclaration de nom d'emprunt prévue à cette fin.

Siège social

On doit indiquer dans les statuts de constitution l'adresse du siège social de la coopérative. Ce dernier doit être situé en permanence au Québec dans le district judiciaire indiqué dans ses statuts. Dans le cas d'un déménagement du siège social, pour éviter d'avoir à passer un règlement, il est préférable d'indiquer seulement la ville sans l'adresse précise; on mentionne aussi le district judiciaire. Tout changement de district judiciaire exige des statuts de modification.

Secrétaire provisoire

La requête et l'avis accompagnant les statuts de constitution de la coopérative prévoient la nomination d'un secrétaire provisoire, qui sera chargé de convoquer l'assemblée d'organisation; il n'est pas nécessaire qu'il soit l'un des fondateurs. Les statuts doivent prévoir la procédure de convocation de l'assemblée d'organisation. Elle peut se faire par la poste, par télégramme, par téléphone, ou au moyen d'un avis publié dans le journal de la localité. Toutefois, la poste demeure le moyen de convocation le plus sûr, car il permet de prouver facilement que l'avis a été donné.

Part sociale

Contrairement à la compagnie, la coopérative ne possède pas de capital-actions autorisé; elle dispose d'un **capital social** composé des parts privilégiées émises par la coopérative. Ce capital est variable. Les parts privilégiées ne peuvent conférer à leur titulaire le droit d'être convoqué à une assemblée générale, ni d'assister ou de voter à une telle assemblée, ni d'être éligible à une fonction au sein de la coopérative. Tout ce qui a trait aux parts sociales est déterminé par règlements:

— la création de parts privilégiées;
— le nombre minimal de parts sociales qu'une personne est tenue de souscrire pour devenir membre de la coopérative, de même que le mode de paiement de ces parts sociales;
— les parts sociales sont nominatives, c'est-à-dire émises au nom de leur détenteur, et ne sont pas transférables, à moins de dispositions particulières dans les règlements.

Chaque membre doit détenir le nombre minimal de **parts sociales** prévues par règlement. On les appelle parts sociales de qualification. Le prix de la part sociale est de 10 $. Les modalités de paiement sont déterminées par règlement. Aucun intérêt n'est payable sur ces parts sociales. Ainsi, en cas de décès, de démission, d'exclusion ou d'interdiction d'un membre, la coopérative remboursera à ce membre, à ses héritiers ou à ses représentants les sommes versées en paiement de ses parts sociales. Dans ces circonstances, la coopérative ne pourrait effectuer un paiement susceptible de la rendre insolvable ou de lui causer préjudice.

À compter de la date figurant sur les statuts de constitution, la coopérative jouit d'une existence légale et on doit procéder à l'assemblée d'organisation.

Assemblée générale d'organisation

La première assemblée de la coopérative (ou assemblée générale d'organisation) doit avoir lieu dans les 60 jours suivant la constitution de l'entreprise. Le secrétaire provisoire la convoque selon le mode prévu dans les documents constitutifs. En cas d'absence ou d'incapacité d'agir du secrétaire, l'assemblée peut être convoquée par deux fondateurs.

L'article 24 de la *Loi sur les coopératives* établit l'ordre du jour de cette assemblée de la façon suivante:

1. Adopter le règlement de régie interne et le règlement général d'emprunt[7];
2. Élire les membres du conseil d'administration;

---

7. Le règlement de régie interne est probablement le document le plus important de la coopérative, car il prévoit toutes les modalités de son fonctionnement.

3. Souscrire des parts sociales conformément aux règlements;
4. Nommer un vérificateur.

Ils peuvent, en outre, adopter tout autre règlement et toutes mesures relatives aux affaires de la coopérative et, le cas échéant, demander l'affiliation de l'entreprise à une fédération.

Membres

Les premiers membres de la coopérative sont ses fondateurs et toute autre personne ou société qui :

1. est en mesure de participer à l'objet pour lequel la coopérative est constituée;
2. fait une demande d'admission, sauf dans le cas d'un fondateur;
3. souscrit et paye le nombre minimal de parts sociales de 10$ prévu par règlement;
4. s'engage à respecter les règlements de la coopérative;
5. est admise par le conseil d'administration, sauf dans le cas d'un fondateur.

Un mineur âgé d'au moins 16 ans peut être membre d'une coopérative, et il est à cet égard réputé majeur. La loi prévoit que les compagnies et sociétés peuvent également devenir membres d'une coopérative. C'est d'ailleurs le cas de nombreuses coopératives de distribution.

À moins d'un délai plus long mentionné dans les règlements ou dans le contrat qui lie le membre à la coopérative, tout membre peut démissionner en donnant un préavis de 30 jours à la coopérative. Les membres doivent, si le règlement l'exige, s'engager à livrer, vendre, acheter ou recevoir (souvent exclusivement) des biens ou des services par l'entremise de la coopérative. Cela se fait par contrat.

Par exemple, dans le cas d'une coopérative agricole ou d'une coopérative de pêcheurs, les membres s'engagent à vendre exclusivement à la coopérative le produit de leurs récoltes ou de leurs pêches, et à ne s'approvisionner qu'auprès de la coopérative.

Dans le cas d'un tel contrat, le membre ne peut démissionner avant le délai d'expiration de ce contrat. Le conseil d'administration peut suspendre ou exclure tout membre :

1. s'il ne peut plus participer à l'objet pour lequel la coopérative est constituée;
2. s'il ne respecte pas les règlements de la coopérative;
3. s'il n'a pas payé les versements échus sur ses parts;
4. s'il est dépossédé de ses parts sociales de qualification;
5. s'il n'exécute pas ses engagements envers la coopérative;
6. s'il néglige, pendant un exercice financier, de faire affaires avec la coopérative pour la somme déterminée par règlement ou s'il lui nuit;
7. s'il exerce une activité qui entre en concurrence avec celle de la coopérative.

Une suspension ne peut durer plus de six mois, et celui qui est suspendu perd tous ses droits. Si une coopérative compte moins de 25 membres, les membres peuvent, pour une durée d'un an, convenir de ne pas élire d'administrateurs. Ils doivent alors faire une convention écrite à cette fin, et celle-ci doit recueillir le consentement d'au moins 90 % des membres. Une copie doit être transmise au Ministre.

Les membres administrent alors la coopérative comme s'ils en étaient les administrateurs, exerçant les droits des administrateurs et assumant leurs obligations, et ils ne sont pas tenus d'engager un directeur général ou un gérant.

Assemblées de membres

Les membres de la coopérative peuvent se réunir à deux occasions, soit lors de l'assemblée annuelle des membres, soit lors d'une assemblée spéciale.

Avis de convocation À moins de stipulation contraire dans les règlements, l'avis de convocation doit être expédié au moins cinq jours avant la date fixée pour l'assemblée.

Quorum La loi stipule que le quorum de toute assemblée générale des membres est constitué des membres présents à l'assemblée, mais elle ne précise pas le nombre requis pour que l'assemblée soit valide. Les règlements de la coopérative peuvent combler cette lacune. Par ailleurs, la nouvelle loi ajoute que, si un règlement stipule un quorum, celui-ci cesse de s'appliquer après la convocation de deux assemblées successives où il n'y a pas eu quorum.

Vote Le vote par procuration est interdit, mais on permet à un membre de se faire représenter par son conjoint, sauf si le conjoint est déjà un membre. En cas d'égalité des voix, le président possède un vote prépondérant. Dans le cas de l'élection d'un administrateur, c'est le président d'élection qui a une voix prépondérante. Un membre n'a droit qu'à une seule voix, quel que soit le nombre de parts sociales dont il est titulaire.

Finalement, la nouvelle loi permet à une coopérative qui a plus de cent membres ou qui a des membres dans plus d'un district judiciaire, par règlement, d'autoriser ses membres à se faire représenter aux assemblées.

Décisions Habituellement, les décisions sont prises à la majorité des votes exprimés par les membres présents, sauf lorsqu'il s'agit d'un règlement spécial requérant la majorité des deux tiers des votes.

Assemblée annuelle

Dans les quatre mois qui suivent la fin de chaque exercice financier d'une coopérative, ses membres doivent être convoqués en assemblée annuelle selon le mode de convocation prévu aux règlements. Les membres y sont convoqués pour :

1. prendre connaissance du rapport du vérificateur et du rapport annuel ;
2. statuer sur la répartition des trop-perçus ou excédents ;
3. élire les administrateurs ;
4. nommer le vérificateur ;
5. fixer, s'il y a lieu, l'allocation de présence des membres du conseil d'administration ou du comité exécutif ;
6. déterminer, s'il y a lieu, la rémunération du secrétaire ou du trésorier lorsqu'ils sont également membres du conseil d'administration ;
7. prendre toute décision réservée à l'assemblée par la loi.

Assemblées spéciales

L'article 77 de la *Loi sur les coopératives* stipule que ces assemblées peuvent être décrétées par le conseil d'administration, ou à la demande de 100 membres, si la coopérative en compte 400 ou plus, ou du quart des membres, si elle en compte moins de 400. Elles peuvent être convoquées par le président ou encore par le conseil d'administration de la fédération dont la coopérative est membre.

C'est le secrétaire de la coopérative qui convoque les assemblées selon le mode prévu aux règlements. Si l'assemblée n'est pas convoquée dans les 21 jours, la fédération ou deux signataires de la demande pourront le faire. Seuls les sujets mentionnés à l'ordre du jour de l'assemblée spéciale peuvent faire l'objet de délibérations et de décisions. La loi prévoit que cette assemblée peut destituer les administrateurs de l'association.

Conseil d'administration

Composition

Le conseil d'administration se compose d'un minimum de cinq administrateurs choisis parmi les membres de la coopérative. Par ailleurs, les règlements peuvent prévoir un nombre plus élevé d'administrateurs ; ce nombre ne pourra toutefois pas dépasser 15.

Les administrateurs sont élus par un vote majoritaire des membres lors de l'assemblée annuelle. Peut être administrateur tout membre de la coopérative ou tout représentant d'une coopérative ou d'une société qui en est membre.

Mandat

Le mandat est habituellement d'un an, mais les règlements peuvent préciser qu'il sera d'un maximum de trois ans. S'il y a des postes vacants au sein du conseil d'administration, les administrateurs en fonction nomment les remplaçants pour terminer le mandat lorsqu'il reste un nombre suffisant d'administrateurs pour avoir quorum ; sinon, les remplaçants seront élus lors d'une assemblée spéciale. L'article 82 de la loi stipule que la coopérative peut, par règlement spécial, statuer qu'un membre ne sera pas éligible comme administrateur :

1. s'il n'a pas acquitté les versements échus sur ses parts ou tout autre montant exigible ;
2. si, pendant l'exercice financier précédent, il n'a pas fait affaires avec la coopérative pour la somme déterminée par règlement.

Dans ce dernier cas, il s'agira d'un règlement ou d'un contrat signé par un membre avec la coopérative en vertu duquel il s'engage à faire affaires avec l'association (soit en achetant des biens, en utilisant ou en fournissant ses services, ou en y apportant ses produits).

Pouvoirs

Dans les limites du règlement, le conseil administre les affaires de la coopérative et, en son nom, il exerce les pouvoirs qui lui sont délégués par l'assemblée générale des membres ; il doit notamment remplir les obligations que la loi lui impose (article 90) et favoriser les activités de la coopérative entre les membres et avec d'autres organismes coopératifs, engager un directeur général ou un gérant et le convoquer aux réunions du conseil. Toutefois, le conseil d'administration ne peut nantir, hypothéquer ou autrement donner en garantie les biens de la coopérative ou les biens livrés à la coopérative par les membres sans y être autorisé par un règlement adopté aux deux tiers des voix exprimées par les membres ou les représentants présents à une assemblée spéciale.

De plus, le conseil d'administration doit désigner, par résolution, les personnes autorisées à signer les contrats et les documents au nom de la coopérative. Les administrateurs sont considérés comme les mandataires de la coopérative.

Assemblées

Le président ou deux des administrateurs de la coopérative convoquent les assemblées par un avis envoyé par la poste au moins cinq jours avant la date fixée pour la tenue de la réunion, à moins que les règlements ne prescrivent un autre mode de convocation. Le conseil d'administration de la fédération dont la coopérative est membre peut aussi convoquer une réunion.

Quorum

La majorité des administrateurs constitue le quorum dans les assemblées. Les décisions sont prises à la majorité des voix exprimées par les administrateurs présents ; en cas d'égalité dans les votes, le président possède un vote prépondérant.

Si tous les administrateurs y consentent, la réunion peut se faire par téléphone. De plus, les résolutions écrites et signées par tous les administrateurs ont la même valeur que si elles avaient été adoptées au cours d'une réunion du conseil.

Responsabilité des administrateurs

D'une façon générale, l'administrateur de la coopérative n'encourt aucune responsabilité personnelle, sauf s'il cause des torts à la coopérative, en violation de la loi.

Un administrateur présent lors d'une assemblée est réputé avoir acquiescé à toute résolution adoptée, sauf s'il fait enregistrer sa dissidence dans le procès-verbal ou avise par écrit le secrétaire d'assemblée de sa dissidence avant la fin de l'assemblée.

L'administrateur absent est présumé n'avoir approuvé aucune résolution prise lors d'une telle réunion. La fonction d'administrateur n'est pas rémunérée. Seules les dépenses engagées dans l'exercice de ses fonctions seront remboursées à l'administrateur. De plus, il peut recevoir une allocation de présence fixée par l'assemblée annuelle.

La coopérative assume la défense de ses administrateurs et autres mandataires poursuivis par un tiers pour un acte commis dans l'exercice de leurs fonctions et elle paie, le cas échéant, les dommages-intérêts résultant de cet acte, sauf s'ils ont commis une faute lourde ou une faute personnelle séparable de l'exercice de leurs fonctions. Dans le cas d'une poursuite pénale ou criminelle, elle n'assume que les dépenses de ceux qui étaient fondés à croire leur conduite conforme à la loi.

Un administrateur qui a un intérêt dans une entreprise mettant en conflit son intérêt personnel et celui de la coopérative doit, sous peine de déchéance de sa charge, divulguer son intérêt et s'abstenir de voter sur toute mesure touchant l'entreprise dans laquelle il a un intérêt.

Bureau

Lors de sa première réunion, les membres du conseil d'administration choisissent parmi eux un président et un vice-président, qui seront en même temps président et vice-président de la coopérative.

Ils nomment également un gérant ou un directeur général, un secrétaire et, quelquefois, un trésorier, et fixent leur rémunération. Ces fonctions peuvent être exercées par un administrateur ou par une autre personne. Si l'une de ces fonctions est exercée par un administrateur, celui-ci ne pourra être rémunéré qu'en vertu d'une décision de l'assemblée générale des membres. Ce sont les règlements qui déterminent leurs pouvoirs et leurs fonctions.

La fonction de directeur général ou de gérant est incompatible avec la qualité d'administrateur.

Comité exécutif

Lorsque le conseil d'administration est formé de plus de huit administrateurs, il peut former un comité exécutif composé d'au moins trois administrateurs s'il y est autorisé par règlement.

Registres

Les articles 124 à 127 de la *Loi sur les coopératives* mentionnent que toute coopérative doit conserver à son siège social un registre contenant :

1. ses statuts, ses règlements et la convention des membres visée dans l'article 61, ainsi que le dernier avis de l'adresse de son siège social et la dernière liste de ses administrateurs ;
2. les procès-verbaux des assemblées générales et les résolutions de ces assemblées ;
3. les nom, prénom, adresse et profession de ses administrateurs en indiquant, pour chaque mandat, le début et le terme ;
4. les renseignements prévus à l'article 126 concernant les membres et autres titulaires de parts.

Le registre peut être tenu sur tout support permettant d'avoir accès à des données écrites et compréhensibles. Le registre de la coopérative contient également les procès-verbaux des réunions et les résolutions du conseil d'administration, du comité exécutif et des commissions spéciales. Les renseignements que contient le registre de la coopérative sur les membres et autres titulaires de parts sont :

1. le nom, le prénom et la dernière adresse connue des membres et autres titulaires de parts ;
2. le nombre de parts sociales ou privilégiées dont ces personnes sont tiutlaires ;
3. les détails de la souscription de chaque part ainsi que les dates de souscription, de rachat, de remboursement ou de transfert de chaque part ;
4. la somme due sur chaque part, le cas échéant.

Tout membre peut consulter dans le registre les éléments visés dans l'article 124. Un membre peut également obtenir une copie des statuts, des règlements et de la convention des membres visée dans l'article 61, ainsi qu'une copie du dernier rapport annuel.

Trop-perçus annuels

Les membres de la coopérative, réunis en assemblée annuelle, prennent connaissance des recommandations du conseil d'administration et, en se basant sur le compte d'opérations du dernier exercice financier, déterminent l'attribution de ristournes aux membres et aux usagers selon les règlements. Ils devront d'abord, conformément à la loi, verser au moins 20 % des trop-perçus annuels à la réserve générale de la coopérative.

Cette obligation cesse d'exister lorsque cette réserve devient égale ou supérieure à 25 % du passif de l'association, à l'exclusion du capital social et de cette réserve. La réserve générale d'une association ne peut être partagée entre les membres de la coopérative, ni être entamée par l'attribution d'une ristourne.

Après avoir décidé de la somme allant à la réserve générale, les membres fixent le taux des ristournes qui seront payées ; ce taux peut être fixé selon la quantité, la qualité ou la valeur des marchandises, des produits ou des services qui ont fait l'objet des opérations.

La ristourne n'est pas le partage d'un profit, mais une remise d'une partie du paiement fait en trop par le membre ou un rajustement du prix des produits ou des services qu'un membre a livrés ou rendus à sa coopérative. Au lieu de ristournes, l'assemblée générale peut :

a) attribuer des parts sociales ou privilégiées ;

b) obliger les membres à prêter à l'association les ristournes qui leur sont attribuées.

Modification des statuts, fusion et continuation

L'assemblée générale des membres de la coopérative peut adopter un règlement pour modifier les statuts de celle-ci. Un tel règlement doit être adopté par le vote des deux tiers des voix exprimées par les membres présents ou représentés lors d'une assemblée annuelle ou générale spéciale. Il doit autoriser un des administrateurs à signer des statuts de modification, lesquels doivent être accompagnés d'une requête demandant la modification des statuts signés par l'administrateur autorisé. Ces documents sont transmis au Ministre en deux exemplaires. La modification prend effet à la date mentionnée sur les statuts modifiés.

La loi prévoit également la fusion de coopératives ayant des objets similaires ou connexes, et même entre une compagnie et une coopérative. De plus, une coopérative qui serait en état de défaut en vertu de la loi (si elle ne rencontre plus les critères de la loi, par exemple) peut demander sa continuation en compagnie. De même, une compagnie qui désirerait devenir une coopérative peut maintenant le faire et demander sa continuation en coopérative.

Types de coopératives

La *Loi sur les coopératives* prévoit cinq types de coopératives :

1. Les **coopératives agricoles**, dont l'objet principal est relié à l'agriculture ou aux domaines connexes, ou à la production, à la transformation, à l'entreposage, à la mise en marché, à la manutention et au transport de produits reliés à cette activité. La plupart des villages ou municipalités rurales du Québec abritent une telle coopérative.

2. Les **coopératives de pêcheurs**, lesquelles regroupent les personnes, exerçant ce métier ou ayant des activités connexes à l'industrie de la pêche (la plus connue de ces associations étant sûrement celle des Pêcheurs unis du Québec).

3. Les **coopératives de consommateurs**, qui ont pour activité principale l'organisation de services ou la distribution de marchandises à l'usage personnel de ses membres ou usagers, lesquels sont, dans la plupart des cas, des consommateurs. Les plus connues parmi ces coopératives portent le nom de Magasin Co-op, réunis à l'intérieur de la Fédération des Magasins Co-op. Le but d'une telle fédération est d'éliminer certains intermédiaires.

Les coopératives fonctionnant à l'intérieur des collèges et des universités relèvent aussi de cette catégorie.

4. Les **coopératives d'habitation**, qui ont pour but principal de faciliter l'accès à la propriété ou l'usage d'une maison ou d'un logement en recevant de leurs membres des avances en acompte sur le coût de leur terrain et de leur maison pour leur ouvrir des crédits ou leur faire des prêts hypothécaires. C'est le cas des Co-op Habitat affiliées à la Fédération Co-op Habitat du Québec.

5. Les **coopératives ouvrières de production ou de travail**, lesquelles exploitent des entreprises dont les travailleurs sont les membres.

6. Finalement, les **coopératives de crédit**, qui sont constituées en vertu de la *Loi des caisses d'épargne et de crédit*. Elles regroupent divers genres de coopératives, comme les caisses populaires Desjardins, les caisses d'économie et les caisses d'entraide économique.

Dissolution

La dissolution ou la liquidation de la coopérative est décidée lors d'une assemblée générale, dûment convoquée à cette fin, par un vote des trois quarts des membres présents ou représentés. On désigne ensuite par un vote majoritaire un ou trois liquidateurs des affaires de la coopérative qui ont la possession immédiate des biens de la coopérative. La coopérative n'existe et ne fait ensuite d'opérations que dans le but de liquider ses affaires. D'autre part, le Ministre peut décréter la dissolution d'une coopérative:

1. si le nombre des membres devient inférieur à 12 ou au nombre requis lors de sa constitution;

2. si l'assemblée d'organisation n'est pas tenue dans les 60 jours de la date de constitution ou à l'expiration du délai accordé par le Ministre, selon le cas;

3. si elle a omis de tenir l'assemblée annuelle de ses membres dans le délai imparti;

4. si elle ne transmet pas, dans le délai imparti, copie du rapport annuel aux personnes mentionnées dans l'article 134;

5. si le liquidateur n'a pas transmis au Ministre le rapport visé dans l'article 184;

6. si, dans un exercice financier, la proportion des opérations effectuées entre la coopérative et ses membres est inférieure à celle prévue par les règlements du gouvernement, et si cette proportion ne s'accroît pas au cours des trois exercices financiers qui suivent celui pour lequel elle reçoit l'avis mentionné dans l'article 188.

Avant de procéder à la dissolution, le Ministre doit envoyer un avis du défaut reproché à la coopérative, laquelle pourra remédier à cet état de choses dans les 60 jours. Advenant la liquidation de la coopérative, il n'y a aucune distribution ou division de l'actif entre les membres. Cependant, après avoir réglé les dettes et les comptes, on remboursera aux membres la valeur de leurs parts sociales.

Le produit de la liquidation, y compris le solde de la réserve générale, sera transféré à une autre coopérative ou à une fédération désignée par le Ministre sur avis du Conseil de la coopérative du Québec. C'est là une caractéristique importante qui distingue la coopérative de la compagnie; dans le dernier cas, le produit de la liquidation est distribué entre les actionnaires de la compagnie.

Le regroupement d'entreprises

Au cours des six derniers chapitres, nous avons défini les principales formes juridiques d'entreprises, décrit leur mode de constitution et examiné leur fonctionnement. Aujourd'hui, il ne suffit toutefois pas de mettre sur pied une entreprise, mais encore faut-il en assurer la survie en lui fournissant les outils nécessaires pour pouvoir affronter la concurrence farouche que lui livrent ses rivales. Ce principe est particulièrement vrai dans le cas des petites et moyennes entreprises qui doivent souvent mener une lutte à finir contre des «géants» qui oeuvrent dans le même secteur d'activités. Un moyen de plus en plus utilisé par les entreprises indépendantes désireuses de décupler leur force face à des concurrents trop puissants est le **regroupement**. Nous allons étudier, dans l'ordre, cinq formes importantes de regroupement d'entreprises: le consortium, l'entreprise en participation (*joint venture*), la fusion, l'acquisition et le franchisage (figure 10.2).

Consortium

On désigne par le terme **consortium** le regroupement d'entreprises déjà existantes pour une ou plusieurs fins spécifiques. Ainsi, un consortium d'achat est un groupement d'entreprises dont le but principal est d'obtenir les plus

REGROUPEMENT

VÊTEMENTS POUR HOMMES

Devenez membre d'un important groupe de détaillants spécialisés dans les vêtements pour hommes et PROFITEZ des avantages suivants:

PLUS DE 100 membres — 127 magasins

- escomptes des fournisseurs autorisés
- extension des termes
- paiements regroupés bi-mensuels
- taux préférentiels sur les cartes MASTERCARD et VISA
- EXPO-ACHATS exclusifs aux membres
- autres services regroupés

PROFITEZ DES AVANTAGES DU GROUPEMENT TOUT EN GARDANT VOTRE PERSONNALITÉ ET VOTRE AUTONOMIE.

pour informations:

LE GROUPE PROMODOR INC.

771 EST RUE ST-JOSEPH
QUÉBEC, QC G1K 3C7
TÉL.: (418) 529-0533

Source: *Les Affaires*, 27 octobre 1984, p. 5-13.

Figure 10.2 Exemple de regroupement

grands escomptes de volume possible; dans ce cas, plus le consortium recrutera de membres, plus il aura d'impact. Par ailleurs, un consortium de marketing vise d'abord la qualité et la représentativité des membres sur leur marché respectif; dans ce cas, le nombre d'entreprises regroupées a donc moins d'importance.

Citons comme exemple le consortium européen Airbus, créé il y a une quinzaine d'années, qui livre une concurrence de plus en plus redoutable au géant américain Boeing. En juin 1985, Airbus avait vendu 416 avions à 52 compagnies du monde entier et venait de signer un contrat final de un milliard de dollars US avec Pan Am pour la vente de 28 appareils. Airbus appartient à 37,9% à l'Aérospatiale et à 37,9% à Messerschmitt-Bolkow-Blohm (MBB), respectivement contrôlées par les gouvernements français et allemands, la British Aerospace, qui a été «dénationalisée», ayant une participation de 20% et la compagnie espagnole Casa, 4,2%[8].

Entreprise en participation (*joint venture*)

L'**entreprise en participation**, mieux connue dans le milieu des affaires sous sa dénomination anglaise de *joint venture*, découle d'une entente intervenue entre plusieurs parties qui désirent mettre en commun leurs ressources pour atteindre un objectif particulier. Le risque que peut présenter la réalisation du projet visé est alors partagé par les entreprises participantes. Dès que l'entreprise en participation a atteint le but pour lequel elle a été créée, elle cesse d'exister.

Le consortium et l'entreprise en participation peuvent revêtir les formes juridiques suivantes:

— la *société*, pour les consortiums d'achat, par exemple, en raison de sa simplicité de constitution;
— la création d'une *nouvelle compagnie* à partir des entreprises qui se regroupent; cette forme de groupement d'entreprises en consortium, ou *joint venture*, est de loin la plus répandue;
— la création d'une *coopérative*, pour l'exploitation, par exemple;
— la création de *filiales* qui se regroupent entre elles; par exemple, les firmes de camionnage Transport Guilbault, Transport d'Anjou et Transport Sherbrooke qui ont joint l'entreprise de services «Les Cueillettes de l'Atlantique» pour faire face à la déréglementation en matière de transport;
— le regroupement autour d'une *société de gestion* qui administre les différents membres du groupe. Cette forme juridique est fréquente dans le cas de petites entreprises gravitant autour d'une plus grande.

Rappelons que le consortium et l'entreprise en participation constituent des formes de regroupement *temporaire* d'entreprises pour des fins bien précises, tandis que la troisième forme de regroupement dont nous parlerons maintenant, c'est-à-dire la fusion, regroupe deux ou plusieurs entreprises en une seule, et ce, d'une façon *permanente*.

Fusion

Sur le plan juridique, on peut définir la **fusion** comme «l'opération par laquelle deux ou plusieurs compagnies font un accord pour que naisse une

---

8. Gauthier, Gilles, «Quinze ans à peine après sa création...» *La Presse*, 7 juin 1985, p. C3.

autre compagnie et que les premières se fondent dans celle-ci[9]». À la lecture de cette définition, on se rend compte qu'elle ne traite que d'entreprises «incorporées», mais il est important de mentionner que d'autres types de fusion peuvent également avoir lieu.

Ainsi, peuvent fusionner: deux entreprises individuelles, une entreprise individuelle et une société, deux sociétés, une entreprise individuelle ou une société et une compagnie. En fusionnant, ces différentes catégories d'entreprises auront le choix du nouveau régime juridique qui les régira. Par exemple, deux entreprises individuelles pourront fusionner et donner naissance à une société en nom collectif ou à une compagnie, etc.

Lorsque l'on traite de fusion d'entreprises constituées en compagnies, les lois corporatives du Canada et du Québec nous obligent à établir une distinction entre la fusion ordinaire et la fusion simplifiée.

La **fusion ordinaire** est celle qui désigne le regroupement de deux ou de plusieurs compagnies indépendantes en une seule suite à une convention de fusion approuvée par les actionnaires de chaque compagnie impliquée, et conduisant à l'obtention d'un certificat de fusion. Quant à la **fusion simplifiée**, elle est beaucoup moins complexe et s'applique à une compagnie ou **société mère**[10] et à ses **filiales**[11] dont elle détient la totalité des actions (art. 123.129 L.C.Q. et 178 L.S.C.C.) ou à deux ou plusieurs filiales dont la totalité des actions est détenue par une même société mère (art. 123.130 L.C.Q.). Avant d'examiner les règles générales de la fusion ordinaire, puis celles de la fusion simplifiée, il est important de signaler que *seules les compagnies relevant de la même juridiction peuvent fusionner*. Il n'est donc pas possible pour une compagnie provinciale de fusionner avec une société fédérale, ni pour une compagnie québécoise ou une société fédérale de fusionner avec une compagnie d'une autre province.

En vertu de l'article 123.115 de la L.C.Q., peuvent fusionner des compagnies de la Partie I et des compagnies de la Partie IA; mais la nouvelle compagnie née de la fusion sera obligatoirement régie par la Partie IA; la fusion entraîne donc la continuation. En vertu de l'article 175 de la L.S.C.C., plusieurs sociétés, y compris une société mère et ses filiales, peuvent également fusionner en une seule et même société.

Fusion ordinaire

Conditions   Avant d'envisager une fusion, une compagnie doit répondre à certaines normes de solvabilité. Au fédéral, l'article 179.2 de la L.S.C.C. impose aux sociétés qui veulent fusionner les exigences suivantes:

— chaque société fusionnante doit être en mesure d'acquitter ses dettes à échéance;
— la valeur de réalisation de l'actif de la société issue de la fusion ne doit pas être inférieure au total de son passif et de son capital déclaré;
— la fusion ne doit porter préjudice à aucun créancier;

---

9. Martel, P. et M. Martel, *La compagnie au Québec, les aspects juridiques*, Ottawa, Éditions Thélème, 1982, p. 32-3.

10. Société qui contrôle une ou plusieurs autres sociétés grâce à la possession d'un nombre suffisamment élevé d'actions lui permettant de faire élire la majorité des membres du conseil d'administration.

11. Société juridiquement indépendante mais placée sous la direction d'une société mère du fait de la possession par celle-ci de plus de 50 % des actions lui donnant le droit d'élire la majorité des membres du conseil d'administration. (Sylvain, Fernand, *Dictionnaire de la comptabilité*, Québec, Institut canadien des comptables agréés, 1977, p. 148 et 199.)

— tous les créanciers connus des sociétés qui fusionnent doivent avoir reçu un avis approprié et ne doivent pas s'opposer à la fusion, à moins que leur opposition, le cas échéant, ne repose que sur des motifs futiles et vexatoires.

Au Québec, l'article 123.116 de la L.C.Q. n'impose aux compagnies qui veulent fusionner que deux exigences fondamentales :

— la compagnie issue de la fusion doit être en mesure d'acquitter son passif à échéance ;
— la valeur comptable de l'actif de la compagnie issue de la fusion ne doit pas être inférieure au total de son passif et de son compte de capital-actions émis et payé.

Contrairement aux dispositions de la loi fédérale, une compagnie québécoise insolvable pourrait donc fusionner avec une autre compagnie de la province, pourvu que la nouvelle compagnie issue de la fusion soit, elle, solvable, et qu'elle respecte les exigences de la L.C.Q.

Procédure   Au fédéral, les sociétés qui se proposent de fusionner doivent conclure entre elles une **convention de fusion**, document qui énonce les conditions de la fusion envisagée ainsi que les modalités de sa mise à exécution. L'article 176 de la L.S.C.C. énonce en détail ces modalités de fusion :

a) tous les renseignements habituellement contenus dans les statuts constitutifs d'une société (dénomination sociale, siège social, etc.);
b) le nom et l'adresse des futurs administrateurs de la société issue de la fusion ;
c) les modalités d'échange des actions de chaque société contre les actions ou autres valeurs mobilières de la société issue de la fusion ;
d) au cas où des actions de l'une de ces sociétés ne doivent pas être échangées contre des valeurs mobilières de la société issue de la fusion, la somme en numéraire ou les valeurs mobilières de toute autre personne morale que les détenteurs de ces actions doivent recevoir, en plus ou à la place, des valeurs mobilières de la société issue de la fusion ;
e) le mode du paiement en numéraire remplaçant l'émission de fractions d'actions de la société issue de la fusion ou de toute autre personne morale dont les valeurs mobilières doivent être données en échange à l'occasion de la fusion ;
f) les règlements envisagés pour la société issue de la fusion qui peuvent être ceux de l'une des sociétés fusionnantes et
g) les détails des dispositions nécessaires pour parfaire la fusion et pour assurer la gestion et l'exploitation de la société issue de la fusion.

Une fois la convention de fusion rédigée, elle doit être soumise pour approbation à l'assemblée des actionnaires de chacune des sociétés concernées. Pour qu'elle soit approuvée, la convention de fusion doit être ratifiée par résolution spéciale aux deux tiers des voix exprimées par les actionnaires à une assemblée convoquée à cette fin. Lors de cette assemblée, chaque action des sociétés fusionnantes, assortie ou non du droit de vote, comporte le droit de vote quant à la fusion. Tout actionnaire dissident a droit de se faire verser la juste valeur de ses actions, et doit en être informé dans l'avis de convocation de l'assemblée.

La dernière étape de la fusion consiste à envoyer au Directeur les statuts de la société issue de la fusion avec tous les autres documents pertinents (art. 179 L.S.C.C.). Sur réception, le Directeur émet un **certificat de fusion**. À la date figurant sur le certificat, la fusion des sociétés en une seule et même société prend effet. Les biens de chaque société appartiennent à la société issue de la fusion, et cette dernière est responsable des obligations de chaque société.

La procédure de fusion en vertu de la L.C.Q. est semblable à celle que nous venons de décrire aux termes de la L.S.C.C., sauf qu'en plus de conclure une convention de fusion, les administrateurs de chacune des compagnies fusionnantes doivent adopter un règlement afin d'approuver la convention et d'autoriser l'un d'entre eux à signer les statuts de fusion. Le règlement de fusion est ensuite soumis aux actionnaires de chacune des compagnies fusionnantes à une assemblée générale spéciale convoquée à cette fin et il doit être ratifié aux deux tiers des voix exprimées par les actionnaires présents. Les statuts de fusion sont ensuite déposés auprès de l'Inspecteur général, en deux exemplaires signés par l'un des administrateurs de chacune des compagnies qui fusionnent.

Sur réception des statuts de fusion, des documents les accompagnant et des droits de 200 $ exigés par règlement du gouvernement, l'Inspecteur général émet un certificat de fusion. À compter de la date inscrite sur le certificat de fusion, les compagnies qui ont fusionné continuent leur existence en une seule et même compagnie. Cette dernière possède les droits des compagnies fusionnées et en assume les obligations.

Fusion simplifiée

Comme nous l'avons déjà dit, en plus de la fusion ordinaire de compagnies dont nous venons de tracer les grandes lignes, la loi prévoit une fusion simplifiée, soit verticale, soit horizontale.

La fusion verticale est celle qui a lieu entre une société mère et sa filiale dont elle détient la totalité des actions, tandis que la fusion horizontale est celle qui a lieu entre deux ou plusieurs filiales dont la totalité des actions est détenue par une même société mère. Ces variantes de fusion simplifiée s'appliquent tant au fédéral qu'au provincial et elles sont avantageuses en ce sens qu'elles exemptent de conclure une convention de fusion devant être ensuite approuvée par les actionnaires. La fusion simplifiée a lieu par simple résolution des administrateurs de chaque société fusionnante et par le dépôt de statuts de fusion. La procédure s'en trouve donc d'autant plus simple.

Acquisition

Régulièrement les journaux font état de la prise de contrôle de telle ou telle compagnie par un groupe financier. Il s'agit-là d'une stratégie de regroupement d'entreprises que l'on appelle **acquisition**.

À titre d'exemple, citons le cas de Dofor Inc., une filiale nouvellement formée de la Société générale de financement. Dofor Inc. a récemment accru l'emprise de la SGF dans le secteur forestier au Québec en regroupant Domtar et Donohue, deux des plus importantes entreprises québécoises de l'industrie des pâtes et papiers. Pour l'avenir, Dofor Inc. se propose de mettre la main sur le contrôle d'autres sociétés de la SGF et sur d'autres entreprises privées oeuvrant dans les pâtes et papiers, telles Kruger, Normick Perron, Rolland et même Consolidated-Bathurst.

Cette opération peut s'effectuer de deux façons : soit par l'intermédiaire d'une société survivante qui acquiert l'actif et prend en charge le passif d'une ou plusieurs compagnies qui cessent, dès lors, leur existence, soit par l'intermédiaire d'une compagnie qui acquiert suffisamment d'actions assorties du droit de vote d'une autre compagnie pour en détenir le contrôle.

Dans le premier cas, une compagnie peut carrément acheter une autre entreprise, c'est-à-dire son immeuble, son outillage, son inventaire, ses comptes-clients, etc., et en plus en assumer le passif. Ce mode d'acquisition s'effectue par une résolution des administrateurs des deux compagnies impliquées stipulant la signature d'une convention par laquelle les modalités de la transaction y sont consignées.

Dans le second cas, l'achat des actions d'une compagnie fait habituellement l'objet d'une **offre d'acquisition**, appelée en anglais *take-over bid*. Ce mécanisme franchit différentes étapes. La première étape consiste, de la part de la compagnie acquerrante, à approcher la compagnie à acquérir afin d'en connaître les activités. Après que les administrateurs des deux compagnies en présence aient échangé leur point de vue sur l'avenir de leur entreprise respective, on passe à la seconde étape. L'entreprise visée par l'acquisition dévoile alors ses états financiers à l'entreprise qui veut l'acheter afin que cette dernière puisse en faire l'évaluation.

Vient finalement la troisième étape, celle des négociations à proprement parler. C'est à ce moment que l'offre d'acquisition circule parmi les administrateurs et les actionnaires de la compagnie visée, et qu'on doit en arriver à un consensus. C'est aussi à ce stade qu'est conclue une entente finale précisant de part et d'autre les conditions et garanties exigées. Par exemple, les administrateurs de la compagnie acquerrante peuvent décider de laisser une participation minoritaire aux actionnaires de la compagnie acquise. C'est ce qu'a fait la société Quebecor lorsqu'elle a décidé d'acquérir Wilson & Lafleur, une maison d'édition et de distribution de livres juridiques et médicaux, et de laisser à ses anciens propriétaires une participation de 20 % dans les actions de l'entreprise.

Franchisage

Le **franchisage** est un contrat par lequel une entreprise concède, moyennant des redevances, à une autre entreprise indépendante, le droit d'exploiter une marque de commerce ou un brevet; le vendeur de la marque, appelé **franchiseur**, s'engage essentiellement à fournir toute l'aide nécessaire à l'acquéreur de la marque, appelé **franchisé**, pour rentabiliser son commerce. Les redevances versées au franchiseur par le franchisé prennent deux formes principales: une mise de fonds initiale pour obtenir le droit d'utiliser la franchise et un versement à intervalles réguliers représentant un certain pourcentage de son chiffre d'affaires. L'assistance accordée revêt le plus souvent la forme de propositions concrètes et précises relatives, par exemple, au choix d'un site, aux plans d'aménagement du local, aux méthodes de gestion, au système de comptabilité et aux services de formation du personnel de l'entreprise (figure 10.3).

Au Québec, bien que le franchisage soit une forme de regroupement d'entreprises fort populaire, aucune loi spécifique ne réglemente encore les droits et les obligations du franchiseur et du franchisé. Seuls l'Alberta et certains États américains ont élaboré une législation à cet effet. En cas de litiges, il faut donc s'en remettre aux règles générales du Code civil en matière de contrat.

Choix d'une franchise

Étant donné que le système des franchises recouvre un grand nombre de secteurs d'activités, tels la restauration rapide (Rôtisseries St-Hubert, McDonald's, Harvey's, etc.), l'hôtellerie (Holiday Inn, Auberge des Gouverneurs, Sheraton, etc.), l'automobile (M. Muffler, Canadian Tire, les concessionnaires Ford, GM et Chrysler, etc.), le vêtement (Pierre Cardin, Yves St-Laurent, Boutique Sélection, etc.), les dépanneurs (Octofruit, La Maisonnée, Provi-soir, etc.), les quincailleries (RO-NA, Joe Loue Tout, Val-Royal, etc.), l'immeuble (Century 21,

Figure 10.3 Exemple de franchise

RE/MAX Québec, etc.), etc., la personne intéressée à acquérir une franchise serait donc bien avisée d'examiner scrupuleusement les différentes possibilités qui lui sont offertes. Voici quelques éléments importants à examiner.

La connaissance de l'historique de l'entreprise qui offre des franchises constitue à coup sûr un point primordial: un marché jeune ou en pleine maturité vaut la peine d'être considéré, tandis qu'un marché saturé et en phase décroissante ne mérite pas qu'on s'y arrête. Le coût d'une franchise doit faire l'objet d'une sérieuse analyse: la renommée de la marque et l'aide que le franchiseur accorde au franchisé font foi de l'investissement requis. La promesse d'un certain chiffre d'affaires ne doit pas non plus être pris à la légère: le franchisé doit pouvoir confirmer les chiffres avancés auprès des autres franchisés qui exploitent un commerce semblable depuis un certain temps.

Le futur franchisé inexpérimenté en affaires ne doit pas hésiter à faire appel aux conseils de comptables et d'avocats pour scruter les états financiers et les clauses du contrat de franchisage: par exemple, il est prudent de vérifier la légalité des droits de propriété du franchiseur sur les marques de commerce, sur les procédés brevetés et sur les droits d'auteur dont le franchisé est autorisé à faire usage, et de vérifier la conformité des clauses du contrat par rapport aux promesses que peut faire miroiter le franchiseur. Ces précautions évitent souvent au futur franchisé de se laisser entraîner par des promoteurs peu scrupuleux qui n'hésitent pas à recourir à des manoeuvres frauduleuses, pour faire perdre à la personne qui veut se lancer en affaires toutes ses économies.

L'absence de poursuites judiciaires contre un franchiseur représente généralement un facteur de confiance. Si on exige du franchisé qu'il contribue aux frais de publicité de la marque, il doit se renseigner sur les déboursés additionnels qu'engendrera cette dépense par rapport aux retombées financières qui s'ensuivront pour lui.

Si des conflits ou des mésententes surgissent entre le franchiseur et le franchisé relativement à l'interprétation ou l'application des clauses du contrat, la loi prévoit certains recours pour les parties. D'une part, le franchiseur peut, en tout temps, réclamer du franchisé les sommes dues par ce dernier ou le poursuivre en dommages-intérêts. Il peut également recourir à l'injonction pour empêcher le franchisé de poser certains actes de nature à causer préjudice à la marque et à l'ensemble du réseau. Dans des cas ultimes, le franchiseur peut exercer une saisie avant jugement ou tout simplement prendre possession du commerce du franchisé et l'administrer à sa place durant l'instance judiciaire.

D'autre part, la loi accorde aussi certains recours au franchisé. Ce dernier peut, notamment, s'adresser au tribunal pour demander l'annulation du contrat de franchisage ou exiger des dommages-intérêts dans le cas où le franchiseur fait défaut de respecter ses obligations; il peut aussi recourir à l'injonction si le défaut du franchiseur est de nature à lui causer préjudice. Enfin, soulignons que plusieurs franchisés qui se verraient lésés par un même franchiseur pourraient envisager d'exercer un recours collectif contre ce dernier.

Avantages et inconvénients

Les principaux avantages que comportent l'acquisition d'une franchise se résument de la façon suivante: expérience non nécessaire dans la gestion d'entreprise, investissement requis moindre que pour une entreprise indépendante, compte tenu des profits relativement élevés, système de gestion éprouvé, notoriété de la marque et résultats antérieurs qui permettent d'établir des comparaisons et de tirer des conclusions.

Quant aux inconvénients majeurs inhérents à ce type d'entreprise, on peut les résumer ainsi: coût élevé, perte totale de sa mise de fonds à l'occasion de graves défauts répétés au contrat, jugements négatifs à l'égard d'une franchise de même type rejaillissant sur toutes les autres et autonomie limitée en raison du droit de regard du franchiseur.

Sur le plan juridique, le franchisage est une forme de regroupement qui se distingue du consortium et de l'entreprise en participation (*joint venture*) «par le fait de la propriété du regroupement par les marchands membres et de l'implication des marchands membres dans les décisions du regroupement par rapport à l'indépendance juridique du franchiseur face à ses franchisés[12]».

---

12. Gagnon, Jean-H., «Les différences entre les regroupements et les franchises: de plus en plus ténues», *Les Affaires*, 27 octobre 1984, p. S-5.

Tableau 10.2

COMMENT ÉVALUER LA RENTABILITÉ ET LA RÉTRIBUTION DU CAPITAL POUR UNE FRANCHISE

TABLEAU D'ÉVALUATION PRATIQUE

FRANCHISE _____ SECTEUR _____ ENTRETIEN AVEC M. _____

1) FINANCEMENT

— Vous êtes disposé à investir (capitaux propres) _____
— On peut vous prêter (capitaux empruntés) _____
— Somme totale dont vous disposez pour financer la mise
   sur pied et l'opération de votre commerce _____
Les capitaux empruntés le sont à un taux d'intérêt de _____ %
pour une période de _____ années. Mensualités _____ $
Durée du contrat de franchise _____ .

2) INVESTISSEMENT

— Redevance initiale forfaitaire _____
— Machines, matériel, outillage _____
— Aménagement, agencement, décoration des locaux _____
— Stock de départ et besoins en fonds de roulement _____
— Promotion (ne doivent être comptabilisés ici que les
   frais de publicité d'ouverture) _____

TOTAL de l'investissement* _____

*Le total de l'investissement doit être inférieur ou égal au total du financement.

3) ÉTUDE PRÉVISIONNELLE

	ANNÉES		
	1	2	3 sur 3 ans

Recettes
Ventes annuelles prévues _____
— les remises _____
— les impayés (vol, etc.) _____
Chiffre d'affaires net _____

Déboursés
A) Coûts proportionnels aux ventes
• Matières premières _____
• Fournitures et emballages _____
• Redevances sur la franchise _____
• Contribution à la publicité du réseau _____

TOTAL des coûts proportionnels _____

B) Frais d'exploitation
• Loyer (souvent basé sur un taux fixe auquel
   s'ajoute un pourcentage sur le chiffre d'affaires) _____
• Salaire des employés (sauf le franchisé) mais
   incluant les avantages sociaux _____
• Taxes _____
• Assurances _____
• Honoraires professionnels _____
• Entretien et réparation _____
• Électricité, gaz, eau _____
• Fournitures de bureau _____
• Téléphone et courrier _____
• Divers _____

TOTAL des frais d'exploitation _____

C) Frais de financement
• Intérêt sur emprunts _____
• Frais bancaires _____

TOTAL des frais de financement _____
TOTAL des déboursés A + B + C _____
Profit brut (avant impôts), amortissement et salaire du franchisé _____

Chiffre d'affaires net _____
moins total des déboursés _____
PROFIT BRUT _____

4) CALCUL DU RENDEMENT

1) Rendement sur capital et travail

$$\frac{\text{Profit brut} + \text{frais de financement (C)}}{\text{Capitaux propres} + \text{capitaux empruntés}} \times 100 \quad \_\_\_\_\_ \%$$

2) Rendement sur capital

$$\frac{\text{Profit brut} - \text{salaire du franchisé}}{\text{Capital total investi}} \times 100 \quad \_\_\_\_\_ \%$$

Source: *Magazine Affaires*, septembre 1983, p. 30-31.

On peut citer en exemple les pharmacies Uniprix qui sont reconnues comme un regroupement de marchands alors que les pharmacies Jean Coutu sont créées en réseau de franchisage.

Résumé

La *Loi sur les coopératives*, en vigueur depuis janvier 1984, régit toutes les sortes de coopératives existant au Québec. La coopérative se fonde sur certaines idées maîtresses: le regroupement d'individus ayant des besoins communs en une association visant à satisfaire ces besoins et le désintéressement des membres quant à leur profit personnel ou à celui de l'entreprise. Dans cette entreprise, les membres sont à la fois propriétaires et usagers, et ils sont égaux entre eux.

La coopérative est une personne morale au sens du Code civil et elle possède les mêmes pouvoirs qu'une compagnie. Contrairement à l'actionnaire d'une compagnie, le membre d'une coopérative n'a droit qu'à un seul vote aux assemblées quel que soit le nombre de parts sociales lui appartenant. Le profit dans la compagnie porte le nom de trop-perçu dans la coopérative, et l'argent versé aux membres à même ce trop-perçu porte le nom de ristourne. On forme une coopérative par le dépôt de statuts de constitution auprès du ministre de l'Industrie, du Commerce et du Tourisme. Un minimum de 12 personnes signent les documents constitutifs, qui doivent être accompagnés d'une requête signée par deux fondateurs.

Les membres de la coopérative se réunissent lors de l'assemblée annuelle ou à l'occasion d'une assemblée spéciale; les décisions sont habituellement prises par un vote à majorité simple (50 % plus 1). Le conseil d'administration de la coopérative se compose d'un nombre minimal de cinq administrateurs et d'un nombre maximal de 15 administrateurs. Ils sont élus par un vote majoritaire des membres lors de l'assemblée annuelle, et leur mandat est généralement d'un an. D'une façon générale, les administrateurs n'encourent aucune responsabilité personnelle, sauf s'ils causent des torts à la coopérative, en violation de la loi. Un administrateur présent lors d'une assemblée est réputé avoir acquiescé à toute résolution adoptée, sauf s'il fait enregistrer sa dissidence. L'administrateur absent est présumé n'avoir approuvé aucune résolution prise lors d'une telle réunion. En principe, la fonction d'administrateur n'est pas rémunérée.

Comme la compagnie, la coopérative a l'obligation de tenir des registres. Les principaux types de coopérative sont les coopératives agricoles, les coopératives de pêcheurs, les coopératives de consommateurs, les coopératives d'habitation, les coopératives ouvrières ou de production ou de travail, et, finalement, les coopératives de crédit. La dissolution ou la liquidation de la coopérative est décidée lors d'une assemblée générale dûment convoquée à cette fin, par un vote des trois quarts des membres présents ou représentés.

Un moyen de plus en plus utilisé par les entreprises indépendantes désireuses de décupler leurs forces face à des concurrents trop puissants est le regroupement. Les cinq formes les plus importantes de regroupement d'entreprises sont: le consortium, l'entreprise en participation (*joint venture*), la fusion, l'acquisition et le franchisage. Le consortium est le regroupement d'entreprises déjà existantes pour une ou plusieurs fins spécifiques. L'entreprise en participation, ou *joint venture*, découle d'une entente intervenue entre plusieurs parties qui désirent mettre en commun leurs ressources pour atteindre un objectif particulier. La fusion est l'opération par laquelle deux ou plusieurs compagnies font un accord pour que naisse une autre compagnie et que les premières se fondent dans celle-ci; elle peut être ordinaire ou simplifiée. Les sociétés qui se proposent de fusionner signent entre elles une convention de fusion et doivent la soumettre pour approbation à l'assemblée des actionnaires de chacune des sociétés concernées. La dernière étape de la fusion consiste à envoyer au Directeur ou à l'Inspecteur général les statuts de la société issue de la fusion. Sur réception, le Directeur ou l'Inspecteur général émet un certificat de fusion.

L'acquisition est une stratégie de regroupement d'entreprises qui consiste à la prise de contrôle par un groupe financier de telle ou telle compagnie. Le franchisage est un contrat par lequel une entreprise concède à une autre entreprise indépendante, moyennant des redevances, le droit d'exploiter une marque de commerce ou un brevet. Le vendeur de la marque s'appelle le franchiseur alors que l'acquéreur porte le nom de franchisé. Avant d'arrêter son choix sur une franchise, le futur franchisé doit prendre des précautions et ne doit pas hésiter à poser au franchiseur certaines questions de contrôle. Le contrat de franchisage comporte un certain nombre d'avantages et d'inconvénients qu'il est important de connaître. Au Québec, come il n'est réglementé par aucune loi spécifique, le franchisage est soumis aux règles générales du Code civil, et les parties qui veulent intenter des recours doivent s'en remettre à ses dispositions.

Vocabulaire

Acquisition
Capital social
Certificat de fusion
Consortium
Convention de fusion
Coopérative
Coopérative agricole
Coopérative de consommateurs
Coopérative de crédit
Coopérative de pêcheurs
Coopérative d'habitation
Coopérative ouvrière de production
    ou de travail
Entreprise en participation (*joint
    venture*)

Filiale
Franchisage
Franchisé
Franchiseur
Fusion
Fusion ordinaire
Fusion simplifiée
Offre d'acquisition (*take-over bid*)
Part sociale
Propriétaire-usager
Regroupement
Réserve générale
Ristourne
Société mère
Trop-perçu

Questions

1. Qu'est-ce qu'une coopérative ?

2. Donnez les principales caractéristiques d'une coopérative.

3. Quels sujets doivent être abordés lors de l'assemblée d'organisation d'une coopérative ?

4. À quelles conditions devient-on membre d'une coopérative ?

5. Sur quoi se base-t-on pour établir le droit de vote d'un membre lors d'une assemblée générale de la coopérative ?

6. Établissez l'ordre du jour de l'assemblée annuelle d'une coopérative.

7. Qui peut devenir administrateur d'une coopérative et pour quelle durée ?

8. Qu'advient-il des trop-perçus annuels d'une coopérative ?

9. Nommez les différents types de coopératives qui existent au Québec.

10. Établissez la distinction entre le consortium et l'entreprise en participation.

11. Définissez la fusion et expliquez-en les deux formes.

12. Qu'est-ce qu'une société mère? Qu'est-ce qu'une filiale?

13. Que doit contenir une convention de fusion?

14. Identifiez les deux façons par lesquelles peut s'opérer l'acquisition d'une entreprise par une autre.

15. Expliquez les principaux avantages et inconvénients du franchisage.

Cas pratiques

1. Christiane Letendre, Michel Ladouceur, Dominique Lafleur, Richard Lemieux et Jean-François Dupré, étudiants au cegep, viennent vous parler de leur projet de fonder une coopérative étudiante. Le but de cette coopérative serait de permettre aux étudiants de se procurer des volumes, des disques et des fournitures scolaires à des prix plus abordables, et de permettre à un certain nombre d'entre eux de participer à une expérience coopérative en milieu étudiant.

Aucun d'eux ne possède de notions de droit de l'entreprise, ni de droit des affaires, et ils ignorent tout de la mise sur pied et du fonctionnement d'une coopérative. Ils vous demandent si vous êtes intéressé(e) à vous joindre à eux.

a) Expliquez-leur ce qu'est une coopérative et quels sont les principes de base qui la caractérisent.

b) Vous avez pris la décision de vous joindre à eux; rédigez les principaux documents nécessaires à la mise sur pied de votre coopérative.

c) Vous venez de recevoir une lettre du ministère de l'Industrie, du Commerce et du Tourisme vous avisant qu'il donnait son approbation à la formation de votre coopérative, ainsi qu'une copie de l'avis publié dans la *Gazette officielle du Québec*, en date du 30 avril. Préparez l'assemblée d'organisation de la coopérative.

2. Lors de l'assemblée annuelle de la Coopérative de consommateurs du Bas-du-Fleuve, Richard Lesourd, un des membres de cette coopérative qui désire absolument en devenir administrateur, conteste une décision du président de l'assemblée selon laquelle il n'a droit qu'à un vote sur tous les points à l'ordre du jour, y compris l'élection des administrateurs.

Lesourd ne veut rien entendre et conteste cette décision en disant que, lorsqu'il est devenu membre de la coopérative, il y a six mois, il s'est porté acquéreur de trois parts sociales et qu'il a donc droit à trois votes. À titre de conseiller de la coopérative, veuillez informer l'assemblée sur cette situation.

Par la suite, lorsque le vote est pris pour l'élection des administrateurs, six d'entre eux sont élus avec la majorité suffisante, mais il y a égalité des votes entre Richard Lesourd et Dominique Lavertu. De plus, le conseil d'administration a passé une résolution pour que le mandat des administrateurs soit fixé à quatre ans. Veuillez informer l'assemblée sur ces deux cas et expliquez la situation.

3. La Coopérative des artisans de la Gatineau décide de se dissoudre, et une assemblée spéciale des membres est convoquée à cette fin. Les membres décident par un vote majoritaire de demander la dissolution de la Coopérative au ministre de l'Industrie, du Commerce et du Tourisme. Un liquidateur est nommé, mais les membres adoptent une autre résolution selon laquelle le trop-perçu pour l'année en cours sera d'abord divisé entre les membres de la coopérative et le produit de la liquidation sera ensuite divisé entre les membres. Le président de la coopérative vient vous consulter pour savoir si toutes les étapes nécessaires pour obtenir la dissolution de la coopérative ont été suivies et s'il y a des irrégularités.

Conseillez-le à ce sujet et expliquez-lui la situation.

4. a) Gérald et Michel exploitent depuis cinq ans à Montréal, un commerce de pièces et accessoires d'automobile sous le nom de Pièces d'automobile AUTO-TECHNIC inc.

Leur clientèle s'accroît d'année en année et ils songent sérieusement à s'implanter dans d'autres municipalités du Québec. Après avoir fait une étude de marché dans les villes de Québec, Sherbrooke et Trois-Rivières où ils désirent ouvrir des succursales, ils ont constaté que les coûts d'implantation de chaque succursale supposaient un investissement d'environ 125 000 $. Ils hésitent à investir une telle somme.

Au cours de leurs démarches, ils ont rencontré Yves Voitout qui leur a fait part de son intention d'acheter une franchise de Pièces d'automobile AUTO-TECHNIC inc. et de mettre sur pied l'entreprise à St-Jean-sur-Richelieu. Gérald et Michel viennent vous consulter pour en connaître davantage sur les possibilités d'exploiter leur commerce sous forme de franchises et sur les conséquences d'une telle décision.

Expliquez-leur le fonctionnement du franchisage, de même que les différents avantages et inconvénients qu'offre ce mode de regroupement d'entreprises dans leur cas particulier.

b) Le même jour, Caroline vient vous consulter car, en feuilletant le journal du matin, elle a découvert sous la rubrique «occasion d'affaires» une annonce classée qui offrait la possibilité d'acheter une franchise de la compagnie Couleur-Image inc. spécialisée dans le maquillage et la mode.

Après avoir communiqué avec un représentant de la compagnie, elle a appris qu'il en coûtait 50 000 $ pour l'acquisition d'une franchise et que le franchisé devait verser au franchiseur, à chaque mois, 15 % du montant de son chiffre d'affaires.

Caroline est très intéressée par l'acquisition d'une telle franchise mais voudrait, avant de s'engager plus avant, que vous la conseilliez afin qu'elle ne fasse pas un mauvais investissement.

Expliquez-lui les principales questions de contrôle qu'elle devrait poser au franchiseur avant de se lancer en affaires.

5. Les sociétés Vins de France-Québec inc. et Entreprises vinicoles Sancerre ltée, constituées en vertu de la *Loi sur les sociétés commerciales canadiennes*, désirent fusionner dans le but d'augmenter leur part du marché du vin au Québec.

Ces sociétés ne sont pas des filiales entre elles ni filiales d'une même société mère. Après plusieurs rencontres, les administrateurs des deux compagnies en viennent à un accord sur un projet de fusion. Ils vous consultent pour préciser les modalités d'une telle fusion.

a) Expliquez la procédure à suivre pour réaliser cette fusion ainsi que le contenu des divers documents nécessaires à cet effet.

b) Cette fusion aurait-elle été possible si Entreprises vinicoles Sancerre ltée avait été constituée en vertu de la *Loi sur les compagnies du Québec*? Justifiez votre réponse.

c) Quelle aurait été votre réponse à la question **a** si Vins de France-Québec inc. avait détenu toutes les actions émises et en circulation de Entreprises vinicoles Sancerre ltée? Expliquez votre réponse.

Les assemblées délibérantes

Tout au long des chapitres précédents, nous avons pu constater que les sociétés, les associations et les coopératives fonctionnaient par le biais d'assemblées. Que les décisions soient prises ou ratifiées par les administrateurs, les membres, les actionnaires ou les associés, elles le sont toujours au cours d'une assemblée regroupant ces personnes. Dans les petites entreprises, ces réunions se tiennent le plus souvent à l'amiable, sans procédures strictes. Mais les grandes et moyennes entreprises ont intérêt à se doter de règles internes pour régir leurs **assemblées délibérantes**.

Les règles de procédure

Ce serait l'anarchie dans les assemblées délibérantes si chacun avait le droit de faire valoir son point de vue et de parler avant l'autre, sous prétexte qu'il considère son sujet comme le plus important.

Source

Habituellement, on retrouve les règles de fonctionnement des assemblées délibérantes à l'intérieur même des règlements généraux de l'entreprise ou de l'association. Les membres, associés ou actionnaires peuvent alors en prendre connaissance.

Usagers

De telles règles de procédure ne sont pas exclusives aux entreprises, comme les sociétés, les compagnies et les associations coopératives ou les syndicats.

Elles sont essentielles aux corps législatifs et aux chambres de commerce, par exemple, qui tiennent aussi des assemblées. Les assemblées des membres de coopératives, de corporations sans but lucratif, d'associations à caractère social, culturel, sportif ou de bienfaisance doivent également être régies par des règles de fonctionnement bien établies. Il est donc essentiel pour tout individu d'en connaître au moins les grandes lignes afin de pouvoir intervenir efficacement lors d'une assemblée.

En effet, toute personne peut, un jour ou l'autre, être appelée à participer à une assemblée délibérante, et beaucoup de gens n'osent pas intervenir parce qu'ils ignorent la procédure à suivre, ou encore parce qu'ils ont peur d'être rabroués par le président de l'assemblée ou déclarés hors d'ordre. Par ignorance ou par crainte, ils renoncent alors à faire valoir leur point de vue ou à proposer un amendement à un règlement. Nous n'avons pas l'intention de faire une étude exhaustive des règles de procédure des assemblées délibérantes, mais plutôt d'en établir les grandes lignes afin de permettre au lecteur d'être au moins familier avec elles et de ne pas être pris au dépourvu dans une assemblée délibérante, quelle que soit sa nature.

Buts des règles de procédure

Les règles de procédure visent à :

1. assurer le bon déroulement de l'assemblée ;
2. attester que celle-ci aura lieu dans l'ordre ;
3. garantir le respect des droits de tous ;
4. permettre à chacun de faire valoir son point de vue ;
5. simplifier et accélérer les débats.

Un modèle, le Code Morin

Soit qu'elles aient négligé de les inclure dans leurs règlements généraux, soit qu'elles préfèrent s'en remettre aux règles de procédure établies par le **Code Morin**[13], bon nombre d'entreprises, de compagnies ou d'associations ne possèdent pas de règles de procédure. La majorité des corps politiques, publics et parapublics, des compagnies, sociétés, associations, coopératives et syndicats s'inspirent de ce recueil de procédure pour établir leurs propres règles de fonctionnement interne lors des assemblées.

Règles de régie interne

D'une façon générale, les compagnies, les sociétés, les associations coopératives et les syndicats possèdent des règlements généraux ; ceux-ci sont habituellement adoptés lors de la première assemblée suivant la constitution de l'organisme. Par la suite, ils peuvent être abrogés, amendés ou modifiés par les administrateurs. Ils sont sujets à la ratification par les actionnaires, les membres, les associés ou les syndiqués, dans une proportion qui sera habituellement des deux tiers des personnes présentes à une assemblée convoquée à cette fin.

De la même manière, l'assemblée peut toujours passer outre à ses propres règlements par le vote de cette même majorité. À défaut de procédures spécifiques, le Code Morin suggère d'adopter les règles suivantes :

---

13. Morin, Victor, *Procédure des assemblées délibérantes*, Beauchemin, Montréal, 1969.

Règle 1re   Les délibérations de la société seront régies par les dispositions contenues dans le traité de Victor Morin, intitulé *Procédure des assemblées délibérantes*, à l'exception de celles qui pourraient être incompatibles avec quelque règle établie par la société pour sa régie individuelle.

Règle 2e   Le président a tous les pouvoirs voulus pour réglementer la tenue des officiers et des membres siégeant en assemblée, ainsi que pour assurer l'observance du décorum prescrit pendant les séances.

Règle 3e   Au cas de punition imposable à un membre pour infractions au décorum ou refus d'obéir aux injonctions du président, celui-ci peut le condamner d'office à une amende n'excédant pas la somme de _____ ou à l'exclusion temporaire de la séance en cours. Toute autre pénalité est réservée à la discrétion de l'assemblée.

Règle 4e   Les votes se prennent à main levée, à moins que l'assemblée n'en décide autrement par résolution majoritaire sur demande à cet effet par cinq membres, dans chaque cas. Tout membre en règle et présent est tenu de voter, à moins d'en être dispensé par l'assemblée.

Règle 5e   Le président nomme les membres des comités constitués en vertu des statuts de cette société, si tels membres n'ont pas été désignés dans la résolution qui les aura constitués.

Règle 6e   Toute règle d'ordre peut être suspendue temporairement sur vote des deux tiers des membres présents; mais l'abrogation ou la modification, de même que l'adoption d'autres règles ne peuvent se faire que sur le vote des deux tiers des membres présents en assemblée régulière, pourvu qu'un avis de motion à cet effet ait été donné à l'assemblée précédente ou soit inscrit dans la convocation de la séance au cours de laquelle on en délibérera.

L'assemblée

Constitution

Droit de présence

Avant le début de l'assemblée, on doit s'assurer que toutes les personnes présentes ont le droit d'y assister et, éventuellement, le droit de voter. À cette fin, on peut procéder soit en faisant signer une liste de présence, soit par l'enregistrement obligatoire à l'entrée ou par la présentation d'une carte de membre ou de tout autre document.

Quorum

Si les règlements généraux exigent un quorum (ce n'est pas toujours le cas), on doit vérifier si les personnes présentes forment le quorum, à défaut de quoi on ne peut procéder. C'est pourquoi on attend un certain temps après l'heure fixée pour le début de l'assemblée, de façon à ce que les personnes en retard puissent s'ajouter aux autres pour former le quorum. Dès qu'il y a quorum, l'assemblée peut débuter.

Élection du président d'assemblée

L'assemblée étant régulièrement constituée, on nomme habituellement un président qui va s'assurer du bon fonctionnement de l'assemblée. Si les règlements généraux le prévoient, c'est le président de l'organisation qui occupe cette fonction. Mais, dans certains cas, on préfère qu'une autre personne agisse comme **président d'assemblée**; ce président est alors élu par vote majoritaire. De la même façon, on nomme un secrétaire qui rédige le procès-verbal de l'assemblée.

Ordre du jour

Seules les questions énumérées à l'ordre du jour sont étudiées et discutées au cours de l'assemblée. On peut changer ou intervertir l'ordre du jour de l'assemblée en procédant au vote des deux tiers des personnes présentes, mais on ne peut discuter d'une question qui ne figure pas à l'ordre du jour et qui doit faire l'objet d'un avis de convocation.

Prenons, par exemple, un vote de grève ou un changement aux règlements de l'organisation. Si cette situation se présente et qu'un membre s'y oppose, les décisions ne sont pas valides et n'ont aucune force exécutoire.

Adoption des procès-verbaux

On procède à la lecture et à l'adoption du procès-verbal de la dernière assemblée en y apportant les corrections nécessaires, le cas échéant, mais sans pouvoir rediscuter du fond.

Par exemple, si une résolution indique qu'un vote de grève a été pris par un vote de 75 en faveur et 25 contre, au lieu de 25 en faveur et 75 contre, on apporte la correction sans reprendre la discussion sur la question de fond, c'est-à-dire le vote de grève.

Président de l'assemblée

Importance du choix

C'est au président qu'il incombe de veiller au déroulement harmonieux de l'assemblée. Le président se doit de bien connaître le Code Morin ou les règles de fonctionnement interne adoptées par l'organisme; il doit être intègre et impartial.

Il est évident que dans certains organismes, on est enclin à choisir un président d'assemblée qui, systématiquement, tentera de faire adopter des résolutions ou des décisions d'un groupe de membres au détriment d'un autre, ou encore qui essaiera de limiter ou de boycotter les interventions des personnes ne partageant pas ses opinions ou les opinions du groupe qu'il représente. Il faut absolument éviter ce genre de situation qui ne fait qu'encourager l'animosité.

Rôle et fonctions

Il est primordial qu'au tout début de l'assemblée le président rappelle aux personnes présentes les règles de procédure régissant le déroulement de l'assemblée. Il doit leur expliquer clairement quel type d'intervention elles peuvent faire et à quel moment elles peuvent présenter une proposition ou un amendement. Le président détermine également le temps alloué au comité plénier et à l'assemblée délibérante ainsi que la durée permise des interventions.

Toute personne en désaccord avec une décision peut en appeler à l'assemblée pour renverser cette décision. Le président se prononce sur toutes les questions de procédure susceptible de se présenter au cours d'une assemblée. C'est lui qui reçoit les propositions, les résolutions et les amendements; il dirige aussi les débats et les interventions. Il décide de la période accordée aux échanges du comité plénier et de l'assemblée délibérante et il donne les résultats du vote sur les propositions présentées à l'assemblée.

Il ne peut cependant pas voter ni prendre part aux discussions sur le fond des propositions ou des questions débattues. Il ne pourra voter qu'en cas d'égalité des voix. S'il veut absolument se prononcer sur une question de fond, il devra céder son siège à quelqu'un d'autre. Il doit faire preuve de la plus grande impartialité et toujours justifier ses décisions, sans jamais se prononcer sur le fond. Enfin, le président doit faire preuve de beaucoup de tact, de patience et de diplomatie.

Appel d'une décision du président d'assemblée

Nous avons vu qu'une ou plusieurs personnes présentes à l'assemblée peuvent en appeler d'une décision du président de l'assemblée. À cet égard, l'assemblée est souveraine et elle peut être en désaccord avec une décision rendue par le président qu'elle a élu ou nommé.

Dans un tel cas, c'est la décision majoritaire des personnes présentes qui prévaudra en faveur ou contre la décision du président de l'assemblée, lequel devra s'y soumettre.

Le président de l'assemblée doit exposer à l'assemblée les raisons qui justifient la décision qu'il a rendue, et l'opposant doit faire valoir ses arguments à l'encontre de cette décision. Aucune autre personne n'a le droit d'être entendue ; c'est alors à l'assemblée de trancher le débat.

Par exemple, le président de l'assemblée décide que l'amendement qu'un membre veut apporter à une proposition ne constitue pas un amendement, mais plutôt une contre-proposition, et qu'elle est, par conséquent, irrecevable. Le membre peut alors en appeler de cette décision à l'assemblée, qui tranchera le débat.

Étapes du débat : délibérations

Chaque question à l'ordre du jour fait l'objet de délibérations entre les membres de l'assemblée. D'une façon générale, on divise les délibérations en trois étapes : le comité plénier, l'assemblée délibérante et le vote.

Comité plénier

Le **comité plénier** correspond à l'étape durant laquelle les administrateurs tiennent une séance d'information sur les points à l'ordre du jour. Les personnes présentes peuvent alors poser des questions pertinentes et annoncer les propositions qu'elles entendent faire. En général, chaque individu dispose d'environ trois minutes pour parler.

Assemblée délibérante

Toute personne présente peut argumenter pour ou contre une proposition, un amendement ou un sous-amendement à une proposition. Chaque intervenant dispose d'environ deux minutes pour faire valoir son point de vue et ne peut intervenir qu'une seule fois, à moins que le président ou l'assemblée n'en décide autrement. Cette étape est celle de l'**assemblée délibérante**.

La personne qui fait une proposition garde un droit de réplique pour répondre aux arguments apportés contre sa proposition ; c'est habituellement à cette étape qu'ont lieu les propositions. Généralement, le président fixe la durée du comité plénier et de l'assemblée délibérante (par exemple 30 minutes, 1 heure, 2 heures). Il est évident qu'on peut toujours en appeler devant l'assemblée de cette décision.

Vote

Une fois écoulée la période de temps accordée au comité plénier et à l'assemblée délibérante et une fois entendues toutes les interventions, on procède au vote. Dans le cas d'une durée fixe, on donne le droit de parole aux personnes ayant indiqué leur intention de parler avant l'expiration du temps fixé.

Tout membre de l'assemblée peut demander le vote en posant la question préalable au président. Cela signifie qu'il demande qu'on arrête les délibérations et qu'on procède immédiatement au vote sur l'amendement, le sous-amendement ou la proposition. La question préalable doit habituellement recevoir l'approbation des deux tiers des votes des membres de l'assemblée.

Le président peut également, en tout temps, demander à l'assemblée si elle désire passer au vote. Les débats terminés, le président de l'assemblée relit ou demande au secrétaire de relire la proposition, l'amendement ou le sous-amendement, et suggère alors de passer au vote.

Le vote le plus fréquent est le **vote à main levée**; mais si quelqu'un demande de procéder au scrutin secret, l'assemblée doit décider majoritairement si elle acquiesce à la requête (à moins de dispositions contraires dans les règlements généraux). C'est généralement le vote majoritaire qui décide du sort d'une proposition. Une fois adoptée, elle devient une résolution de l'assemblée. Sauf dans les cas d'élection, où ce droit est habituellement sujet à l'approbation de l'assemblée, le président de l'assemblée dispose d'un vote prépondérant en cas d'égalité de votes. Tout dissident peut exiger l'enregistrement et le décompte des votes, ainsi que l'enregistrement de sa dissidence dans le procès-verbal de l'assemblée.

Types de propositions

Proposition principale

Tout membre de l'assemblée peut soumettre une proposition concernant une question à l'ordre du jour. Cette proposition doit être appuyée et faire l'objet d'une décision du président de l'assemblée, lequel décidera si elle est acceptable ou non, ou encore si elle est hors d'ordre. Le **proposant** peut en appeler devant l'assemblée de la décision du président quant à la recevabilité de sa proposition.

Ce type de proposition porte le nom de **proposition principale** et dispose d'une question mentionnée à l'ordre du jour; elle nécessite un proposant et un coproposant, et elle est décidée au vote majoritaire. Elle fait l'objet d'un débat au sujet des amendements et des sous-amendements à propos desquels on discute, et dont on doit disposer avant de voter sur la proposition principale.

Amendement et sous-amendement

Tout membre de l'assemblée peut proposer un amendement ou un sous-amendement à cette proposition. Dans tous les cas, la procédure est la même que pour la proposition; c'est-à-dire que l'amendement doit être appuyé et que le président doit décider de sa recevabilité. En pratique, l'assemblée se prononce d'abord sur le sous-amendement sur lequel on doit voter pour savoir s'il est accepté. Puis, elle se prononce sur l'amendement (sur lequel on doit également voter), et, enfin, sur la proposition principale telle qu'amendée.

La question préalable posée durant l'assemblée délibérante sur un amendement ou un sous-amendement ne clôt le débat que sur ceux-ci et non sur la proposition principale. De plus, une personne peut intervenir sur le sous-amendement, sur l'amendement et sur la proposition principale, et ne pas être limitée à une seule intervention.

L'**amendement** ou le **sous-amendement** modifient la proposition principale, y ajoutent ou y retranchent des dispositions; ils nécessitent un proposant et un coproposant. Ils sont décidés par vote majoritaire et font l'objet d'un débat. On dispose du sous-amendement et ensuite de l'amendement pour décider de la proposition principale; on ne peut apporter d'amendement à un sous-amendement. Les intervenants seront entendus selon l'ordre dans lequel ils ont demandé le droit de parole et selon la décision du président de l'assemblée.

Point d'ordre et question de privilège

Deux sortes de propositions seulement permettent à un intervenant de passer avant les autres; le point d'ordre et la question de privilège.

Point d'ordre   D'une façon générale, il revient au président de l'assemblée de faire régner l'ordre dans l'assemblée et de s'assurer que les procédures sont bien suivies. Si le président néglige ou omet de respecter les règles de procédures établies ou s'il ne dirige pas l'assemblée adéquatement, tout membre de l'assemblée peut intervenir et demander au président de faire respecter l'ordre. Cette procédure porte le nom de **point d'ordre**.

Voici des exemples de point d'ordre: un membre qui empêche un intervenant de parler; une personne qui prend la parole sans y avoir été préalablement autorisée par le président de l'assemblée; un membre qui n'accepte pas la décision du président, ratifiée par l'assemblée sur un point précis, et qui continue d'argumenter, etc.

Question de privilège   Dans bien des cas, la distinction entre la question de privilège et le point d'ordre est bien subtile, et on est souvent porté à les confondre tous les deux. Habituellement, un membre de l'assemblée soulève une **question de privilège** lorsqu'il est l'objet d'une attaque personnelle d'un intervenant ou lorsque ses droits en tant que membre de l'assemblée sont brimés.

Voici des exemples de question de privilège: un intervenant qui se livre à des attaques personnelles sur la personne d'un autre membre, le menace ou l'injurie; une personne qui attaque les motifs personnels découlant de la proposition; un membre qui est systématiquement privé de son droit de parole, nonobstant appel; l'organisation matérielle de la réunion qui cause préjudice aux délibérations, etc.

Le point d'ordre et la question de privilège n'ont pas besoin d'être appuyés. Ils sont décidés par le président. Cette décision est soumise à l'assemblée qui en décidera par un vote majoritaire. Il n'y a pas de débat, mais seulement une présentation des arguments du président d'assemblée et de l'intervenant.

Autres types de proposition

Question préalable   Le but de cette proposition est de faire cesser les délibérations et de procéder au vote sur la proposition, l'amendement ou le sous-amendement. La **question préalable** nécessite un proposant et un coproposant; elle est décidée habituellement par le vote des deux tiers des membres présents à l'assemblée, sauf dispositions contraires dans les règlements. Elle ne fait l'objet ni de débat ni d'amendement.

Proposition de dépôt   Cette proposition vise à faire cesser les délibérations et de reporter à plus tard la décision. On s'en sert souvent pour écarter définitivement une proposition. Elle nécessite un proposant et un coproposant et elle est décidée par vote majoritaire. La **proposition de dépôt** fait l'objet d'un débat sur l'opportunité de déposer la proposition, mais elle ne peut faire l'objet d'un amendement.

Remise à une date fixe   Elle vise le même but que la proposition de dépôt, sauf que la décision et la discussion ne sont pas reportées indéfiniment. La **remise à une date fixe** nécessite un proposant et un coproposant. Elle est décidée par vote majoritaire et ne fait pas l'objet d'un débat, mais peut faire l'objet d'un amendement.

Renvoi à un comité   Cette procédure est la même que la proposition de dépôt et de remise à une date fixe, sauf que, dans le cas présent, on renvoie la proposition à un comité pour étude. Le **renvoi à un comité** nécessite un proposant et un coproposant. Cette proposition est décidée par vote majoritaire et fait l'objet d'un débat, mais peut faire l'objet d'un amendement.

Fixation d'ajournement et ajournement   Ce sont deux propositions différentes. La **fixation d'ajournement** consiste à fixer la prochaine date à laquelle l'assemblée se réunira de façon à permettre aux personnes qui voudraient quitter avant la fin de l'assemblée d'en connaître la date à l'avance. L'ajournement lui-même demande la levée pure et simple de l'assemblée.

Ce type de proposition nécessite, dans les deux cas, un proposant et un coproposant et elle est décidée, dans les deux cas, par vote majoritaire. La première proposition peut faire l'objet d'un débat ou d'un amendement, alors que la seconde ne le peut pas.

Suspension des règlements   Le but de cette proposition est de suspendre temporairement les règles de procédure de l'assemblée ou de l'organisme. La **suspension des règlements** nécessite un proposant et un coproposant et elle est décidée par le vote des deux tiers des membres de l'assemblée. Elle ne fait l'objet ni d'un débat ni d'un amendement.

Fin des délibérations

Une fois toutes les questions à l'ordre du jour épuisées, l'assemblée est levée. Par ailleurs, si une proposition de dépôt a été acceptée, les questions s'y rapportant devront être présentées à l'ordre du jour d'une autre assemblée. Dans un cas d'ajournement, on reprend l'ordre du jour où on l'a laissé à la dernière réunion.

Ce bref exposé des règles de base utilisées au cours d'une assemblée délibérante pourra aider, nous l'espérons, toute personne participant à une telle assemblée à faire valoir son point de vue en toute légalité. La connaissance de ces règles est essentielle pour les gens d'affaires, les actionnaires, les administrateurs, les membres d'une association ou d'une coopérative, les syndiqués et, enfin, pour tous ceux qui doivent assister à des assemblées délibérantes dans le cours normal de leurs activités professionnelles.

Il n'en demeure pas moins que tout organisme peut adopter des règlements qui lui sont propres et qui répondent d'une façon plus particulière à ses besoins (le Code de règles de procédure de la CSN, par exemple).

Type de proposition	Proposant obligatoire	Coproposant obligatoire	But	Fait l'objet d'un débat	Vote
Proposition principale	oui	oui	Disposer d'un point à l'ordre du jour.	oui	majoritaire
Amendement	oui	oui	Modifier une proposition principale.	oui	majoritaire
Sous-amendement	oui	oui	Modifier un amendement.	oui	majoritaire
Appel de la décision du président d'assemblée	oui	non	Renverser une décision du président d'assemblée.	non (sauf le président de l'assemblée et l'intervenant)	majoritaire
Point d'ordre	oui	non	Faire régner l'ordre dans l'assemblée et assurer le respect des règlements.	non (sauf le président de l'assemblée et l'intervenant)	majoritaire
Question de privilège	oui	non	Faire cesser les attaques ou injures personnelles ou faire valoir ses droits comme membre de l'assemblée.	non (sauf le président de l'assemblée et l'intervenant)	majoritaire
Question préalable	oui	oui	Faire cesser les délibérations pour procéder au vote sur la proposition principale, l'amendement ou le sous-amendement.	non	2/3 des membres présents
Proposition de dépôt	oui	oui	Faire cesser les délibérations et reporter la décision à plus tard ou pour écarter une proposition.	oui	majoritaire
Remise à une date fixe	oui	oui	Même que pour la proposition de dépôt sauf que la décision n'est pas reportée indéfiniment.	non	majoritaire
Renvoi à un comité	oui	oui	Même que les deux précédentes sauf qu'on renvoie la décision à un comité pour étude.	oui	majoritaire
Fixation d'ajournement ou ajournement	oui	oui	La première consiste à fixer la prochaine date où l'assemblée se réunira. La seconde demande l'ajournement pur et simple.	oui	majoritaire
Suspension des règlements	oui	oui	Suspendre temporairement les règles de procédures habituelles.	non	2/3 des membres

Vocabulaire

Amendement
Assemblée délibérante
Code Morin
Comité plénier
Fixation d'ajournement
Point d'ordre
Président d'assemblée
Proposant
Proposition de dépôt

Proposition principale
Question de privilège
Question préalable
Remise à une date fixe
Renvoi à un comité
Sous-amendement
Suspension des règlements
Vote à main levée

Questions

1. Qu'est-ce que le Code Morin ?

2. Quels buts vise la procédure des assemblées délibérantes ?

3. Expliquez le rôle du président de l'assemblée.

4. Établissez la différence entre le comité plénier et l'assemblée délibérante.

5. De quelle manière se prend le vote lors d'une assemblée ?

6. Comment procède-t-on habituellement sur une proposition principale qui est soumise à l'assemblée ?

7. Quelles différences faites-vous entre un point d'ordre et une question de privilège ?

8. En quoi consiste la question préalable ?

9. Lorsque vous désirez proposer un amendement à une proposition, à quel moment et de quelle façon procédez-vous ?

10. Distinguez entre la remise à une date fixe et la proposition de dépôt.

Cas pratiques

1. Le président de votre syndicat vous fait part d'une réunion prévue pour le lendemain. Comme le président habituel d'assemblée est malade, il vous demande de le remplacer, car il y aura plusieurs points importants à discuter. Vous accédez à sa demande à la condition qu'un membre de l'exécutif du syndicat propose votre candidature. L'ordre du jour de l'assemblée se lit comme suit:

ORDRE DU JOUR

SYNDICAT ABC

Assemblée du 27 février 1986

1. Ouverture de l'assemblée.
2. Élection d'un président et d'un secrétaire d'assemblée.
3. Lecture et adoption du procès-verbal de l'assemblée du Syndicat ABC tenue le 7 janvier 1986.
4. Adoption de l'ordre du jour.
5. Information générale sur les affaires syndicales.
6. Élection de trois nouveaux administrateurs du syndicat.
7. Présentation et adoption des états financiers du Syndicat ABC pour l'année terminée le 31 décembre 1985.
8. Don au Comité d'aide aux Éthiopiens victimes de la famine.
9. Vote de grève.
10. Varia.
11. Clôture de l'assemblée.

a) Croyez-vous que vous serez élu président de l'assemblée, le 27 février 1986 ? Motivez votre réponse.

b) Si vous êtes choisi, expliquez de quelle façon vous procéderez relativement au point numéro 4 ?

c) Les longues assemblées syndicales ennuient Jean Lagacé et il n'y assiste que lorsqu'il y a un vote de grève. Il veut faire modifier l'ordre du jour de façon à ce que la question numéro 9 passe avant la question numéro 5 et il fait une proposition formelle dans ce sens. Comment allez-vous procéder pour régler cette question ?

d) Pendant que l'assemblée procède sur le point numéro 6, Pierre Labonté demande le vote au scrutin secret. Comment allez-vous procéder ?

e) Après avoir fait le calcul des votes des différents candidats, vous confirmez l'élection de Diane Travaillaux et d'André Lemieux comme administrateurs ; toutefois, il y a égalité des votes entre Jacques Vincent et Pauline Saint-Vincent. Le secrétaire de l'assemblée vous suggère d'utiliser votre vote prépondérant. Qu'en pensez-vous ?

f) Jean Lafleur se prononce contre le vote de grève, mais il est continuellement interrompu par deux partisans de la grève : Pierre Larose et Denis Lépine. Expliquez ce que peuvent faire les membres du syndicat.

2. Lors de l'assemblée annuelle de votre association de propriétaires, vous avez l'intention de proposer des modifications aux règlements de façon à ce qu'il y ait une meilleure représentation au niveau du conseil et de façon à éviter le noyautage de l'association. Connaissant vos intentions, les principaux membres du conseil veulent empêcher ces amendements. À cet effet, ils veulent faire nommer Jacques Ledur comme président car il ne partage pas vos idées.

a) Pouvez-vous vous opposer à l'élection de Jacques Ledur comme président d'assemblée ?

b) Malgré vos efforts, Ledur est élu président d'assemblée, et chaque fois que vous tentez de faire une intervention, il feint de ne pas vous voir et autorise quelqu'un d'autre à parler. Que pouvez-vous faire ?

c) Vous obtenez finalement la parole. Vous en profitez pour formuler votre proposition avec les arguments que vous croyez les meilleurs. Le président déclare alors votre proposition irrecevable au motif qu'il ne s'agit pas d'une proposition, mais d'une contre-proposition et qu'à ce titre, l'assemblée ne peut en être saisie ; il en conclut alors que la question est close. Que pouvez-vous faire à ce stade ?

d) Pendant que l'on procède à la discussion sur les activités estivales de l'association et que l'assemblée siège en comité plénier, Rosaire Vadeboncoeur se lève et propose d'organiser une danse pour tous les membres, le 30 août 1986. Trouvant cette proposition intéressante, le président l'accepte. La procédure habituelle a-t-elle été suivie ? Que devrait-on faire ?

e) Il est 2 heures du matin, et l'ordre du jour n'a pas encore été épuisé ; quatre points n'ont pas encore été abordés. La salle a commencé à se vider et tout le monde semble fatigué. Quel genre de proposition peut être présentée à ce stade-ci ?

Tableau comparatif des différentes formes d'entreprises

	Constitution	Organisation	Dissolution	Avantages	Inconvénients	Type de société
Entreprise individuelle	— raison ou dénomination sociale — enregistrement — obtention de permis	— formalités de mise sur pied — comptabilité	— décès du propriétaire — faillite — bon vouloir du propriétaire	— facilité de mise sur pied — coût peu élevé — simplicité d'administration et rapidité des décisions — aucun partage des profits — aspect fiscal — recours à la division des Petites créances	— responsabilité personnelle et illimitée — responsabilité civile — responsabilité et enregistrement — investissement limité — extinction de l'entreprise — aspect fiscal — problèmes financiers personnels	
Société	— contrat — raison ou dénomination sociale — enregistrement — obtention de permis	— formalités de mise sur pied — comptabilité	— expiration du terme — perte des biens — consommation de l'affaire — faillite — mort naturelle, interdiction ou faillite d'un associé — volonté des associés — objet impossible ou illégal	— facilité de mise sur pied — coût peu élevé — capacité financière accrue — complémentarité des associés — aspect fiscal	— responsabilité solidaire illimitée — conflits interpersonnels — manque de continuité — impossibilité de recours à la division des Petites créances — aspect fiscal	— civile et nominale — en nom collectif — en commandite — par actions

Société par actions (compagnie)

— contrat pré-incorporatif	— assemblées	— décision volontaire des actionnaires	— responsabilité limitée	— frais de constitution élevés	— étrangères
— dénomination sociale	— livres et registres	— retard ou omission dans la production des rapports	— pouvoir d'ester en justice	— administration complexe	— sans but lucratif
— lettres patentes, statuts constitutifs ou status de constitution	— rapport initial	— jugement des tribunaux	— permanence	— impossibilité de recours à la division des Petites créances	— d'État
— déclarations	— rapports annuels	— décision du gouvernement	— financement varié	— aspect fiscal	— fédérales
— obtention de permis	— comptabilité	— faillite	— administration spécialisée		— provinciales
			— aspect fiscal		— publiques
					— privées (fermées)

Troisième partie

L'aspect juridique des principales transactions d'affaires

Plan du chapitre 11

Les obligations et les contrats

Les obligations
    Définition
    Distinction entre obligation civile et obligation naturelle
    Classification des obligations civiles
    Extinction des obligations
Les contrats
    Définition et nature
    Classification des contrats
    Conditions de validité des contrats
    Effets du contrat
    Preuve du contrat
    Responsabilité contractuelle

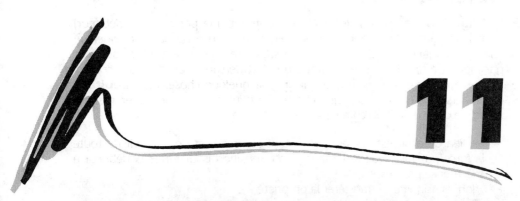

Les obligations et les contrats

Objectifs

1. Comprendre la signification juridique du terme «obligation».
2. Distinguer l'obligation naturelle de l'obligation civile.
3. Reconnaître les différentes espèces d'obligations civiles.
4. Faire la distinction entre la condition et le terme en matière d'obligations.
5. Distinguer la responsabilité solidaire de la responsabilité conjointe.
6. Expliquer le concept juridique de prescription et en connaître les principaux délais.
7. Identifier les modes d'extinction d'une obligation.
8. Définir le contrat.
9. Classifier les différentes espèces de contrat.
10. Expliquer les quatre conditions essentielles à la validité d'un contrat.
11. Appliquer à des cas concrets la théorie des vices de consentement.
12. Interpréter la notion de bonnes moeurs et d'ordre public.
13. Déterminer les effets entraînés par la conclusion d'un contrat.
14. Établir les moyens de preuve d'un contrat.
15. Définir la responsabilité contractuelle et les principaux droits et recours des parties.

Les obligations

Sur le plan juridique, toute personne a des droits et, en contrepartie, elle doit faire face à des obligations. Dans son acceptation la plus courante, le terme «obligation» peut avoir plusieurs sens; par exemple, on dira qu'une personne a beaucoup d'obligations, c'est-à-dire qu'elle a des dettes et qu'elle doit de l'argent à plusieurs créanciers. Ce sens du mot «obligation» retiendra ici notre attention et nous amènera à en formuler une définition juridique.

Définition

L'**obligation** est un lien de droit qui contraint une personne (le débiteur) envers une autre (le créancier) à donner, à faire ou à ne pas faire quelque chose. L'obligation est la relation qui existe entre un créancier et un débiteur par rapport à un objet; elle constitue un droit personnel ou droit de créance. Le **créancier** est la personne à qui on doit quelque chose, et le **débiteur** est la personne qui doit quelque chose. On peut expliquer les différents éléments de cette définition comme suit:

— un lien de droit est un lien permettant au créancier de se servir de toute la force publique que la loi met à sa disposition pour forcer le débiteur à exécuter sa promesse;
— «donner» signifie ici transférer la propriété;
— «faire» signifie poser un acte, exécuter un travail ou une chose;
— «ne pas faire» signifie s'abstenir de faire quelque chose. La contravention à cette obligation résultera, le cas échéant, en dommages-intérêts. Elle permettra la démolition de ce qui a été fait ou donnera lieu, de la part du tribunal, à l'émission d'une ordonnance (injonction) visant à faire cesser le préjudice causé par le contrevenant.

Distinction entre obligation civile et obligation naturelle

L'**obligation civile** est parfaite parce qu'elle comporte une sanction qui peut prendre la forme de dommages-intérêts (art. 1065 C.c.) et qu'elle est susceptible d'exécution forcée.

L'**obligation naturelle** est imparfaite parce qu'elle est dépourvue de sanctions légales. Elle se fonde exclusivement sur la conscience et l'honneur. Une dette de jeu est un exemple d'obligation naturelle pour le débiteur. Seules les obligations civiles retiendront notre attention dans ce chapitre.

Classification des obligations civiles

D'après leur objet

Obligation de résultat   Le débiteur doit garantir à son créancier un résultat; par exemple, l'obligation du transporteur de livrer la marchandise à l'endroit convenu au contrat.

Obligation de moyen   Le débiteur n'est pas tenu de garantir un résultat, mais il doit utiliser tous les moyens dont il dispose pour arriver au meilleur résultat possible. Ainsi, le fait pour un avocat de ne pas gagner la cause de son client n'entraîne pas automatiquement sa responsabilité s'il a mis à profit toutes les ressources de son art.

D'après leur source

Selon l'article 983 du Code civil, les obligations naissent soit de l'acte juridique, soit des faits juridiques ou de la loi.

Acte juridique   L'**acte juridique** est un acte de l'homme, voulu par lui, et par lequel il recherche volontairement et directement des effets juridiques. (Le contrat, par exemple.)

Fait juridique   C'est celui qui produit des effets en droit, que ces effets aient été voulus ou non. Les délits, les quasi-délits et les quasi-contrats sont tous des **faits juridiques**.

Les dommages résultant d'un accident d'automobile sont un exemple de faits juridiques.

Loi   Certaines obligations naissent directement de la loi, sans la moindre intervention de l'individu. Par exemple, l'obligation pour les enfants de fournir à leurs parents indigents les ressources nécessaires à la vie (art. 1057 C.c.).

D'après leur espèce

Nous ne traiterons ici que des espèces d'obligations les plus courantes; ce sont les obligations conditionnelles, les obligations à terme, les obligations solidaires et les obligations avec clause pénale.

Obligations conditionnelles   Les obligations qui découlent d'un événement futur et incertain duquel on fait dépendre soit la naissance, soit la réalisation d'un choix (art. 1079 C.c.) sont des **obligations conditionnelles**. Le contrat d'assurance-incendie constitue une illustration de ce principe. Ainsi, celui qui contracte une police d'assurance-incendie reçoit le produit de sa police seulement s'il y a eu perte de ses biens dans un incendie.

En général, les contrats d'assurance sont des illustrations d'obligations conditionnelles. Par ailleurs, en matière d'assurance-vie, on parle d'obligations à terme parce qu'il s'agit dans ce cas d'un événement futur et certain, c'est-à-dire du décès du détenteur d'une police. En se référant aux règles du Code civil, on constate qu'il peut exister divers types de conditions.

La condition suspensive   Elle ne donnera naissance à l'obligation que si l'événement se réalise dans le futur. Par exemple, dans l'assurance contre l'incendie, l'obligation de l'assureur ne naîtra qu'à la suite d'un incendie.

La condition résolutoire   Elle entraîne une obligation qui prend naissance au moment même où le contrat entre en vigueur, mais qui s'éteint avec la réalisation de la condition stipulée. Par exemple, dans un contrat de mariage sous le régime de la séparation de biens, lorsqu'on insère une donation par le futur époux à la future épouse de l'ensemble des biens meubles du domicile conjugal, la donation prend effet dès le moment du mariage. Par ailleurs, on peut ajouter une clause stipulant qu'au prédécès de l'épouse, les biens en question reviendront à l'époux.

La condition impossible et la condition contraire à l'ordre public et aux bonnes moeurs (art. 13 C.c.)   La condition impossible est celle qui place le débiteur dans l'impossibilité absolue de remplir une obligation. Un contrat qui reposerait sur une telle condition serait nul. Par exemple, la promesse de donner une certaine somme d'argent à une personne si celle-ci tond une pelouse de 1000 mètres carrés en 1 minute.

Finalement, la condition contraire à l'ordre public et aux bonnes moeurs est nulle parce qu'elle est contraire aux dispositions de l'article 13 du Code civil. Par exemple, la promesse de verser 25 000 $ à un tueur à gages s'il réussit à exécuter sa victime.

On peut ajouter qu'en vertu de l'article 1085 du Code civil, la condition accomplie a un effet rétroactif au jour auquel l'obligation a été contractée. Par exemple, le 20 juin, un contrat est passé avec un comptable selon lequel ce dernier sera engagé le 20 août si le patron obtient le financement pour une nouvelle entreprise. Si les conditions se réalisent, le patron doit alors tenir ses engagements. Par ailleurs, l'article 1088 du Code civil stipule que:

> [...]la condition résolutoire, lorsqu'elle est accomplie, opère de plein droit la résolution du contrat. Elle oblige chacune des parties à rendre ce qu'elle a reçu et remet les choses au même état que si le contrat n'avait pas existé [...]

Les contrats de vente à l'essai constituent une application de cet article. Par exemple, l'achat d'une chaîne stéréophonique que l'on prend à l'essai pendant 10 jours, et dont on ne désire plus se porter acquéreur une fois la période écoulée. À ce moment-là, on doit retourner le bien.

Le commerçant ou la compagnie ayant vendu la chose à l'essai en a toujours conservé la propriété, même avant la date de la remise.

Obligations à terme

Selon l'article 1089 du Code civil:

> [...] le terme diffère de la condition suspensive, en ce qu'il ne suspend point l'obligation, mais en retarde seulement l'exécution.

La différence entre ces deux expressions est que dans la condition, l'événement est futur, mais incertain; dans le terme, l'échéance est retardée, mais doit nécessairement arriver. Par exemple, la vente à crédit, facture à 30 jours net.

Le terme dont il est question ici s'appelle le terme suspensif. Le terme peut être certain parce que l'on connaît déjà la date précise de l'arrivée de l'événement, ou il peut être incertain si cette date n'est pas encore fixée.

Le bénéfice du terme L'article 1091 du Code civil mentionne que «le terme est toujours présumé établi en faveur du débiteur...». Cela veut dire que le débiteur pourra, par exemple, rembourser un emprunt en tout temps

Figure 11.1 La promesse de verser 25 000 $ à un tueur à gages s'il réussit à exécuter sa victime est un exemple de condition contraire à l'ordre public et aux bonnes moeurs.

avant sa date d'exigibilité sans avoir à payer de pénalité, à moins de stipulations contraires dans le contrat.

Par exemple, lorsqu'on emprunte sur hypothèque pour acheter une propriété, le prêteur accorde un terme de 25 ans ou 30 ans pour rembourser le prêt. Aussi longtemps que les paiements mensuels sont respectés, l'emprunteur conserve le bénéfice du terme. Dans le cas contraire, il s'en trouve déchu.

La déchéance du terme   En vertu de l'article 1092 du Code civil, le débiteur qui bénéficie du terme en perd le bénéfice s'il devient insolvable ou en faillite ou lorsque par sa faute il diminue les garanties données au créancier. En effet, il s'agit là d'une violation du contrat, et le créancier peut alors exiger le paiement immédiat de tout solde dû et impayé.

D'après les tribunaux, le fait de ne pas faire un paiement à une date précise d'échéance ne constitue pas une présomption suffisante d'insolvabilité, et il n'entraîne pas la déchéance du terme.

Dans certains contrats, on retrouve des clauses qui stipulent qu'à tout défaut de paiement dans le remboursement d'une mensualité, le solde global impayé devient alors dû et exigible.

Obligations solidaires   Jusqu'ici nous avons su qu'il pouvait exister différentes espèces d'obligations entre un débiteur et un créancier. Il faut également noter qu'on peut aussi se trouver en présence de plusieurs créanciers ou de plusieurs débiteurs par rapport à une seule obligation, l'**obligation solidaire**; c'est ce qu'on appelle, en langage juridique, la **solidarité**.

La solidarité entre les créanciers (solidarité active)   C'est le cas où un seul débiteur devrait une somme d'argent à plusieurs créanciers. Le débiteur pourrait payer la totalité de la dette à l'un des créanciers et en être libéré; il n'aurait pas à payer à chacun des créanciers une somme égale à leur quote-part dans le montant de la dette totale qui leur est due. En pratique, cette forme de solidarité ne se rencontre que très rarement (art. 1100 C.c.).

La solidarité entre les débiteurs (solidarité passive)   Cette forme de solidarité, à laquelle se réfèrent les articles 1103 et suivants du Code civil, est celle que l'on retrouve habituellement dans les contrats. Elle existe lorsqu'un créancier a plusieurs débiteurs pour une même obligation. Le créancier peut alors, à son choix, poursuivre un ou plusieurs débiteurs, ou tous les débiteurs à la fois. Après jugement, il peut réclamer le paiement partiel de la dette à l'un ou à l'autre des débiteurs, ou le paiement entier à un seul débiteur. Selon l'article 1105 du Code civil:

> [...] la solidarité ne se présume pas; il faut qu'elle soit expressément stipulée [...] soit dans le contrat, soit dans la loi. Toutefois, il y a exception à cette règle en matière commerciale, où la solidarité est toujours présumée entre les débiteurs.

Aussi, lorsque nous examinons un contrat, il faut déterminer s'il s'agit d'un contrat civil où il y a plusieurs débiteurs d'une même chose, et la solidarité devra y être stipulée, sinon les débiteurs n'encourent qu'une responsabilité conjointe, c'est-à-dire que chacun n'est responsable que de sa quote-part de la dette et non de la dette en entier.

Exemple: Anne, Marc et Pauline doivent à Claude la somme de 90 000 $ suite à l'achat d'une maison. Une clause de solidarité est prévue entre les débiteurs.

Claude peut, à son choix, poursuivre l'un ou l'autre des débiteurs ou les trois à la fois et il peut, après jugement, recouvrer toute la dette soit de Anne, soit de Marc, soit de Pauline, ou une partie de la dette de l'un et le reste des autres. Si la dette est divisée en parts égales entre Anne, Marc et Pauline et que Pauline a dû payer en entier la somme de 90 000 $ à Claude, Pauline pourra ensuite réclamer de Marc et de Anne les deux tiers (2/3) de la somme qu'elle a dû verser à Claude. En effet, un débiteur solidaire est responsable de toute la dette, mais il peut recouvrer de ses codébiteurs la quote-part de chacun en prenant une action en remboursement (art. 1117 C.c.). De plus, si l'un des débiteurs se trouve insolvable, la perte qu'occasionne son insolvabilité se répartit par contribution entre tous les autres codébiteurs solvables, y compris celui qui a fait le paiement (art. 118, al. 2).

Dans l'exemple précédent, si on n'avait pas stipulé une clause de solidarité, chacun n'aurait eu qu'à rembourser sa quote-part de 30 000 $. La responsabilité de la dette eût alors été conjointe.

L'article 1106 du Code civil stipule que:

> [...] l'obligation résultant d'un délit ou d'un quasi-délit commis par deux personnes ou plus est solidaire.

Par exemple, si un chirurgien se rend responsable d'un acte dommageable à la santé de son patient et que cet acte est attribuable à une faute professionnelle, le chirurgien n'assumera pas seul cette responsabilité; elle sera aussi partagée par l'hôpital.

Cette responsabilité est solidaire, c'est-à-dire que la victime du dommage pourra poursuivre et se faire indemniser soit par le chirurgien, soit par l'hôpital (art. 1106 C.c.).

Obligations avec clause pénale   Les **obligations avec clause pénale** sont assorties d'une pénalité dans le cas de leur inexécution ou d'un retard dans leur exécution de la part du débiteur. L'article 1131 du Code civil en fait mention.

Exemple: Un entrepreneur qui s'est engagé à construire un gymnase pour une municipalité dans un délai de 3 mois et qui n'a pas terminé les travaux à temps se verra infliger une pénalité de 1 000 $ par jour de retard[1].

Extinction des obligations

L'extinction d'une obligation ou d'une dette peut résulter, comme l'indique l'article 1138 du Code civil, soit:

— du paiement;
— de la novation;
— de la remise;
— de la compensation;
— de la confusion;
— de l'impossibilité de l'exécuter;
— de la libération du débiteur sous certaines conditions;
— du jugement d'annulation (ou de rescision);
— de l'effet de la condition résolutoire;
— de la prescription;
— de l'expiration du terme;
— de la mort du créancier ou du débiteur, dans certains cas;
— soit enfin des causes spéciales prévues explicitement.

En pratique, certains de ces moyens sont peu utilisés; aussi, traiterons-nous seulement de ceux qui sont le plus souvent employés.

---

1. Dans un contrat de vente d'un fonds de commerce, on retrouve souvent une clause de non-concurrence, assortie d'une clause pénale stipulant que le vendeur n'a pas le droit d'exploiter un commerce similaire dans un territoire donné et pendant une période de temps déterminée.

Le débiteur peut recourir de son propre chef à certains moyens qui conduisent à l'extinction de sa dette. Dans certains cas, la dette s'effacera d'elle-même sans que le débiteur n'ait à se servir de la loi. La prescription et la remise en sont une illustration.

Prescription

Définition   Le Code civil définit la **prescription** de la façon suivante :

La prescription est un moyen d'acquérir ou de se libérer par un certain laps de temps et sous les conditions déterminées par la loi [...]

De cette définition, il ressort qu'on peut distinguer deux sortes de prescriptions.

Prescription acquisitive   C'est un mode d'acquisition d'un droit ou d'un bien. Elle fait présumer ou confirmer un titre et transfère la propriété au possesseur par la continuation de sa possession durant un certain temps.

Par exemple, un acquéreur de bonne foi qui prend possession d'une parcelle de terrain plus grande que ne lui donne son titre de propriété et qui exerce sur cet immeuble une possession paisible, publique, indiscutée et sans violence pendant 10 ans, acquiert par prescription la propriété de cette parcelle de terrain.

Prescription extinctive ou libératoire   Le Code civil stipule que cette prescription éteint le droit que pourrait avoir un créancier de demander l'exécution d'une obligation ou la reconnaissance d'un droit s'il n'agit pas dans le temps fixé par la loi. En d'autres mots, cette forme de prescription permet à un débiteur endetté de se libérer de sa dette par le seul écoulement du temps. Par exemple, vous devez 100 $ de frais pour des soins dentaires. Le dentiste, soit par négligence ou autrement, omet de vous réclamer ce montant. Une telle dette pour services professionnels se prescrivant par 5 ans, le dentiste ne pourra prétendre au paiement après cette période.

Délais courant de prescription

Trente ans
— C'est la prescription de droit commun qui régit tous les droits et toutes les créances non régis par un autre délai (par exemple, un jugement rendu par un tibunal civil se prescrit par 30 ans).

Dix ans
— Action de mineurs en restitution pour lésion ;
— Annulation de contrat pour erreur, fraude, violence ou crainte.

Cinq ans
— Services professionnels des avocats, notaires, etc. ;
— Lettres de change et billets à ordre (à compter de leur échéance) ;
— Dettes de nature commerciale ;
— Vente d'effets mobiliers entre des non-commerçants ou entre un commerçant et une personne qui ne l'est pas.

Trois ans
— Taxes municipales ;
— Responsabilité médicale et hospitalière ;
— Action en nullité de mariage dans le cas d'impuissance naturelle ou accidentelle existant lors du mariage ;
— En matière d'assurance, à compter du moment où le droit d'action prend naissance.

Deux ans
— Dommages aux biens résultant d'un délit ou d'un quasi-délit (par exemple, un accident d'automobile);
— Dépenses d'hôtellerie ou de pension;
— Salaire des employés autres que domestiques dont l'engagement est d'un an et plus.

Un an
— Dommages à la personne (dommages corporels);
— Injures verbales ou écrites (à compter du jour de la connaissance de l'outrage par le lésé);
— Gages des domestiques, commis ou autres employés travaillant à la journée, à la semaine, au mois ou à l'année;
— Pour réclamations: dommages corporels contre l'auteur d'un délit ou d'un quasi-délit par le conjoint, les ascendants et les descendants de la victime décédée (art. 1056 C.c.);
— Contestation par une femme mariée de la paternité de son mari ou désaveu par le mari d'un enfant né de son épouse.

Six mois
— Le privilège du constructeur et de l'architecte.

Trois mois
— Cassation d'un règlement municipal.

Cette liste n'est pas exhaustive. Elle n'a pour but que d'illustrer les principaux délais de prescription. Ces délais sont de rigueur, et le justiciable qui omet de faire diligence dans l'exercice de son droit d'action s'en trouve déchu.

Remise

Il peut arriver qu'un débiteur obtienne une **remise** de sa dette à la suite d'une entente avec son créancier. Par exemple, votre créancier vous donne une quittance écrite pour le solde sur hypothèque que vous lui devez; il s'agit dans ce cas d'une remise expresse. La remise peut également être tacite, c'est-à-dire que le créancier vous remet le titre original créant une obligation. Dans ce cas, il faut bien s'assurer que le créancier a bel et bien eu l'intention de vous faire remise de votre dette.
Exemple: Paul vous remet l'original d'un billet à ordre dont vous avez égaré la copie afin que vous en preniez connaissance temporairement; il ne faudrait pas conclure dans ce cas à une remise.

Paiement

Le **paiement** est évidemment le moyen le plus utilisé pour éteindre une obligation ou pour acquitter une dette. L'article 1139 du Code civil donne une définition du paiement qui diffère de celle que l'on retrouve en langage populaire:

> Par paiement, on entend non pas seulement la livraison d'une somme d'argent pour acquitter une obligation, mais l'exécution de toute chose à laquelle les parties sont respectivement obligées.

Le paiement ne consiste donc pas uniquement à verser un montant d'argent, mais il peut être effectué en s'obligeant à donner, à faire ou ne pas faire telle ou telle chose. Ainsi, le paiement peut prendre la forme d'exécution d'un travail ou encore de pénalité à verser dans le cas de l'inexécution de ce travail.

Toute personne (même étrangère à l'obligation) peut faire le paiement, à la condition que cela se fasse à l'avantage du débiteur, comme dans le cas d'un père de famille qui décharge l'un de ses enfants d'une obligation en payant à sa place afin de l'aider.

Cela vaut dans le cas d'un paiement en argent, mais n'est pas valable dans celui d'une obligation de faire quelque chose; par exemple, l'engagement d'un peintre à vous exécuter un tableau ne peut être rempli par une autre personne. Le talent de ce peintre ne saurait être remplacé par celui d'une autre personne. S'il est dans l'impossibilité d'exécuter l'oeuvre demandée, il devra verser au créancier un dédommagement.

Par ailleurs, la mort du débiteur entraîne l'annulation de l'obligation de faire.

Confusion

Dans certaines situations, un créancier se trouve débiteur de sa créance, et un débiteur, créancier de sa dette. C'est ce que l'article 1198 du Code civil désigne sous le nom de **confusion**. Par exemple, André doit 1000 $ à son père. Ce dernier décède et laisse une petite fortune; son seul héritier est son fils André. Celui-ci réunit donc en une seule personne les qualités de créancier et de débiteur, et la dette s'éteint automatiquement. Cependant, si on découvrait plus tard un testament par lequel le père léguerait sa fortune à une autre personne, André se retrouverait alors débiteur et il serait obligé de verser les 1000 $ à la succession.

Compensation

En vertu de l'artticle 1187 du Code civil, il y a **compensation** lorsque deux personnes se trouvent mutuellement débitrice et créancière l'une de l'autre. La compensation repose habituellement sur une dette équivalente en argent entre deux personnes; on la nomme compensation conventionnelle s'il y a eu entente entre les parties à cet effet.

D'autre part, on peut se trouver en présence d'une compensation légale qui se réalise automatiquement; dans ce cas, il faut que les deux conditions suivantes soient remplies:

1. C'est un montant d'argent fixé à l'avance que deux personnes se doivent; par exemple, lors de réclamations mutuelles en dommages-intérêts à la suite d'un accident d'automobile. Le juge fonde alors sa décision sur la compensation.
2. Les dettes mutuelles doivent également être exigibles, c'est-à-dire qu'elles doivent venir à échéance au même moment.

La compensation légale se vérifie dans l'exemple suivant: Émile doit à Arthur 800 $. Arthur achète à Émile un poste de télévision au montant de 800 $. Les deux dettes s'éteignent donc légalement car les conditions mentionnées précédemment sont remplies.

Novation

La **novation** est une convention par laquelle une obligation est éteinte et remplacée par une nouvelle; elle peut se présenter sous trois formes:

1. Le débiteur et le créancier concluent une seconde entente en vue du paiement d'une dette. Cette seconde entente se substituera à la première. Par exemple, Aline doit à Francine 2000 $ remboursables le 15 octobre; à

cette date, Francine ne peut payer cette somme, Aline accepte alors de reporter l'échéance au 15 avril; cette nouvelle entente éteint la première dette.

2. Le créancier peut être remplacé par un autre créancier, ce qui a pour effet de décharger le débiteur de son obligation vis-à-vis du premier créancier. Par exemple, France doit à Marie 250$. Par un nouveau contrat, cette dette est transférée à Jacqueline, libérant ainsi France de sa dette envers Marie.

3. Le débiteur peut être remplacé par un autre débiteur, ce qui décharge le premier de son obligation. Par exemple, Marc doit 500$ à Henri. La femme de Marc signe avec Henri un contrat en vertu duquel elle se substitue à son mari. La dette de Marc est ainsi éteinte.

Impossibilité pour le débiteur d'exécuter l'obligation

«À l'impossible nul n'est tenu», ce vieil adage s'applique aussi lorsqu'on parle d'extinction d'obligations. Ainsi, le débiteur se libère de sa dette quand il y a **force majeure** ou **cas fortuit**; ces cas se rencontrent très rarement. Il s'agit d'événements ou de suite d'événements imprévisibles et échappant à tout contrôle humain qui empêchent le débiteur d'exécuter une obligation. *Exemple:* Un fermier vend sa récolte de maïs à une coopérative, au printemps; mais, l'été venu, il ne peut respecter son contrat à cause d'une inondation. Le fermier pourra invoquer la force majeure, et son obligation s'en trouvera éteinte.

Il est possible d'assortir le contrat d'une clause tenant le fermier responsable même en cas de perte par force majeure. Cette obligation est valide. Dans l'impossibilité de livrer le maïs, le fermier devra verser un dédommagement à la coopérative. Cette clause est rare, car elle est nettement à l'avantage du créancier. Une stipulation à cet effet comporte des implications que l'on doit connaître, car elles risquent d'être la source d'endettement considérable.

Autres cas d'extinction d'obligations

Il existe d'autres moyens de mettre fin à ses obligations ou de se libérer de ses dettes. Nous ne ferons pas une étude détaillée de ces moyens, mais nous en citerons certains à titre d'exemple.

Le jugement d'annulation prononcé par le tribunal constate la nullité d'une obligation et, de ce fait, l'éteint. C'est le cas d'un mineur qui verrait son contrat le liant à une société de financement annulé pour cause de lésion.

L'expiration du terme constitue un autre mode d'extinction d'une obligation. Par exemple, dans le cas de la location d'une automobile pour une semaine, les obligations découlant du contrat de location prennent fin à la date prévue dans le contrat.

Mentionnons finalement que l'avènement d'une condition résolutoire contenue dans un contrat peut entraîner la libération du débiteur. Si vous promettez 500$ à Pierre pour qu'il ne déménage pas et que ce dernier déménage quand même, la condition résolutoire se réalise et l'obligation s'en trouve éteinte.

Les contrats

Nous avons vu que les obligations pouvaient naître, entre autres, d'actes voulus et recherchés directement par l'homme, dans le but d'engendrer des effets juridiques. Le contrat constitue l'acte juridique par excellence qui engendre l'obligation telle que nous l'avons envisagée dans le chapitre précédent.

Définition et nature

Le Code civil du Québec ne donne pas de définition du contrat. Par contre, de nombreux juristes, tant français que québécois, en ont élaboré une. Ne pouvant les citer toutes, nous nous contenterons de définir le contrat de la façon suivante: le **contrat** est une convention par laquelle les parties s'engagent à donner, à faire ou à ne pas faire quelque chose, ou transportent un droit de propriété, ou encore modifient ou éteignent un autre contrat.

Le consentement intègre des parties constitue l'élément essentiel sur lequel doit reposer tout contrat.

Classification des contrats

Synallagmatique (bilatéral) ou unilatéral

Contrat synallagmatique ou bilatéral   C'est le contrat par lequel chacune des parties s'oblige envers l'autre.

Le contrat de vente, par exemple, est un contrat bilatéral en ce sens que dès sa formation, il oblige chacune des parties: le vendeur doit donner la chose et l'acheteur doit en payer le prix.

Contrat unilatéral   C'est le contrat par lequel l'une des parties seulement s'engage envers l'autre. La donation en est un exemple. Dans ce cas, le donateur s'oblige envers le donataire à lui donner la chose sans qu'il n'y ait contrepartie en argent de la part du donataire.

À titre onéreux ou gratuit

Contrat à titre onéreux   Ce contrat représente un avantage pécuniaire pour les deux parties et les oblige réciproquement à une prestation (par exemple, la vente ou le louage).

Contrat à titre gratuit   Ce contrat peut aussi être qualifié de contrat de bienfaisance étant donné qu'il n'est fait qu'à l'avantage d'une partie. Citons comme exemple le prêt d'argent sans intérêt et le mandat qui, au sens de Code civil, est normalement gratuit.

Commutatif ou aléatoire

Contrat commutatif   Dans le contrat commutatif, les parties connaissent immédiatement leurs obligations pécuniaires. La vente, par exemple, est un contrat commutatif.

Contrat aléatoire   Le contrat aléatoire crée des obligations dont l'exécution dépend du hasard, et en vertu duquel une partie peut ne pas connaître immédiatement ses obligations sur le plan pécuniaire.

Ce type de contrat comprend notamment le contrat d'assurance-incendie. D'après ce contrat, l'assuré connaît immédiatement le montant de la prime qu'il aura à payer, mais l'assureur ne connaît ni le moment où il devra verser une prestation ni le montant de cette prestation.

Principal ou accessoire

Contrat principal   Le contrat principal existe par lui-même; il est autonome. (Par exemple, la vente, le louage.)

Contrat accessoire   Le contrat accessoire n'existe que dans la mesure où il y a un autre contrat duquel il dépend. C'est l'application du principe juridique: «l'accessoire suit le principal». L'hypotèque, par exemple, est souvent l'accessoire d'un contrat de prêt qui lui, est le contrat principal.

Nommé ou innommé

Contrat nommé   Le Législateur a conféré à ce contrat un nom particulier et il lui a assigné des règles particulières. Tous les contrats contenus dans le Code civil, la vente, le louage, le mandat, le prêt, la société, etc., sont des contrats nommés.

Contrat innommé   Il s'agit d'un contrat auquel les parties ont voulu se soumettre; aucune loi particulière n'y fait allusion. Par exemple, un contrat passé entre un jeune couple et une personne âgée dont les clauses stipuleraient que le couple garde cette personne âgée et en prend soin, qu'il entretient sa maison et, qu'en contrepartie, à la mort de cette personne, le jeune couple deviendrait propriétaire de l'immeuble.

Consensuel, réel ou solennel

Contrat consensuel   Il s'agit d'un contrat dont la formation ne requiert que le seul consentement des parties, sans qu'il n'y ait de formalités particulières (par exemple la vente, le bail).

Contrat réel   Le contrat réel est celui dont la formation et la perfection requièrent, en plus du consentement des parties, la tradition (changement de main) de la chose faisant l'objet du contrat.

Par exemple, l'article 1797 du Code civile stipule que:

[...]la délivrance est essentielle pour la perfection du contrat de dépôt [...].

Ainsi, je donne ma montre en garantie d'un prêt de 50$, c'est là un gage. Il s'agit d'un contrat réel qui exige pour sa perfection la remise de l'objet, c'est-à-dire la montre.

Contrat solennel   Pour que le contrat solennel soit valide, la loi exige qu'il revête une forme particulière. Le consentement des parties doit s'extérioriser suivant des règles strictes et impératives. Au point de vue pratique, cela signifie que l'acte notarié est indispensable à sa formation. Le contrat de mariage, la vente d'un immeuble, la donation et l'hypothèque sont des contrats solennels.

L'**acte notarié** est un écrit authentique, c'est-à-dire qu'il fait preuve de la véracité de son contenu sans qu'il ne soit nécessaire de prouver la signature qui y apparaît.

Le contrat pour la validité duquel la loi n'exige aucune formalité particulière, qu'il soit manuscrit ou tapé à la machine à écrire, ou qu'il soit imprimé à l'avance sur une feuille type, porte le nom d'**acte sous seing privé**. Dans certains cas, on devra faire la preuve de ce contrat devant le tribunal.

Conditions de validité des contrats

L'article 984 du Code civil énonce quatre conditions nécessaires pour la validité d'un contrat: la capacité des parties, le consentement, l'objet et la cause. Nous étudierons maintenant une à une ces conditions.

Capacité des parties

La **capacité**, en général, est l'aptitude que possède une personne à être titulaire de droits et à les exercer seule. En matière contractuelle, la capacité est donc l'aptitude à faire seul et librement un contrat valable. C'est cette capacité dont fait mention l'article 984 du Code civil.

La règle générale dans notre droit est que *toute personne est capable de contracter*. Cependant, notre Législateur a cru bon d'apporter un tempérament à ce principe en privant momentanément certaines personnes de cette capacité pour les protéger contre elles-mêmes, en raison soit de leur inexpérience, soit de leur inaptitude à discerner le bien du mal. On nomme ces personnes les **incapables**. Les principaux incapables auxquels fait allusion notre droit sont les mineurs et les interdits.

Le **mineur** est tout individu de l'un ou de l'autre sexe qui n'a pas atteint l'âge de 18 ans accomplis (art. 246 C.c.). Comme la loi place le mineur dans la catégorie des incapables sur le plan juridique, il faudra lui désigner, en observant des formalités strictes, une personne qui agira en son nom dans l'administration de ses biens; cette personne portera le nom de **tuteur**.

L'**interdit** est une personne majeure qui est incapable de discerner le bien du mal en raison de son état de démence, d'ivrognerie, de narcomanie ou de prodigalité. Pour protéger cette personne, la loi la déclare interdite et la rend incapable de poser des actes juridiques. Pour prendre soin de la personne de l'interdit ou pour administrer ses biens, la loi prévoit la nomination d'un **curateur à la personne** ou d'un **curateur aux biens**.

L'article 987 précise que l'incapacité des mineurs et des interdits est établie en leur faveur. Cela signifie, en pratique, qu'une personne majeure, ayant pleine capacité de contracter, ne peut invoquer l'incapacité du mineur ou de l'interdit avec qui elle aurait contracté, pour faire annuler le contrat. *Seul l'incapable (ou son représentant) peut donc invoquer son incapacité.* Nous sommes alors en présence d'une nullité relative et non absolue.
Exemple: Joseph vend sa tondeuse à Robert (17 ans) pour la somme de 50 $. Dans le cas où Joseph se rendrait compte qu'il n'a pas fait une bonne affaire et voudrait faire annuler la vente en invoquant l'incapacité de Robert, qui est mineur, il ne pourrait le faire. En effet, seul Robert pourrait invoquer sa propre incapacité.

Consentement

On peut définir le **consentement** comme l'expression de la volonté des parties. Pour qu'il y ait contrat, il faut un accord de volontés et le consentement est l'extériorisation de cet accord. Quant à sa forme, le contrat peut être écrit, verbal ou tacite (implicite), sous réserve des règles concernant la preuve et l'enregistrement de certains contrats.

Par ailleurs, la loi impose la forme écrite à certains contrats; ainsi, le contrat de mariage, l'hypothèque, le contrat collectif de travail, le contrat d'assurance et les contrats soumis à la *Loi sur la protection du consommateur* doivent revêtir la forme d'un écrit. Toutefois, la loi n'exige pas la forme écrite pour la validité des autres contrats en général (pour le bail, le prêt, etc.).

Pour qu'il y ait contrat, il faut un accord de volontés, accord qui doit être extériorisé. Le consentement réciproque des parties s'atteint en deux étapes: l'offre, d'une part, et l'acceptation qui y correspond, d'autre part. *L'offre seule n'est donc pas un contrat.*

Ainsi, la publicité sous forme de dépliants, messages télévisés, annonces classées dans les journaux, etc., ne représente que des offres au consommateur et ne le lie évidemment pas. Ce qui signifie que l'offrant peut retirer son offre en tout temps, à moins que l'autre partie ne l'ait acceptée ou que l'offre n'ait été assortie d'un délai de réflexion.

Le contrat est conclu lors de la rencontre des volontés. Si les parties sont en présence, le contrat prend naissance dès l'instant où chacune d'elles prend connaissance de l'acceptation de l'autre. Mais si les parties sont éloignées l'une de l'autre et qu'elles communiquent entre elles par la poste, par exemple, le cas se présente de façon différente.

Exemple: Dans une lettre, Bernard offre à Jean, domicilié à Toronto, de lui vendre son automobile à un certain prix. Après avoir pris connaissance de cette offre, Jean décide de l'accepter.

Dès lors, on peut se demander à quel moment le contrat est conclu. Notre Code civil est muet sur le sujet, et force nous est de recourir à la jurisprudence pour répondre à la question. La Cour suprême du Canada a décidé qu'il y a formation du contrat lorsque celui à qui on a expédié l'offre fait part de son acceptation à un intermédiaire qu'il choisit. Dans notre exemple, le contrat prend naissance au moment où Jean dépose sa lettre d'acceptation à la poste. Quant à savoir où le contrat a pris naissance, la règle tirée de la jurisprudence est la même que précédemment. En reprenant l'exemple ci-dessus, le contrat a pris naissance à Toronto, lieu d'expédition de la réponse.

Ces questions ne sont pas d'un intérêt purement académique et elles trouvent des applications pratiques dans plusieurs circonstances juridiques. Nous nous contenterons d'en mentionner deux:

1. La détermination de la compétence territoriale d'un tribunal en cas de litige au sujet d'un contrat commercial peut être établie par le lieu de la formation du contrat;

2. L'article 1025 du Code civil stipule que la conservation et le risque de la chose avant sa livraison sont aux risques du propriétaire.

Vices de consentement   Le consentement libre et éclairé constitue l'élément de base de tout contrat et, pour protéger ce consentement, le Code civil a prévu un système de vices de consentement. En d'autres mots, si un consentement a été donné, mais qu'il se trouve entaché d'un des vices mentionnés dans la loi, le contrat peut être annulé. Notre Code civil prévoit les vices de consentement suivants: l'erreur, le dol ou la fraude, la violence et la crainte ainsi que la lésion.

L'erreur   Mignault définit l'**erreur** comme «une croyance qui n'est point conforme à la vérité[2]». L'article 992 du Code civil prévoit trois cas d'erreur qui frappent le contrat de nullité absolue:

> L'erreur n'est une cause de nullité que lorsqu'elle tombe sur la nature même du contrat, sur la substance de la chose qui en fait l'objet ou sur quelque chose qui soit une considération principale qui ait engagé à le faire.

— Sur la nature: À la suite d'une annonce parue dans les journaux, Arthur désire louer la maison d'Henri et il prend contact avec lui à ce sujet. Henri se rend chez Arthur avec un acte de vente en main, croyant que celui-ci

2. Mignault, P.-B., *Le droit civil canadien*, Tome cinquième, C. Théorêt, Montréal, 1901, p. 211.

désire acheter sa propriété. Arthur pense qu'il s'agit d'un bail de location et il signe l'acte de vente. Il y a ici erreur sur la nature même du contrat, et celui-ci est frappé de nullité absolue.

— Sur la substance de la chose ou sur l'identité de l'objet: Charles désire acheter une automobile à transmission automatique, et le vendeur lui vend une automobile à transmission manuelle. Il y a là erreur sur la substance de l'objet et le contrat est, de ce fait, nul.

— Sur la considération principale: Philippe achète un camion en se fiant à la parole du vendeur qui lui affirme que ce camion peut transporter jusqu'à 15 tonnes de marchandises. En fait, Philippe a pu constater que le camion ne peut raisonnablement supporter que des charges de 10 tonnes. Dans cet exemple, même si le vendeur était de bonne foi, Philippe peut demander au tribunal d'annuler le contrat, car s'il avait su que le camion ne pouvait transporter que 10 tonnes, il ne l'aurait pas acheté. Voilà un exemple d'erreur sur une considération principale qui entraîne la nullité absolue du contrat.

Le dol ou la fraude   **Dol** et **fraude** sont synonymes; il s'agit d'une ruse, d'une tromperie ou d'un artifice qui a pour but de provoquer le consentement d'un contractant. La conséquence de la fraude est l'erreur qui rend le consentement vicié.

Selon l'article 993 du Code civil:

[...] la fraude ou le dol est une cause de nullité lorsque les manoeuvres pratiquées par l'une des parties ou à sa connaissance sont telles que, sans cela, l'autre partie n'aurait pas contracté. Elle ne se présume pas et doit être prouvée.

Par exemple, il y a fraude lorsque l'odomètre d'une voiture d'occasion a été sciemment faussé par le vendeur; si l'acheteur avait connu le véritable kilométrage de l'automobile, il n'aurait pas acheté la voiture. Le contrat est donc nul.

La violence et la crainte   La **violence** consiste à provoquer chez une personne la crainte d'un mal sérieux, physique ou moral, à l'égard d'elle-même, de son conjoint, de ses enfants ou de ses proches dans le but de lui faire passer un contrat. Dans l'appréciation de cette crainte, le tribunal tiendra compte de l'âge, du sexe, du caractère et de la condition des personnes.

Exemple: Éric est propriétaire d'un commerce prospère et livre une dure concurrence à son voisin André qui possède un commerce analogue. Ce dernier force Éric à lui signer un acte de vente de son commerce en le menaçant d'enlever ses enfants. Le consentement arraché à Éric dans ces circonstances n'est pas libre et il constitue une cause d'annulation du contrat.

La lésion   C'est un préjudice pécuniaire subi par l'une des parties au contrat en raison du manque d'équivalence entre les prestations.

En vertu de l'article 1001 du Code civil, la **lésion** n'est une cause de nullité des contrats qu'à l'égard de certaines personnes (les mineurs et les interdits). La lésion n'opère pas de plein droit en faveur du mineur. En effet, si ce dernier veut faire rescinder un contrat pour cause de lésion, il devra prouver qu'il a réellement subi un préjudice, et que la personne avec qui il a signé le contrat a réellement profité de son état.

Le tribunal n'hésitera pas à annuler un contrat de vente d'automobile conclu par un mineur à un prix qui dépasse de beaucoup la valeur de l'automobile, surtout si le mineur n'a pas la capacité de payer compte tenu de ses ressources financières. Toutefois, dans un tel cas, le garagiste ne serait pas tenu de rembourser au mineur plus que la portion du montant dont ce dernier n'a pas profité (art. 1011 C.c.). En d'autres termes, le mineur ou l'interdit dont le contrat est annulé par le tribunal doit toujours payer ce qui a tourné à son profit.

Il est à remarquer que la loi considère le mineur commerçant comme un majeur aux fins de son commerce; il ne pourra donc invoquer la lésion pour faire annuler un contrat passé en raison de son commerce.

Le majeur qui est victime d'un tel préjudice ne pourra pas invoquer la lésion comme vice de consentement et ne pourra être restitué contre son contrat (art. 1012 C.c.). Toutefois, un majeur se croyant victime d'une transaction abusive concernant un prêt d'argent peut toujours, en vertu de l'article 1040c du Code civil, s'adresser au tribunal pour demander la réduction ou l'annulation de son obligation. Dans ce cas, le tribunal jouit d'un pouvoir discrétionnaire et doit fonder sa décision sur cette notion de justice naturelle que représente l'**équité**.

Il est à noter que le droit d'action qui découle de ces vices de consentement se prescrit par 10 ans et qu'à l'égard des mineurs, il ne court que du jour de leur majorité (art. 2258 C.c.).

Sur le plan juridique, pour que le consentement soit valide, il devra procéder de la volonté éclairée et libre des parties au contrat. Alors qu'en général cette règle se vérifie dans les faits, il existe certaines situations où deux parties se trouvent en présence, mais sont de force inégale; ainsi, un contractant fort imposera à un contractant faible ses conditions sans qu'il n'y ait la moindre négociation entre eux. On peut alors qualifier une telle convention de **contrat d'adhésion**.

Par exemple, une personne qui désire se prévaloir des services d'une compagnie de transport aérien ne peut négocier les clauses incluses dans le billet. Elle doit accepter tel quel le contrat que lui offre le transporteur. On rencontre fréquemment ce type de contrat en matière d'assurance, de services publics, etc. Dans la mesure où le consentement des parties n'est pas vicié, les tribunaux reconnaissent la validité du contrat d'adhésion.

Objet

Le contrat engendre des obligations et, en vertu de l'article 1058 du Code civil:

> [...] toute obligation doit avoir pour objet quelque chose qu'une personne est obligée de donner, de faire ou de ne pas faire.

Le Législateur confond l'objet de l'obligation avec celui du contrat. Quand nous parlons d'**objet**, il s'agit en réalité de l'objet de l'obligation créée par le contrat.

Le mot «chose» ne désigne pas seulement un bien, une chose matérielle, mais il désigne aussi une prestation ou une abstention qui constitue l'objet de l'obligation.

Conditions   La chose qui peut être l'objet d'une obligation doit répondre aux conditions suivantes:

— Être dans le commerce: Les choses hors commerce parce qu'elles sont au service de la collectivité ne peuvent être aliénées en faveur d'un particulier; le pont Jacques-Cartier ne saurait faire l'objet d'une vente!
— Être déterminé: L'article 1060 stipule que l'obligation doit avoir pour objet une chose déterminée au moins quant à son espèce; quant à la quantité, il est nécessaire qu'elle puisse être déterminée.
Exemple: Paul vend à Pierre du combustible pour chauffer sa maison durant tout l'hiver. Il n'a pas précisé s'il s'agissait d'huile, de charbon, de gaz ou d'autres combustibles. La chose n'est donc pas suffisamment désignée pour qu'on puisse exécuter le contrat et rien ne permet de la déterminer; le contrat est donc nul.

— Être possible: Un entrepreneur s'engage à ériger un pont entre Montréal et Paris. La chose n'est évidemment pas possible, et un tel contrat est frappé de nullité absolue.
— Être licite: En nous basant sur le Code civil, l'objet licite est celui qui n'est pas contraire à l'ordre public et aux bonnes moeurs.
Exemple: Paul loue sa maison à Albert qui a l'intention de l'utiliser à des fins de prostitution. L'objet est illicite: le contrat s'en trouve nul.

Il arrive souvent qu'au moment de la signature d'un contrat entre un commerçant et un manufacturier, l'objet ne soit pas encore fabriqué. Le contrat n'en est pas moins valide, car les choses futures peuvent faire l'objet d'une obligation (art. 1061 C.c.).

Cause ou considération

Il s'agit de la quatrième condition de validité d'un contrat. Le contrat qui trouve son fondement dans une cause ou considération illégale, ou qui ne repose sur aucune considération, est sans effet (art. 989 C.c.). Le Législateur définit comme illégale une considération qui va à l'encontre de la loi, des bonnes moeurs ou de l'ordre public (art. 990 C.c.).

On peut définir la **cause** comme le but poursuivi par le débiteur au moment où il s'engage envers le créancier. On ne peut assumer d'obligation sans cause. Ainsi, si on paie par erreur deux fois la même facture, le deuxième paiement manque de cause et on a droit à un remboursement.

La jurisprudence permet d'annuler un contrat aux termes duquel une personne (sous le couvert d'un contrat de publicité) use de son influence en vue d'obtenir un permis de la Société des alcools du Québec pour la vente de boissons alcooliques. Ce contrat est illégal parce qu'il va directement à l'encontre de l'ordre public; on l'appelle une nullité d'ordre public.

Notions d'ordre public et de bonnes moeurs   En droit québécois, la liberté contractuelle est absolue, sous réserve des restrictions qu'impose l'article 13 du Code civil voulant que:

> On ne peut déroger par des conventions particulières aux lois qui intéressent l'ordre public ou les bonnes moeurs.

Le Code civil fait souvent allusion à la notion d'ordre public et de bonnes moeurs sans jamais cependant la définir. C'est donc par le biais de la jurisprudence qu'on peut tenter d'en élaborer une définition.
L'ordre public   L'**ordre public** est un concept à géométrie variable qui est à la base de toute l'économie de notre système juridique. C'est:

> [...] l'intérêt général de la société à une époque donnée et dans un État particulier, représenté dans des règles, des institutions ou des pièces de la législation qui prévaut et interdit les conventions particulières allant à leur encontre.

Citons, par exemple, la vente à tempérament, le bail d'un local d'habitation; il s'agit là d'institutions d'ordre public qui ont pour but de protéger les parties, et toute convention qui irait à leur encontre serait frappée de nullité absolue.

Dans certains contrats, il arrive que l'on rencontre des clauses restrictives qui, en raison de leur caractère excessif, constituent une véritable atteinte à la liberté de l'individu sur le plan professionnel, de même qu'elles font fi du régime de la libre entreprise.

Par exemple, les tribunaux ont jugé contraire à l'ordre public et illégale la clause d'un contrat d'engagement en vertu de laquelle on restreint la pratique d'une profession pour un temps illimité et sur un territoire indéterminé.

Les bonnes moeurs C'est une notion qui doit être considérée en fonction de chaque cas particulier. L'appréciation de ce concept par le tribunal doit être la plus objective possible. La notion de **bonnes moeurs** correspond aux habitudes morales d'une collectivité, et elle a trait à des qualités individuelles et personnelles. Par exemple, au Québec, une personne qui se livrerait au commerce de la prostitution n'aurait aucun recours légal contre un client qui refuserait de lui verser la somme convenue.

Effets du contrat

Entre les parties

Selon l'article 1023 du Code civil, les contrats n'ont d'effet qu'entre les parties contractantes, et l'article 1028 stipule qu'on ne peut, par un contrat en son propre nom, engager que soi-même et ses héritiers légaux.

Le contrat a donc force de loi entre les parties. Il est obligatoire pour chacune des parties qui doivent mutuellement remplir les obligations qu'elles ont assumées. L'article 1022 stipule que les contrats ne peuvent être résolus que du consentement des parties, ou pour les causes que la loi reconnaît; il existe toutefois certains contrats à durée indéfinie et susceptibles de révocation unilatérale (mandat, louage et société pour un temps illimité).

Mis à part ces exceptions, l'inexécution ou le bris de contrat par l'une des parties confère à la partie lésée le droit de poursuivre en justice pour demander soit l'exécution du contrat, soit sa rescision avec ou sans dommages-intérêts, dans un cas comme dans l'autre (art. 1065 C.c.).

À l'égard des tiers

Un contrat ne peut engager ni lier les tiers, c'est-à-dire les personnes qui n'y sont pas parties, sauf dans certains cas prévus aux articles 1028 et suivants du Code civil.

Voici quelques exemples où les tiers seront touchés par des contrats auxquels ils n'étaient pas parties:

— ceux qui reçoivent par donation entre vifs (un père qui donne un immeuble à sa fille par exemple);
— ceux qui reçoivent en tant qu'héritiers testamentaires ou héritiers légaux;
— le bénéficiaire d'une police d'assurance-vie; il s'agit ici d'un contrat entre un assureur et un assuré dont l'effet est de verser une prestation à un tiers;
— les créanciers dans la vente en bloc d'un fonds de commerce; en effet, celui qui achète un fonds de commerce doit payer à même le prix de vente les créanciers de son vendeur (art. 1569 *b* et *c* C.c.);
— on peut rencontrer des contrats par lesquels l'un des contractants promet à son cocontractant qu'un tiers remplira une obligation; c'est la promesse d'obtenir l'engagement de quelqu'un. On l'appelle, en termes juridiques, le porte-fort;
— dans une convention collective signée conformément aux dispositions du Code du travail, les employés sont des tiers par rapport aux deux parties qui ont négocié le contrat, soit le syndicat et l'employeur, et ils sont liés par cette convention collective qui s'applique à tous les employés présents et futurs de l'entreprise.

Le Code prévoit des cas où un créancier, même s'il n'est pas partie au contrat, peut intervenir et exercer à la place de ses débiteurs négligents les droits qu'ont ces derniers. De même, un créancier peut intervenir pour faire annuler un contrat entre son débiteur et un tiers, si ce contrat est de nature frauduleuse et lui cause préjudice. L'action qu'intentera alors ce créancier porte le nom d'**action paulienne**.

Exemple: Jean se trouve dans une situation financière précaire et il est sur le point de se faire saisir son automobile. Il vend alors son automobile à Gérard, privant ainsi le créancier de son droit de recouvrement. Ce dernier pourra alors intenter une action paulienne de façon à faire annuler la vente et à faire revenir l'automobile dans le patrimoine de Jean.

Interprétation des contrats

Les parties doivent remplir les obligations qu'elles ont assumées en passant le contrat; ce qui suppose que le contrat soit rédigé en des termes clairs et précis dont les parties saisissent bien la portée. Malheureusement, tous les contrats ne répondent pas à ces critères d'excellence et ils contiennent souvent des clauses ambiguës qui donnent naissance à des controverses entre les parties.

Pour régler ces litiges et s'assurer, par le fait même, de l'exécution mutuelle du contrat, les parties doivent alors s'adresser aux tribunaux, qui disposent de neuf règles d'interprétation pour les aider à trancher ces mésententes. Le Code civil énonce ces règles aux articles 1013 à 1021. En voici la teneur:

Art. 1013   Lorsque la commune intention des parties dans un contrat est douteuse, elle doit être déterminée par interprétation plutôt que par le sens littéral des termes du contrat.

Art. 1014   Lorsqu'une clause est susceptible de deux sens, on doit plutôt l'entendre dans celui avec lequel elle peut avoir quelque effet, que dans le sens avec lequel elle n'en pourrait avoir aucun.

Art. 1015   Les termes susceptibles de deux sens doivent être dans le sens qui convient le plus à la matière du contrat.

Art. 1016   Ce qui est ambigu s'interprète par ce qui est d'usage dans le pays où le contrat est passé.

Art. 1017   On doit suppléer dans le contrat les clauses qui y sont d'usage, quoiqu'elles n'y soient pas exprimées.

Art. 1018   Toutes les clauses d'un contrat s'interprètent les unes par les autres, en donnant à chacune le sens qui résulte de l'acte entier.

Art. 1019   Dans le doute le contrat s'interprète contre celui qui a stipulé, et en faveur de celui qui a contracté l'obligation.

Art. 1020   Quelque généraux que soient les termes dans lesquels un contrat est exprimé, ils ne comprennent que les choses sur lesquelles il paraît que les parties se sont proposé de contracter.

Art. 1021   Lorsque les parties, pour écarter le doute, si un cas particulier serait (sic) compris dans le contrat, ont fait des dispositions pour tel cas, les termes généraux du contrat ne sont pas pour cette raison restreints au seul cas ainsi exprimé.

Preuve du contrat

Afin d'assurer le fonctionnement de son entreprise et de voir à son développement continu, le gestionnaire doit conclure régulièrement des contrats avec d'autres entreprises, des fournisseurs de toutes sortes, des individus, etc. Ces contrats doivent s'exécuter de bonne foi entre les parties et, pour ce faire, ils doivent obéir aux règles que nous venons d'examiner.

Dans le cas où l'une des parties néglige de se conformer à une convention parfaitement valide, l'autre partie peut s'adresser au tribunal pour en exiger l'exécution, sous réserve, toutefois, d'en *faire la preuve* à la satisfaction du juge.

L'article 1203 du Code civil stipule qu'il appartient à celui qui réclame l'exécution d'une obligation d'en faire la preuve. Par ailleurs, aux termes de l'article 1204, la preuve offerte doit être la meilleure possible. On peut en déduire que toutes les catégories de preuves n'ont pas la même valeur probante et ne sont pas nécessairement permises.

Par ordre décroissant, les meilleurs moyens de faire la preuve d'un contrat sont les suivants:

— l'aveu de la partie adverse;
— l'écrit;
— les témoins;
— les présomptions.

L'aveu de la partie adverse

Si la partie poursuivie reconnaît l'existence d'un contrat et en admet le contenu, le contrat s'en trouve prouvé; si cet aveu a lieu au cours du procès et devant le juge, il prend le nom d'**aveu judiciaire** et constitue une preuve irréfutable qui sera retenue contre elle.

Il existe une autre forme d'aveu que l'on nomme **aveu extrajudiciaire**. Cet aveu est celui fait à l'extérieur de la Cour (une reconnaissance de dettes).

Exemple: Paul confie à Claude qu'il doit 1200 $ à Pierre. Pour valoir comme preuve, cet aveu doit être fait par écrit. Si Paul fait cet aveu sous serment, le tribunal peut également l'admettre en preuve. Dans ce cas, le témoignage de Claude est irrecevable comme moyen de preuve, car la somme réclamée excède 1000 $. Le tribunal aurait admis en preuve le témoignage de Claude si le montant demandé eût été inférieur à 1000 $ (art. 1233 al. 2 C.c.).

L'écrit

La preuve littérale est celle découlant d'actes ou de titres écrits. Les écrits, comme nous l'avons déjà mentionné, peuvent être authentiques ou sous seing privé.

L'acte notarié fait preuve de son contenu et constitue un moyen de preuve par excellence devant le tribunal. La loi exige que tous les contrats ayant pour objet l'aliénation d'un immeuble soient de forme notariée pour l'enregistrement.

La seule façon de contester un acte authentique consiste à s'inscrire en faux au moyen d'une procédure décrite au Code de procédure civile. Cette procédure porte le nom d'**inscription de faux**.

Dans la pratique quotidienne des affaires, les parties n'ont pas le temps de recourir aux services d'un notaire chaque fois qu'elles passent un contrat. Ainsi, la plupart des contrats sont-ils sous seing privé.

Le désavantage de l'écrit sous seing privé par rapport à l'acte authentique est qu'il peut arriver qu'une des parties refuse de reconnaître sa signature, ou qu'elle conteste le contenu du contrat. Il faudra alors faire la preuve de la signature et du contenu de l'acte; ce qui sera facilité si on a pris la précaution de le faire contresigner par des témoins présents lors de la signature du contrat.

L'écrit sous seing privé est de loin le plus utilisé dans le domaine des affaires et il est le plus recommandable dans les transactions importantes.

Les témoins

La preuve testimoniale est celle qui trouve son fondement dans les déclarations des témoins. En vertu de l'article 1233 du Code civil, elle est admise dans les cas suivants:

— dans tout fait relatif à des matières commerciales;
— dans toute matière où le principal de la somme ou la valeur demandée n'excède pas 1000$;
— dans le cas du bail par tolérance, tel que pourvu à l'article 1634;
— dans les cas de dépôts nécessaires, ou de dépôts faits par des voyageurs dans une hôtellerie, et autres cas de même nature;
— dans les cas d'obligation résultant des quasi-contrats, délits et quasi-délits, et dans tout autre cas où la partie réclamante n'a pu se procurer une preuve par écrit;
— dans les cas où la preuve écrite a été perdue ou se trouve en la possession de la partie adverse, ou d'un tiers, sans collusion de la part de la partie réclamante, et qu'elle ne peut être produite;
— lorsqu'il y a un commencement de preuve par écrit.

Il faut bien se souvenir que la preuve par écrit l'emporte sur la preuve par témoins, qui ne peut, en aucun cas, contredire un écrit valablement fait et produit en preuve. Par exemple, si je produis devant le tribunal un contrat stipulant que je vends mon commerce pour la somme de 100 000$, l'autre partie ne peut faire entendre de témoins qui viendraient dire que le prix convenu était de 85 000$.

Les présomptions

En l'absence d'aveu, de preuve par écrit ou par témoins, il arrive que le juge puisse parvenir à la vérité en déduisant des conséquences à partir d'un fait connu vers un fait inconnu. C'est la preuve par **présomption** (art. 1238 et suiv. C.c.). Par exemple, selon l'article 645 du Code civil, l'acceptation d'une succession peut être expresse ou tacite. Elle est tacite quand l'héritier fait un acte qui suppose nécessairement son intention d'accepter et qu'il n'aurait droit de faire qu'en sa qualité d'héritier.

Nous sommes ici en présence d'une présomption légale. Le contrat de mandat peut également s'inférer des actes du mandataire, et même de son silence dans certains cas (art. 1701 C.c.).

Responsabilité contractuelle

Lorsque des personnes passent un contrat, il faut que chacune des parties au contrat remplisse les obligations qui y sont mentionnées. Il est donc très important de bien indiquer au contrat quels sont les droits et les obligations de chacune des parties.

Souvent il arrive que l'un ou l'autre des contractants n'exécute pas ses obligations, les exécute en retard, les exécute mal ou ne les exécute que partiellement. Nous parlons alors d'inexécution du contrat. Dans chacun de ces cas, le créancier de l'obligation possède contre son débiteur en défaut des droits et des recours. Dans une telle éventualité, l'article 1065 du Code civil accorde au créancier de l'obligation des recours contre le débiteur en défaut; toutefois, le créancier doit les exercer en respectant les délais de rigueur.

Aux termes de l'article 1067 du Code civil, le créancier peut adresser au débiteur une mise en demeure l'enjoignant d'exécuter son obligation. Il est à noter que l'envoi d'une mise en demeure n'est pas une procédure obligatoire dans tous les cas. À défaut par ce dernier de donner suite à la mise en demeure, le créancier a le choix d'exercer un des recours suivants:

— l'exécution forcée;
— l'exécution par un tiers;
— l'annulation ou la résolution du contrat;
— le recours en dommages-intérêts.

Exécution forcée

On parle d'exécution forcée lorsque le créancier peut forcer le débiteur à exécuter ses obligations. Mais ce recours ne s'applique pas pour toutes les sortes d'obligations. Ainsi, il pourra s'appliquer dans les cas où le débiteur s'est engagé à payer une somme d'argent ou encore à exécuter, à donner ou à faire une chose certaine et déterminée. Par exemple, le débiteur qui doit 5 000 $ à une personne pourra être forcé par un jugement du tribunal à exécuter son obligation.

Par ailleurs, le créancier ne pourra avoir recours à l'exécution forcée lorsqu'il s'agit d'une obligation se rattachant à la personne même du débiteur. Si, par exemple, on engage un chanteur pour donner un spectacle et qu'il refuse de donner suite à son contrat, on ne pourra en aucune manière le forcer à chanter; on devra employer d'autres recours contre ce dernier.

Exécution par un tiers

Dans certains cas, le créancier préférera faire exécuter l'obligation par un tiers plutôt que par le débiteur lui-même. Il arrivera également que le débiteur refuse d'exécuter ses obligations, et que le créancier doive recourir au service d'un tiers pour donner suite à un contrat.
Exemple: Marc engage un entrepreneur pour construire sa maison. Après un certain temps, l'entrepreneur décide de cesser la construction. Marc devra alors avoir recours à un autre entrepreneur pour terminer la construction et, dans le cas où le coût des travaux est supérieur au montant du contrat initial, il pourra poursuivre le premier entrepreneur pour la différence de prix.

Annulation du contrat[3]

Le créancier peut également choisir de demander l'annulation ou la résolution du contrat en raison de l'inexécution de ses obligations par le débiteur. Les parties sont alors replacées dans la situation où elles se trouvaient avant la signature du contrat, et si cette situation est impossible, le créancier pourra se faire dédommager en conséquence.

Il est à noter que dans le cas de la vente d'un bien mobilier, la résolution s'opère de plein droit, sans recours aux tribunaux, si l'acheteur n'a pas payé le prix. Dans tous les autres cas, le créancier doit s'adresser au tribunal pour faire annuler le contrat.

---

3. On utilise aussi, comme synonymes d'annulation de contrat, les expressions *rescision*, *résiliation* et *résolution* de contrat.

Recours en dommages-intérêts

Le créancier a aussi la possibilité de poursuivre son débiteur en défaut pour la perte qu'il a subie et pour le gain dont il a été privé par suite de l'inexécution du contrat. Le créancier pourra réclamer les dommages-intérêts prévus au contrat ou résultant directement de l'inexécution du contrat.

Dans tous les cas, le créancier devra choisir entre les trois premiers recours, car ce sont des recours qui s'opposent les uns aux autres. En effet, le créancier ne peut en même temps demander l'exécution forcée du contrat par son débiteur, l'exécution par un tiers ou l'annulation du contrat. Cependant, il pourra ajouter à l'un ou l'autre de ses recours une réclamation pour les dommages qu'il a subis en raison de l'inexécution du contrat.

Résumé

L'obligation est la relation qui existe entre un créancier et un débiteur par rapport à un objet; elle constitue un droit personnel ou droit de créance. D'une façon générale, il faut établir la distinction entre une obligation civile et une obligation naturelle. La première est parfaite parce qu'elle comporte une sanction, la deuxième est imparfaite et ne repose que sur la conscience et l'honneur. Seules les obligations civiles sont réglementées par le Législateur.

On classifie les obligations civiles de la façon suivante: **a)** d'après leur objet (obligation de résultat et obligation de moyen); **b)** d'après leur source (acte juridique, fait juridique et loi); **c)** d'après leur espèce (obligation conditionnelle, obligation à terme, obligation solidaire et obligation avec clause pénale).

L'extinction des obligations peut résulter: de la prescription, de la remise, du paiement, de la confusion, de la compensation, de la novation, de l'impossibilité pour le débiteur d'exécuter l'obligation et des autres cas d'extinction d'obligations.

Le contrat est une convention par laquelle les parties s'engagent à donner, à faire ou à ne pas faire quelque chose, ou transportent un droit de propriété, ou encore modifient ou éteignent un autre contrat. L'élément essentiel du contrat est le consentement intègre des parties. On peut classifier les contrats de la façon suivante: contrat synallagmatique ou unilatéral; contrat à titre onéreux ou gratuit; contrat commutatif ou aléatoire; contrat principal ou accessoire; contrat nommé ou innommé; contrat consensuel, réel ou solennel.

Quatre conditions sont nécessaires pour la validité d'un contrat: la capacité des parties, le consentement, l'objet et la cause. Si le consentement à un contrat a été donné, mais qu'il se trouve entaché d'un des vices mentionnés dans la loi, le contrat peut être annulé. Notre Code civil prévoit les vices de consentement suivants: l'erreur, le dol ou la fraude, la violence et la crainte, de même que la lésion. En droit québécois, la liberté contractuelle est absolue, sous réserve des restrictions qu'imposent l'ordre public et les bonnes mœurs.

Le contrat a force de loi entre les parties et ne peut engager, ni lier les tiers, sauf dans certains cas prévus par la loi. Lorsqu'un contrat contient une clause ambiguë qui donne naissance à des controverses entre les parties, le Code civil énonce des règles d'interprétation, dont peut s'inspirer le tribunal pour régler le litige. Les meilleurs moyens de faire la preuve d'un contrat sont les suivants: l'aveu de la partie adverse, l'écrit, les témoins et les présomptions.

Lorsque des personnes passent un contrat, il arrive que l'un ou l'autre des contractants n'exécutent pas ses obligations, les exécutent en retard, les exécutent mal ou ne les exécutent que partiellement. Dans chacun de ces cas, la partie fautive entraîne sa responsabilité contractuelle, et le créancier de l'obligation possède contre son débiteur en défaut des droits et des recours. Il peut, à son choix, exercer un des recours suivants: l'exécution forcée, l'exécution par un tiers, l'annulation du contrat et(ou) exiger des dommages-intérêts.

Vocabulaire

Acte juridique
Acte notarié
Acte sous seing privé
Action paulienne
Aveu judiciaire ou extrajudiciaire
Bonnes moeurs
Capacité
Cas fortuit
Cause
Confusion
Consentement
Contrat
Contrat d'adhésion
Compensation
Créancier
Curateur à la personne
Curateur aux biens
Débiteur
Dol
Équité
Erreur
Fait juridique
Force majeure
Fraude

Incapable
Inscription de faux
Interdit
Lésion
Mineur
Novation
Objet
Obligation
Obligation à terme
Obligation avec clause pénale
Obligation civile
Obligation conditionnelle
Obligation naturelle
Obligation solidaire
Ordre public
Paiement
Prescription
Prescription acquisitive
Prescription extinctive
Présomption
Remise
Tuteur
Violence

Questions

1. Que signifie le mot «obligation» sur le plan juridique?

2. Établissez la distinction entre une obligation de moyen et une obligation de résultat.

3. En matière d'obligations solidaires, pourquoi est-il important de faire la distinction entre un contrat commercial et un contrat civil?

4. Dans quels cas le débiteur perd-il le bénéfice du terme?

5. À quelles conséquences s'expose une personne qui n'exerce pas son droit d'action en temps utile?

6. Quelle différence faites-vous entre une obligation conditionnelle et une obligation à terme?

7. Quel est le délai de prescription en matière commerciale? Donnez un exemple.

8. Faites la distinction entre la novation, la compensation et la confusion.

9. Quelle différence faites-vous entre une obligation naturelle et une obligation civile?

10. Qu'est-ce qu'une clause pénale? Donnez un exemple.

11. Quelles sont les quatre conditions essentielles à la validité d'un contrat?

12. Le Code civil reconnaît trois cas d'erreurs qui entraînent la nullité absolue d'un contrat. Nommez-les et donnez-en un exemple.

13. Nommez trois règles sur lesquelles doit se fonder le tribunal pour interpréter un contrat.

14. Énumérez quatre sortes de contrats pour la validité desquels la loi exige l'écrit.

15. Établissez la différence entre un aveu judiciaire et un aveu extrajudiciaire.

16. Faites la différence entre l'objet et la cause d'un contrat.

17. Définissez le principe de la lésion.

18. Expliquez le principe et les conséquences juridiques de l'interdiction.

19. Quels sont les recours possibles du créancier en cas d'inexécution du contrat par le débiteur?

20. Définissez les notions d'ordre public et de bonnes moeurs.

Cas pratiques

1. Yvon de Malenpis, imprésario, organise un festival rock d'une durée de trois jours, dans le Vieux Port de Montréal. À cette fin, il signe des contrats avec divers groupes, dont le plus populaire du Québec, *Les Sonnés*. Le groupe comprend cinq personnes et représente l'attraction principale du festival. Il doit jouer durant les trois jours et le contrat prévoit des cachets de l'ordre de 50 000$ par jour. Yvon passe également des contrats avec cinq autres groupes, leur promettant 10 000$ pour les trois jours. Enfin, il conclut avec le Conseil des ports nationaux, administrateur du Vieux Port, un contrat de location du site, moyennant une somme de 75 000$.

La vente des billets a déjà rapporté 450 000$, lorsque Ray Sonné, le principal interprète du groupe, appelle Yvon et l'informe qu'il a décidé de ne pas se présenter, le premier soir, pour l'ouverture du festival, car il part en vacances ce jour-là en raison d'une fatigue extrême. Yvon tente de le convaincre de présenter tout de même le spectacle et ajoute qu'il doit respecter le contrat qu'il a signé. Ray ne veut rien entendre. Un journaliste qui se trouvait dans le bureau d'Yvon à ce moment-là a entendu le plus clair de la conversation. Le lendemain, trois jours avant le début du festival, la nouvelle paraît à la une dans les journaux: «Les Sonnés se décommandent et sonnent le glas du festival du Vieux Port.»

Déchaînés, des centaines de spectateurs qui avaient acheté des billets spécialement pour entendre *Les Sonnés*, se présentent aux guichets pour demander un remboursement. Deux jours plus tard, c'est la débandade, et Yvon pense sérieusement à annoncer l'annulation du festival. Furieux, il vient vous consulter pour connaître ses droits.

a) Peut-il forcer *Les Sonnés* à respecter leur contrat et à présenter leur spectacle? Expliquez votre réponse.

b) Dans la négative, quels sont ses recours? Motivez votre réponse.

c) Yvon doit-il respecter quand même les contrats qu'il a signés avec les cinq autres groupes, et avec le Conseil des Ports nationaux? Expliquez votre réponse.

2. Gérald Dorion a vendu sa station-service à Gilles Plante. L'acte de vente contient une clause stipulant que Gérald s'engage à ne pas ouvrir ou exploiter directement ou indirectement de commerce similaire au cours des trois prochaines années et ce, dans un rayon de 15 kilomètres du 11 500, boulevard Pie IX, à Montréal, où il exploitait son ancienne station-service. En cas de défaut de Gérald de respecter cet engagement, le contrat prévoit que ce dernier devra verser à Gilles une somme de 100 000 $, à titre de dommages-intérêts. Deux ans et demi après la transaction, Gilles apprend d'un de ses clients que Gérald exploite une station-service, à l'angle du boulevard St-Martin et du boulevard des Laurentides, à Ville de Laval. Après vérification, Gilles s'aperçoit que ce commerce est situé à 12,5 kilomètres du 11 500, boulevard Pie IX, à Montréal.

Il envoie une lettre à Gérald le mettant en demeure de cesser ses activités commerciales à défaut de quoi il intentera contre lui des procédures judiciaires, sans autre avis ni délai. Gérald poursuit néanmoins l'exploitation de son entreprise.

a) Gilles a-t-il des recours contre son vendeur? Dans l'affirmative, expliquez de quels recours il s'agit.

b) Devant quel tribunal devra-t-il intenter ses procédures?

c) La défense de Gérald consiste à dire que son nouveau commerce n'est pas situé à Montréal, mais à Laval, et à presque 15 kilomètres de son ancienne station-service. De plus, il soutient avoir respecté la clause du contrat pendant deux ans et demi et qu'en outre, le délai de trois ans est presque entièrement écoulé. Il clôt sa défense en alléguant que la clause n'est pas valide parce qu'elle est contraire à l'ordre public et qu'elle l'empêche de gagner sa vie convenablement.

Commenter les arguments de Gérald.

3. Jean-Yves et Jean-François, deux skippers chevronnés, se rendent ensemble chez Sporauvent ltée avec l'intention d'y acheter un voilier. Après discussion, ils décident de se porter acquéreurs d'un superbe voilier de 13,75 mètres, et ils signent tous les deux un contrat pour l'achat du voilier dont ils entendent se partager l'usage. Le contrat est rédigé au nom de Jean-Yves et de Jean-François, et le prix de l'embarcation s'élève à 60 000 $. Ils donnent un acompte de 6 000 $ chacun et s'engagent à payer le solde en 36 mensualités égales.

Après avoir effectué 12 versements, Jean-Yves annonce à Jean-François que la voile ne l'intéresse plus et, qu'à l'avenir, Jean-François devra continuer à effectuer seul les paiements mensuels, s'il veut conserver son acquisition. Jean-Yves l'avise également qu'il a informé Sporauvent ltée de son intention de cesser de payer sa part des mensualités.

a) Jean-Yves a-t-il le droit d'agir de la sorte? Quelles sont les conséquences de son geste?

b) Si Jean-François effectue les 24 autres versements, à quel nom le voilier sera-t-il enregistré?

c) Si Jean-François est incapable de continuer seul les paiements, quels sont les recours de Sporauvent ltée?

d) Si Jean-Yves était devenu insolvable et avait fait cession de ses biens, quels auraient été les recours de Sporauvent ltée? Expliquez votre réponse.

4. Maurice-André vient vous consulter. Il vous explique qu'il a fait un pari avec Catherine, s'engageant à verser 2000$ à cette dernière si les Expos de Montréal gagnent la série mondiale de baseball. Ces derniers gagnent effectivement la série mondiale, et Catherine lui réclame la somme de 2000$. Il refuse de payer, disant qu'il est sans le sou. Catherine expédie à Maurice-André une mise en demeure aux termes de laquelle elle lui réclame ce montant, et l'avise qu'à défaut de recevoir cette somme dans les cinq jours, elle intentera contre lui des procédures judiciaires sans autre avis ni délai. Maurice-André veut savoir s'il est obligé de payer cette somme, et si Catherine a des chances de réussir dans ses procédures ? Conseillez-le.

5. Julie est âgée de 17 ans, mais en paraît 21 ; elle se présente à la Ferme La Belle Pouliche pour y acheter un cheval. Julie est une mordue de l'équitation et, depuis l'âge de 10 ans, elle rêve de posséder son propre cheval. Puisant dans ses économies, elle signe un contrat pour l'achat de Jacko, un bel étalon noir de deux ans et demi. Le prix du cheval est de 14 000$. Elle verse 1500$ comptant et s'engage à effectuer des versements mensuels de 500$ pendant deux ans. De plus, Julie s'engage à verser 100$ par mois pour la pension et l'entretien de la bête.

Après avoir acquitté les huit premiers versements, elle devient incapable de continuer à effectuer les autres. Pendant ces huit mois, Julie a aussi payé les frais d'entretien de son cheval. Par ailleurs, la Ferme La Belle Pouliche vient de lui expédier un compte de 300$; en effet, Jacko a été malade et on a dû appeler le vétérinaire pour qu'il vienne lui donner une série d'injections sans lesquelles Jacko serait probablement mort des suites de sa maladie.

Liliane, la représentante de la Ferme La Belle Pouliche, vient vous consulter, car elle vient de recevoir une mise en demeure de Julie l'avisant qu'elle était mineure au moment de la signature du contrat et l'enjoignant de lui rembourser toutes les sommes investies dans l'achat et l'entretien du cheval. Dans la même lettre, Julie ajoute qu'elle refuse de payer la somme de 300$ pour les frais de vétérinaire.

a) Liliane veut connaître ses droits. Conseillez-la en motivant vos réponses.

b) En supposant que Julie ait effectué 14 versements, la situation serait-elle la même ? Justifiez votre réponse.

Plan du chapitre 12

La vente et la protection du consommateur

La vente et la
protection du
consommateur

Objectifs

1. Définir le contrat de vente.

2. Expliquer la notion de promesse de vente et en illustrer, à l'aide d'exemples, les conséquences juridiques.

3. Donner les caractéristiques du contrat de vente.

4. Énumérer les conditions de validité du contrat de vente.

5. Expliquer les obligations du vendeur et de l'acheteur, et les illustrer à l'aide d'exemples.

6. Connaître certaines modalités dont on peut assortir le contrat de vente.

7. Comprendre la nature et le rôle de l'Office de la protection du consommateur.

8. Établir les conditions de forme relatives aux contrats soumis à la *Loi sur la protection du consommateur*.

9. Définir les sortes de garanties.

10. Énumérer certaines dispositions de la loi relativement aux abus dans le domaine de la publicité.

11. Énoncer certaines pratiques illégales de commerce avec des exemples à l'appui.

12. Expliquer les différents types de contrats visés par la *Loi sur la protection du consommateur* et résoudre les cas pratiques s'y rapportant.

La vente

De tous les contrats nommés dans le Code civil, la vente est sans contredit le contrat que l'on passe le plus souvent. Que ce soit à titre de commerçant, d'industriel, ou de simple consommateur, les gens vendent ou achètent des biens mobiliers ou immobiliers à longueur d'année. Il importe donc de bien examiner les règles qui régissent le contrat de vente.

Précisons d'abord que la vente est assujettie aux règles applicables à la théorie générale des contrats que nous avons étudiée dans le chapitre précédent. Par ailleurs, sous un titre spécial, le Code civil élabore des règles particulières au contrat de vente, et depuis 1972, face aux sollicitations sans cesse croissantes de la publicité, le Législateur a cru bon de protéger davantage le consommateur en édictant une loi statutaire spéciale, la *Loi sur la protection du consommateur*. Ce sont là les principales lois régissant la vente au Québec.

Définition

En se basant sur l'article 1472 du Code civil, on peut définir la **vente** comme un contrat par lequel une personne (le vendeur) donne une chose à une autre (l'acheteur) moyennant un prix en argent que cette dernière s'oblige à payer.

Promesse de vente

En langage courant, on désigne du nom d'**option** la promesse unilatérale de vente à un prix déterminé sans engagement de la part du futur acheteur. La simple promesse de vente n'équivaut pas à une vente, mais elle lie l'auteur de la promesse. Dans le domaine immobilier, on utilisera souvent la **promesse de vente**; elle consiste en un engagement par le promettant à vendre un immeuble à un futur acheteur (créancier de la promesse) à un prix préalablement convenu.

Cette promesse de vente est un contrat, et elle crée des obligations à la charge du promettant et de ses héritiers tant et aussi longtemps que le délai de la promesse n'est pas expiré; la principale obligation du promettant est de vendre l'objet au créancier de la promesse et à personne d'autre.
Exemple: Pierre a signé une promesse de vente de sa maison en faveur de Paul.

Dans le cas du refus de Pierre de respecter sa promesse dans le délai convenu, en vertu de l'article 1476 du Code civil, Paul pourra:

— prendre contre Pierre une action en passation de titre obligeant ce dernier à lui passer un titre de vente, à défaut de quoi, le jugement du tribunal équivaudra à un tel titre, ou
— réclamer de Pierre des dommages-intérêts pour avoir contrevenu à son obligation.

Dans le même exemple, si l'on suppose que Pierre, en violation de sa promesse envers Paul, a vendu sa maison à Arthur, on peut envisager deux hypothèses:

— Arthur ne connaissait pas l'existence de la promesse en faveur de Paul et était de bonne foi, alors Arthur a acquis un titre valable et la loi reconnaît à Paul un recours en dommages-intérêts contre Pierre, ou
— Arthur connaissait l'existence de la promesse en faveur de Paul et était de mauvaise foi, alors Paul pourra faire rescinder le contrat de vente par le tribunal.

Caractères du contrat de vente

La vente est un contrat à titre onéreux, synallagmatique, consensuel, civil ou commercial, ou translatif de propriété.

À titre onéreux

Le contrat de vente est un contrat à titre onéreux, en ce sens qu'il comporte un avantage pécuniaire pour les parties : un prix en argent.

Synallagmatique

Le contrat de vente revêt un caractère synallagmatique parce que chacune des parties s'oblige envers l'autre : le vendeur doit livrer la chose et l'acheteur doit en payer le prix. L'inexécution de son obligation par une partie aura comme conséquence de décharger l'autre de son obligation.

Consensuel

La vente est parfaite par le seul consentement des parties ; ce contrat n'exige donc pas de forme particulière pour sa validité. Le consentement peut être donné verbalement, mais l'écrit demeure le meilleur moyen de preuve et il sert à l'enregistrement de l'acte.

Civil ou commercial

Le contrat de vente peut revêtir un caractère civil ou commercial. On a toujours considéré la vente d'immeubles comme une vente civile, mais certains arrêts jurisprudentiels sont venus atténuer ce principe en décidant qu'un entrepreneur qui construit des maisons en vue de les revendre avec profit, effectue une transaction de nature commerciale.

Quant à la vente de meubles, toute vente d'effets mobiliers entre deux commerçants, ou un commerçant et une personne qui ne l'est pas est réputée commerciale. La vente d'effets mobiliers entre deux commerçants est considérée comme civile lorsqu'elle n'a pas un but lucratif.

Translatif de propriété

La vente est parfaite et opère le transfert de la propriété par le seul consentement des parties, même si l'acquéreur n'a pas encore la possession matérielle de la chose vendue. L'article 1025 du Code civil écarte la nécessité d'un transfert tangible. Cependant le caractère translatif est écarté dans certains cas :

Par la volonté des parties   Elles peuvent surbordonner le transfert de la propriété à une condition. C'est la vente sous condition suspensive ou la vente à l'essai.

Par le Code lui-même   C'est le cas des choses mobilières vendues au poids, au compte ou à la mesure ; elles devront être pesées, comptées ou mesurées pour que s'opère le transfert de propriété (art. 1474 C.c.).

Par exemple, on demande 300 $ pour 10 cordes de bois qui seront choisies dans le tas de bois qu'il y a dans la cour. L'incertitude subsiste quant à la détermination précise du bois et ausssi longtemps que les cordes de bois n'auront pas été mesurées, la vente sera imparfaite, et il n'y aura pas transfert de propriété à l'acheteur. Si le bois brûle dans la nuit, le vendeur en assumera donc la perte.

C'est aussi le cas de la vente de la chose à l'essai (art. 1475 C.c.). Cette vente est présumée faite sous condition suspensive. L'acheteur peut essayer la chose, et si elle possède les qualités exigées aux fins auxquelles on la destine, alors l'acheteur se trouve lié.

On retrouve souvent de telles offres de vente dans les journaux où l'on propose 10 jours d'essai. Le transfert de propriété n'aura alors lieu qu'à l'expiration des 10 jours, si l'acheteur décide de garder ce qu'il a essayé.

Conditions de la vente

En général, les quatre conditions nécessaires à la validité des contrats sont la capacité, le consentement, l'objet et la cause.

Nous avons déjà expliqué ces conditions; aussi nous contenterons-nous de mettre en lumière certaines règles propres au contrat de vente que le Code établit relativement à la capacité des parties et à l'objet de la vente.

Capacité des parties

En raison des conflits d'intérêts auxquels peuvent être confrontées certaines personnes, l'article 1484 du Code civil leur interdit certaines pratiques:

> Ne peuvent se rendre acquéreurs, ni par eux-mêmes ni par parties interposées, les personnes suivantes, savoir:
> les *tuteurs et curateurs*, des biens de ceux dont ils ont la tutelle ou la curatelle, excepté dans le cas de vente par autorité judiciaire;
> les *mandataires*, des biens qu'ils sont chargés de vendre;
> les *administrateurs ou syndics*, des biens qui leur sont confiés, soit que ces biens appartiennent à des corps publics ou à des particuliers;
> les *officiers publics*, des biens nationaux dont la vente se fait par leur ministère;
> l'incapacité énoncée dans cet article ne peut être invoquée par l'acheteur; elle n'existe qu'en faveur du propriétaire ou autre partie ayant un intérêt dans la chose vendue.

Un contrat de vente fait à l'encontre de cet article est frappé de nullité relative et non absolue, c'est-à-dire que seuls le propriétaire et les parties intéressées à la chose vendue peuvent la soulever, mais non l'acheteur. Une restriction semblable s'applique aux *juges, avocats et procureurs, greffiers, shérifs, huissiers* et autres officiers des tribunaux qui ne peuvent devenir acquéreurs des droits litigieux qui sont du ressort du tribunal auprès duquel ils exercent leurs fonctions.

Objet de la vente

La chose qui fait l'objet de la vente doit être la propriété du vendeur. L'article 1487 du Code civil pose ce principe général:

> La vente de la chose qui n'appartient pas au vendeur est nulle[...].

Ce principe de base admet cependant quelques exceptions:

a) La vente est valide s'il s'agit d'une transaction commerciale dans laquelle la chose n'a été ni perdue ni volée. Le véritable propriétaire ne peut alors revendiquer son bien, mais il pourra réclamer des dommages-intérêts du commerçant. La vente de la chose d'autrui sera aussi valide si le vendeur devient ensuite propriétaire de la chose (art. 1488 C.c.).

Par exemple, en achetant un piano à tempérament, on n'en devient propriétaire qu'au moment du dernier versement. Si, dans l'intervalle, ce piano est revendu, on vend une chose qui ne nous appartient pas encore, mais qui appartient à autrui. Toutefois, en payant intégralement le magasin lors de la transaction, on devient alors propriétaire de la chose, et la vente est réputée valide.

b) En vertu de l'article 1489, s'il s'agit d'une chose perdue, ou volée et achetée de bonne foi dans une foire, un marché ou lors d'une vente publique, ou un commerçant trafiquant en semblables matières, alors la loi permet au propriétaire de la revendiquer à condition de rembourser à l'acheteur le prix qu'il a payé pour cet achat. Ce droit de revendication se prescrit par 3 ans (art. 2268 al. 2 C.c.).

Exemple: Jean achète de bonne foi chez un bijoutier une montre que ce dernier a préalablement achetée d'un voleur. Un mois plus tard, Pierre reconnaît sa montre au poignet de Jean et la revendique. S'il veut la ravoir, Pierre devra alors rembourser à Jean le prix que celui-ci a payé au bijoutier. Si Jean a dû faire réparer la montre, Pierre devra aussi lui rembourser ces dépenses.

c) Enfin, aux termes de l'article 1490, la chose perdue ou volée qui a été vendue sous l'autorité de la loi ne peut être revendiquée. Citons comme exemple une vente à l'encan par une municipalité de bicyclettes abandonnées. Soulignons que les hôteliers, les restaurateurs et autres qui vendent des boissons alcoolisées pour être bues sur place à d'autres que des voyageurs, n'ont pas de recours légaux pour recouvrer le prix de ces boissons (art. 1481 C.c.).

Effets de la vente

En raison de son caractère synallagmatique, le contrat de vente crée, pour le vendeur et pour l'acheteur, des obligations de même qu'il leur confère réciproquement des droits.

Obligations du vendeur

Délivrance   C'est la mise en possession de l'acheteur de la chose vendue. Il peut s'agir de la possession physique de la chose elle-même ou du titre de propriété. En effet, si on vend un voilier, en remettant à l'acheteur le titre de propriété, on satisfait à l'obligation de **délivrance**. Le principal effet de la délivrance est la jouissance, c'est-à-dire qu'elle permet à l'acheteur de se servir de la chose.

Lieu et époque de la délivrance   À moins de stipulations contraires contenues au contrat, le lieu de la délivrance est généralement, s'il s'agit d'une chose certaine et déterminée, celui où se trouvait cette chose au moment de la vente. La chose ainsi vendue est livrable à la date à laquelle le contrat est conclu.

Frais de délivrance   À moins qu'il n'en soit autrement convenu entre les parties, les frais de délivrance sont à la charge du vendeur, et ceux de l'enlèvement à la charge de l'acheteur (art. 1495 C.c.). Par exemple, dans le cas de l'achat d'un téléviseur importé, les frais de délivrance (emballage, transport et douane) sont à la charge du magasin et les frais d'enlèvement (acceptation de l'appareil), à la charge de l'acheteur.

La chose vendue doit être livrée dans le même état que celui où elle se trouvait au moment de la vente, et le vendeur a l'obligation de la conserver jusqu'à la livraison même s'il n'en est plus propriétaire. En raison du caractère bilatéral du contrat de vente, le vendeur n'est pas tenu de livrer la chose si l'acheteur n'en paie pas le prix, à moins que le vendeur ne lui ait accordé un délai pour le paiement (art. 1496 C.c.).

Garantie   La **garantie** est l'obligation du vendeur de procurer à l'acheteur la jouissance paisible et utile des droits cédés, ou de l'indemniser dans le cas contraire. La garantie est de deux sortes: elle est légale ou conventionnelle. Elle a un double objet: l'*éviction de la chose* en tout ou en partie et les *défauts cachés* de la chose.

Dans un contrat de vente, lorsque le vendeur n'accorde pas de garantie particulière, la **garantie légale** s'applique automatiquement. Il s'agit d'une garantie minimale qui oblige le vendeur à attester que la chose vendue est conforme à l'usage auquel elle est destinée. Ainsi, lorsqu'on achète un lave-vaisselle, on s'attend à ce que la machine nettoie bien la vaisselle; c'est l'obligation légale à laquelle est astreint le fabricant en vertu de l'article 1507 du Code civil.

Dans la pratique courante du commerce, il est d'usage que le fabricant aille au-delà de la garantie légale et offre une garantie s'étendant sur une période de temps plus ou moins longue, c'est la **garantie conventionnelle**. C'est ce type de garantie qui s'applique dans la vente d'une automobile avec une garantie de 50 000 km sur le moteur et la transmission ou dans la vente d'un téléviseur-couleurs avec une garantie d'un an sur la lampe-écran.

Garantie contre l'éviction

a) en matière mobilière   Le vendeur doit faire en sorte que l'acheteur puisse jouir paisiblement de la chose vendue, c'est-à-dire qu'il n'en soit pas évincé ou privé ni par un tiers qui pourrait en revendiquer la propriété, ni par le vendeur lui-même qui viendrait troubler sa jouissance.
Exemple: Jean vend à Pierre un téléviseur portatif qu'il a volé chez Clair-Image Inc. Pierre, de bonne foi, ignore qu'il s'agit d'un appareil volé. Clair-Image appelée pour réparer l'appareil chez Pierre reconnaît son téléviseur volé et veut en reprendre possession. Jean doit satisfaire à son obligation de garantie contre l'éviction en remboursant à Pierre le prix qu'il lui a payé, en acquittant les frais assumés par Pierre à l'occasion de cette transaction et en lui versant aussi des dommages-intérêts.

En vertu de l'article 1509 du Code civil, le vendeur est obligé à la garantie de ses faits personnels et toute convention contraire serait nulle. Toutefois, il n'est pas tenu de garantir les faits des tiers. Par exemple, si Jean vend une montre à Pierre, il lui garantit qu'il en est le véritable propriétaire et qu'un tiers ne la revendiquera pas, mais il n'est pas tenu de lui garantir qu'un tiers ne la lui volera pas.

b) en matière immobilière   Cette garantie contre l'éviction trouve une application particulièrement importante dans le cas de l'achat d'une propriété immobilière, en raison de l'ampleur de l'investissement et des implications économiques et légales qu'il représente.

En effet, le vendeur d'un immeuble doit délivrer à l'acheteur un titre de propriété franc et quitte, c'est-à-dire libre de toutes charges. C'est en procédant à l'examen des titres que le notaire s'assure que le vendeur est le véritable propriétaire de l'immeuble, que celui-ci n'est pas grevé d'hypothèques ou de servitudes, qu'il n'est pas sous le coup d'une saisie, que le statut matrimonial du vendeur lui permet de vendre la propriété sans l'autorisation de son conjoint, etc. Le **certificat de localisation** que le vendeur remet au notaire permet à ce dernier de protéger son client contre l'éviction en vérifiant les dimensions exactes du terrain et en s'assurant que le voisin n'empiète pas sur le terrain et que la construction de la maison répond aux règlements municipaux de zonage, etc.

Ces précautions sont importantes en matière d'achat de résidence privée et d'une importance capitale en matière commerciale où le moindre vice de titre ou la moindre servitude cachée peut empêcher l'acheteur d'utiliser la propriété comme il se propose de le faire. Les actes de vente immobilière contiennent une clause par laquelle le vendeur vend avec la garantie légale. Toutefois, il est recommandé d'insérer la clause suivante: *le vendeur vend la propriété avec garantie légale, libre de tout privilège, hypothèque, charge et servitude quelconques, sauf celles d'utilité publique qui n'affectent pas la valeur marchande de la propriété.*

En matière commerciale, l'acheteur prudent exigera de son vendeur une garantie relative aux revenus locatifs. Il demandera donc au vendeur une preuve des revenus provenant de l'immeuble, ce qui lui permettra de juger de la rentabilité de celui-ci. Un examen attentif de chacun des baux rattachés à l'immeuble confirmera l'analyse des revenus locatifs de l'immeuble.

Tout en protégeant l'éventuel acheteur d'une propriété contre l'éviction, ces précautions lui faciliteront l'obtention d'un financement hypothécaire intéressant. Si, malgré toutes ces mesures, un acheteur se voit évincé par un tiers de l'immeuble qu'il vient d'acquérir, la loi oblige d'abord le vendeur à agir en justice à la place de l'acheteur et à prouver son titre clair sur la chose litigieuse.

Advenant la dépossession de l'acheteur, la loi lui permet d'exercer contre le vendeur une action en recouvrement du prix payé; cette action sera accompagnée d'une réclamation en dommages-intérêts dans la mesure où l'acheteur était de bonne foi et qu'il ignorait les motifs susceptibles de l'évincer.

Garantie contre les défauts cachés L'article 1522 du Code civil tient le vendeur responsable des vices cachés dont pouvait être affectée la chose au moment de la vente.

Les **défauts cachés** sont ceux qui rendent la chose impropre à l'usage auquel on la destine, ou qui diminuent tellement son utilité que l'acquéreur ne l'aurait pas achetée, ou n'en aurait pas donné un prix si élevé s'il les avait connus.

Le vendeur n'est donc pas tenu de garantir les vices apparents qu'un acheteur prudent aurait pu lui-même déceler. Les tribunaux reconnaissent souvent qu'une personne qui achète des choses usagées a intérêt à les faire examiner par un expert en la matière. Si à l'examen sommaire le vice n'a pu être décelé, il sera considéré comme un vice caché.

Il est à souligner que le Législateur tient le vendeur responsable des vices cachés même s'il ne les connaissait pas au moment de la vente, à moins qu'il n'ait inséré dans son contrat une clause de non-garantie (art. 1524 C.c.).

Recours de l'acheteur contre le vendeur en raison de vices cachés

L'acheteur dispose des recours suivants:

— l'action rédhibitoire;
— l'action en diminution de prix;
— l'action en dommages-intérêts.

a) Au moyen de l'**action rédhibitoire**, l'acheteur s'adresse au tribunal pour remettre l'objet affecté d'un vice caché, et pour se faire rembourser le prix qu'il en a payé. Il demande donc l'annulation de la vente en raison de vices cachés.

b) L'**action en diminution** de prix sera intentée par l'acheteur qui désire conserver la chose, mais veut se faire déduire du prix de vente le montant qu'il a dû verser pour corriger le défaut caché de la chose.

c) En plus des actions rédhibitoire et en diminution de prix, l'acheteur aura un **recours en dommages-intérêts** contre le vendeur qui connaissait les défauts cachés de la chose vendue, mais n'en a pas fait mention.

Ces recours en raison de vices cachés doivent être intentés avec une **diligence raisonnable**, c'est-à-dire dans les plus brefs délais à compter de la découverte du vice. Les tribunaux ont entière discrétion dans l'appréciation du délai.

La jurisprudence abonde d'exemples de litiges ayant pour objet des vices cachés. En voici quelques-uns:

a) Le demandeur a acheté une maison d'habitation située près d'une rivière, après avoir constaté toutefois une infiltration d'eau dans le sous-sol. Au printemps des deux années suivant l'achat de la maison, d'autres infiltrations d'eau se produisent. À l'automne suivant, le demandeur intente avec succès devant la Cour supérieure, une action en annulation de la vente et en dommages-intérêts pour vices cachés et vices de construction.

Le tribunal accueille l'action rédhibitoire du demandeur et condamne le défendeur à rembourser le prix de la vente de l'immeuble, soit 26 450 $, et à payer des dommages évalués à 5 686,71 $. Le défendeur interjette appel de la décision du premier juge et la Cour d'appel lui donne gain de cause en alléguant qu'étant donné la nature du vice et les circonstances de l'espèce, l'intimé n'a pas intenté son action avec une diligence raisonnable.
J. Benoît Bourque c. Dollard Gladu, [1979] C.A. 292.

b) Le demandeur a intenté devant la Cour provinciale une action en diminution du prix de vente en raison des vices cachés d'une maison qu'il a achetée pour la somme de 27 250 $ et qui était bâtie depuis 26 ans.

Un témoin-expert a démontré au tribunal que les défauts de la toiture pouvaient être facilement constatés, même en hiver, en enlevant la neige ou la glace. Le tribunal a jugé qu'il s'agissait en l'occurence de défauts apparents, et il a appliqué l'article 1523 du Code civil, à savoir que le vendeur n'est pas tenu responsable des vices apparents dont l'acheteur a pu lui-même prendre connaissance. Pour ces motifs et considérant aussi le prix de vente et l'âge de la maison, le tribunal renvoie l'action du demandeur avec dépens.
François Poitras c. Juliette Duquet-Drolet, [1979] C.P. 260.

c) Dans le cas d'une action en diminution du prix de vente d'une automobile, intentée contre le vendeur pour vices cachés affectant l'automobile, le tribunal a rejeté l'action au motif que le demandeur n'a pas usé d'une diligence raisonnable en intentant son action 8 mois après avoir découvert que le véhicule avait déjà été accidenté. *Gaston Gosselin c. Yves Pellerin, [1979] C.P. 258.*

Obligations de l'acheteur

Payer le prix   La principale obligation de l'acheteur est de payer le prix de la chose vendue au temps et au lieu de la livraison, à moins que le vendeur n'ait accordé à l'acheteur un terme, ou qu'il n'ait convenu d'un mode de crédit comme c'est le cas dans une vente à tempérament. L'obligation de payer le prix comprend aussi les intérêts et, le cas échéant, les frais du contrat et les accessoires. Par exemple, lors de la vente d'un immeuble, les frais d'enregistrement et les honoraires du notaire sont à la charge de l'acheteur. La taxe de vente est toujours à la charge de l'acheteur.

Droits du vendeur impayé contre l'acheteur   Le vendeur qui n'a pas reçu le paiement du prix a, entre autres, les deux recours suivants contre l'acheteur:

a) Le **droit de rétention**, qui consiste pour le vendeur à ne pas livrer l'objet vendu, excepté s'il s'agit d'une vente à crédit; mais dans ce cas, le vendeur bénéficiera quand même de son droit de rétention si l'acheteur est devenu insolvable après la vente.

b) Le vendeur impayé peut demander la résolution de la vente. Il y a lieu ici de faire une distinction entre la vente en matière mobilière et celle en matière immobilière.

En matière mobilière, l'article 1544 du Code civil mentionne que:

> [...] si le prix n'en a pas été payé, la résolution de la vente a lieu de plein droit en faveur du vendeur, sans qu'il soit besoin d'une poursuite[...].

En matière immobilière, le vendeur ne peut demander la résolution de la vente, à moins d'une clause spéciale contenue au contrat. Dans la pratique courante des affaires, les contrats de vente d'immeubles contiennent le plus souvent une clause de dation en paiement qui confère au vendeur le droit de reprendre l'immeuble vendu et de conserver les sommes déjà payées.

L'acheteur doit enlever la chose au temps et au lieu où elle est livrable (art. 1544 C.c.)   L'**enlèvement** signifie que l'acheteur doit accepter la livraison, sinon le vendeur sera obligé d'en assumer les frais de garde, et l'acheteur devra lui rembourser les frais d'entreposage.

Si l'acheteur refuse de satisfaire à son obligation d'enlever la chose, le vendeur peut réclamer son dû ou demander l'annulation du contrat.

Ventes à caractère spécial

Maintenant que nous connaissons les règles de base régissant le contrat de vente, il convient d'examiner certaines modalités dont on peut assortir le contrat de vente.

Vente en bloc

On désigne sous l'appellation **vente en bloc** la vente par un commerçant de la totalité ou d'une partie importante de son entreprise. On désigne aussi cette transaction du nom de **vente d'un fonds de commerce**. Ce type de vente déroge au principe général qui veut que les contrats n'aient d'effet qu'entre les parties contractantes et n'affectent en rien les tiers en ce sens qu'il oblige l'acquéreur d'un fonds de commerce à payer à même le prix de vente les sommes dues aux créanciers du vendeur.

Une vente en bloc doit répondre aux conditions suivantes:

a) le vendeur doit être commerçant;

b) la vente doit avoir lieu hors du cours ordinaire des opérations commerciales du vendeur;

c) la vente peut porter sur la totalité ou une partie importante d'un fonds de commerce: marchandises du magasin, installations nécessaires à l'exploitation du commerce, marques de commerce, achalandage, etc.

Dans ce genre de vente, le vendeur doit remettre à l'acheteur une déclaration assermentée (affidavit) contenant les nom et adresse de tous ses créanciers, la nature de chaque créance et les montants dus à chacun d'eux.

À partir de cette déclaration, l'acquéreur du fonds de commerce devra payer lui-même les créanciers du vendeur avant que ce dernier ne touche le produit de sa vente. Par exemple, Marc-André vend à Jean-Pierre son commerce de dépanneur. Le contrat indique que le vendeur a des dettes d'une valeur de 20 000 $ et que le prix de vente est de 100 000 $; cela implique que Jean-Pierre devra payer lui-même les créanciers du vendeur à même le produit de la vente et qu'une fois ces personnes payées, il remettra le solde (80 000 $) au vendeur. À défaut par Jean-Pierre d'observer ces formalités, il pourrait se voir poursuivre par les créanciers, qui lui réclameraient la somme de 20 000 $.

On peut se rendre compte que ces règles édictées par le Législateur visent avant tout à protéger les créanciers du vendeur d'un fonds de commerce.

Vente F.A.B.

Dans le monde du commerce, il existe une clause que l'on retrouve fréquemment dans les contrats de vente impliquant le transport de marchandises; il s'agit de la clause «franco à bord» et on parle d'une **vente F.A.B.**
Exemple: Un détaillant de Montréal achète 500 paires de bottes d'équitation d'un manufacturier de Calgary. Une clause du contrat précise que la vente est faite F.A.B. Calgary par Air Canada. Cela signifie que le vendeur, en remettant les bottes à la compagnie d'aviation, a satisfait à son obligation de livraison et les marchandises appartiennent dès lors au détaillant de Montréal qui en assumera tous les risques et devra en payer le fret. En cas de perte des biens à partir de Calgary, c'est donc l'acheteur qui en sera responsable.

Vente à terme et vente à tempérament

Dans la société d'aujourd'hui, le consommateur répartit souvent le coût trop élevé d'un bien qu'il achète en plusieurs versements. Il a recours au crédit. Nous sommes alors en présence d'une **vente à tempérament** ou d'une **vente à terme**. Nous étudierons ces deux catégories de vente un peu plus loin dans le chapitre.

La protection du consommateur

Après l'étude des règles générales régissant le contrat de vente, il convient de faire l'analyse rapide d'une loi spéciale que l'Assemblée nationale du Québec a adoptée dans une première version (loi 45), en juillet 1971, et qui portait alors le nom de *Loi de la protection du consommateur*.

Aux termes de cette loi, on entend par **consommateur** toute personne physique qui est partie à un contrat en qualité autre que celle de commerçant. Les contrats entre deux consommateurs (deux amis, par exemple) et les contrats entre deux commerçants dans le cours de leur commerce ne tombent pas sous le coup de cette loi.

Cette pièce de législation commerciale avait pour but, d'une part, de protéger le consommateur contre sa propre inexpérience et contre les pressions publicitaires exercées sur lui par les différents média et, d'autre part, de le mettre en garde contre les abus de certains commerçants peu scrupuleux.

L'Assemblée nationale a récemment adopté une version remaniée de la loi qui porte le nom de *Loi sur la protection du consommateur* (loi 72)[1]; elle est en vigueur depuis le 30 avril 1980. Cette loi vise les contrats de vente itiné-

---

1. L.R.Q., chap. P-40.

rante, les contrats de louage de services à exécution successive, tels les contrats principaux, les contrats accessoires et les studios de santé, de même que les contrats à distance et les comptes en fiducie.

Elle réglemente, enfin, les contrats de crédit ainsi que la vente et la réparation de biens mobiliers, tels les automobiles, les motocyclettes et les appareils ménagers.

Office de la protection du consommateur

Pour veiller à l'application des dispositions de la présente loi, l'Office de la protection du consommateur, autrefois sous la tutelle du ministère des Consommateurs, Coopératives et Institutions financières, est devenu un organisme indépendant dont la mission première demeure la protection et l'éducation du consommateur.

Pour jouer efficacement son rôle, l'Office analyse constamment la qualité des biens mis sur le marché, et en transmet les résultats à tout consommateur qui en fait la demande. Le consommateur peut également recourir à l'Office pour l'obtention de tout renseignement au sujet du permis d'un commerçant, de sa solvabilité ou de sa réputation.

Par exemple, lorsqu'un consommateur signe un contrat dans des circonstances douteuses et qu'il veut savoir s'il a un recours, ou s'il peut porter plainte contre le commerçant, l'Office agit en temps que conseiller; toutefois, il appartient au consommateur d'exercer son recours lui-même.

Exemple: Un commerçant itinérant se présente au domicile de Paul; ce dernier lui achète un aspirateur. Jean, un ami de Paul qui est au courant de la *Loi sur la protection du consommateur*, a eu vent de cet achat et il lui demande si le vendeur détenait un permis. Paul, inquiet, téléphone à l'Office et l'employé lui confirme qu'aucun permis n'a été émis au nom du commerçant en question. Paul peut donc demander l'annulation de la vente en invoquant le défaut du commerçant de posséder un permis.

Le critère de base de l'Office dans l'octroi ou le renouvellement des permis aux commerçants se fonde sur la protection du consommateur. La présente loi oblige donc les commerçants à offrir aux consommateurs les meilleurs produits et les meilleurs services. Le rôle joué par l'Office paraît sévère et ingrat, mais le Législateur n'a voulu que faire le contrepoids face aux sollicitations de plus en plus pressantes dont les consommateurs font souvent les frais.

Contrat

Forme

Les contrats suivants sont soumis à la *Loi sur la protection du consommateur* et doivent toujours revêtir la forme d'un *écrit*:

— les contrats conclus avec un commerçant itinérant dont le montant dépasse 25$;
— les contrats de crédit;
— les contrats de vente d'automobiles et de motocyclettes d'occasion;
— les contrats principaux de louage de services à exécution successive et les contrats qui leur sont accessoires.

Double

Cette loi exige du commerçant qu'il livre au consommateur le bien ou le service tel que stipulé au contrat intervenu entre les parties. En vertu de l'article

32 de la loi, le commerçant doit remettre un double du contrat au consommateur après la signature; à ce moment-là seulement, le consommateur sera tenu d'exécuter les obligations contractées. Un consommateur averti doit donc lire attentivement toutes les clauses d'un contrat avant de le signer, et il doit toujours en garder une copie.

Renseignements obligatoires

Le consommateur doit vérifier si tous les renseignements pertinents sont contenus au contrat:

— la date et le lieu de la signature;
— le lieu du domicile du consommateur dans le cas de vente itinérante ou d'achat par correspondance;
— le nom et l'adresse détaillée du commerçant (pas une case postale);
— le montant total (incluant tous les frais préalablement fixés par le commerçant et approuvés par le consommateur).

Au Québec, la loi exige que le contrat et ses annexes soient rédigés en français, à moins d'entente expresse entre les parties.

Nullité

Lorsqu'un contrat visé par la présente loi n'en respecte pas les exigences, le consommateur peut, compte tenu du préjudice subi, demander au tribunal soit l'annulation du contrat, soit, s'il s'agit d'un contrat de crédit, la suppression des frais de crédit et la restitution de la partie déjà payée des frais de crédit.

Garanties

Tout bien vendu ou loué doit être assorti d'une **garantie légale**, c'est-à-dire d'une garantie touchant tout vice de conception ou de fabrication que le consommateur n'était pas en mesure de détecter au moment de l'achat (vice caché). Dans un tel cas, la loi prévoit pour le consommateur un recours contre le manufacturier ou le commerçant.

Le commerçant ou le manufacturier peut y ajouter une **garantie conventionnelle**, c'est-à-dire une garantie supplémentaire offerte par le biais de la publicité ou autrement. Cette garantie est évidemment supérieure à la garantie légale.

En matière de garantie légale et de garantie contre les vices cachés, la nouvelle *Loi sur la protection du consommateur* va au-delà des dispositions du Code civil. En effet, elle protège davantage le consommateur en imputant aux manufacturiers et aux commerçants une responsabilité accrue en ce qui concerne la qualité des biens qu'ils fabriquent et qu'ils vendent. De plus, la présente loi a voulu alléger le fardeau de la preuve qui incombait au consommateur, à l'occasion d'un procès, en créant des présomptions en sa faveur.

Au Québec, en raison de nos conditions climatiques, on a souvent assisté à d'interminables procès opposant des consommateurs (aux prises avec un problème de rouille prématurée de leur automobile) à des fabricants et à des concessionnaires.

La *Loi sur la protection du consommateur* s'applique aussi au cas précédent et vise à accélérer les procédures de dédommagement du consommateur; de plus, elle force les manufacturiers à hausser leur standard de qualité et à offrir un bien de plus longue durée. Enfin, le consommateur n'a pas à craindre de perdre sa garantie s'il a omis de poster la carte de garantie jointe à l'objet acheté, car la garantie du commerçant ou du manufacturier s'applique quand même.

Publicité

On connaît tous les désaccords qui existent dans notre société au sujet de la publicité. Les commerçants ont largement abusé de ce moyen pour faire connaître leurs produits et les consommateurs sont aujourd'hui beaucoup plus avertis. Au cours des dernières années, l'Office de la protection du consommateur s'est efforcé de remplir son rôle d'éducateur auprès du public, et les dispositions de la nouvelle *Loi sur la protection du consommateur* viennent de nouveau appuyer l'Office pour contrer les abus encore existants dans le domaine de la publicité. En voici quelques exemples :

— Le commerçant n'a pas le droit d'annoncer un produit sans mentionner la quantité dont il dispose, et sans s'assurer qu'il en possède suffisamment.
— Le commerçant ne peut, en aucun cas, *exiger un montant supérieur à celui qui est publié dans l'annonce*.
— La publicité ne doit pas faire état de la possibilité de payer au moyen des chèques du gouvernement provincial ou fédéral.
— Le commerçant ne doit pas mousser la vente d'un produit en faisant état des facilités de crédit, ou encore en usant de fausses représentations concernant les caractéristiques d'une garantie.
— En ce qui concerne la publicité *destinée aux enfants*, la loi stipule qu'il est interdit de présenter des messages publicitaires visant une clientèle de moins de 13 ans. La publicité éducative (celle qui annonce un spectacle pour enfants, par exemple) échappe à cette règle.
— La loi ne vise pas non plus les étalages des magasins à leurs places d'affaires.

Pratiques illégales de commerce

L'article 219 de la loi stipule que :

> [...] aucun commerçant, manufacturier ou publicitaire ne peut, par quelque moyen que ce soit, faire une représentation fausse ou trompeuse à un consommateur.

Le contrevenant à cet article est donc susceptible de poursuite devant les tribunaux. Il est également interdit :

— de fournir de faux renseignements quant aux avantages d'un bien ou d'un service ; par exemple, mettre sur le marché un économiseur d'essence si on n'a pas réussi à faire la preuve de son efficacité.
— de fausser la réalité concernant les caractéristiques d'un bien ou d'un service offert au consommateur.

Par exemple :

a) prétendre qu'un shampooing comporte un ingrédient contre les pellicules, alors qu'il n'en est rien ;

b) vendre un téléviseur d'un modèle d'une année antérieure en affirmant qu'il s'agit d'un modèle de l'année.

— de faire de fausses représentations dans le but de vendre un bien ou un service.

Figure 12.1   [...] aucun commerçant [...] ne peut, par quelque moyen que ce soit, faire une représentation fausse ou trompeuse à un consommateur. (art. 219)

Par exemple:

a) vendre une automobile à cause d'un décès, si ce n'est pas le cas;

b) présenter une facture représentant des heures pendant lesquelles on n'a pas travaillé.

— d'exiger pour un bien ou un service un prix supérieur à celui qui a été annoncé.
Par exemple annoncer un téléviseur-couleurs à 435$, alors que son prix en magasin est de 495$; dans un tel cas, le commerçant sera obligé de le laisser à 435$.

— de passer un contrat avec un consommateur en lui octroyant un rabais, un paiement ou un autre avantage, à condition que celui-ci passe un contrat de même nature avec une autre personne. On désigne souvent ce genre de pratique commerciale du nom de **vente pyramidale**; elle vise davantage le recrutement de nouveaux distributeurs ou agents que la vente du produit concerné.

Ainsi, il y a quelques années, bon nombre de consommateurs ont été victimes d'une compagnie qui fonctionnait selon une organisation pyramidale. En effet, les instigateurs de cette compagnie convoquaient des agents recruteurs à des réunions régulières et leur demandaient de verser 25$ chacun pour un cours et 50$ pour un permis annuel; chacun de ces agents recruteurs déboursaient également 99$ pour obtenir leur carte de membre de la compagnie qui leur donnait droit à des réductions de 2% à 10% sur le prix de l'essence chez les marchands participants. Le mandat de ces agents recruteurs consistait à vendre le plus grand nombre de cartes de membre possible, au même prix de 99$; ils recevaient en retour une commission qui s'est avérée, par la suite, dérisoire.

Pour prolonger l'existence de la pyramide, les agents recruteurs tentaient de convaincre les membres de recruter, à leur tour, d'autres personnes, en leur faisant miroiter la possibilité de recevoir des commissions importantes. Non seulement cette pratique est-elle illégale, mais les pyramides ne peuvent défier indéfiniment les lois statistiques et, tôt ou tard, le marché est saturé, le système s'écroule et les dernières recrues perdent leur mise de fonds. Tout système pyramidal comporte toujours plus de perdants que de gagnants.

En plus de l'article 235 de la *Loi sur la protection du consommateur* qui condamne ce genre de pratique, le Code pénal prévoit aussi l'emprisonnement et de fortes amendes pour toute personne qui contribue à les mettre sur pied et y participent. Ajoutons que pour certaines victimes de bonne foi de ventes pyramidales, il peut être approprié d'intenter un recours collectif.

Contrats visés par la loi

Contrats de vente itinérante

Définition   On appelle **vendeur itinérant** tout commerçant qui, en personne ou par son représentant, sollicite un consommateur en vue de passer un contrat de vente, ou qui passe effectivement un contrat de vente fait ailleurs qu'à sa place d'affaires. La plupart du temps, cette sollicitation a lieu au domicile du consommateur. La *Loi sur la protection du consommateur* ne couvre que les contrats de plus de 25$ conclus entre un commerçant itinérant et un consommateur.

Permis   En vertu de la loi, tout vendeur itinérant doit être titulaire d'un permis de l'Office et doit déposer un cautionnement. Le consommateur peut donc demander à un commerçant itinérant de lui exhiber son permis, et si le vendeur ne détient pas un tel permis, le consommateur peut obtenir l'annulation du contrat.

Résolution   La loi accorde au consommateur un délai de réflexion de 10 jours, y compris les samedis, dimanches et jours fériés, pour résoudre tout contrat conclu avec un vendeur itinérant; ce délai est calculé à partir du moment où le consommateur a en main un double du contrat signé.

Dans ce calcul, on ne compte pas le jour qui marque le point de départ, mais on compte celui de l'échéance; si le dernier jour est férié, on proroge le délai au jour suivant.

Remise du bien   Dans le cas de la résolution d'un contrat entre un vendeur itinérant et un consommateur, les parties sont tenues de se restituer ce qu'elles ont reçu l'une de l'autre dans les 10 jours qui suivent. Les frais occasionnés à ce sujet seront assumés par le commerçant.

Aussi longtemps que le délai de 10 jours dont jouit le consommateur pour annuler un tel contrat n'est pas expiré, et tant que le second délai de 10 jours dont il dispose pour remettre le bien court, la loi tient le commerçant responsable de toute perte ou détérioration du bien.

Contrats de louage de services à exécution successive

Ce type de contrat est offert la plupart du temps par des entreprises qui échelonnent leurs services sur plusieurs semaines ou plusieurs mois en contrepartie de sommes d'argent. Ces contrats peuvent revêtir les trois formes suivantes : les **contrats principaux**, les **contrats avec les studios de santé** et les **contrats accessoires**.

Contrats principaux   Aux termes de l'article 189 de la loi, les contrats principaux visent à procurer au consommateur un enseignement ou un entraînement susceptible d'améliorer ses qualités physiques ou intellectuelles ; ils visent également à aider une personne à établir et développer des relations personnelles ou sociales. Les écoles de langue, de danse et les agences de rencontre offrent le plus souvent ce genre de contrat.

Ces entreprises n'ont pas le droit d'exiger du consommateur un acompte tant que ce dernier n'a pas commencé à utiliser leurs services. S'il veut mettre fin à son contrat, il peut le faire en retournant à l'entreprise la formule d'annulation jointe à son contrat. Dans ce cas, si le consommateur n'a pas encore utilisé les services de l'entreprise, il n'a aucun frais à débourser. Toutefois, dans le cas où le consommateur a utilisé les services de l'entreprise pendant un certain laps de temps, il doit alors payer des frais d'annulation calculés de la façon suivante : 50 $ ou 10 % du prix des services non encore rendus, selon la moins élevée des deux sommes.

Contrats avec les studios de santé   Les articles 197 à 205 de la *Loi sur la protection du consommateur* traitent de façon particulière des contrats conclus entre un consommateur et un commerçant qui exploite un studio de santé.

Aux termes de la loi, un studio de santé est :

> [...] un établissement qui fournit des biens ou des services destinés à aider une personne à améliorer sa condition physique par un changement dans son poids, le contrôle de son poids, un traitement, un régime ou de l'exercice.

Les clubs de conditionnement physique, studios de danse aérobique ou centres de musculation entrent dans cette définition.

Ce genre de contrat ne peut avoir une durée de plus d'un an ; les contrats à vie sont désormais interdits par la loi.

Comme dans le contrat précédent, le commerçant qui dirige un studio de santé n'a pas droit d'exiger d'acompte du consommateur et il ne peut, non plus, obliger ce dernier à débourser le coût de ses services en un seul versement global ; le paiement devra donc se faire en au moins deux versements égaux.

Pour ce qui est de la résiliation de ce type de contrat, la loi prévoit deux hypothèses. D'une part, si le consommateur n'a pas encore utilisé les services du studio de santé, il peut résilier son contrat sans frais ni pénalité ; d'autre part, s'il a commencé à utiliser les services du studio, il peut mettre fin au contrat dans un délai égal à 1/10 de la durée du contrat en payant 10 % du prix total des services. Dans ce cas, le commerçant doit rembourser au consommateur la somme d'argent déjà versée dans les 10 jours de la résiliation.

Contrats accessoires   La *Loi sur la protection du consommateur* définit le contrat accessoire comme celui qui est conclu entre un commerçant et un consommateur à l'occasion d'un contrat principal de louage de services à exécution successive. Par exemple, dans un cours de langue, le contrat accessoire est celui que le consommateur passe relativement à l'achat de matériel pédagogique, tels magnétophone, cassettes, livres, etc.

La loi interdit au commerçant de subordonner la conclusion d'un contrat principal à celle d'un contrat accessoire. Comme on peut le constater, cette disposition de la loi vise à prévenir les abus en évitant que le commerçant n'oblige le consommateur à se procurer des articles auprès de lui (achat de matériel).

Contrats à distance

Ce sont des contrats qui interviennent entre un commerçant et un consommateur qui ne sont en présence l'un de l'autre ni lors de l'offre, ni lors de

Tableau 12.1

Condition de résiliation d'un contrat de louage de services à exécution successive

Le consommateur peut résilier		Le commerçant n'a pas commencé à exécuter son obligation principale	Le commerçant a commencé à exécuter son obligation principale	
	un contrat autre qu'avec un studio de santé	– à tout moment, sans frais ni pénalité	– à tout moment, mais le commerçant peut exiger	– le prix des services effectivement fournis et la moins élevée des sommes suivantes: 50 $ ou au plus 10 % du prix des services non fournis.
	un contrat avec un studio de santé	– à tout moment, sans frais ni pénalité	– dans un délai égal à 1/10 de la durée du contrat, à compter du moment où le commerçant a commencé à l'exécuter, mais le commerçant peut exiger	– pas plus que 1/10 du prix total prévu au contrat.

Source: *Protégez-vous*, février 1984, p. 57.

l'acceptation. On désigne communément ces contrats sous le vocable **vente par correspondance**. Certains journaux ou revues regorgent d'annonces invitant le consommateur à passer des contrats à distance. Ainsi, on offre en vente des plants géants de tomates, des fraisiers mirobolants, des amulettes miraculeuses, etc.

En vertu de l'article 21 de la loi, un **contrat à distance** est réputé conclu à l'adresse du consommateur; cet article a pour but de rendre plus facile le recours éventuel du consommateur en cas de litige avec le commerçant. En effet, le consommateur pourra toujours poursuivre un commerçant devant le tribunal du district de sa résidence.

Dans un contrat à distance, un commerçant ne peut exiger du consommateur le paiement total ou partiel du bien avant sa livraison. Il faut remarquer que les dispositions de la loi touchant les contrats à distance ne s'appliquent pas aux contrats d'abonnement à un journal, à une revue ou à un magazine.

Comptes en fiducie

La *Loi sur la protection du consommateur* stipule qu'un vendeur itinérant, par exemple, doit déposer dans un **compte en fiducie** toute somme d'argent qu'il reçoit en paiement d'un bien vendu et ce, pour la période de temps qui court depuis le moment où le consommateur paie la marchandise jusqu'à l'expiration du délai de résolution du contrat.

On comprend que cette disposition de la loi protège le consommateur en empêchant le commerçant peu scrupuleux de disposer à sa guise de l'argent du consommateur.

Contrats de crédit

Sous cette rubrique, la *Loi sur la protection du consommateur* établit des dispositions générales et énonce des règles spéciales en ce qui a trait aux contrats suivants: le contrat de *prêt d'argent*, le contrat de *crédit variable* et le contrat *assorti d'un crédit*.

Dispositions générales   En matière de consommation, il existe depuis longtemps des lois visant à réglementer, dans une certaine mesure, le crédit. Ainsi, sur le plan fédéral, nous sommes régis principalement par deux lois: la *Loi sur l'intérêt* et la *Loi sur les petits prêts*.

La première, qui est la plus ancienne exige que le commerçant précise dans un contrat de crédit le taux d'intérêt annuel, mais elle n'impose aucune limite relativement à ce taux; la seconde réglemente les prêts d'argent d'un montant inférieur à 1500 $, consentis par un prêteur autre qu'une banque ou qu'un prêteur sur gage, en fixant des normes impératives relativement au taux de crédit.

Sur le plan provincial, l'article 1040 al. *c, d* et *e* du Code civil offre au consommateur la possibilité de demander au tribunal la réduction ou l'annulation d'obligations financières à la suite d'un emprunt à un taux d'intérêt exorbitant. Mais cet article, qui a comme toile de fond l'équité, laisse au juge une entière discrétion quant à son application.

Afin de protéger davantage le consommateur, le Législateur a cru bon de renforcer les lois que nous venons d'énumérer en édictant la *Loi sur la protection du consommateur* qui vise, entre autres, à exercer un contrôle plus rigoureux sur l'application des règles concernant le crédit.

Cette loi ne régit pas le taux d'intérêt qui est de la compétence du gouvernement fédéral, mais elle protège le consommateur en obligeant le commerçant à mentionner, dans le contrat, les frais de crédit et le taux (%) de crédit. Le consommateur doit donc être vigilant et comparer les divers taux de crédit qui lui sont offerts.

Frais de crédit   Les **frais de crédit** représentent la somme que le consommateur doit payer pour bénéficier d'un montant déterminé de crédit pendant un certain temps.

Exemple: France achète, à crédit, une machine à coudre au montant de 390$ chez Dupré & Fils ltée. Elle verse 90$ comptant et obtient un financement de 300$ auprès d'une société de crédit. Cette dernière exige 40$ d'intérêt et 10$ pour l'obtention d'un rapport de solvabilité.

Dans l'exemple précédent, le capital net est de 300$, les frais de crédit de 50$ et l'obligation totale de France est de 350$. Parmi les frais de crédit, on peut citer:

— une somme réclamée à titre d'intérêt;
— une prime d'assurance, à l'exception de celle d'assurance-automobile;
— des frais d'administration;
— des frais engagés pour obtenir un rapport de solvabilité;
— une commission.

L'article 71 de la loi oblige le commerçant à mentionner les frais de crédit en termes de dollars et de cents et à indiquer qu'ils se rapportent:

— à toute la durée du contrat, dans le cas d'un contrat de prêt d'argent ou d'un contrat assorti d'un crédit;
— à la période faisant l'objet de l'état de compte, dans le cas d'un contrat de crédit variable.

Mentionnons que dorénavant les frais de crédit sont calculés au jour le jour sur le solde impayé à la date du paiement précédent.

Taux de crédit   Le **taux de crédit** est l'expression en pourcentage annuel des frais de crédit.

Exemple: Un consommateur achète un téléviseur pour la somme de 475$; il donne 25$ comptant et signe un contrat de crédit de 450$. Il doit payer cette somme sur une période de neuf mois et les frais de crédit s'élèvent ainsi à 78,47$. Même si le contrat assorti d'un crédit n'est pas fait pour un an, le commerçant devra tout de même indiquer le taux de crédit annuel, dans ce cas-ci 23,25%.

Le taux de crédit prévu à un contrat, à l'exception des prêts de moins de 1500$ et des contrats de crédit variable, doit être *unique* et exprimé en *pourcentage*.

Exemple: Un magasin de vente au détail offre deux taux pour les utilisateurs de sa carte de crédit: le taux est de 21% lorsque le solde est de 10$ à 500$, et de 15% sur la portion du solde qui excède 500$.

Contrats de prêt d'argent   Le contrat de prêt d'argent peut maintenant faire l'objet d'une résiliation de la part du consommateur. Le délai d'annulation prévu par la loi est de *deux jours* à compter du moment où le consommateur a en sa possession un double du contrat et ce, sans frais ni pénalité. Le consommateur qui a déjà touché la somme empruntée doit, bien sûr, la retourner au commerçant.

Contrats de crédit variable   Aux termes de l'article 118 de la *Loi sur la protection du consommateur*, le **contrat de crédit variable** est le contrat par lequel un crédit est consenti d'avance par un commerçant à un consommateur qui peut s'en prévaloir de temps à autre, en tout ou en partie, selon les modalités du contrat.

Le contrat de crédit variable comprend notamment le contrat conclu pour l'utilisation de ce qui est communément appelé carte de crédit, compte de crédit, compte budgétaire, crédit rotatif, marge de crédit, ouverture de crédit et tout autre contrat de même nature.

Aucun commerçant ne peut émettre de carte de crédit au nom d'un consommateur, à moins que ce dernier ne lui en ait fait la demande par écrit. Une carte de crédit peut toujours être renouvelée ou remplacée aux conditions initiales, à moins d'avis contraire de la part du consommateur. En cas de perte ou de vol de sa carte de crédit, le consommateur se dégage de toute responsabilité découlant de l'usage de la carte par une autre personne après en avoir avisé la compagnie émettrice. S'il omet d'aviser la compagnie, la responsabilité du consommateur est limitée à 50 $.

La loi oblige le commerçant à fournir au consommateur un état de compte mensuel sur demande. Enfin, le commerçant ne peut, sans l'autorisation écrite du consommateur, augmenter la marge de crédit accordée.

Contrats assortis d'un crédit   Le consommateur passe régulièrement des contrats assortis d'un crédit dont les plus connus sont la vente à tempérament et la vente à terme.

Vente à tempérament[2]

Définition   En se basant sur l'article 132 de la loi, on peut définir la **vente à tempérament** comme un contrat assorti d'un crédit par lequel le transfert de la propriété d'un bien, vendu par un commerçant à un consommateur, est différé jusqu'à l'exécution, par ce dernier, de son obligation, en tout ou en partie. Les deux éléments essentiels de la vente à tempérament sont l'existence d'un crédit et la suspension du transfert de propriété jusqu'au dernier versement.

Risques de perte ou de détérioration   Étant donné que le consommateur n'est pas propriétaire du bien tant qu'il n'a pas effectué le dernier versement prévu au contrat, il est normal qu'il n'en assume pas les risques de perte ou de détérioration totale ou partielle dont la responsabilité incombe au commerçant;
Exemple: Henri, commerçant de meubles et d'appareils électro-ménagers, vend à tempérament à François une machine à laver et une sécheuse pour un montant de 960 $ réparti en 12 versements égaux et mensuels de 80 $ chacun. Lors du 7e mois, un incendie accidentel détruit la maison de François, de même que tout ce qu'elle contenait. Henri doit assumer la perte de ces deux appareils, et François n'a pas à effectuer les 5 derniers versements.

Il existe une exception et c'est le cas lorsque le tribunal rend un jugement en faveur du consommateur à l'occasion d'une requête de reprise de possession par le commerçant. Dans ce cas, le consommateur est responsable des risques de perte totale ou partielle du bien, même par cas fortuit.

Stipulations interdites   La *Loi sur la protection du consommateur* interdit à un commerçant d'inscrire au contrat une clause défendant au consommateur de déplacer le bien vendu à tempérament à l'intérieur du Québec. Le commerçant ne peut reprendre possession du bien du consommateur sans que ce dernier y consente, ou que le tribunal ne le permette expressément.

Solde exigible   Si le consommateur vend à une autre personne le bien faisant l'objet d'une vente à tempérament, avant qu'il n'en soit propriétaire, c'est-à-dire avant d'avoir acquitté le montant global prévu au contrat, le commerçant peut alors exiger que le solde dû à cette date lui soit immédiatement versé. De même, si le bien qui fait l'objet d'une telle vente est vendu

---

2. La vente à tempérament peut également s'appliquer entre deux commerçants. Dans ce cas, elle n'est pas soumise aux règles de la *Loi sur la protection du consommateur*.

en justice par un créancier du consommateur, le commerçant peut aussi exiger que le consommateur lui remette le solde dû.

Recours du commerçant en cas de défaut du consommateur

Lorsque le consommateur fait défaut de se conformer aux modalités de son contrat, le commerçant peut:

— soit exiger le paiement immédiat des sommes échues;
— soit exiger le paiement immédiat du solde de la dette si le contrat contient une clause de déchéance du bénéfice du terme;
— soit reprendre possession du bien vendu en suivant les prescriptions de la loi.

Toutefois, le consommateur qui reçoit un avis de reprise de possession du bien peut toujours remédier à son défaut, dans les 30 jours de l'avis. De plus, le consommateur qui a déjà effectué la moitié des versements dus sur le bien acheté à tempérament peut s'adresser au tribunal pour demander la révision de ses modes de paiement. Il évitera ainsi la reprise de possession du bien par le vendeur.

Effets d'une remise volontaire ou d'une reprise forcée d'un bien

Lorsque, à la suite d'un avis à cet effet, le consommateur choisit de remettre le bien au commerçant, ou lorsque le commerçant reprend le bien, ce dernier n'est pas tenu de remettre au consommateur les montants déjà perçus, et le consommateur, pour sa part, n'a pas à continuer d'effectuer ses versements et son obligation est éteinte.

Vente à terme[3]   Une vente à tempérament qui ne respecte pas les règles relatives aux contrats de crédit devient automatiquement une vente à terme, et le bien qui fait l'objet de contrat est réputé être la propriété du consommateur dès la formation du contrat. Par conséquent, dans une vente à terme, le consommateur, même s'il échelonne ses paiements sur une période de temps donné, devient propriétaire du bien *au moment même de la formation du contrat*, et il en assume tous les risques.

On retrouve à la figure 12.2 une formule de vente à tempérament. Le consommateur doit toujours veiller à ce que le contrat qu'il signe reproduise tous les renseignements prévus à cette fin.

Dossier de crédit   En terminant cette étude des différents types de contrat de crédit réglementés par la *Loi sur la protection du consommateur*, il peut être utile de rappeler que tout consommateur se prévalant du crédit sous une forme ou sous une autre, possède un **dossier de crédit** conservé au bureau de crédit du district de son domicile.

Par ailleurs, le consommateur qui a déjà fait l'objet d'un rapport de solvabilité par un agent de crédit a le droit d'examiner son dossier pour vérifier l'exactitude des renseignements qui y sont consignés et, le cas échéant, d'exiger qu'on y rectifie les erreurs.

Depuis le 1er juillet 1981, il existe une réglementation québécoise visant à protéger les droits du consommateur qui s'est prévalu du crédit et qui accuse un retard dans le remboursement de ses dettes; il s'agit de la *Loi sur le recouvrement de certaines créances*. L'application de cette loi est du ressort de l'Office de la protection du consommateur.

Cette loi a comme premier objectif de protéger un débiteur contre les méthodes abusives utilisées par certains **agents de recouvrement** chargés, moyennant rémunération, de recouvrer une créance pour autrui. En langage populaire, on désigne souvent ces individus du nom d'agent de «collection».

---

3. La vente à terme qui s'applique entre deux commerçants n'est pas soumise aux règles de la *Loi sur la protection du consommateur*.

ANNEXE 5

CONTRAT DE VENTE A TEMPERAMENT

(Loi sur la protection du consommateur, art. 134)

Date: ....
(date de la formation du contrat)

Lieu: ....
(lieu de la formation du contrat, s'il est formé en présence du commerçant et du consommateur)

....
(nom du commerçant)

....
(adresse du commerçant)

....
(nom du consommateur)

....
(adresse du consommateur)

Description de l'objet du contrat: ....

1. a) Prix comptant .... $
   b) Frais d'installation, de livraison et autres .... $
2. a) Prix comptant total .... $
   b) Versement comptant
3. a) Solde – Capital net .... $
   b) Intérêt
   c) Prime de l'assurance souscrite – décrire .... $
   d) Autres composantes
4. Total des frais de crédit pour toute la durée du contrat .... $
5. Obligation totale du consommateur .... $
   Taux de crédit .... %

L'obligation totale du consommateur est payable à .... (adresse)

en .... paiements différés de $ ....
(nombre)

le .... jour de chaque mois consécutif à compter du
(date d'échéance du premier paiement) et un dernier paiement de $ ....

le ....
(description)

Le consommateur donne au commerçant en reconnaissance ou en garantie de son obligation l'objet ou le document suivant:

Le commerçant livre le(s) bien(s) faisant l'objet du présent contrat lors de la formation du contrat .... ou, le ....
oui   (date de la livraison du bien)

Le commerçant demeure propriétaire du(des) bien(s) vendu(s) et le transfert du droit de propriété n'a pas lieu lors de la formation du contrat mais aura lieu seulement .... (époque et modalités de transfert)

....
(signature du commerçant)

....
(signature du consommateur)

R. – Voir les articles 31 et 32 du règlement, pages 63 et suivantes.

– Un contrat de vente à tempérament qui ne contient pas de clause de déchéance du bénéfice du terme doit contenir, en plus des mentions prévues à l'annexe 5 de la loi et de la mention prévue à l'article 31 ou 32, selon le cas, immédiatement après la clause de réserve de propriété, la mention obligatoire suivante:

Mention exigée par la Loi sur la protection du consommateur.

(Contrat de vente à tempérament)

Si le consommateur n'exécute pas son obligation de la manière prévue au présent contrat, le commerçant peut:

a) soit exiger le paiement immédiat des versements échus;

b) soit reprendre possession du bien qui fait l'objet du contrat.

Figure 12.2   Exemple de contrat de vente à tempérament

Trop de débiteurs, souvent malchanceux mais honnêtes, ont dû goûter à la médecine amère d'individus peu scrupuleux qui les harcelaient régulièrement au téléphone en les menaçant de saisir leurs biens, de leur faire perdre leur emploi et leur réputation, ou en les insultant carrément.

Tableau 12.2   Règles de recouvrement de créances

Les règles à respecter lors du recouvrement des créances

Les obligations générales (créanciers, agents de recouvrement, etc.)

Il est interdit :

• De faire une représentation fausse ou trompeuse (par exemple, de prétendre pouvoir saisir tous les biens du débiteur sans prendre les procédures judiciaires appropriées);

• De faire du harcèlement, de proférer des menaces ou d'employer l'intimidation. Le fait de menacer d'exercer un recours prévu par la loi ne constitue cependant pas une menace, sauf s'il s'agit d'un agent de recouvrement. Celui-ci ne peut davantage harceler ou menacer la famille, des voisins, l'employeur du débiteur ou toute autre personne;

• De faire faire croire que le débiteur sera arrêté ou fera l'objet de poursuites pénales s'il ne paie pas;

• De donner un renseignement qui peut causer un préjudice indu au débiteur, à sa caution ou à un membre de sa famille;

• D'utiliser un écrit qui peut être confondu avec un document émis ou utilisé par un tribunal ou le gouvernement (par exemple, du papier à entête d'un ministère);

• De communiquer avec un débiteur qui a avisé par écrit l'agent ou le créancier de s'adresser à son avocat;

• De réclamer une somme d'argent supérieure à celle due (si le montant de la dette réclamé est de 320$ et qu'on réclame 50$ à titre des frais de recouvrement, il faut refuser de payer plus de 320$);

• De communiquer avec l'employeur ou les voisins du débiteur, sauf pour obtenir l'adresse de ce dernier, ou si ces personnes l'ont cautionné pour la créance concernée. Dans tous les cas, l'agent doit s'identifier en déclinant ses nom et prénom, et nommer l'organisme qu'il représente s'il y a lieu.

Les obligations supplémentaires pour les agents de recouvrement

Tout agent de recouvrement doit :

• Détenir un permis émis par le président de l'Office de la protection du consommateur;

• Fournir un cautionnement avec sa demande de permis. Ce cautionnement servira d'abord à indemniser une personne qui obtiendrait un jugement après avoir poursuivi un agent en vertu de la loi;

• Détenir un compte en fiducie pour y verser l'argent reçu du débiteur, jusqu'à ce qu'il remette celui-ci au créancier pour lequel il l'a recouvré.

Les procédures de communication

• Aucun agent de recouvrement ne peut communiquer oralement avec le débiteur tant qu'il ne lui a pas envoyé un avis de réclamation écrit.

• Toute communication orale postérieure doit avoir lieu de 8h à 20h les jours non fériés.

• Un agent doit toujours communiquer par écrit avec le débiteur qui lui en a fait la demande, et ce pour les trois mois suivant la réception de l'avis écrit.

• Un agent ne peut communiquer avec un membre de la famille du débiteur que pour obtenir l'adresse de ce dernier, sauf si cette personne l'a cautionné pour la créance concernée.

• Un agent ne peut menacer de révéler à des personnes non parties au contrat concerné, ou menacer de publier le fait que le débiteur n'effectue pas ses paiements. Il ne peut pas non plus menacer de faire inscrire une mention défavorable dans son dossier de crédit, par exemple.

• Il est aussi interdit à un agent de recouvrement de suggérer qu'à défaut de paiement, des poursuites judiciaires seront intentées, puisque ce droit ne lui appartient pas.

Source : *Protégez-vous*, octobre 1983, p. 36.

Il est important de savoir que la *Loi sur le recouvrement de certaines créances* ne s'applique pas aux avocats, aux notaires, aux agents d'assurance, aux huissiers ou aux syndics qui sont tous régis par des lois spéciales. Elle ne s'applique pas non plus aux employés qui, dans l'exécution de leurs fonctions, ont pour mandat de recouvrer des sommes d'argent appartenant à leur employeur (à titre d'exemple, l'employé d'une société de financement n'est pas considéré comme un agent de recouvrement au sens de la loi). Le tableau 12.2 illustre les règles à respecter lors du recouvrement de créances.

Contrats de vente d'automobiles et de motocyclettes d'occasion

Étiquette   La loi oblige le commerçant qui vend une automobile ou une motocyclette d'occasion à apposer sur le véhicule une étiquette placée bien en vue et décrivant les caractéristiques suivantes: le prix, le kilométrage, l'année de fabrication, le numéro de série, la marque, le modèle, la cylindrée du moteur et les réparations déjà faites, la garantie et toutes les autres caractéristiques utiles pour le consommateur, tels le nom et le numéro de téléphone du dernier propriétaire. L'odomètre du véhicule doit indiquer le kilométrage réel parcouru.

Garantie   Aux termes de la nouvelle loi, les voitures et les motocyclettes d'occasion vendues par un commerçant sont maintenant garanties d'après les normes suivantes:

Voitures d'occasion

Catégorie	Mise sur le marché	Durée de la garantie
A	depuis 2 ans ou moins maximum de 40 000 km	6 mois ou 10 000 km
B	depuis 3 ans ou moins maximum de 60 000 km	3 mois ou 5 000 km
C	depuis 5 ans ou moins maximum de 80 000 km	1 mois ou 1 700 km
D	toutes les autres automobiles d'occasion	aucune garantie légale spécifique

Motocyclettes d'occasion

Catégorie	Mise sur le marché	Durée de la garantie
A	depuis 2 ans ou moins	2 mois
B	depuis plus de 2 ans, mais moins de 3 ans	1 mois
C	les autres motocyclettes d'occasion	aucune garantie spécifique

En vertu de la nouvelle loi, la garantie légale ou conventionnelle dont bénéficie le consommateur qui achète une voiture neuve ou d'occasion demeure valide pour tout consommateur subséquent; en d'autres mots, que vous soyez le deuxième ou le troisième propriétaire du véhicule, le commerçant ou le manufacturier doit respecter la garantie du véhicule, si elle est toujours valide.

Réparation d'automobiles et de motocyclettes   Les dispositions de la loi concernant les réparations de véhicules s'appliquent tout aussi bien aux automobiles et aux motocyclettes d'occasion qu'à celles qui ont été achetées neuves. Avant d'effectuer sur une automobile ou une motocyclette une réparation dont le coût total (y compris le prix des pièces et de la main-d'oeuvre) est supérieur à 50$, le garagiste doit fournir au consommateur une évaluation écrite.

S'il s'agit d'une automobile, le consommateur bénéficie d'une garantie minimale de trois mois ou de 5 000 kilomètres sur les travaux effectués sur son véhicule; s'il s'agit d'une motocyclette, il bénéficie d'une garantie d'un mois sans limite de kilométrage. Afin d'assurer le respect de ces dispositions, la loi exige que tout commerçant affiche dans son établissement le texte écrit des droits du consommateur.

Recours   À compter du jour où il découvre une défectuosité et que le commerçant refuse de la corriger aux termes de la garantie offerte au moment de l'achat, ou fournie à la suite d'une réparation, le consommateur a contre le commerçant un recours qu'il doit exercer dans les trois mois devant les tribunaux de droit commun.

Réparation d'appareils ménagers

Définition   La loi vise, sous ce titre, les réparations de plus de 50$ de cuisinières, réfrigérateurs, congélateurs, lave-vaisselle, machines à laver, sécheuses et téléviseurs.

Évaluation   Dorénavant, le réparateur de ces appareils doit fournir au consommateur une évaluation écrite du coût de la réparation.

Contenu de la facture   La facture relative à la réparation d'appareils ménagers doit contenir les détails suivants:

— le nom et l'adresse du consommateur et du commerçant;
— la description de l'appareil ménager;
— la réparation effectuée;
— les pièces installées et leur prix;
— le nombre d'heures, le tarif horaire et le coût total de la main-d'oeuvre;
— le coût total de la réparation;
— la caractéristique de la garantie.

Garantie   La réparation d'un appareil ménager est garantie pour trois mois; cette garantie comprend les pièces et la main-d'oeuvre.

Recours   Le consommateur dispose de trois mois à compter de la découverte de la défectuosité pour intenter une action contre le réparateur d'appareils ménagers devant un tribunal de droit commun.

Résumé

La vente est un contrat par lequel une personne donne une chose à une autre moyennant un prix que cette dernière s'oblige à payer. La simple promesse de vente n'équivaut pas à une vente, mais elle lie l'auteur de la promesse. Le contrat de vente est à titre onéreux, synallagmatique, consensuel, civil ou commercial, ou translatif de propriété. Les règles générales relatives au contrat s'appliquent au contrat de vente; toutefois, le Législateur a prévu certaines restrictions quant à la capacité des parties et quant à l'objet de la vente.

Dans un contrat de vente, tant le vendeur que l'acheteur assument des obligations. Le vendeur a une obligation de délivrance et de garantie. Il y a deux types de garantie: la garantie légale et la garantie conventionnelle. La garantie a un double objet: l'éviction et les défauts cachés de la chose. L'acquéreur d'un objet affecté d'un défaut caché dispose des recours suivants: l'action rédhibitoire, l'action en diminution de prix et l'action en dommages-intérêts. L'acheteur doit, de son côté, payer le prix et enlever la chose au temps et au lieu où elle est livrée. Le vendeur impayé a entre autres deux recours contre l'acheteur: le droit de rétention et la résolution de la vente.

Il existe des contrats de vente à caractère spécial; la vente en bloc, la vente F.A.B., la vente à terme et la vente à tempérament.

Outre le Code civil, il existe une loi statutaire au Québec qui réglemente la vente: la *Loi sur la protection du consommateur*. C'est l'Office de la protection du consommateur qui veille à l'application de cette loi et qui protège et éduque les consommateurs. Les contrats soumis à cette loi doivent être écrits; le commerçant doit remettre un double du contrat au consommateur après la signature et certains renseignements obligatoires doivent y être insérés. Si ces exigences ne sont pas respectées, le consommateur peut demander au tribunal l'annulation du contrat, la suppression des frais de crédit et la restitution de la partie déjà payée des frais de crédit. Les biens vendus ou loués doivent être assortis d'une garantie légale et la loi protège le consommateur en ce sens.

La *Loi sur la protection du consommateur* a également pour but de contrer les abus dans le domaine de la publicité et des pratiques illégales de commerce; elle interdit, par exemple, la vente pyramidale. Les principaux contrats visés par la loi sont les contrats de vente itinérante, les contrats de louage de services à exécution successive, les contrats à distance, les comptes en fiducie, les contrats de crédit, les contrats de vente d'automobiles et de motocyclettes et les contrats relatifs à la réparation d'appareils ménagers.

Vocabulaire

Action en diminution
Action rédhibitoire
Agent de recouvrement
Certificat de localisation
Compte en fiducie
Consommateur
Contrat accessoire
Contrat à distance
Contrat avec un studio de santé
Contrat de crédit variable
Contrat principal
Défaut caché

Délivrance
Diligence raisonnable
Dossier de crédit
Droit de rétention
Enlèvement
Frais de crédit
Garantie
Garantie légale
Garantie conventionnelle
Option
Promesse de vente
Recours en dommages-intérêts

Taux de crédit
Vendeur itinérant
Vente
Vente à tempérament
Vente à terme

Vente en bloc ou vente d'un fonds de
    commerce
Vente F.A.B.
Vente par correspondance
Vente pyramidale

Questions

1. En matière de promesse de vente, quels sont les recours du créancier dans le cas du non-respect de sa promesse par le promettant?

2. Dans le cas d'une vente à l'essai, à quel moment s'opère le transfert de propriété?

3. Un contrat de vente par lequel un tuteur achète l'immeuble de son pupille est-il annulable? Expliquez votre réponse.

4. Qu'est-ce que la garantie contre l'éviction? De quels recours dispose l'acheteur évincé contre le vendeur?

5. Aux prises avec des difficultés financières, un épicier décide de vendre son fonds de commerce. Il doit à ses créanciers 50 000 $; la vente de son fonds de commerce rapporte 120 000 $. Quelles sont les règles du Code civil en regard de cette vente?

6. Donnez et expliquez les caractéristiques du contrat de vente.

7. En quoi consiste l'obligation de délivrance?

8. Définissez la vente F.A.B.

9. Quels sont les recours de l'acheteur en cas de défauts cachés de la chose et dans quel délai doit-il les exercer?

10. En vous basant sur la *Loi sur la protection du consommateur*, donnez la définition d'un consommateur.

11. Que doit faire le commerçant des sommes d'argent versées par un consommateur en vue de la conclusion d'un contrat?

12. Un Québécois qui détient une carte de crédit étrangère lit dans son contrat concernant cette carte qu'une clause prévoit que le détenteur de la carte sera assujetti aux lois du pays d'origine de la carte. Cette clause est-elle valide?

13. La *Loi sur la protection du consommateur* régit-elle le taux d'intérêt exigé par un commerçant? Expliquez votre réponse.

14. En quoi l'expression «frais de crédit» diffère-t-elle de «taux de crédit»?

15. Que peut faire un consommateur aux prises avec un contrat de crédit qui ne respecte pas les exigences de la *Loi sur la protection du consommateur*?

16. Quels sont les deux éléments essentiels de la vente à tempérament?

17. Le consommateur a-t-il le droit de céder à quelqu'un d'autre un bien acheté à tempérament? Expliquez votre réponse.

18. En vertu de la *Loi sur la protection du consommateur*, le consommateur qui a fait effectuer par un garagiste une réparation sur son automobile, bénéficie-t-il d'une garantie? Dans l'affirmative, et dans le cas du non-respect de cette garantie par le garagiste, que peut faire le consommateur et dans quel délai doit-il le faire?

19. Le consommateur a-t-il accès à son dossier de crédit?

20. Aux termes de la *Loi sur le recouvrement de certaines créances*, qu'est-ce qu'un agent de recouvrement?

Cas pratiques

1. Dans l'affaire Rondelet c. Legrand, 1972, R.L. 285, le demandeur a vendu au défendeur un animal (une taure) pour la somme de 400$. En guise de paiement, le défendeur a remis au demandeur un chèque au montant de 400$, le 9 octobre 1969, mais avec la mention «négociable» le 1er novembre 1969, représentant le prix de la taure vendue et livrée par le demandeur au défendeur.

Avant la date d'échéance, le défendeur a arrêté le paiement du chèque à la banque, en alléguant que l'animal en question était affecté de vice caché, à savoir que la taure souffrait d'une malformation ou anomalie congénitale aux trayons antérieurs droits et gauches consistant en l'absence de canal lactifère; cette malformation empêche le lait de descendre dans le trayon et ne se constate ou ne se révèle qu'au moment du vêlage.

Cette anomalie, aux dires des experts, est incurable et aucun traitement ne peut y remédier; il s'agit d'une anomalie congénitale très peu fréquente.

Le défendeur soutient qu'il s'agissait là d'un vice caché dont était atteinte ladite taure au moment de la vente, et que ce défaut ne pouvait être décelé qu'après la mise bas, ou vêlage, qui a eu lieu le 31 octobre 1969.

Pour ces raisons, le défendeur soutient qu'il était bien fondé d'arrêter le paiement de son chèque et il a demandé l'annulation de la vente, offrant au demandeur de lui verser la somme de 213,72$, prix et valeur de l'animal dont il a disposé dans l'intervalle, vu qu'il subissait chaque jour des pertes pour l'entretien de cette bête.

De son côté, le demandeur poursuit le défendeur en recouvrement du prix de vente de 400$ qu'il n'a jamais touché. Il allègue que le défendeur n'a pas agi avec diligence raisonnable contrairement aux dispositions de l'article 1530 C.c.; le demandeur allègue également que le défendeur n'était pas en mesure de lui remettre l'objet de la vente, c'est-à-dire la taure, en ayant disposé durant l'instance.

Le demandeur a intenté son action le 5 décembre 1969; le défendeur a comparu le 10 décembre 1969 et sa défense a été signifiée au demandeur le 17 décembre 1969.

À la lumière de ces faits, répondez aux questions suivantes:

a) S'agissait-il dans cette affaire d'un défaut caché?

b) Le défendeur a-t-il demandé l'annulation de la vente dans un délai raisonnable?

c) Avait-il raison d'arrêter le paiement de son chèque à la banque et de vendre la taure pour le prix de 213,72$ durant l'instance?

d) De son côté, le demandeur a-t-il un bon droit en poursuivant le défendeur en recouvrement du prix de vente de 400$?

e) La vente n'étant accompagnée d'aucune garantie conventionnelle, l'acheteur est-il présumé avoir acheté sans garantie et à ses risques et périls?

f) Le demandeur est-il obligé d'accepter la somme de 213,72$ que lui offre le défendeur en compensation de la valeur de l'animal qu'il a vendu?

g) Quelle fut, selon vous, la décision du juge dans cette cause et les raisons de cette décision?

2. Le 18 décembre 1985, Céline, célibataire majeure, a acheté chez Beaton ltée un magnétoscope pour le prix de 525$, taxe incluse. Céline, qui possédait une carte de crédit en vertu d'un contrat en bonne et due forme avec Beaton ltée, a fait porter cet achat à son compte.

Elle a effectué les paiements requis selon les conditions de son contrat de crédit en février et en mars 1986, soit 50$ en février et 45$ en mars. Bien qu'elle ait reçu des états de compte en bonne et due forme dans les mois subséquents, Céline n'a pas effectué les paiements requis ni en avril, ni en mai. Aussi, il y a une semaine, elle a reçu un avis conformément à l'article 139 de la *Loi sur la protection du consommateur* par lequel Beaton manifeste son intention de reprendre possession du magnétoscope.

Beaton ltée a-t-elle le droit de reprendre possession du magnétoscope, et Céline peut-elle s'opposer à sa reprise? Motivez votre réponse.

3. Votre client, Gérald Cyr, est poursuivi par Yves Deslauriers qui lui réclame la somme de 50 000$ en vertu d'un document sous seing privé, se lisant comme suit:

> «Yves Deslauriers promet de vendre à Gérald Cyr le journal *L'Écho des Éboulements*, pour le prix de 50 000$ payable le 3 février 1986 et Gérald Cyr promet d'acheter ledit journal aux conditions ci-dessus avec prise de possession le 3 février 1986».
> (signé) Gérald Cyr
> Yves Deslauriers
> Le 12 décembre 1985

Votre client vous fait savoir qu'avant la signature du document ci-dessus, Yves Deslauriers lui avait déclaré devant deux témoins: «Je te garantis que le journal a un minimum de 6 000 abonnés». Ayant découvert au mois de janvier 1986 que le nombre des abonnés du journal était de 1500 seulement, votre client a refusé de prendre possession du journal et d'en payer le prix, malgré les mises en demeure du vendeur.

Quels sont les droits de votre client? Motivez votre réponse en tenant compte des règles de la preuve.

4. Le 12 septembre 1985, Suzanne achète d'un vendeur itinérant un aspirateur électrique avec ses accessoires, le tout d'une valeur de 690$. Le 22 septembre 1985, Suzanne réalise qu'elle n'a pas les moyens de s'offrir un appareil de ce prix. Elle vous consulte la journée même et vous demande si elle peut annuler le contrat. Motivez votre réponse.

5. Vous êtes propriétaire d'une flotte de 2000 camions. L'an dernier, vos coûts d'immatriculation ont frôlé les 40 000$. Le Centre des véhicules motorisés, organisme gouvernemental, vous a permis d'étaler vos paiements de façon à ce que vous ne soyez pas obligé de débourser comptant une telle somme. Hier, un fonctionnaire du Centre des véhicules motorisés vous appelle et menace de vous retirer tous vos certificats d'immatriculation et de porter plainte sur la qualité de vos camions auprès du Ministère, si la totalité de la dette n'est pas payée d'ici 48 heures.

Vous lui faites remarquer que la *Loi sur le recouvrement de certaines créances* interdit l'usage de menaces dans la récupération d'une créance. Votre interlocuteur vous rétorque que cette loi ne s'applique pas au gouvernement. A-t-il raison sur ce point? Motivez votre réponse.

Plan du chapitre 13

Le mandat, le courtage et le transport

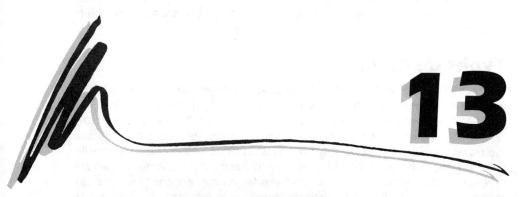

13

Le mandat,
le courtage et
le transport

Objectifs

1. Définir le mandat.

2. Énumérer et expliquer les obligations réciproques du mandant et du mandataire et leurs obligations à l'égard des tiers.

3. Distinguer le mandat civil du mandat commercial.

4. Identifier les différentes catégories de courtage.

5. Expliquer les différentes causes qui peuvent mettre fin au mandat.

6. Connaître, dans ses grandes lignes, la réglementation du transport au Québec.

7. Expliquer les principales dispositions du Code civil relativement au contrat de transport.

Le mandat

Définition et nature

L'article 1701 du Code civil définit le **mandat**: en résumé, on peut dire qu'il s'agit d'une mission qu'une personne, le **mandant**, confie à une autre personne, le **mandataire**, relativement à la gestion d'une affaire juridique (par exemple, la négociation ou la signature d'un contrat). Dans un écrit, on le désigne souvent sous le nom de **procuration**.

Le mandat a pour fondement le principe juridique de la *représentation*. Le mandataire représente le mandant; il agit en son nom et suivant ses instructions. Ainsi, l'actionnaire ne pouvant être présent à une assemblée importante de sa compagnie nommera une personne pour le représenter et exercer son droit de vote à sa place; le syndic de faillite représente les créanciers dans la liquidation des actifs du failli, et on pourrait citer bien d'autres exemples.

Types de mandat

Le mandat peut être spécial ou général. Comme dans notre exemple précédent, le mandant qui nomme un mandataire pour une affaire en particulier ou pour certaines affaires spéciales, lui confie un **mandat spécial**.

Le mandataire qui est chargé d'administrer toutes les affaires du mandant jouit d'un **mandat général**. L'article 1703 du Code civil précise bien que le mandat général ne comprend que les actes d'administration. Ainsi, le mandataire muni d'un tel mandat ne pourrait vendre ou hypothéquer les biens du mandant; pour ce faire, il lui faudrait une procuration expresse.

À moins de convention contraire, le mandat est gratuit en droit civil.

Conditions

Consentement

Le mandat est un contrat qui suit les règles du consensualisme applicables aux contrats en général. En principe, le mandat doit être donné et constaté par écrit; la loi prévoit l'acceptation tacite du mandat par le mandataire.

Il existe des cas où la preuve du mandat est difficile à faire. Par exemple, en matière d'assurances, l'agent d'assurance qui est habituellement le mandataire de l'assureur peut devenir, dans certaines circonstances, également le mandataire de l'assuré si ce dernier lui demande de trouver une compagnie à qui confier la couverture d'un risque spécial.

Capacité

Le mandant doit jouir de la pleine capacité juridique. En effet, on voit mal qu'un mandant puisse déléguer à un mandataire des pouvoirs qu'il ne posséderait pas lui-même en raison de son incapacité.

Pour ce qui est du mandataire, il importe peu qu'il soit majeur ou mineur puisqu'en vertu de la théorie de la représentation, c'est le mandant qui est censé agir par son intermédiaire. Toutefois, le mandant qui nomme un mineur comme mandataire ne pourra lui réclamer de dommages-intérêts si ce dernier exécute mal son mandat.

Effets

Obligations réciproques à la charge des parties

Du mandataire   Le mandataire a essentiellement l'obligation d'*exécuter le mandat* qu'il a accepté. Pour mener à bien cette mission, la loi exige du mandataire qu'il fasse preuve d'une habileté convenable et agisse avec tous les soins d'un «bon père de famille».

Le mandataire négligent dans l'exécution de son mandat est passible de poursuite en dommages-intérêts. Toutefois, si le mandat est gratuit, la responsabilité du mandataire relativement aux fautes qu'il aurait pu commettre dans l'exécution de son mandat s'en trouvera d'autant diminuée. La maxime juridique «à l'impossible nul n'est tenu» s'applique au mandataire en dépit des règles déjà mentionnées.

À la fin du mandat, le mandataire *doit rendre compte* au mandant de sa gestion. Il doit également lui remettre les sommes d'argent reçues pendant son mandat.

Du mandant   L'obligation principale du mandant est de *rembourser au mandataire les avances et les frais* que ce dernier a supportés dans l'exécution du mandat, et de lui payer le salaire ou la commission à laquelle il peut avoir droit, s'il s'agit d'un mandat portant sur une activité commerciale, puisque le mandat civil est gratuit.

Le Code civil accorde au mandataire un privilège et un droit de préférence pour le paiement de ses avances et frais sur les objets restés entre ses mains, si le mandant faisait défaut de le rembourser.

Obligations des parties à l'égard des tiers

Du mandataire   En général, le mandataire n'est pas responsable personnellement envers les tiers des actes posés dans l'exécution du mandat.

Par ailleurs, le mandataire qui excède son mandat devient responsable vis-à-vis des tiers, à moins qu'il n'ait rempli le mandat d'une façon plus avantageuse pour le mandant.

Exemple: Pierre confie à Jacques le mandat de vendre son automobile pour la somme de 5 000 $. Si Jacques vend l'automobile 4 000 $, il excède son mandat, mais s'il la vend 6 000 $, il est présumé être resté dans les limites de son mandat, étant donné que la transaction s'est faite à l'avantage de son mandant.

Si le mandataire excède les limites de son mandat, mais que le mandant ratifie après coup ce dépassement de mandat, le mandant demeure alors responsable à l'égard des tiers.

Exemple: Lyne travaille pour la compagnie de fourrures Métropole ltée; elle y travaille à titre d'acheteuse. Au cours du mois de septembre, la compagnie lui demande d'acheter 48 peaux de vison qui seront utilisées dans la confection de manteaux en vue de la prochaine saison hivernale.

Lyne se rend à New York et décide d'aller visiter l'entrepôt de la compagnie New York Peltry Inc. en vue d'y effectuer l'achat de peaux. Elle y trouve le nombre de peaux de vison requises par sa compagnie et elle aperçoit en même temps des peaux de loutre d'une qualité superbe. Elle achète donc les 48 peaux de vison demandées et, en plus, 18 peaux de loutre. Le tout doit être livré à Montréal et payable à raison de 15 000 $ à la livraison, et le solde de 40 000 $, dans les 30 jours de la livraison. La marchandise est livrée, et la Compagnie de fourrure Métropole ltée émet un chèque de 15 000 $ à l'ordre de la compagnie New York Peltry Inc.

Vingt-neuf jours plus tard, la Compagnie de fourrure Métropole ltée, qui éprouve des difficultés financières, ne peut payer que les peaux de vison, et elle somme la compagnie New York Peltry Inc. de reprendre possession des peaux de loutre que son acheteuse, prétend-elle, ne devait pas acheter. Dans ce cas, il paraît évident que le mandataire de la compagnie Fourrures Montréal ltée, Lyne, a excédé les limites de son mandat en achetant de son chef les 18 peaux supplémentaires. Par ailleurs, son mandant, la Compagnie de fourrures Métropole ltée, a ratifié son acte en émettant un chèque de 15 000 $ à l'ordre de New York Peltry Inc. Elle est donc responsable du solde de 40 000 $ et elle devra respecter les engagements contractés par son mandataire. De toute façon, Lyne détenait de son employeur un **mandat implicite** ou **usuel**. En effet, l'article 1705 du Code civil énonce que:

> Les pouvoirs que l'on donne à des personnes qui exercent certaines professions ou fonctions de faire quelque chose dans le cours ordinaire des affaires

dont elles s'occupent, n'ont pas besoin d'être spécifiées mais s'infèrent de la nature de telle profession ou fonction.

Du mandant   La règle générale est que le mandant est responsable envers les tiers de tous les actes faits par son mandataire au cours de son mandat.

En matière de responsabilité civile, on peut ajouter que le mandant est responsable envers les tiers des dommages résultant de la faute du mandataire dans l'exécution de son mandat (art. 1054 C.c.).

Exemple: Paul travaille comme représentant de la compagnie de produits pharmaceutiques Les drogues WX inc. En se rendant chez un client, il accroche une bicyclette garée en bordure du trottoir. Étant donné qu'au moment de l'accident, Paul était dans ses heures de travail, la compagnie est responsable des dommages causés à la bicyclette par son agent.

Si des dommages résultent du fait que le mandataire a excédé son mandat et que le mandant a dû en défrayer le coût, alors ce dernier peut exercer un recours contre son mandataire.

Dans le domaine des affaires, il arrive souvent que des compagnies passent avec des hôteliers ou des restaurateurs des ententes qui permettent à leurs représentants de séjourner dans les hôtels et de prendre des repas aux frais de la compagnie.

Dans le cas où ces représentants quittent leur emploi et continuent de se prévaloir des mêmes privilèges, la compagnie demeure responsable du paiement de ces frais vis-à-vis les tiers de bonne foi tant qu'elle n'a pas avisé ces derniers par écrit qu'elle révoquait le mandat. Cette dernière forme de mandat prend le nom de **mandat apparent** (art. 1730 C.c.). Notons toutefois que la compagnie aura un recours contre ses anciens employés pour se faire rembourser.

Le mandat des auxiliaires de justice

Le Code civil désigne sous le titre d'auxiliaires de justice les avocats, les procureurs et les notaires. Cette catégorie de mandataires est soumise aux règles générales que nous venons d'étudier.

De plus, les avocats et les procureurs sont assujettis aux dispositions de la *Loi du Barreau du Québec*, et les notaires à la *Loi du notariat du Québec*.

La personne qui veut exercer un recours contre un avocat, un procureur ou un notaire doit le faire dans un délai de cinq ans, sinon il y a prescription.

Le mandat des commerçants

Il s'agit de façon plus précise de certaines espèces de mandat ou de mandataires particuliers qui sont commerçants par profession. Contrairement au mandat civil, le mandat commercial implique, de par sa nature même, une rémunération. Le Code civil désigne ces commerçants du nom de courtier, facteur ou marchand à commission.

Courtier (art. 1735 C.c.)

Le **courtier** est celui qui exerce le commerce ou la profession de négocier entre les parties les achats et ventes ou autres opérations licites: le courtier n'agit pas en son nom propre, mais au nom de la partie qui a retenu ses services.

Le courtage comporte une caractéristique spéciale en ce sens que le courtier est souvent le mandataire des deux parties, c'est-à-dire de l'acheteur et du vendeur.

Afin d'éviter tout conflit d'intérêt entre le mandant et son mandataire, rappelons que la loi interdit aux mandataires de se porter acquéreurs eux-mêmes ou par personnes interposées, des biens qu'ils sont chargés de vendre.

Dans le milieu des affaires, on rencontre différentes catégories de courtiers. Parmi les plus connus, retenons le courtier en immeubles, le courtier en valeurs mobilières et le courtier d'assurance.

Exemple: Sylvain désire vendre sa maison. Il va trouver un courtier en immeubles et lui confie le mandat de la vendre. Comme la loi ne prévoit pas le mode de rémunération du courtier, il faut alors s'en remettre aux usages du commerce qui veut qu'il reçoive une commission sur le prix de vente de la maison. La commission versée est actuellement de 7% du prix de vente. Afin d'augmenter les chances de vendre la maison, le courtier peut expédier la convention d'inscription à la Chambre d'immeubles de Montréal qui la distribuera à tous les membres de son service d'inscriptions multiples; chacun de ces membres pourra alors vendre la maison au nom du courtier inscripteur. Ce service d'inscriptions multiples, mieux connu sous le sigle M.L.S (*Multiple Listing Service*), se traduira par une hausse de la commission du courtier de 1%; la commission totale à verser sera alors de 8%.

Facteur ou marchand (agent à commission)

Il s'agit ici d'un mandataire spécial qui achète ou vend des marchandises pour un autre. À la différence du mandataire ordinaire, le **facteur** peut agir en son propre nom et ne pas dévoiler publiquement sa qualité de mandataire. En général, c'est la situation que l'on retrouve chez l'agent à commission lorsque son principal (mandant) est dans un autre pays ou en dehors du Québec.

Dans ce cas, le facteur est responsable *personnellement envers les tiers* avec qui il contracte, que le nom du principal soit connu ou non; le principal n'est alors aucunement lié vis-à-vis des tiers.

Dans ses rapports avec le public, le **marchand à commission** apparaît juridiquement comme le véritable propriétaire de toutes les marchandises qu'il a pour mission de vendre ou d'acheter.

Par exemple, aux yeux du public, les concessionnaires de marques d'automobiles sont considérés comme les propriétaires des véhicules qu'ils vendent, même si, en réalité, ils ne sont biens souvent que des marchands à commission à la solde d'un principal (le fabricant).

Il en va de même des gérants de stations-service que le Code civil tient pour propriétaires des marchandises qu'ils vendent. Ces mandataires engagent donc leur responsabilité personnelle dans les cas que nous venons de mentionner.

Extinction du mandat

Le mandat se termine:

— par la *révocation*. Le mandat, même assorti d'un salaire, peut être révoqué. Ce droit ne doit cependant pas être utilisé d'une façon abusive. Le tribunal a décidé, par exemple, qu'on ne pouvait révoquer le mandat d'un agent à commission chargé de vendre du matériel de climatisation au moment où, grâce à ses efforts, l'affaire était sur le point d'être conclue.

Les dommages-intérêts seront, dans ce cas, proportionnels à la commission perdue ;

— par la *renonciation* du mandataire ;
— par la *mort du mandant ou du mandataire*. Le contrat de mandat étant fondé sur la représentation personnelle, il est tout à fait normal qu'il prenne fin par le décès de l'une ou l'autre des parties, et le mandat ne se transmet pas aux héritiers du mandataire ;
— par l'*interdiction* ou la *faillite* de l'une ou l'autre des parties ;
— par l'*extinction du pouvoir* dans le mandat ;
— par l'*accomplissement de l'affaire* ou l'expiration du temps pour lequel le mandat a été donné ;
— pour toutes autres causes d'extinctions communes aux obligations (voir le chapitre 11).

Le transport

Un des secteurs les plus importants de toute activité commerciale est celui des transports. En effet, ce secteur a un impact considérable sur l'économie d'un pays en raison des ressources pécuniaires et humaines qu'il mobilise. Aussi se doit-on, dans le domaine de l'entreprise, de connaître les grandes lignes de sa réglementation. Dans le présent chapitre, nous jetterons donc un rapide coup d'oeil sur la *Loi des transports du Québec[1]*, sur les dispositions du Code civil au sujet des voituriers et, finalement, nous définirons le connaissement.

Loi des transports du Québec

La loi relative aux transports actuellement en vigueur au Québec date de 1972 et constitue la loi-cadre en la matière. Elle établit les exigences relatives à l'octroi, au maintien et au transfert des permis de transport.

Aux termes de la *Loi des transports du Québec*, trois organismes furent créés pour l'aider à atteindre son objectif: le Conseil consultatif, la Commission des transports du Québec (C.T.Q.) et le Tribunal des transports.

Conseil consultatif

Il s'agit d'un organisme qui conseille le Ministre en matière de transport. En vertu de la loi, le Conseil consultatif est composé de spécialistes des services de l'administration publique et de personnes possédant une compétence spéciale dans le domaine du transport.

Le nombre des membres du Conseil ne doit en aucun cas dépasser 20. Ils ne reçoivent pas de rémunération ; on ne paie que leurs frais pour leur permettre d'assister aux assemblées. Le Conseil a, jusqu'à maintenant, joué un rôle plutôt effacé. On peut souhaiter qu'on revalorisera son rôle dans un avenir prochain.

Commission des transports du Québec (C.T.Q.)

Rôle La Commission des transports joue un rôle primordial puisqu'elle constitue le tribunal de première instance en matière de transports au Québec.

---

1. L.Q. 1972, c. 55.

Pour mettre en lumière l'importance de cet organisme administratif, mentionnons qu'au cours de l'année 1977-1978, ce tribunal a rendu 22149 décisions et s'est penché sur près de 4000 cas dans 12 villes du Québec. À la fin de mars 1978, il y avait au Québec environ 45000 permis de transport octroyés, et quelque 25000 détenteurs se partageaient ces permis.

Composition   La C.T.Q. se compose de 18 membres, soit 6 juges dont un président et 3 vice-présidents, ainsi que de 12 commissaires. La C.T.Q. a son siège social à Québec, mais elle entend les litiges dans les différentes villes du Québec, dont Montréal et Québec, en alternance.

Juridiction   En vertu de l'article 29 de la Loi des transports, la C.T.Q. a compétence dans les secteurs suivants:

— les transports publics;
— le transport général;
— le transport en vrac;
— le transport spécialisé.

Elle a le pouvoir de délivrer, transférer, maintenir, modifier, révoquer des permis, fixer des taux et des tarifs. Mais elle n'a pas le pouvoir de légiférer en matière de transports.

Tribunal des transports

Le Tribunal des transports est créé par l'article 52 de la *Loi des transports du Québec*. Il est formé de trois juges de la Cour provinciale et il constitue la Cour d'appel de la Commission des transports du Québec.

On peut également interjeter appel devant ce tribunal de toute décision du directeur du Bureau des véhicules automobiles, suspendant, annulant ou refusant un permis ou un certificat d'immatriculation. Le Tribunal des transports a aussi juridiction pour disposer, en appel, des décisions de la C.T.Q.

Il faut bien retenir que nul ne peut agir comme transporteur ou fournir des services à l'aide d'un moyen de transport contre une rémunération directe ou indirecte à moins de *détenir un permis* à cette fin, à défaut de quoi la loi prévoit des amendes. La personne qui désire se procurer un tel permis n'a qu'à remplir le formulaire mis à la disposition du public par la Commission des transports.

Contrat de transport

Voituriers (art. 1672 à 1682 C.c.)

Le Code appelle **voiturier** toute personne qui se livre au transport des voyageurs et des marchandises soit sur terre, soit par eau.

En plus d'assumer son obligation principale de transporteur, le voiturier est responsable de la perte ou des dommages causés aux choses qui lui sont confiées, à moins qu'il ne réussisse à prouver que la perte ou les dommages ont été causés par cas fortuit ou force majeure, ou proviennent de la chose elle-même.

Le voiturier peut toujours insérer dans son contrat de transport une clause visant à limiter sa responsabilité en matière de dommages, mais, en dépit de cette clause, le voiturier demeure toujours responsable des dommages si le client réussit à prouver que le dommage a été causé par la faute lourde ou la négligence grossière du voiturier ou de ses employés.

En contrepartie de son obligation et pour assurer au voiturier le paiement de ses frais, la loi lui confère le droit de retenir la chose transportée.

Connaissement

En matière de transports maritimes le reçu de marchandises expédiées porte, au Québec, le nom de **connaissement** (*bill of lading*). Cet écrit fait preuve du contrat de transport et énumère les droits et obligations des parties (figure 13.1).

Espace réservé pour le nom de l'émetteur

No.................... A l'usage du camionneur For Carrier use	CONNAISSEMENT — NON NÉGOCIABLE	No.................... A l'usage de l'expéditeur For Shipper use
Identification du véhicule Vehicle identification	ORIGINAL	
	BILL OF LADING — NOT NEGOTIABLE	

A
At .... Date ....
(Point d'origine) – (Point of origin)
Expéditeur
Shipper ....

Reçu au point d'origine, à la date et de l'expéditeur ci-dessus mentionné les marchandises ci-après décrites en bon état apparent (le contenu des colis et sa condition étant inconnus) marquées, contresignées et destinées tel que ci-après mentionné, que le voiturier consent à transporter et à délivrer à leur consignataire au point de destination si ce point se trouve sur la route qu'il est autorisé à desservir, sinon à faire transporter et délivrer par un autre voiturier autorisé à ce faire, aux taux fixés par la Commission des transports du Québec.

Il est mutuellement convenu que chaque voiturier transportant les dites marchandises en tout ou en partie, sur le parcours entier ou une portion quelconque d'icelui jusqu'à destination et que tout intéressé à la dite expédition pour tout service à effectuer en vertu des présentes est sujet à toutes les conditions imprimées ou écrites non prohibées par la loi, incluant les conditions contenues au verso des présentes qui sont acceptées par l'expéditeur pour lui-même et ses ayant-droit.

Received at the point of origin on the date specified, from the shipper mentioned herein, the property herein described, in apparent good order, except as noted (contents and conditions of contents of packages unknown) marked, consigned and destined as indicated below, which the carrier agrees to carry and deliver to the consignee at the said destination, if on its own authorized route or otherwise to cause to be carried by another authorized carrier on the route to said destination, at the rates fixed by the Quebec Transport Commission.

It is mutually agreed, as to each carrier of all or any of the goods over all or any portion of the route to destination, and as to each party of any time interested in all or any of the goods, that every service to be performed hereunder shall be subject to all the conditions not prohibited by law, whether printed or written, including conditions on back hereof, which are hereby agreed by the shipper and accepted for himself and his assigns.

Consignataire
Consignee .... Destination ....
Ville – Town
Adresse
Address .... Route ....
No rue – Street No.

Nombre de paquets No. of Packages	DESCRIPTION DES ARTICLES, MARQUES ET PARTICULARITÉS DESCRIPTION OF ARTICLES, MARKS AND EXCEPTIONS	Pesanteur (sujet à corrections) Weight (subject to corrections)	Taux Rate	Montant Amount	CHARGES
					Payées d'avance — Prepaid ☐
					A percevoir — Collect ☐
					Le Fret sera "A percevoir" à moins d'indication contraire — Freight charges will be collect unless marked "Prepaid"

No. de paquets No. of packages	VÉRIFIÉ – CHECKED Entré – In	Sortie – Out	No. Veh. No.	Si au risque du propriétaire, mentionnez-le ici. If at owners risk, write or stamp here.	C.O.D. CONTRE REMBOURSEMENT MONTANT AMOUNT : $.......... Frais de perception: ☐ A percevoir Collect Collection charge: ☐ Payés d'avance Prepaid
	A l'usage du Bureau – For Office use only				

N.B. – Veuillez prendre connaissance des conditions au verso, qui sont acceptées par les présentes.
N.B. – Note carefully conditions on back hereof which are hereby accepted

VALEUR de la marchandise
VALUATION of the Goods
$ ....

Expéditeur
Shipper ....
Par
Per ....
Ce connaissement doit être signé par l'expéditeur et par l'agent du camionneur

Camionneur
Carrier ....
Par
Per ....
This Bill of Lading is to be signed by the Shipper and Carrier's Agent.

1
RT-200
EXP. 142 (10-77)

Figure 13.1 Exemple de connaissement

Conditions (verso du connaissement)

Le voiturier originaire et tout autre voiturier acceptant le transport des marchandises en vertu du présent connaissement sont sujets aux prescriptions suivantes:

1. Le voiturier émetteur de ce connaissement, en plus de ses autres responsabilités, sera responsable de toute perte, dommage ou avarie aux marchandises causés par le fait, la négligence ou la faute de tout autre voiturier à qui ces marchandises seront délivrées, à moins que cet autre voiturier ne soit libéré de cette responsabilité en vertu de ce connaissement: le voiturier émetteur de ce connaissement aura le fardeau de prouver que telle perte, dommage ou avarie n'ont pas été ainsi causés.

2. Les voituriers sont sujets aux mêmes obligations et devoirs que les hôteliers, conformément aux dispositions des articles 1813 et suivants du Code civil de la province de Québec, sous le titre «Du dépôt», en ce qui a trait à la bonne garde et à la sûreté des objets qui leur sont confiés. (C.c. 1672).

3. Les voituriers sont tenus de recevoir et transporter aux temps marqués dans les avis publics tous effets qu'on leur offre à transporter, à moins qu'il n'y ait cause raisonnable et suffisante de refus. (C.c. 1673).

4. Les voituriers répondent non seulement de ce qu'ils ont déjà reçu dans leur voiture, mais aussi de ce qui leur a été remis sur le port ou dans l'entrepôt pour être placé dans leur voiture. (C.c. 1675).

5. Les voituriers sont responsables de la perte et des avaries des choses qui leur sont confiées, à moins qu'ils ne prouvent que la perte et les avaries ont été causées par cas fortuit ou force majeure, ou proviennent des défauts de la chose elle-même. (C.c. 1675).

6. Les avis par les voituriers de conditions spéciales limitant leur responsabilité, ne lient que les personnes qui en ont connaissance, et nonobstant tels avis et la connaissance qu'on peut en avoir, les voituriers sont responsables lorsqu'il est prouvé que le dommage a été causé par leur faute ou celle de ceux dont ils sont responsables. (C.c. 1675).

7. Les voituriers ne répondent pas des sommes considérables en deniers, billets ou autres valeurs, ni de l'or, de l'argent, des pierres précieuses et autres articles d'une valeur extraordinaire contenus dans des paquets reçus pour être transportés à moins qu'on ne leur ait déclaré que le paquet contenait tel argent ou autre objet. (C.c. 1677).

8. Si, par suite d'un cas fortuit ou force majeure, le transport de la chose et sa délivrance dans le temps stipulé n'ont pas lieu, le voiturier n'est pas responsable des dommages résultant du retard. (C.c. 1678).

9. Le voiturier a le droit de retenir la chose transportée jusqu'au paiement du voiturage ou du fret. (C.c. 1679).

10. La réception de la chose transportée accompagnée du paiement des frais de transport, sans protestation, éteint tout droit d'action contre le voiturier, à moins que la perte ou avarie ne soit telle qu'elle ne pût alors être connue, auquel cas la réclamation doit être faite sans délai après que la perte ou dommage a été connu du réclamant. (C.c. 1680).

11. Tout voiturier ou autre responsable de la perte, du dommage ou des avaries aux marchandises transportées aura le plein bénéfice de toute assurance couvrant lesdites marchandises en remboursant à l'assuré la prime payée, pourvu que cela n'ait pas pour effet d'annuler les polices ou contrats d'assurance.

12. Si, après inspection, il est établi que les marchandises expédiées ne sont pas celles qui sont décrites dans le présent connaissement, le voiturier pourra réclamer le prix du transport des marchandises réellement transportées en plus de tout dédommagement pouvant légalement être réclamé.

13. Quiconque, en qualité de principal ou d'agent expédie des explosifs ou des articles dangereux sans en avoir prévenu par écrit le voiturier ou son agent sera tenu d'indemniser le voiturier pour toute perte ou tout dommage causé par leur fait et lesdites marchandises pourront être entreposées aux risques et dépens de leur propriétaire, à moins que le voiturier ne soit légalement autorisé à les transporter.

14. Toute modification, addition ou rature sur le présent connaissement devront être signées ou initialées en marge pour le voiturier émetteur ou son agent, à défaut de quoi elles seront nulles et sans effet, et le présent connaissement sera interprété suivant sa teneur originale.

Résumé

Le mandat est la mission qu'une personne (le mandant) confie à une autre personne (le mandataire) relativement à la gestion d'une affaire juridique; il a pour fondement le principe juridique de la représentation. Lorsque le mandant nomme un mandataire pour une affaire en particulier, il lui confie un mandat spécial; si le mandant charge le mandataire d'administrer toutes ses affaires, il lui confie alors un mandat général.

Les deux principales conditions applicables à ce type de contrat sont le consentement et la capacité des parties. Le mandat crée des obligations réciproques à la charge des parties; ainsi, le mandataire doit exécuter le mandat qu'il a accepté, il doit rendre compte de sa gestion et il doit remettre au mandant les sommes d'argent reçues pendant son mandat. Par ailleurs, le mandant doit rembourser au mandataire les avances et les frais que ce dernier a supportés dans l'exécution du mandat.

Le mandat crée également certaines obligations des parties à l'égard des tiers; d'une part, le mandataire qui excède son mandat devient responsable envers les tiers des actes posés à cet égard à moins que son mandant ratifie après coup ce dépassement de mandat. Cette situation survient fréquemment lorsque le mandataire détient un mandat implicite. D'autre part, le mandant est responsable envers les tiers de tous les actes faits par son mandataire au cours de son mandat. Si les dommages résultent de la faute du mandataire, le mandant peut toujours exercer un recours contre lui.

Les auxiliaires de justice et les commerçants constituent deux espèces de mandataires qui diffèrent du mandataire civil: historiquement, le mandat civil est gratuit alors que le mandat commercial exige une rémunération. Le courtier et le facteur, ou marchand (agent à commission), entrent dans cette catégorie.

Le mandat se termine par la révocation, par la renonciation, par la mort du mandant ou du mandataire, par l'interdiction ou la faillite de l'une ou l'autre des parties, par l'extinction du pouvoir et par l'accomplissement de l'affaire.

C'est la *Loi des transports du Québec* qui réglemente les activités en matière de transport au Québec. Trois organismes administrent cette loi: le Conseil consultatif, la Commission des transports du Québec et le Tribunal des transports.

On appelle voiturier toute personne qui se livre au transport des voyageurs et des marchandises soit sur terre, soit par eau. En général, le voiturier est responsable de la perte et des dommages causés aux choses qui lui sont confiées à moins qu'il ne prouve que les dommages ont été causés par cas fortuit ou force majeure. Le reçu des marchandises expédiées porte le nom de connaissement et il est la preuve du contrat de transport.

Vocabulaire

Connaissement	Mandat	Mandat spécial
Courtier	Mandat apparent	Mandataire
Facteur	Mandat général	Marchand à commission
Mandant	Mandat implicite ou usuel	Procuration
		Voiturier

Questions

1. Établissez la distinction entre le mandat général et le mandat spécial. Illustrez cette distinction par des exemples.

2. Le mineur peut-il agir en qualité de mandataire? Motivez votre réponse.

3. Quelle différence faites-vous entre le mandataire ordinaire et le marchand à commission?

4. Quelle est la juridiction du Tribunal des transports?

5. Le voiturier jouit-il d'un privilège? Expliquez votre réponse.

6. Qu'est-ce qu'un mandat apparent? Donnez-en un exemple.

7. Comment prend fin le mandat?

8. Qu'entendez-vous par courtier?

9. Énumérez les obligations du mandataire envers le mandant et envers les tiers.

10. Expliquez le principe du mandat implicite.

Cas pratiques

1. Gaston, un vendeur d'automobiles, vous demande conseil. Il vous explique qu'il a acheté une automobile de Paul au nom d'un client. Ce dernier avait donné instruction à Gaston d'acheter l'automobile pour 7 500 $, soit 2 000 $ comptant et le solde payable dans un délai d'un an. Or Gaston a acheté l'automobile pour un comptant de 1 500 $ et le solde, soit 6 000 $, payable dans un délai de dix-huit mois. Le client de Gaston a pris livraison de la voiture, connaissant les termes et les conditions de l'achat fait par Gaston, et l'a utilisée pendant deux semaines sans verser la somme payable comptant. À l'expiration des deux semaines, Gaston demande à son client de payer le comptant afin qu'il puisse le verser lui-même à Paul; mais le client lui répond qu'il refuse l'automobile, car la vente conclue avec Paul a été faite selon des termes et des conditions qui diffèrent des instructions données à Gaston.

Gaston désire obtenir une opinion écrite sur sa responsabilité à l'égard de Paul et sur la possibilité d'une réclamation valide contre son client. Rédigez cette opinion.

2. Paul exerce la profession d'huissier dans le district judiciaire de Montréal. Il reçoit un bref de saisie avant jugement, émis par la Cour supérieure, avec ordre d'aller saisir une automobile Pontiac 1985, immatriculée GEL 246 de la province de Québec pour l'année 1986.

Après avoir effectué la saisie et préparé son rapport, il fait remiser la voiture au garage A.B.C. inc. Cinq mois plus tard, il reçoit un compte de 428 $ du garage A.B.C. inc. pour frais de remisage. Paul refuse de payer quoi que ce soit et une action est intentée contre lui par A.B.C. inc., en réclamation dudit montant.

Dans sa défense, quel motif de droit principal pourra-t-il invoquer?

3. Monsieur Lemay est propriétaire d'une agence de publicité. Il avait à son service M. Honoré Mercier qui devait voyager à l'extérieur et, de ce fait, prendre des repas au restaurant. Dans chaque ville, un restaurant en particulier a l'habitude de faire crédit à l'agence. M. Mercier a été remercié de ses services il y a deux semaines et il a continué d'aller prendre un certain nombre de repas aux frais de l'agence. À la suite du renvoi de cet employé, quelle est la responsabilité de M. Lemay vis-à-vis de ces restaurateurs?

4. M. Lemire confie à Mme Labelle la vente de sa maison. La maison est vendue par l'intermédiaire de Mme Labelle à M. Bossé. Ce dernier constate que le toit coule et il prend une action contre Mme Labelle. A-t-il des chances de réussir dans son action? Motivez votre réponse.

5. La Meublerie Moderne signe un contrat avec Transport Saint-Pierre ltée pour livrer un mobilier en bois de rose d'une valeur de 20 000 $. Dans le contrat, Transport Saint-Pierre stipule une clause limitant la responsabilité à 500 $ par colis. Il y a 5 boîtes. Transport Saint-Pierre est une compagnie qui se spécialise habituellement dans le transport de la pierre; sans connaître la nature de sa charge, le conducteur s'amuse à passer dans les trous et emprunte une route secondaire en construction alors qu'il aurait pu prendre l'autoroute. Une fois arrivé à destination, on se rend compte que le mobilier est endommagé d'une façon irrémédiable. La Meublerie Moderne poursuit Transport Saint-Pierre. À votre avis, quel sera le jugement?

Plan du chapitre 14

Le louage de choses

Définition et caractères
Conditions de formation du contrat
   Conditions de fond
   Conditions de forme
Effets du louage de choses
   Obligations du locateur
   Obligations du locataire
Expiration du bail
Vente ou expropriation de l'immeuble
Dispositions particulières relatives aux baux industriels et commerciaux
   Définition
   Sortes de baux
   Clauses les plus courantes en matière de local situé dans un centre commercial
Dispositions particulières du bail d'un logement locatif
   Régie du logement
   Bail type
   Recours du locataire
   Recours du locateur

Le louage de choses

Objectifs

1. Énumérer les caractères du contrat de louage de choses.
2. Connaître les conditions de formation du contrat de louage de choses.
3. Expliquer les obligations du locateur et du locataire.
4. Identifier les recours des parties à un bail.
5. Examiner les principales clauses que doit contenir le bail d'un local situé dans un centre commercial.
6. Expliquer le rôle de la Régie du logement et en donner la juridiction.
7. Identifier les dispositions particulières du bail d'un logement locatif.

Le Code civil du Québec traite du contrat de location d'une chose mobilière ou immobilière au chapitre intitulé *Du louage de choses*. Dans une première section, il établit les règles applicables à tous les baux (art. 1600 à 1633 C.c.), pour ensuite énumérer les règles particulières au bail immobilier (art. 1634 à 1649 C.c.). Le locateur et le locataire peuvent toujours modifier ces dispositions du Code civil par convention.

Quant aux articles 1650 à 1665.6, ils s'appliquent au bail d'un logement locatif (bail résidentiel). Ces dernières dispositions ont été modifiées par l'entrée en vigueur, le 1er octobre 1980, de la loi 107 instituant la Régie du logement, loi qui constitue une refonte de l'ancienne loi, et qui a pour objet de favoriser la conciliation entre locataires et propriétaires. Les dispositions relatives à ce type de bail sont d'ordre public, et les parties ne peuvent y déroger ni en tout ni en partie.

Le contrat de louage de choses est d'utilisation courante dans le secteur des affaires et de l'entreprise. En effet, bon nombre de gens d'affaires ou de propriétaires d'entreprises commerciales et industrielles trouvent plus rentable de louer leur équipement de bureau, leur outillage, leur flotte d'automobiles ou de camions, etc. Par le biais de la location de ces biens plutôt que de leur achat, ces individus réalisent des économies, puisqu'ils n'ont pas à investir de capitaux considérables dans l'achat d'appareils dispendieux, qu'ils n'ont pas à en débourser les coûts d'entretien et qu'ils n'en absorbent pas la dépréciation.

Dans ce chapitre nous examinerons, d'une part, les principes généraux qui régissent le contrat de louage de choses et, d'autre part, les caractéristiques des baux industriels et commerciaux; nous étudierons enfin les règles propres au bail d'un logement locatif.

Définition et caractères

L'article 1600 du Code civil définit le **louage de choses** de la façon suivante:

> Le louage de choses est un contrat par lequel le locateur s'engage envers le locataire à lui procurer la jouissance d'une chose pendant un certain temps, moyennant une contrepartie, le loyer.

Il ressort de cette définition que le louage de choses est un contrat qui possède les caractères suivants: il est bilatéral, à titre onéreux et il présente un caractère temporaire. Il est *bilatéral* parce qu'il crée des obligations réciproques à la charge des parties; c'est un contrat *à titre onéreux* en raison du prix (loyer) que le **locataire** s'engage à verser au **locateur** et, finalement, le louage de choses présente un caractère *temporaire* en ce qu'il ne confère au locataire que la simple jouissance de la chose louée pendant un certain temps. Le locataire n'a donc qu'un simple droit de créance à l'égard du locateur, et il ne possède aucun droit de propriété sur la chose.

Conditions de formation du contrat

Conditions de fond

Les règles générales nécessaires pour la validité des contrats s'appliquent *mutatis mutandis* au louage de choses: capacité, consentement, objet et cause.

Dans certains cas, on peut louer une chose appartenant à autrui. Ce louage de la chose d'autrui porte alors le nom de **sous-location**, et il fait naître entre les parties des obligations réciproques.

Conditions de forme

La loi n'a pas d'exigence particulière quant à la forme que peut revêtir un bail. On peut donc conclure un bail *écrit* ou *verbal*. Toutefois, il y a de l'intérêt des parties d'avoir un contrat écrit pour éviter les mésententes et pour en faciliter la preuve.

Concernant le **bail d'un logement locatif**, le Code civil stipule que le bail est un contrat écrit ou verbal entre un propriétaire et un locataire.

En matière de bail immobilier, l'article 1634 du Code civil reconnaît l'existence d'un **bail par tolérance** à durée indéterminée. La loi présume alors qu'il existe un contrat tacite entre un propriétaire et la personne qui occupe son immeuble avec le consentement de ce propriétaire et qui paie un loyer à ce dernier.

Effets du louage de choses

Obligations du locateur

L'article 1604 du Code civil impose au locateur les obligations suivantes:

— livrer la chose en bon état de réparations de toute espèce;
— entretenir la chose en état de servir à l'usage pour lequel elle a été louée;
— procurer la jouissance paisible de la chose pendant la durée du bail.

Livrer la chose en bon état de réparations de toute espèce

Il s'agit-là d'une obligation de délivrance qui s'apparente à celle du vendeur. Le locataire n'a pas à payer de loyer au locateur tant que ce dernier ne lui a pas livré en totalité la chose louée avec les accessoires qu'elle comporte.

Ainsi, lorsqu'on loue un immeuble avec garage, le locateur doit livrer l'immeuble prêt à être utilisé ainsi que le garage. Si ce dernier est occupé, le locateur est réputé ne pas avoir rempli son obligation de délivrance.

Si le bail stipule que le locateur chauffera le logement et fournira un espace de stationnement, le locataire peut résilier le bail si le propriétaire n'a pas rempli son obligation. Certains arrêts jurisprudentiels font état de l'annulation de baux au motif que le locataire n'a pu obtenir les permis municipaux nécessaires à l'exploitation de son commerce.

Entretenir la chose en état de servir à l'usage pour lequel elle a été louée

Cette obligation signifie que le locateur ne peut en cours de bail changer la forme ou la destination de la chose louée. Ainsi, le locateur n'a pas le droit de convertir un immeuble commercial en maison privée pendant la durée du bail, ni de faire l'inverse. Le locateur doit aussi faire en sorte que la chose louée soit maintenue en état de servir à l'usage pour lequel elle a été louée, et ce, pendant toute la durée du bail.

Le Code civil stipule que les frais de réparations majeures sont assumés par le locateur. Quant aux menues réparations d'entretien, le locateur n'en aura la charge que si elles résultent du vieillissement normal de la chose, d'un cas fortuit ou d'une force majeure. Il s'agit alors d'une question de faits.

Par exemple, au bout de cinq ans, il est normal que le tapis recouvrant le sol d'un local loué soit usé; le locateur est alors responsable de son remplacement, à moins qu'il ne prouve que le tapis a été brûlé par des mégots de cigarettes ou sali d'une façon excessive par le locataire.

Les frais de réparations de la chose louée sont aux frais du locateur avant la livraison, à moins que ce dernier ne stipule dans un bail d'habitation, par exemple, que le locataire a visité les lieux et qu'il consent à les louer dans l'état où ils se trouvent. Toutefois, cette clause n'est valide que dans la mesure où les lieux sont utilisables pour l'usage auquel ils sont destinés.

Garantir le locataire contre les défauts cachés de la chose et lui en procurer la jouissance paisible pendant la durée du bail

L'obligation de garantie contre les défauts cachés qui empêchent ou diminuent l'usage de la chose louée résulte de l'article 1606 du Code civil. Cette obligation s'étend aux défauts cachés même si le locateur ne les connaissait pas; elle exclut toutefois les défauts apparents que le locataire est censé avoir remarqués et avoir acceptés au moment de la signature du bail.

Le locataire qui veut réclamer à son propriétaire des dommages-intérêts, une diminution de loyer ou même, dans certains cas de vices majeurs, la résiliation de son bail en raison des dommages subis après la découverte de vices cachés, doit avoir préalablement mis son locateur en demeure de réparer ces dommages.

Par ailleurs, le locataire n'a pas de recours contre le propriétaire si le dommage qu'il a subi provient d'un cas fortuit ou d'une force majeure (un tremblement de terre, par exemple). Quant à l'obligation de procurer la jouissance paisible pendant la durée du bail, elle ressemble à l'obligation de garantie contre l'éviction imposée au vendeur par le Code civil.

Pour ce qui est des faits des tiers, la règle générale énoncée à l'article 1608 du Code civil précise que le locateur n'est pas responsable du dommage résultant d'un **trouble de fait** causé par un tiers qui ne prétend à aucun droit dans la chose louée. Dans un tel cas, le locataire doit diriger son action directement contre l'auteur du trouble.

L'article 1609 du Code civil oblige le locateur à la garantie des troubles de droit. On peut dire qu'il y a **trouble de droit** lorsqu'un tiers prétend avoir un droit sur la chose louée (droit de propriété, servitude, etc.).

Recours du locataire

À défaut par le locateur de remplir une des obligations énumérées ci-dessus, l'article 1610 du Code civil accorde au locataire, en plus des dommages-intérêts, les recours suivants:

— l'exécution en nature de l'obligation, dans les cas qui le permettent. Au point de vue pratique, l'injonction est la procédure que le locataire peut utiliser pour forcer le propriétaire à exécuter son obligation;
— la résiliation du bail, si l'inexécution lui cause un préjudice sérieux;
— la diminution du loyer.

Obligations du locataire

Aux termes de l'article 1617 du Code civil, les obligations du locataire sont les suivantes:

— user de la chose en bon père de famille;
— payer le loyer;
— remettre la chose à l'expiration du bail.

User de la chose en bon père de famille

Cette obligation oblige le locataire à se servir de la chose louée comme une personne raisonnable. L'article 1618 du Code civil stipule que le locataire ne peut, en cours de bail, changer la forme ou la destination de la chose. Ainsi, le locataire d'un local d'habitation n'a pas droit d'utiliser ce local pour y exploiter un fonds de commerce.

Mais la jurisprudence reconnaît qu'un avocat, par exemple, pourrait avoir son bureau au sous-sol d'une maison d'habitation louée, car l'exercice d'une profession libérale ne constitue pas une pratique de commerce.

Le locataire doit garder la chose louée en bon état et effectuer les réparations locatives, c'est-à-dire les menues réparations d'entretien. Mais, selon l'article 1627, il n'est pas obligé d'effectuer les réparations locatives qui résultent du vieillissement normal de la chose, d'un cas fortuit, d'une force majeure ou de l'acte d'un tiers.

Un locataire n'a donc pas à payer la facture du plombier pour la réparation de la tuyauterie d'un lavabo qui coule, mais si un lavabo se bloque à cause de la négligence du locataire, alors ce dernier devra en payer la réparation.

L'article 1621 du Code établit en faveur du locateur une présomption selon laquelle les dégradations survenues à la chose louée, en cours de bail, sont causées par le locataire qui en a la possession et la garde.

Rendre la chose à l'expiration du bail

À l'expiration du terme du contrat, le locataire doit remettre au locateur la chose dans l'état où elle se trouvait au moment de la prise de possession compte tenu du vieillissement normal. Si le locataire a apporté à la chose des améliorations ou des additions, il a le droit de les enlever à la condition qu'il laisse la chose dans l'état où il l'a reçue.

Si elles ne peuvent être enlevées sans détérioration de la chose, le locateur a droit de les retenir en en payant la valeur, ou de forcer le locataire à les enlever.

Recours du locateur

Si le locataire fait défaut de remplir une des obligations précitées, l'article 1628 du Code civil a prévu que le locateur a, en plus des dommages-intérêts, le droit de demander au locataire:

— l'exécution en nature de l'obligation, dans les cas qui le permettent;
— la résiliation du bail si l'inexécution lui cause un préjudice sérieux.

Selon l'article 1622, le locateur a le droit de vérifier l'état de la chose louée en tout temps. La loi accorde également au locateur, pour la garantie de ses droits, un *privilège* sur les effets mobiliers qui se trouvent sur les lieux et qui appartiennent au locataire. Ce privilège s'étend également aux effets mobiliers qui appartiennent au sous-locataire jusqu'à concurrence de sa dette envers le locateur.

Le **privilège du locateur** vise aussi les effets mobiliers appartenant à un tiers, lorsque ces effets se trouvent sur les lieux avec son consentement, à moins que le tiers (propriétaire de ces effets) n'ait avisé le locateur que ces effets lui appartenaient (art. 1639 C.c.).
Exemple: Le locataire d'un espace de bureau dans un immeuble commercial est en retard de plusieurs semaines dans le paiement de son loyer. Le locateur décide d'exercer son privilège sur les effets mobiliers qui garnissent les lieux. Il peut alors saisir la machine à écrire qui s'y trouve, même si elle n'appartient pas au locataire.

Il serait donc prudent pour les commerçants qui vendent des biens à tempérament ou pour les compagnies de location d'appareils de bureau, d'ordinateurs, de téléviseurs, etc., d'aviser les locateurs des droits de propriété qu'ils détiennent sur ces effets mobiliers.

La loi prévoit un **droit de suite** en ce qui concerne le privilège du locateur. Ainsi, le locateur aura le droit de faire saisir les effets du locataire qui n'a pas payé son loyer et qui a abandonné son logement en emportant avec lui ses effets mobiliers, dans les 15 jours de leur enlèvement. Toutefois, la saisie des marchandises n'est valable que si elles sont encore la propriété du locataire.

En cas d'incendie dans les lieux loués, le locateur n'a de recours en dommages-intérêts contre son locataire que s'il réussit à faire la preuve que l'incendie est dû à la faute du locataire ou à celle des personnes qui ont accès au logement.

Expiration du bail

Le bail *à durée fixe* prend fin à l'arrivée du terme, sans qu'il ne soit nécessaire pour l'une ou l'autre des parties de se donner un avis. En pratique, ce genre de contrat prévoit un préavis de trois ou six mois que le locataire s'engage à donner au locateur.

Dans un bail *à durée indéterminée*, la partie qui désire résilier son bail doit donner un avis à l'autre. S'il s'agit de la location d'un immeuble, cet avis peut varier d'une semaine à trois mois; s'il s'agit d'un meuble, l'avis est de trois jours, à moins qu'il n'en soit stipulé autrement au contrat.

En matière de *bail immobilier*, le bail à durée fixe se trouve reconduit (renouvelé automatiquement) tacitement pour un an ou pour la même période si celle-ci était inférieure à un an, lorsque le locataire continue d'occuper les lieux plus de huit jours après l'arrivée du terme, sans opposition du locateur. Le locateur peut manifester son opposition par un avis écrit de son intention de ne pas renouveler le bail, ou par une action en expulsion intentée avant le neuvième jour après l'expiration du bail.

À noter que la jurisprudence a déterminé que des négociations sur les modalités de renouvellement du bail font obstacle à la tacite reconduction, même si elles aboutissent à une impasse.

Finalement, si le locataire refuse de quitter les lieux, le locateur doit demander au tribunal de rendre un jugement en éviction contre le locataire. Le locateur peut faire visiter les lieux loués et y placer des affiches pour la relocation dans les délais mentionnés aux articles 1645 et 1630 du Code civil.

Vente ou expropriation de l'immeuble

La vente volontaire ou judiciaire de l'immeuble abritant les lieux loués de même que l'exercice d'un droit de rachat ou d'une clause de dation en paiement ne met pas fin de plein droit au bail.

L'article 1646 du Code civil énonce que si le bail à durée fixe n'est pas enregistré, ou s'il l'est par la suite et qu'il vient à échéance dans plus de 12 mois à compter de la vente, l'acquéreur peut y mettre fin à l'expiration des 12 mois, en donnant préalablement un avis écrit au locataire. Cet avis est de six mois dans le cas d'un local servant à des fins industrielles, commerciales, professionnelles ou artisanales et de trois mois dans les autres cas. Pour un bail à durée indéterminée, l'avis est tel que prévu à l'article 1631 du Code civil. L'expropriation met fin au bail et, dans une telle éventualité, le locataire ne peut réclamer de dommages-intérêts du locateur. En cas d'expropriation partielle, le locataire peut, suivant les circonstances, obtenir une diminution de loyer ou la résiliation du bail (art. 1649 C.c.).

Dispositions particulières relatives aux baux industriels et commerciaux

Définition

Le **bail industriel** ou **commercial** est un contrat de location d'un local à usage commercial, industriel, professionnel ou artisanal. La personne désireuse de louer un local commercial remplit d'abord une formule d'offre de location que lui fournit le propriétaire de l'espace concerné. L'offre de location doit contenir en annexe les plans et devis détaillés du local et le bail que le locateur propose au locataire. Cette précaution vise à assurer le futur locataire que l'immeuble répond bien à ses exigences.

Ce dernier doit donc examiner avec soin le bail qui lui est proposé, quitte à faire modifier certaines clauses qui ne lui conviennent pas. Dans le cas d'une P.M.E., ce type de bail a généralement une durée de 5 à 10 ans, alors que dans le cas d'une grande entreprise, sa durée peut varier de 10 à 30 ans, ou parfois davantage.

Sortes de baux

Étant donné la diversité des besoins dans le secteur commercial, il existe plusieurs sortes de baux en la matière. Les différences entre les uns et les autres proviennent des facteurs suivants: augmentation des taxes foncières, des coûts d'entretien et de réparations, des primes d'assurance et d'un ensemble d'autres frais qui sont tantôt à la charge du locataire, tantôt à la charge du bailleur. On divise ces catégories de baux de la façon suivante: bail net, bail net/net, bail net/net/net, bail net/net/net/net (cent pour cent) et vente-location (*leaseback*).

Bail net

Le **bail net** stipule que le bailleur assume la responsabilité de la construction d'un édifice généralement situé dans un centre commercial ou un parc industriel en respectant les règlements de construction et de zonage de la municipalité. Dans un tel bail, les grosses réparations, c'est-à-dire celles qui affectent la toiture, les murs et la structure de l'édifice, sont à la charge du bailleur, tandis que les frais d'administration (comme les taxes foncières) et d'entretien de l'édifice sont à la charge du locataire.

Bail net/net

Le **bail net/net** est signé par un locataire et un bailleur, et il concerne la location d'un édifice déjà construit. Dans ce cas, le locataire assume le coût des grosses réparations, étant donné qu'il lui a été loisible d'évaluer l'étendue du risque en tout temps avant la signature du bail. Il assume aussi les frais d'entretien, les assurances et les taxes foncières de l'immeuble. Toutefois, il appartient au bailleur d'assurer au locataire que la construction de l'édifice respecte les règlements de construction et de zonage en vigueur dans la municipalité.

Bail net/net/net

Le **bail net/net/net** a pour objet la location d'une portion de terrain pour une période définie avec une clause spécifiant que le locataire devra y construire un édifice à ses frais. Dans ce genre de bail, le locataire assume les frais d'entretien et de réparations de l'édifice. Il est également responsable du paiement des taxes foncières.

Bail net/net/net/net (cent pour cent)

L'obligation principale du bailleur consiste dans le financement de la construction de l'édifice sous la surveillance du locataire. Dans le **bail net/net/-net/net**, le locataire assume toutes les responsabilités de l'entretien et des réparations de l'édifice, y compris les grosses réparations et les taxes foncières.

Dans le cas de ces deux derniers types de taux, il est d'usage d'insérer une clause stipulant que le locataire doit verser un pourcentage de ses recettes au locateur.

Vente-location (*leaseback*)

Le contrat de **vente-location (*leaseback*)** s'apparente à un type de financement constituant une solution de rechange à l'hypothèque. En vertu de ce type de contrat, un industriel, par exemple, qui veut acquérir un édifice le fait construire selon ses propres plans et devis en ayant recours à un financement temporaire approprié. Une fois la construction terminée, l'industriel vend l'édifice à un établissement financier à un prix fixé selon sa valeur marchande; par la suite, l'industriel reprend immédiatement l'édifice à bail dans le cadre d'un contrat de location à long terme, moyennant un loyer basé sur un pourcentage du prix de vente. Afin que cette forme de bail puisse s'avérer rentable pour l'établissement financier qui s'est porté acquéreur de l'immeuble, le loyer doit être suffisamment élevé pour lui permettre de récupérer son investissement pendant la durée du bail.

Clauses les plus courantes en matière de bail de local situé dans un centre commercial

Les cas les plus courants que l'on rencontre dans le domaine des baux industriels et commerciaux surviennent lors de la location de locaux dans les centres commerciaux. En effet, les locataires doivent obtenir la permission du bailleur pour toute réparation ou rénovation aux lieux loués. Le bail doit prévoir la responsabilité de chacune des parties et ce qu'il adviendra des améliorations à la fin du bail.

Dans un centre commercial, en raison de l'occupation des lieux par plusieurs locataires, il existe une responsabilité conjointe de chacun d'assurer la bonne marche de tous les magasins du centre (heures d'ouverture et de fermeture, décoration convenable des vitrines, qualité de la publicité, etc.).

Ce genre de bail comporte des *clauses visant à protéger les parties* (par exemple, l'exclusivité de la marchandise vendue). Ainsi, un disquaire voudra s'assurer qu'un concurrent n'exploitera pas un commerce semblable à l'intérieur du même centre commercial. On retrouve aussi des *clauses de non-concurrence* visant à empêcher le locataire d'exploiter un commerce similaire dans la périphérie.

Se fondant sur *Statistique Canada*, il est d'usage d'inclure dans un bail commercial des clauses que l'on appelle escalatoires et d'indexation. Ces deux types de clause permettent de contrer l'inflation et d'indexer le loyer au coût de la vie. Les **clauses escalatoires** visent les taxes foncières, le chauffage, l'entretien, les assurances et certaines dépenses d'administration; la réparation de ces coûts s'effectue en proportion de la surface occupée par chaque locataire. Les **clauses d'indexation** du loyer ont pour objet l'ajustement du loyer à l'indice du coût de la vie.

Parmi toutes les clauses contenues au bail commercial, la **clause de renouvellement** est celle qui intéresse peut-être davantage, à long terme, le locataire. En effet, le locataire a avantage à faire mettre dans son bail une clause prévoyant le renouvellement de son bail pour un ou plusieurs termes de cinq ans, par exemple; le bailleur acceptera une telle option de renouvellement si elle comporte une augmentation de loyer raisonnable à chaque renouvellement. Le locataire qui omettrait d'inclure dans son bail une telle clause risquerait de se voir expulser à la fin du bail ou encore de se voir imposer une augmentation de loyer déraisonnable. Les tribunaux ont déclaré nulle une clause de renouvellement au choix du locataire et aux termes de laquelle le loyer devait être fixé du consentement des parties. En effet, suivant cette clause, les parties ne pouvaient en venir à une entente sur le nouveau loyer, et le tribunal a statué que la clause était à toute fin pratique sans effet.

Souvent, ce type de bail contient une **clause relative à la sous-location** des lieux qui retire au locataire le droit de sous-louer les lieux ou même de vendre son commerce. Le locataire prudent doit donc s'assurer que le locateur ne peut lui refuser sans motif raisonnable le droit de sous-louer ou de vendre son commerce.

Les parties doivent également prévoir ce qui adviendra en cas de *destruction totale ou partielle de l'immeuble* abritant les lieux loués. Habituellement, le locateur se réserve le droit de décider de reconstruire ou non l'immeuble suivant un délai indiqué dans le bail. Pendant la période d'inutilisation des lieux, le locataire ne devrait avoir aucun loyer à payer. Le bail peut aussi comporter une clause obligeant le locataire à souscrire une assurance tous risques (incendie, vol, responsabilité civile, etc.).

À l'intérieur d'un centre commercial ou d'un édifice à bureaux, la responsabilité des frais d'entretien des lieux, d'électricité, de chauffage, de même que celle des taxes foncières est répartie entre les divers locataires en proportion de leur pourcentage d'occupation des lieux.

Dispositions particulières du bail d'un logement locatif

Régie du logement

Définition

En vue de favoriser de meilleures relations entre propriétaires et locataires, le gouvernement du Québec, comme nous l'avons déjà mentionné, a doté la population d'une loi instituant la Régie du logement. Cette loi est en vigueur depuis le 1er octobre 1980. Pour faire valoir leurs droits et régler leurs différends, les parties à un bail d'un logement locatif doivent s'adresser à la **Régie du logement**. Le rôle principal de ce tribunal administratif peut se présumer de la façon suivante:

— renseigner les locataires et les propriétaires sur leurs droits et obligations de même que sur l'évolution et les changements en matière de logement;
— favoriser l'accord entre les parties;

— faire les études et établir les statistiques sur la situation du logement;
— publier régulièrement les décisions rendues par les régisseurs.

Composition

La Régie du logement se compose de régisseurs, juges ou avocats, dont un président et deux vice-présidents nommés par le gouvernement pour un mandat ne dépassant pas cinq ans. Le personnel de la Régie comprend également des greffiers, des inspecteurs, des conciliateurs et d'autres membres qui sont nommés et rémunérés suivant la *Loi sur la fonction publique*.

Juridiction quant à un local résidentiel

La Régie du logement exerce une juridiction exclusive sur tout local résidentiel loué, c'est-à-dire sur une maison, un appartement, une chambre, une maison mobile ou un terrain destiné à l'installation d'une maison mobile. La Régie étend également sa juridiction aux services, accessoires et dépendances (un garage, par exemple).

Toutefois, la Régie n'est pas compétente pour recevoir les demandes concernant:

— les baux de chalets;
— les baux relatifs à une chambre située dans un établissement pour lequel un permis a été délivré en vertu de la *Loi sur l'hôtellerie* ou de la *Loi sur les services de santé et les services sociaux*;
— les baux de logements dans lesquels plus du tiers de la surface totale est occupée à des fins commerciales;
— les baux pour une chambre située dans la résidence principale du locateur, lorsque ce dernier loue trois chambres ou plus;
— les baux des logements loués par une coopérative d'habitation à un de ses membres;
— les baux des logements à loyer modique au sens de l'article 1662 du Code civil.

Juridiction quant aux recours en matière de bail

La Régie du logement est un tribunal administratif de première instance qui possède une juridiction exclusive et devant lequel un locataire ou un propriétaire peut s'adresser, seul ou représenté par un avocat, dans les cas suivants:

— demande relative au bail d'un logement locatif dont la somme en litige n'excède pas 15 000 $;
— demande, sans égard à la somme réclamée, de fixation ou de révision du loyer, de reprise de possession (à l'exception de la réclamation en dommages pour reprise de possession de mauvaise foi qui est de la compétence de la Cour provinciale), de modifications des conditions du bail, de subdivision ou de changement d'affectation d'un logement;
— demande relative aux dispositions du bail d'un logement à loyer modique;
— demande relative à la conservation des logements en matière de démolition, d'aliénation d'un immeuble dans un ensemble immobilier et de copropriété (*condominium*).

Décision

La Régie rend une décision écrite et motivée et en expédie une copie à chacune des parties par courrier recommandé ou certifié. Les décisions relatives à la conversion en copropriété, à la démolition et à l'aliénation d'un immeuble situé dans un ensemble immobilier sont exécutoires dès qu'elles sont rendues.

Les autres décisions deviennent exécutoires après l'expiration du délai de révision ou d'appel. Si la partie condamnée par la décision de la Régie refuse d'obtempérer, l'autre partie obtient l'exécution forcée de la décision par son enregistrement au greffe de la Cour provinciale du district où est situé le logement faisant l'objet du litige. Lorsque la décision porte sur un montant n'excédant pas 1000$, la décision est exécutoire après l'expiration d'un délai de 10 jours, en s'adressant à la Cour des petites créances. Si la décision est entachée d'une erreur matérielle, d'écriture ou de calcul, le régisseur qui l'a rendue ou l'une des parties peut en demander la rectification.

Par ailleurs, l'une ou l'autre des parties qui a été empêchée de se présenter ou de fournir sa preuve peut demander la rétractation de la décision pour motif de fraude, de surprise ou pour toute raison jugée suffisante (par exemple, un avis expédié à la mauvaise adresse). Cette demande doit être présentée à la Régie dans les 10 jours de la connaissance de la décision.

Extension des délais   La loi permet à une partie qui a été empêchée d'agir à l'intérieur des délais prescrits (par exemple, une augmentation de loyer, la non-prolongation du bail) de s'adresser à la Régie pour demander d'être relevée de son défaut. La Régie n'acquiesce pas facilement à ce genre de demande. La partie concernée doit avoir un motif raisonnable, comme la maladie, pour justifier sa demande qui ne doit pas causer de préjudice grave à l'autre partie.

Révision et appel   Les décisions dont le montant est de la juridiction de la Cour des petites créances ne sont pas susceptibles d'appel. Les demandes portant exclusivement sur la fixation ou la révision de loyer ne sont pas sujettes à appel, mais plutôt à une révision par la Régie elle-même. La demande de révision doit alors être déposée par l'une ou l'autre des parties dans le mois suivant la décision. Elle est entendue par au moins deux régisseurs et leur décision devient exécutoire dans les 10 jours.

On peut interjeter appel devant la Cour provinciale des autres décisions de la Régie du logement. L'appel est formé par le dépôt d'une inscription devant la Cour provinciale dans le mois suivant la décision. Le tribunal entend à nouveau la preuve et les témoins et rend une décision qui est sans appel et exécutoire dans les 10 jours de sa signification.

Bail type

Le bail résidentiel intervenu entre un locataire et un propriétaire peut revêtir la forme d'un contrat écrit ou verbal. Le bail écrit a pour but de minimiser les mésententes qui peuvent survenir entre les parties pendant la durée du bail. Il se divise en deux parties: la première énumère les dispositions obligatoires auxquelles sont soumis le locataire et le locateur, et la seconde fait état des conditions particulières du bail; la désignation des parties et des lieux, la durée du bail, le loyer et les clauses additionnelles que les parties peuvent prévoir (chauffage, enlèvement de la neige, description des meubles fournis, etc.).

La Régie du logement a élaboré elle-même un bail type qui contient toutes les dispositions relatives à la location d'un logement d'habitation. Il est donc important de s'y référer afin d'en connaître les dispositions obligatoires. En ce qui concerne les différents avis requis par la loi, le lecteur peut se reporter aux tableaux des délais d'avis du bail type (tableau 14.1).

Avant de signer un bail d'habitation, le futur locataire doit exiger que le propriétaire lui remette un écrit indiquant le loyer le plus bas payé au cours des 12 mois qui précèdent le début du bail, ou encore le prix du loyer fixé par

Tableau 14.1 Délais d'avis

Tableaux des délais d'avis
(Tout avis doit être écrit)

Avis de modification au bail
(loyer, durée, etc.)

	BAIL À DURÉE FIXE DE 12 MOIS OU PLUS	BAIL À DURÉE FIXE DE MOINS DE 12 MOIS	BAIL À DURÉE INDÉTERMINÉE
DÉLAI D'AVIS DU LOCATEUR	Entre 3 et 6 mois avant la fin du bail	Entre 1 et 2 mois avant la fin du bail	Entre 1 et 2 mois de la date à laquelle le contenu de l'avis prendra effet
DÉLAI DE RÉPONSE DU LOCATAIRE	Dans le mois de la réception de l'avis du locateur. Si le locataire ne répond pas, il est présumé avoir accepté le contenu de l'avis du propriétaire.		
DÉLAI DE CONTESTATION DU LOCATEUR À LA RÉGIE	Dans le mois de la réception de l'avis de refus du locataire		

Avis de reprise de possession

	BAIL À DURÉE FIXE DE PLUS DE SIX MOIS	BAIL À DURÉE FIXE DE SIX MOIS OU MOINS	BAIL À DURÉE INDÉTERMINÉE
DÉLAI D'AVIS DU LOCATEUR	6 mois avant la fin du bail	1 mois avant la fin du bail	6 mois avant la date à laquelle on entend reprendre possession
DÉLAI DE RÉPONSE DU LOCATAIRE	Dans le mois de la réception de l'avis du locateur. Si le locataire ne répond pas, il est présumé avoir refusé de quitter le logement.		
DÉLAI DE CONTESTATION DU LOCATEUR À LA RÉGIE	Dans le mois du refus ou de l'expiration du délai de réponse du locataire.		

Avis de non-prolongation du bail

	BAIL À DURÉE FIXE DE 12 MOIS OU PLUS	BAIL À DURÉE FIXE DE MOINS DE 12 MOIS	BAIL À DURÉE INDÉTERMINÉE
AVIS DE NON-PROLONGATION DU LOCATAIRE	Entre 3 et 6 mois avant la fin du bail	Entre 1 et 2 mois avant la fin du bail	Entre 1 et 2 mois de la date à laquelle le contenu de l'avis prendra effet
AVIS DE NON-PROLONGATION DU LOCATAIRE D'UNE CHAMBRE	Entre 3 et 6 mois avant la fin du bail	Entre 10 et 20 jours avant la fin du bail	Entre 10 et 20 jours de la date à laquelle le contenu de l'avis prendra effet
AVIS DE NON-PROLONGATION DU LOCATEUR*	Entre 3 et 6 mois avant la fin du bail	Entre 1 et 2 mois avant la fin du bail	Entre 1 et 2 mois de la date à laquelle le contenu de l'avis prendra effet

* Cet avis ne peut être expédié que dans les deux cas suivants:

1. Lorsque le locataire a sous-loué son logement pendant plus de 12 mois consécutifs et si le locateur en avise le locataire et le sous-locataire.

2. En cas de décès du locataire si l'héritier ou le légataire n'habitait pas avec lui et si le locateur en avise l'une de ces deux personnes.

la Régie. Au moment de la signature du bail, le locateur doit en remettre une copie à son locataire et ce, à l'intérieur du délai de 10 jours prévu à cette fin. S'il s'agit d'un bail verbal, l'article 1651.1 du Code civil stipule que le locateur doit, dans les mêmes délais, remettre au locataire un écrit indiquant le nom et l'adresse du locateur et reproduisant les mentions obligatoires prescrites par le règlement, en la forme qui y est indiquée.

Si le locateur a élaboré des règlements concernant son immeuble, il doit en fournir copie au locataire avant la signature du bail. Les dispositions générales du Code civil concernant le louage et le louage immobilier s'appliquent au bail résidentiel, mais les articles 1650 à 1665.6 sont obligatoires et les parties ne peuvent y déroger en aucune façon.

État du logement

Les articles 1652 à 1652.11 établissent les obligations réciproques des parties concernant l'état du logement. Ainsi, le locateur doit le remettre et le conserver en bon état d'habitabilité et le remettre en bon état de propreté. Il incombe au locataire de maintenir le logement en bon état de propreté.

Les deux parties doivent se conformer aux obligations que la loi ou tout règlement leur impose concernant la sécurité ou la salubrité du logement. La loi impose au locataire l'obligation d'aviser le locateur d'une défectuosité ou d'une détérioration substantielle du logement dans un délai raisonnable.

L'article 1652.8 définit un **logement impropre à l'habitation** comme celui dont l'état constitue une menace sérieuse pour la santé ou la sécurité de ses occupants ou du public en général. Le locataire qui occupe un tel logement peut déguerpir et, s'il avise le locateur de cet état dans les 10 jours de son déguerpissement, il n'est pas tenu de payer le loyer pendant la période où le logement est dans cet état. À défaut d'un tel avis, il demeure responsable du paiement du loyer. Même si le locateur remet le logement en bon état, le locataire n'est pas obligé de le réintégrer.

Réparations

D'une façon générale, le locateur est responsable des réparations majeures assurant l'habitabilité du logement et le locataire est responsable des réparations mineures ou locatives.

L'article 1644 permet au locataire d'effectuer une réparation urgente si le locateur refuse ou néglige de le faire. L'article 1653.4 ajoute que, dans un tel cas, le locataire peut retenir sur son loyer le montant des dépenses raisonnables ainsi faites mais il doit remettre au locateur les pièces justificatives.

Le locateur qui veut effectuer une réparation ou une amélioration majeure mais non urgente doit respecter les dispositions de l'article 1653. Il doit donner un avis écrit de 10 jours à son locataire indiquant la nature des travaux, la date prévue pour leur début et leur durée. Si les travaux nécessitent l'évacuation du locataire, l'avis doit en mentionner la durée. Si la période d'évacuation nécessaire est de plus d'une semaine, l'avis doit être d'un mois.

Dans les 10 jours de la réception de l'avis, le locataire peut en contester les conditions si elles sont abusives, mais il ne peut en aucune manière contester la nature des travaux, même si ceux-ci peuvent augmenter son loyer à l'avenir.

Le locataire doit accorder accès au logement au locateur pour lui permettre d'effectuer les travaux, et ce dernier doit remettre les lieux en bon état de propreté.

Accès et visite du logement

Sauf s'il y a urgence, le locateur doit donner au locataire un avis de 24 heures de son intention de vérifier l'état du logement, d'y effectuer une réparation ou de faire visiter le logement à un acquéreur ou un locataire éventuel. Cet avis peut être verbal et, sauf urgence, il doit être exercé entre 9h et 21h. Le locataire peut exiger la présence du locateur ou de son représentant lors de la visite des lieux.

Sous-location et cession de bail

Le locataire peut en tout temps sous-louer son logement ou céder son bail en donnant un avis écrit au locateur contenant le nom et l'adresse de l'éventuel sous-locataire ou cessionnaire du bail. Le locateur qui refuse cette sous-location ou cette cession doit, dans les 10 jours, aviser le locataire par écrit des motifs de son refus; à défaut, il est réputé avoir consenti à la sous-location ou à la cession du bail.

Il convient de souligner que le locataire principal demeure entièrement responsable vis-à-vis du locateur du paiement du loyer ainsi que de tout dommage causé par le sous-locataire dans les lieux loués. Par conséquent, le locataire principal a intérêt à obtenir l'annulation de son bail, si le locateur y consent, plutôt que de recourir à la sous-location.

La loi défend la sous-location de logement et la cession de bail dans deux cas: celui d'un étudiant qui loue un logement d'une institution d'enseignement (art. 1655.2 C.c.) et celui d'une personne qui habite un logement à loyer modique (art. 1662.11 C.c.).

Reprise de possession

La loi permet au locateur de reprendre possession d'un logement pour l'habiter lui-même ou pour y loger un membre de sa famille. En cas de reprise de possession d'un logement par un locateur, l'article 1659.1 prévoit que le propriétaire qui désire reprendre possession de son logement doit le faire au moyen d'un avis de six mois avant l'expiration du bail adressé à son locataire s'il est à durée fixe de plus de six mois et de six mois avant la date à laquelle il entend en reprendre possession si le bail est à durée indéterminée.

Toutefois, le locateur qui ne désire pas habiter lui-même le logement doit préciser les nom et degré de parenté de la personne qui habitera ce logement, de même que la date de la reprise de possession.

L'article 1659 du Code civil établit le degré de parenté avec le locateur des personnes qui pourront habiter le logement repris. Ces personnes sont:

1. Les ascendants;
2. les descendants;
3. le gendre, la bru;
4. le beau-père, la belle-mère;
5. le beau-fils, la belle-fille;
6. tout autre parent dont le locateur est le principal soutien.

Lorsque le locataire reçoit un tel avis, il dispose d'un mois pour faire connaître son intention de quitter ou de ne pas quitter le logement. Dans le cas du refus du locataire d'accepter une telle décision de la part du propriétaire, ce dernier doit demander à la Régie de rendre une décision en sa faveur et ce, avant un mois à compter du moment où il connaît l'intention de son locataire.

Si le régisseur juge que le motif du propriétaire est suffisant, il lui permettra de reprendre possession de son logement. Il peut toutefois condamner le propriétaire à verser au locataire une indemnité égale aux frais engagés à la suite de son déménagement. Advenant le cas où le locateur agirait de mauvaise foi pour se débarrasser d'un locataire, la loi accorde à ce dernier un recours en dommages-intérêts contre le locateur.

Subdivision ou changement d'affectation du logement

Les dispositions des articles 1660 à 1660.5 permettent au locateur d'évincer son locataire pour subdiviser le logement ou en changer l'affectation à l'expiration de son bail. Le locateur doit alors donner à son locataire un avis écrit de six mois avant l'expiration du bail s'il est à durée fixe de plus de six mois, ou de six mois avant la date d'éviction si le bail est à durée indéterminée.

Il est d'un mois pour un bail à durée fixe de six mois ou moins. L'avis doit indiquer le motif et la date d'éviction. Dans le mois de la réception de l'avis, le locataire doit s'adresser à la Régie pour s'opposer à la subdivision ou au changement d'affectation, à défaut de quoi il est réputé avoir consenti à quitter les lieux. Un simple avis de son opposition au locateur n'est pas suffisant. Le locateur doit payer au locataire évincé une indemnité de trois mois de loyer et ses frais de déménagement. Le tout est payable à l'expiration du bail.

Modification du bail et augmentation de loyer

L'article 1657 énonce le droit du locataire au maintien dans les lieux et son droit de ne pas être évincé, sauf dans les cas prévus par la loi. Le locataire peut donc continuer à occuper son logement aussi longtemps qu'il le désire s'il respecte ses obligations. Même la vente de l'immeuble abritant les lieux loués ne fait pas perdre ce droit au locataire, contrairement au bail commercial, et le nouveau propriétaire doit respecter le bail existant.

Le locateur peut demander des changements au bail, comme l'augmentation du loyer. Pour leur entrée en vigueur, ces changements doivent avoir été demandés selon les formalités prescrites par la loi, et à l'intérieur des délais prévus par le Code civil aux articles 1658 à 1658.22. À défaut par le locateur de procéder à l'intérieur de ces délais, le bail est prolongé automatiquement aux mêmes conditions et pour la même durée. Le bail de plus d'un an n'est cependant prolongé que pour une période de 12 mois.

De la même façon, un locataire qui désire quitter les lieux à l'expiration de son bail doit en aviser par écrit son locateur, à défaut de quoi son bail est prolongé automatiquement et aux mêmes conditions.

L'avis d'augmentation de loyer doit indiquer le nouveau loyer en dollars ou l'augmentation désirée en dollars ou en pourcentage et, s'il y a lieu, la durée proposée de la prolongation du bail. À défaut par le locataire de répondre au locateur dans le mois de la réception de l'avis, il est réputé avoir accepté le contenu de l'avis.

Si le locataire désire s'opposer à l'augmentation du loyer ou aux modifications proposées à son bail, il doit aviser par écrit le locateur de son opposition. Il appartient ensuite au locateur de s'adresser lui-même à la Régie du logement pour obtenir l'augmentation de loyer ou les modifications désirées et ce, dans le mois qui suit la réception de l'opposition du locataire. C'est la Régie qui fixe alors le loyer ou les nouvelles modalités du bail.

Recours du locataire

En conclusion, mentionnons que dans le bail d'un logement locatif, le propriétaire et le locataire disposent des mêmes recours que les parties à un contrat de location d'une chose mobilière ou immobilière en cas d'inexécution de leurs obligations réciproques.

Injonction

La Cour supérieure a récemment accueilli une requête en injonction pour obliger un locateur à fournir un système de chauffage adéquat, tel que stipulé dans son bail au motif que le système en place constituait un risque d'incendie. Un tel recours, quoique exceptionnel, est ouvert au locataire s'il rencontre toutes les conditions requises pour l'émission d'une injonction.

Résiliation du bail ou diminution de loyer

La Régie peut, le cas échéant, ordonner la résiliation du bail ou enjoindre le locateur d'exécuter ses obligations dans un délai prescrit. La résiliation n'est accordée que si l'inexécution de ses obligations par le locateur cause un préjudice sérieux au locataire. Sinon, la Régie accorde la plupart du temps au locataire une diminution de loyer proportionnelle à sa perte de jouissance (comme dans le cas du chauffage inadéquat du logement).

Émission d'une ordonnance

La loi permet aux parties de demander à la Régie d'émettre diverses ordonnances, notamment pour accorder l'accès aux lieux loués ou pour forcer le locateur à exécuter ses obligations, lorsque la santé ou la sécurité sont mises en danger. Ainsi, l'article 1654.4 du Code civil stipule que:

> Les serrures d'accès à un logement ne peuvent être changées que du consentement du locateur et du locataire.
> Le tribunal peut ordonner au locateur ou au locataire qui est en défaut de se conformer à cette obligation de permettre l'accès au logement à l'autre partie.

Retenue et dépôt du loyer

L'article 1612 du Code civil énonce que si le locateur n'effectue pas les réparations et améliorations auxquelles il est tenu, le locataire peut, sans préjudice à ses autres recours, s'adresser à la Régie du logement par requête pour obtenir la permission de retenir son loyer et de faire procéder aux réparations selon les modalités fixées par le tribunal.

La loi permet au locataire de déposer son loyer au tribunal lorsque le locateur est en défaut d'exécuter ses obligations en vertu du bail. Depuis le 9 juin 1982, le locataire qui désire déposer son loyer au tribunal doit préalablement donner au locateur un avis écrit de 10 jours indiquant les motifs du dépôt et demandant au locateur de remédier à son défaut.

Le tribunal autorise le dépôt si, après avoir entendu le locataire, il appert que ce dernier a un motif valable pour le faire. Il en fixe alors le montant et les conditions (art. 1656 C.c.). Une fois cette autorisation accordée, le locateur peut s'adresser à la Régie pour récupérer le loyer déposé. Il doit, à cette fin, présenter une demande à la Régie qui décidera si elle lui permet de retirer le loyer ainsi déposé.

Recours du locateur

Les articles 1656.4 à 1656.6 du Code civil énoncent les recours du locateur en cas d'inexécution des obligations du locataire. Outre l'exécution en nature de l'obligation, comme le paiement du loyer, ou une réclamation en dommages-intérêts, le locateur peut demander la résiliation du bail pour deux motifs principaux: si l'inexécution cause un préjudice sérieux au locateur ou aux autres occupants de l'immeuble, ou si le locataire est en retard de plus de trois semaines dans le paiement du loyer.

Le fait pour un locataire de retarder régulièrement le paiement de son loyer ou de le déposer fréquemment sans motif valable peut constituer un préjudice sérieux. Le but d'une telle disposition est d'éviter les abus de la part du locataire. Contrairement à un préjugé courant, le locataire ne dispose pas d'un délai de trois semaines pour payer son loyer. En effet, celui-ci est payable d'avance le *premier jour* de chaque période de paiement, à moins qu'il n'y ait entente contraire.

Enfin, le locataire peut éviter la résiliation du bail en payant, avant jugement, le loyer dû et les intérêts fixés par l'article 28 de la *Loi sur le ministère du Revenu* (L.R.Q., c. M-31).

Résumé

Le contrat de louage de choses est d'utilisation courante dans le secteur des affaires et de l'entreprise. Le Code civil définit le louage comme un contrat par lequel le locateur s'engage envers le locataire à lui procurer la jouissance d'une chose pendant un certain temps moyennant une contrepartie, le loyer. Le bail peut être écrit ou verbal. Les principales obligations du locateur sont: livrer la chose en bon état de réparations de toute espèce, entretenir la chose en état de servir à l'usage pour lequel elle a été louée, garantir le locataire contre les défauts cachés de la chose et lui en procurer la jouissance paisible pendant la durée du bail.

Les recours du locataire contre le locateur en défaut sont: l'exécution en nature de l'obligation, la résiliation du bail et la diminution du loyer, de même que la poursuite en dommages-intérêts. Quant au locataire, ses principales obligations sont: user de la chose en bon père de famille, payer le loyer et remettre la chose à l'expiration du bail. En cas de défaut de la part du locataire, le locateur peut demander l'exécution en nature de l'obligation, la résiliation du bail et des dommages-intérêts. Dans le cas d'un bail immobilier, pour garantir les droits du locateur, le Code civil lui accorde un privilège sur tous les effets mobiliers qui se trouvent sur les lieux loués et qui appartiennent au locataire ou au sous-locataire.

Le bail à durée fixe prend fin à l'arrivée du terme, alors que dans un bail à durée indéterminée la partie qui désire résilier son bail doit en donner avis à l'autre. En matière de bail immobilier, le bail à durée fixe est reconduit automatiquement pour un an ou pour la même période si celle-ci était inférieure à un an et aux mêmes conditions, si le locataire continue d'occuper les lieux plus de huit jours après l'arrivée du terme, sans opposition du locateur. En cas de refus du locataire de quitter les lieux, le locateur peut demander son éviction.

Le bail industriel ou commercial est un contrat de location d'un local à usage commercial, industriel, professionnel ou artisanal. Il est soumis aux dispositions générales du Code civil en matière de louage ainsi qu'aux usages de commerce, et les parties peuvent y stipuler toute clause qui n'est pas contraire à l'ordre public. Il existe cinq principales catégories de baux: le bail net, le bail net/net, le bail net/net/net, le bail net/net/net/net et la vente-location. Les clauses les plus courantes que l'on retrouve dans ces types de baux concernent la responsabilité de plus en plus grande du locataire quant à l'édifice, son entretien, les taxes foncières, etc. De plus, un bail industriel ou commercial comporte toujours des clauses concernant le renouvellement du bail, l'exclusivité du commerce, la non-concurrence, la sous-location et la destruction des lieux; il comporte également des clauses que l'on appelle escalatoires et d'indexation du loyer à l'indice du coût de la vie.

En matière de bail d'un logement locatif, le gouvernement du Québec a doté la population d'une loi instituant la Régie du logement. La Régie est un tribunal administratif qui exerce une juridiction exclusive sur tout local résidentiel loué (maison, appartement, chambre, maison mobile ou terrain destiné à l'installation d'une maison mobile).

Elle possède une compétence exclusive pour entendre en première instance et à l'exclusion de tout autre tribunal toute demande relative à un bail résidentiel dont la somme en litige n'excède pas 15 000 $, de même que toute demande de prolongation ou de modification de bail, augmentation ou diminution de loyer, et tout autre litige entre locateur et locataire. Ces décisions sont, dans certains cas, susceptibles d'appel devant la Cour provinciale ou de révision par la Régie elle-même dans les délais prescrits par la loi.

Les parties doivent signer le bail type adopté par la Régie. D'une façon générale, le locateur est responsable des réparations majeures assurant l'habitabilité du logement, et le locataire est responsable des réparations mineures ou locatives.

Le Code civil permet au locataire de s'adresser à la Régie pour s'assurer que les réparations nécessaires sont effectuées. De la même façon, le logement doit être remis au locataire en bon état d'habitabilité et de propreté, et ce dernier doit le conserver dans cet état. Le locataire doit également permettre au locateur de visiter les lieux loués pour s'assurer de l'état des lieux.

Le locataire qui veut sous-louer son logement doit donner un avis écrit de 10 jours au locateur qui ne peut refuser sans motif raisonnable. Le locateur peut reprendre possession du logement pour l'habiter lui-même ou pour y loger un membre de sa famille. Pour ce faire, il doit donner un avis écrit au locataire dans les délais prescrits. Il peut également modifier le bail et augmenter le loyer.

Le locataire qui ne désire pas renouveler son bail doit en aviser par écrit le locateur dans les délais prescrits. À défaut par les parties de se donner les avis requis, le bail est prolongé automatiquement pour un an et aux mêmes conditions s'il s'agissait d'un bail de 12 mois ou plus, ou pour la durée de l'ancien bail s'il s'agissait d'un bail de moins de 12 mois. En cas d'inexécution d'une obligation de la part du locateur, le locataire dispose des recours suivants: l'injonction, la résiliation du bail ou la diminution de loyer, l'émission d'une ordonnance par la Régie, la retenue et le dépôt du loyer. Pour sa part, le locateur peut exiger l'exécution de l'obligation en nature et la résiliation du bail. À ces recours peut se greffer une action en dommages-intérêts.

Vocabulaire

Bail d'un logement locatif	Droit de suite
Bail industriel ou commercial	Locataire
Bail net	Locateur
Bail net/net	Logement impropre à l'habitation
Bail net/net/net	Louage de choses
Bail net/net/net/net	Privilège du locateur
Bail par tolérance	Régie du logement
Clause de renouvellement	Sous-location
Clause d'indexation	Trouble de droit
Clause escalatoire	Trouble de fait
Clause relative à la sous-location	Vente-location (*leaseback*)

Questions

1. Quelle(s) forme(s) peut revêtir un contrat de louage de choses?

2. Énumérez les obligations des parties à un contrat de louage de choses.

3. Quels recours la loi accorde-t-elle au locataire qui découvre des vices cachés dans la chose louée en cours de bail?

4. Qu'entend-on par trouble de droit?

5. De quel recours le locataire dispose-t-il pour forcer le locateur à l'exécution en nature d'une obligation qu'il n'a pas remplie?

6. Quelles sont les réparations qui sont à la charge du locataire?

7. En quoi consiste le privilège du locateur? Ce privilège s'étend-il aux effets mobiliers appartenant à un tiers? Motivez votre réponse.

8. En matière commerciale, quelles précautions conseillez-vous de prendre avant de signer un bail?

9. Établissez les distinctions entre un bail net, un bail net/net, un bail net/net/net et un bail net/net/net/net.

10. En quoi consiste le contrat de vente-location?

11. Dans un centre commercial, les locataires assument une responsabilité conjointe en ce qui concerne la bonne marche du centre. Expliquez en quoi consiste cette responsabilité conjointe.

12. Qu'est-ce qu'une clause escalatoire et une clause d'indexation? Donnez-en des exemples.

13. Quels sont les différents recours qui relèvent de la compétence de la Régie du logement?

14. Peut-on interjeter appel d'une décision de la Régie du logement? Motivez votre réponse.

15. Quelle procédure doit suivre un locateur qui désire reprendre possession de son logement?

16. Un locataire qui a signé un bail d'une durée de 12 mois et qui reçoit de son propriétaire un avis d'augmentation de loyer qu'il trouve exagérée dispose-t-il d'un recours? Expliquez votre réponse.

17. En cas d'inexécution d'une obligation par le locateur, quels sont les recours du locataire?

18. En cas d'inexécution d'une obligation par le locataire, quels sont les recours du locateur?

19. Quelle procédure doit suivre le locataire qui désire sous-louer son logement? Expliquez votre réponse.

20. Quelle procédure doit suivre le locateur d'un logement qui désire évincer son locataire pour subdiviser le logement ou en changer l'affectation?

Cas pratiques

1. Claude décide d'installer son commerce de vente de chaussures, Le Soulier Agile inc., au Centre commercial de Ste-Foy. À cette fin, il rencontre le gérant du Centre commercial, Victor Sansoucy, qui lui a fait visiter certains locaux disponibles. Un certain local intéresse particulièrement Claude. M. Sansoucy remet une formule d'offre de location à Claude et veut que ce dernier la signe sur-le-champ, s'il ne veut pas rater l'occasion de louer ce local, car déjà plusieurs autres commerçants sont intéressés par cet emplacement.

Cette offre mentionne, entre autres, que Claude s'engage à signer un bail sur la formule de bail standard du locateur dans les 30 jours de la signature de l'offre.

a) Croyez-vous que Claude serait bien avisé de signer cette offre de location sur-le-champ? Expliquez les conséquences d'une telle signature.

b) Quels autres documents Claude devrait-il exiger du locateur? Motivez votre réponse.

c) Après avoir obtenu tous les documents nécessaires, Claude vient vous consulter, car il désire s'assurer que ses intérêts seront bien protégés. Il vous explique les faits suivants:
— son local occupera 3% de la superficie totale du centre commercial;
— le loyer de base sera de 2500$ par mois, plus un loyer additionnel représentant 1/2 de 1% de ses recettes mensuelles;
— la durée du bail sera de 5 ans.
Il désire savoir dans quelle proportion il sera responsable des dépenses communes.
Il veut aussi que vous lui recommandiez des ajouts au bail pour mieux protéger ses droits.
Quelles sont vos recommandations? Expliquez votre réponse.

2. Yvan Leboeuf vient vous consulter. Il a fait l'acquisition d'une propriété située sur la rue Saint-Laurent, à Montréal, dans une zone commerciale. Cette propriété est occupée au sous-sol par Nancy Lavallée qui y exploite un salon de coiffure sous la dénomination sociale de «Salon Belle Boucle». Nancy a signé un bail se terminant dans trois mois et demi, avec option de renouvellement pour une période de 5 ans. Nancy a fait enregistrer son bail au bureau d'enregistrement de la division d'enregistrement de Montréal.

Quant au rez-de-chaussée, il est occupé par Cyclo Nouveautés inc. en vertu d'un bail se terminant dans 15 mois. Le premier étage est occupé comme logement par Amable Beauchesne en vertu d'un bail de 2 ans qui doit expirer dans 8 mois. Finalement, le deuxième étage se divise en deux logements occupés, d'une part, par Fred Dubois et, d'autre part, par Léon Bouillon. Chacun d'eux a signé un bail d'un an qui vient à échéance dans 5 mois.

Yvan vous informe qu'il entend reprendre possession de l'immeuble pour habiter le premier étage avec son épouse et pour y établir son commerce de boucherie, Le Boeuf de l'Ouest inc., au rez-de-chaussée et au sous-sol.

Quant au logement de Fred Dubois situé au deuxième étage, Yvan a l'intention d'y installer sa fille Catherine qui se marie dans 7 mois. Il veut également subdiviser l'appartement occupé par Léon Bouillon en deux nouveaux logements.

Il vous demande de lui expliquer *en détail* la procédure à suivre pour mener à terme ses projets.

3. Johanne habite depuis 3 ans le rez-de-chaussée d'un duplex appartenant à Jos Lebeau, en vertu d'un bail sous seing privé intervenu entre eux le 1er juillet 1984, pour un loyer de 500$ par mois, payable d'avance le premier jour de chaque mois pour une période d'un an. Le 15 novembre 1986, Johanne ayant trouvé un bel appartement avec vue sur le fleuve, au même prix, adresse une lettre à Jos lui annonçant qu'elle quittera son logement le 2 janvier 1987. Jos l'informe par lettre qu'elle ne peut légalement quitter son logis à cette date et qu'elle doit continuer à respecter son bail jusqu'au 30 juin 1987.

La position de Jos est-elle bien fondée en droit? Si oui, dites pourquoi et justifiez votre réponse. Que peut faire Johanne? Expliquez votre réponse.

4. a) Mario Lefebvre loue un appartement à Diane Roy aux termes d'un bail d'un an débutant le 1er juillet; le prix du loyer est fixé à 300$ par mois.

Au mois de décembre, Diane vient vous consulter et elle se plaint que son propriétaire ne chauffe pas l'appartement adéquatement, tel que stipulé au bail. De plus, malgré ses demandes répétées, son propriétaire refuse d'effectuer des réparations au toit qui coule, ainsi que de colmater une brèche dans le mur. Diane désire connaître ses recours, ainsi que la façon de les faire valoir.

b) L'année suivante, le 17 juillet, Diane continue toujours d'occuper les lieux n'ayant reçu aucun avis de son propriétaire. Le 1er août de la même année, Mario décide d'expulser sa locataire pour louer l'appartement à un prix plus élevé à une vieille connaissance, Denis Lanoie. Diane vous consulte à nouveau pour connaître ses droits. Que lui conseillez-vous?

5. Sylvain Leduc vient d'acquérir un nouvel immeuble qu'il entend aménager pour en faire une résidence funéraire. À cette fin, il a avisé les locataires de l'édifice de son intention d'en reprendre possession. Les locataires sont les suivants:

— au rez-de-chaussée, la compagnie Bobec ltée qui a aménagé des bureaux dans les lieux loués et fait des rénovations s'élevant à 10 000$;
— au sous-sol, les Immeubles Gabec inc. qui a apporté des améliorations d'une valeur de 2 000$ à ses bureaux;
— au premier étage, Alain Belhumeur, qui occupe un logement de trois grandes pièces à l'origine, qu'Alain a subdivisées en cinq pièces, au coût de 1 200$.

Les locataires ont été avisés en temps utile de la reprise de possession et sont d'accord pour quitter les lieux à la condition de récupérer le coût des améliorations et réparations qu'ils ont effectuées dans les lieux loués.

Sylvain vous consulte et veut savoir s'il est tenu de rembourser le montant de ces améliorations et réparations en tant que nouveau propriétaire et suite à la reprise de possession des lieux. Il vous fait part qu'il désire conserver les améliorations au sous-sol, mais il ne veut nullement conserver les autres améliorations. Expliquez-lui ses droits et ceux de ses locataires.

Plan du chapitre 15

Les assurances

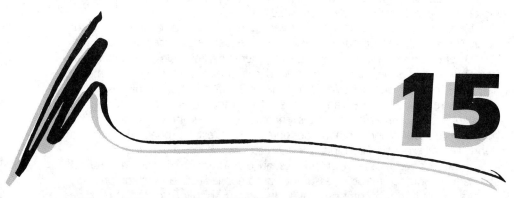

Les assurances

Objectifs

1. Connaître les principes directeurs de la *Loi sur les assurances* (loi 75).
2. Définir les composantes du contrat d'assurance.
3. Expliquer la notion d'intérêt d'assurance.
4. Énoncer les obligations de l'assuré et celles de l'assureur à la suite de la conclusion du contrat d'assurance.
5. Connaître les domaines d'application de l'assurance maritime et de l'assurance terrestre.
6. Donner des exemples d'assurance de personnes et de dommages.

En 1833, pour la première fois au Québec, on assiste à la mise sur pied d'une compagnie d'assurance d'origine britannique.

En 1877, on dénombrait déjà 34 compagnies d'assurance installées au Canada. Aujourd'hui, dans le seul secteur de l'assurance-vie, 172 compagnies y exploitent leur négoce en vertu d'une charte fédérale ou provinciale[1].

Compte tenu du revenu national, les Canadiens figurent parmi les citoyens les plus assurés du monde. Le montant d'assurance-vie que détient en moyenne un ménage au Canada a triplé depuis les années 60 et se situe au-delà de 50 000 $. À elle seule, l'assurance-vie fournit du travail à 52 800 personnes. Elle apporte, sous forme d'investissements, des capitaux de l'ordre de plusieurs milliards de dollars dans l'économie du pays, ce qui contribue indirectement à créer des milliers d'autres emplois.

---

1. La plupart des chiffres cités sont tirés d'un article paru dans le journal *Le Devoir* en date du 23 octobre 1980, et écrit par Marcel Knecht, Directeur des relations publiques de l'Association canadienne des compagnies d'assurance-vie.

Ces investissements se traduisent par des prêts hypothécaires lorsqu'il s'agit de l'achat d'immeubles résidentiels ou commerciaux, de l'achat d'actions ou d'obligations des gouvernements ou de société privées, contribuant ainsi à l'apport de capitaux essentiels à la croissance et à l'expansion de nos industries. À titre d'exemple, mentionnons que le Québec bénéficie de sommes considérables prêtées par des sociétés d'assurance-vie américaines et canadiennes, lesquelles sont désireuses de participer au développement des ressources hydroélectriques de la province.

L'assurance est un secteur du monde des affaires qui connaît un essor particulièrement important au Canada depuis les dernières décennies.

En effet, se sentant à la merci d'événements imprévisibles, l'homme d'aujourd'hui éprouve de plus en plus le besoin de protéger son patrimoine acquis au prix de durs labeurs. L'arme la plus efficace dont il dispose alors pour contrer les coups de l'adversité est l'assurance qui, par un mécanisme des plus simples, répartit les pertes encourues par les individus victimes du hasard entre un grand nombre de personnes. C'est ce phénomène qui a donné lieu à l'expansion considérable du secteur privé de l'assurance.

L'État a développé son propre réseau d'assurances sociales: assurance-chômage, assurance-maladie, assurance-automobile, etc. Le secteur privé de l'assurance doit donc composer avec le secteur public, un concurrent de taille.

Au Québec, les assurances sont soumises à une double réglementation. D'une part, elles relèvent d'une loi générale, le *Code civil (articles 2468 à 2692)*, qui traite du contrat d'assurance et de ses diverses modalités; d'autre part, elles relèvent d'une loi statutaire spéciale, la *Loi sur les assurances (loi 75)*, qui régit l'activité des compagnies d'assurance. Dans le présent chapitre, nous dirons d'abord quelques mots sur la loi spéciale, pour nous arrêter plus longuement sur les dispositions du Code civil en matière de contrat d'assurance, et nous définirons les principales sortes d'assurance.

Loi sur les assurances (loi 75)

La loi 75, adoptée en juin 1984 et modifiant l'ancienne *Loi sur les assurances*, a suscité de nombreux commentaires chez les intervenants du secteur. Certains y voient même «le cadre juridique le plus moderne accordé, à l'heure actuelle, à des compagnies d'assurance au Canada[2]». Cette loi vise à accorder une plus grande latitude à différents établissements financiers de juridiction provinciale (compagnies d'assurance, sociétés de fiducie et maisons de courtage en valeurs mobilières), à la condition que ces dernières respectent les règles et usages en cours dans les différents champs d'activités où elles voudraient s'engager. Depuis l'avènement de la loi 75, les compagnies d'assurance de personnes ou de dommages peuvent donc exercer des activités qui débordent le strict domaine de la souscription d'assurance et disposent également de nouveaux modes de placement des fonds de leurs assurés. Par exemple, une compagnie d'assurance-vie peut maintenant offrir des prêts, comme une société de fiducie; elle peut fournir le financement d'une prime, offrir des services de dépôts et de garde de valeurs, faire du financement commercial (crédit-bail), etc. La loi 75 oblige les compagnies d'assurance à gérer les fonds de leurs clients en «bon père de famille», c'est-à-dire comme un administrateur prudent et raisonnable.

---

2. Marcellin Tremblay, «La loi 75 adoptée par Québec en juin dernier», *Le Devoir*, 19 octobre 1984, cahier spécial, p. III.

En ce qui concerne la surveillance et le contrôle des compagnies d'assurance, la loi 75 régit leur formation, leur fusion et le transfert de plus de 10% de leur propriété. Ajoutons que tout transfert ou toute émission d'actions ayant pour effet de concentrer entre les mêmes mains plus de 50% de la propriété d'une institution d'assurance doit recevoir l'aval du gouvernement. Par ailleurs, il appartient à l'Inspecteur général des institutions financières d'émettre un permis à une compagnie d'assurance, de la renouveler, de le suspendre ou de l'annuler, le cas échéant.

En résumé, on peut affirmer que la loi 75 décloisonne les établissements financiers et élargit le pouvoir des compagnies d'assurance de juridiction provinciale qui pourront reprendre le terrain perdu au profit des banques dont la loi est révisée «à la hausse» tous les 10 ans par le Législateur fédéral. On peut espérer que la législation fédérale en matière d'assurance qui remonte à plus de 50 ans fera, à son tour, l'objet d'une révision en profondeur.

Définition et éléments essentiels du contrat d'assurance

L'article 2468 du Code civil définit le **contrat d'assurance** de la façon suivante:

> Le contrat d'assurance est celui en vertu duquel l'asseur, moyennant une prime ou cotisation, s'engage à verser au preneur ou à un tiers une prestation en cas de réalisation d'un risque.

On peut dégager de cette définition les éléments essentiels du contrat d'assurance: le risque, la prime et la prestation de l'assureur. Dans certains cas, il y a lieu de mentionner un quatrième élément propre au contrat d'assurance: l'intérêt d'assurance.

Risque

Le **risque** peut se définir comme tout événement incertain qui ne dépend pas de la volonté des parties, plus particulièrement de la volonté de l'assuré, et non contraire à l'ordre public et aux bonnes moeurs.

Événement incertain

L'incertitude porte généralement sur la réalisation du risque (par exemple l'incendie d'une maison ou le vol d'un objet). Mais l'incertitude peut porter sur l'époque de la réalisation du risque (l'assurance-vie, par exemple).

Qui ne dépend pas de la volonté des parties

L'article 2600 du Code civil reconnaît qu'une personne puisse s'assurer contre le dommage causé à autrui par sa propre faute. Ce contrat d'assurance de responsabilité est valide dans la mesure où l'événement dommageable n'est pas occasionné par la faute *intentionnelle* de l'assuré; sinon, la notion de risque disparaîtrait du contrat qui deviendrait illégal.

La seule exception que le Code civil reconnaît à cette théorie de l'incertitude du risque s'applique au suicide. En effet, l'article 2532 stipule que le suicide de l'assuré n'est pas cause de nullité du contrat d'assurance et que toute stipulation contraire est sans effet si le suicide survient après deux ans d'assurance ininterrompue.

Non contraire à l'ordre public et aux bonnes moeurs

Un contrat d'assurance visant à protéger l'assuré contre ses actes intentionnels est inopérant et à fortiori, une assurance le protégeant contre ses actes criminels. Ainsi, un contrat d'assurance ayant pour objet de protéger un contrebandier contre les risques de son «métier» serait nul.

Prime

La **prime** constitue le prix de l'assurance, c'est-à-dire le montant que l'assuré doit verser à l'assureur en contrepartie du risque que ce dernier endosse à sa place.

Le critère de base utilisé dans l'établissement de la prime est celui de la probabilité de la réalisation du risque. La prime varie également en fonction de la somme assurée.

En matière d'assurance de dommages

L'article 2570 du Code civil stipule que l'assureur n'a droit à la prime qu'à compter du moment où le risque commence. Cette prime doit alors lui être versée en entier. Mais dans la pratique, les assureurs font souvent crédit à leurs assurés et, dans un tel cas, la loi leur accorde le droit de déduire le montant de la prime de l'indemnité qu'ils doivent verser.

En matière d'assurance sur la vie

Le contrat entre en vigueur au moment du versement de la première prime. À défaut du versement des primes subséquentes, l'assuré voit son assurance déchue et l'assureur n'a pas le droit d'exiger le paiement des primes échues (art. 2522 C.c.).

Prestation de l'assureur

La **prestation de l'assureur** est l'obligation qui lui incombe de payer à l'assuré une somme d'argent dans le cas de la réalisation du risque.

En matière d'assurance de personnes

L'assureur doit payer l'indemnité au preneur, à l'adhérent ou au bénéficiaire désigné dans la police, selon qu'il s'agisse d'assurance-vie, d'assurance-maladie, d'assurance-accident ou de rente. Aux termes de l'article 2546 du Code civil, la désignation de tout bénéficiaire dans une police d'assurance de personnes est révocable, à moins de stipulation contraire. Mais la désignation du conjoint à titre de bénéficiaire par l'assuré est irrévocable, à moins de stipulation contraire.

Cependant, quels que soient les termes utilisés, toute désignation de bénéficiaire est révocable aussi longtemps que l'assureur ne l'a pas reçue (art. 2548 C.c.).

En matière d'assurance de dommages

En **assurance de choses**, la prestation de l'assureur est en fonction de la somme assurée et des dommages réellement subis, à moins qu'il ne s'agisse d'une police *évaluée*, c'est-à-dire en vertu de laquelle le montant de l'assurance est convenu à l'avance entre l'assureur et l'assuré.

Sous réserve des droits des créanciers, l'article 2586 du Code civil donne aussi à l'assureur la faculté de réparer, de rebâtir ou de remplacer la chose assurée. Par exemple, dans une assurance contre le bris de glace, l'assureur peut remplacer la glace brisée plutôt que d'en payer la valeur en argent.

En **assurance de responsabilité**, la prestation de l'assureur consiste à prendre en main la défense de toute personne qui a droit au bénéfice de l'assurance et à assumer sa défense dans toute action intentée contre elle et, éventuellement, à payer le montant de toute condamnation (art. 2604 C.c.).

Intérêt d'assurance

L'article 2580 du Code civil stipule qu'une personne a un **intérêt d'assurance** dans une chose lorsqu'elle peut subir un dommage direct et immédiat de la perte ou de la détérioration de cette chose.

Le contrat d'assurance ne constitue pas un moyen de s'enrichir, mais bien de se protéger contre le risque d'appauvrissement de son patrimoine. Le propriétaire d'un bien a intérêt à l'assurer, car il subirait une perte à la suite de la destruction ou de la détérioration de ce bien; il en va de même du créancier hypothécaire et du créancier gagiste.

Par exemple, un contrat de prêt entre un établissement financier et l'acheteur d'une maison contient une clause stipulant que ce dernier devra assurer sa maison contre l'incendie, et qu'à la suite d'un sinistre, le produit de la police d'assurance sera versé au créancier hypothécaire jusqu'à concurrence du montant de sa créance; le contrat d'assurance ne peut être transporté qu'avec le consentement de l'assureur (art. 2577 C.c.). En cas de décès de l'assuré, de faillite ou du transport entre coassurés de leur intérêt dans l'assurance, l'assurance continue au profit de l'héritier, du syndic ou de l'assuré restant (art. 2578 C.c.).

Il est à noter que l'assurance d'une chose dans laquelle l'assuré n'a aucun intérêt est sans effet.

En matière d'assurance sur la vie

L'intérêt d'assurance dans la vie d'une personne doit exister au moment où l'assurance est contractée; il n'est pas nécessaire que cet intérêt soit continu.

La loi déclare qu'une personne a un intérêt susceptible d'assurance sur sa vie et sa santé ainsi que sur celle:

— de son conjoint;
— de ses descendants et de ceux de son conjoint, quelle que soit leur filiation;
— de ceux qui contribuent à son soutien ou à son éducation;
— de ses préposés et de son personnel;
— de ceux dont la vie et la santé présentent pour elle un intérêt pécuniaire, un associé dans un contrat de société, par exemple (art. 2507 C.c.).

Conditions de formation du contrat d'assurance

Nous avons déjà examiné au chapitre 11, les conditions essentielles à la formation d'un contrat valide. En ce qui concerne le contrat d'assurance, les mêmes conditions de validité se retrouvent, à savoir: la *capacité*, l'*objet*, la *cause* et le *consentement*, mais une condition particulière vient s'ajouter: il s'agit de la *déclaration du risque*.

Capacité

Au Québec, l'article 201 de la *Loi sur les assurances* impose à l'assureur une double condition: être dûment constitué en corporation et être détenteur d'un permis émanant du surintendant des assurances. Quant à l'assuré, il est assujetti aux règles générales du Code civil régissant la capacité.

Objet

Il ne doit pas être contraire à la loi ni aux bonnes moeurs. Une personne ne peut assurer valablement un bien qui ne lui appartient pas ni contracter une assurance sur la vie d'une personne qui ne représente aucun intérêt pour elle.

Cause

Le motif pour lequel une personne décide d'assurer sa vie ou un objet doit être licite, c'est-à-dire qu'on ne doit pas contracter une assurance dans le but d'en retirer le produit illégalement en provoquant un événement.

Par exemple, assurer sa maison avec l'intention d'y mettre le feu pour toucher le montant de l'assurance.

Consentement

Le contrat d'assurance est parfait au moment où les parties prennent connaissance de leur consentement réciproque. Ce consentement doit être exempt d'erreur, de dol ou de violence. Ainsi, déclarer à un assureur que l'on désire assurer une maison privée contre l'incendie, alors qu'en réalité cet immeuble abrite un fonds de commerce constitue une fausse déclaration qui l'induit en erreur et vicie son consentement.

Plus précisément, l'article 2476 du Code civil stipule que le contrat d'assurance est formé dès que l'assureur accepte la proposition de l'assuré ou **preneur** (la personne qui souscrit l'assurance et paie la prime)[3].

Il y a lieu ici de faire une distinction entre la formation du contrat d'assurance de dommages et la formation du contrat d'assurance de personnes.

En matière d'assurance de dommages

Il n'est pas nécessaire que l'assuré ait en sa possession un écrit. La plupart du temps, le courtier prend la demande par téléphone et il accepte immédiatement, au nom de l'assureur, de couvrir le risque. Par la suite, le courtier fait parvenir à l'assuré une note de couverture valable pour une période de trente jours et tenant lieu de contrat temporaire en attendant l'émission de la police par l'assureur. Aux termes de l'article 2480 du Code civil, la **police** doit indiquer:

— le nom des parties au contrat et des personnes à qui les sommes assurées sont payables, ou un moyen de les identifier;
— l'objet et le montant de la garantie;
— la nature du risque;
— le moment à partir duquel le risque est garanti et la durée de la garantie;
— le montant ou le taux des primes et les dates d'échéance.

---

3. Dans le langage technique des assurances, on parlera plutôt de **contractant** ou de **souscripteur** d'une police d'assurance plutôt que de «preneur».

En matière d'assurance-vie

L'agent d'assurance n'a pas le pouvoir de lier la compagnie d'assurance qu'il représente. Il ne fait que proposer une combinaison d'assurance-vie à une personne, et il lui fait remplir et signer un questionnaire destiné à l'assureur. Le contrat n'est conclu que lorsque l'assureur a pu vérifier les renseignements que le contractant lui a donnés relativement à son état de santé. La signature du questionnaire par l'assuré et l'agent d'assurance n'entraîne donc pas la conclusion du contrat; cette dernière est conditionnelle à l'acceptation de l'assureur de prendre le risque en toute connaissance de cause.

Lorsqu'il s'agit de faire *la preuve du contrat d'assurance,* l'article 2477 du Code civil stipule que la police est le document qui constate le contrat d'assurance.

> **Art. 2478** En cas de divergence entre la police et la proposition, cette dernière fait foi du contrat [...].

Toute modification apportée au contrat au moyen d'un **avenant** (ajout à une police d'assurance) en fait partie intégrante; l'article 2482 précise cependant qu'un avenant qui réduirait les engagements de l'assureur serait sans effet, à moins que le preneur ne donne son consentement écrit à une telle réduction.

La police émise par l'assureur ne lie les parties qu'à compter du moment où l'assuré la reçoit et l'accepte sans protester.

En vertu de l'article 2491 du Code civil, l'assuré peut recourir à la preuve testimoniale pour contester les déclarations contenues dans la proposition d'assurance lorsqu'elles y ont été inscrites par le représentant de l'assureur ou par un courtier, et qu'elles ne correspondent pas à ce qui a été déclaré.

Enfin, notons que la loi considère le contrat d'assurance terrestre comme commercial pour l'assureur et, de ce fait, civil pour l'assuré, tandis que le contrat d'assurance maritime est commercial pour les deux parties (art. 2492 C.c.). Chaque partie est donc soumise aux règles qui lui sont propres. Ainsi, lorsqu'il s'agit de faire la preuve civile, l'assuré peut toujours prouver par témoins les clauses contenues dans la police d'assurance.

Déclaration du risque

C'est une condition importante dans la formation du contrat d'assurance et elle lui est propre. Le risque étant l'élément essentiel du contrat d'assurance, il est normal que l'assureur en connaisse exactement l'étendue et les circonstances qui l'entourent. La loi impose à l'assuré cette obligation de déclarer la fréquence de réalisation du risque, lorsque celui-ci est connu; l'assureur est alors en mesure d'établir une prime équitable basée sur la fréquence de la réalisation du risque. Le commerce d'assurance repose sur cette obligation qui constitue une garantie pour l'assureur de la solvabilité de son entreprise (figure 15.1).

L'obligation pour l'assuré de déclarer le risque se retrouve à l'article 2485 du Code civil:

> Le preneur, de même que l'assuré si l'assureur le demande, est tenu de déclarer toutes les circonstances connues de lui qui sont de nature à influencer de façon importante un assureur raisonnable dans l'établissement de la prime, l'appréciation du risque ou la décision de l'accepter.

L'assureur doit connaître toutes les circonstances et tous les faits entourant le risque, de même que les circonstances de nature à influencer son opi-

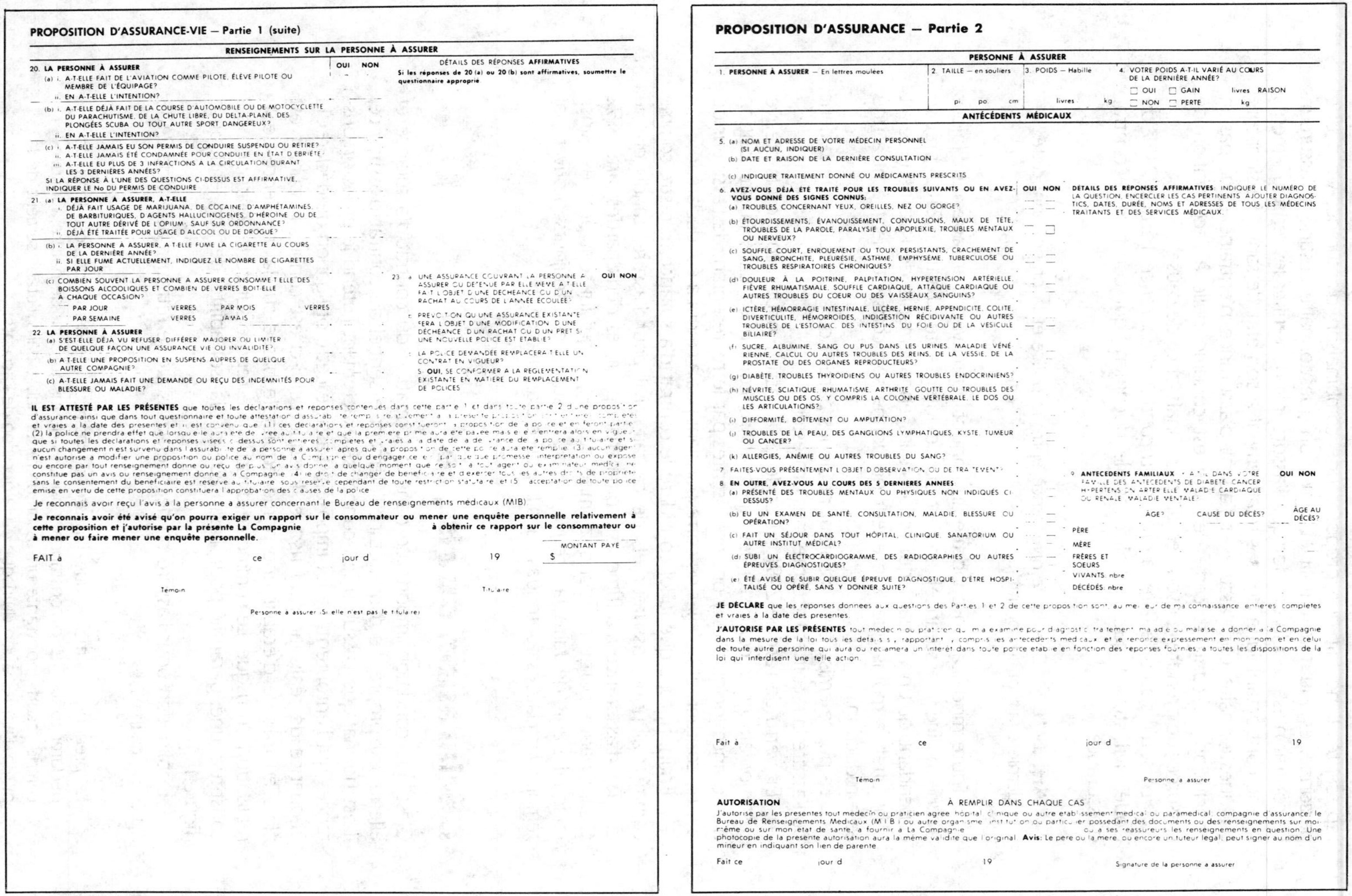

PROPOSITION D'ASSURANCE-VIE — Partie 1 (suite)

RENSEIGNEMENTS SUR LA PERSONNE À ASSURER

	OUI	NON	DÉTAILS DES RÉPONSES **AFFIRMATIVES**
20. **LA PERSONNE À ASSURER**			**Si les réponses de 20 (a) ou 20 (b) sont affirmatives, soumettre le questionnaire approprié**
(a) i. A-T-ELLE FAIT DE L'AVIATION COMME PILOTE, ÉLÈVE PILOTE OU MEMBRE DE L'ÉQUIPAGE?			
ii. EN A-T-ELLE L'INTENTION?			
(b) i. A-T-ELLE DÉJÀ FAIT DE LA COURSE D'AUTOMOBILE OU DE MOTOCYCLETTE DU PARACHUTISME, DE LA CHUTE LIBRE, DU DELTA-PLANE, DES PLONGÉES SCUBA OU TOUT AUTRE SPORT DANGEREUX?			
ii. EN A-T-ELLE L'INTENTION?			
(c) i. A-T-ELLE JAMAIS EU SON PERMIS DE CONDUIRE SUSPENDU OU RETIRÉ?			
ii. A-T-ELLE JAMAIS ÉTÉ CONDAMNÉE POUR CONDUITE EN ÉTAT D'ÉBRIÉTÉ?			
iii. A-T-ELLE EU PLUS DE 3 INFRACTIONS À LA CIRCULATION DURANT LES 3 DERNIÈRES ANNÉES?			
SI LA RÉPONSE À L'UNE DES QUESTIONS CI-DESSUS EST AFFIRMATIVE, INDIQUER LE No DU PERMIS DE CONDUIRE			
21. (a) **LA PERSONNE À ASSURER, A-T-ELLE**			
i. DÉJÀ FAIT USAGE DE MARIJUANA, DE COCAINE, D'AMPHÉTAMINES, DE BARBITURIQUES, D'AGENTS HALLUCINOGÈNES, D'HÉROINE OU DE TOUT AUTRE DÉRIVÉ DE L'OPIUM, SAUF SUR ORDONNANCE?			
ii. DÉJÀ ÉTÉ TRAITÉE POUR USAGE D'ALCOOL OU DE DROGUE?			
(b) i. LA PERSONNE À ASSURER, A-T-ELLE FUMÉ LA CIGARETTE AU COURS DE LA DERNIÈRE ANNÉE?			
ii. SI ELLE FUME ACTUELLEMENT, INDIQUEZ LE NOMBRE DE CIGARETTES PAR JOUR			
(c) COMBIEN SOUVENT LA PERSONNE À ASSURER CONSOMME-T-ELLE DES BOISSONS ALCOOLIQUES ET COMBIEN DE VERRES BOIT-ELLE À CHAQUE OCCASION? PAR JOUR ___ VERRES PAR MOIS ___ VERRES PAR SEMAINE ___ VERRES JAMAIS			
22. **LA PERSONNE À ASSURER**			
(a) S'EST-ELLE DÉJÀ VU REFUSER, DIFFÉRER, MAJORER OU LIMITER DE QUELQUE FAÇON UNE ASSURANCE VIE OU INVALIDITÉ?			
(b) A-T-ELLE UNE PROPOSITION EN SUSPENS AUPRÈS DE QUELQUE AUTRE COMPAGNIE?			
(c) A-T-ELLE JAMAIS FAIT UNE DEMANDE OU REÇU DES INDEMNITÉS POUR BLESSURE OU MALADIE?			

	OUI	NON
23. a UNE ASSURANCE COUVRANT LA PERSONNE À ASSURER OU DÉTENUE PAR ELLE-MÊME A-T-ELLE FAIT L'OBJET D'UNE DÉCHÉANCE OU D'UN RACHAT AU COURS DE L'ANNÉE ÉCOULÉE?		
b PRÉVOIT-ON QU'UNE ASSURANCE EXISTANTE FERA L'OBJET D'UNE MODIFICATION, D'UNE DÉCHÉANCE, D'UN RACHAT OU D'UN PRÊT SI UNE NOUVELLE POLICE EST ÉTABLIE?		
c LA POLICE DEMANDÉE REMPLACERA-T-ELLE UN CONTRAT EN VIGUEUR? SI **OUI**, SE CONFORMER À LA RÉGLEMENTATION EXISTANTE EN MATIÈRE DU REMPLACEMENT DE POLICES		

IL EST ATTESTÉ PAR LES PRÉSENTES que toutes les déclarations et réponses contenues dans cette partie 1 et dans toute partie 2 d'une proposition d'assurance ainsi que dans tout questionnaire et toute attestation d'assurabilité remplis relativement à la présente proposition [illegible] complètes et vraies à la date des présentes et il est convenu que (1) ces déclarations et réponses constitueront la proposition de la police et en feront partie (2) la police ne prendra effet que lorsqu'elle aura été délivrée au titulaire et que la première prime aura été payée mais elle n'entrera alors en vigueur que si toutes les déclarations et réponses visées ci-dessus sont entières, complètes et vraies à la date de la délivrance de la police au titulaire et si aucun changement n'est survenu dans l'assurabilité de la personne à assurer après que la proposition de cette police aura été remplie (3) aucun agent n'est autorisé à modifier une proposition ou police au nom de la Compagnie ou d'engager celle-ci par quelque promesse, interprétation ou exposé ou encore par tout renseignement donné ou reçu, de plus un avis donné à quelque moment que ce soit à tout agent ou examinateur médical ne constitue pas un avis ou renseignement donné à la Compagnie (4) le droit de changer de bénéficiaire et d'exercer tous les autres droits de propriété sans le consentement du bénéficiaire est réservé au titulaire sous réserve cependant de toute restriction statutaire et (5) l'acceptation de toute police émise en vertu de cette proposition constituera l'approbation des clauses de la police

Je reconnais avoir reçu l'avis à la personne à assurer concernant le Bureau de renseignements médicaux (MIB).

Je reconnais avoir été avisé qu'on pourra exiger un rapport sur le consommateur ou mener une enquête personnelle relativement à cette proposition et j'autorise par la présente La Compagnie à obtenir ce rapport sur le consommateur ou à mener ou faire mener une enquête personnelle.

FAIT à ce jour d 19 MONTANT PAYÉ $

Témoin Titulaire

Personne à assurer (Si elle n'est pas le titulaire)

PROPOSITION D'ASSURANCE — Partie 2

PERSONNE À ASSURER

1. **PERSONNE À ASSURER** — En lettres moulées	2. TAILLE — en souliers	3. POIDS — Habillé	4. VOTRE POIDS A-T-IL VARIÉ AU COURS DE LA DERNIÈRE ANNÉE?
	pi po cm	livres kg	☐ OUI ☐ GAIN livres RAISON ☐ NON ☐ PERTE kg

ANTÉCÉDENTS MÉDICAUX

5. (a) NOM ET ADRESSE DE VOTRE MÉDECIN PERSONNEL (SI AUCUN, INDIQUER)
(b) DATE ET RAISON DE LA DERNIÈRE CONSULTATION
(c) INDIQUER TRAITEMENT DONNÉ OU MÉDICAMENTS PRESCRITS

6. **AVEZ-VOUS DÉJÀ ÉTÉ TRAITÉ POUR LES TROUBLES SUIVANTS OU EN AVEZ-VOUS DONNÉ DES SIGNES CONNUS:**	OUI	NON	**DÉTAILS DES RÉPONSES AFFIRMATIVES**: INDIQUER LE NUMÉRO DE LA QUESTION, ENCERCLER LES CAS PERTINENTS, AJOUTER DIAGNOSTICS, DATES, DURÉE, NOMS ET ADRESSES DE TOUS LES MÉDECINS TRAITANTS ET DES SERVICES MÉDICAUX.
(a) TROUBLES CONCERNANT YEUX, OREILLES, NEZ OU GORGE?			
(b) ÉTOURDISSEMENTS, ÉVANOUISSEMENT, CONVULSIONS, MAUX DE TÊTE, TROUBLES DE LA PAROLE, PARALYSIE OU APOPLEXIE, TROUBLES MENTAUX OU NERVEUX?			
(c) SOUFFLE COURT, ENROUEMENT OU TOUX PERSISTANTS, CRACHEMENT DE SANG, BRONCHITE, PLEURÉSIE, ASTHME, EMPHYSÈME, TUBERCULOSE OU TROUBLES RESPIRATOIRES CHRONIQUES?			
(d) DOULEUR À LA POITRINE, PALPITATION, HYPERTENSION ARTÉRIELLE, FIÈVRE RHUMATISMALE, SOUFFLE CARDIAQUE, ATTAQUE CARDIAQUE OU AUTRES TROUBLES DU COEUR OU DES VAISSEAUX SANGUINS?			
(e) ICTÈRE, HÉMORRAGIE INTESTINALE, ULCÈRE, HERNIE, APPENDICITE, COLITE, DIVERTICULITE, HÉMORROIDES, INDIGESTION RÉCIDIVANTE OU AUTRES TROUBLES DE L'ESTOMAC, DES INTESTINS, DU FOIE OU DE LA VÉSICULE BILIAIRE?			
(f) SUCRE, ALBUMINE, SANG OU PUS DANS LES URINES, MALADIE VÉNÉRIENNE, CALCUL OU AUTRES TROUBLES DES REINS, DE LA VESSIE, DE LA PROSTATE OU DES ORGANES REPRODUCTEURS?			
(g) DIABÈTE, TROUBLES THYROIDIENS OU AUTRES TROUBLES ENDOCRINIENS?			
(h) NÉVRITE, SCIATIQUE, RHUMATISME, ARTHRITE, GOUTTE OU TROUBLES DES MUSCLES OU DES OS, Y COMPRIS LA COLONNE VERTÉBRALE, LE DOS OU LES ARTICULATIONS?			
(i) DIFFORMITÉ, BOITEMENT OU AMPUTATION?			
(j) TROUBLES DE LA PEAU, DES GANGLIONS LYMPHATIQUES, KYSTE, TUMEUR OU CANCER?			
(k) ALLERGIES, ANÉMIE OU AUTRES TROUBLES DU SANG?			
7. FAITES-VOUS PRÉSENTEMENT L'OBJET D'OBSERVATION OU DE TRAITEMENT?			
8. **EN OUTRE, AVEZ-VOUS AU COURS DES 5 DERNIÈRES ANNÉES**			
(a) PRÉSENTÉ DES TROUBLES MENTAUX OU PHYSIQUES NON INDIQUÉS CI-DESSUS?			
(b) EU UN EXAMEN DE SANTÉ, CONSULTATION, MALADIE, BLESSURE OU OPÉRATION?			
(c) FAIT UN SÉJOUR DANS TOUT HÔPITAL, CLINIQUE, SANATORIUM OU AUTRE INSTITUT MÉDICAL?			
(d) SUBI UN ÉLECTROCARDIOGRAMME, DES RADIOGRAPHIES OU AUTRES ÉPREUVES DIAGNOSTIQUES?			
(e) ÉTÉ AVISÉ DE SUBIR QUELQUE ÉPREUVE DIAGNOSTIQUE, D'ÊTRE HOSPITALISÉ OU OPÉRÉ, SANS Y DONNER SUITE?			

9. **ANTÉCÉDENTS FAMILIAUX**: Y A-T-IL DANS VOTRE FAMILLE DES ANTÉCÉDENTS DE DIABÈTE, CANCER, HYPERTENSION ARTÉRIELLE, MALADIE CARDIAQUE OU RÉNALE, MALADIE MENTALE? OUI NON

	ÂGE?	CAUSE DU DÉCÈS?	ÂGE AU DÉCÈS?
PÈRE			
MÈRE			
FRÈRES ET SOEURS			
VIVANTS: nbre			
DÉCÉDÉS: nbre			

JE DÉCLARE que les réponses données aux questions des Parties 1 et 2 de cette proposition sont, au meilleur de ma connaissance, entières, complètes et vraies à la date des présentes.

J'AUTORISE PAR LES PRÉSENTES tout médecin ou praticien qui m'a examiné pour diagnostic, traitement, maladie ou malaise, à donner à la Compagnie dans la mesure de la loi tous les détails s'y rapportant, y compris les antécédents médicaux, et je renonce expressément en mon nom et en celui de toute autre personne qui aura ou réclamera un intérêt dans toute police établie en fonction des réponses fournies, à toutes les dispositions de la loi qui interdisent une telle action.

Fait à ce jour d 19

Témoin Personne à assurer

AUTORISATION À REMPLIR DANS CHAQUE CAS

J'autorise par les présentes tout médecin ou praticien agréé, hôpital, clinique ou autre établissement médical ou paramédical, compagnie d'assurance, le Bureau de Renseignements Médicaux (M.I.B.) ou autre organisme, institution ou particulier possédant des documents ou des renseignements sur moi-même ou sur mon état de santé, à fournir à La Compagnie ou à ses réassureurs les renseignements en question. Une photocopie de la présente autorisation aura la même validité que l'original. **Avis:** Le père ou la mère, ou encore un tuteur légal, peut signer au nom d'un mineur en indiquant son lien de parenté.

Fait ce jour d 19 Signature de la personne à assurer

Figure 15.1 Exemple de déclaration dans une proposition d'assurance-vie nion du risque à courir et sa décision de l'accepter ou de la refuser. Ces circonstances portent le nom de **faits matériels**.

Certaines circonstances peuvent avoir une influence sur la détermination du taux de la prime; elles constituent le risque objectif. En matière d'assurance incendie, il s'agit:

— du genre et du mode de construction de la chose assurée;
— de la situation d'un immeuble;
— du fait qu'il soit habité ou vacant;
— de la destination du lieu; le risque peut varier considérablement suivant qu'il s'agisse d'une maison privée, d'un hôtel ou d'une usine.

En matière d'assurance-vie, il existe certains facteurs qui peuvent influencer l'acceptation ou le refus du risque et la fixation de la prime, le cas échéant. Ce sont l'âge et l'état de santé présent ou passé du contractant d'assurance.

Il existe d'autres circonstances qui n'influent pas sur le taux de la prime directement, mais qui motivent la décision de l'assureur d'accepter ou de refuser la couverture d'un risque; il s'agit du **risque subjectif** (*moral hazard*). En voici quelques exemples:

— le fait d'avoir été victime d'un sinistre similaire à celui contre lequel il désire s'assurer; dans l'assurance-automobile, le fait d'avoir eu des accidents antérieurs doit être déclaré à l'assureur; il en est de même d'une suspension de permis de conduire;
— le fait qu'une autre compagnie d'assurance ait refusé d'assurer une personne ou ait déjà résilié le contrat.

En plus des circonstances que nous venons d'énumérer, le contractant d'assurance doit déclarer franchement et entièrement les circonstances *qui sont à sa connaissance*. La loi ne l'oblige pas à aller plus loin dans sa déclaration; il n'a donc pas à déclarer les faits que l'assureur est censé connaître, ni

Figure 15.2 En matière d'assurance incendie, le genre et le mode de construction de la chose, la situation de l'immeuble, le fait qu'il soit habité ou vacant et sa destination influencent la détermination du taux de la prime.

ceux qui n'apparaissent pas dans le questionnaire que l'assureur peut lui demander de remplir. S'il y a doute quant à l'exactitude d'un fait ou ambiguïté dans une question, le doute s'interprète en faveur de l'assuré, dans la mesure où ce dernier a fait preuve de bonne foi.

En matière d'assurance de personnes, dès que le contrat d'assurance est conclu, l'obligation de déclaration prend fin. Si l'assuré tombe gravement malade après l'entrée en vigueur de sa police d'assurance-vie, il n'a pas à en avertir son assureur.

Par ailleurs, en matière d'assurance de dommages, l'article 2566 oblige l'assuré à communiquer promptement à l'assureur les *aggravations de risque* spécifiées au contrat, ainsi que celles résultant de ses faits et gestes, et qui sont de nature à influencer de façon importante un assureur raisonnable dans l'établissement du taux de prime, l'appréciation du risque ou la décision de maintenir l'assurance.

Qu'arrive-t-il lorsque l'assuré contrevient à son obligation de déclaration en faisant de fausses représentations ou des réticences de bonne foi? Avant de répondre à cette question, on peut définir la **fausse représentation** comme une déclaration à l'assureur d'une circonstance non conforme à la vérité, alors que la **réticence** consiste plutôt à ne pas révéler ou à dissimuler un fait important pour l'assureur. Une réticence peut être présumée de bonne foi lorsque l'assuré ignore que la circonstance non révélée peut être importante pour l'assureur.

Le Code civil répond à cette question en stipulant qu'en l'absence de fraude, aucune fausse déclaration ou réticence ne peut donner lieu à l'annulation d'une assurance en vigueur *depuis deux ans*; cette règle s'applique à l'assurance de personnes.

Pour ce qui est de l'assurance de dommages, l'article 2488 dispose du problème en édictant qu'à moins de prouver la mauvaise foi de l'assuré, l'assureur doit couvrir le risque proportionnellement à la prime reçue, sauf s'il est établi qu'il n'aurait pas assumé le risque s'il avait connu les circonstances en cause.

Prescription

Pour toutes les catégories d'assurances, la loi fixe à *trois ans* le délai de prescription. En pratique, cela veut dire que toute action découlant d'un contrat d'assurance, que ce soit de la part de l'assureur ou de l'assuré, doit être intentée dans les trois ans à compter du moment où le droit d'action naît.

Dans l'assurance de dommages, l'assureur doit payer l'indemnité *dans les 60 jours de la réception* de l'avis de la perte; dans l'assurance de personnes, l'assureur a *30 jours* après la réception des pièces justificatives pour verser l'indemnité. La prescription ne commence donc à courir qu'à la fin de ces délais.

Exécution du contrat d'assurance

Obligations de l'assuré

Paiement de la prime

En plus de son obligation de déclaration que nous venons d'examiner, l'assuré doit payer la prime, c'est-à-dire le montant stipulé au contrat en contrepartie du risque assumé par l'assureur.

Sauf pour le paiement de la première prime, la loi accorde à l'assuré un délai de grâce de 30 jours pour le paiement de chaque prime et, pendant ce délai, la police d'assurance-vie demeure en vigueur. À défaut d'effectuer le paiement dans ce délai, le contrat d'assurance se trouve résilié.

La plupart de ces polices contiennent des clauses de non-déchéance. La compagnie prévoit des avances pour maintenir la police en vigueur dans le cas du défaut de paiement de la prime par l'assuré. Toutefois, ces clauses ne s'appliquent que dans la mesure où la police possède une **valeur de rachat**[4].

En assurance de dommages, l'assureur peut exiger la prime à compter du moment où le risque commence ; cette prime est payable en entier ou en versements différés, selon l'entente intervenue entre les parties.

Dans le cas de la résiliation du contrat avant terme, l'assureur doit rembourser à l'assuré le trop-perçu.

Contrairement à l'assurance de personnes, l'article 2571 du Code civil donne à l'assureur le droit de poursuivre l'assuré devant les tribunaux pour le paiement de la prime.

Déclaration du sinistre

L'article 2572 oblige l'assuré à aviser rapidement l'assureur de tout sinistre qui met en jeu la police émise pour sa protection. Tout intéressé peut également donner cet avis.

La portée de cette obligation de l'assuré est de permettre aux évaluateurs de constater par eux-mêmes, le plus tôt possible, la nature et l'étendue des dommages que l'assureur sera appelé à indemniser. L'assuré doit collaborer avec l'assureur dans l'établissement des circonstances entourant le sinistre et dans la recherche de sa cause probable.

L'assureur peut demander à l'assuré de lui fournir les pièces justificatives à l'appui de ces renseignements et lui demander d'attester sous serment la véracité de ces renseignements (art. 2573 C.c.). Il est important de rappeler que toute déclaration mensongère de la part de l'assuré le prive de son droit d'être indemnisé.

L'assureur qui doit verser une indemnité à son assuré à la suite de dommages subis et dont un tiers est responsable, peut exercer contre ce tiers le droit d'action qu'avait son assuré pour recouvrer le montant de l'indemnité qu'il a dû verser. La loi dit alors que l'assureur est subrogé dans les droits de l'assuré contre les tiers responsables. C'est ce qu'on appelle la **subrogation légale**.

Obligation de l'assureur

Paiement de l'indemnité

L'assureur assume une obligation conditionnelle qui est subordonnée à la réalisation du risque. Si l'assuré prouve que le risque s'est réalisé à la suite de l'arrivée d'un événement qui lui a occasionné une perte contre laquelle il était assuré, l'assureur doit payer l'indemnité.

---

4. Somme qu'un assuré peut recouvrer lors de l'annulation de certains contrats d'assurance. Cette somme représente généralement le montant maximal que l'assuré peut emprunter sur un contrat d'assurance. (Sylvain, F., Dictionnaire de la comptabilité.)

Résiliation et extinction du contrat d'assurance

Le contrat d'assurance prend fin par l'expiration du terme: la plupart du temps, le terme est d'un an. Le contrat d'assurance peut prendre fin par suite de son annulation pour les causes prévues par la loi: absence d'intérêt d'assurance ou déclarations frauduleuses, par exemple. Les parties peuvent, d'un commun accord, y mettre fin, ce qui n'entraîne pas de formalités particulières.

En matière d'assurance de dommages, l'article 2567 du Code civil précise que l'assureur ou l'assuré peut, sauf dans l'assurance de transport, résilier le contrat moyennant un avis écrit. Si l'avis provient de l'assuré, il prend effet dès que l'assureur le reçoit; s'il provient de l'assureur, il prend effet 15 jours après réception par l'assuré.

Principales branches d'assurance

L'assurance se divise en deux grandes catégories: l'assurance maritime et l'assurance terrestre.

Assurance maritime

L'**assurance maritime** a pour objet de garantir les risques afférents à une opération maritime. Cette branche d'assurance a pour objet la protection des navires, des marchandises, des commissions et des profits découlant de cette transaction ainsi que toutes autres choses appréciables en argent et exposées aux risques de la navigation. Il s'agit donc d'une branche d'assurance bien particulière.

Assurance terrestre

L'**assurance terrestre** se divise en assurance de personnes et en assurance de dommages. L'**assurance de personnes** porte sur la vie, la santé et l'intégrité physique de l'assuré. Elle peut être *individuelle* ou *collective*.

L'assurance individuelle de personnes est un contrat qui ne met en présence que l'assureur et son client. L'assurance collective de personnes est un contrat-cadre qui couvre les personnes adhérant à un groupe déterminé et, dans certains cas, leur famille ou les personnes à leur charge (art. 2472 C.c.). Cette forme d'assurance se retrouve le plus souvent dans les avantages sociaux que les entreprises offrent à leurs employés.

Les conventions collectives contiennent des clauses à incidence monétaire qui prévoient, entre autres, les assurances collectives suivantes: l'assurance-salaire, l'assurance-maladie et invalidité ainsi que l'assurance-vie.

L'**assurance de dommages** protège l'assuré contre les conséquences d'un événement de nature à diminuer son patrimoine. Elle comprend l'assurance de choses et l'assurance de responsabilité.

L'**assurance de choses** vise à indemniser l'assuré des pertes matérielles qu'il peut subir à la suite du vol, de l'endommagement ou de la destruction de ses biens mobiliers ou immobiliers. L'assurance d'une maison et de son contenu contre le feu constitue l'exemple type de cette assurance. Il en va de même de l'assurance contre le vol, contre les faux ou contre l'insolvabilité d'un débiteur.

L'**assurance de responsabilité** vise à protéger l'assuré contre les conséquences pécuniaires pouvant lui incomber en raison d'un fait dommageable. Par exemple, si un voisin vient le visiter et qu'en montant l'escalier, il se fracture une jambe en trébuchant sur une marche en mauvais état, l'assuré sera poursuivi en responsabilité civile. Si l'assuré détient une police d'assurance-responsabilité, l'assureur indemnisera alors le voisin à sa place.

Résumé

Au Québec, les assurances sont soumises à une double réglementation. D'une part, elles relèvent d'une loi générale, le Code civil, qui traite du contrat d'assurance et de ses diverses modalités ; d'autre part, elles relèvent d'une loi statutaire spéciale, la *Loi sur les assurances* (loi 75), qui régit l'activité des compagnies d'assurance.

Le contrat d'assurance «est celui en vertu duquel l'assureur, moyennant une prime ou cotisation, s'engage à verser au preneur ou à un tiers une prestation en cas de réalisation d'un risque» (art. 2468 C.c.). Le risque, la prime, la prestation et l'intérêt d'assurance sont les principaux éléments essentiels du contrat d'assurance.

Les principales conditions de formation du contrat d'assurance sont la capacité, l'objet, la cause, le consentement et la déclaration de risque. La police d'assurance est le document qui constate le contrat d'assurance. Le délai de prescription en matière d'assurance est fixé à trois ans.

En plus de déclarer le risque, l'assuré a deux obligations : le paiement de la prime et la déclaration du sinistre. Pour sa part, l'assureur doit payer l'indemnité à l'assuré. Le contrat d'assurance prend fin par l'expiration du terme. L'assurance se divise en deux grandes catégories : l'assurance maritime et l'assurance terrestre. L'assurance terrestre se subdivise en assurance de personnes et en assurance de dommages. L'assurance de personnes peut être individuelle ou collective et l'assurance de dommages comprend l'assurance de choses et l'assurance de responsabilité.

Vocabulaire

Assurance de choses
Assurance de dommages
Assurance de personnes
Assurance de responsabilité
Assurance maritime
Assurance terrestre
Avenant
Contrat d'assurance
Fait matériel
Fausse représentation
Intérêt d'assurance

Police
Preneur (ou contractant ou souscripteur)
Prestation de l'assureur
Prime
Réticence
Risque
Risque subjectif
Subrogation légale
Valeur de rachat

Questions

1. En matière d'assurance, un des éléments essentiels du contrat est l'intérêt d'assurance. Définissez-le.

2. À quel moment le contrat est-il conclu en assurance-vie?

3. Quelles sont les règles de preuve qui gouvernent le contrat d'assurance?

4. En assurance sur la vie, quelles sont les règles relatives au paiement de la prime?

5. Définissez le contrat d'assurance collective de personnes? Donnez-en des exemples.

6. En matière d'assurance de dommages, quels sont les principaux éléments que doit contenir la police?

7. Quelles sont les conséquences d'une fausse déclaration pour l'assuré?

8. Quelles sont les principales obligations de l'assureur?

9. À quel moment le contrat d'assurance prend-il fin?

10. Énumérez les principales caractéristiques de la nouvelle *Loi sur les assurances* (loi 75).

Cas pratiques

1. Le 1er février 1975, la compagnie Les Bienveillants ltée souscrit une police d'assurance-vie collective annuelle pour ses employés. Aux termes de ce contrat, chaque employé bénéficie d'une protection de 10 000 $. La prime mensuelle que la compagnie doit verser à l'assureur est de 8 000 $. Francine, adhérente au régime, désigne son futur époux, Jean-Yves, comme bénéficiaire lors de la souscription de la police. La désignation du bénéficiaire, dans la police, se lit comme suit :

Nom du bénéficiaire	lien de parenté
Jean-Yves	fiancé

Le 2 février 1985, Francine épouse Jean-Yves. Le couple, éprouvant de sérieuses difficultés d'adaptation et de communication, divorce le 8 avril 1986. Jean-Yves demande alors de ne rien changer aux termes de la police d'assurance, car il désire en conserver le bénéfice. Francine consent à le désigner comme bénéficiaire irrévocable. Elle omet cependant d'aviser l'assureur de sa décision.

Le 10 avril 1986, Francine nomme son frère, Marc, bénéficiaire de sa police d'assurance-vie, sans se soucier de l'entente préalable qu'elle avait eue avec Jean-Yves. Elle donne un avis écrit à sa compagnie d'assurance de sa décision ; la compagnie accuse réception et prend note du nouveau bénéficiaire.

Le 30 avril 1986, la compagnie Les Bienveillants ltée déclare faillite et cesse de payer les primes de ses employés.

Le 13 mai 1986, Francine décède sans que la prime du mois de mai soit payée par la compagnie.

a) La compagnie d'assurance est-elle tenue de payer ? Dans l'affirmative, quel est le montant de la prestation à verser ? Expliquez votre réponse.

b) Si la compagnie d'assurance doit payer, à qui reviendra le montant de l'assurance ? Pourquoi ?

2. Suite à une visite chez le médecin, Sylvie apprend qu'elle souffre de troubles cardio-vasculaires graves. Elle s'empresse aussitôt d'appeler son assureur pour contracter une police d'assurance sur sa vie de 25 000 $. Dans sa proposition, elle déclare être en parfaite santé. Quelques mois plus tard, elle décède des suites d'une crise cardiaque. La compagnie refuse de payer l'indemnité à ses ayants droit. Ceux-ci viennent vous consulter. Expliquez-leur la situation.

3. Le 2 avril 1985, Jean loue à Arthur, par bail sous seing privé, son chalet situé au lac Masson. Le bail contient une stipulation additionnelle qu'à la fin de l'été, Arthur pourra se porter acquéreur du chalet, s'il en est satisfait, pour un prix de 55 000 $.

Le 15 mai 1985, Arthur décide d'acquérir le chalet. Il tente vainement d'en informer Jean qui est absent pour deux semaines. Dès le 21 mai, Arthur obtient une police d'assurance-incendie sur le chalet au montant de 55 000 $. Dans sa proposition, il se décrit comme propriétaire.

Le 4 juin, Arthur apprend que Jean est rentré au pays et l'informe qu'il entend acheter le chalet. Ils se rendent tous deux chez le notaire le même jour et signent le contrat de vente qui est immédiatement enregistré.

Arthur est marié à Annette sous le régime de la séparation de biens et ils n'ont qu'un fils, Robert, âgé de vingt-quatre ans, étudiant en droit, qui dépend entièrement de ses parents pour son soutien et son éducation.

Le 9 juin 1985, un incendie détruit le chalet et Annette y périt. Ignorant cet événement, Robert, le 10 juin, fait émettre une police d'assurance au montant de 10 000 $ sur la vie de chacun de ses parents. La compagnie d'assurance n'exige pas d'examen médical.

Le 11 juin 1985, Arthur, apprenant le décès de son épouse et la destruction de son chalet, est foudroyé par une crise cardiaque et meurt sur-le-champ. Robert n'apprend ces événements tragiques que le 12 juin.

Une autopsie démontre qu'Arthur souffrait depuis longtemps d'une dangereuse maladie cardiaque susceptible d'entraîner son décès en tout temps, mais rien n'établit qu'Arthur lui-même le savait. Quant à Robert, il en était ignorant.

Robert, légataire universel de son père, vous consulte et désire savoir :

a) s'il peut exiger le paiement du produit des polices d'assurance qu'il a fait émettre sur la vie de chacun de ses parents ;

b) s'il peut exiger le paiement du produit de la police d'assurance incendie que son père avait prise sur le chalet.
Donnez votre opinion motivée quant à chacune de ces polices.

4. Paul était propriétaire de trois bâtiments voisins situés à Montréal et qui furent détruits par un incendie le 1er décembre 1985. Ils étaient connus comme les bâtiments A, B et C. L'incendie, dont la cause est inconnue, a pris naissance dans le bâtiment B. Ces trois bâtiments étaient assurés contre le feu selon des conditions ordinaires.

Les faits suivants sont pertinents à chacun des bâtiments :

a) Bâtiment A : Assuré le 5 juin 1984, pour trois ans et pour 100 000 $ par Paul qui a alors déclaré que le bâtiment servait à entreposer de la brique. Le 1er avril 1985, Paul a transformé le bâtiment en fonderie, y installant des fourneaux où l'on fondait le métal ;

b) Bâtiment B : Assuré à titre de résidence par le père de Paul, qui en était alors propriétaire, le 3 août 1984, pour trois ans et pour un montant de 150 000 $. Paul a reçu cette maison en héritage, le 1er août 1985 ;

c) Bâtiment C : Assuré à titre de maison de rapport le 9 octobre 1984, pour trois ans pour 200 000 $ par Philippe qui en était alors le propriétaire. Paul l'a achetée de Philippe le 3 septembre 1985.

Rien ne fut fait concernant ces assurances avant l'incendie. Après l'incendie, Paul présente ses demandes d'indemnité en observant les formalités requises.

Donnez votre opinion motivée relativement au bien-fondé de chacune de ces trois demandes d'indemnité.

5. Le 3 janvier 1985, Hélène Lachance a prêté à Denyse Dupont la somme de 20 000 $ remboursable sans intérêts par versements de 5 000 $ payables le 1er jour des mois de mars, juin, septembre et décembre 1985.

Le 15 janvier 1985, Hélène Lachance s'adresse à la compagnie Assurance Tous Risques ltée dans le but d'obtenir une police d'assurance au montant de 20 000 $ pour une période d'un an sur la vie de Denyse Dupont et paie la prime requise.

Une police au montant de 20 000 $, portant la date du 15 janvier 1985 et indiquant Hélène Lachance comme bénéficiaire, est émise. Denyse Dupont a payé les versements de mars et de juin, mais le 10 juin 1985, son corps a été trouvé dans les eaux du fleuve St-Laurent. Il fut établi à l'enquête du coroner qu'elle s'était délibérément précipitée dans le fleuve du haut du pont Jacques-Cartier.

Hélène Lachance vous consulte aujourd'hui et vous révèle que la compagnie d'assurance a refusé de payer le montant de 20 000 $ stipulé dans la police à la suite de la réclamation qu'elle lui a faite dans la forme requise.

La compagnie d'assurance invoque que Hélène Lachance n'avait aucun intérêt susceptible d'assurance dans la vie de Denyse Dupont et que, de plus, la police est sans effet par suite du suicide de cette dernière.

Assurance Tous Risques ltée est-elle obligée de payer la réclamation d'Hélène Lachance ? Motivez votre réponse.

Plan du chapitre 16

La responsabilité civile

Définition
Éléments entraînant la responsabilité civile d'un individu (art. 1053 C.c.)
    Faute
    Dommage
    Lien de causalité
Atténuations de la responsabilité civile et moyens d'exonération
    Cas fortuit ou force majeure
    Règle de l'acceptation du risque
    Faute d'un tiers
    Faute commune ou faute contributoire de la victime
    Clauses limitatives de responsabilité ou de non-responsabilité
Présomptions de faute
    Responsabilité du titulaire de l'autorité parentale
    Responsabilité du tuteur
    Responsabilité du curateur
    Responsabilité de l'instituteur et de l'artisan
    Responsabilité des maîtres et des commettants (employeurs)
    Responsabilité du fait des choses inanimées
    Responsabilité résultant du défaut d'entretien ou de la ruine d'un bâtiment
    Responsabilité du fait des animaux
Responsabilité en raison de la propriété et de la conduite des véhicules automobiles
    Règle générale d'indemnisation
    Bénéficiaires de l'indemnisation
    Indemnités versées en vertu du régime
    Procédure à suivre devant la Régie
Responsabilité née des accidents de travail
    Champ et conditions d'application
    Calcul des prestations
    Autres particularités du régime
Loi de l'indemnisation des victimes d'actes criminels (IVAC)
Action en responsabilité civile

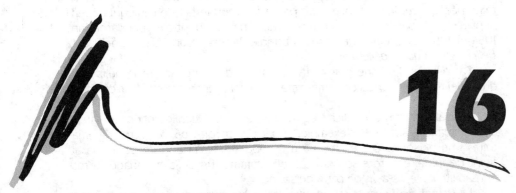

La responsabilité civile

Objectifs

1. Expliquer la notion de délit et de quasi-délit en regard de la responsabilité civile.
2. Définir les éléments essentiels à l'existence de la responsabilité civile : la faute, le dommage et le lien de causalité.
3. Exposer les moyens d'atténuation et d'exonération en matière de responsabilité civile.
4. Énumérer les personnes sur lesquelles la loi fait reposer une présomption de faute.
5. Expliquer le fonctionnement de la Régie de l'assurance automobile du Québec et la procédure d'indemnisation prévue par la loi.
6. Établir les conditions d'application de la *Loi de la santé et de la sécurité du travail.*
7. Nommer les principales indemnités accordées par la *Loi de l'indemnisation des victimes d'actes criminels.*
8. Connaître les principaux délais de prescription relativement à l'action en responsabilité civile.

En raison des relations de plus en plus nombreuses et complexes que vivent quotidiennement les individus dans la société d'aujourd'hui, toute personne physique ou morale est susceptible de poser, volontairement ou non, un geste dommageable à son voisin ou de commettre un acte de nature à violer l'ordre social. Dans le premier cas, cette personne engage sa responsabilité civile et on intente contre elle une action en dommages-intérêts ; dans l'autre cas, elle engage sa responsabilité pénale ou criminelle et elle est passible d'amende ou d'emprisonnement.

Définition

Le terme **responsabilité** signifie juridiquement l'obligation d'indemniser, de réparer le dommage causé. Le Code civil traite de la responsabilité aux articles 1053 à 1056. La **responsabilité civile** est l'obligation que la loi crée à toute personne capable de discerner le bien du mal, de réparer le dommage causé à autrui soit, selon l'article 1053, par sa faute intentionnelle ou involontaire (négligence, imprudence), soit par la faute ou le fait de ceux qui dépendent d'elle ou par le fait des choses et des animaux dont elle a la garde (art. 1054 et 1055 C.c.). Envisagée sous cet angle, la responsabilité civile peut être *délictuelle* ou *quasi-délictuelle*.

Par ailleurs, le Code civil n'établit pas de distinction entre le délit et le quasi-délit. Il faut donc s'en remettre à la jurisprudence pour définir ces deux notions.

Le **délit** est un acte illicite et volontaire posé avec l'intention de causer du dommage à autrui. Par exemple, si par des paroles ou des écrits diffamatoires une personne porte atteinte à la réputation d'une autre personne au point de lui faire perdre son emploi, elle commet un délit et engage sa responsabilité civile vis-à-vis de cette personne.

Le **quasi-délit** est aussi un acte illicite qui cause du dommage à autrui, mais il est involontaire et fait sans intention de nuire. Par exemple, si lors d'une partie de chasse, un homme blesse accidentellement son compagnon avec une arme, il est l'auteur d'un quasi-délit et il engage également sa responsabilité civile vis-à-vis de cette personne.

Une des conséquences de la distinction entre la responsabilité délictuelle et quasi-délictuelle, c'est qu'en matière d'assurance, on ne couvre pas et on ne peut s'assurer contre ses fautes intentionnelles, malicieuses, c'est-à-dire contre ses délits. Par contre — et c'est le propre de l'assurance-automobile en matière de dommages matériels — on peut s'assurer contre sa responsabilité découlant de ses fautes involontaires, c'est-à-dire de ses quasi-délits. L'assurance couvrant les délits constituerait un contrat contraire à l'ordre public et serait frappé de nullité absolue.

Comme nous l'avons déjà vu au chapitre 11, la responsabilité civile peut aussi découler de la résiliation, de l'inexécution ou de la mauvaise exécution d'un contrat. Elle portera alors le nom de **responsabilité contractuelle**. On peut donc définir cette responsabilité contractuelle comme l'obligation à la charge d'un contractant d'indemniser son cocontractant pour le dommage subi par suite de la violation des relations contractuelles.

Il n'y a pas lieu dans cet ouvrage d'insister davantage sur les distinctions théoriques entre les différents régimes de responsabilité d'autant plus qu'au point de vue pratique, ces distinctions de la responsabilité n'ont, la plupart du temps, aucun effet sur la décision du tribunal. Par ailleurs, qu'elle soit délictuelle, quasi-délictuelle ou contractuelle, l'existence de la responsabilité civile suppose toujours l'existence de trois éléments essentiels: la *faute*, le *dommage* et le *lien de causalité*.

Éléments entraînant la responsabilité civile d'un individu (art. 1053 C.c.)

Faute

Il ne saurait être question de responsabilité sans qu'une faute ne soit commise. À la lumière de ce que nous venons d'étudier, nous pouvons définir la

faute comme un manquement à un devoir au plan légal, moral ou contractuel. De façon générale, la faute est une violation du devoir qui incombe à chaque individu de ne pas causer de tort à son semblable.

L'application de la notion de faute est une question de fait et chaque cause doit être appréciée par le tribunal. C'est donc à l'aide de la jurisprudence qu'on peut établir le critère servant à déterminer s'il y a faute ou non, et, pour peu qu'on fouille les jugements des tribunaux, on se rend compte que le critère retenu est celui du bon père de famille. Dans un arrêt de la Cour d'appel, le juge Rivard résume bien cette tendance:

> Le plus sûr critère de la faute dans des conditions données, c'est le défaut de cette prudence et de cette attention moyennes qui marquent la conduite d'un bon père de famille; en d'autres termes, c'est l'absence des soins ordinaires qu'un homme diligent devrait fournir dans les mêmes conditions. Or, cette somme de soins varie suivant les circonstances, toujours diverses, de temps, de lieux et de personnes.

En résumé, chaque fois qu'une personne enfreint un devoir qui lui incombe et, par conséquent, ne se conduit pas en bon père de famille selon les circonstances, elle commet une faute qui engage sa responsabilité et l'oblige à réparer.

Imputabilité de la faute

Sur le plan juridique, une faute n'existe que dans la mesure où on peut l'imputer à quelqu'un.

En vertu de l'article 1053 du Code civil, la personne à qui on reproche d'avoir commis une faute doit être capable de discernement; elle doit pouvoir discerner le bien du mal.

L'âge est une façon d'apprécier la capacité de discernement. Le Code civil n'en parle pas, mais les tribunaux sont enclins à considérer qu'un enfant de sept ans intellectuellement normal a atteint l'âge de raison et est en mesure de juger la portée de ses actes. Toutefois, il ne s'agit pas d'un critère absolu en matière civile et le juge a toute discrétion pour apprécier chaque cas au mérite. Par contre, en matière pénale, l'enfant ne peut être convaincu d'un crime avant l'âge de sept ans.

L'autre catégorie de personnes que la loi considère incapables de discerner le bien du mal est celle des aliénés. Ces personnes sont civilement jugées incapables et ne peuvent, de ce fait, engager leur responsabilité lorsqu'elles posent un acte dommageable.

Il nous paraît important de souligner que les tribunaux ont régulièrement rejeté comme moyen de défense contre une action en responsabilité civile l'aberration momentanée d'un individu sous l'influence de l'alcool ou de la drogue.

Dommage

Le deuxième élément essentiel à l'existence de la responsabilité est le **dommage**. Il nous arrive fréquemment dans la vie de tous les jours de commettre des actes fautifs, mais, fort heureusement, ces actes fautifs ne causent la plupart du temps de dommage à personne et n'entraînent donc pas notre responsabilité civile.

Par ailleurs, tout dommage imputable à la faute d'une personne engage la responsabilité de son auteur et exige réparation. Cette réparation doit couvrir tout le préjudice subi et prouvé par la victime. Elle comprend donc tous les dommages à la condition qu'ils soient *immédiats*, *personnels* et *directs*.

Évaluation du dommage immédiat

Quant au dommage futur, il ne sera indemnisé que dans la mesure où il est certain suivant la «balance des probabilités». On n'indemnise pas le préjudice éventuel ou purement hypothétique. Par exemple, si en reculant sa voiture le voisin endommage une partie de votre gazon, vous pouvez lui intenter une action en responsabilité pour le dommage causé à cette portion du gazon et non au terrassement en entier, sous prétexte que le gazon pourrait périr au complet l'an prochain; en effet, le tribunal n'accordera aucun dédommagement pour le terrassement en entier car le dommage allégué est futur et purement hypothétique.

Pour être indemnisé, le dommage ou préjudice doit consister en une atteinte *personnelle* à la victime qui, seule, pourra poursuivre en responsabilité. Si une personne se fracture la jambe à la suite d'une chute sur un trottoir mal entretenu, il lui appartient d'intenter une action en responsabilité contre la municipalité. Si elle néglige d'intenter son action, sa soeur ne pourra le faire à sa place.

Enfin, le dommage doit être direct pour qu'il donne lieu à une indemnisation. Ainsi, le témoin, victime d'un choc nerveux à la vue d'une personne blessée dans un accident, ne peut réclamer de dommages du responsable de l'accident car les tribunaux jugent ces dommages trop éloignés pour en tenir compte.

En droit civil, on reconnaît trois catégories de dommages: le *dommage matériel*, le *dommage physique* et le *dommage moral*.

Le **dommage matériel** se traduit par un dommage aux biens de l'individu. Les dommages aux biens se prouvent généralement sans difficulté à l'aide de pièces justificatives telles que des reçus, des comptes et des rapports d'estimation.

Le **dommage physique** qu'on nomme aussi **dommage corporel**, consiste dans les blessures subies par le demandeur et imputables à la faute du défendeur.

La plupart des réclamations pour dommages corporels impliquent des sommes d'argent considérables, et le tribunal ne peut se fier à la seule parole de la victime pour établir le montant des dommages à accorder. On procède donc à un examen physique complet du demandeur par un médecin expert habituellement choisi par la partie demanderesse. Ce médecin rédige ensuite un rapport d'expertise sur la condition physique du demandeur. Ce rapport médical établit le degré d'incapacité de la victime. Le Code civil ne traite pas des différentes sortes d'incapacité, mais la jurisprudence les répartit de la façon suivante: l'**incapacité partielle ou totale temporaire** et l'**incapacité partielle ou totale permanente**.

Incapacité partielle ou totale temporaire

Cette incapacité correspond à la période au cours de laquelle le demandeur a été totalement ou partiellement incapable de travailler et au cours de laquelle il a subi une perte complète de salaire ou de revenu qu'il veut réclamer du défendeur. Ce type d'incapacité se résume donc en une opération comptable fort simple, par exemple, 30 semaines à 400$, soit 12000$.

Incapacité partielle ou totale permanente

Cette incapacité correspond à une diminution permanente de la capacité de travailler d'un individu ou encore à une perte totale et définitive de sa capacité de travailler. Les dommages résultant de cette forme d'incapacité sont beaucoup plus difficiles à évaluer, et c'est le rôle des experts médicaux de fixer le taux de cette incapacité.

En plus de tenir compte du taux médical d'incapacité, le tribunal évalue les dommages en considérant également le genre de profession de la victime, ses chances de réhabilitation ainsi que le nombre d'années pendant lesquelles la victime aurait eu une vie professionnelle active, compte tenu des tables actuarielles de la moyenne de survie.

Exemples: Le tribunal a accordé une indemnité de 20 000 $ à un garçon de 9 ans en raison d'une incapacité partielle permanente évaluée à 24 % pour la perte d'un oeil.

Le tribunal a accordé 15 000 $ à une dame de 59 ans à la suite de la perte de l'usage d'un bras (incapacité de 35 %), pour souffrance et inconvénients.

Le **dommage moral** englobe les douleurs, souffrances et inconvénients subis par la victime, tels la perte de jouissance de la vie, l'atteinte à la réputation à la suite d'injures et de paroles ou écrits diffamatoires, le préjudice esthétique. Les tribunaux indemniseront certains de ces dommages comme l'atteinte à la réputation ou le préjudice esthétique (le fait d'être défiguré), mais ils refuseront d'indemniser une personne en raison de la douleur ressentie à la suite de la perte d'un être cher, parce qu'il devient impossible d'évaluer en argent ce genre de préjudice. En résumé, on peut dire que tout dommage prouvé ou prouvable sera susceptible de compensation pécuniaire.

Lien de causalité

Il doit exister une relation immédiate et directe entre la faute commise et le dommage subi. Le **lien de causalité** constitue le troisième élément essentiel à l'existence de la responsabilité quasi délictuelle ou délictuelle.

Exemple: Paul circule en automobile dans une rue où un camion de livraison est stationné transversalement et obstrue la majeure partie de la rue. Afin d'éviter le camion, il donne un brusque coup de volant; cette manoeuvre a pour effet de lui faire perdre le contrôle du véhicule qui enjambe le trottoir et enfonce une clôture.

Le propriétaire de la clôture endommagée devra le poursuivre personnellement car les dommages relèvent *directement* de sa faute et non de celle du camion mal stationné qui est une cause indirecte de l'accident.

Atténuations de la responsabilité civile et moyens d'exonération

Après avoir exposé les éléments susceptibles d'engager la responsabilité civile d'un individu, nous examinerons maintenant les moyens légaux dont dispose cet individu pour atténuer sa responsabilité, voire même s'en exonérer.

Cas fortuit ou force majeure

La loi n'établit pas de distinction entre le **cas fortuit** ou la **force majeure**. Ces notions réfèrent à un événement imprévisible, inévitable et totalement indépendant de la volonté des personnes à qui il arrive. Dans certains cas, on peut invoquer le cas fortuit ou la force majeure à propos d'un événement prévisible, mais impossible d'empêcher. Comme c'est le cas, par exemple, d'un arbre brisé au cours d'un ouragan et qui tombe en plein milieu d'une route provoquant un accident d'automobile.

La personne qui invoque le cas fortuit ou la force majeure comme moyen d'écarter sa responsabilité en a le fardeau de la preuve.

Règle de l'acceptation du risque

Les tribunaux reconnaissent la règle de l'acceptation du risque comme moyen de s'exonérer de sa responsabilité. Il s'agit alors pour la personne qui fait appel à ce moyen de défense de faire la preuve que la victime a consenti librement et en toute connaissance de cause à un risque dont pouvaient découler des conséquences graves. Il y a, par exemple, des risques inhérents à la participation à certains sports, que ce soit à titre de compétiteur ou de spectateur.

Ainsi, celui qui assiste à une course d'automobiles et se place volontairement sur le bord de la piste s'expose à des blessures advenant le dérapage d'une automobile. Si un tel événement se réalisait, le conducteur ou le propriétaire de la voiture poursuivi en responsabilité pourrait invoquer la règle de l'acceptation du risque pour s'exonérer. En pratique, ce moyen de défense ne vaut que dans la mesure où la preuve ne révèle aucune faute de la part du défendeur.

Faute d'un tiers

Le défendeur peut également invoquer la faute d'un tiers pour s'exonérer de sa responsabilité.

Faute commune ou la faute contributoire de la victime

La faute commune constitue une autre défense dans une poursuite en responsabilité. Il s'agit alors pour le défendeur de prouver que la victime a contribué par sa propre faute au dommage qu'elle prétend avoir subi. Si le défendeur réussit à prouver que la victime est responsable, par exemple, dans une proportion de 25 %, 50 % ou de 75 % du dommage subi, il atténuera sa responsabilité d'autant.

Clauses limitatives de responsabilité ou de non-responsabilité

Les tribunaux considèrent comme valides les clauses limitatives de responsabilité et de non-responsabilité et, dans certains cas, elles constituent d'excellents moyens d'atténuer sa responsabilité ou de s'en exonérer. Toutefois, ces clauses doivent toujours s'interpréter restrictivement et ne peuvent jamais servir à excuser une faute lourde ou intentionnelle, ni la négligence grossière du défendeur.

Ainsi, un arrêt récent vient de condamner un garagiste à payer à son client le prix de son automobile volée alors que cette automobile était stationnée sur le terrain du garage; le magistrat a jugé que le garagiste avait fait preuve de négligence en n'exerçant pas une surveillance adéquate du véhicule. De la même manière, même s'il a signé une formule relevant le propriétaire du ranch de toute responsabilité en cas d'accident, la personne qui se blesse en faisant de l'équitation peut obtenir jugement contre le propriétaire, si elle réussit à prouver la faute ou la négligence grossière de ce dernier.

Présomptions de faute

En vertu de l'article 1053 du Code civil, nous avons vu que la victime d'un dommage résultant de la faute d'un individu a le droit d'être indemnisée par ce dernier. Le fardeau de la preuve est alors à la charge du demandeur.

L'article 1054 du Code civil renverse ce fardeau de la preuve en créant des présomptions de faute sur le dos de certaines personnes qu'il tient responsables des dommages causés par d'autres personnes dont elles ont le contrôle et par les choses qu'elles ont sous leur garde. Cette responsabilité trouve donc son fondement dans le devoir de surveillance et de contrôle que la loi impose aux personnes dont il est question dans les paragraphes qui suivent.

Responsabilité du titulaire de l'autorité parentale

Le titulaire de l'autorité parentale est responsable du dommage causé par un enfant mineur dont il a le contrôle. Selon l'article 443 du nouveau Code civil du Québec, les père et mère exercent ensemble l'autorité parentale. Dans le cas du décès ou de l'incapacité d'agir de l'un d'eux, l'autorité est exercée par l'autre. Le tribunal apprécie cette présomption en tenant compte de l'âge de l'enfant et du dommage subi par la victime. Pour s'exonérer, la partie défenderesse doit prouver que l'enfant qui est l'auteur du dommage a reçu une bonne éducation et qu'elle a exercé sur l'enfant une surveillance raisonnable, eu égard aux circonstances.

Figure 16.1   La personne qui fait appel à la règle de l'acceptation du risque doit faire la preuve que la victime a consenti librement et en toute connaissance de cause à un risque dont pouvaient découler des conséquences graves.

Responsabilité du tuteur

La responsabilité du tuteur sur son pupille s'apparente à la responsabilité des père et mère à la condition que le tuteur remplace effectivement les parents et qu'il ait la garde du mineur.

Responsabilité du curateur

Le curateur répond des dommages causés par la faute de la personne dont il a la garde. Dans le cas où la personne est placée dans une institution, le directeur de cette institution en est alors responsable.

Responsabilité de l'instituteur et de l'artisan

En ce qui concerne l'instituteur, il est présumé responsable du dommage causé par les élèves pendant la période de classe. Cette présomption s'applique également à l'institution d'enseignement.

Un élève est réputé être sous la surveillance de l'instituteur dans les salles de classe et dans les cours de récréation pendant les heures régulières d'ouverture de l'école. Lorsque l'élève quitte l'école, ses parents en reprennent la responsabilité. Ce devoir de surveillance que la loi impose à l'instituteur ne s'applique qu'aux niveaux primaire et secondaire. L'instituteur est aussi responsable de ses élèves lors de visites culturelles ou industrielles.

Quant à l'artisan, le Code désigne par cette expression une personne qui exerce pour son propre compte un métier manuel. L'apprenti désigne la personne qui apprend un tel métier de l'artisan. La loi tient l'artisan responsable des dommages causés par son apprenti pendant ses heures de travail. L'artisan pourra s'exonérer de la responsabilité du dommage causé par son apprenti en prouvant que le dommage n'est attribuable à aucune faute de sa part et en faisant appel aux mêmes moyens de défense que les père et mère pourront utiliser pour s'exonérer.

Quant à l'instituteur, il pourra s'exonérer en faisant la preuve qu'il n'a pu empêcher le fait dommageable, qu'il a toujours exercé sur ses élèves une surveillance adéquate et qu'il leur a inculqué le sens du devoir moral.

Il paraît important de souligner qu'en dépit de ces présomptions de responsabilité que la loi fait peser sur les épaules des parents, tuteurs, curateurs, instituteurs et artisans, l'auteur immédiat d'un dommage, y compris le mineur, n'en demeure pas moins personnellement responsable si ce dommage est attribuable à une faute ou une négligence grossière de sa part.

Responsabilité des maîtres et des commettants (employeurs)

Le Code tient le maître et le commettant responsables du dommage causé par un préposé dans l'exécution de ses fonctions. Cette **présomption** est **irréfragable**, c'est-à-dire qu'elle ne peut être repoussée par une preuve contraire. Trois conditions sont essentielles à l'existence de cette présomption:

— un lien de subordination;
— un dommage causé par le préposé dans l'exécution de ses fonctions;
— une faute du préposé.

Lien de subordination

Il doit exister entre le commettant et le préposé un lien de subordination. On peut définir le **commettant** comme: «la personne qui fait appel aux services d'une autre personne pour son compte et son profit personnel et qui lui donne des ordres et des instructions sur la manière de remplir les fonctions qu'il lui a confiées». L'autre personne peut prendre le nom d'ouvrier, de mandataire ou de préposé.

En général, cette présomption de responsabilité se retrouve dans les rapports entre l'employeur et l'employé.

Dommage causé par le préposé dans l'exécution de ses fonctions

La deuxième condition nécessaire à l'existence de la présomption de responsabilité est que le dommage causé par le préposé l'ait été dans le cadre de ses fonctions, c'est-à-dire pendant ses heures de travail.

Si le commettant réussit à prouver que le dommage a été causé par son employé en dehors de ses fonctions, il pourra alors s'exonérer. Les tribunaux ont également retenu comme moyen d'exonération pour l'employeur le fait que son employé cause du dommage en excédant ses fonctions, même s'il était sur ses heures de travail.

Faute du préposé

Le troisième élément essentiel à l'existence de cette présomption est évidemment la faute du préposé.

On peut conclure que cette présomption de responsabilité des maîtres et des commettants n'offre aucun moyen d'exonération si ce n'est l'absence d'une des conditions nécessaires à son application.

Responsabilité du fait des choses inanimées

Il s'agit ici du dommage causé par une chose inanimée dont une personne a la garde.

Le demandeur devra prouver que c'est la chose elle-même qui a causé le dommage et non la personne en se servant de la chose. Cette présomption vise toutes les choses mobilières ou immobilières dont une personne a la garde juridique: machine industrielle, véhicule de toutes sortes, outils, etc.
Exemples: Marguerite a mis des plantes sur le rebord de sa fenêtre, au premier étage de sa maison. Un des pots glisse et tombe sur un passant, lui causant une fracture du crâne. La victime pourra poursuivre Marguerite en vertu de l'article 1054 du Code civil.

Bruno fait une chute sur un trottoir glacé de la municipalité où il habite. Il pourra poursuivre la municipalité à la condition de lui expédier un avis écrit dans les 15 jours du dommage lui faisant part de son intention[1].

Dès qu'une personne se sert d'une chose pour son profit personnel, cette personne est présumée en avoir la garde juridique et elle est responsable du dommage que cette chose aura pu causer. Pour repousser cette présomption, le gardien de la chose devra faire la preuve qu'il a agi en personne raisonnable, avec diligence et qu'il n'a pu rien faire pour empêcher le dommage.

---

1. Il s'agit là d'une exigence du *Code municipal* et de la *Loi des cités et villes.*

Responsabilité résultant du défaut d'entretien ou de la ruine d'un bâtiment

Il s'agit ici de la présomption de responsabilité découlant de l'article 1055.3 du Code civil:

> Le propriétaire d'un bâtiment est responsable du dommage causé par sa ruine, lorsqu'elle est arrivée par suite du défaut d'entretien ou par vice de construction.

Cette responsabilité vise le propriétaire, qu'il s'agisse d'un individu, d'un corps public ou d'une compagnie. Les tribunaux ont défini comme bâtiment une construction faisant partie d'un immeuble; ils ont également reconnu comme ruine la chute ou l'écroulement de pièces majeures faisant partie d'un bâtiment (par exemple, les bardeaux se détachant et tombant d'une toiture).

Pour que la responsabilité du propriétaire soit retenue, la ruine du bâtiment doit provenir d'un vice de construction ou d'un défaut d'entretien. Finalement, le demandeur devra établir le lien de causalité entre la ruine et le dommage allégué.

Lorsque ces éléments sont établis, nous sommes en présence d'une présomption irréfragable de responsabilité. La seule façon pour le propriétaire du bâtiment de s'exonérer sera d'invoquer le cas fortuit ou la force majeure ou de faire la preuve de la faute de la victime.

Responsabilité du fait des animaux

Cette présomption découle du premier alinéa de l'article 1055 et elle stipule que le propriétaire d'un animal est responsable du dommage causé par celui-ci soit que l'animal fût sous sa garde ou sous celle d'un usager, soit qu'il fût égaré ou échappé.

Pour que la présomption s'applique, il doit s'agir d'un animal domestique ou d'un animal sauvage sous la garde d'une personne qui en prend soin. Il faut également que le dommage causé résulte du fait autonome de l'animal et non d'un ordre de son maître; dans ce dernier cas, le maître serait poursuivi suivant les règles générales de la responsabilité.

Le demandeur doit toujours prouver que le défendeur est le propriétaire ou est celui qui a la garde juridique (l'usager) de l'animal.

On peut conclure en disant qu'un individu victime d'un dommage imputable au fait autonome et actif d'un animal bénéficie de la présomption de l'article 1055 du Code civil, à moins qu'il n'ait contribué à son propre malheur. Ainsi, la Cour supérieure partageait récemment la responsabilité (2/3 au demandeur et 1/3 au défendeur) dans une action intentée contre le propriétaire d'une station-service dont le berger allemand avait mordu un individu que le tribunal a considéré comme un «intrus».

Il est à souligner que les articles 1056a et 1056d du Code civil ne permettent pas d'exercer les recours prévus ci-dessus, s'il s'agit d'un accident visé par la *Loi sur les accidents du travail et les maladies professionnelles* ou par la *Loi sur l'assurance automobile*, excepté dans la mesure où ces lois le permettent.

Responsabilité en raison de la propriété et de la conduite des véhicules automobiles

Sanctionnée le 22 décembre 1977 et en vigueur depuis le 1er mars 1978, la *Loi sur l'assurance automobile* a bouleversé tout le domaine de la responsabilité automobile au Québec, en instaurant un régime d'indemnisation des victimes de dommages corporels causés par une automobile et en abolissant la notion de faute à cet égard. En effet, jusqu'à cette date, la responsabilité des automobilistes était régie par les règles générales du Code civil que le Législateur avait cru bon de renforcer par le mécanisme de l'article 3 de la *Loi de l'indemnisation des victimes d'accidents d'automobile*. Cet article faisait naître une présomption de responsabilité contre le propriétaire et le conducteur d'une automobile à la suite d'un accident.

Le nouveau régime ne retenant plus la notion de faute en matière de dommages corporels, il devient inutile dorénavant de se présenter devant un tribunal de droit commun pour obtenir une indemnisation. À cette fin, le Législateur a dévolu cette fonction à un organisme appelé *Régie de l'assurance automobile du Québec* dont le double rôle est, d'une part, d'évaluer les dommages corporels causés à la victime d'un accident d'automobile et, d'autre part, de lui verser une indemnisation. Aux termes de la présente loi, la victime est toute personne qui subit un dommage corporel dans un accident d'automobile, que ce soit le propriétaire, le conducteur, le passager ou le piéton.

Par ailleurs, la *Loi sur l'assurance automobile* oblige tout propriétaire d'automobile circulant au Québec à souscrire une police d'assurance de responsabilité de 50 000 $ afin de protéger les victimes d'accident d'automobile ainsi que le propriétaire relativement aux dommages matériels causés par son véhicule.

Règles générales d'indemnisation

La règle générale est établie à l'article 3 de la Loi qui stipule que la victime d'un dommage corporel causé par une automobile est indemnisée par la Régie sans égard à la responsabilité de quiconque. Il est bon de rappeler que nulle action à ce sujet ne peut être intentée devant une cour de justice. L'article 17 de la loi prévoit une exception à cette règle et n'indemnise pas dans les cas suivants :

— si le dommage provient d'une automobile qui n'est pas en mouvement dans un chemin public ou est causé par un appareil susceptible de fonctionnement indépendant incorporé à une automobile (par exemple, une échelle incorporée à un camion d'incendie);

— si l'accident est survenu *en dehors* d'un chemin public et qu'il a été causé par les véhicules suivants : une motoneige, un tracteur de ferme, une remorque de ferme, un véhicule d'équipement, une remorque d'équipement;

— si le dommage a été causé lors d'une course d'automobiles ou d'une épreuve de vitesse sur un parcours spécialement prévu à cette fin.

L'article 18 de la loi prévoit une autre exception. Il stipule, en effet, que lorsqu'une personne subit un dommage corporel causé par une automobile, et que l'accident survient dans des circonstances où cette personne aurait le droit d'être indemnisée en vertu de la *Loi sur la santé et la sécurité du travail* ou de la *Loi d'indemnisation des victimes d'actes criminels*, cette personne doit d'abord présenter sa demande aux organismes compétents.

Bénéficiaires de l'indemnisation

Résidents du Québec

La Régie idemnisera toute victime résidant au Québec ainsi que les personnes à sa charge, que l'accident ait eu lieu au Québec ou hors du Québec (art. 6).

En vertu de l'article 7, la victime d'un accident survenu hors du Québec possède le choix de deux recours :

— s'adresser à la Régie ou
— réclamer de l'auteur du dommage, selon la loi du lieu de l'accident.

Si la Régie indemnise la victime, elle est subrogée dans le droit de celle-ci jusqu'à concurrence des sommes déboursées ; dans un tel cas, la victime conserve toujours ses recours contre l'auteur du dommage pour l'excédent. Ces recours se prescrivent par trois ans, à compter du moment où naît le droit d'action et dans la mesure où l'action est intentée devant un tribunal québécois.

Non-résidents du Québec

La loi prévoit que les personnes ne résidant pas au Québec et ayant subi des dommages corporels lors d'un accident d'automobile survenu dans notre province, peuvent être indemnisées par la Régie dans la proportion où elles ne sont pas responsables de l'accident, à moins d'entente entre le Québec et le gouvernement du lieu de la résidence des victimes.

Par exemple, le citoyen américain qui vient visiter le Québec et qui subit des blessures lors d'un accident d'automobile dans lequel il est impliqué, pourra s'adresser à la Régie pour obtenir l'indemnisation prévue et il recevra une indemnité inversement proportionnelle à sa part de responsabilité dans l'accident : s'il est responsable dans une proportion de 25 %, il sera indemnisé par la Régie dans une proportion de 75 %. Le Québec a conclu des ententes avec l'Ontario, le Manitoba et l'Alberta, selon lesquelles les résidents de ces provinces qui subissent un accident d'automobile au Québec bénéficient des services de la Régie et des mêmes indemnités que les Québécois.

Indemnités versées en vertu du régime

Indemnités de remplacement du revenu

Calcul de base   Ces indemnités sont versées à la victime qui, lors de l'accident, exerçait habituellement un emploi à temps plein et qui est devenue incapable d'exercer cet emploi. L'indemnité de remplacement du revenu est versée sous forme de rente équivalant annuellement à 90 % du revenu net de la victime, dans la mesure où le revenu brut de la victime n'excède pas 36 327,06 $.

L'indemnité de remplacement du revenu est versée pendant toute la durée de l'incapacité à l'exception des sept premiers jours. Elle est versée toutes les deux semaines (art. 35). En vertu de l'article 50, le revenu brut maximum est indexé annuellement.

Cas particuliers   **a)** Si au moment de l'accident, la victime était un étudiant à plein temps ou une personne mineure, la Régie, ne pouvant pas s'appuyer sur un revenu fixe, lui versera une indemnité de remplacement de revenu calculée sur la base d'un revenu brut égal à un montant déterminé annuellement par *Statistique Canada*.

b) Si la victime était sans emploi tout en étant capable de travailler, si elle exerçait un emploi occasionnel ou un emploi à temps partiel, si elle était une personne travaillant sans rémunération dans une entreprise familiale ou qu'elle était une personne au foyer, elle a droit à l'indemnité de remplacement du revenu. La Régie calculera cette indemnité en tenant compte du revenu approximatif qu'aurait pu gagner cette personne, compte tenu de sa formation, de son expérience et de ses capacités physiques et intellectuelles.

L'article 26.2 précise que l'indemnité de remplacement de revenu ne doit pas être inférieure à 145,31 $ par semaine plus 18,17 $ par personne à charge jusqu'à concurrence d'une somme totale de 254,33 $. La Régie peut verser cette indemnité de remplacement de revenu pendant cinq ans, c'est-à-dire aussi longtemps que l'incapacité de la victime l'empêche de reprendre ses activités. Après cinq ans, la victime peut continuer d'être indemnisée seulement si elle prouve qu'elle est incapable d'exercer tout emploi en raison de son incapacité.

Indemnité de décès

Décès de la victime avec personnes à charge

La personne qui décède à la suite d'un accident d'automobile a droit à l'indemnité prévue aux articles 36 à 43 de la loi. On calcule cette indemnité de la même façon que l'on calculait l'indemnité de remplacement du revenu. On établit donc le revenu net de la personne décédée et l'on verse aux personnes à charge une indemnité basée sur 90 % de ce revenu net selon la répartition suivante:

— une personne à charge: 55 %;
— deux personnes à charge: 65 %;
— trois personnes à charge et plus: 5 % additionnels jusqu'à concurrence de 90 %.

L'indemnité versée ne doit en aucun cas être inférieure à la somme de 145,31 $ par semaine pour une seule personne à charge plus 18,17 $ par semaine par personne à charge à compter de la deuxième, jusqu'à concurrence d'une somme totale de 254,33 $ par semaine.

Même si l'indemnité pour décès est versée au conjoint toute sa vie durant, il faut noter que la rente versée aux personnes à charge cesse d'être versée lorsque la Régie juge que ces personnes auraient cessé d'être à la charge de la personne décédée. Par exemple, un enfant qui termine ses études et qui se trouve un emploi cesse d'être à la charge de la personne décédée et ne recevra donc plus la rente qui lui était préalablement versée.

La loi a prévu une exception au versement d'une rente à vie pour le conjoint: si le conjoint a moins de 35 ans, n'a pas d'enfant et ne souffre d'aucune invalidité. Dans ce cas, la Régie lui accorde une rente pendant cinq ans; après ce temps, la loi ne considère plus ce conjoint comme à la charge de la personne décédée.

Décès de la victime majeure et sans personne à charge

Le décès d'une personne majeure sans conjoint ni personne à charge donne droit à une indemnité forfaitaire de 7432,26 $ aux parents de la victime ou 3716,13 $ à la succession de la victime (art. 38).

Décès de la victime mineure

Le décès d'un enfant mineur donne droit à son père et à sa mère, qui n'ont pas été déchus de leur autorité parentale, à une indemnité forfaitaire de 7432,26 $ ou de 3716,13 $ à la succession de la victime, à défaut de parents survivants (art. 39).

Décès d'une personne assurant la viabilité d'une entreprise familiale

Dans le cas du décès d'une personne sans conjoint ni personne à charge et dont le travail assurait la viabilité d'une entreprise familiale, la loi accorde une indemnité minimale de 145,31 $ par semaine durant une période maximale de cinq ans au propriétaire de l'entreprise lié par le sang ou par l'adoption à la victime.

Frais funéraires

La personne qui a payé les frais funéraires d'une victime peut en réclamer le remboursement jusqu'à concurrence de 2477,42 $ (art. 47).

Tableau 16.1   Les indemnités versées par la Régie de l'assurance automobile du Québec

I En cas de blessures

A. Indemnité de remplacement du revenu

Catégories de victimes	Montant de l'indemnité[1]	
	Maximum	**Minimum**
1. Travailleur à temps plein	90 % du revenu net[2]	145,31$ + 18,17$ par personne à charge jusqu'à concurrence de 254,33$ par semaine
2. Personne sans emploi à temps plein mais capable de travailler	90 % du revenu net[2] découlant du revenu brut déterminé par la Régie	145,31 + 18,17$ par personne à charge jusqu'à concurrence de 254,33$ par semaine
3. Personne au foyer (peut aussi choisir d'être indemnisée selon la catégorie 2)	272,45$ par semaine pour le remboursement des frais occasionnés à la suite de l'accident (ex.: frais de garde, d'entretien)	
4. Personne incapable de travailler pour une raison autre que l'âge	145,31$ + 18,17$ par personne à charge jusqu'à concurrence de 254,33$ par semaine	Idem
5. Personne âgée de moins de 16 ans À 18 ans, si elle demeure incapable de travailler	145,31$ par semaine 215,76$ par semaine	Idem Idem
6. Étudiant qui fréquente à temps plein un établissement d'enseignement secondaire ou post-secondaire et qui est âgé d'au moins 16 ans		
a) Exerçant un emploi véritablement rémunérateur	90 % de revenu net[2]	145,31$ par semaine
b) Sans emploi véritablement rémunérateur	145,31$ par semaine	Idem
c) Pour le retard effectivement subi dans son entrée sur le marché du travail	Montant équivalant annuellement à: • 11250,39$ pour l'étudiant de niveau secondaire • 14154,33$ pour l'étudiant de niveau secondaire moins ce qu'ils ont déjà reçu en **a** ou en **b**	Idem

d) Après avoir terminé ou mis fin à ses études, si incapable de travailler en raison de l'accident | 215,76 $ par semaine pour l'étudiant de niveau secondaire / 271,45 $ par semaine pour l'étudiant de niveau post-secondaire | Idem / idem

7. Personne âgée de 65 ans et plus | Indemnité selon la situation de la victime au moment de l'accident

La rente[1] est basée sur les mêmes critères selon que la personne se trouve dans la catégorie 1, 2, 3, 4 ou 6

B. Autres indemnités

	Montant de l'indemnité	
	Maximum	**Minimum**
1. Indemnité forfaitaire relative aux dommages corporels et au préjudice esthétique permanents	36 327,06 $	
2. Indemnité pour le remboursement de certains frais occasionnés à la suite de l'accident (s'ils ne sont pas couverts par un autre régime de sécurité sociale)	Remboursement des frais approuvés par la Régie sur présentation des pièces justificatives appropriées	
3. Indemnité pour la réadaptation	Paiement des biens et des services nécessaires à la réinsertion sociale et professionnelle de la victime, dans le cadre d'un plan de réadaptation approuvé par la Régie	

1. Dans le cas de l'indemnité de remplacement du revenu, les rentes sont réduites du montant des rentes d'invalidité et des rentes d'enfant de cotisant invalide payables en vertu du Régime de rentes du Québec ou d'un régime équivalent à l'extérieur du Québec. Pour les personnes déjà indemnisées qui atteignent 65 ans, les rentes sont également réduites de la pension de vieillesse.

2. Le revenu net établi en soustrayant du revenu brut les impôts fédéral et provincial, les cotisations d'assurance-chômage et les contributions au Régime de rentes du Québec. Le revenu brut admissible est de 33 000 $.

II En cas de décès

A. Indemnité de décès sous forme de rente

Victime avec personnes à charge[1]	Montant de l'indemnité[1]
Avec une personne à charge	55 % de l'indemnité de remplacement du revenu à laquelle aurait eu droit la victime si elle avait survécu / Minimum : 145,31$ par semaine
Avec 2 personnes à charge	65 % de cette indemnité / Minimum : 163,48$ par semaine
Avec 3 personnes à charge	70 % / Minimum : 181,65$ par semaine
Avec 4 personnes à charge	75 % / Minimum : 199,82$ par semaine
Avec 5 personnes à charge	80 % / Minimum : 217,99$ par semaine
Avec 6 personnes à charge	85 % / Minimum : 236,16$ par semaine
Avec 7 personnes à charge	90 % / Minimum : 254,33$ par semaine
Personne sans conjoint ni personnes à charge qui assurait la viabilité d'une entreprise familiale	Indemnité minimale de 145,31$ par semaine pour une période maximale de cinq ans

B. Indemnité de décès sous forme de forfaitaire

	Montant de l'indemnité
Personne sans conjoint ni personne à charge	7 432,26$ aux parents de la victime ou 3 716,13$ à la succession de la victime
Frais funéraires	2 477,42$

1. Aux fins de la Loi sur l'assurance automobile, le conjoint est toujours considéré comme personne à charge de la victime.

2. Dans le cas de l'indemnité de décès versée sous forme de rente, la rente est réduite de la rente de conjoint survivant et de la rente d'orphelin payables en vertu du Régime de rentes du Québec ou d'un régime équivalent à l'extérieur du Québec.

La Régie revalorise le montant de ses indemnités tous les 1er janvier. Un nouveau tableau des indemnités ainsi indexées est disponible à compter du début de chaque année.

Pour en obtenir un exemplaire, veuillez écrire à :

Direction des communications, 1134, chemin Saint-Louis, 4e étage, Sillery (Québec) G1S 1E5

Autres indemnités

La loi prévoit également le versement d'indemnités par la Régie dans le cas de blessures, préjudice esthétique, mutilation, douleurs et perte de jouissance de la vie. Elle couvre les soins para-médicaux, le transport par ambulance, l'achat de prothèses ou d'orthèses et le remplacement de vêtements, la réadaptation, etc. Il appartient toujours à la Régie de fixer le montant de l'indemnité à verser à la victime, mais la somme ne peut excéder 36 327,06 $.

Toutes les indemnités versées sous forme de rente ou sous forme de montant forfaitaire par la Régie sont indexées le 1er janvier de chaque année selon la formule utilisée par la Régie des rentes du Québec. Le tableau 16.1 illustre d'une façon plus détaillée les différentes indemnités versées par la Régie de l'assurance automobile du Québec.

Procédure à suivre devant la Régie

Toute demande d'indemnité devant la Régie doit être faite dans les trois années de l'accident. La victime qui se croit lésée par une décision peut demander à la Régie une révision de cette décision dans les 60 jours. Si la victime n'est pas satisfaite de la décision de la Régie, elle pourra interjeter appel de cette décision devant la Commission des affaires sociales dont la décision sera finale.

Fonds d'indemnisation

La *Loi sur l'assurance automobile* a prévu la constitution d'un fonds d'indemnisation des victimes d'un dommage matériel causé par une automobile. Bien qu'administré par la Régie, le **Fonds d'indemnisation** est une corporation autonome qui peut intervenir dans toute action résultant d'accident d'automobile et transiger ou faire des compromis.

Réclamation admise   La victime d'un dommage matériel et, dans certains cas exceptionnels, la victime d'un dommage corporel peut réclamer du Fonds d'indemnisation dans les circonstances suivantes:

a) lorsque ces victimes ont obtenu un jugement définitif en leur faveur à la suite d'un accident d'automobile survenu au Québec et qu'elles n'ont pas obtenu exécution de ce jugement en raison de l'insolvabilité de la personne responsable ou de l'insuffisance de son assurance;

b) lorsqu'elles ne peuvent découvrir l'identité du conducteur ou du propriétaire de l'automobile qui a pris la fuite après l'accident.

Notons que la loi permet un recours au Fonds d'indemnisation pour dommages corporels aux victimes dont les blessures ont été causées en dehors d'un chemin public par un véhicule (motoneige, tracteur de ferme, remorque de ferme, véhicule d'équipement, remorque d'équipement ou véhicule destiné à être utilisé en dehors d'un chemin public).

Réclamation prohibée   Les personnes n'ayant pas le droit d'adresser de réclamation au Fonds d'indemnisation sont: l'assureur, la personne qui subit un dommage à l'occasion d'une course d'automobiles, le propriétaire des objets se trouvant dans l'automobile de la victime et les personnes ne résidant pas au Québec.

Paiement maximum   Le Fonds d'indemnisation permet l'indemnisation d'une victime jusqu'à concurrence d'une somme de 50 000 $ par accident.

Responsabilité née des accidents du travail

En matière d'accidents de travail, le Législateur québécois a mis sur pied un régime spécial de responsabilité civile. Ce régime est dérogatoire au droit commun, en ce sens qu'il enlève à l'employeur toute responsabilité en ce qui concerne les dommages subis par son employé au cours de son travail pour lui substituer un régime légal d'indemnisation.

Ce régime est établi par deux lois statutaires : la *Loi sur les accidents du travail et les maladies professionnelles* et la *Loi sur la santé et la sécurité du travail*. La première, en vigueur depuis le 19 août 1985, dans sa nouvelle version modifiée en profondeur, permet d'indemniser les travailleuses et les travailleurs ou leurs héritiers, en cas de décès, qui ont subi un accident de travail ou qui sont atteints d'une maladie professionnelle ; elle favorise également la réadaptation et le retour au travail de victimes d'accident en obligeant l'employeur à permettre au travailleur, dès que celui-ci en est capable, de reprendre son emploi ou un emploi équivalent. Cette nouvelle loi vise à simplifier les procédures administratives en ce qui concerne les travailleurs accidentés. Elle crée un nouveau tribunal administratif, la Commission d'appel en matière de lésion professionnelle. La seconde, en vigueur depuis 1980, a pour objet premier l'élimination à la source même des dangers pour la santé, la sécurité et l'intégrité physique des travailleurs.

Champ et conditions d'application

Ces deux lois s'appliquent à la plupart des industries, sauf aux services domestiques ou aux activités sportives lorsque le travailleur est un athlète participant. La condition essentielle à l'application de ces lois est qu'il doive s'agir d'un accident à l'occasion du travail de la victime.

Pour qu'un travailleur blessé au cours de son travail soit indemnisé, il n'est pas nécessaire d'établir de responsabilité. La *Loi sur les accidents du travail et les maladies professionnelles* définit le travailleur de la façon suivante :

> Une personne qui, en vertu d'un contrat de louage de service personnel ou d'apprentissage, exécute un travail moyennant rémunération pour un employeur y compris :
> **i.** un artisan qui exécute pour une personne exploitant une industrie un travail se rattachant à cette industrie ;
> **ii.** un étudiant qui, sur la responsabilité d'une institution d'enseignement, effectue un stage non rémunéré dans une industrie ;
> **iii.** une personne qui effectue un travail non rémunéré dans une industrie, dans les cas et selon les modalités prévus par règlement.

Pour veiller à l'administration et à la mise en application de ces lois, il a été créé un organisme quasi-judiciaire appelé Commission de la santé et de la sécurité du travail (C.S.S.T.). Cette Commission a comme rôle premier la prévention des lésions professionnelles de toute nature. Elle conserve également son rôle de tribunal administratif qui reçoit les demandes d'indemnisation, les étudie et décide du montant des indemnités à verser aux victimes.

La Commission perçoit de chacun des employeurs une cotisation annuelle qui lui permet de financer les services et les prestations qu'elle dispense aux victimes d'accidents et de maladies reliés au travail. Le travailleur n'a rien à débourser pour la protection dont il est assuré.

La Commission est une corporation au sens du Code civil et elle jouit des pouvoirs généraux d'une telle corporation et des pouvoirs particuliers que la loi lui confère. Toute personne qui se croit lésée par une décision d'un fonctionnaire de la C.S.S.T. peut demander à un bureau de révision formé en vertu de la loi de reconsidérer cette décision. Si la personne se croit également lésée par une décision du bureau, elle peut interjeter appel de cette décision devant la Commission des affaires sociales.

Calcul des prestations

Les articles 35 et suivants de la *Loi sur les accidents du travail et les maladies professionnelles* en exposent les modalités. Par exemple, à la suite d'un accident, l'employeur doit aviser la C.S.S.T. dans les plus brefs délais en lui faisant parvenir un *Avis d'accident et demande de prestations*. La C.S.S.T. examine la demande, voit à faire examiner la victime par ses médecins experts et fixe l'indemnité qui lui sera versée.

Dans le cas d'un accident qui a entraîné le décès d'un travailleur, les indemnités sont calculées de la façon suivante:

— jusqu'à 600$ pour les frais funéraires;
— frais de transport du corps;
— indemnité spéciale de 500$ au conjoint survivant ou, à défaut de conjoint, aux personnes à charge;
— rente mensuelle au conjoint survivant ou à une personne à charge, représentant 55% de l'indemnité à laquelle le travailleur aurait eu droit, s'il avait survécu en étant totalement incapable de travailler;
— pour deux personnes à charge, la rente s'élève à 65%; s'il y a plus de deux personnes à charge, la rente est de 65% plus 5% par personne à charge jusqu'à concurrence de 80%.

La **personne à charge** au sens de la loi comprend:

— un conjoint;
— la personne mariée et séparée ou divorcée qui touche une pension alimentaire;
— un enfant du travailleur de moins de 18 ans;
— un enfant du travailleur de 18 ans et plus mais fréquentant à temps plein une institution d'enseignement;
— un enfant invalide;
— toute personne liée par le sang.

Dans le cas d'un accident qui n'a pas été mortel, mais qui a entraîné l'incapacité totale et permanente du travailleur, ce dernier a droit, sa vie durant, à une rente équivalant annuellement à 90% de son revenu net, compte tenu du fait que le revenu brut maximal admissible est de 33000$ en 1985. Cette rente lui est versée mensuellement.

Dans le cas d'incapacité partielle et permanente, le travailleur a droit, sa vie durant, à la rente telle que calculée au paragraphe précédent, mais en proportion du pourcentage de son incapacité. Si le travailleur est atteint d'une incapacité temporaire, cette rente ne lui est versée que pendant la durée de son incapacité. L'employeur doit verser l'indemnité représentant les cinq premiers jours ouvrables suivant l'accident et, si la demande est acceptée par la C.S.S.T., cette dernière rembourse l'employeur dans une proportion de 90%. Lorsque la rente prévue par la loi n'excède pas 102,04$ par mois ou que le pourcentage d'incapacité n'excède pas 10%, la Commission doit convertir la rente en un capital qui est payé au travailleur sous forme de montant forfaitaire.

Autres particularités du régime

Comme nous venons de le voir, la Commission détermine le montant des indemnités qui doivent être versées à la victime d'un accident du travail. Le salarié ou ses ayants droit qui auront touché ces indemnités n'auront pas d'autre recours ni contre l'employeur ni contre la Commission, même s'ils jugent qu'ils n'ont pas reçu une compensation suffisante pour le dommage subi.

Toutefois, dans le cas où l'accident ne saurait être imputé à la faute de l'employeur ou de l'un de ses préposés, mais à celle d'un tiers, le salarié a deux possibilités pour se faire indemniser:

a) d'une part, il peut s'adresser à la Commission pour réclamer les indemnités prévues par la loi et s'adresser ensuite aux tribunaux de droit commun pour obtenir l'excédent de sa réclamation. Dans un tel cas, il y a subrogation légale de la Commission dans les droits de la victime pour le remboursement des sommes qu'elle aurait dû verser;

b) d'autre part, le salarié victime d'un accident de travail peut poursuivre directement devant les tribunaux de droit commun le tiers responsable de l'accident; la Commission de la santé et de la sécurité du travail est alors mise en cause. Dans le cas où la compensation accordée par le tribunal est moindre que celle prévue par la loi, le travailleur peut s'adresser à la Commission pour réclamer la différence.

Exemple: Richard est blessé à la suite d'un vol alors qu'il se rendait à la banque pour effectuer un dépôt au nom de son employeur. Il s'agit d'un accident de travail, dont le responsable est un tiers. Richard pourra donc être indemnisé par la Commission et poursuivre le tiers responsable pour la différence entre le montant obtenu de la Commission et le montant fixé par les tribunaux pour ces dommages.

Les compensations accordées en vertu de la présente loi sont incessibles et insaisissables.

Loi de l'indemnisation des victimes d'actes criminels (IVAC)

Depuis 1971, il existe au Québec une loi visant à indemniser la victime d'un crime ou, si elle est tuée, ses dépendants. Cette loi est administrée sous l'égide de la Commission de la santé et de la sécurité du travail.

L'article 9 de la loi stipule que pour bénéficier de ses avantages, l'intéressé doit adresser sa demande à la Commission dans l'année des dommages matériels, de la blessure ou de la mort de la victime.

Notons que la demande prévue à l'article 9 peut être formulée, qu'une personne soit ou non poursuivie ou trouvée coupable de l'infraction. Les indemnités prévues par l'IVAC sont les mêmes que celles prévues dans le cas d'un accident de travail.

Aux termes de la loi, le mot *blessure* signifie une lésion corporelle, la grossesse à la suite d'un viol, un choc nerveux ou mental.

La loi ne s'applique pas lorsque la victime est blessée ou tuée dans des circonstances qui donnent ouverture à l'application de la *Loi sur l'assurance automobile* ou à la *Loi sur les accidents du travail et les maladies professionnelles* ou si elle a elle-même participé à la perpétration du crime.

Cette loi ne vise pas à indemniser la victime d'un vol pour le remboursement des objets volés. Il appartient alors à l'assureur de la victime de l'indemniser.

Enfin, la *Loi visant à favoriser le civisme* prévoit l'indemnisation d'une personne blessée ou tuée alors qu'elle porte secours à une autre personne.

L'administration de cette loi relève également de la C.S.S.T. Les indemnités versées au sauveteur dans de tels cas correspondent à celles versées aux victimes d'accident de travail.

Action en responsabilité civile

La personne victime d'un dommage a droit à une juste compensation de la part du responsable. Si ce dernier refuse de l'indemniser, elle devra intenter contre lui une **action en responsabilité civile**. Dans une telle éventualité, le demandeur doit faire en sorte que son droit d'action ne se prescrive pas et, à cet effet, il doit agir avec diligence. Il doit donc intenter son action dans les délais prévus au Code civil.

Aussi, l'action pour dommages résultant de délits et quasi-délits se prescrit par deux ans du fait dommageable. Cette prescription ne s'applique toutefois qu'aux dommages aux biens (art. 2261.2 C.c.). L'action pour lésions ou blessures corporelles se prescrit par un an (art. 2262.2 C.c.).

Dans le cas d'accident mortel résultant d'un délit ou d'un quasi-délit, lorsque la victime est décédée sans avoir obtenu d'indemnisation, son conjoint, ses ascendants et ses descendants ont, pendant l'année seulement à compter du décès, le droit de poursuivre celui qui en est l'auteur ou ses représentants, pour les dommages-intérêts résultant d'un tel décès (art. 1056.1 C.c.).

Il faut bien noter qu'aucun de ces recours ne peut être exercé s'il s'agit d'un accident visé par la *Loi sur l'assurance automobile*. L'action pour injures verbales ou écrites se prescrit par un an à compter du jour de la connaissance acquise de la diffamation.

Résumé

La responsabilité civile est l'obligation que la loi crée à toute personne capable de discerner le bien du mal, de réparer le dommage causé à autrui, soit selon l'article 1053, par sa faute intentionnelle ou involontaire (négligence, imprudence), soit par la faute ou le fait de ceux qui dépendent d'elle ou par le fait des choses et des animaux dont elle a la garde (art. 1054 et 1055 C.c.).

La responsabilité civile suppose toujours l'existence de trois éléments essentiels : la faute, le dommage et le lien de causalité. Pour déterminer si une personne a commis une faute, on compare ses agissements à ceux du «bon père de famille». Seuls les dommages immédiats, personnels et directs sont indemnisés. On fait une distinction entre les dommages matériels, les dommages physiques et les dommages moraux. Il doit enfin exister une relation immédiate et directe entre la faute commise et le dommage subi ; c'est ce qu'on appelle le lien de causalité.

L'individu poursuivi en dommages devant les tribunaux peut atténuer sa responsabilité civile en plaidant que le dommage a été causé par cas fortuit ou force majeure, que la victime avait elle-même accepté le risque de subir un dommage, que le dommage est la faute d'un tiers, que la victime a elle-même commis une faute qui a contribué aux dommages qu'elle a subis ou que la victime l'avait relevé de sa responsabilité par le biais d'une clause limitative ou de non-responsabilité. L'article 1054 du Code civil crée des présomptions de faute contre certaines personnes et entraîne leur responsabilité. Ainsi, les parents sont solidairement responsables des dommages causés par leurs enfants mineurs ; les instituteurs sont solidairement responsables des dommages causés par leurs élèves alors qu'ils en ont la garde; l'employeur est solidairement responsable des dommages causés par ses employés dans l'exercice de leurs fonctions; toute personne est responsable des dommages causés par une chose inanimée dont elle a la garde; le propriétaire est responsable pour les dommages causés en raison du défaut d'entretien ou de la ruine de son bâtiment; le propriétaire d'un animal est responsable pour les dommages causés par ce dernier.

Depuis le 1er mars 1978, date d'entrée en vigueur de la *Loi sur l'assurance automobile*, toute personne victime d'un accident d'automobile est indemnisée par la Régie de l'assurance automobile du Québec. Cette loi a aboli la notion de faute. Elle s'applique à tous les résidents du Québec. Quant aux non-résidents, ils sont indemnisés dans la proportion inverse de leur part de responsabilité dans l'accident. La victime ou ses héritiers s'adressent à la Régie qui paiera une indemnisation pour la perte de revenus ou pour le décès, selon le cas, de même que pour les déboursés encourus et les frais funéraires, le cas échéant. La personne qui n'est pas satisfaite de la décision de la Régie peut en demander la révision dans les 60 jours, et, par la suite, en appeler de la nouvelle décision devant la Commission des affaires sociales.

En matière d'accidents de travail, il existe, au Québec, deux lois statutaires particulièrement importantes: la *Loi sur les accidents du travail et les maladies professionnelles* et la *Loi sur la santé et la sécurité du travail*. La première permet d'indemniser les travailleuses et les travailleurs ou leurs héritiers, en cas de décès, qui ont subi un accident de travail ou qui sont atteints d'une maladie professionnelle. La seconde a pour objet premier l'élimination à la source même des dangers pour la santé, la sécurité et l'intégrité physique des travailleurs. Toutes deux sont administrées par la C.S.S.T. Ce même organisme voit également à la mise en application de la *Loi de l'indemnisation des victimes d'actes criminels* et de la *Loi visant à favoriser le civisme*.

La personne victime d'un dommage a droit à une juste compensation de la part du responsable et elle peut intenter contre lui une action en responsabilité civile. Elle doit agir avec diligence pour éviter la prescription de son droit.

Vocabulaire

Action en responsabilité civile
Cas fortuit ou force majeure
Commettant
Délit
Dommage
Dommage matériel
Dommage moral
Dommage physique (ou dommage corporel)
Faute
Fonds d'indemnisation

Incapacité partielle ou totale permanente
Incapacité partielle ou totale temporaire
Lien de causalité
Personne à charge
Présomption irréfragable
Quasi-délit
Responsabilité
Responsabilité civile
Responsabilité contractuelle

Questions

1. Établissez la différence entre la responsabilité civile délictuelle et la responsabilité contractuelle.

2. Peut-on souscrire une assurance contre ses délits? Expliquez votre réponse.

3. Nommez et définissez les trois éléments essentiels entraînant la responsabilité civile d'un individu.

4. Au niveau de la sanction, quelle différence faites-vous entre la responsabilité civile et pénale?

5. La loi établit-elle une distinction quant à la capacité de discernement en matière civile et criminelle? Expliquez votre réponse.

6. Comment les tribunaux répartissent-ils les incapacités?

7. En quoi consiste la règle de l'acceptation du risque? Donnez-en des exemples.

8. Quelle différence existe-t-il entre le recours fondé sur l'article 1053 et celui de l'article 1054 du Code civil?

9. En quoi consiste la responsabilité de l'instituteur?

10. Quelles sont les trois conditions essentielles à l'existence de la présomption de faute des maîtres et des commettants pour les dommages causés par leurs préposés?

11. En ce qui concerne la responsabilité du fait d'un animal, que signifie l'expression «garde juridique»?

12. Comment le propriétaire d'un bâtiment peut-il s'exonérer d'un dommage causé par le mauvais état de son bâtiment?

13. En quoi la *Loi sur l'assurance automobile* a-t-elle bouleversé le domaine de la responsabilité civile au Québec?

14. Sur quel critère se base la Régie de l'assurance automobile du Québec pour indemniser un étudiant à plein temps victime de blessures corporelles à la suite d'un accident d'automobile?

15. Dans quels cas la victime d'un dommage matériel causé par une automobile peut-elle réclamer du Fonds d'indemnisation?

16. Quel est le rôle de la Commission de la santé et de la sécurité du travail du Québec? Peut-on se pourvoir en appel de ses décisions?

17. Dans quelle circonstance un salarié victime d'un accident de travail peut-il s'adresser à un tribunal pour se faire indemniser?

18. Quels sont les principaux avantages accordés à la victime ou à ses dépendants par la *Loi de l'indemnisation des victimes d'actes criminels*?

19. Quelle règle le Code civil prévoit-il dans le cas d'un accident mortel résultant d'un délit ou d'un quasi-délit lorsque la victime est décédée sans avoir obtenu d'indemnisation?

20. Quel est le délai de la prescription en matière de diffamation?

Cas pratiques

1. Le 2 février, en descendant de l'autobus à l'arrêt, Johanne glisse sur la marche enneigée et glacée de l'escalier de sortie de l'autobus. En tombant, elle se fracture le bassin et est absente du travail pendant trois mois. D'autres passagers l'ont précédée et ne sont pas tombés.

Peut-elle exercer un recours? Pourquoi? Contre qui? Dans quel délai?

2. Henri est contremaître à la compagnie de Construction A.B.C. inc. et il a la responsabilité immédiate de 12 hommes qui travaillent sous ses ordres. Louis est un des ouvriers qui se trouvent sur le chantier. Un fournisseur de bois vient effectuer une livraison de poutres sur le chantier et, par accident, Henri et Louis sont atteints par une poutre échappée du camion. Henri est blessé gravement et forcé de s'absenter du chantier pendant trois mois; Louis, plus malchanceux, décède à la suite de ses blessures.

a) Quels sont les recours d'Henri qui est marié et père de trois enfants? Expliquez votre réponse.

b) Quels sont les recours des héritiers de Louis qui est célibataire?

c) L'employeur d'Henri qui est privé de ses services pendant toute cette période peut-il réclamer des dommages du fournisseur de matériaux? Pourquoi?

3. Éric et son frère Carl, âgés respectivement de 8 et 5 ans, décident d'aller visiter la cour de leur voisin, André Côté, pendant l'absence de ce dernier. Après avoir escaladé la clôture, ils se rendent jusqu'au potager où ils arrachent et mangent quelques carottes. À ce moment-là, Brutus, le berger allemand de M. Côté qui dormait sur la galerie se réveille, aperçoit les deux garnements et s'élance à leur poursuite en aboyant furieusement. Apeurés, les deux enfants se mettent à courir vers la clôture. Plus rapide que son frère cadet, Éric réussit à enjamber la clôture avant que Brutus ne le rattrape. Le molosse réussit à rattraper Carl et lui inflige de sérieuses morsures et lacérations aux bras, aux jambes et au visage. Sans l'arrivée providentielle de Josée, l'épouse de M. Côté, qui revenait de l'épicerie, la bête déchaînée aurait pu tuer l'enfant.

Jean-Guy et Michèle, les parents de Carl, viennent vous consulter et ils désirent connaître leurs droits.

a) Quelle est la responsabilité d'André Côté? Expliquez votre réponse.

b) Peut-il s'exonérer de sa responsabilité en alléguant qu'il était absent de son domicile au moment de l'accident? Expliquez votre réponse.

c) Quels sont les autres moyens de défense dont dispose M. Côté? Expliquez.

d) Quel rôle peut être amené à jouer l'assureur de M. Côté dans cette affaire? Motivez votre réponse.

4. Claude part en vacances en Gaspésie avec sa famille. Malheureusement, sur l'autoroute Montréal-Québec, à la hauteur de Drummondville, il est impliqué dans un accident. En effet, le conducteur d'un énorme camion à remorque, chargé à pleine capacité, a perdu le contrôle de son véhicule suite à l'éclatement d'un des pneus dans une courbe. Plusieurs témoins peuvent confirmer que le camion roulait à une vitesse excessive, compte tenu de sa grosseur et de sa charge. Un des témoins de l'accident déclare qu'il roulait lui-même à 100 km/h et que le camion l'a doublé très rapidement, quelques secondes avant l'accident. L'accident a donné lieu à un carambolage majeur impliquant une dizaine d'automobiles. La plupart des véhicules sont une perte totale. Parmi les victimes de l'accident, on retrouve les personnes suivantes:

— Claude, âgé de 31 ans, blessé sérieusement au dos et aux côtes. Son salaire annuel est de 45 000 $ et il devra s'abstenir de travailler pendant 6 mois;
— son épouse, Diane, qui n'a pas d'emploi à l'extérieur et travaille au foyer. Blessée à la tête, elle devra séjourner à l'hôpital pendant 2 mois et ne pourra reprendre ses activités ménagères avant 2 autres mois;

- Jean-Philippe et Marie-Pierre, les enfants de Claude et Diane, respectivement âgés de 7 et 4 ans. Le premier a subi des contusions aux côtes et
devra s'absenter de l'école pendant un mois. Quant à Marie-Pierre, elle a
subi au visage des coupures qui laisseront des cicatrices permanentes;
- Jacques Bossé, un étudiant de cégep, dont l'automobile suivait immédiatement le camion, et qui voyageait en compagnie de sa grand-mère, âgée
de 71 ans, et de sa soeur Carole, âgée de 17 ans. Cette dernière est décédée des suites de l'accident, laissant dans le deuil ses parents et son frère.
Pour sa part, Jacques a subi une fracture du crâne et une fracture du bassin. En conséquence, il doit suspendre ses études pendant un an et quitter l'emploi qu'il occupait chez Provigo, pendant les week-ends, et qui lui
rapportait environ 125$ à chaque fois. Quant à la grand-mère, elle doit
être hospitalisée pendant 3 mois et subir ensuite des traitements de phy-
siothérapie pendant un autre mois;
- Jos Thibault, le conducteur du camion, qui est décédé des suites de l'accident, et qui laisse dans le deuil son épouse, Rose, et ses 4 enfants;
- Bob Debrew, un américain en vacances au Québec, à qui on a dû ampu-
ter la jambre gauche et qui ne pourra pas travailler pendant une période
de 6 mois. Son salaire annuel était de 20 000$.

a) Pour chacun des cas précités, veuillez indiquer si les victimes de l'accident ou leurs soutiens ont droit de recevoir une indemnisation? Expliquez
et détaillez votre réponse.

b) L'employeur de Jos Thibault est-il responsable des dommages causés
par Jos? Motivez votre réponse.

5. Janic et Luc viennent vous consulter et vous expliquent les faits qui suivent. Samedi soir, en rentrant à leur domicile, ils ont surpris des voleurs en
train de cambrioler leur maison. Voulant maîtriser un premier voleur, Luc s'est
bagarré avec lui, mais il ignorait la présence d'un deuxième qui l'a frappé à la
tête avec un objet contondant. Avant que Janic n'ait eu le temps de prévenir
la police, les deux voleurs avaient pris la fuite en emportant avec eux deux
tableaux d'une valeur de 1000$ chacun, ainsi que les bijoux de Janic évalués
à 5000$. Luc a subi une profonde entaille à la tête et a dû être hospitalisé
pendant deux semaines. En outre, il a dû passer une semaine de convales-
cence à la maison sans toucher de salaire. Son salaire hebdomadaire est de
350$.

a) Janic et Luc désirent savoir s'ils peuvent être indemnisés suite au vol des
deux tableaux et des bijoux. Motivez votre réponse.

b) Ils veulent aussi savoir si Luc peut être indemnisé en raison de sa perte
de salaire. Expliquez votre réponse.

Quatrième partie

L'entreprise face à ses créanciers

Plan du chapitre 17

Les effets de commerce

Le chèque
    Parties
La lettre de change
    Parties
Le billet à ordre
    Parties
Conditions de validité des effets de commerce
    Forme
    Considération
    Contenu
Types d'effets de commerce
    À ordre
    Au porteur
    À demande
    À terme
    Négociable ou non négociable
Droits et obligations des parties
    Tiré
    Tireur
    Souscripteur
    Bénéficiaire
    Endosseur
    Négociation d'un effet de commerce
    Détenteur régulier
Formalités de paiement
    Présentation à l'acceptation et au paiement
    Effet du refus d'acceptation
    Effets du défaut de présentation pour paiement
Lettres et billets du consommateur
    Définition
    Conditions de validité

Les effets de commerce

Objectifs

1. Connaître les principales dispositions de la *Loi sur les lettres de change*.
2. Définir la lettre de change, le chèque, le billet à ordre et le billet du consommateur.
3. Énumérer les principales conditions nécessaires à la validité des différents effets de commerce.
4. Distinguer les parties à une lettre de change, un chèque et un billet à ordre.
5. Connaître les droits et les obligations du tireur, du tiré, du bénéficiaire, du souscripteur, de l'endosseur et du détenteur régulier.
6. Connaître les étapes et les formalités de paiement des effets de commerce.

L'expression «effets de commerce» est la plus couramment utilisée pour désigner les divers modes de paiement d'une somme d'argent. Leur but premier est le paiement d'une dette ou d'une obligation, mais ils sont aussi utilisés, comme nous le verrons plus loin, pour l'obtention de prêts d'argent, de crédit à court terme et de garantie de paiement.

Les **effets de commerce** sont des écrits qui portent le nom de: chèque, lettre de change ou traite, billet, lettre et billet du consommateur. La loi traitant des lettres de change, des chèques et des billets à ordre est une loi fédérale connue sous le nom de *Loi sur les lettres de change*. Étant donné son caractère technique, cette loi peut paraître difficile à cerner pour la personne qui en prend connaissance pour la première fois.

Afin de faciliter la compréhension de cette loi et de saisir le fonctionnement des différents effets de commerce, nous débuterons avec l'étude de celui qui est le plus connu et le plus utilisé, tant par le consommateur que par le commerçant dans ses transactions quotidiennes, le chèque.

Le chèque

Schéma de fonctionnement du chèque:

Le chèque est, depuis longtemps, l'effet de commerce le plus utilisé, et les gens préfèrent y recourir pour effectuer le paiement d'une somme d'argent plutôt que de transporter sur eux des sommes considérables.

L'article 165 de la *Loi sur les lettres de change* définit le **chèque** comme «une lettre de change tirée sur une banque et payable à demande». L'article 2 de la loi stipule que le mot **banque** signifie une banque ou une caisse d'épargne constituée en corporation et faisant affaires au Canada.

Le chèque est un ordre, sans condition, donné par écrit et signé par une personne appelée le **tireur**, à une autre personne appelée le **tiré**, qui est toujours une banque ou une caisse d'épargne, de payer sur demande une somme d'argent déterminée à une autre personne, le **bénéficiaire**, ou à son ordre, ou encore au porteur.

Le chèque doit donc être un écrit, mais, contrairement à la croyance populaire, il n'est pas nécessaire que le chèque soit rédigé sur des formules imprimées que fournissent les banques. Dans la mesure où il remplit les conditions stipulées dans la *Loi sur les lettres de change*, le chèque rédigé sur un bout de papier est valable et doit être accepté par la banque.

La *Loi sur les lettres de change* possède un vocabulaire qui lui est propre, on y retrouve des termes nouveaux comme tireur, tiré et bénéficiaire (ou preneur).

Parties
Tireur

Le tireur est la personne qui donne l'ordre de payer la somme d'argent mentionnée sur le chèque. Cette personne rédige le chèque et le signe. Le tireur

Figure 17.1   Formule de chèque

doit signer lui-même, mais on permet qu'un mandataire signe le chèque à sa place. Les résolutions bancaires de compagnies autorisent un ou plusieurs individus à signer les chèques, les lettres de change et même les billets au nom de la compagnie.

Tiré

Dans le cas d'un chèque, le tiré est toujours une banque, une caisse d'épargne ou une caisse populaire à qui le tireur donne l'ordre de payer la somme d'argent. La banque doit effectuer le paiement du chèque sur présentation, dans la mesure où les fonds sont suffisants dans le compte bancaire du tireur; sinon, elle n'est pas obligée de payer le montant du chèque.

Par ailleurs, si elle refuse de payer lorsqu'il y a des fonds suffisants, elle est passible d'une poursuite en dommages-intérêts de la part du tireur. Néanmoins, elle peut refuser de payer dans les cas suivants:

— lorsqu'elle reçoit un **contrordre de paiement** de son client;
— lorsqu'elle est avisée de la mort ou de la faillite du tireur;
— lorsqu'une saisie-arrêt est pratiquée sur le compte du tireur.

Bénéficiaire (ou preneur)

Le **bénéficiaire**, ou **preneur**, est la personne en faveur de laquelle le chèque est émis. Le bénéficiaire doit être suffisamment identifié par son nom, son titre ou la fonction qu'il occupe, de façon à permettre au tiré de le payer.
Exemple: Payez à l'ordre de Michèle Martel;
Payer à l'ordre du ministre du Revenu du Québec;
Payer à l'ordre de la municipalité de Saint-Sauveur-des-Monts.
Lorsque le chèque est payable au porteur, cela ne s'avère pas important puisque c'est le détenteur de la lettre de change ou du chèque qui en reçoit le paiement.

Un chèque ou une lettre de change peut être payable à deux ou plusieurs bénéficiaires conjointement à deux ou plusieurs personnes alternativement.
Exemple: Payer à l'ordre de Ginette Parizeau (et)
Joseph Bagdian 1000$;
Payer à l'ordre d'Aimée Desjardins (ou)
de Claire Rochon 5000$.
C'est également le cas d'une compagnie d'assurance qui émet un chèque conjointement à votre nom et au nom du garagiste qui répare votre automobile. Dans un tel cas, les deux bénéficiaires doivent l'endosser pour qu'il puisse être encaissé.

Très souvent, on retrouve des chèques avec la mention *paiement final et complet*. Dans bien des cas, le tireur d'un tel chèque doit au bénéficiaire plus que le montant qui y est indiqué. Il arrive quelquefois que le tireur inscrive volontairement un montant insuffisant et qu'il utilise cette mention pour se libérer de la totalité de sa dette.

Bien que la jurisprudence ne soit pas fixée d'une façon définitive sur le sujet, il est recommandé au bénéficiaire d'un tel chèque de ne pas l'encaisser directement. Ainsi, certaines causes énoncent que le bénéficiaire doit carrément le retourner au tireur et exiger un autre chèque pour la somme due, à défaut de quoi, après l'encaissement du chèque, la dette totale sera effacée. D'autres causes recommandent de biffer la mention *paiement final*, d'aviser par écrit le tireur du refus de cette mention, d'attendre quelque temps pour lui permettre de réagir et d'encaisser ensuite le chèque. On doit donc être très prudent avant d'encaisser un tel chèque, et il est bon de consulter un avocat.

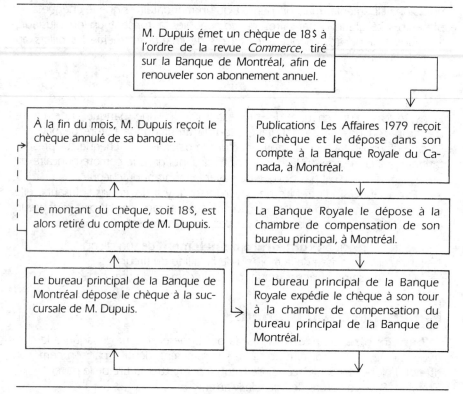

Figure 17.2   Le cheminement d'un chèque

Source: Boone. Kurtz, Lessard & Roy, *L'entreprise d'aujourd'hui, structure et dynamique*, Montréal, Les Éditions HRW ltée, 1983, p. 311.

Très souvent, on utilise le **chèque visé** dans les transactions commerciales ou immobilières. Le but d'un tel effet de commerce est d'assurer et de garantir le créancier du paiement de la somme qui lui est due. Dans un tel cas, le tireur lui-même demande à sa banque de viser un chèque. La banque garantit au bénéficiaire du chèque que la somme d'argent qui y est stipulée a été mise de côté spécialement pour le payer et que, sur présentation du chèque, l'argent lui sera immédiatement remis. Dans le cas de la mort ou de la faillite du tireur, la banque devra quand même payer le bénéficiaire d'après les dispositions de la loi.

La lettre de change

Schéma de fonctionnement de la lettre de change:

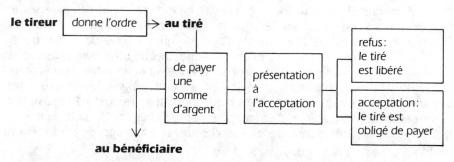

L'article 17 de la *Loi sur les lettres de change* définit ainsi la lettre de change. «La **lettre de change** est un ordre, sans condition, donné par écrit, adressé par une personne (le tireur) à une autre personne (le tiré) de payer sur demande ou à une époque future déterminée ou susceptible de l'être, une somme d'argent précise à une personne (le bénéficiaire ou preneur) ou à l'ordre d'une personne désignée ou au porteur».

Parties

Le tireur, le tiré et le bénéficiaire sont les parties présentes dans la lettre de change. Le tireur donne l'ordre au tiré (qui n'est pas une banque ou une caisse, mais qui peut être une personne physique ou morale, comme une compagnie) de payer inconditionnellement une somme d'argent au bénéficiaire.

Tireur

Le tireur est la personne qui donne l'ordre au tiré de payer la somme d'argent mentionnée sur la lettre de change; son rôle est le même que pour le chèque.

Tiré

Le tiré est celui à qui le tireur donne l'ordre de payer la somme d'argent. Il est important de noter que la mention sur une lettre de change indiquant de donner l'ordre au tiré de payer à sa place une somme d'argent au bénéficiaire n'oblige pas le tiré à payer cette somme d'argent. En effet, pour se faire payer par le tiré, le bénéficiaire de la lettre de change doit lui demander s'il accepte de payer selon les stipulations de la lettre de change; c'est la présentation à l'acceptation.

Le tiré n'est pas obligé de payer. Il peut refuser et, dans un tel cas, il est libéré de toute obligation; mais s'il accepte, il devient alors un accepteur de la lettre de change; dans ce cas, il ne peut plus refuser de payer et il devient responsable du paiement. L'acceptation d'une lettre de change se fait sur sa face même par le tiré ou son représentant autorisé.

Bénéficiaire (ou preneur)

Le bénéficiaire est celui en faveur de qui la lettre de change est payable originairement. Comme dans le cas du chèque, il peut y avoir plusieurs bénéficiaires de la lettre de change. On emploie couramment l'expression **traite** pour désigner une lettre de change.

Dans le cas de la lettre de change, le tiré doit habituellement une somme d'argent au tireur ou bien il lui a consenti une certaine avance de crédit, et c'est à même ces sommes d'argent que le tiré paie le bénéficiaire.

Exemple: Jean, à qui Richard doit 10 000 $, achète des matériaux de construction chez Dubois ltée pour une somme de 10 000 $; il rédige et signe la lettre de change suivante:

Dans un tel cas, la dette de Richard vis-à-vis de Jean sera effacée par le paiement que Richard fera à Dubois ltée, tout comme la dette de Jean vis-à-vis de Dubois ltée.

Endosseur

L'**endosseur** d'une lettre de change ou d'un chèque est celui qui signe à l'endos de la lettre de change ou du chèque. Nous examinerons plus en

Montréal	Le _____5 août_____ 19 85
Payer sur présentation à _____Dubois ltée (bénéficiaire)_____	
ou à son ordre	
la somme de _____dix mille (10 000 $)_____ **dollars**	
_____pour valeur reçue_____	
_____Richard (tiré)_____	
_____8775, Soulygny, Mtl_____	_Jean_ (tireur)

Figure 17.3   *Lettre de change rédigée et signée*

détail les conséquences d'un endossement lorsque nous traiterons de la négociation des effets de commerce. Mentionnons tout de suite que l'endosseur d'un effet de commerce cautionne en quelque sorte les obligations de ceux qui ont détenu l'effet de commerce avant lui et, à défaut par ces personnes d'honorer l'effet de commerce et de le payer, le détenteur de l'effet de commerce peut poursuivre l'endosseur pour se faire payer.

Le billet à ordre

Schéma de fonctionnement du billet à ordre:

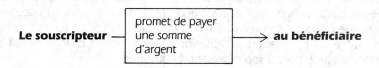

L'article 176 de la *Loi sur les lettres de change* définit ainsi le billet: «Un **billet à ordre** est une promesse pure et simple, faite par écrit par une personne (le souscripteur) à une autre personne (le bénéficiaire). Elle est signée par le souscripteur, qui s'engage à payer à demande, ou dans un délai déterminé ou susceptible de l'être, une certaine somme d'argent à une personne désignée (le bénéficiaire) ou à son ordre, ou au porteur».

Parties

Contrairement à la lettre de change et au chèque, le billet ne comprend donc que deux parties en cause: le souscripteur et le bénéficiaire.

Ainsi, on reconnaît facilement le billet par sa formulation: «Je promets de payer 100 $...» ou «Je m'engage à payer 200 $...».

Souscripteur

Le **souscripteur** est la personne qui s'engage à payer au bénéficiaire une somme d'argent. Il cumule les fonctions du tireur et du tiré; il s'engage directement et personnellement vis-à-vis du bénéficiaire à le payer.

```
                    Montréal,          Le    14 mars    19  86

    À            trois (3) mois de cette date,              je promets de payer

    à l'ordre de              Claire Rochon (bénéficiaire)

    la somme de              deux mille (2 000 $)                    dollars

    pour valeur reçue.

                              Robert Groulx  (souscripteur)
```

Figure 17.4   Billet à ordre

Ainsi, la présentation à l'acceptation n'est pas nécessaire dans le cas du billet. Comme le tireur, le souscripteur doit signer personnellement le billet ou autoriser quelqu'un à le faire en son nom.

Bénéficiaire

Le souscripteur promet de payer au bénéficiaire une certaine somme d'argent. Le billet doit désigner le bénéficiaire d'une façon adéquate, comme c'était le cas pour le chèque et la lettre de change.

L'article 186 de la *Loi sur les lettres de change* stipule que, sous réserve des dispositions de la loi concernant le billet, les dispositions de la loi relatives aux lettres de change et aux chèques s'appliquent aux billets avec les modifications nécessaires. De plus, le souscripteur d'un billet est considéré dans la même situation que le tiré qui a accepté une lettre de change.

Endosseur

En ce qui concerne l'endosseur d'un billet, disons tout d'abord que l'article 186 de la loi mentionne que le premier endosseur d'un billet est assimilé au tireur d'une lettre de change acceptée et payable à l'ordre du tireur.

Les dispositions de la loi concernant le chèque et la lettre de change s'appliquent également à l'endosseur d'un billet.

Conditions de validité des effets de commerce

Forme

Chèque et lettre de change

Document écrit   Le chèque et la lettre de change doivent nécessairement être écrits pour être valables. Ils peuvent être rédigés à la main, imprimés, dactylographiés ou photocopiés dans la mesure où ils satisfont aux conditions nécessaires à leur validité.

Ordre de paiement   Le chèque et la lettre de change doivent clairement indiquer à leur face même qu'ils *ordonnent* au tiré de payer le bénéficiaire. On y retrouve habituellement les mots «*Payez*» ou «*Payez à l'ordre de*».

Un écrit portant la mention: «*Je vous autorise à payer au porteur 500$*» ne serait pas considéré comme une lettre de change ou un chèque parce qu'il n'implique pas un ordre de paiement, mais plutôt une autorisation de paiement.

Ordre de paiement inconditionnel   Le chèque ou la lettre de change ne doit contenir aucune condition, c'est-à-dire qu'on ne doit pas faire dépendre le paiement de l'arrivée d'une condition.

Le fait d'indiquer à l'endos d'un chèque les mots:«*Payable à la condition que René soit élu député du comté des bouleaux*» ou d'indiquer dans une lettre de change les mots: «*Payez 1000$ à Monique si je gagne la Super-Loto*», rend nuls ces documents en tant que chèque ou lettre de change, et ce, même si la condition se réalise plus tard.

Somme d'argent précise   Le chèque et la lettre de change devraient stipuler une somme d'argent précise, par exemple: 25$, 175$, 5000$, car le but de ces documents est le paiement d'une somme d'argent précise. La mention «*Payez le solde encore impayé à votre compte*»ou«*la valeur de l'automobile de marque Chevette achetée*« n'est donc pas valable.

Billet

Document écrit   Tout comme la lettre de change et le chèque, le billet doit revêtir la forme d'un écrit.

Promesse de paiement   C'est en quelque sorte l'assurance donnée par le souscripteur au bénéficiaire par laquelle il s'engage à le payer. La simple reconnaissance de dettes n'est pas considérée comme une promesse de paiement.

Promesse de paiement inconditionnelle   Tout comme pour la lettre de change et le chèque, on ne peut faire de la promesse de payer, une promesse conditionnelle (*exemple:* Je promets de payer 50$ à Joseph si les Concordes gagnent la coupe Grey).

Somme d'argent précise   Le souscripteur doit promettre de payer une somme d'argent précise, comme pour le chèque et la lettre de change.

Considération

L'article 53 de la *Loi sur les lettres de change* stipule que toute cause ou considération suffisante pour donner validité à un contrat, de même qu'une dette ou une obligation préexistante, est valable pour constituer une lettre de change, un chèque ou un billet.

Ainsi, la cause ou la considération de la lettre de change, du chèque ou du billet, la valeur des marchandises vendues et livrées, des services rendus, le paiement d'honoraires, une donation sont toutes des causes ou des considérations qu'on peut relier à un contrat. La cause ou la considération ne doit pas être illégale ou contraire à l'ordre public (par exemple, le paiement de 1000$ pour l'achat de drogues, le paiement de 500$ pour l'achat de marchandises volées). La cause doit être réelle. Ainsi, celui qui paye deux fois la même somme d'argent parce qu'il avait oublié qu'il avait déjà effectué son paiement ne paie pas pour une considération valable.

Le défaut de considération n'est opposable qu'entre le tireur et le bénéficiaire et ne peut être opposé à un détenteur subséquent.

Exemple: Jean émet un chèque en faveur de A.B.C. ltée après avoir reçu un avis selon lequel il avait omis de payer son compte de 25$ pour l'achat de matériel de bureau. En vérifiant ses papiers, il s'aperçoit qu'il a déjà payé cette somme à A.B.C. ltée. Il peut faire valoir ce moyen de défense vis-à-vis A.B.C. ltée, mais il ne peut l'opposer à un détenteur subséquent en faveur de qui A.B.C. ltée aurait endossé le chèque.

Contenu

L'article 27 de la loi indique qu'une lettre de change (ainsi qu'un chèque ou un billet) n'est pas invalide uniquement parce qu'elle:

— n'est pas datée;
— ne précise pas la valeur donnée en échange ou quel bien a été donné en échange;
— ne précise pas le lieu où elle est tirée ou celui où elle est payable;
— est antidatée ou postdatée ou qu'elle porte la date d'un dimanche ou de tout autre jour non juridique.

N'est pas datée

Le détenteur d'un effet de commerce non daté peut y insérer la véritable date de son émission; dans ce cas, la lettre de change, le billet ou le chèque est payable en conséquence. L'important, c'est qu'il n'apporte pas à l'effet de commerce une altération essentielle.

Ne précise pas l'objet

Nous avons vu précédemment qu'il n'était pas nécessaire de préciser la valeur ou l'objet donné en échange sur un chèque, une lettre de change ou un billet.

Ne précise pas le lieu de l'émission ou du paiement

Il n'est pas obligatoire d'indiquer sur l'effet de commerce le lieu de son émission ou celui de son paiement. Si aucune date de paiement n'est indiquée sur une lettre de change, elle est payable sur demande; il en est de même pour le billet. Quant au chèque, il est toujours payable sur demande.

Est postdatée

L'**effet** de commerce **postdaté**, c'est-à-dire émis à une certaine date, mais portant une date postérieure, est valable.

Dans le cas d'une lettre de change et d'un billet, il y a toujours un délai de trois jours de grâce pour le paiement après la date de son échéance. Ainsi, la lettre de change payable dans deux mois et émise le 1er décembre 1980 ne sera échue que trois jours après le 1er février 1981, soit le 4 février.

Le **chèque postdaté** est valable. Même s'il est postdaté, le chèque n'en demeure pas moins payable à demande, soit à la date indiquée et pas avant. Dans le cas du chèque, il n'y a aucun délai de grâce ajouté à la date d'échéance.

Types d'effets de commerce

À ordre

Le chèque, la lettre de change et le billet sont **payables à ordre :**

— lorsqu'ils le stipulent, par exemple : *Payez à l'ordre de Diane Roy 100 $;*
— lorsqu'ils sont payables à une personne désignée et ne contiennent rien qui en interdise la cession, par exemple : *Payez à Robert Dalla 125 $.*

Au porteur

Un effet de commerce est **payable au porteur :**

— lorsqu'il le stipule, par exemple : *Payez au porteur 175 $;*
— lorsque l'unique ou le dernier endossement est un endossement en blanc, par exemple : *Payez à Patrice Archambault 300 $;* en endossement : Patrice Archambault (sans autre mention à l'endos);
— lorsque le bénéficiaire est une personne fictive ou inexistante, par exemple : *Payez à Jean Idéfix 25 $.* Jean Idéfix n'étant que le produit de l'imagination du tireur, on considère alors que la lettre de change ou le chèque est payable au porteur.

À demande

Le chèque est toujours **payable à demande**. La lettre de change et le billet sont considérés comme payables à demande :

— s'ils stipulent qu'ils sont payables sur demande ou sur présentation, par exemple : *Payez à demande* ou *sur présentation;*
— s'ils n'indiquent aucune date de paiement, par exemple : *Payez à Pierre Archambault 100 $* (sans préciser de date de paiement);
— s'ils sont acceptés (par le tiré) ou endossés après échéance, ils sont réputés payables à demande à l'égard de tout endosseur qui les endosse ou de tout accepteur (tiré) qui les accepte.

L'effet de commerce payable à demande ne jouit pas du délai de trois jours dont bénéficie l'effet de commerce payable à terme.

À terme

Le chèque étant toujours payable à demande, il ne peut être payable à terme. Seuls la lettre de change et le billet peuvent être **payables à terme**. Ils sont considérés comme payables à terme :

— s'ils stipulent qu'ils sont payables à une date ou une époque fixe, par exemple : *le 17 juillet 1981, Payez 100 $ à Serge Tellier;*
— s'ils sont payables à vue, par exemple : *Payez à vue...;*
— s'ils stipulent qu'ils sont payables à la réalisation d'un événement qui doit certainement se produire, par exemple : *à la fin de la dernière partie de la Coupe Stanley, payez 300 $ à Blanche l'Espérance.*

Négociable ou non négociable

À moins de stipulations contraires sur le document qui les constitue, le chèque, la lettre de change et le billet sont négociables, c'est-à-dire qu'ils peuvent être cédés ou transférés.

L'article 21 de la *Loi sur les lettres de change* nous indique que lorsqu'une lettre de change contient des mots qui en interdisent la cession ou qui indiquent l'intention de la rendre non cessible, elle est valable entre les parties intéressées (tireur, tiré, bénéficiaire), mais elle n'est pas négociable. *Exemple: Payez 100$ à Sylvie Archambault seulement.* On verra également la mention «non négociable» ou les mots «pour dépôt seulement au compte du bénéficiaire» ajoutés à la lettre de change. Les mêmes remarques s'appliquent au chèque et au billet.

La durée normale de validité d'un chèque est de six mois; au-delà de cette période, les banques refusent de payer le chèque sur le compte de leurs clients. On considère alors que le chèque est sans valeur, et on doit en exiger un nouveau du tireur. Il est donc préférable d'encaisser les chèques le plus tôt possible.

Droits et obligations des parties

Tiré

Nous avons vu que dans le cas du chèque, le tiré est toujours une banque ou une caisse d'épargne qui ne peut refuser de payer à moins de contrordre de paiement du tireur, de la mort ou de la faillite de ce dernier, ou encore lorsqu'une saisie-arrêt est pratiquée sur le compte bancaire du tiré. À défaut par la banque de payer lorsque les fonds sont suffisants, le tireur peut la poursuivre en dommages-intérêts. Mais lorsque le chèque est accepté par la banque, il ne peut plus faire l'objet d'un contrordre de paiement.

Nous avons indiqué que le détenteur ou le bénéficiaire d'une lettre de change devait la présenter au tiré pour l'acceptation. Si le tiré refuse, il n'est pas autrement lié par la lettre de change, et on ne peut le forcer à payer.

L'article 35 de la loi définit l'acceptation d'une lettre de change comme étant la signification par le tiré de son assentiment à l'ordre du tireur. En d'autres mots, le tiré accepte de payer la somme mentionnée sur la lettre de change.

Présentation à l'acceptation

Seul le tiré ou son mandataire peut accepter une lettre de change. L'acceptation doit être faite par écrit sur la lettre de change. La loi indique que la seule signature du tiré écrite sur la lettre de change est suffisante. Elle se fait en principe sur le recto de la lettre en diagonale en écrivant le mot «accepté» et en indiquant la date de la signature du tiré.

Quand le tiré a donné son acceptation, il ne peut plus la retirer et refuser de payer. Le tiré qui a accepté la lettre de change s'appelle l'**accepteur** et, à ce titre, il s'engage à la payer suivant son acceptation en capital, intérêts et frais. L'acceptation peut se faire lors de la présentation ou dans les deux jours suivant la présentation à l'acceptation.

Dans le cas du chèque, aucune présentation à l'acceptation n'est requise. Elle est toutefois nécessaire:

— lorsque la lettre de change est payable ailleurs qu'à la résidence ou au siège social du tiré;
— lorsque la lettre mentionne qu'elle doit être présentée à l'acceptation;
— lorsque la lettre est payable à vue.

Le détenteur qui négligerait de présenter la lettre à l'acceptation perdrait tous ses droits. Si la lettre de change reçoit un refus d'acceptation, le déten-

Dans la partie manuscrite en haut à gauche :
Accepté à Montréal
le 14 mars 1986
Denis Lecompte

Montréal   Le _11 février_ 19 86

Payez sur présentation à ___ Danièle Leriche (bénéficiaire) ___

ou à son ordre

la somme de _____ mille (1 000 $) _____ **dollars**

pour valeur reçue

Denis Lecompte (tiré)

501, rue St-Jacques Montréal   _Jean-Pierre Roy_ (tireur)

Figure 17.5   Lettre de change acceptée

teur possède un recours immédiat contre le tireur et les endosseurs, et il n'est pas nécessaire de la présenter pour être payé. Mais le détenteur doit quand même faire protester la lettre (protêt) et donner avis de ce protêt à ceux qui sont obligés de payer.

Dans le cas du billet, aucune présentation à l'acceptation n'est nécessaire, puisque c'est le souscripteur lui-même qui promet de payer.

Tireur

Le tireur peut en tout temps, avant l'acceptation du chèque par sa banque, donner un contrordre de paiement à celui-ci. Dans le cas d'un tel arrêt de paiement, il doit pouvoir justifier une telle démarche vis-à-vis du bénéficiaire ou du détenteur.

L'article 130 de la loi énonce que le tireur d'une lettre de change :

— promet que sur présentation régulière au tiré, elle sera acceptée par ce dernier et payée par lui ;
— en cas de refus de la part du tiré, ou de tout endosseur, il s'engage à indemniser le détenteur ou tout endosseur qui aurait été forcé de l'acquitter, si toutes les formalités requises à la suite d'un refus ont été remplies.

Le tireur garantit en quelque sorte au détenteur ou au bénéficiaire que si le tiré ou un endosseur fait défaut de payer, il paiera à leur place le capital, les intérêts et les frais. Le tireur agit donc comme caution du tiré. Si le tiré refuse de payer par la suite et que le tireur est obligé de payer ce dernier, le tireur peut poursuivre le tiré-accepteur pour se faire rembourser la somme payée.

Si la lettre de change a subi un refus d'acceptation de la part du tiré ou un refus de paiement, un avis de ce refus doit être donné au tireur et à chaque endosseur, et tout tireur ou endosseur à qui cet avis n'est pas donné est libéré. Cet avis de refus doit être donné dans les plus brefs délais.

Souscripteur

a) Le souscripteur d'un billet s'engage à le payer suivant sa teneur et, à ce titre, il est assimilé au tiré-accepteur d'une lettre de change et en possède donc toutes les obligations et tous les droits, sauf que l'étape de la présentation à l'acceptation ne s'applique pas dans le cas du billet ;

b) il n'est pas admis de contester à un détenteur régulier l'existence du bénéficiaire ni sa capacité de l'endosser;

c) il ne peut non plus opposer au détenteur régulier des moyens de défense personnelle.

Bénéficiaire

Le bénéficiaire du chèque peut exiger du tireur ou du tiré le paiement de la somme stipulée. Il peut également l'exiger d'un endosseur.

Le bénéficiaire de la lettre de change peut exiger le paiement du tiré-accepteur, à défaut de quoi il peut poursuivre le tireur pour se faire payer. Le bénéficiaire du billet peut exiger de l'endosseur le paiement du souscripteur.

Endosseur

Un **endosseur** est une personne qui signe une lettre de change autrement qu'à titre de tireur ou d'accepteur. Cette définition s'applique également à l'endosseur d'un chèque ou d'un billet.

Par ailleurs, l'article 133 de la *Loi sur les lettres de change* stipule que l'endosseur d'un effet de commerce en l'endossant:

— promet que sur présentation régulière, elle sera acceptée et payée suivant sa teneur;
— s'engage, dans le cas où elle subirait un refus, à indemniser le détenteur ou tout endosseur postérieur qui serait forcé de l'acquitter pourvu que les formalités requises à la suite d'un refus aient été dûment remplies;
— ne peut contester à un détenteur régulier l'authenticité de la signature du tireur ni des endosseurs antérieurs, et ne peut lui opposer de moyens de défense personnelle.

Négociation d'un effet de commerce

Le premier endosseur d'une lettre de change, d'un chèque ou d'un billet est le premier bénéficiaire. Par la suite, l'endosseur peut négocier la lettre de change ou le chèque en l'endossant en faveur d'un nouveau détenteur et habituellement, en obtenant en contrepartie de cet endossement des biens ou des services.

Exemple: Jean-Guy (le tireur) se rend chez A.B.C. ltée (le bénéficiaire) pour acheter une chaîne stéréophonique d'une valeur de 2 000 $. Il signe un chèque de 2 000 $ tiré sur la Banque X... (le tiré) où il a un compte.

Le gérant de A.B.C. ltée désire acheter de la marchandise et il se rend chez son fournisseur Stéréo ltée, où il achète pour 2 000 $ de matériel; au lieu de payer comptant ou de faire un nouveau chèque, il endosse le chèque de Jean-Guy au nom de A.B.C. ltée et il le remet à Stéréo ltée.

Le propriétaire de Stéréo ltée a besoin de compléter ses stocks et il se rend chez son distributeur X.Y.Z. ltée où il achète pour 2 000 $ de marchandises; il endosse à son tour le chèque de Jean-Guy et le remet à X.Y.Z. ltée.

Il y a donc eu négociation, c'est-à-dire transfert et cession d'un effet de commerce. Pour se faire payer, X.Y.Z. ltée déposera probablement le chèque dans son compte bancaire et, s'il y a suffisamment de fonds, la Banque X... l'acquittera. Mais il se peut que les fonds soient insuffisants (chèque sans provisions suffisantes) ou que Jean-Guy ait annulé le paiement parce que sa chaîne stéréophonique ne fonctionnait pas.

Dans un tel cas, si X.Y.Z. ltée remplit toutes les formalités requises par la loi, elle pourra s'adresser au tireur et aux endosseurs antérieurs pour se faire payer la somme de 2 000 $, soit Jean-Guy, A.B.C. ltée et Stéréo ltée.

Si Stéréo ltée est obligée de payer à titre d'endosseur, elle pourra poursuivre à son tour le tireur et les endosseurs antérieurs pour se faire payer, c'est-à-dire A.B.C. ltée et Jean-Guy.

L'endosseur qui voudrait se dégager d'une telle responsabilité devrait, comme c'était le cas pour le tireur, indiquer à l'endos de la lettre de change ou du chèque les termes «sans recours» ou «sans recours contre moi pour plus de 500$». Dans un tel cas, il est fort probable que la négociabilité de l'effet de commerce en soit affectée.

L'endosseur qui est obligé de payer peut poursuivre le tireur et le tiré-accepteur ou le souscripteur, de même que les endosseurs antérieurs, pour se faire rembourser les sommes versées. L'endosseur peut donc, comme le tireur, exiger une preuve du refus de la lettre de change par le tiré lors de la présentation à la banque. Comme pour le tiré, on en fera la preuve par le protêt.

Détenteur régulier

Tout détenteur d'un chèque, d'une lettre de change ou d'un billet est réputé détenteur régulier. Le **détenteur régulier** est celui qui détient en sa possession un effet de commerce qui est parfaitement rédigé et qui n'a pas été préalablement refusé lors de la présentation ou au paiement. S'il y a eu de tels refus, il doit les ignorer, et ignorer de même tout vice pouvant affecter le titre de la personne qui lui a cédé l'effet de commerce. Il doit donc être de bonne foi et avoir acquis l'effet de commerce contre valeur, c'est-à-dire qu'il doit avoir reçu une contrepartie.

Le titre d'une personne à un effet de commerce sera considéré comme défectueux si elle l'a obtenu par fraude, violence, vol, intimidation, abus de confiance ou tout autre moyen illicite.

À titre de détenteur régulier, il pourra céder, transférer et négocier l'effet de commerce.

L'article 74 de la loi énonce que les droits du détenteur d'une lettre de change sont les suivants:

— il peut intenter en son propre nom une action fondée sur la lettre;
— s'il est détenteur régulier, il possède la lettre de change libérée de tout vice de titre des parties qui le précèdent ainsi que des moyens de défense personnelle que pouvaient faire valoir les parties antérieures entre elles;
— il peut exiger le paiement de toutes les parties liées par la lettre: le tireur, le tiré et les endosseurs antérieurs à lui.

Dans l'exemple de la page 463, à titre de détenteur régulier, X.Y.Z. ltée pourrait donc poursuivre le tireur Jean-Guy et les endosseurs et détenteurs antérieurs, soit A.B.C. ltée et Stéréo ltée, sans que ces personnes ne puissent lui opposer des moyens de défense personnelle.

Jean-Guy ne pourra opposer au détenteur régulier X.Y.Z. ltée le moyen de défense personnelle dont il dispose vis-à-vis de A.B.C. ltée, à savoir que sa chaîne stéréophonique est défectueuse et que, pour cette raison, il a donné à sa banque un contrordre de paiement. Mais il pourra demander au détenteur de lui démontrer que toutes les formalités de paiement prévues par la loi ont été suivies. Il devra donc payer X.Y.Z. ltée, le détenteur régulier, puis poursuivre A.B.C. ltée pour faire annuler la vente et se faire rembourser les 2 000$.

Formalités de paiement

D'une façon générale, si la banque, le souscripteur ou le tiré acceptent de payer la somme indiquée sur le chèque, la lettre de change ou le billet, les formalités s'arrêtent là.

Présentation à l'acceptation et au paiement

Dans le cas d'une lettre de change, le détenteur doit d'abord la présenter à l'acceptation; si le tiré accepte de payer, tout est pour le mieux. S'il refuse de payer ou s'il accepte, mais que sur présentation il refuse de payer, le détenteur doit faire constater ce refus du tiré par un acte officiel rédigé par un notaire ou un juge de paix. Cet acte s'appelle le **protêt**.

D'une façon générale, pour qu'il y ait dispense de protêt, on doit l'avoir indiqué sur la lettre de change. L'étape de la présentation à l'acceptation du tiré n'existe pas dans le cas de chèque et du billet. On passe immédiatement à l'étape de la présentation au paiement.

Notons que si une lettre de change a subi un refus d'acceptation, il n'est pas nécessaire de la présenter à nouveau pour paiement. Le protêt n'existe que pour la lettre de change qui subit un refus lors de la présentation au paiement ou à l'acceptation, de même que dans le cas du billet qui a subi un refus de paiement lors de la présentation au paiement.

En cas de défaut de protêt, le tiré-accepteur n'est aucunement libéré de ses obligations. Mais le tireur et tous les endosseurs sont libérés de leur obligation de payer.

Effet du refus d'acceptation

En cas de refus à l'acceptation d'une lettre de change, le détenteur possède un recours immédiat contre le tireur et les endosseurs, et il n'est pas obligé de la présenter pour recevoir le paiement. Il doit, par ailleurs, suivre les modalités du protêt.

Effets du défaut de présentation pour paiement

Lettre de change

Si le détenteur d'une lettre de change ne la présente pas au paiement à la date prévue: a) le tireur et les endosseurs sont libérés de leurs obligations; b) le tiré-accepteur n'est pas libéré, sauf si on a stipulé un lieu de paiement dans la lettre de change et qu'à défaut de présentation, le tiré-accepteur est libéré.

Billet

Lorsque le détenteur d'un billet ne le présente pas pour paiement, cela ne libère pas le souscripteur du billet qui a contracté une obligation personnelle. Dans le cas d'un billet à terme, la non-présentation pour paiement à l'échéance, à moins d'excuses valables, libère les endosseurs de leurs obligations. Dans le cas du billet à demande, les endosseurs sont libérés s'il n'est pas présenté pour paiement dans un délai raisonnable.

Chèque

Le défaut de présentation au paiement ne libère pas le tireur de son obligation de payer (voir p. 460-461).

Lettres et billets du consommateur

Le quatrième type d'effet de commerce existe depuis seulement une quinzaine d'années.

Définition

La **lettre** ou le **billet du consommateur**, c'est essentiellement une lettre de change ou un billet qui s'applique au consommateur pour ses achats de consommation.

L'article 188 de la loi définit l'**achat de consommation** comme un achat autre qu'un achat au comptant, de marchandises ou de services, ou un accord en vue de l'achat de marchandises ou de services :

— par un particulier autrement que pour la revente ou pour l'utilisation dans ses affaires, sa profession ou son métier ;
— d'une personne s'occupant de la vente ou de la fourniture de ces marchandises ou de ces services.

Le mot **marchandise** désigne tout article qui peut faire l'objet d'échanges commerciaux, mais cela ne comprend pas les immeubles. Le mot **service** désigne les réparations et les améliorations.

Le but de la lettre et du billet du consommateur est d'accorder une protection particulière aux consommateurs lorsqu'ils paient pour des services ou des biens de consommation à crédit. En effet, il arrive souvent qu'un consommateur achète certains biens (cuisinière, réfrigérateur, mobilier de salon). Dans la plupart des cas, ces achats sont faits à crédit, le consommateur donnant au commerçant une série de chèques postdatés ou encore l'achat est accepté par une banque ou une compagnie de finance.
Exemple: Jean-François se marie et il achète chez Meubles du Québec ltée une cuisinière, un réfrigérateur, un mobilier de salon, de cuisine et de chambre à coucher pour la somme de 5 000 $. Le commerçant offre des paiements échelonnés sur une période de 12 mois. Jean-François accepte et signe une série de chèques postdatés au verso desquels il indique les mots: «achat de consommation».

Dans ce cas, Jean-François (le consommateur), signe un contrat avec le commerçant qui, à son tour, cède ou transfère les chèques postdatés en les endossant, ou encore cède le contrat à la banque ou à une société de financement qui paye le commerçant pour la valeur du contrat moins un certain escompte. Les paiements sont ensuite faits à la banque ou à la société de financement, qui sont alors considérés comme des détenteurs réguliers au sens de la *Loi sur les lettres de change*.

À titre de détenteurs réguliers, ils peuvent réclamer, selon les dispositions de l'article 74, le paiement du tireur (dans notre cas, le consommateur) qui ne peut pas leur opposer des moyens de défense personnelle.

Les dispositions de la *Loi sur les lettres de change*, relatives aux lettres et billets du consommateur, stipulent que le droit d'un détenteur d'une lettre ou d'un billet du consommateur (portant la mention achat de consommation) de faire payer tout ou partie de celui-ci par l'acheteur, est assujetti à toute défense et à tout droit de compensation autre qu'une demande reconventionnelle que l'acheteur aurait eu dans une action intentée par le vendeur relative à la lettre ou au billet du consommateur (art. 191 C.c.). Cela veut dire que l'acheteur peut opposer même à un détenteur régulier de la lettre ou du billet du consommateur les moyens de défense personnelle qu'il pouvait opposer au commerçant qui lui a vendu le bien.

Dans notre exemple précédent, la banque ou la société de financement, bien qu'elles soient des détenteurs réguliers au sens de la loi, peuvent poursuivre Jean-François pour se faire payer. Mais celui-ci peut leur opposer tous les moyens de défense personnelle dont il disposait vis-à-vis de son vendeur: les Meubles du Québec ltée. Ainsi, si la cuisinière ou le réfrigérateur ne fonctionne pas, il peut refuser de payer et faire valoir ce moyen de défense personnelle à l'encontre de tout détenteur régulier.

Conditions de validité

Pour qu'une lettre ou un billet soit considéré lettre ou billet du consommateur, certaines conditions doivent être observées:

— l'achat pour lequel la lettre ou le billet est émis doit être un achat de consommation tel que défini ci-dessus;
— l'achat doit être effectué par un particulier pour lui-même et non par un commerçant qui vend ou qui fournit des marchandises ou des services dans le cours normal de ses affaires. Cela exclut donc l'achat entre consommateurs ou entre commerçants;
— l'achat doit être effectué à crédit. Cela exclut donc l'achat fait au comptant;
— dans le cas de la lettre de change et du chèque postdaté, ils doivent être postdatés de plus de 30 jours. Dans le cas du billet, qu'il soit payable à terme ou à demande, le consommateur est protégé;
— toute lettre ou tout billet du consommateur doit porter en évidence et d'une manière lisible au recto les mots «Achats de consommation» au moment où l'effet est signé par l'acheteur.

À défaut d'une telle inscription, l'effet de commerce en question est nul.

La loi prévoit des pénalités sévères pour quiconque transfère l'effet de commerce malgré l'inscription «Achat de consommation». Il est donc très important pour le marchand de faire apposer cette inscription sur un tel effet de commerce sous peine de nullité de l'effet de commerce.

Résumé

La *Loi sur les lettres de change* régit les chèques, les lettres de change ou traite, les billets à ordre ainsi que les billets et lettres du consommateur. Le chèque est rapidement devenu l'effet de commerce le plus utilisé. Il comprend trois parties: le tireur, soit celui qui le rédige, le tiré, soit la banque ou la caisse à qui le tireur donne l'ordre de payer la somme d'argent stipulée en faveur d'une autre personne, le bénéficiaire. La lettre de change comprend elle aussi trois parties: le tireur, le tiré et le bénéficiaire. Dans ce cas, le tiré n'est pas nécessairement un établissement financier; il peut, par exemple, être une personne qui doit de l'argent au tireur.

Dans le cas de la lettre de change, le bénéficiaire ou tout détenteur subséquent qui désire l'encaisser doit d'abord la présenter au tiré pour acceptation. À cette étape, le tiré décide s'il accepte ou non de payer le montant stipulé. S'il accepte, il doit indiquer son acceptation sur la lettre de change. Quant au billet, il ne comprend que deux parties: le souscripteur, soit celui qui promet ou s'engage à payer, et le bénéficiaire, celui en faveur de qui le document est rédigé. Pour être valides, ces documents doivent être rédigés par écrit, constituer un ordre ou une promesse de paiement inconditionnel et on doit y stipuler une somme d'argent précise. Ils doivent également avoir été donnés pour une considération valable.

Les effets de commerce peuvent être payables à ordre, au porteur, à demande ou à terme. Ils peuvent être négociables ou non. Le bénéficiaire d'un effet de commerce en devient le premier endosseur, car pour pouvoir l'encaisser, il doit obligatoirement l'endosser. Ainsi, un effet de commerce peut être négocié entre plusieurs personnes, en échange de biens ou de services, à la condition d'être aussi endossé. En endossant un chèque, par exemple, l'endosseur se trouve à garantir le paiement de ce dernier à tout détenteur subséquent de cet effet de commerce.

On appelle détenteur régulier celui qui détient en sa possession un effet de commerce qui est parfaitement rédigé et qui n'a pas été préalablement refusé lors de sa présentation à l'acceptation ou au paiement. Le tireur ou un endosseur de cet effet de commerce ne peut lui opposer les moyens de défense personnelle dont il dispose face à cet effet de commerce.

La quatrième sorte d'effet de commerce porte le nom de lettre ou billet du consommateur. C'est essentiellement une lettre de change, un chèque ou un billet qui s'applique au consommateur pour ses achats de consommation personnelle. Ainsi, le consommateur qui ajoute les mots «Achats de consommation» sur son effet de commerce bénéficie de la protection de la loi, et il peut notamment opposer des moyens de défense personnelle à un détenteur régulier.

Vocabulaire

Accepteur	Lettre de change
Achat de consommation	Lettre ou billet du consommateur
Banque	Marchandise
Bénéficiaire (ou preneur)	Payable à demande
Billet à ordre	Payable à ordre
Chèque	Payable à terme
Chèque visé	Payable au porteur
Chèque postdaté	Protêt
Contrordre de paiement	Service
Détenteur régulier	Souscripteur
Effet de commerce	Tiré
Effet postdaté	Tireur
Endosseur	Traite

Questions

1. Quels domaines touche la *Loi sur les lettres de change*?

2. Faites la distinction entre un chèque, une lettre de change et un billet à ordre.

3. Quel est le rôle du tiré dans une lettre de change?

4. Quels sont les droits et les obligations de l'endosseur d'un effet de commerce?

5. Qu'est-ce qu'un chèque visé?

6. Qu'est-ce qu'un billet de consommation?

7. En quoi consiste un protêt?

8. Donnez un exemple d'un effet de commerce payable au porteur.

9. Énoncez les droits du détenteur régulier d'une lettre de change.

10. Qu'entend-on par effet de commerce négociable?

Cas pratiques

1. Marcel Rochon vient vous consulter et vous rapporte les faits qui suivent. Il est contrôleur d'une grande société québécoise de micro-ordinateurs et la compagnie est sur le point de signer d'importants contrats avec la compagnie américaine, Microspace Computers inc. La société obtiendrait ainsi la distribution exclusive au Québec des ordinateurs IMB de la firme américaine. Avant de passer le contrat et de recevoir une première commande, cette entreprise demande à la compagnie de déposer un chèque visé de 100 000 $.

a) Marcel vous demande de lui expliquer le fonctionnement du chèque visé. Expliquez-le lui.

b) Il vous exhibe également une série de 10 chèques postdatés qu'un de ses clients lui a remis en paiement d'un compte. Il désire savoir si ces chèques sont valables et s'ils sont payables à terme ou à demande. Répondez-lui.

2. Aimée Desjardins vous soumet le problème suivant: elle a vendu son piano à queue à Michèle Martel pour la somme de 5 500 $. Michèle a versé 500 $ comptant au moment de l'achat et, par la suite, à chaque mois, pendant les 6 mois suivants, elle lui a versé un chèque de 500 $. Aujourd'hui, Aimée vient de recevoir un chèque de 1 250 $ de Michèle. Au verso du chèque, cette dernière a ajouté les mots: «En paiement final et total du piano Baldwin».

Aimée veut savoir si elle peut encaisser le chèque, après avoir pris soin de rayer la mention qui apparaît au verso.

Expliquez-lui les conséquences de l'encaissement d'un tel chèque et la façon de procéder, le cas échéant.

3. Patrice est détenteur régulier d'un chèque de 3 500 $ que lui a remis Jacques en lui achetant sa voiture d'occasion. Jacques n'a fait qu'endosser le chèque qu'il avait lui-même acquis de Lyne, à qui il avait vendu sa chaîne stéréophonique. Patrice a présenté le chèque à Lyne qui a refusé de payer en alléguant que la chaîne stéréophonique ne fonctionnait pas, et qu'elle devrait débourser au-delà de 900 $ pour la faire réparer. Il vient vous consulter pour connaître ses droits, car la banque refuse de payer suite au contrordre de paiement de Lyne.

4. Nicolas achète un complet chez Aqualutum au prix de 420 $. Il tire un chèque sur la Banque nationale de Paris (Canada). Lorsqu'il le reçoit, il se rend compte qu'on lui a livré un complet d'une autre couleur que celui qu'il avait commandé. Furieux, il donne un contrordre de paiement à la banque. Que doit faire la banque ? Expliquez votre réponse.

5. Le 14 mars 1986, Jean Beaubois, marchand de meubles à Trois-Rivières, a vendu à Sophie des meubles de salon d'une valeur de 3 100 $, payables dans 3 mois exactement. Sophie habite à Sainte-Foy, en banlieue de Québec, et Beaubois fait livrer les meubles par la compagnie Transbec ltée.

Jean Beaubois doit à cette compagnie une somme correspondant au montant de l'achat de Sophie. Il désire payer la compagnie Transbec ltée au moyen d'une lettre de change en se servant de la créance que Sophie lui doit.

a) Rédigez la lettre de change de Jean Beaubois en indiquant la date et en identifiant clairement les parties.

b) Indiquez la date d'échéance de cet effet de commerce.

c) Rédigez l'acceptation du tiré.

Plan du chapitre 18

Les garanties

Les garanties

Objectifs

1. Distinguer une garantie légale d'une garantie conventionnelle.

2. Énumérer les principales garanties conventionnelles et légales.

3. Connaître les procédures relatives à une saisie-exécution de biens meubles et à une saisie-exécution d'immeubles.

4. Établir la partie saisissable du salaire d'un débiteur.

5. Énumérer les principaux privilèges portant sur les meubles et sur les immeubles.

6. Expliquer en quoi consiste le privilège de l'ouvrier, du fournisseur de matériaux, du constructeur et de l'architecte et les délais d'enregistrement de ces privilèges.

Au chapitre des contrats, nous avons vu qu'en cas d'inexécution par le débiteur de ses obligations, le créancier disposait de certains recours contre lui. Quiconque possède des recours contre un débiteur peut obtenir du tribunal un jugement condamnant le débiteur à lui payer une somme d'argent ou à exécuter ses obligations. Mais, en pratique, que vaut un jugement condamnant un débiteur à payer une somme d'argent qu'il ne possède pas ?

Le créancier doit donc s'assurer que le débiteur est en mesure de le payer. De même, lorsqu'une personne d'affaires conclut un contrat avec une autre personne, elle doit s'assurer de la solvabilité de son débiteur.

Prenons le cas de l'homme ou de la femme d'affaires qui recourt aux services d'un entrepreneur pour la construction d'un édifice à bureaux. À supposer que le contrat contienne une clause pénale en vertu de laquelle la bâtisse doit être terminée le 1er décembre 1986, à défaut de quoi l'entrepreneur s'engage à verser une pénalité de 10 000 $ par jour de retard. Si l'entrepreneur est en retard de 30 jours sur l'échéancier, il doit verser 300 000 $ au propriétaire. Mais si l'entrepreneur fait faillite ou n'a pas assez de biens ni d'actif pour payer cette pénalité, qu'advient-il alors de la pénalité ?

Pour pallier cette situation, la loi prévoit un certain nombre de garanties ou de sûretés dont les créanciers peuvent se prévaloir vis-à-vis de leurs débiteurs. On divise ces sûretés en deux grandes catégories: les garanties légales et les garanties conventionnelles.

Les **garanties légales** sont prévues au Code civil et le créancier en profite automatiquement. Il n'est donc pas nécessaire de les préciser dans un contrat ou une convention. Les **garanties conventionnelles** sont ajoutées au contrat ou à la convention que le créancier conclut avec son débiteur pour mieux se protéger. À défaut par le créancier de les ajouter au contrat, il ne peut s'en prévaloir.

Les créanciers qui exigent le plus de garanties sont ceux qui prêtent, qui consentent des avances de fonds ou qui financent leurs débiteurs. Le taux d'intérêt varie en fonction des garanties offertes au prêteur. Ainsi, le taux d'intérêt d'un emprunt garanti par une hypothèque sur l'immeuble du débiteur est inférieur au taux d'intérêt d'un emprunt personnel ou d'un emprunt garanti par une deuxième hypothèque.

Les garanties légales

Patrimoine du débiteur

L'article 1981 du Code civil énonce que les biens d'un débiteur sont le gage commun de ses créanciers. L'article 1980 vient compléter cette disposition en stipulant que:

> Quiconque est obligé personnellement est tenu de remplir son engagement sur tous ses biens mobiliers et immobiliers présents et à venir, à l'exception de ceux qui sont spécialement déclarés insaisissables.

Il ressort de ces articles que tous les biens appartenant à un débiteur servent de garanties de paiement à ses créanciers. Ce qui revient à dire que si un créancier obtient un jugement contre son débiteur, il pourra saisir tous ses biens meubles et immeubles, de même que son salaire.

Exemple: Monique obtient un jugement contre Robert, condamnant ce dernier à lui payer 5 000 $ pour les dommages qu'il a causés à sa propriété. Robert peut accepter de payer, et la dette sera effacée. Mais s'il refuse ou néglige de payer, Monique peut s'adresser au tribunal pour demander l'émission contre Robert d'un bref de saisie en exécution du jugement sur le patrimoine de son débiteur.

Saisies

Le créancier qui a obtenu un jugement contre son débiteur doit d'abord s'enquérir de tous les biens qu'il possède, afin d'éviter des frais de saisie inutiles. À cette fin, il peut procéder à l'**interrogatoire après jugement** de son débiteur pour connaître la valeur de ces biens (art. 543 C.P.C.).

Si le débiteur n'a pas de biens meubles ou immeubles saisissables, et s'il est sans emploi, la procédure de saisie est inutile. Le fait de vendre les biens d'un débiteur ne libère pas ce dernier de sa dette si le produit de la vente ne rapporte pas assez d'argent pour la payer en entier. Étant donné qu'un jugement se prescrit par 30 ans, il est possible qu'un débiteur ne possède aucun bien saisissable aujourd'hui, mais qu'il devienne riche dans cinq ans, et le créancier pourra alors procéder à la saisie de ses biens pour se faire payer.

Saisie-exécution des biens meubles

Le créancier en faveur de qui un jugement a été rendu doit s'adresser au tribunal pour faire émettre un bref de saisie-exécution mobilière. Le **bref de saisie-exécution mobilière** est un ordre de la cour autorisant un huissier à saisir les biens meubles du débiteur, à procéder à la vente aux enchères de ces biens et à prélever à même le produit de cette vente le montant de la dette due au créancier en capital, intérêts et frais.

Exemple: Yves Letort achète chez Sports Québec ltée des articles totalisant une somme de 1000$ et il règle la facture avec un chèque sans provision suffisante. Sports Québec poursuit Yves Letort devant la Cour provinciale et obtient un jugement le condamnant à payer les 1000$. Yves Letort refuse de payer, et Sports Québec ltée obtient l'émission d'un bref de saisie-exécution mobilière contre lui. L'huissier à qui est remis le bref doit se présenter chez le débiteur et, avant de pratiquer la saisie, lire au débiteur l'avis annexé au bref et lui demander s'il peut payer.

À défaut de paiement, l'huissier procède à la saisie en dressant, en trois exemplaires, un procès-verbal ou liste des biens se trouvant sur les lieux. Il doit alors nommer un gardien des biens saisis qui est responsable des biens jusqu'au jour de leur vente. C'est habituellement le débiteur qui a la garde de ses biens, à moins que le créancier n'ait adressé au tribunal une demande spéciale à l'effet contraire.

Le procès-verbal de l'huissier indique la date et l'heure de la saisie, la liste des biens, le nom du gardien ainsi que l'heure, la date et le lieu de la vente aux enchères. Une copie est ensuite laissée au gardien.

Aucune saisie ne peut être pratiquée avant 7h ou après 20h, ni un jour non juridique, comme un dimanche ou un jour férié.

Biens insaisissables   Le Code de procédure civile prévoit un certain nombre de biens qui sont déclarés insaisissables. On en trouve la liste aux articles 552 et 553. Les plus importants sont les suivants:

1. Les vêtements ordinaires et la literie nécessaires pour le débiteur et sa famille;
2. Des meubles meublants, des ustensiles ou autres objets d'utilité courante, jusqu'à concurrence d'une valeur marchande de 2000$ établie par l'officier saisissant, ainsi que les comestibles et combustibles nécessaires pour lui et sa famille;
3. Les livres, instruments, outils et autres objets nécessaires à l'exercice de sa profession, de son art ou de son métier; ou

   — s'il est cultivateur, horticulteur ou arboriculteur, tous les instruments aratoires, outils et autres objets qui servent à son exploitation;
   — s'il est pêcheur, ses bateaux, ses agrès et les provisions nécessaires à ses activités;
   — s'il est transporteur, voyageur de commerce ou qu'il en ait besoin pour gagner sa vie, soit son camion, soit son automobile;

4. Les papiers et portraits de famille, les médailles et autres décorations;
5. Les biens donnés ou légués sous condition d'insaisissabilité;
6. Les provisions alimentaires adjugées en justice, de même que les sommes d'argent et pensions données ou léguées à titre d'aliments;
7. Les livres de compte, titres de créances et autres documents semblables;
8. Les pensions accordées à des employés à même une caisse de retraite ou un fonds de pension, de même que les contributions qui sont versées ou doivent l'être pour constituer ceux-ci;
9. La solde et la pension des personnes faisant partie des forces armées du Canada.

L'huissier procédant à la saisie doit laisser entre les mains du débiteur des biens meubles d'une valeur marchande de 2 000 $ et saisir les meubles en sus de cette valeur. En pratique, les biens saisis sont habituellement des objets de luxe, tels magnétoscope, chaîne stéréophonique, appareils de photographie, etc.

Un **avis de vente** doit être publié dans les journaux et les biens saisis ne peuvent être vendus moins de 10 jours après cette publication qui indique la date, l'heure et le lieu de la vente aux enchères. À cette date, le gardien remet les biens à l'huissier qui procède à la vente aux enchères des biens au plus offrant. Tout acheteur doit payer comptant. Le débiteur peut toujours éviter que ses biens ne soient vendus en payant à l'huissier, avant la vente, sa dette en capital, intérêts et frais.

Aussi longtemps que les biens sont sous saisie, le débiteur ne peut les vendre, les donner ou en disposer autrement. Par la suite, s'il n'y a eu aucune opposition, l'huissier remet le produit de la vente au créancier.

Il arrive qu'un débiteur ait plusieurs créanciers qui saisissent ses biens. Le fait d'être le premier à saisir les biens de son débiteur, n'accorde aucun privilège particulier au créancier, car les autres saisies viennent se greffer à la sienne, et le produit de la vente aux enchères est divisé entre les créanciers au prorata de leurs créances ou selon l'ordre prévu par la loi.

Saisie-exécution des immeubles

D'une façon générale, on procède d'abord à la saisie des meubles; si la dette est considérable ou si les meubles sont insuffisants et que le débiteur possède des immeubles, on procède ensuite à la saisie de ses immeubles.

Encore une fois, le créancier s'adresse au tribunal qui a rendu le jugement pour faire émettre un bref de saisie-exécution immobilière. Ce bref doit identifier le ou les immeubles visés selon leur description cadastrale inscrite au bureau d'enregistrement. Le **bref de saisie-exécution immobilière** est un ordre de la cour autorisant le shérif du district dans lequel se trouve l'immeuble à le saisir, à procéder à la vente aux enchères et à prélever, à même le produit de cette vente, le montant de la dette due au créancier en capital, intérêts et frais.

La procédure de saisie immobilière est plus longue et plus complexe que celle de la saisie mobilière. Ainsi, une copie du bref d'exécution et un exemplaire du procès-verbal de saisie doivent être signifiés au régistrateur du bureau d'enregistrement de la division où l'immeuble est situé. Le régistrateur doit inscrire ces procédures dans l'index aux immeubles et en aviser tous les intéressés, c'est-à-dire les personnes possédant des droits sur un tel immeuble. Le shérif doit ensuite faire publier un avis de vente dans la *Gazette officielle du Québec* et dans les journaux, au moins 30 jours avant la date fixée pour la vente. L'immeuble est vendu au plus offrant et un certificat de vente émis par le shérif est enregistré pour constituer le titre de propriété de l'acheteur. Le produit de la vente est alors distribué selon les dispositions de la loi.

Saisie-arrêt

Il arrive que certains biens saisissables ne soient pas en possession du débiteur. Il peut s'agir de :

— ses comptes bancaires personnels et ses dépôts à terme;
— ses certificats d'actions ou d'obligations, qui peuvent être entre les mains d'une compagnie ou d'un établissement financier;
— les commissions, traitements, salaires et gages qui lui sont dus;
— les sommes qui lui sont dues par ses propres débiteurs.

Dans un tel cas, on procède à une **saisie-arrêt**, ou **saisie en main tierce**. Ce type de saisie est un ordre de la cour enjoignant les personnes qui détiennent des biens appartenant au débiteur ou qui lui doivent de l'argent de déclarer au tribunal quels sont ces biens ou ces sommes d'argent et de faire en sorte qu'ils soient déclarés sous saisie.

Ces personnes qui détiennent des biens appartenant au débiteur ou qui lui doivent de l'argent doivent rapporter ces biens ou tenir ces sommes à la disposition de la justice, sous peine de devenir personnellement responsables de ces sommes et de la dette du débiteur vis-à-vis du créancier. La saisie-arrêt la plus fréquente est la saisie de salaire.

Saisie de traitements, salaires ou gages Cette forme de saisie permet à un créancier de saisir-arrêter les traitements, salaires ou gages de son débiteur entre les mains de son employeur (art. 641 C.P.C.). Le créancier s'adresse au tribunal pour faire émettre le bref de saisie, et une copie est remise par l'huissier au débiteur et à son employeur pour leur signifier l'ordre de saisie.

Le bref ordonne à l'employeur de déclarer à la cour si le débiteur est bien à son emploi et, le cas échéant, le salaire versé à ce dernier. Il doit déposer au greffe de la cour la partie saisissable du salaire de son employé aussi longtemps que la dette n'aura pas été éteinte ou payée. À défaut par l'employeur de déposer cette somme, il risque de devenir personnellement responsable de la dette de son employé vis-à-vis du créancier. L'employeur a donc intérêt à donner suite au bref de saisie-arrêt et ce, même si l'employé ne travaille plus pour lui, de façon à éviter de sérieux problèmes.

Le salaire d'un débiteur n'est pas totalement saisissable. En effet, il doit pouvoir subvenir à ses besoins et le Code de procédure civile établit la partie saisissable de son salaire de la façon suivante :

— Dans le cas d'un individu qui a une *120* ou deux personnes à sa charge, la loi prévoit une déduction de base de 60$ calculée sur son salaire brut; dans le cas d'un employé qui n'a aucune personne à charge, il a droit à une déduction de base de 40$ par semaine.
— L'individu qui a plus de deux personnes à charge a droit à une déduction additionnelle de 10$ par semaine pour chaque personne supplémentaire.
— Une fois la somme déductible soustraite du salaire brut de l'employé, on calcule 30 % du montant restant et on obtient la portion saisissable du salaire (figure 18.1).

Exemple : Jean, père de famille, est marié et a à sa charge son épouse et ses cinq enfants; il gagne 300$ par semaine.

300$	salaire brut
— 60$	déduction pour les deux premières personne à charge
240$	
— 40$	déduction additionnelle pour les personnes à charge à partir de la troisième personne
200$	
200$	La partie saisissable du salaire équivaut donc à 30 % de 200$, soit 60$ par semaine.

Exemple : Pierre n'a aucune personne à charge et gagne 300$ par semaine.

300$	salaire brut
— 40$	déduction de la personne seule
260$	La partie saisissable du salaire équivaut donc à 30 % de 260$, soit 78$ par semaine.

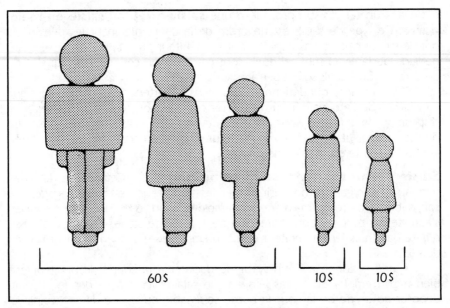

Figure 18.1 Le débiteur qui a une ou deux personnes à sa charge déduit 60$ de son salaire brut. Il peut aussi déduire 10$ supplémentaires pour chaque personne à partir de la troisième personne à charge.

L'employeur de Jean devra déposer au greffe de la cour la somme de 60$ par semaine, et celui de Pierre, 78$ par semaine, soit la partie saisissable de leurs salaires respectifs. À défaut par l'employeur d'observer ces dispositions de la loi, le créancier peut demander au tribunal de le déclarer personnellement responsable de la dette de son employé.

Soulignons que les prestations d'assurance-chômage sont insaisissables, de même que les prestations périodiques d'invalidité ou de maladie.

Le créancier à qui Jean ou Pierre doit 10000$ devra nécessairement attendre un bon moment avant de récupérer la totalité de sa créance, étant donné qu'il ne touche que 60$ ou 78$ par semaine. Il paraît donc évident que la seule garantie légale du patrimoine du débiteur ne s'avère pas suffisante dans la majorité des cas. Aussi, il est préférable de recourir à d'autres formes de garanties légales ou conventionnelles.

Privilèges

L'article 1983 du Code civil définit le **privilège** de la façon suivante:

> Le privilège est le droit qu'a un créancier d'être préféré à d'autres créanciers suivant la cause de sa créance. Il résulte de la loi et est indivisible de sa nature.

Les privilèges permettent à ceux qui les détiennent de se faire payer avant d'autres créanciers du débiteur, en raison de la nature de leur privilège ou de la cause de leurs créances. Après la saisie des biens d'un débiteur, les créanciers détenant des privilèges sur ces biens ont préséance sur les créanciers ordinaires qui n'en détiennent aucun.

Un créancier privilégié peut recouvrer la totalité de sa créance si le produit de la vente aux enchères le permet, tandis qu'un créancier ordinaire ne reçoit rien s'il ne reste plus d'argent. Le Code civil établit l'ordre de priorité et de paiement entre les créanciers privilégiés, de sorte que les créanciers privilégiés d'une classe seront payés en totalité avant de payer les créanciers privilégiés d'une classe inférieure.

Privilèges sur les biens meubles

L'article 1994 du Code civil indique le rang et l'ordre des privilèges sur les biens meubles d'un débiteur:

1. les frais de justice et toutes les dépenses faites dans l'intérêt commun;
2. la dîme;
3. la créance du vendeur;
4. les créances de ceux qui ont le droit de gage ou de rétention;
5. les frais funéraires;
6. les frais de la dernière maladie;
7. les taxes municipales;
8. la créance
   a) du locateur, sous réserve des dispositions de l'art. 2005 du Code civil;
   b) du propriétaire d'une chose prêtée, louée, donnée en gage ou volée;
9. les gages des serviteurs et des employés des compagnies de chemin de fer faisant un travail manuel;
10. le gouvernement pour créances.

Les privilèges classés sous les numéros 5, 6, 7, 9 et 10 s'étendent à tous les biens meubles du débiteur; les autres sont spéciaux et n'ont d'effet qu'à l'égard de quelques objets particuliers. C'est le cas pour le vendeur impayé dont le privilège ne porte que sur le bien vendu et non sur tous les meubles du débiteur. Il en est de même pour le locateur et ceux qui possèdent un droit de rétention; leur privilège ne porte que sur les meubles meublant l'appartement du locataire ou sur l'objet qui sera retenu par eux.

Droit de gage et de rétention   L'article 2001 du Code civil établit l'ordre de priorité entre les personnes possédant un droit de gage ou de rétention:

1. le voiturier;
2. l'hôtelier;
3. le mandataire ou consignataire;
4. le commodataire (le prêteur, dans le cas d'un prêt d'usage);
5. le dépositaire;
6. le garagiste;
7. l'ouvrier sur la chose qu'il a réparée.

Le **droit de rétention** est le privilège que la loi accorde à certaines catégories de créanciers de pouvoir retenir certains biens de leur débiteur jusqu'à ce qu'ils soient remboursés. Par exemple, le garagiste peut garder en sa possession l'automobile, la motocyclette ou le véhicule réparé, si le client néglige ou refuse de payer la facture, l'hôtelier peut retenir les bagages du voyageur qui refuse de régler la note, le mandataire peut conserver les biens faisant l'objet du mandat jusqu'au remboursement de ses frais de la part du mandant, le voiturier peut garder les marchandises qu'il a transportées, jusqu'à ce que le débiteur paie la facture.

Le droit de rétention ne permet pas au créancier qui l'utilise de se faire justice lui-même. Il doit obtenir l'autorisation du tribunal pour saisir les biens et les faire vendre en justice, sauf pour l'hôtelier, à qui la loi permet de retenir les bagages du voyageur qui n'a pas réglé sa note, en autant qu'il a affiché un avis à cet effet dans son établissement.

Il est à remarquer que le droit de rétention est, à toutes fins utiles, annulé par la remise faite au débiteur du bien faisant l'objet du droit en question. Si le garagiste vous remet votre véhicule, il ne peut prétendre avoir un droit de rétention sur ce dernier, car il l'a perdu en vous remettant le véhicule et ce, même si vous n'avez pas acquitté le montant de la facture que vous lui devez.

Le droit du créancier gagiste d'être payé sur le produit de la vente du bien en question est sujet aux droits des autres créanciers quant à ce bien. Si, par exemple, le vendeur de ce bien n'a pas été payé en totalité, son privilège passe avant celui qui détient un droit de rétention.

Exemple: Paul Ladéroute est insolvable mais ne veut pas faire cession de ses biens. Les créanciers suivants obtiennent un jugement contre lui:

— Le Garage Auto sports ltée à qui il doit encore 5 250$ sur l'achat de sa voiture;
— Son locateur à qui il doit 750$ représentant trois mois de loyer impayés;
— La ville de Montréal à qui il doit 1 000$ de taxes foncières pour un terrain dont il est propriétaire;
— Son ami Philippe qui lui a prêté 500$;
— Master Large à qui il doit 1 500$ pour des achats divers;
— Marcel Labroche à qui il doit 2 000$ en dommages-intérêts suite à une bagarre;
— Les frais de justice qui s'élèvent à 2 500$.

Les biens de Paul Ladéroute sont vendus aux enchères et la vente a rapporté 10 000$. Les créanciers seront payés dans l'ordre suivant:

1. Les frais de justice: 2 500$
(créances privilégiées de premier rang)

solde restant
7 500$

2. Le garage Auto sports ltée: 5 250$
(créancier privilégié de troisième rang)
voiture vendue: 6 000$

solde restant
2 250$

Le vendeur impayé sera réglé en totalité, le solde étant divisé entre les autres créanciers.

3. La ville de Montréal: 1 000$
(créance privilégiée de septième rang)

solde restant
1 250$

4. Le locateur: 750$
(créance privilégiée de huitième rang)

solde restant
500$

5. Le solde de 500$ sera divisé entre les créanciers originaires au prorata de leurs créances respectives:

M. Labroche: 250$, c'est-à-dire 50% de 500$
(2 000$ sur 4 000$);
Master Large: 187,50$, c'est-à-dire 37,5% de 500%
(1 500$ sur 4 000$);
Philippe: 62,50$, c'est-à-dire 12,5% de 500$
(500$ sur 4 000$).

Droit de revendication du vendeur impayé Le Code civil accorde au vendeur impayé deux types de privilèges:

1. revendiquer la chose,
2. être préféré aux autres créanciers sur le produit de la vente aux enchères de ce bien.

Pour exercer ce **droit de revendication**, l'article 1999 du Code civil pose quatre conditions:

1. que la vente ait été faite sans termes;

2. que la chose soit encore entière et dans le même état;

3. que la chose ne soit pas passée entre les mains d'un tiers qui en a payé le prix;

4. que la revendication soit exercée dans les huit jours de la livraison.

Dans le cas de faillite, les droits de revendication et d'être préféré sur le prix ne peuvent être exercés que dans les 30 jours qui suivent la livraison. Ce droit de revendication permet au vendeur de reprendre l'objet vendu s'il répond à toutes ces conditions; mais cela n'est pas fréquent, car on accorde habituellement un terme de 30 jours à l'acheteur pour payer.

Dans ce cas, le vendeur impayé ne peut pas revendiquer la chose vendue, mais il peut être payé en priorité à même le produit de la vente aux enchères de cette chose avant tout autre créancier et selon l'ordre de paiement indiqué précédemment.

Privilèges sur les immeubles

L'article 2009 du Code civil énonce les privilèges portant sur les immeubles de même que leur ordre de priorité:

1. les frais de justice, et ceux faits dans l'intérêt commun;

2. les frais funéraires;

3. les frais de la dernière maladie;

4. les frais de labours et de semences;

5. les cotisations et répartitions;

6. les droits seigneuriaux;

7. la créance de l'ouvrier, du fournisseur de matériaux, du constructeur et de l'architecte, dans la mesure où ils remplissent les formalités exigées par la loi;

8. la créance du vendeur impayé;

9. les gages des domestiques et des employés des compagnies de chemin de fer faisant un travail manuel[1].

En ce qui concerne les frais funéraires, les frais de la dernière maladie et les gages des domestiques et employés des compagnies de chemin de fer, ces privilèges existent pour autant que les biens meubles aient été insuffisants pour les payer.

L'ouvrier, le constructeur, l'architecte et le fournisseur de matériaux ont un privilège et un droit de préférence à l'encontre de tous les autres créanciers seulement sur l'immeuble à la construction duquel ils ont travaillé, pour lequel ils ont fourni des matériaux ou des plans et devis, et seulement quant à la plus-value donnée à cet immeuble par leurs travaux ou matériaux. Une fois ces créances payées, ils ne possèdent plus de privilège, même si le propriétaire de l'immeuble leur doit de l'argent pour une autre cause.

Entre ces créanciers privilégiées, l'ordre de priorité est ainsi défini:

1. l'ouvrier;

2. le fournisseur de matériaux;

3. le constructeur;

4. l'architecte.

L'article 2013 *a* du Code civil définit ces termes de la façon suivante:

ouvriers: comprend les journaliers, les manoeuvres et généralement ceux qui se livrent à un travail manuel;

---

1. Il est important de noter que les privilèges les plus souvent utilisés dans la pratique sont ceux de l'ouvrier, du fournisseur de matériaux, du constructeur, de l'architecte et du vendeur impayé.

fournisseurs de matériaux: comprend non seulement celui qui fournit les matériaux bruts, mais aussi tous les objets façonnés qui entrent dans une construction;

constructeur: comprend également un entrepreneur et un sous-entrepreneur;

fin des travaux: signifie la date à laquelle la construction est devenue prête pour l'usage auquel elle est destinée.

Le Code civil impose à l'ouvrier, au fournisseur de matériaux, au constructeur et à l'architecte des règles et des délais très stricts pour faire valoir leurs privilèges. À défaut d'observer ces délais, ils perdent leurs privilèges, et la loi ne considère plus ces personnes comme des créanciers privilégiées, mais comme des créanciers ordinaires.

Privilège de l'ouvrier L'ouvrier possède un privilège à raison des travaux qu'il a effectués sur un immeuble, pour 20 jours d'arrérages de salaire, s'il a traité directement avec le propriétaire de l'immeuble ou avec un entrepreneur. Ce privilège n'est soumis à aucune formalité. Il subsiste pendant 30 jours après la fin des travaux et n'a pas besoin d'être enregistré.

Ce privilège est éteint si l'ouvrier n'a pas poursuivi le débiteur dans le délai de 30 jours et mis en cause le propriétaire de l'immeuble et le régistrateur de la division d'enregistrement où est situé l'immeuble. Dans ce cas, la fin des travaux ne signifie pas la date où l'ouvrier a terminé le travail mais plutôt la date où l'immeuble est devenu prêt à l'usage auquel on le destinait.
Exemple: Un électricien termine les travaux de l'immeuble le 31 décembre 1985 et l'immeuble n'est prêt pour l'usage auquel on le destine que le 31 mars 1986. Le délai de 30 jours commence à courir à partir du 31 mars 1986 et non du 31 décembre 1985.

Privilège du fournisseur de matériaux Tout comme l'ouvrier, celui qui fournit des matériaux possède un privilège sur l'immeuble dans la construction duquel entrent les matériaux qu'il a fournis ou qu'il a spécialement préparés pour cette construction (art. 2013 C.c.).

Lorsque le fournisseur de matériaux contracte directement avec le propriétaire, ce privilège n'est conservé que par l'enregistrement du privilège avant l'expiration d'un délai de 30 jours après la fin des travaux. Ce document doit contenir:

1. les nom, prénoms et domicile du créancier et du débiteur;
2. la désignation de l'immeuble affecté par le privilège;
3. une copie de la créance précisant la nature et le prix des matériaux fournis ou spécialement préparés.

Si le fournisseur de matériaux a traité avec un entrepreneur engagé par le propriétaire, il doit dans les plus brefs délais en aviser ce dernier par courrier recommandé ou certifié. Son privilège est conservé pour tous les matériaux fournis après cet avis pourvu qu'il le fasse enregistrer dans les 30 jours suivant la fin des travaux. Il est annulé si le fournisseur de matériaux ne poursuit pas son débiteur dans un délai de trois mois après la fin des travaux et qu'il mette en cause le régistrateur de la division d'enregistrement où est situé l'immeuble (ainsi que le propriétaire, le cas échéant).

Privilège du constructeur et de l'architecte L'article 2013 *f* du Code civil énonce que le constructeur et l'architecte possèdent un privilège sur l'immeuble sur lequel ils ont travaillé, pourvu qu'ils fassent enregistrer, au bureau d'enregistrement de la division où est situé l'immeuble, un état de leurs créances respectives, dans les 30 jours suivant la fin des travaux. Une copie de cet enregistrement doit être expédiée au propriétaire de l'immeuble dans le même délai.

Ce privilège est éteint à défaut par le constructeur ou l'architecte de poursuivre le propriétaire de l'immeuble dans les six mois suivant la fin des travaux et de mettre en cause le régistrateur de la division d'enregistrement où est situé l'immeuble.

Dans le cas d'un sous-entrepreneur, comme le fournisseur de matériaux, il doit en aviser le propriétaire de l'immeuble dans les plus brefs délais, car son privilège n'est valable que pour les travaux qu'il a exécutés lui-même et ce, à partir du moment où le propriétaire de l'immeuble est mis au courant de ce sous-contrat.

Le propriétaire de l'immeuble a le droit de retenir sur le prix du contrat de construction un montant suffisant pour payer l'ouvrier, le fournisseur de matériaux et le sous-entrepreneur et ce, tant que le constructeur ne lui a pas remis soit une quittance, soit une renonciation signée par eux par laquelle ils confirment qu'ils ont été payés ou qu'ils renoncent à leur privilège en faveur d'un créancier hypothécaire ou du constructeur.

Solidarité

En matière commerciale, la solidarité[2] est toujours présumée entre les débiteurs. Il n'est donc pas nécessaire d'ajouter une clause spéciale à un contrat commercial stipulant que les débiteurs sont solidairement responsables d'une dette ou d'obligations. Le créancier peut toujours poursuivre un seul des débiteurs pour se faire payer la totalité de la dette. L'application pratique la plus courante de cette forme de solidarité se retrouve dans le contrat de société en vertu duquel les associés sont solidairement responsables envers les créanciers des dettes de la société sans qu'il ne soit nécessaire d'inclure au contrat une clause spéciale à cette fin. Rappelons qu'en cas d'insolvabilité de l'un des débiteurs solidaires, les autres devront assumer sa part entre eux.

En matière civile, il est toujours nécessaire d'ajouter au contrat une clause spéciale si l'on veut que les codébiteurs soient solidairement responsables.

En matière de responsabilité civile délictuelle, nous avons également vu que les coauteurs d'un délit ou d'un quasi-délit sont solidairement responsables des dommages causés.

Les garanties conventionnelles

Les sûretés légales n'accordent pas toujours au créancier les meilleures garanties de paiement; d'autant plus qu'elles sont limitées à certaines catégories de créanciers. Tout créancier a donc intérêt à prévoir dans un contrat des clauses particulières lui assurant une protection additionnelle. Ce sont les **garanties conventionnelles**.

Les pratiques de commerce reconnaissent un certain nombre de garanties que l'on retrouve souvent dans les contrats. Ce sont l'hypothèque, le gage, le nantissement commercial, le cautionnement, la garantie donnée aux banques en vertu de l'article 178 de la *Loi sur les banques*, la cession générale de créances, etc. Le lecteur peut se reporter au chapitre 8 où nous avons examiné en détail les principales garanties conventionnelles.

En matière de garanties de paiement, il est important de noter que le créancier n'exercera sa garantie que dans le cas où son débiteur ne peut exécuter ses obligations. Si le débiteur les respecte, le créancier n'exercera pas sa garantie quelle qu'elle soit.

---

2. Se reporter au chapitre 11.

Résumé

Quiconque possède un recours contre un débiteur peut obtenir du tribunal un jugement condamnant le débiteur à payer une somme d'argent ou à exécuter ses obligations. Mais, en pratique, que vaut un jugement si le débiteur est insolvable et ne possède aucun bien!

La loi prévoit un certain nombre de garanties ou de sûretés dont les créanciers peuvent se prévaloir contre leurs débiteurs en défaut. On les appelle les garanties légales et les garanties conventionnelles. Les premières sont prévues au Code civil et le créancier en profite automatiquement sans qu'il ne soit nécessaire de les préciser dans un contrat. Ainsi, l'article 1981 énonce que le patrimoine d'un débiteur est le gage commun de ses créanciers. Cela veut dire qu'en cas de défaut par le débiteur, le créancier peut, après avoir obtenu un jugement contre lui, saisir les biens du débiteur par le biais d'une saisie-exécution.

De cette manière, il peut saisir les biens meubles du débiteur, tout en laissant à ce dernier des biens meubles meublants, ustensiles et autres objets d'utilité courante jusqu'à concurrence de 2000$. Il peut aussi saisir ses immeubles de même que tout autre bien appartenant au débiteur et se trouvant entre les mains d'un tiers. Finalement, il peut saisir le salaire de son débiteur. À cette fin, il est important de déterminer la partie saisissable du salaire du débiteur. Celle-ci varie selon que le débiteur est célibataire ou marié, selon le nombre de personnes à sa charge et selon son salaire.

Une autre sorte de garantie légale prévue au Code civil est le privilège. On définit celui-ci comme le droit qu'a un créancier d'être préféré à d'autres créanciers suivant la cause de sa créance. Les privilèges peuvent porter sur les biens meubles et sur les immeubles. Les principaux privilèges sur les meubles sont ceux portant sur les frais de justice, la créance du vendeur, la créance de ceux qui ont un droit de gage ou de rétention, les taxes municipales, la créance du locateur et les créances dues au gouvernement. Les principaux privilèges sur les immeubles sont ceux portant sur les frais de justice, la créance de l'ouvrier, du fournisseur de matériaux, du constructeur et de l'architecte et la créance du vendeur impayé.

Finalement, le dernier type de garantie légale est la solidarité. Elle est toujours présumée en matière commerciale, alors qu'on doit la stipuler expressément en matière civile. Contrairement aux garanties légales qui s'appliquent automatiquement sans qu'on ait à les stipuler dans un contrat, les garanties conventionnelles doivent être ajoutées dans un contrat pour accorder au créancier des garanties additionnelles. Les principales garanties conventionnelles sont l'hypothèque, le gage, le nantissement commercial, le cautionnement, la garantie donnée aux banques en vertu de l'article 178 de la *Loi sur les banques*, la cession générale de créances, etc.

Vocabulaire

Avis de vente
Bref de saisie-exécution immobilière
Bref de saisie-exécution mobilière
Droit de rétention
Droit de revendication

Garantie conventionnelle
Garantie légale
Interrogatoire après jugement
Privilège
Saisie-arrêt ou saisie en main tierce

Questions

1. Qu'est-ce qu'une garantie légale et qu'est-ce qui la distingue d'une garantie conventionnelle?

2. Énumérez les cinq principales garanties légales.

3. Comment procède-t-on à la saisie du salaire de son débiteur?

4. Nommez les quatre conditions essentielles à l'exercice du droit de revendication du vendeur impayé.

5. Établissez une liste des principaux biens que la loi déclare insaisissables.

6. Quelle distinction faites-vous entre le droit de rétention et le droit de revendication?

7. De quelle façon le fournisseur de matériaux doit-il procéder pour faire enregistrer un privilège?

8. En quoi la solidarité peut-elle être considérée comme une garantie additionnelle en faveur d'un créancier?

9. Quels sont les privilèges du vendeur d'un bien mobilier?

10. Qu'est-ce que le Code civil entend par l'expression la «fin des travaux»?

Cas pratiques

1. Pierre, célibataire, vient vous consulter et vous expose les faits suivants. Il veut poursuivre un de ses débiteurs, Simon Noreau, célibataire, à qui il a prêté 15 500 $. En garantie de ce prêt, Simon lui a confié un certificat d'obligation d'une valeur de 5 000 $ que Pierre vous remet.

Il lui a également donné un billet de 10 000 $ payable à demande. Sur présentation du billet, Simon a refusé de payer alléguant qu'il n'avait plus d'argent et qu'il ne touchait présentement que des prestations d'assurance-chômage. Pierre veut récupérer son argent le plus rapidement possible.

a) Expliquez-lui les démarches à faire à cette fin. Motivez votre réponse.

b) Quelques temps plus tard, vous obtenez jugement contre Simon. Pierre revient vous voir et vous explique que son débiteur touche encore des prestations d'assurance-chômage, soit 200 $ par semaine, mais qu'il occupe aussi un emploi à temps partiel dans un centre commercial durant les week-ends. Cet emploi lui rapporte un revenu hebdomadaire de 125 $. Pierre désire savoir s'il peut procéder à la saisie du salaire et des prestations d'assurance-chômage de son débiteur. Motivez votre réponse et calculez la partie saisissable du salaire de Simon, le cas échéant.

2. Trois entreprises de construction, Maron, Danala et Thimothé Construction, s'unissent pour faire l'achat de matériaux d'une valeur d'un million de dollars de Distribution Dubois ltée. À la suite de la faillite de Thimothé Construction, le président de Distribution Dubois ltée vous demande ce qu'il doit faire pour se faire payer et pour quels montants il peut poursuivre Maron et Danala. Que lui suggérez-vous ? Quels sont les recours des divers débiteurs ?

3. Vous êtes le contrôleur financier de Maisons de bois XYZ ltée. Le président de la compagnie vous remet deux brefs de saisie-arrêt en main tierce qu'un huissier vient de lui signifier. Le premier concerne Jean-François, un des meilleurs employés de la compagnie, et indique qu'il doit 3 500 $ à Jacques Latour à la suite d'un jugement rendu contre lui. Il ordonne à votre compagnie de déclarer la partie saisissable de son salaire et de la déposer à la cour. Jean-François est marié et père de deux enfants ; ses revenus s'élèvent à 375 $ par semaine.

Le second bref concerne Sylvie, une ancienne employée de la compagnie, qui n'y travaille plus depuis plus de six mois. La somme réclamée est de 900 $ mais la compagnie ne doit plus rien à Sylvie.

Le président vous demande de calculer la partie saisissable du salaire de Jean-François et de la déposer à la cour. En ce qui concerne Sylvie, il vous dit de ne pas vous occuper puisqu'elle ne travaille plus pour la compagnie. Répondez à la requête du président et commentez cette situation.

4. En 1985, la Société Ménagère ltée fabriquait un appareil comprenant dans un seul meuble un réfrigérateur, une cuisinière et un évier. Le 24 mai 1985, ladite société vend à Immeubles Limitée 39 de ces appareils au prix de 1 250 $ chacun, plus la taxe de vente. Le prix est stipulé payable comptant sur livraison. Le 27 juin 1985, la Société Ménagère ltée livre à Immeubles Limitée les 39 unités sans en percevoir le paiement.

Le 5 juillet 1985, la Société intente des procédures pour revendiquer les 39 appareils qui se trouvent dans l'entrepôt appartenant à Immeubles Limitée.

La Société Ménagère ltée a-t-elle le droit de revendiquer les 39 appareils ? Motivez votre réponse.

5. Alain Lepic, travailleur journalier, vous consulte le 19 décembre 1985. Il travaille comme plâtrier pour un entrepreneur général, Plâtre Moderne Limitée. Son salaire brut est de 600$ pour une semaine de cinq jours d'ouvrage et il n'a pas été payé depuis trois mois. Il craint que son employeur ne fasse faillite et vous demande s'il y a un moyen quelconque de protéger le salaire qui lui est dû. Il vous fournit les détails suivants:

a) du 16 septembre au 11 octobre, soit quatre semaines de travail, il a réparé les murs du Cinéma Italien;

b) du 14 octobre au 22 novembre, soit six semaines de travail, il a posé du plâtre dans la nouvelle maison de M. Lachance;

c) du 25 novembre au 6 décembre, soit deux semaines de travail, il a réparé les murs de la maison du Docteur Bistouri;

d) du 9 au 13 décembre, soit deux semaines de travail, il a travaillé au rajeunissement du salon funéraire de Lamarre et Lajoie inc.

Dans chaque cas, les travaux se sont terminés par le travail d'Alain et son employeur a été payé.

Expliquez à Alain quels sont ses droits et la procédure qui sera utilisée pour les protéger.

Plan du chapitre 19

Le dépôt volontaire et la faillite

Le dépôt volontaire
et la faillite

Objectifs

1. Connaître les moyens légaux dont dispose une personne endettée pour éviter la saisie de ses meubles et de son salaire par ses créanciers.
2. Savoir en quoi consiste le dépôt volontaire.
3. Établir la distinction entre la cession de biens et l'ordonnance de mise sous séquestre.
4. Définir le rôle du syndic de faillite.
5. Expliquer la différence entre un créancier garanti, privilégié, ordinaire et différé.
6. Donner la définition d'un paiement préférentiel.
7. Savoir ce qu'est une proposition concordataire.

La personne qui n'arrive plus à payer ses dettes ni à faire face à ses obligations financières dispose d'un certain nombre de moyens pour se libérer. Par exemple, elle peut envisager un refinancement ou une consolidation de dettes, elle peut tenter de conclure une entente à l'amiable avec ses créanciers et elle peut également recourir à deux moyens légaux: le *dépôt volontaire* et la *faillite*. Ces deux dernières solutions retiendront notre attention au cours du présent chapitre.

Le dépôt volontaire

Nous avons déjà établi que le patrimoine d'un débiteur constitue le gage commun de ses créanciers et que ces derniers, lorsqu'ils ont obtenu un jugement contre un débiteur, peuvent procéder à la saisie de ses biens et d'une partie de son salaire.

Pour éviter cette situation pénible, toute personne endettée qui cherche à s'en sortir et qui réside au Québec, peut se prévaloir de la *Loi sur le dépôt volontaire* (art. 652 à 659 C.P.C.). En vertu des dispositions de cette loi, le débiteur qui dépose volontairement la partie saisissable de son salaire au greffe de la Cour provinciale du district de sa résidence ou du lieu de son emploi se trouve protégé contre la saisie des meubles de sa résidence et de son salaire; toutefois, cette loi ne le protège pas contre la saisie de ses immeubles, le cas échéant. Traditionnellement, au Québec, cette procédure du **dépôt volontaire** était appelée *Loi Lacombe*, du nom de celui qui l'avait proposée en 1903.

Inscription

Le débiteur doit produire au greffe de la Cour provinciale du district de son domicile ou de son lieu d'emploi une déclaration sous serment conforme aux dispositions du Code de procédure civile. Cette déclaration doit énoncer:

a) ses nom et prénoms;

b) l'adresse de sa résidence;

c) la désignation de son employeur ou, s'il est en chômage, celle de son dernier employeur;

d) le montant de sa rémunération et la date à laquelle elle lui est versée;

e) ses charges de famille (le nombre de personnes à sa charge);

f) une liste de ses créanciers et leur adresse, ainsi que la nature et le montant de chacune des dettes.

Dépôt

Le débiteur doit déposer régulièrement au greffe de la Cour la partie saisissable de sa rémunération dans les cinq jours suivant son versement. Il peut aussi l'expédier par courrier en inscrivant sur un mandat-poste ou sur un chèque visé son nom et son numéro de dossier.

Calcul de la partie saisissable du salaire

La loi permet au débiteur n'ayant aucune personne à sa charge de déduire 40$ de son salaire hebdomadaire; on calcule 30% du reste pour déterminer la partie saisissable.

Exemple: Jules, célibataire, touche un salaire brut de 300$ par semaine. Il peut en déduire 40$; trente pour cent du reste est saisissable. Ainsi, 300 - 40 = 260$ et 30% de 260 = 78$. Ce montant représente la partie saisissable de son salaire.

Le débiteur qui a une ou deux personnes à sa charge, quant à lui, peut déduire 60$ par semaine de son salaire brut.

Le débiteur qui a plus de deux personnes à sa charge peut déduire 10$ supplémentaire à compter de la troisième personne à sa charge.

Exemple : Richard est marié et père de trois enfants, et son salaire brut est de 300 $ par semaine. La partie saisissable de son salaire se calculera de la façon suivante :

$$
\begin{array}{rl}
& 300\,\$ \\
- & 60\,\$ \\
\hline
& 240\,\$ \\
- & 20\,\$ \quad \text{déduction additionnelle à partir de la 3}^{e}\text{ personne à charge} \\
\hline
& 220\,\$ \times 30\,\% = 66\,\$
\end{array}
$$

Jean et Richard devront donc déposer respectivement 78 $ et 66 $ au greffe de la Cour provinciale, soit la partie saisissable de leur salaire.

Le greffier de la Cour provinciale avise, par courrier recommandé ou certifié et sans frais pour le débiteur, les créanciers mentionnés sur la liste fournie par le débiteur.

Cet avis est accompagné de la liste de tous les créanciers du débiteur. Tout créancier peut faire corriger le montant que lui doit le débiteur et produire une réclamation en conséquence.

Effets

Protection contre certaines saisies

Le dépôt volontaire protège le débiteur :

— *contre les saisies de salaire :* ses créanciers ne peuvent pas saisir individuellement son salaire pour payer leurs créances respectives ;
— *contre les saisies des meubles meublant sa résidence :* aucun créancier ne peut saisir les meubles du débiteur qui se trouvent dans sa résidence, à l'exception des créanciers qui exerceraient un privilège ou un droit de rétention, comme un vendeur impayé ou un locateur ;
— *contre un congédiement arbitraire de la part de son employeur* pour le seul motif qu'il dépose volontairement la partie saisissable de son salaire.

Par ailleurs, les créanciers du débiteur peuvent saisir ses autres biens meubles (automobile, bicyclette, canot, par exemple) et ses immeubles s'il en possède. Toutes les procédures de saisie intentées par un créancier doivent cesser dès la réception de l'avis du greffier, sous peine de poursuites en dommages-intérêts ; de plus, chaque créancier doit accorder, sur demande, la main levée de toute saisie ainsi pratiquée.

Distribution aux créanciers

Le dossier d'un débiteur qui effectue des dépôts volontaires est public, et toute personne peut en prendre connaissance au greffe de la Cour provinciale. On peut ainsi vérifier la régularité des dépôts du débiteur et l'état de ses dettes.

Les dépôts effectués par le débiteur chaque semaine ou dans les cinq jours après réception du salaire sont accumulés dans son compte pendant trois mois. Tous les trois mois, le greffier de la Cour préposé aux dépôts volontaires additionne les montants et répartit cette somme d'argent entre les différents créanciers du débiteur, au prorata de leurs créances respectives.
Exemple : Philippe doit 10 000 $ répartis de la façon suivante :

— Jeanne : 5 000 $, soit 50 % de la dette ;
— Pierre : 1 000 $, soit 10 % de la dette ;
— Marc : 2 500 $, soit 25 % de la dette ;
— André : 1 500 $, soit 15 % de la dette.

Il dépose la partie saisissable de son salaire, qui s'élève à 100 $ par semaine. Les créanciers recevront un chèque de la Cour au montant de :

— Jeanne : 50 $ (soit 50 % de la partie saisissable);
— Pierre : 10 $ (soit 10 % de la partie saisissable);
— Marc : 25 $ (soit 25 % de la partie saisissable);
— André : 15 $ (soit 15 % de la partie saisissable).

Bénéfice de la protection

Aussi longtemps que le débiteur dépose dans les délais légaux la partie saisissable de son salaire au greffe de la Cour provinciale, il bénéficie de la protection de la loi, et ses créanciers ne peuvent saisir ni son salaire, ni ses meubles meublants.

Dans les cinq jours d'un changement d'adresse, d'emploi, ou de modification dans les conditions d'engagement du débiteur, ce dernier doit produire une nouvelle déclaration au greffe de la Cour provinciale, sous peine de perdre la protection de la loi. S'il cesse de travailler ou s'il recommence à travailler après une période de chômage, il doit également enregistrer une telle déclaration.

En cessant de déposer la partie saisissable de son salaire, le débiteur perd le bénéfice de la protection que la loi lui accorde, et ses créanciers peuvent saisir ses meubles meublants ainsi que son salaire s'il ne dépose pas les arrérages au plus tard 10 jours après la requête d'un créancier.

La procédure du dépôt volontaire protège le débiteur trop endetté contre des créanciers envahissants. Il est à remarquer que le service des dépôts volontaires est gratuit et que les débiteurs qui s'en prévalent ne doivent payer que le taux d'intérêt légal sur les sommes dues. Les compagnies et les entreprises commerciales ne peuvent bénéficier de ce service. Compte tenu des sommes souvent très minimes distribuées aux créanciers, il peut s'écouler plusieurs années avant que le débiteur n'acquitte complètement ses dettes.

Un grand nombre de consommateurs, de juristes et d'associations considèrent que cette loi est devenue désuète et inadéquate dans le contexte économique actuel pour deux raisons principales : la nécessité pour le débiteur d'effectuer des paiements trop élevés par rapport au revenu disponible et la protection fort limitée qui lui est accordée. Aussi, dans bien des cas, les personnes endettées et devenues insolvables préfèrent-elles recourir directement à la *Loi sur la faillite*.

La faillite

La faillite est régie par une loi fédérale, la *Loi sur la faillite*[1]. Cette loi s'applique à l'ensemble du territoire canadien. Elle a été adoptée en 1949 et amendée à quelques reprises depuis cette date; de plus, au moment d'écrire ces lignes, le ministre de Consommation et Corporations Canada a promis une refonte majeure de la loi, étape par étape. La réforme promise vise notamment à améliorer la protection des salariés lorsqu'une faillite survient et elle prévoirait la possibilité pour les entreprises de demander une période de grâce de 120 jours de la part de leurs créanciers afin de convenir d'un plan de relance. Au Québec, la Cour supérieure est le tribunal compétent en matière de faillite.

---

1. S.R.C., c. B-3.

La *Loi sur la faillite* a un double objectif:

— *la protection de l'ensemble des créanciers du débiteur insolvable*. Elle permet aux créanciers du débiteur d'agir collectivement contre ce dernier afin qu'ils se partagent équitablement ses actifs. Les créanciers individuels doivent cesser leurs procédures contre le failli au profit de la masse des créanciers;
— *la libération du débiteur insolvable de ses dettes* et obligations financières antérieures à la faillite, pour lui permettre de recommencer à neuf.

Sortes

Il existe deux sortes de faillite:

— *la faillite volontaire ou cession de biens* (le débiteur choisit lui-même de déclarer faillite);
— *la faillite forcée ou ordonnance de mise sous séquestre* (un ou plusieurs créanciers du failli entament des procédures pour mettre le débiteur en faillite).

Faillite volontaire ou cession de biens

L'article 31 de la *Loi sur la faillite* définit la **faillite volontaire,** ou **cession de biens**, de la façon suivante:

> Une personne insolvable ou, si elle est décédée, son exécuteur testamentaire ou l'administrateur de sa succession, avec la permission du tribunal, peut faire une cession de tous ses biens au bénéfice de ses créanciers en général.

Cette procédure est ouverte à tout débiteur insolvable qui a au moins 1000$ de dettes et qui choisit de faire faillite. La cession de biens doit être accompagnée d'une déclaration sous serment indiquant:

— les biens du débiteur susceptibles d'être partagés entre ses créanciers;
— les noms et adresses de tous ses créanciers;
— les montants de leurs réclamations respectives;
— la nature de chacune d'elles, que ces réclamations soient garanties, privilégiées ou ordinaires.

La cession doit être présentée au séquestre officiel du district où réside le débiteur. Tant qu'elle n'a pas été déposée auprès du séquestre officiel, elle est inopérante. Si le séquestre officiel accepte la cession, il nomme un syndic ou entérine sa nomination. Le syndic est chargé d'administrer la faillite, de liquider les biens et d'en diviser le produit entre les créanciers. Il arrive parfois que le débiteur insolvable consulte d'abord un syndic de son choix. Ce dernier prépare alors les documents nécessaires à la cession de biens, et il est habituellement confirmé dans son rôle par les créanciers, lors de la première assemblée.

Faillite forcée ou ordonnance de séquestre

L'article 25 de la *Loi sur la faillite* reconnaît le droit à un ou plusieurs créanciers du débiteur insolvable d'intenter contre ce dernier des procédures de mise en faillite; c'est ce qu'on appelle la **faillite forcée.**

Requête (ou pétition)   Dans un tel cas, une **requête de mise en faillite** est déposée devant le tribunal du district judiciaire où réside le débiteur, en vue d'obtenir une ordonnance de séquestre contre lui.

La requête doit alléguer que la dette ou les dettes du débiteur envers le ou les créanciers requérants s'élèvent à au moins 1000$ et que le débiteur a commis un acte de faillite dans les six mois précédant le dépôt de la requête. Cette dernière doit être accompagnée d'un affidavit signé par le requérant ou par son représentant autorisé alléguant qu'il a une connaissance personnelle des faits qui y sont mentionnés et qu'ils sont véridiques.

Actes de faillite   Aux termes de l'article 24 de la loi, les principaux **actes de faillite** sont:

— la donation ou le transfert frauduleux par un débiteur de ses biens ou de quelque partie de ces derniers;
— le paiement préférentiel d'un débiteur à l'un de ses créanciers dans les trois mois précédant la faillite;
— le fait pour un débiteur de quitter le Canada ou sa résidence dans l'intention de frustrer ou de retarder le paiement de ses créanciers;
— le fait pour un débiteur de permettre qu'une procédure ou une exécution soit prise contre lui ou ses biens, telle une saisie non réglée 4 jours avant la date fixée pour la vente de ses biens ou 14 jours après saisie;
— l'aveu par un débiteur de son insolvabilité lors d'une réunion de ses créanciers;
— le fait pour un débiteur de céder, cacher, enlever ou aliéner une partie de ses biens avec l'intention de frauder, frustrer ou retarder ses créanciers ou l'un d'entre eux;
— l'avis donné par un débiteur à ses créanciers qu'il a suspendu ou qu'il est sur le point de suspendre le paiement de ses dettes;
— le fait pour un débiteur de ne pas donner suite à une proposition concordaire présentée en vertu de la présente loi;
— le fait pour un débiteur de cesser de remplir ses obligations au fur et à mesure de leur échéance.

Le tribunal saisi d'une requête de mise en faillite exigera la preuve des faits qui y sont allégués, et s'il juge la preuve satisfaisante, il pourra rendre une **ordonnance de séquestre**, c'est-à-dire un jugement déclarant le débiteur en faillite. Le tribunal doit ensuite nommer un syndic pour administrer les biens du failli en tenant compte le plus possible du désir des créanciers. Par ailleurs, si le tribunal n'estime pas satisfaisante la preuve des faits allégués dans la requête, ou si le débiteur l'a convaincu de ses capacités et de son désir de régler ses dettes, il rejettera la requête.

Date

D'une façon générale, la faillite est réputée commencer soit au moment du dépôt de la requête, soit au moment du jugement ordonnant la mise sous séquestre ou soit au moment de la production d'une cession de biens auprès du séquestre officiel. Il est important d'établir la date exacte de la faillite car elle sert à déterminer quels créanciers ont des réclamations prouvables et, en conséquence, quelles sont les réclamations dont le failli pourra éventuellement être libéré. La date de la faillite marque également le point de départ des délais prévus pour les recours en annulation ou en révision des actes antérieurs à la faillite.

Effets

Lorsqu'une ordonnance de séquestre est rendue ou qu'une cession de biens est produite auprès du séquestre officiel, le failli cesse d'administrer ses biens, et il ne peut non plus les céder, les transférer ou autrement les aliéner. En un mot, il est dessaisi du pouvoir qu'il avait sur ses biens.

Les biens du failli sont immédiatement transmis à un fiduciaire nommé syndic et désigné dans l'ordonnance de séquestre ou dans la cession. Signalons que le salaire d'un failli n'est pas automatiquement intégré à la faillite. Il ne le sera que sur demande du syndic au tribunal, qui en déterminera les modalités, compte tenu des charges familiales et de la situation personnelle du failli.

Toute ordonnance de séquestre ou cession de biens a priorité sur les saisies, les saisies-arrêts, les jugements et autres procédures contre le failli ou contre ses biens. Sans l'autorisation du tribunal, aucun créancier n'a de recours contre le débiteur ou contre ses biens ni ne doit intenter ou continuer une action contre le failli. Dans un tel cas, le syndic avisera les créanciers de cesser immédiatement leurs procédures. Habituellement, on permet aux créanciers garantis d'exécuter leur garantie, mais seulement sur les biens du failli touchés par cette garantie.

Le syndic prend possession des titres, livres, documents et dossiers du failli, de même que de tous ses biens, et il en dresse un inventaire dans les plus brefs délais.

Administration

Surintendant des faillites

Le gouvernement fédéral exerce un contrôle sur l'administration des faillites par l'intermédiaire du **surintendant des faillites**. Ce dernier est à la tête de la Direction des faillites. Son rôle consiste à surveiller l'administration de tous les actifs auxquels s'appliquent la *Loi sur la faillite*. Plus précisément, il doit entre autres:

— faire enquête chaque fois qu'il y a lieu de croire qu'une infraction a été commise à la *Loi sur la faillite*;
— veiller sur l'administration de chaque faillite et intervenir au besoin;
— recevoir les demandes des personnes désireuses de devenir syndic et octroyer les licences de syndic;
— s'assurer que les consommateurs aient accès aux dispositions de la *Loi sur la faillite*, même s'ils ne peuvent payer les honoraires d'un syndic.

Séquestre officiel

Chaque province constitue un district de faillite, et chacun de ces districts est fractionné en divisions. Dans chacune de ces divisions, des fonctionnaires sont nommés pour administrer la *Loi sur la faillite*; on les appelle **séquestres officiels**. Lors d'une cession de biens, leurs fonctions consistent:

— à recevoir et à conserver les actes de cession de biens et à nommer les syndics;
— à interroger les débiteurs sur leur conduite, sur les causes de leur faillite, de même que sur la destination des biens dont ils ont disposé;
— à fixer le cautionnement qui doit être déposé par un syndic;
— à présider la première assemblée des créanciers du failli.

Syndic

Le **syndic** est le personnage clé dans la procédure de faillite. Il agit à un double titre: il est officier de justice et mandataire des créanciers. Pour obtenir une licence de syndic, on doit en faire la demande au surintendant des faillites qui, après examen de la demande et approbation du ministre de la Consommation et des Corporations, décerne cette licence.

Nomination   Le syndic de faillite est nommé soit par le séquestre officiel, dans le cas d'une cession de biens, soit par le tribunal, dans le cas d'une faillite forcée ou d'une ordonnance de séquestre.

Dans le cas d'une cession de biens, le failli a, en quelque sorte, le choix du syndic, alors que dans l'ordonnance de séquestre, ce sont les créanciers qui en ont le choix. Soulignons que le choix du failli est sujet à l'approbation du séquestre officiel, qui peut choisir un autre syndic. De plus, lors de la première assemblée des créanciers et par la suite, lors de toute autre assemblée, les créanciers peuvent, par résolution spéciale, confirmer le syndic ou en nommer un autre.

Le nom officiel d'un syndic agissant en matière de faillite est: «Le syndic de l'actif de (nom du failli), failli».

Devoirs et pouvoirs   Le rôle du syndic est de prendre possession des biens du failli, d'en dresser l'inventaire, de les administrer, de les liquider et de les vendre et, finalement, d'en distribuer le produit entre les différents créanciers du failli au prorata de leurs créances.

Le syndic exige du failli qu'il lui fournisse la liste complète de tous ses créanciers et de son actif réalisable. Il fait parvenir à chacun des créanciers un avis de convocation à la première assemblée des créanciers. Cet avis de convocation est accompagné d'une liste indiquant le nom, l'adresse de chaque créancier, le montant de la créance, ainsi que sa catégorie.

Le syndic joint également à cet avis de convocation une **preuve de réclamation**, que tout créancier du failli doit remplir et lui retourner. Chaque créancier du failli doit prouver sa réclamation dans la faillite. S'il ne le peut, il n'a pas droit au partage dans la distribution éventuelle des biens du failli. La loi spécifie qu'une réclamation doit être prouvée par la remise, au syndic, d'une preuve de la réclamation sous la forme prescrite (figure 19.1). La preuve peut être faite par le créancier ou par une personne dûment autorisée par lui. Elle doit:

— mentionner le nom du créancier;
— contenir ou mentionner un état de compte détaillé;
— mentionner les pièces justificatives et toute créance compensatoire en faveur du failli;
— déclarer si le créancier est un créancier garanti, privilégié ou ordinaire;
— énoncer l'autorisation ou la procuration autorisant une personne à agir au nom du créancier, le cas échéant.

Le syndic examine chaque preuve de réclamation et décide s'il l'accepte ou la rejette, en tout ou en partie. Un créancier dont la réclamation est rejetée peut en appeler de la décision du syndic au tribunal. Un créancier n'a pas le droit de voter à une assemblée, à moins que sa preuve de réclamation n'ait été remise au syndic, qui doit l'avoir acceptée avant l'assemblée.

Administration des biens du failli   Le syndic doit assurer les biens du failli s'ils ne le sont pas et, quand les intérêts de l'actif l'exigent, il peut prendre des mesures conservatoires et même disposer sommairement des biens susceptibles de se déprécier ou de s'avarier. Il peut également exercer le commerce du failli jusqu'au jour fixé pour la première assemblée des créanciers et, après cette assemblée, il peut continuer de l'administrer avec le consentement des inspecteurs à la faillite.

Avant la première assemblée des créanciers, le syndic a l'autorité nécessaire pour prendre les procédures judiciaires qui s'imposent pour recouvrer ou protéger les biens du failli. Il doit vérifier le bilan du failli et peut intenter des

YVAN LADÉROUTE
SYNDIC DE FAILLITES
Receveur et Liquidateur

PREUVE DE RÉCLAMATION

Dans l'affaire de la faillite (ou Proposition) de:

_____ de _____
(NOM DU DÉBITEUR) (VILLE ET PROVINCE)

et de la réclamation de _____ créancier.

Expédier tout avis ou toute correspondance concernant la présente réclamation à l'adresse suivante:

_____

Je, _____ résidant dans le (la)

_____ de _____ , dans

la province de _____

CERTIFIE PAR LES PRÉSENTES:

1. Que je suis un créancier du débiteur susmentionné (ou, selon le cas, que je suis le président de la compagnie créancière)

_____ de _____
(PRÉCISER LE POSTE OU LA FONCTION) (NOM DU CRÉANCIER)

2. Que je suis au courant de toutes les circonstances entourant la créance ci-après mentionnée.

3. Que ledit débiteur était, à la date de la faillite (ou proposition), savoir, le _____

jour de _____ 19 _____ , et est effectivement encore endetté envers le créancier

susmentionné (ci-après appelé "le créancier") pour la somme de _____ $ tel qu'il appert à l'état de compte ci-annexé et marqué "A", déduction faite du montant de toute demande reconventionnelle auquel le débiteur a droit.

L'état de compte doit préciser les pièces justificatives ou autres preuves à l'appui de la réclamation).

4. Qu'au sujet de ladite dette (rayer ce qui est sans objet et donner tous les détails de la façon précisée).

   a) aucune garantie n'est détenue ni aucun droit de priorité revendiqué.

   b) les biens du débiteur d'une valeur de _____ $ sont détenus à titre de garantie, (et) (indiquer sur une feuille annexée les détails de chaque garantie, sa valeur estimative et la date où elle a été donnée).

   c) un droit de priorité est revendiqué en vertu de l'article 95 de la Loi sur la faillite (indiquer sur une feuille annexée les détails à l'appui de la réclamation prioritaire).

5. Que, au mieux de mes connaissances et croyance, le créancier et le débiteur sont(ou ne sont pas) liés au sens de la définition de l'article 2B de la Loi sur la faillite.

6. Que les sommes suivantes constituent les paiements et crédits reçus par le débiteur ou qui lui sont attribués au cours des trois mois (ou, si le créancier et le débiteur sont liés au sens de la définition donnée par l'article 2B de la Loi sur la faillite, au cours des douze mois) qui précèdent immédiatement la date de faillite:

(Annexer détails sur pièce marquée "B".)

Datée de _____ , ce _____ jour de _____ 19 _____

_____ _____
TÉMOIN (SIGNATURE DE LA PERSONNE QUI REMPLIT LE PRÉSENT CERTIFICAT)

AVERTISSEMENT: Le paragraphe (1) de l'article 159 de la Loi sur la faillite prévoit des peines sévères au cas de fausse réclamation, de fausse déclaration ou de faux état de compte.

PROCURATION SPÉCIALE

Je, (nous) nommons par les présentes _____
avec pouvoir de substitutions, notre fondé de pouvoirs pour l'assemblée des créanciers.

Daté de _____ , ce _____ jour de _____ 19 _____

_____
NOM DU CRÉANCIER

_____ Par: _____
(TÉMOIN) (SIGNATURE)

Figure 19.1 Preuve de réclamation

procédures contre toute personne soupçonnée d'avoir commis une infraction à la *Loi sur la faillite.*

Les sommes d'argent provenant de l'actif sont déposées dans un compte en fidéicommis, et le syndic ne peut en prélever aucun montant sans la permission écrite des inspecteurs ou l'ordonnance du tribunal, sauf pour le paiement de dividences et de charges se rapportant à l'administration de l'actif. Ces paiements doivent être faits par chèques tirés sur le compte en fidéicommis de l'actif.

Le syndic doit conserver les livres et registres de chaque actif de faillite qu'il administre. De plus, avec la permission des inspecteurs, il peut:

— vendre ou autrement aliéner, en tout ou en partie, les actifs du failli;
— louer les immeubles;
— continuer le commerce du failli si cela est avantageux pour la liquidation de l'actif;
— intenter ou contester toute action ou procédure relative aux biens du failli;
— accepter des compromis;
— retenir les services d'un avocat;
— contracter des obligations, emprunter de l'argent, fournir des garanties et des hypothèques.

Finalement, le syndic peut demander au tribunal des instructions relativement à l'administration de l'actif du failli. Ainsi, il peut procéder à l'annulation d'un transfert de biens ou du paiement d'une somme d'argent de la part d'un créancier, lorsque cette opération est entachée de préférence frauduleuse. En effet, dans les semaines ou dans les mois qui précèdent une faillite, il peut arriver qu'une personne ou une entreprise soit tentée de payer certains créanciers plutôt que d'autres. Ce geste brise alors l'égalité entre les créanciers non garantis et, par le fait même, va directement à l'encontre de la *Loi sur la faillite*. Il constitue un **paiement préférentiel**. Ce dernier consiste donc en un transport de biens ou un transfert d'argent par le failli à l'un de ses créanciers dans les trois mois précédant la faillite en dehors du cours normal de ses affaires et au détriment de la masse des créanciers.

Si la transaction a été faite avec une personne liée avec le failli, c'est-à-dire avec un membre de sa famille ou un associé du failli, le délai est de 12 mois. Le syndic peut alors s'adresser à ce créancier pour l'obliger à rembourser l'argent ou à remettre le bien ainsi reçu.

Exemple: Claude rembourse en priorité les 1000$ qu'il doit à son ami Roland. Une semaine plus tard, il fait faillite. Le syndic de faillite pourra récupérer cette somme à titre de paiement préférentiel. Si Roland refuse de rembourser, le syndic s'adressera au tribunal pour l'obliger à le faire. S'il est établi à la satisfaction du tribunal que Claude a agi de bonne foi sans vouloir accorder de préférence à Roland par rapport aux autres, le paiement ne sera pas annulé.

Rémunération   La rémunération du syndic est fixée par les créanciers par résolution ordinaire. À défaut d'une telle résolution, la rémunération du syndic ne doit pas dépasser 7,5% du montant qui subsiste à la réalisation des actifs du failli, à moins d'une permission du tribunal.

Libération   Le syndic adresse une demande de libération au tribunal lorsqu'il a terminé l'administration de la faillite et que les **dividendes** (quote-parts des sommes provenant de la réalisation des biens d'un failli, attribuées à chacun des créanciers) ont été répartis entre les créanciers.

Créanciers

La *Loi sur la faillite* reconnaît plusieurs catégories de créanciers: les créanciers garantis, les créanciers privilégiés, les créanciers ordinaires et les créanciers différés.

En pratique, lors de l'émission d'une ordonnance de séquestre, les créanciers du failli nomment le syndic, car le tribunal tient compte de leurs recommandations à cet effet. De plus, dans le cas de la cession de biens, ils confirment ou destituent le syndic nommé par le séquestre officiel pour en nommer un autre à sa place.

Les créanciers peuvent en tout temps remplacer le syndic, et celui-ci est tenu de suivre leurs directives en autant qu'elles ne sont pas contraires à la loi.

Par le biais des inspecteurs à la faillite, les créanciers contrôlent et surveillent l'administration du syndic. Lors de la première assemblée des créanciers, ils doivent choisir parmi eux une ou plusieurs personnes susceptibles de servir le mieux leurs intérêts; ces personnes portent le nom d'inspecteurs. Le nombre d'inspecteurs dépend du nombre de créanciers et ne doit pas dépasser cinq (art. 38 L.F.).

Catégories

Créanciers garantis   Parmi tous les créanciers du failli, les **créanciers garantis** sont payés en premier lieu. En général, la faillite du débiteur ne les affecte pas ou très peu en raison des garanties qu'ils détiennent sur les biens du failli. Ces garanties prennent la forme d'hypothèque, de gage, de nantissement commercial ou de privilèges sur ses meubles ou immeubles. Le créancier garanti doit lui aussi remettre au syndic une preuve de sa réclamation, qui doit préciser le genre de créance de même que la nature de sa garantie.

Il est très rare que le syndic s'oppose à la réclamation d'un tel créancier et, sur preuve suffisante, il lui permet de réaliser sa garantie. Si la vente du bien rapporte plus que ce qui lui est dû, tout excédent doit être remis au syndic.

Exemple: Robert détient une hypothèque de 25 000 $ sur la résidence de Guy. Robert peut réaliser sa garantie pour se rembourser, mais si la vente de l'immeuble rapporte 30 000 $, il doit verser la différence de 5 000 $ au syndic, car cette somme fait partie de l'actif de la faillite. Si l'immeuble avait été vendu 20 000 $, il serait devenu créancier ordinaire dans la faillite pour le solde de 5 000 $.

Lorsqu'il y a plusieurs créanciers garantis, le paiement s'effectue selon l'ordre de priorité de leur garantie.

Créanciers privilégiés   Il s'agit ici des **créanciers privilégiés** au sens de la *Loi sur la faillite* et non de ceux qui détiennent des privilèges sur les meubles ou les immeubles du failli. Ils sont payés à même le produit de la vente de l'actif du failli, après les créanciers garantis.

L'article 107 de la loi les énumère selon leur ordre de priorité de paiement:

1. les frais de funérailles, si le failli est décédé;
2. les frais et honoraires du syndic;
3. les frais légaux;
4. les gages, salaires, commissions ou rémunérations de tout employé du failli, pour services rendus au cours des trois mois précédant la faillite, jusqu'à concurrence de 500 $ dans chaque cas;
5. les taxes municipales dues au cours des deux ans précédant la faillite;
6. le locateur, pour les trois mois de loyer dus avant la faillite et pour loyer reçu par anticipation pour une période de trois mois après la faillite, s'il y a droit en vertu du bail. Cependant, le montant total ainsi payable ne doit pas dépasser la somme réalisée par la vente des biens sur les lieux affectés par le bail;

7. toute dette contractée par le failli en vertu de la *Loi sur les accidents du travail et des maladies professionnelles*, de la *Loi sur l'assurance-chômage* ou des lois de l'impôt sur le revenu fédéral et provincial.

Ces créanciers sont payés d'après leur ordre de priorité. La règle veut que l'on paie intégralement une catégorie de créanciers avant de passer à la suivante. S'il ne reste plus d'argent, les créanciers ne sont pas payés. En principe, le statut de créancier privilégié n'assure pas le paiement de la créance.

Créanciers ordinaires (ou chirographaires) Les **créanciers ordinaires** ne détiennent aucune garantie sur les biens du failli. La majorité des créanciers d'une faillite commerciale appartiennent à cette catégorie. C'est le cas, par exemple, des fournisseurs du failli, qui bénéficient de 30 jours pour récupérer et revendiquer leurs marchandises vendues au failli.

En général, dans une faillite, les créanciers ordinaires ne sont jamais payés en totalité et, souvent, ils ne reçoivent rien du tout. Lorsqu'il y a paiement de dividendes aux créanciers ordinaires, les paiements se font au prorata de leurs créances respectives, comme c'était le cas pour le dépôt volontaire.

Créanciers différés Les **créanciers différés** sont des créanciers ordinaires qui ont des liens de parenté avec le failli. Ils ne sont payés qu'en dernier lieu, s'il reste de l'argent, lorsque tous les autres créanciers ont reçu leur quote-part.
Exemple : Juliette est mariée sous le régime de la séparation de biens et elle détient un contrat de mariage aux termes duquel son conjoint s'engage à lui faire une donation entre vifs de 5 000 $. Dans le cas où son mari fait faillite, elle peut présenter une réclamation au syndic et elle devient alors un créancier différé.

Libération du failli

L'un des principaux buts de la *Loi sur la faillite* est de libérer le débiteur malchanceux de ses dettes et de lui permettre de recommencer à neuf.

Dans le cas d'une faillite personnelle, le syndic présente une requête en libération devant la Cour supérieure entre le troisième et le douzième mois après la date de la faillite. Si la demande n'est contestée par aucun créancier, le registraire a juridiction pour l'accorder, sinon elle doit être entendue par un juge. Le tribunal a alors discrétion pour rendre l'ordonnance qu'il juge opportune dans les circonstances. La décision de la Cour peut revêtir l'une des formes suivantes :

— *libération absolue* : s'il s'agit d'un débiteur honnête mais malchanceux ;
— *libération suspendue* : le tribunal peut susprendre la libération du débiteur pendant une période qu'il juge convenable ;
— *libération conditionnelle* : comme condition à sa libération, le tribunal peut exiger du failli qu'il accomplisse certains actes, paie certaines sommes d'argent ou se conforme à toute autre condition.

Dans le cas de la faillite d'une compagnie, la loi stipule que celle-ci ne peut demander de libération, à moins d'avoir acquitté intégralement les réclamations de ses créanciers.

La libération n'est accordée par le tribunal qu'après l'étude du dossier du failli et du rapport du syndic, et après l'audition de tout créancier voulant s'y objecter.

Effets de la libération

L'article 148 stipule qu'une ordonnance de libération ne libère pas le failli:

— de toute amende imposée par un tribunal (infraction à une loi sur l'impôt);
— de toute dette pour pension alimentaire au conjoint;
— de toute dette résultant de fraude ou d'abus de confiance alors qu'il agissait en qualité de fiduciaire;
— de toute dette résultant de l'obtention de biens par détournement, fausses allégations, etc.;
— du paiement d'un dividende payable à un créancier non révélé au syndic, à moins que ce dernier n'ait été au courant de la faillite;
— de toute dette pour des marchandises fournies comme nécessités de la vie (nourriture, combustible, médicaments, etc.).

Une ordonnance de libération libère le failli de toutes autres réclamations prouvables en matière de faillite.

Proposition concordataire

La *Loi sur la faillite* prévoit également un moyen pour le débiteur insolvable d'éviter la faillite: la **proposition concordataire**. Elle peut être faite par une personne insolvable ou par un failli à ses créanciers.

Elle consiste pour le débiteur à demander à ses créanciers de réduire leur créance et à les rembourser en conséquence.

Exemple: Le président de Sport Québec ltée veut éviter la faillite à sa compagnie. Il convoque ses créanciers et leur déclare: «Si vous exigez le plein montant de vos créances, la compagnie devra déposer son bilan et faire cession de ses biens, et l'actif sera insuffisant pour vous rembourser. Je vous propose donc de réduire de 50% vos créances, et la compagnie vous fera des paiements échelonnés sur 6 mois. Après cette période, elle pourra payer ses achats au comptant». Dans la majorité des cas, les créanciers, et surtout les créanciers ordinaires, ont avantage à accepter une telle proposition, car, en cas de faillite, ils risquent de recevoir beaucoup moins, et souvent rien du tout.

En pratique, la procédure du concordat est très peu utilisée, les débiteurs préférant déclarer faillite. Mais, lorsqu'elle s'avère possible, nous croyons qu'il y aurait lieu de faciliter l'application du concordat.

Pour mettre en branle cette procédure, le débiteur insolvable doit s'adresser à un syndic et déposer entre ses mains une copie de la proposition indiquant les termes et les détails des garanties qu'il est prêt à offrir. Le syndic fait faire une estimation et une enquête concernant la situation du failli. Il doit en faire rapport à l'assemblée des créanciers convoquée par courrier recommandé au moins 10 jours avant l'assemblée. Pour être acceptée, la proposition doit être approuvée par résolution spéciale par le vote d'au moins les trois quarts en valeur des créanciers présents ou représentés à une assemblée et qui sont titulaires de réclamations prouvables en matière de faillite. De plus, la loi stipule que la proposition n'est valable que si elle est par la suite confirmée par le tribunal.

À partir du moment où elle est approuvée par le tribunal, la proposition lie tous les créanciers du débiteur insolvable, y compris ceux qui s'y sont opposés. Si la proposition est rejetée par les créanciers, le débiteur insolvable est réputé avoir fait faillite à la date de la proposition.

Résumé

Deux solutions s'offrent au débiteur insolvable pour éviter que tous ses biens ne soient saisis par ses créanciers et vendus aux enchères pour payer ces derniers: le dépôt volontaire et la faillite. Les articles 652 à 659 du Code de procédure civile de la province de Québec permettent à un débiteur de déposer volontairement la partie saisissable de son salaire au greffe de la Cour provinciale du district de sa résidence ou du lieu de son emploi, c'est la procédure du dépôt volontaire. Il doit d'abord s'inscrire au greffe et faire une déclaration assermentée indiquant notamment la liste de ses créanciers et les montants dus à chacun. La partie saisissable du salaire est calculée de la même façon que lors d'une saisie de salaire et le débiteur doit la déposer dans les cinq jours suivant le versement de son salaire. Le dépôt volontaire protège le débiteur contre les saisies de salaires et des meubles meublant sa résidence, de même que contre le congédiement arbitraire par son employeur. Les montants ainsi déposés sont accumulés et versés aux créanciers à tous les trois mois au prorata de leurs créances respectives. Si le débiteur cesse de déposer la partie saisissable de son salaire, il perd la protection que la loi lui accordait.

Le débiteur qui désire être libéré radicalement de toutes ses dettes peut déclarer faillite ou faire cession de ses biens. Par ailleurs, ses créanciers peuvent aussi le mettre en faillite: c'est la procédure de la faillite forcée ou ordonnance de séquestre. Dans le cas de la cession de biens, le débiteur qui a au moins 1000$ de dettes s'adresse directement au séquestre officiel qui examine sa demande. Dans le cas de faillite forcée, un ou plusieurs de ses créanciers présentent une requête de mise en faillite devant la Cour supérieure. Pour que celle-ci soit accordée, le débiteur doit avoir au moins 1000$ de dettes et avoir commis un acte de faillite dans les six mois précédant la faillite. Lorsqu'il est déclaré en faillite, le débiteur devient un failli et perd tous ses pouvoirs sur l'administration de ses biens. Un syndic est alors nommé pour administrer les biens du failli et les liquider pour finalement en distribuer le produit entre ses différents créanciers. Ces derniers doivent préalablement remettre au syndic une preuve de réclamation indiquant le montant de leur créance ainsi que la nature de celle-ci. Il existe quatre catégories de créanciers: les créanciers garantis qui détiennent des garanties spécifiques sur les biens du failli; les créanciers privilégiés au sens de la Loi sur la faillite; les créanciers ordinaires parmi lesquels on retrouve habituellement le plus grand nombre de créanciers du failli; et finalement, les créanciers différés qui ont des liens de parenté avec le failli. Un des buts de la *Loi sur la faillite* est la libération du failli. Celle-ci a pour effet de libérer le failli de toutes ses dettes à l'exception de celles prévues à l'article 148 de la loi. Finalement, la loi offre au débiteur insolvable la possibilité de faire une proposition concordataire à ses créanciers et d'éviter ainsi la faillite si cette proposition est acceptée.

Vocabulaire

Acte de faillite
Cession de biens
Créancier différé
Créancier garanti
Créancier ordinaire (ou
  chirographaire)
Créancier privilégié
Dividende
Dépôt volontaire
Faillite forcée

Faillite volontaire
Inspecteur
Ordonnance de séquestre
Paiement préférentiel
Preuve de réclamation
Proposition concordataire
Requête de mise en faillite
Séquestre officiel
Surintendant des faillites
Syndic

Questions

1. En quoi consiste le dépôt volontaire par un débiteur de la partie saisissable de son salaire?

2. De quelle protection jouit le débiteur qui se prévaut du service des dépôts volontaires?

3. Quelles différences faites-vous entre une cession de biens et une ordonnance de séquestre?

4. Énumérez les principaux actes de faillite.

5. Quel est le rôle du syndic dans la faillite?

6. Quel est le rôle des inspecteurs dans la faillite?

7. Quelles différences y a-t-il entre un créancier garanti, un créancier privilégié, un créancier ordinaire et un créancier différé?

8. Qu'entendez-vous par paiement préférentiel?

9. Qu'est-ce qu'une proposition concordataire et comment peut-elle lier les créanciers d'un débiteur insolvable?

10. À compter de quel moment un failli peut-il demander sa libération au tribunal? Expliquez votre réponse.

Cas pratiques

1. Lucie Faille est en faillite. Le syndic chargé d'administrer et de vendre ses biens a vendu tout ce qui lui était possible, et la vente a rapporté 14 500 $. Les créanciers de Lucie sont:

— M. J. Lemay, qui détient une hypothèque de 6 000 $ sur un immeuble vendu 5 000 $ par le syndic.
— Maurice Lavallée, un employé, à qui elle doit 2 500 $ pour 5 semaines de salaire.
— La Ville de Laval, à qui elle doit 3 000 $ d'arrérages de taxes pour les 3 dernières années, à raison de 1 000 $ par année.
— Claude Lavoie, son comptable, à qui elle doit 2 000 $ d'honoraires professionnels.
— Sa sœur Danièle, à qui elle doit 1 500 $.
— Jean Grandmaison, son locateur, à qui elle doit 4 mois de loyer, c'est-à-dire 2 400 $ à raison de 600 $ par mois; la vente des meubles meublants a rapporté 1 000 $.

Le syndic vous consulte et vous demande de préparer l'ordre de paiement de ces créanciers. Motivez votre réponse en indiquant dans quelle catégorie se classe chaque créancier.

2. Jean est un autre créancier de Lucie Faille. Il a omis de produire une preuve de réclamation au syndic après avoir reçu un avis de faillite. Il vous consulte, car Lucie lui doit 3 000 $. Il veut savoir s'il peut intenter une action contre Lucie, qui vient d'obtenir sa libération. Motivez votre réponse.

3. Dollard a reçu, il y a environ deux mois, 10 000 $ de son ami Benoît Letendre, qui vient de déclarer faillite. Au moment de ce paiement, Dollard n'ignorait pas les difficultés financières de son ami, mais devant son insistance à le payer, il a accepté ce montant.

Il vient de recevoir une lettre de mise en demeure du syndic le sommant de remettre cette somme dans les 5 jours, sinon des procédures judiciaires seront intentées contre lui. Il vous consulte pour savoir ce qu'il doit faire. Quels conseils pouvez-vous lui donner?

4. Johanne travaille depuis 3 mois comme vendeuse chez Denis Lavallée et Frères ltée. Son salaire hebdomadaire est de 270$. Elle a accumulé des dettes considérables:

Master Large	2 795$
Crédit Facile	1 810$
Caisse populaire Saint-Onésime (prêt personnel)	3 110$
Jacques (pour dommages causés à son automobile)	450$

Ses créanciers la poursuivent en justice et obtiennent jugement contre elle. Johanne vient vous consulter, car elle veut éviter que ses créanciers ne saisissent ses biens et elle ne veut pas déclarer faillite. Quels conseils pouvez-vous lui donner? Indiquez comment seront payés ses divers créanciers.

5. Pascal Duplessis vient vous consulter et il vous expose sa situation financière, qui est peu reluisante. En effet, il doit aux créanciers énumérés ci-dessous les sommes suivantes:

— 6 000$ à son ami Gratien Viens qui lui a prêté cette somme sur billet;
— 3 175$ à la Compagnie de Finance Sara-Porte inc.;
— 2 000$ à Lisette Théroux pour l'achat d'une voiture d'occasion;
— 925$ à son épicier, Gaston, pour achat de nourriture;
— 1 000$ à son voisin Pierre Désolé suite à un jugement que ce dernier a
    obtenu contre lui pour dommages causés par son chien Fido.

a) Pascal vous exhibe le bref de saisie-exécution obtenu contre ses biens meubles par Pierre Désolé et il vous demande de le conseiller. La vente des biens saisis est prévue pour la semaine prochaine et il veut savoir s'il peut éviter cette situation. Donnez-lui une explication détaillée.

b) Son salaire hebdomadaire est de 450$. Il est marié et son épouse et ses deux enfants sont à sa charge. Il veut savoir quelle est la partie saisissable de son salaire.

c) Finalement, il veut connaître la différence entre le dépôt volontaire et la cession de biens. Quelle solution préconisez-vous dans son cas? Motivez votre réponse.

Cinquième partie

L'entreprise et ses employés

Plan du chapitre 20

Les relations de travail

Les relations individuelles de travail
   Contrat individuel de travail
   Contrat d'entreprise
Les relations collectives de travail
   Partage juridictionnel de l'A.A.N.B.
   Droit d'association
   Accréditation
   Négociation collective
   Grève, lock-out et piquetage
   Convention collective
   Extension juridique des conventions collectives
La Loi sur les normes du travail (Loi 126)
   Normes du travail

Annexe

Les centrales syndicales au Québec

Appendice

Les lois importantes sur les pratiques de commerce

Lois du Québec
Lois du gouvernement du Canada

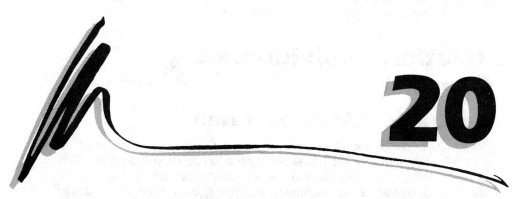

20

Les relations de travail

Objectifs

1. Connaître la nature du contrat individuel de travail.
2. Expliquer le contrat d'entreprise, en connaître le contenu et les causes d'extinction.
3. Exposer les recours prévus par la loi pour la partie ayant subi un préjudice à la suite de la mauvaise exécution ou de l'inexécution du contrat d'entreprise par l'autre partie.
4. Déterminer la juridiction du gouvernement fédéral et des provinces en matière de relations de travail.
5. Expliquer le principe du droit d'association et ses conséquences.
6. Définir l'accréditation et en connaître la procédure.
7. Nommer les organismes responsables de l'accréditation.
8. Commenter l'obligation de négocier que la loi impose aux parties.
9. Définir les notions de grève, lock-out et piquetage.
10. Connaître le contenu type d'une convention collective.
11. Exposer le mécanisme de règlement d'un grief.
12. Donner d'autres exemples de lois incidentes aux relations de travail.

Les relations individuelles et collectives de travail entre les citoyens au sein de la société québécoise sont régies, d'une part, par des dispositions générales contenues dans le Code civil et, d'autre part, par des dispositions particulières contenues dans le Code du travail du Québec, dans le Code canadien du travail et dans certaines lois incidentes aux relations de travail (*Loi sur les normes du travail, Loi des décrets de convention collective*, etc.). Tout ce bloc de législation constitue le **droit du travail**.

Originairement appelé «droit ouvrier», le droit du travail représente un secteur en expansion croissante. Son champ d'application ne touche plus seulement les ouvriers, mais presque tous les employés au Québec, y compris les fonctionnaires, les agriculteurs, les membres de professions libérales et scientifiques qui oeuvrent à titre de salariés. Il nous paraît donc essentiel pour tout employeur, travailleur, syndiqué ou non, de connaître le fondement juridique des principales lois qui président à ses activités professionnelles. C'est l'objectif général que vise le présent chapitre.

Les relations individuelles de travail

Contrat individuel de travail

Au Québec, selon une étude réalisée par le Centre de recherche et de statistiques du ministère du Travail sur la situation de la syndicalisation dans la province, les travailleurs couverts par une convention collective aux termes du Code du travail ne représentaient en 1984 que 27% de la population active. Si on ajoute à ces travailleurs, les employés syndiqués de l'industrie de la construction et ceux de la fonction publique fédérale au Québec qui ne tombent pas sous le coup du Code du travail du Québec, on obtient un taux global de syndicalisation de 32,9% pour l'année 1984. Tout le reste de la main-d'oeuvre, soit 67,1%, est donc composé de travailleurs non syndiqués. Ces travailleurs sont liés à un employeur par un contrat individuel, la plupart du temps verbal. Ce contrat énonce la durée, la nature de l'emploi et fixe la rémunération. De plus, le travailleur est assujetti à l'autorité de la personne qui l'embauche pour une période de temps plus ou moins longue.

Cette notion de subordination se traduit par l'assignation de tâches et fonctions d'un employeur à son employé. En effet, l'employeur peut exiger de l'employé l'exécution de tout travail sous la seule réserve du respect de l'ordre public et des bonnes moeurs.

Caractères

En plus des éléments énumérés ci-dessus, certains caractères propres au contrat en général se retrouvent dans le contrat individuel de travail.

Contrat d'adhésion   L'employé qui est partie à un contrat individuel de travail accepte l'ensemble des conditions fixées unilatéralement par l'employeur. Le plus souvent, il n'est pas question pour lui de négocier les conditions du contrat. Toutefois, certaines lois sociales protègent les travailleurs contre les abus grossiers, par exemple, en ce qui a trait au salaire minimum, de même qu'à la santé et la sécurité au travail.

Contrat personnel   L'employeur choisit l'employé en fonction d'opinions subjectives; l'employé doit effectuer l'ouvrage pour lequel on l'a embauché et être présent sur les lieux du travail. Dans les grandes entreprises, le choix des candidats se fait au moyen de critères de sélection plus impersonnels, ce qui tend à faire échec au caractère personnel du contrat.

Contrat à exécution successive   Les parties échelonnent leurs prestations dans le temps. Une des conséquences de ce caractère est que l'employé qui cesse de fournir la prestation de travail pendant une brève période ne peut exiger de rémunération pour cette période. Par ailleurs, la loi permet à l'employée de suspendre son travail en raison de grossesse et d'accouchement pour le reprendre à une date ultérieure.

Contenu

Obligations de l'employé   L'employé doit exécuter le travail pour lequel on a retenu ses services, conformément aux ordres de l'employeur. L'employé doit aussi s'identifier à l'entreprise; enfin, il a envers son employeur un devoir de loyauté. Le corollaire de cette obligation est l'exclusivité de travail pour le compte de l'entreprise, à l'intérieur des heures de travail prévues. Cette restriction ne l'empêche cependant pas de s'occuper ailleurs en dehors de ses heures de travail, à la condition de ne pas nuire à son emploi ni de faire concurrence à l'entreprise pour laquelle il travaille.

Obligations de l'employeur   L'employeur doit fournir à l'employé le travail et la rémunération convenus au moment de l'embauche. Ainsi, la nature du travail exigé de l'employé doit être conforme à celle définie au contrat. En plus du montant d'argent que l'employeur s'engage à verser périodiquement à l'employé, le salaire comprend certains avantages sociaux, tels les congés payés, les journées de maladie, etc.

Le salaire est versé personnellement à l'employé, soit au siège social de l'entreprise ou sur les lieux de son travail, à moins que l'employé n'ait donné ordre à l'employeur de verser son salaire à un mandataire de son choix ou directement dans son compte bancaire.

La loi oblige l'employeur à déduire du salaire de l'employé sa contribution à l'impôt sur le revenu, au régime d'assurance-chômage et au régime de rentes du Québec, mais il n'a pas le droit de prélever d'autres montants sans l'autorisation de l'employé.

L'employeur doit également veiller à ce que les lieux de travail répondent aux normes légales de santé et de sécurité. La *Loi sur les normes du travail* est très précise concernant ces obligations de l'employeur.

Exécution

Pour qu'il y ait exécution du contrat, l'employé doit fournir le travail exigé par l'employeur; en contrepartie, l'employeur lui versera une rémunération équivalente. Qu'il s'agisse d'un contrat à durée déterminée ou indéterminée, la loi prévoit certains recours contre la partie qui n'assumerait pas ses obligations.

Extinction

Le contrat individuel de travail prend fin soit par entente mutuelle, soit par force majeure (mort de l'employé ou du patron, vente de l'entreprise), soit par l'exécution fautive ou l'inexécution de la part de l'une des parties. Il existe d'autres modes d'extinction propres à ces contrats.

Contrat à durée déterminée   L'arrivée du terme met fin à ce type de contrat à moins que les parties continuent à respecter le contrat initial, sans renégocier de contrat. Le contrat est alors reconduit par entente tacite aux mêmes conditions.

Contrat à durée indéterminée   Lorsque l'une des parties donne un préavis à l'autre, le contrat s'éteint. De nombreux employeurs utilisent cette pratique et mettent à pied leurs employés sans raison valable dans bien des cas. Le Législateur a voulu restreindre l'aspect arbitraire de ce pouvoir de l'employeur en exigeant un préavis raisonnable et adapté à chaque cas particulier. Cette pratique oblige ainsi l'employeur à garder à son emploi un travailleur qui a assuré un travail continu pendant cinq ans, à moins qu'il n'ait commis une faute grave.

Recours en cas d'inexécution   Lorsqu'une des parties ne respecte pas ses obligations, il est possible pour l'autre de demander la rescision du contrat. Dans un tel cas, la partie lésée pourra exiger des dommages-intérêts ou l'exécution forcée en nature de l'obligation. Il est quasi impossible pour l'employeur d'exiger d'un employé qu'il exécute le travail qu'il se refuse à accomplir. En effet, un employeur ne peut forcer une personne à travailler pour son compte. Le seul recours qu'il puisse exercer, est une réclamation en dommages-intérêts, qui consite en une compensation pécuniaire pour le préjudice subi.

L'employé dispose de nombreux recours. Ainsi, il peut demander l'exécution en nature, en cas de congédiement illégal. Cette solution est peu appliquée dans les entreprises privées, mais elle est utilisée dans les grandes entreprises. Lorsque le salarié possède un contrat de travail à durée déterminée, il peut faire une réclamation de salaire *dans un délai de deux ans*. Lorsque le salarié est engagé pour une période indéterminée, le meilleur recours s'avère une réclamation en dommages-intérêts ou une réclamation de salaire *à l'intérieur du délai de prescription d'un an*.

Contrat d'entreprise

Caractères

Le **contrat d'entreprise** est celui en vertu duquel l'une des parties, l'entrepreneur, accepte d'exécuter un travail déterminé pour le compte de l'autre, le propriétaire, moyennant un prix convenu. À la différence du contrat individuel de travail, la notion de subordination entre les parties n'intervient pas dans ce genre de contrat. L'article 1666.3 du Code civil y fait allusion lorsqu'il traite du louage d'ouvrage des contracteurs et autres entrepreneurs de travaux suivant devis et marchés.

Le contrat d'entreprise affecte soit une chose mobilière, soit une chose immobilière. Il s'agit d'un contrat à caractère consensuel, synallagmatique, à titre onéreux et, dans bien des cas, innommé.

Contenu

Comme pour le contrat individuel, le contrat d'entreprise peut revêtir la forme verbale ou écrite. Avant sa conclusion, l'entrepreneur présente au propriétaire des offres ou soumissions. On assiste souvent à ce genre de contrats dans l'administration publique.

Prenons comme exemple le ministère des Transports qui fait un appel d'offre pour la construction d'une autoroute; il analysera les offres et choisira celle qui répond le plus à ses attentes, compte tenu des sommes d'argent dont il dispose pour financer le projet.

Cet appel d'offre est toujours conditionnel et l'appelant n'est aucunement obligé d'adjuger le contrat à un soumissionnaire en particulier, même s'il est le plus bas. Lorsqu'il s'agit d'appel d'offre gouvernementale, les règles de publicité doivent être suivies strictement afin de respecter le principe de la libre concurrence.

La plupart des contrats d'entreprise ont pour objet des travaux de construction; on les appelle **contrats par devis et marchés**. Le **devis** est un écrit indiquant le détail des travaux à exécuter, la nature des matériaux à utiliser dans la construction et les délais d'exécution. Ce document permettra à l'entrepreneur de fixer le prix pour la construction envisagée.

On peut retenir trois types de contrats:

Contrat moyennant une rémunération fixe   Dans ce genre de contrat, l'entrepreneur reçoit une somme globale fixée à l'avance pour son travail, par exemple 6 000$ s'il s'agit d'une construction de 60 000$. Le prix de la construction se calcule à partir du coût des travaux en y ajoutant une somme convenue. Il va de soi qu'en présence d'un tel contrat, l'entrepreneur a avantage à compléter les travaux le plus tôt possible, sinon il risque de voir augmenter le coût des travaux à son détriment.

Contrat à forfait   Il s'agit d'une convention aux termes de laquelle l'entrepreneur s'oblige à effectuer les travaux prévus aux plans et devis moyennant un prix fixé à l'avance d'une manière invariable. Ce prix tient compte des bénéfices de l'entrepreneur. L'article 1690 du Code civil précise que l'entrepreneur lié par un tel contrat ne peut demander aucune augmentation de prix sous prétexte de changement dans les plans ou d'augmentation de la main-d'oeuvre et des matériaux.

Dans le cas d'un petit entrepreneur, sa rémunération doit cependant être conforme aux exigences de base fixées par la *Loi sur les normes du travail* à laquelle il est assujetti.

Contrat au pourcentage   Ce type de contrat prévoit que l'entrepreneur sera payé sous la forme d'une commission calculée à partir du coût de la construction. Cette commission pourra varier de 5% à 10% selon le montant total des travaux. Un tel contrat permet au propriétaire d'apporter des ajouts ou des modifications aux plans initiaux en cours de construction, mais il sera tenu responsable de l'augmentation des prix, des retards, etc.

Le principal désavantage de ce type de contrat, c'est que le propriétaire ne peut prévoir le coût de la construction terminée. Il subit également les risques du hasard de la construction.

Le contrat d'entreprise comporte deux sections que l'on retrouve dans une formule générale préparée par l'Institut royal d'architecture du Canada (I.R.A.C.); il s'agit de la *convention* intervenue entre le client et l'entrepreneur et de ses *conditions générales*.

La convention fait état de l'objet du contrat, de la description et de l'emplacement de l'édifice à construire, d'une liste des plans et devis, du prix et du mode de paiement. Quant aux conditions générales, elles précisent l'organisation et le déroulement général des travaux: direction et surveillance du chantier, relations entre l'architecte, l'ingénieur et l'entrepreneur, assurances, etc.

Exécution

Obligations des constructeurs   Pendant la construction d'un édifice, des experts des divers secteurs se côtoient sur le chantier et unissent leurs efforts pour mener leur projet à terme. Chacun d'eux a un rôle précis à jouer et certaines responsabilités. Ainsi, l'architecte exécute les plans et devis qu'il soumet à l'approbation du propriétaire. Dans certains cas, il surveillera l'évolution des travaux et jouera le rôle de conseiller auprès du propriétaire quant au choix de l'entrepreneur.

L'ingénieur, pour sa part, doit faire des études de sol afin d'en vérifier la stabilité et la possibilité d'y ériger un édifice solide. Il s'occupe également des fondations, de la charpente et du côté mécanique de l'ouvrage. Finalement, l'entrepreneur doit construire l'édifice suivant les règles de l'art, en respectant les plans et devis de l'architecte.

D'une façon générale, on peut regrouper ainsi les obligations que la loi impose à ces différents spécialistes de la construction:

a) exécution des travaux selon les plans et devis;

b) livraison de l'édifice dans les délais fixés;

c) responsabilité en cas de perte de l'ouvrage avant la fin des travaux et jusqu'à ce que le propriétaire l'accepte, dans le cas où l'entrepreneur fournit les matériaux et se charge de faire tout l'ouvrage;

d) enfin, responsabilité de la perte de l'édifice en tout ou en partie, dans les cinq ans, par vice de construction ou vice du sol. Selon l'article 1688 du Code civil, l'architecte et l'entrepreneur encourent une responsabilité conjointe et solidaire en cas de perte partielle ou totale de l'édifice dans une telle situation.

Obligations du propriétaire   Le propriétaire doit faciliter aux constructeurs l'exécution des travaux convenus (fournir le terrain approprié, obtenir les permis nécessaires, etc.). Une fois l'oeuvre terminée, le propriétaire en prend livraison. En acceptant de recevoir l'ouvrage, le propriétaire est présumé considérer les travaux satisfaisants et conformes aux plans et devis prévus.

Son acceptation se concrétisera en versant aux constructeurs le prix fixé au contrat. Rappelons que l'ouvrier, le fournisseur de matériaux, le constructeur et l'architecte ont un privilège sur l'immeuble quant au paiement de leurs travaux. Par ailleurs, l'article 2260.6 du Code civil prévoit que le droit d'action sur les sommes dues aux constructeurs *se prescrit par cinq ans.*

Extinction

En plus de prendre fin par l'exécution des travaux, le contrat d'entreprise s'éteint pour une des causes communes aux obligations en général. D'une façon particulière, l'article 1691 du Code civil permet au propriétaire de *résilier unilatéralement* le contrat d'entreprise pour la construction d'un édifice en remboursant à l'entrepreneur les dépenses déjà engagées pour les travaux en cours et en lui versant des dommages-intérêts. La loi confère ce droit de nature spéciale au propriétaire qui verrait sa situation financière se dégrader ou ses responsabilités professionnelles ou familiales l'obliger à changer de ville, ce qu'il ne pouvait prévoir le jour de la signature du contrat. Ce droit unilatéral du propriétaire de résilier le contrat représente un certain risque pour l'entrepreneur; aussi, ce dernier peut-il exiger, lors de la signature du contrat, que le propriétaire y renonce.

Mentionnons en terminant qu'en vertu de l'article 1692 du Code civil, le contrat de louage d'ouvrage par devis et marchés ne se termine pas automatiquement par la mort des parties. Leurs représentants légaux sont tenus de l'exécuter. Pour ce qui est de l'ouvrier, la deuxième partie de l'article 1692 apporte l'atténuation suivante à cette règle:

Mais dans les cas où l'industrie et l'habileté de l'ouvrier étaient un motif qui ait engagé à contracter avec lui, arrivant son décès, celui qui l'avait engagé peut demander la résolution du contrat.

Les relations collectives de travail

Même si la majorité des travailleurs québécois sont régis par un contrat individuel de travail, de nombreux travailleurs adhèrent à des associations accréditées formant des *syndicats.* Dès lors, ils voient leurs conditions de travail établies dans un contrat écrit et négocié par leurs représentants avec l'employeur. Ce contrat porte le nom de **convention collective.**

Nous examinerons maintenant les règles de base qui président à la mise sur pied de ces associations de travailleurs, le mécanisme de négociation qui s'ensuit, pour atteindre ensuite l'étape finale, la signature d'une convention collective.

Partage juridictionnel de l'A.A.N.B.

L'Acte de l'Amérique du Nord britannique de 1867 n'est pas explicite en ce qui concerne le partage des compétences législatives en matière de relations de travail. Les articles 91 et 92 n'y font aucune allusion directe, ce qui a donné lieu à de nombreux conflits juridiques entre le gouvernement central et les provinces. Les tribunaux ont donc dû établir certaines règles relativement au partage de la compétence législative en la matière entre le Parlement du Canada et les provinces.

Compétence des provinces

La jurisprudence a reconnu la compétence des provinces en matière de relations collectives de travail, de même qu'en matière de relations individuelles. En effet, les tribunaux ont confirmé ce principe dans plusieurs arrêts dont les plus connus sont les suivants:

Toronto Electric Commissioners c. Snider et al, [1925] A.C. 396.

Dans cette affaire, le Conseil privé concluait à l'inconstitutionnalité de la *Loi fédérale des enquêtes en matière de différends industriels (loi Lemieux)* adoptée en 1907. Le plus haut tribunal de l'époque considérait que cette loi se rapportait directement aux droits civils des employeurs et des employés, matière relevant de la compétence exclusive des provinces en vertu du paragraphe 13 (propriété et droits civils) de l'article 92 de l'A.A.N.B.

La Cour suprême du Canada a maintenu une position identique, quelques mois plus tard, dans la cause *In the matter of Legislative Jurisdiction over Hour of Labor, [1925] S.R.C. 505,* où il s'agissait de déterminer si le gouvernement fédéral avait compétence pour adopter des lois en matière de limitation des heures de travail dans les entreprises pour exécuter ses engagements contractés par le Traité de Versailles relativement aux conventions et recommandations de la Conférence générale de l'organisation internationale du travail de Genève.

Agence Maritime Inc. c. Conseil canadien des relations ouvrières et al., [1969] S.R.C. 851, p. 860.

En résumé, ces arrêts établissent la compétence première des provinces pour réglementer les relations de travail en matière de propriété et de droits civils pour toutes les industries et entreprises situées sur leur territoire. Le Québec a utilisé cette compétence pour adopter, en 1964, une loi dont nous étudierons les grandes lignes et qui constituent le *Code du travail du Québec.*

Compétence du fédéral

Le pouvoir de légiférer du gouvernement fédéral touche le domaine des relations de travail de deux façons.

Pouvoir du gouvernement Dès 1890, la Cour suprême du Canada reconnaissait au gouvernement fédéral le pouvoir implicite de légiférer sur les relations de travail à l'égard des entreprises tombant sous sa juridiction en vertu de l'article 91 ou du paragraphe 10 de l'article 92 de l'A.A.N.B. Parmi ces entreprises, on retrouve entre autres les chemins de fer, les banques, les aéroports, les entreprises de transport interprovincial ou international.

On peut donc poser comme principe que, dès qu'une activité de l'employeur relève de la juridiction du gouvernement fédéral, toutes les relations de travail se rattachant à cette activité tombent elles-mêmes sous le coup de la législation fédérale. Ainsi, lorsqu'il s'agit d'une entreprise fédérale, les relations employeurs-employés sont régies par le Code canadien du travail.

Effets incidents de certaines législations   En adoptant diverses législations sous l'un ou l'autre de ses titres de compétence, le gouvernement fédéral est susceptible d'affecter des situations de relations de travail d'une façon ou d'une autre.

Par exemple, l'application de diverses dispositions du Code criminel dans des cas de conflits de travail :

a) liberté syndicale (art. 382);

b) réglementation du piquetage (art. 381);

c) sabotage (art. 52);

d) méfait (art. 387).

Droit d'association

L'article 3 du Code du travail du Québec sanctionne le principe suivant :

> [...] tout salarié a droit d'appartenir à une association de salariés de son choix et de participer à la formation de cette association, à ses activités et à son administration.

Afin de rendre ce principe vraiment efficace, le Législateur a prévu des mesures protectrices envers le salarié syndiqué ou ayant l'intention de le devenir; il s'agit des articles 12 et suivants du Code du travail.

L'article 12 du Code du travail reprend le principe de la liberté d'association du salarié mentionné à l'article 3 en interdisant à tout employeur, à toute personne agissant pour un employeur ou à toute association d'employeur de s'ingérer dans une association de salariés. La domination ou le financement par l'employeur d'une association de salariés constitue des exemples d'ingérence.

Certaines pratiques sont interdites en vertu des articles 15 à 20 du Code du travail; elles touchent le salarié congédié, suspendu ou déplacé par l'employeur en raison de ses activités syndicales. Ainsi, un salarié victime d'une telle pratique peut déposer une plainte par écrit dans les 15 jours de son congédiement, de sa suspension ou de son déplacement auprès du commissaire général du travail qui désigne un commissaire du travail pour faire enquête et disposer de la plainte (art. 16 C.T.).

S'il reconnaît le droit à la plainte, le commissaire du travail peut ordonner à l'employeur de réintégrer ce salarié dans son emploi avec tous ses droits et privilèges dans les huit jours de la signification de la décision et de lui verser le salaire dont il a été privé.

Accréditation

Définition

L'accréditation d'un groupement de salariés constitue la pierre angulaire du régime de négociation collective. En effet, une association de salariés qui désire en arriver à une entente avec un employeur se doit de franchir au préalable l'étape de l'**accréditation**, c'est-à-dire la reconnaissance juridique de sa représentativité.

Si le privilège de l'accréditation confère des droits, il comporte également des devoirs. La procédure qui entoure l'octroi de l'accréditation comporte des exigences particulières auxquelles doit se soumettre le syndicat requérant.

Statut de salarié et exclusions

Salarié   Le droit à la syndicalisation s'étend à la catégorie de personnes employées à titre d'exécutants pour l'accomplissement d'un travail donné. Le salarié est donc soumis à la *subordination juridique* d'un employeur qui fournit le travail.

Cette définition requiert des éclaircissements car elle suscite certains problèmes d'interprétation. Ainsi, il est parfois difficile d'établir le statut d'un employé qui participe jusqu'à un certain degré à des prises de décision ou qui exerce certaines fonctions à caractère confidentiel. Toute personne qui travaille pour un employeur moyennant une rémunération et qui n'exerce pas une fonction de direction et de gestion représente un **salarié** au sens de l'alinéa *l* de l'article 1 du Code du travail et a droit, de ce fait, d'appartenir à un syndicat. Le fait qu'un salarié ait du personnel sous ses ordres ne l'exclut pas du groupe de salariés. Pour établir son statut, il faut vérifier si ce salarié possède un *pouvoir exclusif* sur ses subalternes, qui peut se traduire par l'engagement, le congédiement ou les réprimandes ; s'il doit s'en remettre à une autorité supérieure pour prendre une décision finale, cet employé possède le statut de salarié.

Aussi, rencontre-t-on diverses unités d'accréditation regroupant des salariés de tous les milieux. Par exemple, on retrouve des syndicats d'employés de la construction côtoyant des syndicats de professionnels. Ce n'est donc pas la nature du travail, mais *plutôt la fonction de direction ou la notion de subordination au sein de l'entreprise-employeur qui détermine le statut de salarié.*

Exclusions   En règle générale, on ne reconnaît pas le droit d'accréditation aux personnes qui assument une autorité qui leur est propre sur le personnel ni aux personnes exclues de la catégorie des salariés par le même alinéa de l'article 1 du Code du travail. Ces personnes sont les surintendants, contremaîtres ou représentants de l'employeur, les administrateurs d'une corporation, les fonctionnaires du gouvernement dont l'emploi est d'un caractère confidentiel, les procureurs de la Couronne et les membres de la Sûreté du Québec.

L'exclusion touche également les petits entrepreneurs indépendants. Ces travailleurs ne peuvent se syndiquer, car ils ne représentant pas des salariés au sens du Code. La prestation monétaire qu'ils reçoivent implique une *chance de profit* ou un *risque de perte* et vient à l'encontre de la définition du salarié qui reçoit une prestation fixée à l'avance en retour de son travail.

Organismes responsables

Commissaire général du travail   Le **commissaire général du travail** assume une fonction administrative et exerce des juridictions exclusives. Il reçoit les requêtes et les dossiers qui lui sont adressés en vertu du Code du travail et les achemine aux agents d'accréditation ou aux commissaires du travail. Il a le pouvoir de décerner les certificats d'associations de salariés. Il est assisté, dans ses fonctions, par un commissaire général adjoint.

Agent d'accréditation   L'**agent d'accréditation** examine les requêtes en accréditation des associations de salariés non encore accréditées dont l'a saisi le commissaire général du travail et, si les formalités sont respectées, il accrédite le syndicat requérant. L'agent d'accréditation qui rejette une requête ou l'accorde à certaines conditions doit faire un compte rendu au commissaire général du travail qui, à son tour, transmet le dossier à un commissaire du travail. À la demande du commissaire du travail, l'agent d'accréditation tient un scrutin et fait des enquêtes; il vérifie les dossiers. La décision rendue par un agent d'accréditation est sans appel, mais elle est révisable ou révocable sous certaines conditions énumérées à l'article 28 du Code du travail.

Commissaire du travail   Le travail du **commissaire** débute au moment de la réception du rapport de l'agent d'accréditation. Il confie à ce dernier la responsabilité des enquêtes et des recherches ayant pour objet de s'assurer du caractère représentatif d'une association. Il décide enfin d'accorder, de révoquer ou de réviser toute décision rendue antérieurement par l'agent d'accréditation. Il assume également un rôle quasi-judiciaire de première instance en rendant des décisions concernant les congédiements, suspensions ou mutations de salariés présumément congédiés pour activités syndicales. Les commissaires du travail doivent avoir certaines notions juridiques de façon à pouvoir étayer leurs jugements d'arguments solides.

Tribunal du travail (art. 118 C.T.)   Cet organisme composé d'un juge en chef et de juges de la Cour provinciale possède une double juridiction: de première instance et d'appel.

En première instance, il reçoit les plaintes concernant la confidentialité des fonctionnaires, les mesures disciplinaires, et s'occupe de toute poursuite pénale intentée en vertu du Code du travail.

En appel, il reçoit les dossiers pour lesquels une décision qui termine une affaire a été rendue par un commissaire ou par le commissaire général du travail. Le jugement rendu par ce tribunal est sans appel, sauf s'il s'agit d'une matière pénale.

Les derniers amendements au Code du travail confèrent au Tribunal du travail, et plus particulièrement à son juge en chef, un rôle additionnel. Ce rôle consiste à nommer les membres des deux comités formés lors du renouvellement des conventions collectives des secteurs publics et parapublics. Ces deux comités visent, d'une part, à renseigner le public quant au déroulement des négociations et, d'autre part, à assurer le maintien des services essentiels.

Ministre   C'est le ministre du Travail qui veille à l'application du Code du travail, à l'exception des règles propres au Tribunal du travail qui, lui, relève du ministre de la Justice. Le ministre du Travail reçoit les avis de négociations, de grève et de lock-out. À la demande des parties engagées dans des négociations, il désigne les conciliateurs; il nomme également les membres du conseil d'arbitrage lors du règlement d'un différend. Il est habilité aussi à nommer un arbitre de griefs, le cas échéant. Enfin, tout salarié qui désire porter plainte contre son syndicat en raison de la négligence grave ou de la mauvaise foi de ce dernier à l'occasion d'un congédiement ou d'une sanction disciplinaire, peut le faire auprès du ministre dans les six mois. Le ministre nomme alors un enquêteur qui tente de régler la plainte à la satisfaction de l'intéressé et de l'association accréditée.

Conseil canadien des relations de travail (C.C.R.T.)   Sur le plan fédéral, l'organisme administratif habilité à traiter des questions propres aux relations de travail est le Conseil canadien des relations de travail. Ce tribunal cumule, à lui seul, la plupart des fonctions exercées par chacun des organismes provinciaux. Il décerne donc les certificats d'accréditation aux syndicats qui en font la demande, et révoque certaines accréditations lorsque leurs conditions ne sont pas conformes au Code canadien du travail.

Il conduit des enquêtes, agit à titre de médiateur, reçoit les plaintes et se prononce sur la légalité ou l'illégalité d'une grève ou d'un lock-out. Il peut même, lorsqu'il y a impasse entre les parties, fixer les termes d'une première convention collective. Il est possible d'interjeter appel d'une décision du Conseil devant la Cour fédérale.

Procédure

En 1964, le Code du travail reconnaissait le principe de l'accréditation. Les associations reconnues entreprenaient alors les formalités d'usage pour légaliser leurs statuts. Ce nouveau régime ne place cependant pas les associations non accréditées dans l'illégalité; elles continuent d'exister, mais leur existence repose sur des assises instables et de faibles moyens. Une association de salariés qui demande l'accréditation ne regroupe que des salariés et ne s'administre que par ses membres. L'employeur n'intervient pas dans l'administration et ne participe à aucune activité du syndicat formé. Il appartient donc à l'association de faire la preuve de son indépendance vis-à-vis de l'employeur.

Seule une association de salariés peut présenter une requête en accréditation. Aux termes de l'article 1 a du Code du travail, une association de salariés constitue:

> [...] un groupement de salariés constitué en syndicat professionnel, union, fraternité ou autrement et ayant pour buts l'étude, la sauvegarde et le développement des intérêts économiques, sociaux et éducatifs de ses membres et particulièrement la négociation et l'application de conventions collectives.

L'association accréditée jouit du monopole de représentation des salariés tant actuels que futurs compris dans le groupe mentionné.

L'article 22 du Code du travail stipule que l'accréditation peut être demandée *en tout temps*, à l'égard d'un groupe de salariés qui n'est pas représenté par une association accréditée. Toutefois, en vertu de l'article 40 du Code du travail, si l'association requérante s'est déjà vue refuser l'accréditation par un commissaire du travail, elle ne peut présenter une nouvelle requête que trois mois après la date du rejet.

Première accréditation L'association ayant tenu ses séances de recrutement et obtenu la majorité absolue des salariés (50 % + 1)[1], devra faire parvenir une requête au commissaire général du travail. La requête décrit le groupe que le syndicat entend représenter et porte la signature des représentants mandatés pour engager les procédures d'accréditation. C'est l'agent d'accréditation qui effectue les vérifications quant au caractère représentatif de l'association et à son droit à l'accréditation; il examine également les livres et archives de l'association. Si toutes les formalités sont remplies, l'agent d'accréditation accorde l'accréditation demandée.

Toutefois, lorsque l'agent la refuse, il fait connaître les motifs de son désaccord au commissaire général du travail qui remet le dossier à un commissaire du travail. Ce dernier reprend les vérifications et pousse davantage les recherches pour tenter de régler la situation, puis il accorde ou refuse l'accréditation. Si l'association essuie un nouveau refus, elle peut porter cette décision en appel au Tribunal du travail qui rendra une décision finale et sans appel.

---

1. Par ailleurs, les récentes modifications apportées au Code du travail permettent à une association représentant entre 35 % et 50 % d'un groupe de salariés d'obtenir l'accréditation à certaines conditions (art. 28, al. *b*, C.T.).

Renouvellement d'accréditation Lorsqu'une association jouit déjà d'une reconnaissance juridique en vertu du Code du travail, et qu'une association rivale désire représenter cette unité d'accréditation, c'est au commissaire du travail que le commissaire général du travail remet la requête. Deux cas peuvent alors se présenter: celui où l'association accréditée n'a pas encore conclu de convention collective et celui où une convention collective est déjà en vigueur.

Si le syndicat n'a pas conclu de convention collective, l'alinéa *c* de l'article 22 du Code du travail mentionne que l'accréditation peut être demandée par un groupe de salariés, six mois après l'expiration des délais prévus pour le droit à la grève ou au lock-out (soit 90 jours après la réception par le ministre de la copie de l'avis de négociation). Il apparaît ici que l'intention du Législateur est de permettre à un syndicat rival de présenter une requête en accréditation par suite de l'inaction du syndicat en place.

Quant à l'association accréditée qui a conclu une convention collective, elle ne peut en aucune façon faire de démarches en vue de devenir membre d'une autre association ou de s'y affilier, sauf dans les 90 jours précédant la date d'expiration ou de renouvellement de la convention (art. 73 C.T.). D'autre part, une association rivale ne peut faire de requête en accréditation pour remplacer l'association existante, sauf du 90ᵉ ou 60ᵉ jour précédant la date d'expiration d'une convention collective ou de son renouvellement, ou l'expiration d'une sentence arbitrale en tenant lieu (art. 22 *d* C.T.). C'est ce que l'on appelle la période de **maraudage**. Avant d'octroyer l'accréditation, il appartient au commissaire du travail de vérifier si les conditions d'accréditation ont été remplies par l'association requérante et de s'enquérir de son caractère représentatif (art. 28 C.T.).

Négociation collective

Obligation des parties

Lorsqu'une association de salariés a reçu son accréditation et que l'on a déterminé l'unité de négociation, l'employeur et l'association entament le processus de négociation. Ce processus débute par l'envoi, au moins huit jours avant la date de la rencontre, d'un avis écrit à l'employeur par l'association accréditée; cet avis doit préciser la date, l'heure et le lieu où ses représentants seront prêts à rencontrer l'autre partie en vue de la conclusion d'une convention collective.

Les parties ont le devoir de négocier *avec diligence et de bonne foi*, c'est-à-dire de ne pas faire volontairement échec aux négociations (art. 53 C.T.). Après avoir reçu l'avis prescrit par la loi, tout employeur qui contrevient à ses obligations vis-à-vis d'une association de salariés dûment accréditée, commet une infraction et est passible d'une amende variant de 100$ à 1000$ par jour.

Il s'établit donc un rapport de force entre l'employeur et le syndicat à partir duquel seront déterminées les conditions de travail des salariés. Le Code du travail prévoit qu'à toute phase des négociations, l'une ou l'autre des parties peut demander au ministre de désigner un **conciliateur** pour les aider à en venir à une entente (art. 54 C.T.). Le rôle essentiel du conciliateur est de tenter un rapprochement entre les parties en leur proposant de faire des concessions mutuelles; le conciliateur ne décide pas des termes d'une entente pour les parties, mais il essaie plutôt de les convaincre. Mentionnons que le ministre peut, à toute phase des négociations, nommer d'office un conciliateur. À la fin de sa conciliation, le conciliateur fait rapport au ministre.

L'entente intervenue sans heurt aboutit à la signature de la convention.

Échec des négociations

Lorsque les parties qui négocient une convention ne peuvent arriver à une entente en raison des conflits d'intérêts qui les séparent et qu'elles semblent se diriger vers l'impasse, on se trouve alors en présence d'un **différend**. Le différend se définit donc comme une mésentente relative à la négociation ou au renouvellement d'une convention collective. À ce stade, un conciliateur peut toujours intervenir pour régler le différend. En cas d'échec, dans les conflits importants, le ministre peut désigner un **médiateur** qui recommande les termes d'une entente après avoir étudié les positions réciproques des parties. La recommandation du médiateur ne lie cependant pas les parties qui peuvent l'accepter librement ou la rejeter. Cette étape n'affecte en rien le droit des parties de recourir à la grève ou au lock-out.

Ces étapes franchies, si le différend n'est pas réglé et que les parties sont toujours dans l'impasse, elles ont alors le choix entre: l'*arbitrage*, la *grève* ou le *lock-out*.

L'article 74 du Code du travail stipule «qu'un différend est soumis à un conseil d'arbitrage sur demande écrite adressée au ministre par les parties». Un **conseil d'arbitrage** est toujours composé de trois membres étrangers au litige. Ces personnes peuvent être choisies par chaque partie ou, à défaut, par le ministre. La sentence du conseil doit être rendue dans les 60 jours de la nomination du président et doit être motivée. La sentence d'un conseil d'arbitrage tient lieu de convention collective et lie les parties pour tout au plus deux ans.

La procédure du conseil d'arbitrage est obligatoire dans tout différend impliquant une municipalité et ses policiers ou ses pompiers, car le droit de grève n'est pas reconnu à ces derniers.

La grève ou le lock-out en cours lors de la nomination d'un conseil d'arbitrage prend fin à compter du moment où les parties en sont informées.

Grève, lock-out et piquetage

Grève et lock-out

La **grève** est un arrêt de travail complet par un groupe de salariés lorsque toutes les procédures de négociation ont échoué. Le **lock-out** est le refus de l'employeur de fournir du travail à ses employés dans le but de les forcer à régler le conflit le plus rapidement possible. Le droit à la grève ou au lock-out est acquis 90 jours après la réception par le ministre de l'avis de négociation ou, si aucun avis n'a été donné, 90 jours après la date d'expiration de la convention.

Aux termes de l'article 20.2 du Code du travail:

Une grève ne peut être déclarée qu'après avoir été autorisée au scrutin secret par un vote majoritaire des membres de l'association accréditée qui sont compris dans l'unité de négociation et qui exercent leur droit de vote.

L'association doit informer ses membres au moins 48 heures avant la tenue du scrutin.

La partie qui déclare une grève ou un lock-out doit faire parvenir au ministre un avis à cet effet dans les 48 heures, en lui indiquant le nombre de salariés compris dans l'unité de négociation concernée.

Les salariés à l'emploi des services publics doivent remplir une formalité additionnelle en expédiant au ministre un avis d'au moins huit jours avant le moment du déclenchement de la grève. Si la grève ainsi déclenchée risque de mettre en danger la santé et la sécurité du public, le gouvernement constitue une commission d'enquête pour lui faire rapport et, le cas échéant, il entame devant la Cour supérieure des procédures d'injonction pour mettre fin à la grève.

En plus de la grève proprement dite, il existe différentes formes de ralentissement de travail non prévues par le Code; il s'agit des grèves du zèle, des grèves perlées et des grèves tournantes. La **grève du zèle** consiste à appliquer méticuleusement toutes les consignes de travail en vue de bloquer les activités d'une entreprise; la **grève perlée** vise à interrompre l'activité d'une entreprise par des ralentissements de travail à une phase ou à un stade de la production; la **grève tournante** se fait par catégorie de salariés d'une même unité; chacune d'elles arrête de travailler successivement.

Soulignons qu'une personne conserve son statut de salarié même si elle a cessé de travailler par suite d'une grève ou d'un lock-out; cette personne demeure toujours à l'emploi de son employeur et elle peut recouvrer son emploi à la fin de la grève ou du lock-out.

Briseurs de grève (loi anti-scabs) (art. 109.1 C.T.)

En 1977, le gouvernement du Québec a modifié le Code du travail en adoptant une loi mieux connue sous le nom de *Loi anti-briseurs de grève* (anti-scabs). En vertu de cette loi, il est interdit à l'employeur, au cours d'une grève légale ou d'un lock-out légal ou illégal, d'utiliser les services de personnes pour remplir les fonctions des travailleurs en grève ou en lock-out, lorsque ces personnes ont été embauchées entre le jour où l'avis de négociation a été donné et la fin de la grève ou du lock-out.

Il ne peut également utiliser les services de travailleurs qui font partie de l'unité de négociation en grève ou en lock-out. La sanction prévue pour la contravention à cet article est une amende maximum de 1000$ par jour.

En dépit de cette loi, le Code permet à l'employeur d'utiliser les moyens nécessaires pour éviter la destruction ou la détérioration grave de ses biens

Figure 20.1   La grève du zèle consiste à appliquer méticuleusement toutes les consignes de travail en vue de bloquer les activités d'une entreprise.

meubles ou immeubles. Ces moyens doivent viser uniquement à la conservation des biens et non à la continuation de biens ou services.

Piquetage

Le **piquetage** est une des manifestations concrètes de la grève. Il se traduit par la présence d'une ou de plusieurs personnes nommées **piquets**, qui sont réunies le plus souvent devant leur lieu de travail, et qui tentent de sensibilier d'autres travailleurs au conflit de travail qui les oppose à leur employeur.

Dans la mesure où le piquetage respecte le droit de propriété de l'employeur et le droit à la liberté de travail des personnes qui ne sont pas impliquées dans le conflit, il peut être considéré comme légal. Le piquetage illégal serait celui qui viserait à l'obstruction systématique des lieux de l'employeur et qui ferait appel à la violence, aux menaces et à l'intimidation. L'employeur, victime d'une telle forme de piquetage, serait bien fondé de présenter une requête en injonction à la Cour supérieure pour y mettre fin.

Convention collective

Objet et contenu

Le Code du travail définit la convention collective comme «une entente écrite relative aux conditions de travail conclue entre une ou plusieurs associations accréditées et un ou plusieurs employeurs ou associations d'employeurs». La convention collective est le couronnement des négociations entre les parties. Seule l'association accréditée a le pouvoir de signer une convention collective avec l'employeur au nom des employés qu'elle représente.

Cette convention lie tous les salariés actuels ou futurs visés par l'accréditation; elle lie aussi l'employeur et son entreprise en dépit des transformations juridiques que cette dernière peut subir (vente, concession, fusion, etc.).

L'article 72 du Code du travail stipule qu'une convention collective ne prend effet qu'à compter de son dépôt au bureau du commissaire général du

Tableau 20.1 Tableau des délais d'avis (tiré d'un dépliant du Service des communications du ministère du Travail et de la Main-d'oeuvre du Québec — Avril 1978).

Délais					
1. Avec avis au ministre					
A. Association nouvellement accréditée	Date de l'accréditation	Avis	90 jours de négociation	Droit de grève ou de lock-out est acquis	
B. Association accréditée	Date de l'accréditation	Avis	90 jours de négociation	Droit de grève ou de lock-out est acquis	
2. Sans avis au ministre					
A. Association nouvellement accréditée	Date de l'accréditation	90 jours de négociation	Avis réputé envoyé	90 jours de négociation	Droit de grève ou de lock-out est acquis
B. Association accréditée	Date d'expiration de la convention collective		90 jours de négociation	Droit de grève ou de lock-out est acquis	

travail et elle a alors un effet rétroactif à la date de sa signature ou de son entrée en vigueur prévue.

La durée d'une convention collective est d'au moins un an et d'au plus trois ans; si sa durée n'est pas précisée, elle est présumée être en vigueur pour un an (art. 65 et 66 C.T.).

Une convention collective peut contenir toute disposition établissant les conditions de travail des salariés pourvu qu'elles ne soient pas contraires à l'ordre public ni prohibées par la loi. Habituellement, une convention collective comprend deux catégories de clauses: les **clauses** dites **à incidence monétaire** et les **clauses à caractère normatif**.

Les premières touchent les salaires: échelle, indexation, heures de travail, description d'emploi, etc.; ces clauses regroupent également les avantages sociaux: vacances, congés payés (de maladie, de maternité, de mortalité, de perfectionnement), les assurances collectives (salaire, maladie, invalidité, vie), les caisses de retraite, etc.

Les secondes ont trait aux relations entre le syndicat et l'employeur et aux modalités d'application du régime syndical: prélèvent de la cotisation syndicale, sécurité d'emploi, critères d'embauche, licenciement des salariés, liberté d'action syndicale, mesure de santé et de sécurité au travail, règlement de griefs, etc.

Règlement des griefs

Pendant la durée de la convention collective, il arrive que les parties ne réussissent pas à s'entendre en ce qui concerne l'interprétation et l'application d'une clause particulière. Le Code du travail désigne ces mésententes du nom de **griefs**. Les griefs les plus fréquents portent surtout sur l'interprétation des clauses d'ancienneté, sur les heures de travail, sur la classification et sur les avantages sociaux; les congédiements ou les suspensions d'employés pour cause injuste font également l'objet de griefs. La plupart des conventions collectives prévoient un mode d'arbitrage pour régler ces griefs; sinon le grief est déféré à un arbitre choisi par l'association accréditée et l'employeur ou, à défaut d'accord, nommé par le ministre (art. 100 C.T.). La sentence arbitrale est *sans appel et lie les parties*.

Extension juridique des conventions collectives

Au Québec, les relations de travail se déroulent principalement à deux niveaux. Le premier est celui du régime fixé par le Législateur et dont l'objet principal est la détermination de conditions minimales de travail par le biais de la *Loi sur les normes du travail*; l'autre est celui que se fixent eux-mêmes les employeurs et les salariés par le biais de la convention collective.

Il existe cependant un troisième régime mixte qui constitue un mélange des deux premiers en ce sens qu'il prolonge certaines dispositions d'une convention collective en les appliquant aux travailleurs d'un même secteur d'activité, même si ces travailleurs ne font pas partie d'une association reconnue au sens de la loi. Cette prolongation trouve son application dans la *Loi des décrets de convention collective* et vise à normaliser les conditions de travail de ces salariés.

Loi des décrets de convention collective

L'extension juridique des conditions d'une convention collective ne peut être envisagée que par les parties à une convention. Ainsi, les parties peuvent adresser une requête au ministre ; la demande expose les motifs qui justifient une telle prolongation. Le service des décrets fait une enquête et, s'il n'y a pas d'objection majeure, le ministre accorde la requête et le décret de prolongation en publiant un avis dans la *Gazette officielle du Québec*. Les dispositions du décret visent surtout les salaires, les avantages sociaux, l'horaire de travail et les congés payés.

Le décret s'applique à tout salarié ou employeur compris dans le secteur d'activité et dans le territoire couvert par le décret ; tout contrat individuel de travail ou toute convention collective offrant au salarié des conditions de travail moins avantageuses que celles offertes par le décret est nul.

Le Législateur a confié l'administration de la *Loi des décrets de convention collective* à un organisme qu'on désigne du nom de **comité paritaire**. Sa composition peut être fort variée, mais il doit toujours y avoir égale représentation entre employeurs et salariés. À titre d'exemples, voici quelques comités paritaires au Québec avec leur secteur d'activités :

Nom du comité paritaire	Secteur d'activités
Comité paritaire de l'industrie de l'automobile de Montréal et du district	automobile
Comité paritaire des coiffeurs pour hommes de Montréal	coiffure (masculine)
Comité paritaire de l'industrie du meuble de Québec	meubles
Comité paritaire des distributeurs de pain de la région de Montréal	distributeurs de pain
Comité paritaire du vêtement pour dames	vêtements féminins
Comité paritaire des agents de sécurité pour la région de Québec	agents de sécurité

Les travailleurs de la construction et leurs employeurs sont régis par un décret particulier : le décret relatif à l'industrie de la construction dans le Québec, adopté en vertu de la *Loi des relations du travail dans l'industrie de la construction* (1968, chap. 45).

Depuis juin 1980, il existe au sein du ministère du Travail un Service des décrets qui a pour but l'évaluation des requêtes en extension juridique des nouvelles conventions collectives, les projets d'amendements et d'abrogation des décrets. Ce Service fait les recommandations appropriées aux autorités ministérielles et gouvernementales en vue d'améliorer l'application et l'administration des décrets, et d'élaborer des politiques et procédures concernant la gestion, la liquidation et la mise en tutelle des comités paritaires[2].

Avec l'adoption de la *Loi sur les normes du travail*, un certain nombre de dispositions contenues dans les décrets prévoient des conditions de travail inférieures à celles de la loi. Aussi est-il devenu impérieux pour le Législateur de réviser la *Loi des décrets* et d'y insérer les clauses des différentes lois qui viennent en concurrence avec elle.

---

2. *Le Journal du travail*, décembre 1980.

La Loi sur les normes du travail (loi 126)

La loi 126 sur les normes du travail, sanctionnée le 22 juin 1979, a remplacé l'ancienne *Loi du salaire minimum*. Elle s'applique à tous les salariés syndiqués ou non du Québec. Elle a permis à notre province d'éliminer un peu du recul qu'elle accusait par rapport aux législations de ses partenaires. Nous nous contenterons ici de dégager les caractéristiques principales de cette loi.

La loi s'applique au salarié québécois quel que soit l'endroit où il exécute son travail et à tout employeur dont la résidence, le domicile ou l'entreprise se trouve au Québec.

Elle crée un organisme appelé la *Commission des normes du travail* dont le rôle est énoncé à l'article 5 de la loi de la façon suivante:

— informer et renseigner la population sur les normes du travail;
— en surveiller l'application et transmettre des recommandations au ministre;
— indemniser les salariés dans les cas prévus par la loi et les règlemens;
— dédommager les salariés dans les cas de faillite de l'employeur.

Les normes de travail sont fixées directement par la loi dans la plupart des cas et par règlements du gouvernement dans les autres cas.

Normes de travail

Le salaire minimum est toujours fixé par le gouvernement au moyen de règlements.

La semaine normale de travail est fixée à 44 heures, sauf dans les cas où elle est fixée de façon différente par règlement du gouvernement. Le travail exécuté en sus de la semaine normale de travail doit être rémunéré à taux majoré de 50%, c'est-à-dire à 150% du salaire horaire habituel du salarié.

L'article 60 prévoit six jours fériés et chômés; le 1er janvier, le 25 décembre, et quatre autres jours fixés par règlement du gouvernement. Il ne s'applique pas aux salariés visés dans une convention collective ou un décret qui contiennent au moins six jours fériés, chômés et payés en sus de la fête nationale.

Il y a lieu de signaler que la *Loi sur la fête nationale*, L.Q. 1978, chap. 5, ajoute un septième jour de congé chômé et payé, soit le 24 juin.

Un salarié acquiert progressivement le droit au *congé annuel* durant une période de 12 mois consécutifs, du 1er au 30 avril, sauf si une convention ou un décret fixe une autre date. Le congé se calcule de la façon suivante: un jour ouvrable par mois de service; après un an, un minimum de deux semaines; après 10 ans, un minimum de trois semaines.

En vertu de l'article 74, l'*indemnité de vacances* du salarié est fixée à 4% de son salaire brut durant l'année de référence s'il compte moins de 10 années de service continu. S'il compte plus de 10 années de service continu, cette indemnité est haussée à 6%. Le salarié qui a été absent pour cause de maladie, accident, congé de maternité, doit recevoir une pleine indemnité.

Le salarié a droit à un *repos hebdomadaire* d'une durée minimale de 24 heures consécutives. Il bénéficie aussi de certains autres congés à l'occasion de la naissance de son enfant, de son mariage ou du décès d'un des membres de sa famille.

Dans un contrat de travail à durée indéterminée, un salarié qui compte au moins trois mois de service continu chez le même employeur a droit à un *préavis écrit* avant son licenciement. Ce préavis est:

— d'une semaine après moins d'un an de service continu;

— de deux semaines, pour un an à cinq ans de service continu;
— de quatre semaines, pour 5 ans à 10 ans de service continu;
— de huit semaines, pour 10 ans ou plus.

Ces dispositions de la loi ne s'appliquent pas aux cadres.

Si le salarié ne reçoit pas de préavis, l'employeur doit lui verser une indemnité compensatrice égale au salaire qu'il aurait touché pour une période équivalente à celle du préavis. En cas de faute grave du salarié, l'employeur peut être dispensé du préavis.

À l'expiration du contrat de travail, un salarié peut exiger que son employeur lui délivre un **certificat de travail** faisant état *exclusivement* de la nature et de la durée de son emploi, du début et de la fin de l'exercice de ses fonctions ainsi que du nom et de l'adresse de l'employeur. Le certificat ne peut faire état de la qualité du travail ou de la conduite du salarié (art. 84).

Une certaine *sécurité d'emploi* s'offre désormais à l'employé qui compte cinq ans et plus de service continu chez un même employeur. En effet, il appartiendra à l'employeur de prouver qu'il a congédié l'employé pour une cause juste et suffisante. Cette procédure comporte donc la possibilité pour le salarié d'être réintégré dans son emploi.

La disposition d'une convention ou d'un décret qui déroge à une norme du travail est nulle de plein droit (art. 93).

La loi prévoit pour le salarié les *recours civils* suivants: réclamation du salaire impayé, recours à l'encontre d'un congédiement illégal et recours en dommages-intérêts en cas de faillite de l'employeur.

Résumé

Le droit du travail est réglementé par le Code civil, le Code du travail du Québec, le Code canadien du travail et par un certain nombre de lois incidentes aux relations de travail. Environ 60% de la main-d'oeuvre est composée de travailleurs non syndiqués. Ces travailleurs sont liés à un employeur par un contrat individuel. Les caractères particuliers de ce type de contrat sont: un contrat d'adhésion, un contrat personnel et un contrat à exécution successive. Le contenu du contrat définit les obligations de l'employé et ceux de l'employeur. Le contrat individuel prend fin, entre autres, par entente mutuelle, par force majeure, par l'exécution fautive ou par l'inexécution de l'une des parties.

Le contrat d'entreprise est celui en vertu duquel l'une des parties, l'entrepreneur, accepte d'exécuter un travail déterminé pour le compte de l'autre, le propriétaire, moyennant un prix convenu. Le propriétaire procède habituellement par appel d'offres. On peut retenir trois types de contrats: contrat moyennant une rémunération fixe, contrat à forfait et contrat au pourcentage. Chacune des parties assume des obligations précises. Le contrat s'éteint par la fin des travaux.

Les travailleurs qui adhèrent à des associations accréditées formant des syndicats voient leurs conditions de travail établis dans un contrat que l'on appelle convention collective. Cette dernière comprend des clauses à incidence monétaire et des clauses à caractère normatif. Tout salarié a le droit d'appartenir à une association de salariés de son choix et de participer à la formation de cette association, à ses activités et à son administration. L'accréditation est la reconnaissance juridique de la représentativité d'un groupe de salariés. Un certain nombre d'organismes sont responsables de l'accréditation des groupes de salariés: le commissaire général du travail, l'agent d'accréditation, le commissaire du travail, le Tribunal du travail, le ministre du Travail et le Conseil canadien des relations de travail.

Il est important de respecter la procédure appropriée selon que l'on vise une première accréditation ou un renouvellement d'accréditation. En période de négociation collective, les parties ont l'obligation de négocier avec diligence et de bonne foi et peuvent demander un conciliateur pour les aider à en venir à une entente. Si les négociations échouent, un médiateur peut être nommé pour régler le différend. Si les parties sont toujours dans l'impasse, elles peuvent recourir à l'arbitrage, à la grève ou au lock-out. Une des manifestations concrètes de la grève est le piquetage.

La *Loi des décrets de convention collective* régit certains domaines d'activités; ce sont les comités paritaires qui l'administrent. La *Loi sur les normes du travail* réglemente le salaire minimum, les heures de travail, les jours fériés, les congés annuels, les indemnités de vavances, les repos hebdomadaires, les préavis, etc.

Vocabulaire

Accréditation
Agent d'accréditation
Certificat de travail
Clause à caractère normatif
Clause à incidence monétaire
Comité paritaire
Commissaire
Commissaire général du travail
Conciliateur
Conseil d'arbitrage
Contrat d'entreprise
Contrat par devis et marchés
Convention collective
Devis

Différend
Droit du travail
Grève
Grève du zèle
Grève perlée
Grève tournante
Grief
Lock-out
Maraudage
Médiateur
Piquet
Piquetage
Salarié

Questions

1. Énumérez et expliquez trois caractères propres au contrat individuel de travail.

2. De quels recours dispose l'employé en cas de non-respect de ses obligations de la part de l'employeur?

3. Quels sont les trois principaux types de contrat d'entreprise? Donnez-en les caractéristiques.

4. Expliquez en quoi consiste l'accréditation?

5. Sur quels critères se fonde le statut de salarié?

6. Quelle est la juridiction du Tribunal du travail?

7. Énumérez les fonctions du Conseil canadien des relations de travail (C.C.R.T.).

8. Exposez la procédure requise pour présenter une requête en accréditation.

9. Que veut dire l'expression: «négocier avec diligence et bonne foi» dont fait mention l'article 53 du Code du travail?

10. Quand une partie peut-elle faire appel à un conciliateur et, le cas échéant, quel est son rôle?

11. Énumérez les catégories de salariés à qui le Code interdit de faire la grève.

12. À quelles conditions, le piquetage peut-il être considéré comme légal ?

13. Donnez la définition de la convention collective.

14. Établissez la distinction entre le grief et le différend.

15. En quoi consiste la prolongation juridique des conditions d'une convention collective ?

16. Quel est le rôle d'un comité paritaire ? Donnez-en des exemples.

17. Quelle protection la *Loi sur les normes du travail* accorde-t-elle au travailleur en cas de faillite de l'employeur ?

18. Aux termes de la *Loi sur les normes du travail*, qu'entend-on par certificat de travail ?

19. En vertu de la *Loi sur les normes du travail*, que peut faire un salarié qui croit avoir été congédié sans motif suffisant après 5 ans de services continus chez un même employeur ?

20. Quel est le rôle de la Commission des normes du travail ?

Cas pratiques

1. Un employeur veut obtenir une injonction pour limiter le nombre de piqueteurs devant son usine. À quel tribunal s'adressera-t-il ? Si sa demande est rejetée, pourra-t-il se pourvoir en appel de la décision du premier juge ?

2. Dites, avec motifs à l'appui, si les personnes suivantes sont des salariés au sens du Code du travail du Québec, et si elles ont le droit d'appartenir à un syndicat :

a) l'adjoint au directeur du personnel d'une compagnie de transport aérien ;

b) le contremaître d'un chantier de construction ;

c) l'employé d'une compagnie qui détient un certain nombre d'actions dans la compagnie et qui y travaille à titre de magasinier ;

d) le garde du corps d'un ministre du gouvernement du Québec ;

e) la secrétaire du directeur du Service des ressources humaines d'une compagnie, qui manipule des documents confidentiels dans l'exécution de son travail, et qui a accès aux dossiers de tous les employés.

3. a) Les employés de la compagnie Néant ltée, au nombre de 100, décident de former un syndicat. Trois groupes d'employés s'affrontent, un premier représentant la S.C.N., un second représentant la T.F.Q. et enfin, un troisième qui ne veut pas entendre parler d'un syndicat.

Le premier groupe comprend 41 % des employés de la compagnie, le second 48 % et le troisième 11 % des employés. Les deux premiers groupes présentent une requête en accréditation et le Commissaire du travail accorde l'accréditation au groupe de la T.F.Q.

Le premier groupe, celui de la S.C.N., conteste cette accréditation et veut prendre des procédures pour en appeler de la décision.

Les représentants du troisième groupe vous consultent et vous indiquent que le propriétaire de la compagnie fourni une somme de 5 000 $ au groupe de la T.F.Q. pour les encourager, et qu'ils ont reçu des menaces de brutalité de ce groupe s'ils ne votaient pas pour eux.

Ils désirent eux aussi faire annuler l'accréditation. Existe-t-il des irrégularités dans le présent cas ? Quels sont les possibilités de recours ?

b) À supposer que le Tribunal du travail révoque l'accréditation, et que les employés du groupe de la S.C.N. et du troisième groupe se joignent pour demander une nouvelle accréditation:

i) sera-t-elle accordée ?

ii) le propriétaire de la compagnie ayant congédié 10 employés de leur groupe pour activités syndicales, ils vous demandent quels sont leurs recours et s'ils peuvent entre autres faire la grève avant d'être accrédités.

4. La convention collective des employés de soutien de l'Université du Peuple se termine le 1er mai 1986 et le syndicat, agent négociateur des salariés régis par un certificat d'accréditation émis le 10 février 1983 par le ministre du Travail et de la Main-d'oeuvre, désire négocier avec l'employeur en vue du renouvellement de ladite convention.

a) Le syndicat peut-il obliger l'employeur à négocier avec lui le renouvellement de la convention collective qui arrive à échéance ? Pourquoi ?

b) En vertu du Code du travail, quelle procédure le syndicat doit-il suivre pour forcer l'employeur à négocier, le cas échéant ?

c) Durant la période de négociation, les autorités de l'Université prévoyant un nombre record d'inscriptions d'étudiants pour la session d'été, désirent prolonger de 5 heures la durée de la semaine régulière de travail de certains employés à raison d'une heure par jour sans augmenter pour autant leur salaire régulier. En a-t-elle le droit ? Justifiez votre réponse.

d) Après avoir été dûment enjointe de négocier avec le syndicat, l'Université ne se présente pas à quelques reprises à la table de négociation sous prétexte que les représentants syndicaux sont tous des «marxistes» avec lesquels elle refuse de négocier. Est-elle en droit d'agir ainsi ? Quelles peuvent être les conséquences de ses agissements ?

e) Les négociations se poursuivent depuis plus d'un mois, et le syndicat n'espère plus maintenant qu'elles puissent être complétées dans un délai raisonnable. Que peut alors faire le syndicat à ce stade ? Expliquez en détail.

f) Les négociations se trouvant toujours dans l'impasse, quels recours s'offrent finalement aux parties ?

5. Bruno Lafortune est employé par la Compagnie Duroc ltée. Le 24 février 1986, il devient membre de la Fédération des travailleurs en pierre concassée, association accréditée la veille comme représentante des salariés de cette compagnie. Le 5 mars 1986, il est congédié par son employeur, sans qu'on lui dise pourquoi.

Aujourd'hui, il vous consulte pour connaître ses droits. Conseillez-le.

Les centrales syndicales au Québec[3]

Il y a quatre centrales syndicales au Québec: la C.S.N., la F.T.Q., la C.E.Q. et la C.S.D.

C.S.N.: Confédération des syndicats nationaux

Centrale syndicale canadienne fondée à Hull en 1921 sous le nom de Confédération des travailleurs catholiques du Canada (CTCC). Elle venait grouper à ce moment un bon nombre de syndicats confessionnels dont les premiers remontaient au tout début du XXe siècle. La CTCC s'était donné pour objectif d'implanter un mouvement syndical fondé sur l'enseignement social de l'Église catholique, en particulier les principes énoncés dans l'encyclique Rerum Novarum. Cette centrale qui compte la très grande majorité de ses adhérents dans la province de Québec, a abandonné graduellement son statut confessionnel et, en 1960, a modifié ses statuts en prenant le nom de Confédération des syndicats nationaux. «Constituée de syndicats, de conseils centraux, de fédérations qui sont autonomes dans le domaine de leur compétence respective, elle entend lutter pour la création de structures sociales, économiques, politiques et culturelles qui garantissent l'épanouissement intégral de l'homme et de tous les hommes». La C.S.N. est affiliée à la Confédération mondiale du travail (CMT).

---

3. Le texte est tiré du *Dictionnaire canadien des relations du travail* de Gérard Dion.

F.T.Q. : Fédération des travailleurs du Québec

Centrale syndicale détenant une charte du Congrès du travail du Canada pour représenter les affiliés québécois de cet organisme auprès des pouvoirs publics au Québec et s'occuper de leurs intérêts généraux. La F.T.Q. est née en 1957 de la fusion de la Fédération du travail du Québec, qui était affiliée au Congrès des métiers et du travail du Canada, et de la Fédération des unions industrielles du Québec qui était affiliée au Congrès canadien du travail après que les deux centrales canadiennes eurent formé le Congrès du travail du Canada. La F.T.Q. est composée des sections locales des syndicats nationaux et internationaux affiliés au C.T.C., des organisations régionales, des conseils du travail et des unités locales à charte directe du C.T.C. Il est à noter que les sections locales des syndicats internationaux, n'étant pas toutes obligées de s'affilier à la F.T.Q., le Congrès du travail du Canada possède plus de membres dans le Québec que la F.T.Q. Formée de groupements autonomes, la F.T.Q. est la succursale du Québec du C.T.C. Elle possède les pouvoirs que lui consent la centrale canadienne en assumant et faisant siennes «les particularités du Québec et les aspirations des travailleurs québécois dans les limites des politiques établies par le C.T.C.»

C.E.Q. : Centrale de l'enseignement du Québec

Organisme qui, en vertu d'une loi spéciale, fut créé en 1946 sous le nom de la Corporation générale des instituteurs et des institutrices catholiques de la province de Québec; cette loi permettait le regroupement de la Fédération des institutrices rurales (1937), la Fédération des instituteurs ruraux (1939) et la Fédération des instituteurs et institutrices des cités et villes du Québec (1942). En 1953, les fédérations provinciales ont fait place à des fédérations diocésaines et les instituteurs et institutrices sont regroupés dans de mêmes syndicats locaux correspondant aux commissions scolaires catholiques. En 1959, à la suite d'une modification de la loi, l'adhésion des enseignants du secteur public à la C.I.C. devient automatique et obligatoire et les contributions, déduites à la source, sont remises à la C.I.C. C'est en 1967 que la C.I.C. change son nom en celui de Corporation des enseignants du Québec (C.E.Q.). En 1972, cet organisme opta définitivement pour le syndicalisme, modifia ses structures internes en conséquence et devint une centrale syndicale comme son nom l'indique d'ailleurs. Les syndicats et les fédérations négociaient des conventions collectives de travail jusqu'en 1967 alors que le gouvernement du Québec, par une loi spéciale, a imposé une seule négociation au niveau provincial, système qui est en vigueur depuis et qui s'est étendu à d'autres secteurs parapublics. Enfin, en 1974, afin de pouvoir représenter tout le personnel oeuvrant dans l'enseignement au Québec, le groupement a modifié ses statuts et pris le nom de Centrale de l'enseignement du Québec.

C.S.D. : Centrale des syndicats démocratiques

Groupement syndical fondé au Québec en 1972 à la suite d'une scission effectuée au sein de la C.S.N.

Figure 20.2   Sigles des différentes centrales syndicales du Québec et du Conseil du patronat du Québec.

Les lois importantes sur les pratiques de commerce

Pour terminer le présent traité d'initiation au droit des affaires québécois, il nous a semblé utile de citer et de commenter brièvement certaines lois du Québec et du gouvernement du Canada dont nous n'avons pu intégrer le contenu dans les différents chapitres en raison du caractère particulier qu'elles revêtent; pour les gens d'affaires, la connaissance de ces lois n'en demeure pas moins importante pour la gestion efficace de leur entreprise.

Lois du Québec

Loi sur les heures d'affaires des établissements commerciaux

Les amendements à la *Loi sur les heures d'affaires des établissements commerciaux* sont en vigueur au Québec depuis le 15 août 1984. La loi détermine les heures d'ouverture et de fermeture, les jours de semaine et les jours fériés d'un établissement commercial au détail exploité au Québec, à l'exception de certains commerces particuliers.

Ainsi, les commerces ne peuvent admettre de clients avant 8h30 et après 18h, le lundi, le mardi et le mercredi. Par ailleurs, ces commerces peuvent ouvrir leurs portes le jeudi et le vendredi jusqu'à 21h et le samedi jusqu'à 17h. Dorénavant, la loi prévoit l'interdiction d'ouvrir un établissement commercial le dimanche. Il est à noter que la *Loi du dimanche*, vieille loi fédérale remontant à 1907, est administrée par le gouvernement du Québec, selon les règles établies pour l'administration de la *Loi sur les heures d'affaires des établissements commerciaux*. Les commerces doivent fermer leur porte toute la journée du 2 janvier, et les 24 et 31 décembre, ils doivent cesser leurs activités une heure plus tôt, soit à 17h.

Toutefois, ces dispositions ne s'appliquent pas aux établissements qui font le commerce d'objets d'artisanat, d'oeuvres d'art (livres, tableaux, etc.), de piscines, de monuments funéraires ou de coopératives scolaires. Échappent également à ces normes légales les commerces qui emploient un maximum de trois personnes ou plus. Tout contrevenant à la loi est passible d'amendes ne dépassant pas 5 000 $.

Loi sur les matériaux de rembourrage et les articles rembourrés

La *Loi sur les matériaux de rembourrage et les articles rembourrés* vise à assurer aux consommateurs que les matériaux et les articles utilisés aux fins du rembourrage répondent à certaines normes d'hygiène et de qualité. En effet, toute personne qui fait le commerce des meubles, des vêtements, des jouets, etc., doit veiller à ce que chacun des articles vendus porte l'étiquette réglementaire spécifiant les caractéristiques des matériaux de rembourrage, sous peine de s'en voir interdire la vente par un inspecteur du ministère de l'Industrie, du Commerce et du Tourisme du Québec.

Loi sur la qualité de l'environnement

La *Loi sur la qualité de l'environnement* couvre de nombreux secteurs d'activités. Par exemple, ses dispositions interdisent de propager dans l'environnement toute substance contaminante «susceptible de porter atteinte à la vie, à la santé, à la sécurité, au bien-être ou au confort de l'être humain, de causer du dommage ou de porter autrement préjudice à la qualité du sol, à la végétation, à la faune ou aux biens.»

Toute personne qui exploite une industrie qui risque d'entraîner des émanations de contaminants de nature à altérer la qualité de l'environnement doit, au préalable, obtenir un certificat d'autorisation du ministère de l'Environnement.

La qualité de l'atmosphère, la gestion des déchets, les carrières, les rejets d'eaux usées, etc., constituent également autant de domaines réglementés par le Législateur québécois.

Loi assurant l'exercice des droits des personnes handicapées

Adoptée en 1978, la *Loi assurant l'exercice des droits des personnes handicapées* a créé l'Office des personnes handicapées du Québec (OPHQ). L'OPHQ a pour fonction de veiller à la coordination des services dispensés aux personnes handicapées, de promouvoir leurs intérêts et de favoriser leur intégration scolaire, professionnelle et sociale.

En vertu de cette loi, tout propriétaire d'immeuble assujetti à la *Loi sur la sécurité des édifices publics* ou à la *Loi sur les établissements industriels et commerciaux*, mais non assujetti au Code du bâtiment doit proposer au ministère de l'Habitation et de la protection du consommateur, un plan de développement ayant pour objet d'assurer l'accessibilité de son immeuble aux personnes handicapées. Il appartient au ministre d'établir par règlement les immeubles qui tombent sous le coup de cette loi. À compter de la date d'approbation de son plan par le Ministère, le propriétaire d'un immeuble dispose de trois ans pour le rendre accessible à toute personne handicapée.

Loi sur la protection du territoire agricole

La *Loi sur la protection du territoire agricole* a été adoptée par l'Assemblée nationale en 1978 et a donné naissance à la Commission de protection du territoire agricole du Québec, organisme chargé de veiller à son application. Certaines dispositions de cette loi déterminent les régions du Québec reconnues comme zones agricoles. Dans les limites de ces zones, nul ne peut, sans en obtenir l'autorisation, exploiter un lot à toute autre fin que l'agriculture, le diviser ou le partager. Notons aussi que la loi interdit la coupe des érables d'une érablière et l'enlèvement du sol arable pour fin de vente, à moins d'avoir obtenu préalablement une autorisation à cet effet. Toute demande d'autorisation doit toujours être adressée à la Commission et être accompagnée des renseignements pertinents.

Loi sur la sécurité dans les édifices publics

Afin de protéger les usagers des édifices publics, la *Loi sur la sécurité dans les édifices publics* oblige le propriétaire à maintenir en bon état d'usage des sorties, des systèmes d'alarme, un éclairage d'urgence, et de nombreux autres dispositifs de sécurité dans ce type d'établissement.

Toute construction, modification ou changement de destination exigeant davantage de solidité d'un édifice public doit recevoir l'approbation du ministère de l'Habitation et de la Protection du consommateur. En ce qui concerne la santé et la sécurité des travailleurs à l'emploi de propriétaires d'édifices publics ou d'établissements commerciaux, elles relèvent de la Commission de la santé et de la sécurité du travail.

Lois du gouvernement du Canada

Les droits de la propriété intellectuelle sont protégés par diverses lois fédérales, dont voici les principales:

— Loi sur les brevets;
— Loi sur les marques de commerce;
— Loi sur le droit d'auteur;
— Loi sur les dessins industriels ou identifications visuelles commerciales.

Loi sur les brevets

Un **brevet** garantit à un inventeur que sa création lui appartient et qu'il possède le droit exclusif d'exploitation de sa découverte au Canada pour une période de 17 ans. Les brevets d'invention sont émis par le gouvernement du Canada aux termes de la *Loi sur les brevets* à ceux qui en font la demande par l'intermédiaire de bureaux spécialisés dans ce genre de travail.

Loi sur les marques de commerce

Une **marque de commerce** est un mot, un symbole ou toute autre désignation utilisée par les sociétés pour identifier leurs produits. Au Canada, la *Loi sur les marques de commerce* oblige les entreprises à enregistrer leur marque de commerce et exerce un contrôle afin que les entreprises concurrentes n'utilisent pas une désignation déjà réservée. Ce droit est valable pour une période de 15 ans et peut être renouvelé indéfiniment.

Loi sur le droit d'auteur

Un **droit d'auteur** est un droit exclusif pour son détenteur de produire ou de reproduire une oeuvre artistique (livres, photos, disques, films, publicité, logiciels, etc.). Ce droit est sanctionné par la *Loi sur le droit d'auteur*, administrée par Consommation et Corporation Canada. «Le titulaire d'un droit d'auteur devient le seul à pouvoir autoriser une autre personne à diffuser l'oeuvre, notamment par la publication, la représentation, la traduction ou la radio-télécommunication[1].»

Loi sur les dessins industriels ou identifications visuelles commerciales

Un **dessin industriel** est une décoration originale qui identifie de façon précise un article ou un produit. Le droit exclusif de l'emploi de ce dessin dans tout le Canada est sanctionné par la *Loi sur les dessins industriels ou identifications visuelles commerciales*. Ce droit est valable pour une durée de cinq ans, et il ne peut être renouvelé que pour une seule période subséquente de cinq ans.

Loi relative aux enquêtes sur les coalitions

La *Loi relative aux enquêtes sur les coalitions* «vise à interdire certaines pratiques nuisibles au commerce afin de maximiser la production, la distribution et l'emploi grâce à la libre concurrence. Par exemple, la loi condamne les pratiques de fixation concertée des prix de revente, la discrimination en matière de prix et les rabais malhonnêtes. Elle prohibe également les fusions et les monopoles nuisibles à l'ensemble de la population ainsi que la publicité trompeuse ou mensongère. Au besoin, un organisme créé par cette loi, la Commission des pratiques restrictives du commerce, ouvre des enquêtes et effectue des recherches en vue de mettre un frein à certaines pratiques nuisibles à la libre concurrence[2].»

Loi sur les aliments et drogues, Loi sur les normes des produits agricoles, Loi sur l'inspection du poisson

Les trois lois précitées «ont pour objet la salubrité, la classification, la normalisation et la composition des aliments et des drogues[3].»

---

1. De Billy, H., «La juste part des créateurs», *Justice*, novembre 1982, p. 12.

2. Boone, Kurtz, Lessard & Roy, *L'entreprise d'aujourd'hui, structure et dynamique*, Montréal, Les Éditions HRW ltée, 1983, p. 410.

3. *Ibid.*, p. 410.

Loi sur les poids et mesures

La *Loi sur les poids et mesures* «fixe les unités de mesure officielles des poids et mesures utilisés au Canada et contrôle l'utilisation des instruments de pesage et de mesurage. Cette même loi oblige, par exemple, les entreprises canadiennes à modifier progressivement leur unité de mesure et à utiliser dorénavant le Système international d'unités (SI)[4].»

Loi sur l'emballage et l'étiquetage des produits de consommation

La *Loi sur l'emballage et l'étiquetage des produits de consommation* «oblige les fabricants d'appareils électroménagers à apposer sur leurs produits une étiquette 'EnerGuide' indiquant aux utilisateurs le taux de consommation mensuelle en kilowatt-heures de leurs appareils[5].»

---

4. *Ibid.,* p. 411.

5. *Ibid.,* p. 411.

CHARTE CANADIENNE DES DROITS ET LIBERTÉS

Attendu que le Canada est fondé sur des principes qui reconnaissent la suprématie de Dieu et la primauté du droit :

Garantie des droits et libertés

1. La *Charte canadienne des droits et libertés* garantit les droits et libertés qui y sont énoncés. Ils ne peuvent être restreints que par une règle de droit, dans des limites qui soient raisonnables et dont la justification puisse se démontrer dans le cadre d'une société libre et démocratique.

Libertés fondamentales

2. Chacun a les libertés fondamentales suivantes : a) liberté de conscience et de religion; b) liberté de pensée, de croyance, d'opinion et d'expression, y compris la liberté de la presse et des autres moyens de communication; c) liberté de réunion pacifique; d) liberté d'association.

Droits démocratiques

3. Tout citoyen canadien a le droit de vote et est éligible aux élections législatives fédérales ou provinciales. **4.** (1) Le mandat maximal de la Chambre des communes et des assemblées législatives est de cinq ans à compter de la date fixée pour le retour des brefs relatifs aux élections générales correspondantes. (2) Le mandat de la Chambre des communes ou celui d'une assemblée législative peut être prolongé respectivement par le Parlement ou par la législature en question au-delà de cinq ans en cas de guerre, d'invasion ou d'insurrection, réelles ou appréhendées, pourvu que cette prolongation ne fasse pas l'objet d'une opposition exprimée par les voix de plus du tiers des députés de la Chambre des communes ou de l'assemblée législative. **5.** Le Parlement et les législatures tiennent une séance au moins une fois tous les douze mois.

Liberté de circulation et d'établissement

6. (1) Tout citoyen canadien a le droit de demeurer au Canada, d'y entrer ou d'en sortir. (2) Tout citoyen canadien et toute personne ayant le statut de résident permanent au Canada ont le droit : a) de se déplacer dans tout le pays et d'établir leur résidence dans toute province; b) de gagner leur vie dans toute province. (3) Les droits mentionnés au paragraphe (2) sont subordonnés : a) aux lois et usages d'application générale en vigueur dans une province donnée, s'ils n'établissent entre les personnes aucune distinction fondée principalement sur la province de résidence antérieure ou actuelle; b) aux lois prévoyant de justes conditions de résidence en vue de l'obtention des services sociaux publics. (4) Les paragraphes (2) et (3) n'ont pas pour objet d'interdire les lois, programmes ou activités destinés à améliorer, dans une province, la situation d'individus défavorisés socialement ou économiquement, si le taux d'emploi dans la province est inférieur à la moyenne nationale.

Garanties juridiques

7. Chacun a droit à la vie, à la liberté et à la sécurité de sa personne; il ne peut être porté atteinte à ce droit qu'en conformité avec les principes de justice fondamentale. **8.** Chacun a droit à la protection contre les fouilles, les perquisitions ou les saisies abusives. **9** Chacun a droit à la protection contre la détention ou l'emprisonnement arbitraires. **10.** Chacun a le droit, en cas d'arrestation ou de détention : a) d'être informé dans les plus brefs délais des motifs de son arrestation ou de sa détention; b) d'avoir recours sans délai à l'assistance d'un avocat et d'être informé de ce droit; c) de faire contrôler, par *habeas corpus*, la légalité de sa détention et d'obtenir, le cas échéant, sa libération. **11.** Tout inculpé a le droit : a) d'être informé sans délai anormal de l'infraction précise qu'on lui reproche; b) d'être jugé dans un délai raisonnable; c) de ne pas être contraint de témoigner contre lui-même dans toute poursuite intentée contre lui pour l'infraction qu'on lui reproche; d) d'être présumé innocent tant qu'il n'est déclaré coupable, conformément à la loi, par un tribunal indépendant et impartial à l'issue d'un procès public et équitable; e) de ne pas être privé sans juste cause d'une mise en liberté assortie d'un cautionnement raisonnable; f) sauf s'il s'agit d'une infraction relevant de la justice militaire, de bénéficier d'un procès avec jury lorsque la peine maximale prévue pour l'infraction dont il est accusé est un emprisonnement de cinq ans ou une peine plus grave; g) de ne pas être déclaré coupable en raison d'une action ou d'une omission qui, au moment où elle est survenue, ne constituait pas une infraction d'après le droit interne du Canada ou le droit international et n'avait pas de caractère criminel d'après les principes généraux de droit reconnus par l'ensemble des nations; h) d'une part de ne pas être jugé de nouveau pour une infraction dont il a été définitivement acquitté, d'autre part de ne pas être jugé ni puni de nouveau pour une infraction dont il a été définitivement déclaré coupable et puni; i) de bénéficier de la peine la moins sévère, lorsque la peine qui sanctionne l'infraction dont il est déclaré coupable est modifiée entre le moment de la perpétration de l'infraction et celui de la sentence. **12.** Chacun a droit à la protection contre tous traitements ou peines cruels et inusités. **13.** Chacun a droit à ce qu'aucun témoignage incriminant qu'il donne ne soit utilisé pour l'incriminer dans d'autres procédures, sauf lors de poursuites pour parjure ou pour témoignages contradictoires. **14.** La partie ou le témoin qui ne peuvent suivre les procédures, soit parce qu'ils ne comprennent pas ou ne parlent pas la langue employée, soit parce qu'ils sont atteints de surdité, ont droit à l'assistance d'un interprète.

Droits à l'égalité

15. (1) La loi ne fait acception de personne et s'applique également à tous, et tous ont droit à la même protection et au même bénéfice de la loi, indépendamment de toute discrimination, notamment des discriminations fondées sur la race, l'origine nationale ou ethnique, la couleur, la religion, le sexe, l'âge ou les déficiences mentales ou physiques. (2) Le paragraphe (1) n'a pas pour effet d'interdire les lois, programmes ou activités destinés à améliorer la situation d'individus ou de groupes défavorisés, notamment du fait de leur race, de leur origine nationale ou ethnique, de leur couleur, de leur religion, de leur sexe, de leur âge ou de leurs déficiences mentales ou physiques.

Langues officielles du Canada

16. (1) Le français et l'anglais sont les langues officielles du Canada; ils ont un statut et des droits et privilèges égaux quant à leur usage dans les institutions du Parlement et du gouvernement du Canada. (2) Le français et l'anglais sont les langues officielles du Nouveau-Brunswick; ils ont un statut et des droits et privilèges égaux quant à leur usage dans les institutions de la Législature et du gouvernement du Nouveau-Brunswick. (3) La présente charte ne limite pas le pouvoir du Parlement et des législatures de favoriser la progression vers l'égalité de statut ou d'usage du français et de l'anglais. **17.** (1) Chacun a le droit d'employer le français ou l'anglais dans les débats et travaux du Parlement. (2) Chacun a le droit d'employer le français ou l'anglais dans les débats et travaux de la Législature du Nouveau-Brunswick. **18.** (1) Les lois, les archives, les comptes rendus et les procès-verbaux du Parlement sont imprimés et publiés en français et en anglais, les deux versions des lois ayant également force de loi et celles des autres documents ayant même valeur. (2) Les lois, les archives, les comptes rendus et les procès-verbaux de la Législature du Nouveau-Brunswick sont imprimés et publiés en français et en anglais, les deux versions des lois ayant également force de loi et celles des autres documents ayant même valeur. **19.** (1) Chacun a le droit d'employer le français ou l'anglais dans toutes les affaires dont sont saisis les tribunaux établis par le Parlement et dans tous les actes de procédure qui en découlent. (2) Chacun a le droit d'employer le français ou l'anglais dans toutes les affaires dont sont saisis les tribunaux du Nouveau-Brunswick et dans tous les actes de procédure qui en découlent. **20** (1) Le public a, au Canada, droit à l'emploi du français ou de l'anglais pour communiquer avec le siège ou l'administration centrale des institutions du Parlement ou du gouvernement du Canada, ou pour en recevoir les services; il a le même droit à l'égard de tout autre bureau de ces institutions là où, selon la cas: a) l'emploi du français ou de l'anglais fait l'objet d'une demande importante; b) l'emploi du français et de l'anglais se justifie par la vocation du bureau. (2) Le public a, au Nouveau-Brunswick, droit à l'emploi du français ou de l'anglais pour communiquer avec tout bureau des institutions de la législature ou du gouvernement ou pour en recevoir les services. **21.** Les articles 16 à 20 n'ont pas pour effet, en ce qui a trait à la langue française ou anglaise ou à ces deux langues, de porter atteinte aux droits, privilèges ou obligations qui existent ou sont maintenus aux termes d'une autre disposition de la Constitution du Canada. **22.** Les articles 16 à 20 n'ont pas pour effet de porter atteinte aux droits et privilèges, antérieurs ou postérieurs à l'entrée en vigueur de la présente charte et découlant de la loi ou de la coutume, des langues autres que le français ou l'anglais.

Droits à l'instruction dans la langue de la minorité

23. (1) Les citoyens canadiens: a) dont la première langue apprise et encore comprise est celle de la minorité francophone ou anglophone de la province où ils résident, b) qui ont reçu leur instruction, au niveau primaire, en français ou en anglais au Canada et qui résident dans une province où la langue dans laquelle ils ont reçu cette instruction est celle de la minorité francophone ou anglophone de la province, ont, dans l'un ou l'autre cas, le droit d'y faire instruire leurs enfants, aux niveaux primaire et secondaire, dans cette langue. (2) Les citoyens canadiens dont un enfant a reçu ou reçoit son instruction, au niveau primaire ou secondaire, en français ou en anglais au Canada ont le droit de faire instruire tous leurs enfants, aux niveaux primaire et secondaire, dans la langue de cette instruction. (3) Le droit reconnu aux citoyens canadiens par les paragraphes (1) et (2) de faire instruire leurs enfants, aux niveaux primaire et secondaire, dans la langue de la minorité francophone ou anglophone d'une province: a) s'exerce partout dans la province où le nombre des enfants des citoyens qui ont ce droit est suffisant pour justifier à leur endroit la prestation, sur les fonds publics, de l'instruction dans la langue de la minorité; b) comprend, lorsque le nombre de ces enfants le justifie, le droit de les faire instruire dans des établissements d'enseignement de la minorité linguistique financés sur les fonds publics.

Recours

24. (1) Toute personne, victime de violation ou de négation des droits ou libertés qui lui sont garantis par la présente charte, peut s'adresser à un tribunal compétent pour obtenir la réparation que le tribunal estime convenable et juste eu égard aux circonstances. (2) Lorsque, dans une instance visée au paragraphe (1), le tribunal a conclu que des éléments de preuve ont été obtenus dans des conditions qui portent atteinte aux droits ou libertés garantis par la présente charte, ces éléments de preuve sont écartés s'il est établi, eu égard aux circonstances, que leur utilisation est susceptible de déconsidérer l'administration de la justice.

Dispositions générales

25. Le fait que la présente charte garantit certains droits et libertés ne porte pas atteinte aux droits ou libertés — ancestraux, issus de traités ou autres — des peuples autochtones du Canada, notamment: a) aux droits ou libertés reconnus par la Proclamation royale du 7 octobre 1763; b) aux droits ou libertés acquis par règlement de revendications territoriales. **26.** Le fait que la présente charte garantit certains droits et libertés ne constitue pas une négation des autres droits ou libertés qui existent au Canada. **27.** Toute interprétation de la présente charte doit concorder avec l'objectif de promouvoir le maintien et la valorisation du patrimoine multiculturel des Canadiens. **28.** Indépendamment des autres dispositions de la présente charte, les droits et libertés qui y sont mentionnés sont garantis également aux personnes des deux sexes. **29.** Les dispositions de la présente charte ne portent pas atteinte aux droits ou privilèges garantis en vertu de la Constitution du Canada concernant les écoles séparées et autres écoles confessionnelles. **30.** Dans la présente charte, les dispositions qui visent les provinces, leur législature ou leur assemblée législative visent également le territoire du Yukon, les territoires du Nord-Ouest ou leurs autorités législatives compétentes. **31.** La présente charte n'élargit pas les compétences législatives de quelque organisme ou autorité que ce soit.

Application de la charte

32. (1) La présente charte s'applique: a) au Parlement et au gouvernement du Canada, pour tous les domaines relevant du Parlement, y compris ceux qui concernent le territoire du Yukon et les territoires du Nord-Ouest; b) à la législature et au gouvernement de chaque province, pour tous les domaines relevant de cette législature. (2) Par dérogation au paragraphe (1), l'article 15 n'a d'effet que trois ans après l'entrée en vigueur du présent article. **33.** (1) Le Parlement ou la législature d'une province peut adopter une loi où il est expressément déclaré que celle-ci ou une de ses dispositions a effet indépendamment d'une disposition donnée de l'article 2 ou des articles 7 à 15 de la présente charte. (2) La loi ou la disposition qui fait l'objet d'une déclaration conforme au présent article et en vigueur a l'effet qu'elle aurait sauf la disposition en cause de la charte. (3) La déclaration visée au paragraphe (1) cesse d'avoir effet à la date qui y est précisée ou, au plus tard, cinq ans après son entrée en vigueur. (4) Le Parlement ou une législature peut adopter de nouveau une déclaration visée au paragraphe (1). (5) Le paragraphe (3) s'applique à toute déclaration adoptée sous le régime du paragraphe (4).

Titre

34. Titre de la présente partie: *Charte canadienne des droits et libertés.*

«Nous devons maintenant établir les principes de base, les valeurs et les croyances fondamentales qui nous unissent en tant que Canadiens, de sorte que par-delà nos loyautés régionales, nous partagions un style de vie et un système de valeurs qui nous rendent fiers de ce pays qui nous donne tant de liberté et une joie aussi immense.»

P.E. Trudeau, 1981

CHARTE QUÉBÉCOISE DES DROITS ET LIBERTÉS DE LA PERSONNE

Considérant que tout être humain possède des droits et libertés intrinsèques, destinés à assurer sa protection et son épanouissement;

Considérant que tous les êtres humains sont égaux en valeur et en dignité et ont droit à une égale protection de la loi;

Considérant que le respect de la dignité de l'être humain et la reconnaissance des droits et libertés dont il est titulaire constituent le fondement de la justice et de la paix;

Considérant que les droits et libertés de la personne humaine sont inséparables des droits et libertés d'autrui et du bien-être général;

Considérant qu'il y a lieu d'affirmer solennellement dans une Charte les libertés et droits fondamentaux de la personne afin que ceux-ci soient garantis par la volonté collective et mieux protégés contre toute violation;

À ces causes, Sa Majesté, de l'avis et du consentement de l'Assemblée nationale du Québec, décrète ce qui suit;

Libertés et droits fondamentaux

1-Tout être humain a droit à la vie, ainsi qu'à la sûreté, à l'intégrité et à la liberté de sa personne. Il possède également la personnalité juridique.

2- Tout être humain dont la vie est en péril a droit au secours. Toute personne doit porter secours à celui dont la vie est en péril, personnellement ou en obtenant du secours, en lui apportant l'aide physique nécessaire et immédiate, à moins d'un risque pour elle ou pour les tiers ou d'un autre motif raisonnable.

3- Toute personne est titulaire des libertés fondamentales telles la liberté de conscience, la liberté de religion, la liberté d'opinion, la liberté d'expression, la liberté de réunion pacifique et la liberté d'association.

4- Toute personne a droit à la sauvegarde de sa dignité, de son honneur et de sa réputation.

5- Toute personne a droit au respect de sa vie privée.

6- Toute personne a droit à la jouissance paisible et à la libre disposition de ses biens, sauf dans la mesure prévue par la loi.

7- La demeure est inviolable.

8- Nul ne peut pénétrer chez autrui ni y prendre quoi que ce soit sans son consentement exprès ou tacite.

9- Chacun a droit au respect du secret professionnel. Toute personne tenue par la loi au secret professionnel et tout prêtre ou autre ministre du culte ne peuvent, même en justice, divulguer les renseignements confidentiels qui leur ont été révélés en raison de leur état ou profession, à moins qu'ils n'y soient autorisés par celui qui leur a fait ces confidences ou par une disposition expresse de la loi. Le tribunal doit, d'office, assurer le respect du secret professionnel.

9-1 Les libertés et droits fondamentaux s'exercent dans le respect des valeurs démocratiques, de l'ordre public et du bien-être général des citoyens du Québec. La loi peut, à cet égard, en fixer la portée et en aménager l'exercice.

Droit à l'égalité

10- Toute personne a droit à la reconnaissance et à l'exercice, en plein égalité, des droits et libertés de la personne, sans distinction, exclusion ou préférence fondée sur la race, la couleur, le sexe, la grossesse, l'orientation sexuelle, l'état civil, l'âge sauf dans la mesure prévue par la loi, la religion, les convictions politiques, la langue, l'origine ethnique ou nationale, la condition sociale, le handicap ou l'utilisation d'un moyen pour pallier à ce handicap. Il y a discrimination lorsqu'une telle distinction, exclusion ou préférence a pour effet de détruire ou de compromettre ce droit.

10-1 Nul ne doit harceler une personne en raison de l'un des motifs visés dans l'article 10.

11- Nul ne peut diffuser, publier ou exposer en public un avis, un symbole ou un signe comportant discrimination ni donner une autorisation à cet effet.

12- Nul ne peut, par discrimination, refuser de conclure un acte juridique ayant pour objet des biens ou des services ordinairement offerts au public.

13- Nul ne peut, dans un acte juridique, stipuler une clause comportant discrimination. Une telle clause est réputée sans effet.

14- L'interdiction visée dans les articles 12 et 13 ne s'applique pas au locateur d'une chambre située dans un local d'habitation, si le locateur ou sa famille réside dans le local, ne loue qu'une seule chambre et n'annonce pas celle-ci, en vue de la louer, par avis ou par tout autre moyen public de sollicitation.

15- Nul ne peut, par discrimination, empêcher autrui d'avoir accès aux moyens de transport ou aux lieux publics, tels les établissements commerciaux, hôtels, restaurants, théâtres, cinémas, parcs, terrains de camping et de caravaning, et d'y obtenir les biens et les services qui y sont disponibles.

16- Nul ne peut exercer de discrimination dans l'embauche, l'apprentissage, la durée de la période de probation, la formation professionnelle, la promotion, la mutation, le déplacement, la mise à pied, la suspension, le renvoi ou les conditions de travail d'une personne ainsi que dans l'établissement de catégories ou de classifications d'emploi.

17- Nul ne peut exercer de discrimination dans l'admission, la jouissance d'avantages, la suspension ou l'expulsion d'une personne d'une association d'employeurs ou de salariés ou de toute corporation professionnelle ou association de personnes exerçant une même occupation.

18- Un bureau de placement ne peut exercer de discrimination dans la réception, la classification ou le traitement d'une demande d'emploi ou dans un acte visant à soumettre une demande à un employeur éventuel.

18-1 Nul ne peut, dans un formulaire de demande d'emploi ou lors d'une entrevue relative à un emploi, requérir d'une personne des renseignements sur les motifs visés dans l'article 10 sauf si ces renseignements sont utiles à l'application de l'article 20 ou à l'application d'un programme d'accès à l'égalité existant au moment de la demande.

18-2 Nul ne peut congédier, refuser d'embaucher ou autrement pénaliser dans le cadre de son emploi une personne du seul fait qu'elle a été reconnue coupable ou s'est avouée coupable d'une infraction pénale ou criminelle, si cette infraction n'a aucun lien avec l'emploi ou si cette personne en a obtenu le pardon.

19- Tout employeur doit, sans discrimination, accorder un traitement ou un salaire égal aux membres de son personnel qui accomplissent un travail équivalent au même endroit. Il n'y a pas de discrimination si une différence de traitement ou de salaire est fondée sur l'expérience, l'ancienneté, la durée du service, l'évaluation au mérite, la quantité de production ou le temps supplémentaire, si ces critères sont communs à tous les membres du personnel.

20- Une distinction, exclusion ou préférence fondée sur les aptitudes ou qualités requises par un emploi, ou justifiée par le caractère charitable, philantropique, religieux, politique ou éducatif d'une institution sans but lucratif ou qui est vouée exclusivement au bien-être d'un groupe ethnique est réputée non discriminatoire. De même, dans les contrats d'assurance ou de rente, les régimes d'avantages sociaux, de retraite, de rente ou d'assurance ou dans les régimes universels de rente ou d'assurance, est réputée non discriminatoire une distinction, exclusion ou préférence fondée sur des facteurs de détermination de risque ou des données actuarielles fixés par règlement.

Droits politiques

21- Toute personne a droit d'adresser des pétitions à l'Assemblée nationale pour le redressement de griefs.

22- Toute personne légalement habilitée et qualifiée a droit de se porter candidat lors d'une élection et a droit d'y voter.

Droits judiciaires

23- Toute personne a droit, en pleine égalité, à une audition publique et impartiale de sa cause par un tribunal indépendant et qui ne soit pas préjugé, qu'il s'agisse de la détermination de ses droits et obligations ou du bien-fondé de toute accusation portée contre elle. Le tribunal peut toutefois ordonner le huis clos dans l'intérêt de la morale ou de l'ordre public. En outre, lorsqu'elles concernent des procédures en matière familiale, les audiences en première instance se tiennent à huis clos, à moins que le tribunal, à la demande d'une personne et s'il l'estime utile dans l'intérêt de la justice, n'en décide autrement.

24- Nul ne peut être privé de sa liberté ou de ses droits, sauf pour les motifs prévus par la loi et suivant la procédure prescrite.

24-1 Nul ne peut faire l'objet de saisies, perquisitions ou fouilles abusives.

25- Toute personne arrêtée ou détenue doit être traitée avec humanité et avec le respect dû à la personne humaine.

26- Toute personne détenue dans un établissement de détention a droit d'être soumise à un régime distinct approprié à son sexe, son âge et sa condition physique ou mentale.

27- Toute personne détenue dans un établissement de détention en attendant l'issue de son procès a droit d'être séparée, jusqu'au jugement final, des prisonniers qui purgent une peine.

28- Toute personne arrêtée ou détenue a droit d'être promptement informée, dans une langue qu'elle comprend, des motifs de son arrestation ou de sa détention.

28-1 Tout accusé a le droit d'être promptement informé de l'infraction particulière qu'on lui reproche.

29-Toute personne arrêtée ou détenue a droit, sans délai, d'en prévenir ses proches et de recourir à l'assistance d'un avocat. Elle doit être promptement informée de ces droits.

30- Toute personne arrêtée ou détenue doit être promptement conduite devant le tribunal compétent ou relâchée.

31- Nulle personne arrêtée ou détenue ne peut être privée, sans juste cause, du droit de recouvrer sa liberté sur engagement, avec ou sans dépôt ou caution, de comparaître devant le tribunal dans le délai fixé.

32- Toute personne privée de sa liberté a droit de recourir à l'habeas corpus.

32-1 Tout accusé a le droit d'être jugé dans un délai raisonnable.

33- Tout accusé est présumé innocent jusqu'à ce que la preuve de sa culpabilité ait été établie suivant la loi.

33-1 Nul accusé ne peut être contraint de témoigner contre lui-même lors de son procès.

34- Toute personne a droit de se faire représenter par un avocat ou d'en être assistée devant tout tribunal.

35- Tout accusé a droit à une défense pleine et entière et a le droit d'interroger et de contre-interroger les témoins.

36- Tout accusé a le droit d'être assisté gratuitement d'un interprète s'il ne comprend pas la langue employée à l'audience ou s'il est atteint de surdité.

37- Nul accusé ne peut être condamné pour une action ou une omission qui, au moment où elle a été commise, ne constituait pas une violation de la loi.

37-1 Une personne ne peut être jugée de nouveau pour une infraction dont elle a été acquittée ou dont elle a été déclarée coupable en vertu d'un jugement passé en force de chose jugée.

37-2 Un accusé a droit à la peine la moins sévère lorsque la peine prévue pour l'infraction a été modifiée entre la perpétration de l'infraction et le prononcé de la sentence.

38- Aucun témoignage devant un tribunal ne peut servir à incriminer son auteur, sauf le cas de poursuites pour parjure ou pour témoignages contradictoires.

Droits économiques et sociaux

39- Tout enfant a droit à la protection, à la sécurité et à l'attention que ses parents ou les personnes qui en tiennent lieu peuvent lui donner.

40- Toute personne a droit, dans la mesure et suivant les normes prévues par la loi, à l'instruction publique gratuite.

41- Les parents ou les personnes qui en tiennent lieu ont le droit d'exiger que, dans les établissements d'enseignement publics, leurs enfants reçoivent un enseignement religieux ou moral conforme à leurs convictions, dans le cadre des programmes prévus par la loi.

42- Les parents ou les personnes qui en tiennent lieu ont le droit de choisir pour leurs enfants des établissements d'enseignement privés, pourvu que ces établissements se conforment aux normes prescrites ou approuvées en vertu de la loi.

43- Les personnes appartenant à des minorités ethniques ont le droit de maintenir et de faire progresser leur propre vie culturelle avec les autres membres de leur groupe.

44- Toute personne a droit à l'information, dans la mesure prévue par la loi.

45- Toute personne dans le besoin a droit, pour elle et sa famille, à des mesures d'assistance financière et à des mesures sociales, prévues par la loi, susceptibles de lui assurer un niveau de vie décent.

46- Toute personne qui travaille a droit, conformément à la loi, à des conditions de travail justes et raisonnables qui respectent sa santé, sa sécurité et son intégrité physique.

47- Les époux ont, dans le mariage, les mêmes droits, obligations et responsabilités. Ils assurent ensemble la direction morale et matérielle de la famille et l'éducation de leurs enfants communs.

48- Toute personne âgée ou toute personne handicape a droit d'être protégée contre toute forme d'exploitation. Toute personne a aussi droit à la protection et à la sécurité que doivent lui apporter sa famille ou les personnes qui en tiennent lieu.

Dispositions spéciales et interprétatives

49- Une atteinte illicite à un droit ou à une liberté reconnu par la présente Charte confère à la victime le droit d'obtenir la cessation de cette atteinte et la réparation du préjudice moral ou matériel qui en résulte.

En cas d'atteinte illicite et intentionnelle, le tribunal peut en outre condamner son auteur à des dommages exemplaires.

50- La Charte doit être interprétée de manière à ne pas supprimer ou restreindre la jouissance ou l'exercice d'un droit ou d'une liberté de la personne qui n'y est pas inscrit.

51- La Charte ne doit pas être interprétée de manière à augmenter, restreindre ou modifier la portée d'une disposition de la loi, sauf dans la mesure prévue dans l'article 51.

52- Aucune disposition d'une loi, même postérieure à la Charte, ne peut déroger aux articles 1 à 38, sauf dans la mesure prévue par ces articles, à moins que cette loi n'énonce expressément que cette disposition s'applique malgré la Charte.

53- Si un doute surgit dans l'interprétation d'une disposition de la loi, il est tranché dans le sens indiqué par la Charte.

54- La Charte lie la Couronne.

55- La Charte vise les matières qui sont de la compétence législative du Québec.

Les programmes d'accès à l'égalité

86-1 Un programme d'accès à l'égalité a pour objet de corriger la situation de personnes faisant partie de groupes victimes de discrimination dans l'emploi, ainsi que dans les secteurs de l'éducation ou de la santé et dans tout autre service ordinairement offert au public. Un tel programme est réputé non discriminatoire s'il est établi conformément à la Charte.

86-2 Tout programme d'accès à l'égalité doit être approuvé par la Commission à moins qu'il ne soit imposé par le tribunal. La Commission, lorsqu'elle est requise, doit prêter son assistance à l'élaboration d'un tel programme.

86-3 La Commission peut, après enquête, si elle constate une situation de discrimination prévue par l'article 86-1, recommander l'implantation, dans un délai qu'elle fixe, d'un programme d'accès à l'égalité

La Commission peut, lorsque sa recommandation n'a pas été suivie, s'adresser au tribunal et, sur preuve d'une situation visée dans l'article 86-1, obtenir dans le délai fixé par le tribunal l'élaboration et l'implantation d'un programme. Le programme ainsi élaboré est déposé devant le tribunal qui peut, en conformité avec la Charte, y apporter les modifications qu'il juge adéquates.

86-4 La Commission surveille l'application des programmes d'accès à l'égalité. Elle peut effectuer des enquêtes et exiger des rapports.

86-5 Lorsque la Commission constate qu'un programme d'accès à l'égalité n'est pas implanté ou n'est pas observé, elle peut, s'il s'agit d'un programme qu'elle a approuvé, retirer son approbation ou, s'il s'agit d'un programme dont elle a recommandé l'implantation, s'adresser au tribunal conformément au deuxième alinéa de l'article 86-3.

86-6 Un programme visé dans l'article 86-3 peut être modifié, reporté ou annulé si des faits nouveaux le justifient. Lorsque la Commission et la personne requise d'implanter le programme s'entendent, l'accord modifiant, reportant ou annulant le programme d'accès à l'égalité est constaté par écrit.

En cas de désaccord, l'une ou l'autre peut s'adresser au tribunal afin qu'il décide si les faits nouveaux justifient la modification, le report ou l'annulation du programme.

Toute modification doit être établie en conformité avec la Charte.

86-7 Le gouvernement doit exiger de ses ministères et organismes l'implantation de programmes d'accès à l'égalité dans le délai qu'il fixe. Les articles 86-2 à 86-6 ne s'appliquent pas aux programmes visés dans le présent article. Ceux-ci doivent toutefois faire l'objet d'une consultation auprès de la Commission avant d'être implantés.

91- Le ministère de la Justice est chargé de l'application de la présente Charte.

La Commission des droits de la personne du Québec est fiduciaire de la Charte.

Index

B

Bail,
   net, 389
   net/net, 389
   net/net/net, 390
   net/net/net/net, 390
   par tolérance, 385
   à durée fixe, 388
   à durée indéterminée, 388
   immobilier, 388
Bail d'un logement locatif, 384, 391-399
Bail industriel ou commercial, 389-391
Bailleur, 93
Banque, 452
Bénéficiaire, 452, 453, 455, 457, 463
Biens, 99-105
Biens insaisissables, 473, 474
Bilan, 77
Billet à ordre, 456, 457, 465
Billet du consommateur, (voir Lettre et billet du consommateur)
Bref d'assignation, (voir Procédure civile)
Bref d'évocation, 45
Bref de saisie-exécution,
   immobilière, 474
   mobilière, 473
Brevet, 531

C

Capacité, 325
Capital-actions, 170
   augmentation et diminution,
      voir Statuts de modification
Capital-actions autorisé, 190
Capital-actions déclaré, 193
Capital-actions émis, 192
Capital-actions payé ou versé, 192
Capital-actions souscrit, 191
Capital social, (voir Capital-actions)
Cas fortuit, (voir Force majeure)
Casier judiciaire, 39
Cause, 329
Cautionnement, 216
Centrale syndicale, 527, 528
Certificat de constitution, 172
Certificat de fusion, (voir fusion)
Certificat de localisation, 346
Certificat de travail, 523
Cession de biens, (voir Faillite volontaire)
Charge flottante, (voir Garantie générale)
Charte, 155
Charte canadienne des droits et libertés, 8, 9, 534-536
Charte québécoise des droits et libertés de la personne, 22, 537-540
Chèque, 452-454, 465
   postdaté, 459
   visé, 454
Citation à comparaître, 36
   (voir aussi Sommation)
Clause à caractère normatif, 520
   (voir aussi Convention collective)
Clause à incidence monétaire, 520
   (voir aussi Convention collective
Clause, (voir aussi Bail industriel ou commercial)
   d'indexation, 391
   de renouvellement, 391
   escalatoire, 391
   relative à la sous-location, 391
Coalitions (Loi relative aux enquêtes sur les), 532
Code,
   civil, 9, 10
   criminel, 20
   de procédure civile, 10
Code Morin, 298, 299
Comité paritaire, 521
Comité plénier, 301

Commandite, (voir Société en commandite)
Commanditaire, 144
Commandité, 144
Commerçant, 374 (voir aussi Mandat des auxiliaires de justice)
Commettant, 431
Commissaire aux incendies, 36
Commissaire du travail, 514
Commissaire général du travail, 513
Common Law, 10
Communauté de biens, 84-87
Compagnie (voir Société par actions)
Comparution, (voir Procédure civile)
Compensation, (voir aussi Obligations) (extinction), 321
Compétence d'attribution, 46
Compétence résiduelle (ou pouvoir résiduaire), 7
Compétence territoriale, 46
Compte en fiducie, 358
   (voir aussi Protection du consommateur)
Conciliateur, 516
Concordat, (voir Propositions concordaire)
Condition, (voir Obligations conditionnelles)
Condominium, 108, 109
Conflit d'intérêts, 254, 255
Confusion, (voir aussi Obligations (extinction), 321
Congé annuel, 522
Congédiement, (voir Licenciement)
Connaissement, 378
Conseil canadien des relations de travail, 514, 515
Conseil d'arbitrage, 517
Consentement, 325-330
Consommateur, 350
Consortium, 283, 284
Constitution, (voir Acte de l'Amérique du Nord britannique) (A.A.N.B.)
Continuation, 155, 156
Contrat, 323
   à titre onéreux ou gratuit, 323
   commutatif ou aléatoire, 323
   consensuel, réel ou solennel, 324
   d'adhésion, 328
   nommé ou inommé, 324
   preuve, 332, 333
   principal ou accessoire, 324
   synallagmatique ou unilatéral, 323
   (voir aussi à chaque forme de contrat)
Contrat accessoire, 356
Contrat à distance, 356, 358
Contrat avec les studios de santé, 356
Contrat de crédit variable, 359, 360
Contrat d'entreprise, 508-510
   exécution, 509, 510
   extinction, 510
   formation et contenu, 508
Contrat de prêt d'argent, 359
Contrat individuel de travail, 506-508
Contrat par devis et marchés, 508
Contrat pré-incorporatif (ou pré-constitutif), 153
Contrat principal, 355, 356
Contre-ordre de paiement, 453
Convention collective, 519-521
Convention unanime entre les actionnaires, 233, 234
Coopérative(s), 267-270
   assemblées, 275, 276
   conseil d'administration, 278-280
   constitution, 270-274
   dissolution, 282
   membres, 276-278
   registres, 280
   siège social, 274
   trop-perçus annuels, 280, 281
   types, 281, 282
Coopérative agricole, 281
Coopérative d'habitation, 110, 111, 282
Coopérative de consommateurs, 281, 282
Coopérative de crédit, 282
Coopérative de pêcheurs, 281
Coopérative ouvrière de production ou de travail, 282

Bibliographie

BARRAINE, R. *Nouveau dictionnaire de droit et de sciences économiques*, Librairie générale de droit et de jurisprudence, Paris, 1974.

BAUDOIN, J.-L. *Les obligations*, Éditions Yvon Blais, Montréal, 1983.

BEAUDOIN, G.-A. *Le partage des pouvoirs*, Éditions de l'Université d'Ottawa, Ottawa, 1980.

BEAUDOIN, J.-L. et Y. RENAUD. *Compagnies, corporations et sociétés commerciales*, Judico inc., Outremont, 1983.

BOHÉMIER, A. *Précis de droit des effets de commerce* (Maximilien Caron), Éditions Beauchemin, Montréal, 1978.

BOHÉMIER, A. et P.-P. CÔTÉ. *Droit commercial général*, Éditions Thémis, Montréal, 1979.

BOHÉMIER, A., et H. MASSUE MONAT. *Guide pratique en matière de faillite*, Éditions Thémis, Montréal, 1981.

BOONE, L.E., D.L. KURTZ, M. LESSARD et M.-A. ROY. *L'entreprise d'aujourd'hui, structure et dynamique*, Les Éditions HRW ltée, Montréal, 1983.

BRIÈRE, G. *Les libéralités: donations, testaments, substitutions et fiducies*, 8e éd., Éditions de l'Université d'Ottawa, Ottawa, 1982.

BRIÈRE, G. *Les successions ab intestat*, 9e éd., Éditions de l'Université d'Ottawa, Ottawa, 1983.

CARBONNIER, J. *Droit civil: introduction, droit des personnes*, tome premier, Presses universitaires de France, Paris, 1964.

CUTLER, P. *Code du travail du Québec*, éd. rév., Les Livres Toundra, Montréal, 1983 et mise à jour 1984.

DION, G. *Dictionnaire canadien des relations du travail*, P.U.L., Québec, 1976.

FRENETTE, F. *L'emphytéose*, Wilson & Lafleur/Sorej, Montréal, 1983.

GAGNON, J.-H. *Comment acheter une franchise*, Éditions Agence d'Arc inc., Montréal, 1984.

GAGNON, J.-H. *Développer votre entreprise par le franchisage*, Éditions Agence d'Arc inc., Montréal, 1984.

GAGNON, J.-H. et coll. *Diriger une entreprise au Québec*, Éditions Agence d'Arc inc., Montréal, 1980.

GAGNON, R.-P., L. LEBEL et P. VERGE. *Droit du travail en vigueur au Québec*, Presses de l'Université Laval, Québec, 1971.

GARANT, G. *Droit administratif*, Éditions Yvon Blais, Montréal, 1980.

GROFFIER, E. *Précis de droit international privé québécois*, 3e éd., Éditions Yvon Blais et Wilson & Lafleur/Sorej, Montréal, 1984.

GUYON, Y. *Droit des affaires: droit commercial général et sociétés*, Économica, Paris, 1980.

L'HEUREUX, N. *Droit de la consommation*, Sorej, Montréal, 1981.

L'HEUREUX, N. *Précis de droit commercial du Québec*, 2e éd., Presses de l'Université Laval, Québec, 1975.

LLUELLES, D. *Droit des assurances: aspects contractuels*, Éditions Thémis, Montréal, 1984.

MALLETTE, N. *La gestion des relations du travail au Québec: le cadre juridique et institutionnel*, McGraw-Hill, Montéal, 1980.

MARTEL, M. *Formulaire des compagnies et des sociétés commerciales*, Thélème et Wilson & Lafleur/Sorej, Montréal, 1984.

MARTEL, M. et P. MARTEL. *La compagnie au Québec*, 3 tomes, Éditions Thélème, Montréal, 1984.

MARTINEAU, P. *Les biens*, Éditions Thémis, Montréal, 1979.

MIGNEAULT, P.-B. *Le droit civil canadien*, Tome V, C. Théorêt, Montréal, 1901.

MOREL, A. *Code des droits et libertés*, Éditions Thémis, Montréal, 1984.

MORIN, F. *Rapports collectifs du travail*, Éditions Thémis, Montréal, 1983 et mise à jour 1983.

MORIN, V. *Procédure des assemblées délibérantes*, Beauchemin Montréal, 1969.

OUELLETTE, M. *Droit des personnes et de la famille*, 3e éd., Éditions Thémis, Montréal, 1984.

PÉPIN, G. et Y. OUELLETTE. *Principes de contentieux administratifs*, 2e éd., Éditions Yvon Blais, Montréal, 1982.

PINEAU, J. et M. OUELLETTE. *Théorie de la responsabilité civile*, 3e éd., Éditions Thémis, Montréal, 1980.

POURCELET, M. *La vente*, 4e éd., Éditions Thémis, Montréal, 1980.

RIVEST, M. *Les droits des travailleurs*, Aquila, Montréal, 1975.

ROUSSEAU, C. *Droit international public*, 4e éd., Dalloz, Paris, 1968.

SABOURIN, L. *Le système politique du Canada*, Éditions de l'Université d'Ottawa, Ottawa, 1968.

SIMON, H. *Le nom commercial*, Wilson & Lafleur/Sorej, Montréal, 1984.

SMITH, J. *La Partie IA de la Loi sur les compagnies*, 3 tomes, Centre d'éditions juridiques, Montréal, 1981.

SYLVAIN, F. *Dictionnaire de la comptabilité*, Institut canadien des comptables agréés, Toronto, 1977.

TANCELIN, M. *Des obligations: contrat et responsabilité*, Presses de l'Université Laval, Québec, 1984.

TREMBLAY, A. *Les compétences législatives au Canada et les pouvoirs provinciaux en matière de propriété et de droits civils*, Éditions de l'Université d'Ottawa, Ottawa, 1967.

TEMBLAY, A. *Précis de droit constitutionnel*, Éditions Thémis, Montréal, 1982.

TURGEON, J. *Les conventions d'actionnaires d'une petite entreprise*, Centre d'éditions juridiques, Montréal, 1983.

VALLIÈRES, N. et F. SAUVAGEAU. *Droit et journalisme au Québec*, EDI-GRIC/FPJQ, Québec, 1981.